GRIJALBO

DICCIONARIO de SINÓNIMOS y ANTÓNIMOS

GRIJALBO

DICCIONARIO
de
SINÓNIMOS
y
ANTÓNIMOS

DICCIONARIO DE SINÓNIMOS Y ANTÓNIMOS

© 1997, Editorial Grijalbo, S.A. de C.V.

1a. edición, 2005

D.R. 2005, Random House Mondadori, S.A. de C.V.
Av. Homero núm. 544, Col. Chapultepec Morales,
Del. Miguel Hidalgo, C.P. 11570, México, D.F.

www. randomhousemondadori.com.mx

ISBN 1-4000-9284-1

Impreso en México / *Printed in Mexico*

Presentación

En el *Diccionario Práctico Grijalbo* encontramos las siguientes definiciones:

> **SINÓNIMO** Se dice de los vocablos o expresiones que coinciden semánticamente en todo o parte de su campo (*grueso, obeso*).

> **ANTÓNIMO** Se dice de los vocablos de significados opuestos (*bueno/malo*).

En el presente *Diccionario Grijalbo de sinónimos y antónimos* nos complacemos en brindar un instrumento que ha sido estructurado para lograr que quien lo consulte encuentre la variante fonética de un término que encuadre mejor en su elocución o redacción.

Para tal efecto, se ha diseñado una presentación de las entradas que prescinde por completo de las abreviaturas y echa mano de recursos tipográficos como los siguientes:

- Concepto. En **MAYÚSCULAS NEGRITAS**.
- Sinónimos. Enlistados horizontalmente (en el sentido natural de la lectura) y colocados en orden descendente según su cercanía semántica con el concepto de entrada y en tipografía normal.
- Acepciones diversas del concepto separadas por una doble barra (||).
- Antónimos del concepto, introducidos por una flecha → y con tipografía en *cursivas*.

Obsérvese este ejemplo:

ILUMINAR Alumbrar, encender, aclarar, relucir, esplender. → *Oscurecer*. || Esclarecer, ilustrar, aclarar, detallar. → *Embrollar*. || Pintar, colorear. || Infundir, inspirar, revelar.

Por todo lo anterior, estamos seguros de que el *Diccionario Grijalbo de sinónimos y antónimos* es el mejor instrumento de consulta en la escuela, la oficina y el hogar.

A a

ABADÍA Convento, monasterio.

ABAJO Debajo, parte inferior. → *Arriba.*

ABALANZAR Equilibrar, igualar. → *Desequilibrar.*

ABALORIO Lentejuela, cuentecilla, oropel, quincalla.

ABANDERADO Portaestandarte, señalero, corneta, alférez.

ABANDONAR Desamparar, desatender, desasistir, dejar. → *Amparar, proteger.*

ABANDONO Desidia, negligencia, dejadez, descuido. → *Cuidado, pulcritud, esmero.*

ABARATAR Bajar, depreciar, rebajar. → *Alzar, encarecer, aumentar.*

ABARCAR Incluir, englobar, comprender, contener. → *Excluir.*

ABARQUILLADO Combado, pandeado, corvo. → *Recto, plano, derecho.*

ABARROTAR Sobrecargar, llenar, atestar. → *Vaciar, desocupar.*

ABASTECER Suministrar, surtir, proveer, aprovisionar. → *Consumir.*

ABATIMIENTO Desaliento, desfallecimiento, decaimiento, agobio. → *Ánimo, brío, ímpetu, vigor.*

ABDICAR Resignar, dimitir, renunciar, abandonar. → *Asumir.*

ABDOMEN Vientre, barriga, panza.

ABECEDARIO Alfabeto, silabario, abecé.

ABERRACIÓN Error, extravío, equivocación, desviación, descarrío. → *Verdad, rectitud, corrección.*

ABERTURA Agujero, orificio, hueco, boquete, grieta, rendija. → *Oclusión, obturación, cierre.*

ABIERTO Despejado, llano, raso. → *Obstruido, cerrado.* || Franco, sincero, claro. → *Reservado, solapado.*

ABIGARRADO Confuso, mezclado, heterogéneo. → *Claro, sencillo, simple.*

ABISMO   Precipicio, profundidad, barranco, despeñadero. → *Cumbre, llano.*

ABLANDAR   Suavizar, mitigar, reblandecer. → *Endurecer.* || Enternecer, conmover, emocionar. → *Enfadar, endurecerse.*

ABLUCIÓN   Lavamanos, purificación, lavatorio.

ABNEGACIÓN   Desprendimiento, altruismo, generosidad. → *Egoísmo.*

ABOCHORNAR   Avergonzar, ruborizar, sonrojar. → *Ensalzar, disculpar.*

ABOGADO   Jurisconsulto, legista, jurista, letrado, defensor. → *Acusador, fiscal.*

ABOLENGO   Linaje, alcurnia, estirpe.

ABOLIR   Derogar, anular, suprimir, cancelar, prohibir, revocar, invalidar. → *Aprobar, designar, nombrar.*

ABOLLAR   Deformar, aplastar, hundir, abultar, arquear. → *Alisar, igualar.*

ABOMINABLE   Aborrecible, detestable, execrable, odioso, vituperable, repugnante. → *Adorable, apreciable, querido.*

ABONAR   Acreditar, pegar, costear, sufragar. → *Cargar, deber, adeudar.* || Fecundar. → *Empobrecer, esquilmar.*

ABONO   Estiércol, fertilizante, humus, boñiga. || Pago, ingreso, suscripción. → *Cargo.*

ABORDAJE   Colisión, choque, encontronazo, siniestro, avería, accidente. || Ataque, acometida.

ABORIGEN   Nativo, originario, indígena, natural, salvaje. → *Extranjero, foráneo, civilizado, cultivado.*

ABORRECER   Detestar, abominar, odiar, execrar. → *Adorar, amar, querer.*

ABORTAR   Malograr, fracasar, malparir, frustrar, perder. → *Parir.*

ABOTAGADO   Hinchado, congestionado, inflamado, tumefacto. → *Descongestionado, deshinchado.*

ABOTONAR   Abrochar, ajustar, ceñir, prender. → *Desabotonar, desabrochar, soltar.*

ABRASAR   Secar, marchitar, quemar, agostar. → *Revivir.* || Acalorar, enardecer, encender. → *Tranquilizar.*

ABRAZAR   Ceñir, enlazar, estrechar, rodear, oprimir, estrujar. → *Soltar, rechazar, alejar.*

ABREVIAR   Reducir, resumir, acortar, compendiar. → *Ampliar, detallar.* || Acelerar, apresurar, aligerar. → *Extender.*

ABREVIATURA   Cifra, sigla, monograma.

ABRIGAR   Arropar, arrebozar, envolver, cobijar. → *Descubrir, destapar.* || Amparar, proteger. → *Desamparar.*

ABRILLANTAR   Bruñir, pulimentar, pulir, lustrar. → *Deslucir, velar, oscurecer.*

ABRIR Descubrir, destapar. → *Cerrar, tapar.* || Rasgar, romper, hender, partir. → *Unir, soldar, reparar.*

ABROCHAR Abotonar. → *Desabrochar.*

ABRUMAR Hastiar, agobiar, fastidiar, atosigar. → *Aliviar, divertir.*

ABRUPTO Escabroso, escarpado, inaccesible, infranqueable, pendiente. → *Llano, accesible.*

ABSCESO Apostema, tumor, úlcera, llaga.

ABSOLUCIÓN Perdón, descargo, exculpación, reconciliación, indulgencia. → *Condena, pena, penitencia.*

ABSOLUTISMO Autoritarismo, totalitarismo, despotismo, tiranía. → *Liberalismo, democracia.*

ABSOLUTO Categórico, definitivo, tajante, completo, total. → *Relativo, parcial.*

ABSOLVER Perdonar, exculpar, eximir. → *Condenar.*

ABSORBER Sorber, aspirar, chupar, empapar, embeber. → *Arrojar.* || Cautivar, atraer, captar. → *Repeler.*

ABSORTO Ensimismado, sumido, abstraído, abismado. → *Distraído, despreocupado.* || Admirado, maravillado, cautivado. → *Indiferente.*

ABSTEMIO Sobrio, frugal, morigerado. → *Borracho, ebrio.*

ABSTENERSE Inhibirse, privarse, prescindir, contenerse. → *Participar, actuar, obrar.*

ABSTINENCIA Ayuno, dieta, frugalidad, privación, renuncia. → *Prodigalidad, profusión.*

ABSTRACTO Inconcreto, inmaterial, puro, ideal. → *Concreto, material.*

ABSTRAÍDO Absorto. → *Distraído.*

ABSURDO Disparatado, desatinado, ilógico, irracional. → *Lógico, sensato, cierto.* || Disparate, desatino, incongruencia, sinrazón. → *Congruencia, realidad.*

ABULIA Apatía, desinterés, pasividad, desgana. → *Energía, dinamismo, interés.*

ABULTAR Hinchar, engordar. → *Reducir.* || Extremar, exagerar. → *Atenuar.*

ABUNDANCIA Riqueza, exuberancia, profusión, exceso, opulencia. → *Escasez, insuficiencia, falta.*

ABUNDAR Pulular, rebosar, sobrar. → *Escasear, faltar.*

ABURRIMIENTO Tedio, hastío, fastidio, desgana. → *Entretenimiento, interés, distracción.*

ABURRIR Cansar, hastiar, fastidiar, molestar. → *Entretener, distraer.*

ABUSAR Propasarse, excederse, aprovecharse, extralimitarse. → *Considerar, respetar.*

ABUSO Arbitrariedad, exceso, extralimitación, tropelía, atropello, injusticia. → *Respeto, consideración, justicia.*

ABYECTO   Vil, ruin, despreciable, rastrero, ignominioso, humillante, bajo. → *Noble, digno, encomiable.*

ACABAR   Finalizar, concluir, terminar, ultimar, finiquitar. → *Empezar, iniciar.*

ACABARSE   Fallecer, morir, extinguirse, fenecer. → *Nacer.*

ACADEMIA   Corporación, sociedad, institución, entidad. || Colegio, instituto, seminario, escuela.

ACAECER   Ocurrir, acontecer, suceder, pasar, sobrevenir. → *Faltar.*

ACAECIMIENTO   Hecho, evento, caso, suceso, acontecimiento, episodio, incidente.

ACALORADO   Apasionado, exaltado, descompuesto, arrebatado, enardecido, violento. → *Tranquilo, sereno.*

ACALLAR   Aquietar, calmar, sosegar, aplacar. → *Excitar, incitar, enardecer.* || Silenciar, intimidar, forzar, amordazar.

ACAMPAR   Vivaquear, instalarse, alojarse, descansar. → *Marchar, errar.*

ACANTILADO   Despeñadero, escarpado, precipicio, barranco. → *Llano, planicie.*

ACAPARAR   Retener, monopolizar, acumular, almacenar. → *Distribuir, repartir.*

ACARICIAR   Mimar, tocar, palpar, sobar. → *Maltratar, golpear.*

ACARREAR   Llevar, transportar, conducir, cargar, portear. → *Dejar, detener.*

ACARTONADO   Apergaminado, seco, momificado, marchito. → *Fresco, lozano, tierno.*

ACASO   Azar, aleatorio, casualidad. → *Predecible.* || Quizá, tal vez, por ventura.

ACATAMIENTO   Sumisión, obediencia, veneración, sometimiento. → *Rebeldía, desobediencia.*

ACATAR   Obedecer, someterse, respetar. → *Rebelarse.*

ACATARRAR   Constipar.

ACAUDALADO   Opulento, rico, adinerado, potentado, acomodado. → *Pobre, mísero, indigente.*

ACAUDILLAR   Dirigir, conducir, capitanear, guiar, mandar. → *Obedecer, seguir.*

ACCEDER   Aceptar, autorizar, permitir, consentir, admitir. → *Rehusar, rechazar.*

ACCESO   Ingreso, entrada, llegada. → *Salida.*

ACCESORIO   Ornamental, complementario, secundario, accidental. → *Principal, fundamental.*

ACCIDENTADO   Agitado, tempestuoso, borrascoso. → *Tranquilo, apacible.* || Escarpado, abrupto, áspero. → *Liso, llano.*

ACCIDENTAL   Fortuito, eventual, casual, accesorio. → *Previsto, sospechado.*

ACCIDENTE Percance, incidente, contratiempo, peripecia, catástrofe. → *Suerte, ventura.*

ACCIÓN Actuación, hecho, acto, actividad, obra, conducta, lucha, gesta. → *Abstención, inercia.*

ACCIONISTA Asociado, socio, capitalista.

ACECHAR Espiar, vigilar, atisbar, observar, escudriñar, emboscarse.

ACEITOSO Graso, oleoso, oleaginoso, untuoso. → *Limpio, seco.*

ACELERACIÓN Celeridad, rapidez, prontitud, incremento. → *Retardación.*

ACELERAR Activar, apresurar, apremiar, urgir, apurar, avivar. → *Parar, frenar, retardar.*

ACENDRADO Depurado, puro, acrisolado, inmaculado, perfecto, impoluto, limpio. → *Impuro, manchado.*

ACENDRAR Depurar, purificar, limpiar, acrisolar. → *Perturbar.*

ACENTO Tono, vírgula, tilde, dejo. || Entonación, acentuación, pronunciación.

ACENTUAR Insistir, recalcar, marcar, destacar, subrayar, resaltar. → *Atenuar, disimular.*

ACEPCIÓN Significación, sentido, significado, concepto, expresión.

ACEPTABLE Pasable, tolerable, admisible. → *Inadmisible.*

ACEPTAR Admitir, recibir, reconocer, asentir, aprobar, tolerar, consentir, acceder. → *Rechazar, rehusar.*

ACEQUIA Zanja, canal, cauce, reguero.

ACERA Enlosado, vereda, andén, orilla, bordillo, margen, brocal.

ACERBO Amargo, áspero, agrio, desagradable. → *Dulce, exquisito.* || Cruel, severo, intransigente, duro, riguroso. → *Bondadoso, benévolo.*

ACERCA DE Respecto de, tocante a, referente a, sobre.

ACERCAR Allegar, arrimar, aproximar, adosar, juntar, tocar. → *Alejar, separar.*

ACÉRRIMO Obstinado, tenaz, encarnizado, intransigente, voluntarioso. → *Tolerante, moderado, mesurado.*

ACERTAR Atinar, adivinar, descifrar, hallar, encontrar, descubrir. → *Errar, equivocarse.*

ACERTIJO Problema, enigma, adivinanza, charada.

ACERVO Patrimonio, fondo, base, pertenencia. || Disponibilidad, acumulación, cúmulo, montón.

ACIAGO Funesto, desgraciado, infausto, fatídico, malaventurado, desdichado. → *Feliz, dichoso, afortunado.*

ACICALAR Ataviar, componer, adornar, aderezar, arreglar. → *Desarreglar, descuidar.* || Pulir, bruñir.

ACICATE Incentivo, estímulo, aliciente, atractivo. → *Rémora, freno.*

ÁCIDO   Agrio, acerbo, acre, acedo, avinagrado, mordiente. → *Dulce, suave.*

ACIERTO   Coincidencia, tino, tacto, cordura, éxito. → *Torpeza, desacierto, fracaso.*

ACLAMACIÓN   Aplauso, vítor, ovación. → *Protesta.*

ACLAMAR   Vitorear, ovacionar, aplaudir, homenajear, loar. → *Abuchear, protestar, desaprobar.*

ACLARACIÓN   Nota, explicación.

ACLARAR   Despejar, serenar, abonanzar. → *Oscurecerse, nublarse.* || Explicar, demostrar, puntualizar, esclarecer. → *Embrollar, enredar.*

ACLIMATAR   Habituar, adaptar, acostumbrar, arraigar, familiarizar, naturalizar. → *Expulsar, desterrar, alejar, separar.*

ACOBARDAR   Intimidar, atemorizar, amedrentar, amilanar, arredrar. → *Envalentonar, animar.*

ACOGEDOR   Hospitalario, generoso, confortable, cómodo, agradable. → *Descortés, incómodo.*

ACOGIDA   Aceptación, admisión, recibimiento, recepción. →*Despedida, rechazo.* || Hospitalidad, amparo, protección, refugio. → *Desamparo, rechazo.*

ACOMEDIDO   Oficioso, servicial.

ACOMETER   Atacar, agredir, embestir, arremeter, asaltar, irrumpir, abalanzarse. → *Retroceder, huir.* || Emprender, iniciar, comenzar, intentar. → *Terminar, concluir, abandonar.*

ACOMETIVIDAD   Agresividad, empuje, dinamismo, energía. → *Abulia, pasividad, indiferencia.*

ACOMODADIZO   Acomodaticio, conformista, complaciente, dúctil, elástico. → *Inflexible.*

ACOMODADO   Opulento, rico, pudiente, adinerado. → *Pobre, mísero.*

ACOMODAR   Componer, arreglar, conciliar, adaptar, adecuar, establecerse, situarse, colocarse. → *Perturbar, desorientarse.*

ACOMPAÑAMIENTO   Escolta, séquito, compañía, comitiva, cortejo.

ACOMPAÑAR   Escoltar, seguir, conducir, asistir, ayudar, juntarse. → *Abandonar, dejar.* || Añadir, agregar, anexar, adjuntar. → *Separar.*

ACOMPASADO   Rítmico, regular, métrico, cadencioso, isocrono. → *Irregular, desigual, intermitente.* || Pausado, lento. → *Precipitado.*

ACOMPLEJADO   Raro, disminuido, maniático, retraído. → *Seguro, confiado.*

ACONDICIONAR   Adaptar, adecuar, arreglar, preparar, disponer, acomodar. → *Alterar, desordenar.*

ACONGOJADO   Apenado, triste, afligido, desconsolado, atribulado, entristecido, angustiado, dolorido. → *Animado, alegre.*

ACONSEJABLE Adecuado, recomendable, oportuno, apropiado. → *Inconveniente, impropio.*

ACONSEJAR Asesorar, avisar, advertir, prevenir, encaminar, sugerir, recomendar, aleccionar. → *Disuadir, callar, omitir.*

ACONTECER Suceder, ocurrir, acaecer, pasar, sobrevenir, verificarse, producir. → *Fallar, frustrarse.*

ACONTECIMIENTO Suceso, evento, hecho, acaecimiento, coyuntura, caso.

ACOPIO Acumulación, almacenamiento, provisión, depósito. → *Reparto.*

ACOPLAR Encajar, trabar, soldar, unir, ajustar, ensamblar, agrupar, articular, conectar. → *Separar, apartar, alejar, dividir.*

ACORDAR Convenir, concertar, concordar, pactar, armonizar. → *Negar, rehusar.*

ACORDARSE Rememorar, evocar, recordar, recapacitar. → *Olvidar.*

ACORDE De acuerdo, conforme, concorde, conjuntado, entonado. → *Desentonado, discorde, disonante.* || Arpegio, armonía, sonido. → *Discordancia, disonancia.*

ACORDONAR Cercar, rodear, envolver, alinear.

ACORRALAR Arrinconar, rodear, asediar, hostigar, encerrar, aislar. → *Soltar, liberar, defenderse.*

ACORTAR Disminuir, reducir, abreviar, mermar, aminorar, achicar. → *Alargar, agrandar, aumentar.*

ACOSAR Hostigar, perseguir, acorralar, molestar, importunar, amenazar. → *Defenderse, ayudar.*

ACOSTARSE Tenderse, echarse, tumbarse, extenderse, descansar. → *Levantarse, incorporarse.*

ACOSTUMBRAR Habituar, frecuentar, estilar, usar, avezar. → *Desconocer, desusar.*

ACOTACIÓN Advertencia, aclaración, comentario, nota, explicación.

ACRE Picante, irritante, agrio, áspero. → *Suave.*

ACRECENTAR Agrandar, aumentar, acrecer, extender, multiplicar, incrementar. → *Disminuir, reducir, aminorar.*

ACREDITADO Renombrado, afamado, prestigioso, célebre, reputado. → *Desprestigiado, desconocido.*

ACREEDOR Demandante, reclamante, solicitante, requirente. → *Deudor, moroso.* || Merecedor, digno, confiable, creíble. → *Indigno.*

ACRIBILLAR Taladrar, agujerear, herir.

ACRISOLADO Depurado, aquilatado, refinado, probado, demostrado. → *Impuro, inseguro, incierto.*

ACRITUD Aspereza, mordacidad, acrimonia, sarcasmo. → *Dulzura, benevolencia, amabilidad.*

ACRÓBATA   Equilibrista, gimnasta, saltimbanqui, volatinero, atleta, funámbulo.

ACTA   Certificación, testimonio, relación, memoria, reseña, acuerdo, documento.

ACTITUD   Posición, postura, disposición, porte, talante, ademán, apariencia.

ACTIVIDAD   Ocupación, tarea, labor, función. → *Inactividad.* || Dinamismo, prontitud, presteza, diligencia, eficacia, energía. → *Abulia, apatía, lentitud, pereza.*

ACTIVO   Dinámico, operante, eficaz, afanoso, diligente, rápido, atareado. → *Apático, lento, perezoso.*

ACTO   Acción, hecho, actuación, trance, maniobra, diligencia, ejercicio, suceso.

ACTOR   Artista, comediante, intérprete, histrión, cómico, figurante, galán. → *Espectador.* || Demandante, acusador. → *Demandado.*

ACTUACIÓN   Acción, acto. → *Diligencia.*

ACTUAL   Contemporáneo, presente, coexistente, coetáneo, efectivo, moderno. → *Pasado, pretérito, acaecido.*

ACTUAR   Obrar, ejecutar, ejercer, hacer, proceder, intervenir, funcionar, elaborar, desenvolverse. → *Inhibirse, abstenerse, cesar.*

ACUÁTICO   Marítimo, oceánico, fluvial, ribereño, costero. → *Terrestre, aéreo, seco.*

ACUCIAR   Estimular, urgir, incitar, aguijonear, apurar. → *Contener.* || Desear, anhelar, ansiar. → *Rechazar.*

ACUDIR   Ir, presentarse, llegar, asistir, arribar, congregarse. →*Faltar.* || Apelar, recurrir.

ACUERDO   Convenio, resolución, pacto, compromiso, tratado, negociación, alianza, arreglo. → *Discrepancia, disensión, conflicto.*

ACUITAR   Atribular, apenar, angustiar, afligir, acongojar. → *Consolar.*

ACUMULAR   Juntar, amontonar, allegar, acopiar, hacinar, apilar, depositar. → *Distribuir, repartir, esparcir.*

ACUNAR   Mecer, cunear.

ACUÑAR   Troquelar, estampar, imprimir, grabar, amonedar.

ACUOSO   Líquido, húmedo, aguado, caldoso. → *Seco.*

ACURRUCARSE   Encogerse, agazaparse, agacharse, acuclillarse, ovillarse. → *Estirarse.*

ACUSACIÓN   Incriminación, cargo, inculpación, imputación, denuncia. → *Defensa.*

ACUSAR   Denunciar, inculpar, achacar, imputar, culpar. → *Defender, disculpar.*

ACÚSTICO   Sonoro, auditivo. → *Ruidoso.*

ACHACAR   Atribuir, imputar, aplicar, inculpar. → *Disculpar.*

ACHACOSO Enfermizo, mórbido, doliente, delicado, enclenque. → *Sano, vigoroso.*

ACHAQUE Dolencia, enfermedad, indisposición, malestar, padecimiento. → *Salud, vigor.*

ACHICAR Empequeñecer, disminuir, rebajar, encoger. → *Agrandar, aumentar.* || Atemorizarse, intimidarse, acoquinarse. → *Envalentonarse.*

ACHICHARRAR Tostar, chamuscar, quemar, incinerar, asar, arder, calentar.

ADAGIO Refrán, sentencia, dicho, aforismo, proverbio, máxima, axioma.

ADALID Guía, jefe, caudillo, capitán, paladín, dirigente. → *Subordinado, subalterno.*

ADAPTAR Amoldar, adecuar, aclimatar, ajustar, arreglar, transformar. → *Desajustar.* || Acostumbrarse, familiarizarse, aclimatarse, habituarse. → *Desvincularse, aislarse, desarraigarse.*

ADARME Insignificancia, nadería, mezquindad, poco, migaja. → *Mucho.*

ADECUADO Conveniente, apropiado, oportuno, idóneo, apto. → *Impropio, inconveniente.*

ADEFESIO Esperpento, estantigua, espantajo, birria, hazmerreír. → *Maravilla, preciosidad, perfección.*

ADELANTAR Aventajar, sobrepasar, superar, exceder, mejorar, rebasar. → *Retrasar, rezagarse.*

ADELANTE Avante. → *Atrás, detrás.*

ADELGAZAR Enflaquecer, demacrarse, depauperarse, desmejorar. → *Engordar, robustecer.*

ADEMÁN Gesto, actitud, modales, maneras, seña, visaje, mueca, aspaviento. → *Inexpresividad.*

ADENTRARSE Ahondar, entrar, penetrar, introducirse, profundizar, ingresar. → *Salir, retroceder.*

ADEPTO Adicto, incondicional, devoto, partidario, seguidor, discípulo. → *Adversario, opuesto, contrario.*

ADEREZAR Acicalar, adornar, ataviar. → *Ajar.* || Componer, arreglar, remendar. → *Descomponer, desarreglar.*

ADEREZO Condimento, adobo, aliño.

ADEUDAR Deber, obligarse, comprometerse. → *Pagar, abonar.*

ADHERIR Pegar, unir, sujetar. → *Despegar, separar.* || Afiliarse, asociarse, aprobar, ratificar. → *Disentir, oponerse.*

ADHESIÓN Cohesión, adherencia, aprobación, consentimiento, aceptación, ratificación, apoyo. → *Reprobación, oposición, disconformidad.*

ADICIÓN Suma, agregación, añadidura, incremento, aumento. → *Resta, disminución.*

ADICIONAL Complementario, suplementario, agregado, añadido. → *Disminuido, sustraído.*

ADICTO Partidario, afiliado, adepto, adherido, leal, incondicional, secuaz, seguidor. → *Adversario, contrario.*

ADIESTRAR Ejercitar, instruir, aleccionar, amaestrar, guiar, entrenar. → *Desviar, descarriar.*

ADINERADO Opulento, rico, adinerado, acaudalado, pudiente, acomodado. → *Menesteroso, pobre, mísero.*

ADIPOSO Obeso, gordo, grueso, graso. → *Enjuto.*

ADITAMENTO Apéndice, aumento, complemento, añadidura. → *Supresión.*

ADIVINANZA Acertijo, pasatiempo, charada, enigma, entretenimiento. → *Solución.*

ADIVINAR Predecir, pronosticar, presagiar, vaticinar, profetizar, descubrir, interpretar, agorar, descifrar, resolver. → *Errar, ignorar.*

ADIVINO Profeta, vate, augur, agorero, nigromante, clarividente.

ADJETIVO Epíteto, calificativo, determinante. || Accidental, superficial. → *Esencial.*

ADJUDICAR Otorgar, conceder, ceder, conferir, transferir, dar, entregar, apropiarse, quedarse. → *Quitar, expropiar, negar.*

ADMINÍCULO Pertrecho, auxilio, avío, utensilio, aparato, artefacto, útil.

ADMINISTRAR Dirigir, guiar, regir, regentar, gobernar, mandar, tutelar, apoderar.

ADMIRABLE Asombroso, sorprendente, maravilloso, estupendo, excelente, magnífico, notable. → *Espantable, abominable, detestable.*

ADMIRACIÓN Estupor, pasmo, sorpresa, estupefacción, fascinación, entusiasmo. → *Disgusto, repulsión, indiferencia.*

ADMITIR Aceptar, acoger, recibir, tomar, consentir, tolerar, permitir. → *Rechazar, negar, prohibir.*

ADOBAR Condimentar, aliñar, aderezar, sazonar, salpimentar.

ADOCTRINAR Instruir, adiestrar, aleccionar, educar, amaestrar.

ADOLESCENCIA Mocedad, muchachez, pubertad, nubilidad. → *Vejez, senectud.*

ADOLESCENTE Muchacho, mancebo, chaval, púber, zagal. → *Anciano, adulto.*

ADOPTAR Prohijar, ahijar, proteger, recoger, amparar. → *Repudiar, desconocer, abandonar.*

ADOQUINAR Empedrar.

ADORABLE Fascinador, admirable, maravilloso, encantador, sugestivo, exquisito. → *Detestable, repulsivo.*

ADORAR Idolatrar, amar, querer, venerar, reverenciar, honrar, exaltar. → *Aborrecer, despreciar, odiar.*

ADORMECER Arrullar, adormilarse, calmar, sosegar, tranquilizar, aletargar, aplacar, amodorrar. → *Despabilar, despertar.*

ADORNAR Decorar, ornamentar, ataviar, engalanar, ornar, engalanar, acicalar, arreglar. → *Desaliñar, desarreglar, descomponer.*

ADORNO Decorado, ornamento, atavío.

ADOSAR Unir, yuxtaponer, arrimar, juntar, acercar, aproximar. → *Separar.*

ADQUIRIR Obtener, lograr, conseguir, comprar, apropiarse, ganar, agenciarse. → *Vender, ceder, perder.*

ADREDE Intencionalmente, deliberadamente, expresamente, de propósito, ex profeso. → *Involuntariamente, sin intención.*

ADUCIR Argüir, citar, alegar, invocar.

ADUEÑARSE Apropiarse, posesionarse, apoderarse, ocupar, atrapar. → *Desprenderse, ceder, entregar.*

ADULACIÓN Lisonja, halago. → *Ofensa.*

ADULAR Lisonjear, halagar, alabar, agasajar, loar, elogiar. → *Criticar, vituperar, ofender.*

ADULTERAR Falsear, viciar, falsificar, mistificar, engañar. → *Sanear.*

ADULTERIO Infidelidad, ilegitimidad, amancebamiento, abarraganamiento. → *Legitimidad.*

ADULTO Maduro, mayor, grande. → *Inmaduro.*

ADUSTO Severo, seco, serio, huraño, austero, hosco, ceñudo, taciturno. → *Afable, jovial.*

ADVENEDIZO Intruso, entremetido, importuno, arribista. → *Veterano, avezado.*

ADVENTICIO Eventual, casual, accidental, fortuito, impropio. → *Efectivo, seguro.*

ADVERSARIO Antagonista, rival, contrario, oponente, contrincante, enemigo. → *Aliado, partidario.*

ADVERSO Contrario, opuesto, hostil, desfavorable. → *Favorable, propicio.*

ADVERTENCIA Aviso, prevención, observación, admonición, apercibimiento, indicación, consejo, amonestación, amenaza.

ADYACENTE Inmediato, limítrofe, colindante, contiguo, lindante, cercano. → *Distante, lejano.*

AÉREO Sutil, vaporoso, volátil, etéreo, leve. → *Terrenal, material, pesado.*

AERÓDROMO Pista de aterrizaje, campo de aviación, aeropuerto.

AEROLITO Bólido, piedra, meteorito, leónidas.

AERONÁUTICA Aviación, aerostación, navegación aérea.

AEROPLANO Avión, aeronave, reactor.

AEROPUERTO Aeródromo.

AFABLE Cordial, afectuoso, amable, atento, simpático, asequible, benévolo. → *Hosco, antipático, descortés.*

AFAMADO Célebre, reputado, famoso, renombrado, acreditado, prestigioso, ilustre, glorioso, insigne, popular. → *Desconocido, ignorado.*

AFÁN Deseo, anhelo, ansia, vehemencia, ambición, brega, aspiración. → *Apatía, desidia.*

AFANARSE Empeñarse, desvelarse, esforzarse, trabajar. → *Desganarse.* || Consagrarse. → *Desentenderse.*

AFECCIÓN Dolencia, enfermedad, achaque, padecimiento, indisposición. → *Salud, bienestar.*

AFECTADO Fingido, amanerado, falso, rebuscado, cursi, ñoño, pedante, forzado. → *Espontáneo, natural, sencillo.*

AFECTAR Perjudicar, dañar, aquejar, afligir, estropear. → *Beneficiar, favorecer.*

AFECTO Afección, apego, cariño, inclinación, estima, simpatía, devoción. → *Malquerencia, odio, antipatía.*

AFEITAR Rapar, raer, rasurar, recortar, apurar.

AFEITE Cosmético, maquillaje, crema, colorete.

AFELPADO Felpudo, aterciopelado, velludo, peludo, lanoso. → *Pelado.*

AFEMINADO Amanerado, marica, amujerado, homosexual. → *Varonil, viril, masculino.*

AFERRAR Asir, afianzar, agarrar, asegurar. → *Soltar.* || Porfiar, obstinarse, insistir. → *Ceder.*

AFIANZAR Consolidar, aferrar, asegurar, afirmar, fortalecer, reforzar, apuntalar. → *Aflojar, debilitar.*

AFICIÓN Inclinación, devoción, propensión, tendencia, entusiasmo, apego. → *Desinterés.*

AFICIONARSE Prendarse, inclinarse, encariñarse. → *Desinteresarse.*

AFILAR Aguzar, amolar, adelgazar, afinar. → *Embotar, redondear.*

AFILIARSE Inscribirse, asociarse, adherirse, unirse, incorporarse. → *Darse de baja, renunciar.*

AFÍN Similar, análogo, semejante, parecido, relacionado, vinculado. → *Diferente, contrario, distinto.*

AFINAR Precisar, perfeccionar, acabar, sutilizar. || Templar, acordar, entonar. → *Desafinar.*

AFINCARSE Establecerse, fijarse, fincarse, avecindarse, residir, asentarse. → *Marcharse, emigrar, desarraigarse.*

AFINIDAD Parecido, similitud, semejanza, analogía, relación, parentesco. → *Diferencia, repulsión.*

AFIRMAR Confirmar, aseverar, asegurar, certificar, manifestar, testimoniar, reiterar, atestiguar. → *Negar.*

AFLICCIÓN Tribulación, congoja, pesar, dolor, angustia, amargura, desconsuelo, pena, sufrimiento. → *Satisfacción, alegría.*

AFLIGIR   Contrariar, disgustar, apenar, acongojar, entristecer. →
Alegrar.

AFLOJAR   Soltar, relajar, distender, desapretar, flaquear, debilitarse, ceder, decaer. → *Apretar, arreciar, endurecer.*

AFLORAR   Surgir, brotar, salir, asomar, aparecer, manifestarse. →
Ocultarse.

AFLUENCIA   Concurrencia, abundancia, acumulación, aflujo. →
Escasez.

AFORISMO   Sentencia, refrán, máxima, proverbio, axioma, precepto, pensamiento, dicho.

AFORTUNADO   Venturoso, feliz, dichoso, fausto, favorecido, agraciado, bienaventurado. → *Desdichado, infortunado.*

AFRENTA   Injuria, ofensa, agravio, ultraje, deshonra, vilipendio,
escarnio, vejación, baldón. → *Homenaje, cumplido, pleitesía.*

AFRONTAR   En.rentarse, desafiar, arrostrar, oponerse, aguantar.
→ *Eludir, someterse, rendirse.*

AFUERAS   Cercanías, inmediaciones, proximidades, alrededores,
contornos. → *Centro.*

AGACHARSE   Encogerse, acuclillarse, agazaparse, acurrucarse,
bajarse, inclinarse. → *Levantarse, incorporarse.*

AGALLAS   Osadía, valor, atrevimiento, ánimo. → *Miedo.*

ÁGAPE   Convite, festín, banquete, comilona, agasajo.

AGARRADO   Cicatero, mezquino, avaro, ahorrador, tacaño. → *Pródigo.*

AGARRAR   Tomar, coger, asir, aferrar, atrapar, sujetar. → *Soltar,
dejar.*

AGARROTADO   Acalambrado, contraído, endurecido. → *Relajado,
suelto.*

AGASAJAR   Festejar, regalar, obsequiar, homenajear, mimar, halagar. → *Despreciar, desdeñar.*

AGAZAPARSE   Encogerse, encuclillarse, acurrucarse, agacharse,
ocultarse. → *Descubrirse, levantarse.*

AGENDA   Calendario, dietario.

AGENTE   Gestor, intermediario, comisionado, corredor, mediador,
negociador.

AGIGANTARSE   Aumentar, crecer, agrandarse, desarrollar, am-
pliarse. → *Empequeñecerse, disminuir.*

ÁGIL   Expedito, diligente, ligero, veloz, suelto, raudo, activo, liviano.
→ *Lerdo, pesado, lento.*

AGITACIÓN   Trajín, movimiento, tráfago, excitación, conmoción,
alteración, inquietud, perturbación, revuelo, intranquilidad, desasosiego, revolución. → *Calma.*

AGITADOR   Revoltoso, perturbador, demagogo. → *Apacigua-
dor.*

AGLOMERACIÓN Amontonamiento, acumulación, hacinamiento. → *Dispersión*. || Multitud, gentío, muchedumbre, afluencia.

AGLUTINAR Cuajar, juntar, reunir, conglutinar, adherir, encolar, combinar. → *Separar, disgregar.*

AGOBIAR Atosigar, abrumar, cansar, oprimir, fatigar, angustiar, fastidiar. → *Animar, entretener.*

AGOBIO Cansancio, sofocación, opresión, atosigamiento, fatiga.

AGONÍA Muerte, fin, postrimería, estertor, trance, angustia, tribulación. → *Mejoría, dicha.*

AGORERO Profeta, vate, adivino, nigromante, augur.

AGOSTAR Abrasar, marchitar, secar. → *Reverdecer.*

AGOTAMIENTO Extenuación, consunción, debilidad, enflaquecimiento. → *Vigor.*

AGOTAR Extenuar, debilitar, enflaquecer. → *Vigorizar.* || Gastar, acabar, consumir, apurar. → *Colmar.*

AGRACIADO Hermoso, gracioso, lindo, bonito, apuesto, gallardo, garboso. → *Soso, feo, defectuoso.* || Favorecido, recompensado. → *Castigado, despreciado.*

AGRADABLE Placentero, grato, amable, deleitoso, gustoso, simpático, atractivo, cautivador, cautivante. → *Desagradable, antipático.*

AGRADAR Satisfacer, contentar, gustar, complacer, deleitar. → *Molestar.*

AGRADECIMIENTO Gratitud, reconocimiento, complacencia, satisfacción. → *Ingratitud.*

AGRADO Complacencia, contentamiento, placer, gusto. → *Disgusto, descontento, desagrado.*

AGRANDAR Acrecentar, engrandecer, aumentar, acrecer, multiplicar, desarrollar, incrementar. → *Disminuir, empequeñecer, achicar.*

AGRAVAR Enconar, empeorar, recrudecer, entorpecer, obstaculizar, perjudicar, complicar. → *Aliviar, facilitar, favorecer, merar.*

AGRAVIO Insulto, injuria, ofensa, afrenta, ultraje, oprobio, baldón. → *Homenaje, halago, desagravio.*

AGREDIR Atacar, embestir, acometer, arremeter, asaltar, golpear. → *Defender, ayudar.*

AGREGADO Mezcla, compuesto. || Anexo, adscrito, destinado.

AGREGAR Sumar, adicionar, añadir, aumentar, anexar, complementar. → *Quitar, sustraer.*

AGRESIÓN Acometida, asalto, ataque, embestida. → *Fuga.*

AGRESIVO Insolente, provocativo, violento, ofensivo, pendenciero. → *Pacífico, manso, remiso.*

AGRESTE Silvestre, campestre, áspero, inculto, salvaje, rústico. → *Cultivado, manso, dócil.*

AGRIAR Avinagrar, acidificar, acedar, acidular. → *Alcalinizar.* || Exacerbar, exasperar. → *Suavizar.*

AGRICULTOR Labriego, labrador, campesino, cultivador.

AGRIETAR Resquebrajar, hender, abrir, rajar, cuartear, cascar. → Unir, pegar.

AGRIO Acre, ácido, acedo, áspero, acerbo, avinagrado. → Dulce, suave. || Mordaz, sarcástico, hiriente, desabrido. → Amable, simpático.

AGRO Campo, tierra.

AGRUPAR Congregar, reunir, asociar, juntar, concentrar, convocar. → Separar, dispersar.

AGUACERO Chubasco, nubada, chaparrón, turbión, chaparrada, argavieso. → Calma, sequía.

AGUAFIESTAS Pesimista, gruñón, cascarrabias, protestón, agorero. → Optimista, simpático.

AGUANTAR Sostener, sustentar. → Dejar, soltar. || Tolerar, sufrir, soportar, padecer, disimular, transigir. → Rebelarse.

AGUAR Disolver, diluir, desleír, licuar, adulterar. → Concentrar, solidificar. || Frustrar, estropear, arruinar, malograr. → Favorecer.

AGUARDAR Esperar, permanecer. → Irse. || Retrasar, diferir, prorrogar, postergar. → Empezar. || Confiar, creer. → Desconfiar.

AGUDEZA Perspicacia, viveza, sutileza, ingenio, sagacidad. → Torpeza, simpleza, necedad.

AGUDO Puntiagudo, aguzado, fino, punzante, afilado. → Romo, embotado. || Inteligente, sagaz, perspicaz, penetrante, ingenioso. → Torpe, necio.

AGÜERO Augurio, presagio, pronóstico, predicción, profecía, vaticinio, auspicio.

AGUERRIDO Experimentado, avezado, fogueado, veterano, ducho, baqueteado. → Inexperto, novato.

AGUIJONEAR Punzar, picar, incitar, acuciar, pinchar, hostigar. → Refrenar, limitar.

AGUILEÑO Corvo, ganchudo, torcido, aquilino. → Respingado, recto.

AGUINALDO Gratificación, recompensa, propina.

AGUJA Púa, alfiler, horquilla, espina, pincho, espiga, punzón.

AGUJEREAR Perforar, horadar, taladrar.

AGUJERO Abertura, orificio, hueco, boquete, perforación, hoyo. → Obturación, relleno.

AGUZAR Afilar, adelgazar, afinar, ahusar, estrechar. → Embotar, despuntar.

AHÍ Acá, allí, aquí.

AHÍNCO Esfuerzo, tesón, firmeza, empeño, perseverancia, fervor, insistencia. → Apatía, desgana.

AHÍTO Repleto, harto, saciado, atiborrado, hastiado. → Hambriento, famélico.

AHOGAR Sofocar, asfixiar, ahorcar, estrangular, acogotar. → *Airear, ventilar.* || Apremiar, apretar, urgir, apurar, abrumar. → *Ayudar, tranquilizar.*

AHOGO Sofocación, opresión, ahoguío, apuro, pobreza. → *Desahogo.*

AHONDAR Profundizar, cavar, sondear, horadar, penetrar. → *Rellenar, tapar.*

AHORA En estos momentos, en este instante, hoy día, en la actualidad, actualmente.

AHORCAR Asfixiar, ahogar, estrangular, acogotar.

AHORRAR Economizar, escatimar, guardar, reservar, tasar, restringir. → *Despilfarrar.*

AHUECAR Esponjar, ablandar, mullir. → *Tupir.* || Marcharse, largarse. → *Llegar.*

AHUYENTAR Apartar, rechazar, expulsar, alejar, echar, asustar, espantar. → *Atraer.*

AIRADO Iracundo, irritado, enojado, encolerizado, furioso, agitado, violento. → *Sereno, apacible.*

AIRE Atmósfera, ambiente, éter. || Viento, corriente, céfiro, aura. → *Calma, bonanza.* || Aspecto, apariencia, figura, porte, talante.

AIREAR Orear, oxigenar, ventilar. → *Encerrar.*

AIROSO Gallardo, arrogante, apuesto, garboso, galán, donoso. → *Desgarbado.*

AISLAMIENTO Retiro, separación, retraimiento, desconexión. → *Comunicación.*

AISLAR Recluir, confinar, apartar, encerrar, incomunicar, clausurar, separar, arrinconar, relegar, alejar. → *Unir, relacionar.*

AJAR Deslucir, marchitar, deteriorar, maltratar, estropear, sobar. → *Renovar, vivificar.*

AJENO Extraño, foráneo, impropio, lejano, distinto, separado. → *Propio.*

AJETREO Movimiento, trajín, reventadero.

AJUAR Enseres, pertenencias, bienes, equipo, menaje, bártulos.

AJUSTAR Arreglar, acomodar, convenir, concertar. → *Discrepar, disentir.* || Apretar, encajar, embutir, acoplar, empalmar. → *Soltar, separar.*

AJUSTICIAR Matar, condenar, ejecutar, eliminar, liquidar. → *Indultar, perdonar.*

ALA Fila, hilera. || Lado, costado. || Élitro, alón.

ALABANZA Loa, elogio, apología, loor, encomio. → *Censura.*

ALABAR Ensalzar, enaltecer, adular, lisonjear, glorificar, encomiar. → *Censurar, condenar, difamar.*

ALABÉADO Arqueado, curvo, adunco, cono, pandeado, abarquillado, torcido. → *Recto.*

ALAMBRADA Valla, empalizada, cerco, red, cercado, seto, barrera.

ALARDE Presunción, gala, ostentación, jactancia, paroneo.

ALARDEAR Vanagloriarse, jactarse, preciarse, alabarse, gloriarse. → *Reprochar, disculparse.*

ALARGAR Dilatar, prolongar, extender, estirar, ampliar, agrandar. → *Acortar, disminuir.*

ALARIDO Grito, chillido, aullido, lamento, bramido, rugido, queja.

ALARMA Sobresalto, inquietud, susto, miedo, espanto, intranquilidad, zozobra, urgencia, emergencia, contingencia. → *Tranquilidad, calma, sosiego.*

ALBA Alborada, albor, aurora, madrugada, amanecer. → *Anochecer, atardecer.*

ALBEDRÍO Libertad, elección, arbitrio, voluntad, deseo, gana, gusto. → *Abstención, indecisión.*

ALBERGAR Hospedar, alojar, asilar, acoger, cobijar, amparar, admitir. → *Expulsar, rechazar.*

ALBERGUE Alojamiento, refugio, hospedaje, asilo, cobijo.

ALBO Claro, blanco, inmaculado, puro, níveo, cano. → *Negro, oscuro.*

ALBORADA Amanecer, albor. → *Anochecer.*

ALBORES Comienzos, principios, inicios, infancia. → *Ocaso.*

ALBOROTAR Sublevar, perturbar, gritar, excitar, trastornar. → *Apaciguar, callar.*

ALBOROTO Desorden, estrépito, tumulto, confusión, escándalo, vocerío.

ALBOROZO Alegría, regocijo, gozo, júbilo, contento, algazara, entusiasmo. → *Tristeza, pesadumbre, consternación.*

ALBUR Riesgo, contingencia, fortuna, suerte, azar, casualidad. → *Certidumbre.*

ALCAHUETE Rufián, encubridor, mediador, cómplice, compinche.

ALCANCE Consecuencia, importancia, trascendencia, efecto, eficacia, derivación.

ALCANCES Talento, inteligencia, capacidad, clarividencia, luces.

ALCANTARILLA Sumidero, desaguadero, cloaca, colector, vertedor.

ALCANZAR Lograr, conseguir, obtener, llegar, agenciar. → *Perder, abandonar.* || Atrapar, cazar, coger, rebasar. → *Distanciarse, rezagarse.*

ALCÁZAR Palacio, castillo, fortaleza, fortificación, ciudadela, fortín, reducto.

ALCOBA Dormitorio, aposento, cuarto, pieza, estancia, recinto.

ALCOHOLIZADO Embriagado, borracho, beodo, ebrio. → *Sobrio.*

ALCORNOQUE Necio, torpe, estúpido. → *Listo.*

ALCURNIA Estirpe, linaje, abolengo, prosapia, ascendencia, casta, origen. → *Plebeyez, humildad.*

ALDEA Pueblo, poblado, caserío, lugar, lugarejo. → *Urbe, metrópoli.*

ALDEANO Pueblerino, lugareño, campesino, rústico, labriego, paleto. → *Ciudadano.*

ALEATORIO Casual, fortuito, incierto, azaroso, arriesgado, impreciso. → *Seguro, cierto.*

ALECCIONAR Instruir, adiestrar, adoctrinar, enseñar, aconsejar, iniciar. → *Disuadir, desanimar.*

ALEDAÑO Limítrofe, colindante, vecino, contiguo, lindante, adyacente. → *Lejano, separado.*

ALEGAR Aducir, razonar, declarar, manifestar, testimoniar. → *Omitir, callar.*

ALEGATO Argumento, defensa, prueba, razonamiento, manifiesto, exposición, testimonio.

ALEGORÍA Símbolo, metáfora, representación, ficción, figura, imagen, atributo. → *Realidad.*

ALEGRE Jovial, contento, animado, divertido, festivo, gozoso, regocijado, ufano, jubiloso, radiante, gracioso, alborozado. → *Triste.*

ALEJAR Ahuyentar, apartar, retirar, separar, rechazar, marchar, distanciar. → *Aproximar, acercar.*

ALELADO Confundido, desconcertado, pasmado, aturdido, atontado, lelo, embobado. → *Listo, despierto, avispado.*

ALELUYA Viva, albricias.

ALENTAR Estimular, confortar, incitar, animar, exhortar, apoyar. → *Desanimar, disuadir, desalentar.*

ALERTA Avizor, presto, pronto, atento, vigilante, dispuesto, listo. → *Desprevenido.*

ALETARGADO Amodorrado, entumecido, inconsciente, adormecido. → *Despierto, animado.*

ALEVOSÍA Felonía, perfidia, traición, deslealtad, insidia, infidelidad. → *Lealtad, fidelidad.*

ALFABETO Abecedario, abecé.

ALFEÑIQUE Delicado, melindroso, blandengue, remilgado. → *Rudo.*

ALGARABÍA Vocerío, bulla, gritería, bullicio, alboroto, estruendo, jaleo, algazara. → *Silencio, tranquilidad.*

ALGARADA Alboroto, asonada, tumulto, motín, sublevación, revuelta, levantamiento, revolución, desorden. → *Paz, tranquilidad.*

ÁLGIDO Crítico, culminante, supremo, grave, trascendental. → *Intrascendente.*

ALHAJA Joya, broche, dije, presea, aderezo.

ALIANZA Coalición, liga, unión, confederación, pacto, acuerdo, compromiso, tratado, asociación. → *Rivalidad, hostilidad.*

ALIARSE Asociarse, unirse, confederarse. → *Desunirse.*

ALIAS Sobrenombre, apodo, mote.

ALICAÍDO Abatido, triste, desanimado, desalentado, deprimido, decaído. → *Animado, vivaz, alegre.*

ALICIENTE Estímulo, incentivo, atractivo, acicate, ánimo. → *Impedimento, freno, coerción.*

ALIENABLE Vendible, enajenable. → *Inalienable.*

ALIENADO Demente, psicópata, perturbado, loco, ido. → *Cuerdo.*

ALIENTO Resuello, hálito, aire, soplo, vaho, respiración. || Ánimo, incitación, confortación, consuelo, valor, esfuerzo. → *Desánimo, desaliento.*

ALIGERAR Aliviar, atenuar, moderar, disminuir, descargar, quitar, reducir, suavizar, calmar. → *Cargar, aumentar.*

ALIMAÑA Bicho, sabandija, animal, bestia.

ALIMENTAR Sustentar, nutrir, mantener, sostener, aprovisionar. → *Desnutrir.*

ALIMENTO Manutención, sustento, comida.

ALINEAR Enfilar, ordenar, situar, rectificar. → *Desordenar, separar.*

ALIÑAR Condimentar, sazonar, aderezar, adobar, salar, salpimentar. || Acicalar, arreglar, adornar, componer. → *Desaliñar.*

ALISAR Bruñir, pulir, pulimentar, igualar, planchar, desarrugar. → *Arrugar.*

ALISTAR Matricular, reclutar, inscribir, afiliar. → *Retirar.*

ALIVIAR Calmar, mitigar, aplacar, tranquilizar, confortar, alegrar. → *Desanimar.*

ALIVIARSE Reponerse, mejorar, recobrarse, restablecerse, recuperarse, curarse, sanar. → *Empeorar, agravarse.*

ALMA Espíritu, esencia, ánima, sustancia, aliento, hálito, corazón, conciencia. → *Cuerpo, materia.*

ALMACÉN Factoría, depósito, pósito.

ALMACENAR Acumular, guardar, acopiar, reunir, allegar, depositar, hacinar, amontonar. → *Repartir.*

ALMANAQUE Calendario, agenda, anuario, efemérides.

ALMIBARADO Empalagoso, dulzón, meloso, pegajoso, suave. → *Amargo, insípido.*

ALMONEDA Licitación, subasta, saldo, venta pública.

ALMORRANA Hemorroide.

ALMORZAR Comer, nutrirse, alimentarse, desayunar. → *Ayunar.*

ALMUERZO Comida, refrigerio, alimento, piscolabis.

ALOCADO Atolondrado, irreflexivo, precipitado, desatinado, impetuoso, disparatado, tarambana. → *Juicioso, sereno.*

ALOCUCIÓN Arenga, prédica, discurso, perorata, alegato, sermón, plática.

ALOJAMIENTO Posada, albergue, hospedaje, cobijo, aposento.

ALOJAR Albergar, guarecer, cobijar, hospedar, aposentar. → *Expulsar, desalojar.*

ALPARGATA Sandalia, zapatilla, chancleta, abarca, pantufla, escarpín.

ALPINISTA Montañista, escalador, excursionista, montañero, andinista.

ALQUERÍA Caserío, cortijo, granja, rancho, hacienda, finca.

ALQUILER Renta, arrendamiento, inquilinato, arriendo.

ALQUITARA Destilador, alambique.

ALREDEDOR En torno. || Aproximadamente, cerca.

ALREDEDORES Inmediaciones, afueras, proximidades, cercanías, contornos. → *Centro.*

ALTANERO Altivo, orgulloso, desdeñoso, presuntuoso, arrogante, fatuo, engreído, petulante, soberbio, imperioso. → *Humilde, modesto.*

ALTERACIÓN Cambio, variación, trastorno, mudanza, perturbación. → *Permanencia.*

ALTERAR Transformar, cambiar, variar, turnar, reemplazar, modificar, falsificar. → *Conservar, perpetuar.* || Irritar, trastornar, excitar, inquietar. → *Serenar, calmar.*

ALTERCADO Riña, reyerta, disputa, gresca, discusión, bronca, pendencia. → *Acuerdo, concordia, armonía.*

ALTERNAR Variar, cambiar, turnar, reemplazar. → *Mantener, conservar.* || Convivir, codearse, tratar, comunicarse, relacionarse, frecuentar, rozarse, verse. → *Aislarse, retraerse.*

ALTERNATIVA Disyuntiva, dilema, opción, azar, altibajo, fortuna, dificultad, problema. → *Certidumbre.*

ALTEZA Sublimidad, elevación, excelencia, altura. → *Bajeza.*

ALTIBAJO Fluctuación, desigualdad, salto. → *Regularidad.*

ALTISONANTE Grandilocuente, pomposo, rimbombante, campanudo, solemne. → *Sencillo.*

ALTIVEZ Orgullo, arrogancia, soberbia, altanería. → *Humildad.*

ALTO Elevado, crecido, espigado, desarrollado, descollante, gigantesco, enorme, dominante, dilatado. → *Bajo, minúsculo.* || Detención. || Agudo.

ALTRUISMO Filantropía, generosidad, caridad, humanidad. → *Egoísmo, interés.*

ALTURA Elevación, altitud, encumbramiento, nivel, cumbre, cota. → *Depresión.*

ALUCINACIÓN Ofuscación, desvarío, espejismo, deslumbramiento, visión. → *Realidad.*

ALUD Avalancha, lurte, argayo, desprendimiento, derrumbamiento, corrimiento, desmoronamiento, hundimiento.

ALUDIR Citar, referirse, mencionar, personalizar, determinar. → *Generalizar.*

ALUMBRAR Iluminar, encender, aclarar, enfocar, irradiar. → *Oscurecer, apagar.* || Parir, dar a luz.

ALUMNO Escolar, estudiante, discípulo, colegial, párvulo. → *Maestro.*

ALUSIÓN Mención, referencia, cita, sugerencia, indicación, reticencia, indirecta.

ALZA Encarecimiento, aumento, subida, elevación, incremento, carestía. → *Baja, disminución.*

ALZAMIENTO Insurrección, sublevación, rebelión, levantamiento, motín, revolución. → *Rendición, paz.*

ALZAR Encumbrar, subir, levantar, elevar, izar, encaramar. → *Bajar, descender.*

ALLANAR Registrar, irrumpir, penetrar, forzar, inspeccionar, investigar. || Aplanar, nivelar, rellenar, alisar, igualar. → *Desnivelar.*

ALLEGADO Familiar, pariente, deudo, relativo, próximo, emparentado. → *Desconocido, lejano, extraño.*

AMA Señora, patrona, dueña, jefa, propietaria, casera. → *Subordinada, sirvienta.*

AMABILIDAD Gentileza, afabilidad, cortesía, cordialidad, urbanidad, cortesía. → *Grosería, rudeza, descortesía.*

AMAESTRAR Adiestrar, ejercitar, amansar, domesticar, domar, educar.

AMAGO Finta, amenaza, ademán, intimidación. || Señal, indicio, síntoma, comienzo.

AMAINAR Disminuir, calmar, aflojar, ceder, moderar, escampar. → *Arreciar, empeorar.*

AMALGAMA Combinación, mezcla, mixtura, conjunto, unión. → *Separación, disgregación.*

AMAMANTAR Nutrir, criar, atetar, alimentar, dar el pecho.

AMANCEBARSE Juntarse, cohabitar, entenderse, enredarse, liarse. → *Separarse, casarse.*

AMANECER Alborear, aclarar, clarear, despuntar, romper el día, rayar el alba. → *Anochecer.* || Aurora, alborada, alba.

AMANERADO Remilgado, afectado, artificial, estudiado, afeminado, teatral, falso, rebuscado, forzado, complicado. → *Natural, sencillo, varonil.*

AMANSADOR Domador, picador.

AMANSAR Domesticar, domar, tranquilizar, apaciguar, calmar, amaestrar, domesticar, desbravar. → *Excitar, embravecer.*

AMANTE Galante, tierno, enamorado, querido, afectuoso, galán, adorador, galanteador, pretendiente, cortejador. → *Odioso.* || Concubina, querida, manceba, barragana.

AMAR Querer, idolatrar, estimar, venerar, adorar, reverenciar, afeccionar. → *Odiar.* || Apasionarse, entregarse, complacerse, apegarse.

AMARGO Ácido, acerbo, acibarado, agrio, desabrido, áspero, acre. → *Dulce.* || Angustioso, mortificante, doloroso, lamentable, triste. → *Alegre, grato.*

AMARGURA Sufrimiento, aflicción, pena, mortificación, tristeza, desconsuelo, tribulación, pesar, pesadumbre, angustia, sinsabor. → *Alegría, contento, dicha.*

AMARILLO Limonado, pajizo, gualdo, azufrado, rubio, dorado, leonado.

AMARRADERO Argolla, poste.

AMARRAR Ligar, atar, trincar, anudar, enlazar, unir, asegurar, inmovilizar. → *Desatar, desamarrar, soltar.*

AMARTELAR Arrullar, enamorar.

AMASAR Mezclar, amalgamar, heñir, apretar, sobar, manosear, frotar, menear.

AMASIJO Revoltijo, mezcla, mixtura, masa, confusión, fárrago.

AMATORIO Erótico, amoroso.

AMBICIÓN Ansia, avidez, codicia, anhelo, afán, deseo, gana, apetencia. → *Desinterés, modestia.*

AMBICIOSO Ávido, codicioso, ansioso, sediento. → *Modesto.*

AMBIGÜEDAD Indeterminación, imprecisión, equívoco, anfibología, confusión. → *Precisión.*

AMBIGUO Confuso, impreciso, incierto, vago, equívoco, oscuro, turbio, dudoso. → *Preciso, claro, determinado.*

ÁMBITO Perímetro, contorno. || Superficie, campo, espacio.

AMBOS Entreambos, los dos, uno y otro.

AMBULANTE Móvil, portátil, movible, itinerante, callejero, errante, libre. → *Fijo, estable.*

AMEDRENTAR Intimidar, amilanar, acobardar, atemorizar, arredrar, espantar. → *Envalentonar, animar.*

AMENAZA Bravata, apercibimiento, amago, conminación. → *Halago.*

AMENAZAR Retar, provocar, desafiar, fanfarronear, advertir, obligar. → *Reconciliar, olvidar.*

AMENO Placentero, grato, agradable, entretenido, atractivo, animado, variado. → *Aburrido.*

AMIGA Querida, concubina, manceba, amante.

AMIGABLE Amistoso. → *Hostil.*

AMIGO Compañero, camarada, inseparable, adicto, aficionado, partidario. → *Enemigo.*

AMILANAR Amedrentar, atemorizar, acobardar, intimidar, aterrar. → *Envalentonar.*

AMINORAR   Reducir, disminuir, menguar, mitigar, achicar, mermar, atenuar. → *Agrandar, acrecentar.*

AMISTAD   Compañerismo, cariño, afecto, inclinación, apego, devoción, camaradería, aprecio, hermandad. → *Enemistad.*

AMNISTÍA   Perdón, indulto, absolución, gracia, remisión, clemencia, indulgencia. → *Condena.*

AMO   Patrón, señor, propietario, dueño. → *Siervo, subordinado, servidor.*

AMODORRARSE   Aletargarse, adormilarse, adormecerse, dormitar. → *Desvelarse, despertarse.*

AMOHINARSE   Disgustarse, enojarse, enfadarse, entristecerse. → *Animarse, alegrarse.*

AMOLDARSE   Acostumbrarse, adaptarse, avenirse, ajustarse, habituarse, acomodarse, conformarse. → *Rebelarse, oponerse.*

AMONESTACIÓN   Reprimenda, apercibimiento, admonición, regaño, reproche, advertencia, aviso, exhortación. → *Elogio, alabanza.*

AMONTONAR   Acumular, acopiar, apilar, aglomerar, hacinar, juntar. → *Esparcir, distribuir.*

AMOR   Afecto, cariño, ternura, adoración, idolatría, devoción, apego, estima, predilección, querer. → *Odio, desprecio.*

AMORFO   Deforme, imperfecto, informe, desproporcionado. → *Formado, proporcionado.*

AMORÍO   Devaneo, galanteo, idilio, flirteo, noviazgo, conquista, aventura. → *Desaire, desdén.*

AMOROSO   Cariñoso, tierno, afectuoso, enamorado, amante, apasionado. → *Odioso, hostil.*

AMORTIGUAR   Mitigar, palear, atenuar, aminorar, moderar, suavizar, calmar, aplacar, atemperar, reducir. → *Avivar, aumentar.*

AMORTIZAR   Saldar, pagar, liquidar, redimir, vincular, satisfacer. → *Adeudar.* || Cubrir gastos, recuperar, compensar.

AMOSCARSE   Resentirse, agraviarse, enfadarse, enojarse, sentirse, recelar, escamarse. → *Aplacarse, confiar.*

AMOTINARSE   Insubordinarse, sublevarse, alzarse, insurreccionarse, agitar. → *Pacificar, calmar.*

AMPARO   Protección, salvaguardia, resguardo, abrigo, ayuda. → *Abandono, desamparo.*

AMPLIACIÓN   Aumento, amplificación, desarrollo. → *Reducción.*

AMPLIAR   Incrementar, presentar, agrandar, engrandecer, aumentar, desarrollar, dilatar, alargar, completar, ensanchar. → *Disminuir, reducir.*

AMPLIO   Espacioso, holgado, vasto, extenso, dilatado. → *Estrecho, reducido.*

AMPULOSO   Pomposo, redundante hinchado, altisonante, enfático, prosopopéyico, afectado, fatuo. → *Llano, sencillo, sobrio.*

AMPUTAR Cercenar, cortar, truncar, mutilar, seccionar, separar, eliminar. → *Unir.*

AMUEBLAR Equipar, dotar, pertrechar, guarnecer, decorar, adornar, instalar, amoblar. → *Desguarnecer, mudar.*

AMULETO Filacteria, talismán, mascota, ídolo, fetiche, reliquia.

AMURALLAR Fortificar, defender, atrincherar, proteger, cercar. → *Desguarnecer, debilitar.*

ANACORETA Eremita, ermitaño, solitario, cenobita, penitente.

ANACRÓNICO Extemporáneo, inadecuado, inoportuno, intempestivo, equivocado. → *Oportuno.*

ANALES Memorias, crónicas, comentarios, fastos, relatos, relaciones.

ANALFABETO Ignorante, inculto, iletrado, lego. → *Culto, instruido.*

ANÁLISIS Estudio, examen, investigación, determinación, observación, distinción, descomposición, separación. → *Síntesis.*

ANALIZAR Separar, descomponer, distinguir, aislar, observar, estudiar, examinar. → *Sintetizar.*

ANALOGÍA Semejanza, parecido, similitud, afinidad, relación, equivalencia. → *Diferencia.*

ANAQUEL Repisa, ménsula, estante, aparador, alacena, rinconera, soporte, armario.

ANARQUÍA Desgobierno, nihilismo, caos, desorden, desorganización, desbarajuste. → *Orden, gobierno.*

ANARQUISTA Revolucionario, nihilista, agitador, ácrata, perturbador. → *Conservador, absolutista, tradicionalista.*

ANATEMA Condena, maldición, excomunión, imprecación, execración, censura. → *Aprobación, canonización.*

ANCA Cadera, grupa, flanco, cuadril, muslo.

ANCESTRAL Familiar, atávico, hereditario, afín, tradicional, antiguo. → *Moderno, actual.*

ANCIANO Vetusto, viejo, antiguo, senil, longevo, añoso, decrépito, provecto. → *Nuevo, flamante.* || Abuelo, viejo, vejete, carcamal, vejestorio. → *Joven.*

ANCLAR Fondear, ancorar, echar anclas. → *Desanclar.*

ANCHO Extenso, amplio, vasto, holgado, abierto, libre, dilatado, expedito. → *Estrecho.* || Satisfecho, engreído, ufano, campante. → *Insatisfecho.*

ANDANADA Salva, descarga, fuego, disparos. || Reprimenda, filípica, represión, reconvención. → *Elogio, alabanza.*

ANDANZA Lance, correría, aventura, peripecia, acontecimiento, suceso, caso.

ANDAR Caminar, recorrer, marchar, moverse, funcionar, deambular, transitar. → *Pararse, detenerse.*

ANDRAJO Guiñapo, jirón, harapo, pingo, piltrafa, desgarrón, descosido.

ANDRAJOSO Roto, zarrapastroso, harapiento, desharrapado, desaliñado, sucio, desastrado. → *Atildado, pulcro.*

ANÉCDOTA Narración, relato, lance, relación, cuento, historieta, leyenda, acontecimiento, chiste.

ANEGAR Sumergir, inundar, encharcar, empapar, cubrir, mojar. → *Secar.*

ANEMIA Decaimiento, debilidad, insuficiencia, flojera, extenuación. → *Fortaleza, vigor.*

ANESTESIA Adormecimiento, narcosis, inconciencia, sopor, letargo, sueño, insensibilidad, parálisis. → *Dolor, sensibilidad.*

ANEXIONAR Anexar, unir, agregar, incorporar, vincular, ampliar, añadir. → *Separar, segregar.*

ANEXO Adjunto, adscrito, agregado, unido, anejo. → *Independiente.* || Sucursal, filial, sección, rama, delegación. → *Central.*

ANFITEATRO Hemiciclo, tribuna, aula, gradas, teatro.

ANFRACTUOSO Tortuoso, fragoso, escarpado, desigual, irregular, quebrado. → *Llano, liso.*

ÁNGEL Serafín, querubín, arcángel, querube, espíritu celestial. → *Demonio.*

ANGELICAL Seráfico, candoroso, espiritual, inocente, puro. → *Infernal, impuro.*

ANGOSTO Estrecho, menguado, reducido, justo, ceñido, corto, apretado, escaso. → *Ancho.*

ÁNGULO Canto, arista, esquina, rincón, recodo, chaflán, punta, comisura, bisel, filo.

ANGUSTIA Ansiedad, congoja, aflicción, dolor, tormento, tristeza, inquietud, desconsuelo, pena. → *Alegría, gozo.*

ANHELAR Ambicionar, desear, ansiar, apetecer, pretender, querer, aspirar, codiciar, suspirar, esperar. → *Renunciar.*

ANILLO Aro, argolla, anilla, sortija, alianza.

ÁNIMA Espíritu, alma, aliento, corazón, conciencia, hálito, sentimiento. → *Cuerpo, materia.*

ANIMACIÓN Agitación, movimiento, actividad, viveza, excitación, algazara, batahola, bullicio. → *Calma, silencio, inactividad.*

ANIMADVERSIÓN Antipatía, odio, aborrecimiento, enemistad, ojeriza, inquina, hostilidad. → *Simpatía, benevolencia.*

ANIMAL Bestia, bruto, alimaña, fiera.

ANIMAR Alentar, confortar, alegrar, exhortar, espolear, respaldar. → *Desalentar, desanimar.*

ÁNIMO Brío, valor, energía, intrepidez, denuedo, decisión, resolución. → *Desánimo, desaliento.*

ANIQUILAR Destruir, exterminar, suprimir, arruinar, desbaratar, matar, sacrificar. → *Salvar, crear.*

ANIVERSARIO Cumpleaños, celebración.

ANOCHECER Atardecer, ocaso, crepúsculo, oscurecer, anochecida. → *Amanecer, aurora.*
ANODINO Trivial, insustancial, soso, insignificante, ineficaz, insípido. → *Esencial, importante.*
ANOMALÍA Irregularidad, singularidad, rareza, anormalidad, absurdo. → *Normalidad.*
ANONADAR Desbaratar, abatir, desolar, confundir, desalentar, postrar, descorazonar. → *Animar.*
ANÓNIMO Ignorado, desconocido, secreto, enigmático. → *Conocido.*
ANORMAL Anómalo, irregular, desusado, infrecuente, raro, inverosímil. → *Normal, corriente.* || Deforme, degenerado, monstruoso.
ANOTAR Asentar, glosar, apuntar, comentar, inscribir, escribir, relacionar, explicar, consignar.
ANQUILOSADO Paralítico, atrofiado, inválido, impedido, esclerótico. → *Activo.*
ANQUILOSARSE Estancarse, inmovilizarse, envejecer. → *Reactivarse.*
ANSIA Afán, anhelo, deseo, codicia, apetencia, avaricia, ambición. → *Desinterés, indiferencia.* || Angustia, ansiedad, desazón, inquietud, incertidumbre, zozobra, preocupación. → *Tranquilidad, serenidad.*
ANTAGONISMO Oposición, rivalidad, contraposición, conflicto, discrepancia. → *Acuerdo, amistad.*
ANTAÑO Tiempo ha, antañazo, en otro tiempo, antiguamente, hace tiempo, en el pasado. → *Hoy, actualmente.*
ANTÁRTICO Polar, meridional, austral, del sur. → *Ártico, boreal.*
ANTECEDENTE Anterior, precedente. → *Siguiente.*
ANTECEDENTES Datos, referencias, relaciones, historial, precedentes. → *Conclusiones.*
ANTECESOR Antepasado, precursor, ascendiente, mayor, predecesor, progenitor. → *Sucesor, descendiente.*
ANTEDICHO Aludido, mencionado, precitado, referido, nombrado, predicho, citado.
ANTEDILUVIANO Prehistórico, primitivo, antiquísimo, arcaico, remoto. → *Actual, moderno.*
ANTELACIÓN Precedencia, anticipación, prioridad. → *Sucesión.*
ANTEMANO (DE) Anticipadamente, previsoramente, por adelantado, con tiempo.
ANTEOJO Prismático, binóculo, catalejo, telescopio, gemelos.
ANTEPASADOS Antecesores, ascendientes, progenitores. → *Descendientes.*
ANTEPONER Proponer, preferir. → *Posponer.*
ANTEPROYECTO Planteamiento, plan, preliminares, antecedentes, bosquejo. → *Apéndice, conclusión.*

ANTERIOR Previo, delantero, primero, precedente, antecedente, preliminar. → *Posterior.*

ANTES Antiguamente, anteriormente, anticipadamente, hace tiempo, en el pasado. → *Hoy, actualmente.*

ANTESALA Antecámara, recibidor, saleta.

ANTICIPACIÓN Anticipo, adelanto, antelación. → *Retraso.*

ANTICIPAR Predecir, anunciar, pronosticar, presagiar, adivinar. → *Errar, ignorar.*

ANTICIPO Préstamo, adelanto, empréstito, ayuda, entrega a cuenta.

ANTICONSTITUCIONAL Ilegítimo, antirreglamentario, ilícito, dictatorial. → *Constitucional, legal.*

ANTICUADO Caduco, viejo, antiguo, arcaico, añejo, vetusto, decrépito. → *Moderno, nuevo.*

ANTÍDOTO Antitóxico, contraveneno, remedio opuesto. → *Veneno.*

ANTIESTÉTICO Feo, desagradable, deforme, repulsivo, deslucido. → *Estético, armonioso.*

ANTIFAZ Careta, máscara, carátula.

ANTIGÜEDAD Vejez, ancianidad, vetustez, proclividad, decrepitud. → *Actualidad.* || Pasado. → *Presente.*

ANTIGUO Viejo, arcaico, vetusto, añejo, pretérito, primero, memorial, tradicional, rancio, decadente. → *Moderno, actual.*

ANTIHIGIÉNICO Insalubre, sucio, malsano, nocivo, desaseado. → *Aseado, limpio, higiénico.*

ANTINOMIA Contradicción, oposición, antítesis, discordancia. → *Conformidad.*

ANTIPATÍA Aversión, odio, animadversión, ojeriza, inquina, repugnancia, antagonismo, incompatibilidad. → *Simpatía.*

ANTIRREGLAMENTARIO Ilícito, ilegal, injusto, ilegítimo, prohibido. → *Legal, reglamentario, lícito.*

ANTISÉPTICO Desinfectante, aséptico, antimicrobiano, bacteriostático. → *Séptico, contaminado.*

ANTÍTESIS Oposición, antinomia, contradicción, contraste, paradoja, diferencia, divergencia, disparidad. → *Similitud, concordancia.*

ANTOJO Veleidad, capricho, volubilidad, fantasía, gusto, extravagancia, ilusión, anhelo. → *Desinterés.*

ANTOLOGÍA Selección, recopilación, florilegio, compendio, miscelánea, compilación, crestomatía, analectas.

ANTÓNIMO Opuesto, antitético. → *Sinónimo.*

ANTONOMASIA Excelencia.

ANTORCHA Hachón, tea, blandón, cirio, vela.

ANTRO Caverna, cueva, gruta, cubil, guarida, escondrijo, refugio, madriguera. || Covacha, tugurio.

ANTROPÓFAGO Caníbal, carnívoro, sanguinario, feroz, salvaje.
ANUAL Anuo, regular, periódico, añal. → *Irregular.*
ANUDAR Enlazar, atar, ligar, amarrar, unir, juntar, sujetar, liar. →
Desanudar, desatar.
ANUENCIA Venia, consentimiento, aprobación, permiso, autoriza-
ción, aquiescencia, beneplácito. → *Delegación, negativa.*
ANULAR Revocar, abolir, invalidar, cancelar, suprimir, inhabilitar,
abrogar. → *Validar, aprobar.*
ANUNCIAR Avisar, notificar, informar, proclamar, noticiar, declarar,
advertir, comunicar. → *Callar, reservar.*
ANUNCIO Aviso, letrero, cartel, rótulo, informe, notificación, publi-
cación.
ANVERSO Cara (anterior), recto, faz. → *Reverso.*
AÑADIR Agregar, incrementar, sumar, aumentar, adicionar, aso-
ciar. → *Quitar, sustraer.*
AÑAGAZA Treta, engaño, artimaña, ardid, cebo, reclamo, engañi-
fa, trampa. → *Verdad.*
AÑEJO Rancio, añoso, envejecido, tradicional, vetusto. → *Nuevo,*
reciente.
AÑICOS Trozos, fragmentos, pedazos, trizas, piezas, cachos, par-
tículas.
AÑORANZA Nostalgia, morriña, saudade.
AÑORAR Rememorar, evocar, recordar, echar de menos, suspirar
por. → *Olvidar, desinteresarse.*
AÑOSO Viejo, añejo, antiguo. → *Nuevo.*
APABULLAR Estrujar, abrumar, pasmar, despampanar, deslum-
brar, desconcertar, atolondrar, confundir, dominar. → *Respetar.*
APACIBLE Placentero, tranquilo, reposado, pacífico, benévolo, dó-
cil. → *Desapacible, inquieto, rebelde.*
APACIGUAR Tranquilizar, serenar, calmar, sosegar, pacificar, dul-
cificar, aplacar. → *Excitar, irritar.*
APADRINAR Auspiciar, proteger, patrocinar. → *Desentenderse.*
APAGAR Extinguir, atenuar, amortiguar, oscurecer, aminorar. →
Encender, aumentar.
APALABRAR Pactar, convenir, concertar, tratar, arreglar, ajustar.
→ *Discrepar.*
APALEAR Bastonear, aporrear, varear, palear, zurrar, pegar, mal-
tratar. → *Acariciar, curar.*
APANDILLAR Agrupar, congregar, reclutar, apiñar, capitanear,
reunir, dirigir. → *Separar, disgregar.*
APAÑAR Apropiarse, tomar, robar, recoger, apañuscar, timar, en-
gañar, disponer.
APAÑO Engaño, timo, arreglo, componenda, embrollo, lío, hurto,
robo.

APARADOR Alacena, estante, trinchero, armario, despensa.

APARATO Utensilio, artefacto, artilugio, máquina, mecanismo, dispositivo, armatoste, instrumento. || Ostentación, boato, pompa, fausto, solemnidad.

APARATOSO Dramático, espectacular, teatral, pomposo, solemne, ostentoso, aparatero. → Sencillo.

APAREAR Ayuntar, cubrir, emparejar, acoplar. || Hermanar, equiparar, igualar. → Diferenciar.

APARECER Asomar, manifestarse, surgir, mostrarse, salir, brotar, exhibirse, dejarse ver, encontrarse, estar, figurar. → Desaparecer, ocultarse.

APARECIDOS Fantasmas, espectros, duendes, apariciones, espíritus, sombras, ánimas.

APAREJAR Disponer, aprestar, prevenir, preparar, montar, instalar, alzar. → Desaparejar, desmontar.

APAREJO Aparato, artefacto, pertrecho, avío, útil, mecanismo, polea, instrumental, herramienta. || Mástiles, arboladura, velamen, cordaje, jarcia.

APARENTAR Fingir, simular, figurar, afectar, engañar, encubrir, falsear, disfrazar, representar, disimular, ocultar. → Descubrir, revelar.

APARENTE Simulado, artificial, fingido, postizo, ficticio, engañoso. → Real, verdadero, auténtico.

APARICIÓN Visión, espectro, fantasma, espíritu, aparecido, imagen, trasgo, alma en pena, fantasía.

APARIENCIA Forma, figura, aspecto, traza, talante, cariz, pinta, facha, catadura, aire, fisonomía. || Probabilidad, posibilidad, verosimilitud.

APARTADO Distante, retirado, alejado, lejano, remoto, arrinconado, aislado, oculto. → Cercano, próximo. || Capítulo, división, párrafo.

APARTAMENTO Piso, departamento, vivienda, cuarto, casa, morada, habitación, alojamiento.

APARTAR Desviar, quitar, alejar, separar, retirar, desembarazar, rechazar, ahuyentar, desechar, expulsar, arrinconar. → Atraer, acercar.

APASIONADO Vehemente, ardoroso, fanático, entusiasta, delirante, amante, exaltado, febril. → Flemático, indiferente.

APASIONANTE Excitante, conmovedor, emocionante, enloquecedor, patético. → Insulso.

APASIONAR Entusiasmar, inflamar, emocionar, trastornar, excitar, enfervorizar, exaltar, enardecer, arrebatar, embriagar, embobar. → Desinteresar, aburrir.

APATÍA Indiferencia, displicencia, impasibilidad, flema, indolencia, desgana, pereza. → Actividad, pasión.

APEAR Descender, bajar, salir, desmontar, descabalgar. → *Subir, montar.*

APECHUGAR Soportar, aguantar, cargar, apechar, resignarse, chincharse, aceptar, transigir, tolerar. → *Rebelarse, oponerse.*

APEDREAR Lapidar, descalabrar, maltratar, estropear, cantear.

APEGO Inclinación, afición, afecto, cariño, estima, devoción. → *Desapego, desafecto.*

APELACIÓN Recurso, solicitación, reclamación, interposición, consulta, revisión, demanda. → *Delegación.*

APELAR Acudir, recurrir, reclamar, interponer, demandar, solicitar. → *Rechazar, denegar.*

APELATIVO Apellido, nombre, patronímico, designación, denominación, apodo.

APELMAZADO Compacto, apretado, amazacotado, apiñado, amontonado, apelotonado. → *Suelto, disgregado.*

APELOTONAR acumular, amontonar, atiborrar, apiñar.

APELLIDARSE Llamarse, nombrarse, apelarse, denominarse, apodarse, motejarse.

APELLIDO Nombre, denominación, apelativo, designación, seudónimo, alias, sobrenombre.

APENAR Atribular, desolar, angustiar, atormentar, apesadumbrar, entristecer, desconsolar, afligir, acongojar, mortificar, abrumar. → *Alegrar, consolar.*

APENAS Escasamente, difícilmente, ligeramente, exiguamente, casi no. || Luego que, al punto que.

APÉNDICE Suplemento, agregado, prolongación, añadido, aditamento, adición, extremo, extensión, alargamiento. → *Conjunto.* || Rabo, cola, miembro, extremidad, tentáculo.

APERCIBIMIENTO Amonestación, represión, aviso, advertencia, admonición.

APERCIBIR Advertir, avisar, amonestar, prevenir, recomendar, sugerir, amenazar. → *Callar, omitir.*

APERGAMINARSE Momificarse, acartonarse, avellanarse, ajarse, marchitarse, endurecerse. → *Suavizarse, rejuvenecerse.*

APEROS Enseres, pertrechos, utensilios, bártulos, avíos, aparejos, herramientas, aparatos.

APERREADO Fastidioso, arrastrado, trabajoso, duro, molesto, incómodo, difícil, pesado, fatigoso. → *Leve, fácil, sencillo.*

APERTURA Comienzo, principio, inauguración, abertura, estreno, ceremonia, gala, celebración. → *Cierre.*

APESADUMBRAR Acongojar, atribular, apenar, apesarar, contristar, entristecer, angustiar, desolar, abatir, mortificar. → *Alegrar, contentar.*

APESTADO Corrompido, insalubre, infecto, enfermo. → *Sano.*

APESTOSO Pestilente, fétido, hediondo, maloliente, repugnante. → *Oloroso, aromático.*

APETECER Querer, desear, ansiar, ambicionar, codiciar, aspirar, pretender, antojarse. → *Ofrecer, rechazar.*

APETITO Voracidad, apetencia, gana, hambre, deseo, glotonería, gula, gazuza, bulimia, ansia, avidez. → *Inapetencia.*

APETITOSO Sabroso, gustoso, rico, regalado, delicado, exquisito, agradable. → *Repugnante, insípido.*

APIADARSE Condolerse, compadecerse, dolerse, apenarse, conmoverse, enternecerse. → *Ensañarse, endurecerse.*

ÁPICE Cúspide, cima, sumidad, remate, vértice, cumbre, punta, extremidad, pico, fin. → *Base, principio.*

APILAR Acumular, amontonar, hacinar, juntar, apiñar, agrupar, almacenar, aglomerar. → *Esparcir, allanar.*

APIÑARSE Arremolinarse, juntarse, agruparse, amontonarse, arrimarse, apretarse, reunirse. → *Separarse, alejarse.*

APISONAR Apretar, aplastar, pisonear, entupir, azocar, allanar, aplanar, nivelar, igualar, enrasar, alisar. → *Levantar, romper.*

APLACAR Calmar, sosegar, aquietar, pacificar, suavizar, serenar, moderar, amansar, mitigar, tranquilizar, atenuar. → *Irritar, excitar.*

APLACIBLE Ameno, grato, agradable, deleitoso, delicioso. → *Desaplacible.*

APLANAR Explanar, allanar, igualar. || Postrar, desalentar, abatir, extenuar, aniquilar, debilitar. → *Vigorizar.*

APLASTAR Comprimir, chafar, estrujar, remachar, apabullar, abatir, humillar, avergonzar, confundir. → *Exaltar.*

APLAUDIR Palmotear, palmear, encomiar, elogiar, celebrar, loar, aprobar, ovacionar, vitorear. → *Reprobar, abuchear.*

APLAUSO Palmas, ovación, elogio, encomio, loa. → *Rechifla.*

APLAZAMIENTO Retardo, retraso, prórroga, dilación, suspensión, postergación, tardanza, pretericición. → *Anticipo, continuación.*

APLICACIÓN Empleo, uso, manejo, utilidad, destino, utilización. || Diligencia, perseverancia, tesón, afán, laboriosidad, trabajo, constancia, aprovechamiento. → *Inconstancia, pereza.*

APLICADO Estudioso, esmerado, cuidadoso, atento, asiduo, laborioso, diligente, tesonero. → *Perezoso, desaplicado.*

APLICAR Emplear, usar, manejar, utilizar, destinar, adjudicar, achacar, imputar. || Adherir, fijar, pegar, adaptar, poner, arrimar. → *Separar, quitar, despegar.*

APLICARSE Estudiar, atender, esmerarse, perseverar. → *Distraerse.*

APLOMO Gravedad, seguridad, serenidad, seriedad, mesura, flema, confianza, circunspección, desenvoltura. → *Inseguridad, vacilación.*

APOCADO Cobarde, tímido, pusilánime, medroso, corto, timorato, asustadizo. → *Decidido, resuelto.*

APOCALIPSIS Hecatombe, cataclismo, catástrofe. → *Tranquilidad, paz.*

APOCALÍPTICO Aterrador, espantoso, catastrófico, horrendo, pavoroso, enloquecedor, espeluznante. → *Grato, tranquilo.*

APÓCOPE Elisión, metaplasmo, supresión.

APÓCRIFO Falso, falsificado, fingido, supuesto, espurio, ficticio, adulterado, ilegítimo. → *Genuino, auténtico.*

APODAR Llamar, denominar, designar, apelar, apellidar, motejar.

APODERADO Mandatario, tutor, encargado, representante, administrador. → *Desautorizado.*

APODERARSE Apropiarse, adueñarse, usurpar, dominar, tomar, quitar, robar. → *Renunciar.*

APODÍCTICO Decisivo, demostrativo, convincente. → *Anodino.*

APODO Sobrenombre, seudónimo, mote, alias, remoquete, apelativo.

APOGEO Auge, plenitud, esplendor, cumbre, magnificencia, culminación, remate, coronamiento. → *Decadencia, ruina.*

APOLOGÍA Alabanza, panegírico, defensa, justificación, elogio, encomio, disculpa. → *Crítica, acusación.*

APOLTRONADO Gandul, haragán, perezoso, indolente, desidioso, ocioso. → *Activo, dinámico.*

APORREAR Golpear, zurrar, pegar, sacudir, tundir, apalear. → *Acariciar.*

APORTAR Llevar, dar, proporcionar, aducir, contribuir, participar, concurrir. → *Retirar, quitar.*

APOSENTO Cuarto, habitación, estancia, alcoba, recinto, cámara, sala, pieza.

APOSTA Deliberadamente, adrede, intencionalmente, de propósito, ex profeso. → *Casualmente, sin querer.*

APÓSTATA Renegado, perjuro, relapso, descreído, incrédulo. → *Fiel, converso.*

APOSTEMA Tumor, absceso, postema, nacencia.

APOSTILLAR Explicar, comentar, glosar, acotar, añadir, sugerir, referirse, aclarar. → *Callar.*

APÓSTOL Evangelista, predicador, propagador, discípulo, misionero.

APOSTOLADO Defensa, misión, cometido, campaña, propaganda, servicio, divulgación.

APÓSTROFE Imprecación, dicterio, insulto, acusación, denuncia, ofensa, invectiva. → *Elogio, alabanza.*

APÓSTROFO Acento, vírgula, tilde, signo ortográfico.

APOSTURA Garbo, gallardía, galanura, donaire, arrogancia. → *Desgaire, fealdad.*

APOTEGMA   Sentencia, máxima, refrán, aforismo, adagio.

APOTEOSIS   Exaltación, glorificación, ensalzamiento, culminación, desenlace, frenesí, júbilo, delirio. → *Condenación, calma.*

APOYAR   Amparar, proteger, favorecer, sostener, autorizar, respaldar, secundar, patrocinar. → *Abandonar, atacar.* || Adosar, precostar, reclinar, arrimar, afirmar, acodarse, sostenerse. → *Incorporarse, separarse.*

APOYO   Soporte, sostén, sustentáculo, respaldo, puntal. || Auxilio, ayuda, protección, patrocinio, favor, amparo, aliento. → *Oposición, abandono.*

APRECIAR   Estimar, valorar, querer, respetar, considerar, distinguir, preciar. → *Despreciar, desdeñar.*

APRECIO   Cariño, afecto, estima, estimación, consideración. → *Desprecio.*

APREHENDER   Capturar, incautarse, coger, apresar, asir, aprisionar. → *Soltar, liberar.* || Comprender.

APREMIANTE   Urgente, perentorio, coactivo, acuciante, ineludible, obligatorio. → *Diferible, lento.*

APREMIO   Premura, urgencia, necesidad, precipitación, prisa, rapidez. → *Calma, lentitud.*

APRENDER   Estudiar, instruirse, ilustrarse, ejercitarse, cultivarse, comprender. → *Olvidar.*

APRENDIZ   Principiante, aspirante, novel, neófito. → *Maestro.*

APRENSIÓN   Desconfianza, temor, escrúpulo, recelo, prejuicio, reparo, miramiento. → *Seguridad, despreocupación.*

APRESAR   Capturar, aprisionar, prender, atrapar, detener, encarcelar. → *Soltar, liberar.*

APRESTAR   Disponer, preparar, arreglar, aparejar, prevenir, acondicionar, organizar, alistar. → *Improvisar, dificultar, retrasar.*

APRESURAMIENTO   Precipitación, premura, rapidez, celeridad, apremio, prontitud, presura. → *Calma, lentitud.*

APRESURAR   Acelerar, activar, avivar, aligerar, precipitar, apremiar, urgir. → *Retardar, retrasar.*

APRETAR   Acosar, apremiar, oprimir, importunar, prensar, agarrotar, exprimir. → *Soltar, aflojar.*

APRETUJAR   Oprimir, comprimir, apretar.

APRIETO   Compromiso, apuro, necesidad, conflicto, dificultad, problema, dilema, trance, brete. → *Desahogo, alivio.*

APRISA   Aceleradamente, rápidamente, de prisa, urgentemente, apresuradamente. → *Despacio.*

APRISIONAR   Apresar, prender, asir, coger, capturar, recluir, arrestar, encarcelar, aprehender, detener. → *Libertar.*

APROBACIÓN   Autorización, consentimiento, aquiescencia, conformidad, beneplácito, asentimiento, ascenso, permiso, venia. → *Desaprobación, negativa.*

APROPIADO Pertinente, adecuado, apto, conveniente, justo, correcto, propio, oportuno, idóneo. → *Inadecuado, incorrecto.*

APROPIARSE Adueñarse, apoderarse, coger, arrogarse, usurpar, tomar, despojar, quitar, robar. → *Ceder, devolver, restituir.*

APROVECHABLE Utilizable, servible, útil.

APROVECHAR Utilizar, emplear, disfrutar, explotar, beneficiarse, valer, servir. → *Desperdiciar, desaprovechar.*

APROVISIONAR Proveer, suministrar, avituallar, distribuir, almacenar, abastecer.

APROXIMAR Avecinar, acercar, arrimar, juntar, adosar, allegar. → *Alejar, separar.*

APTITUD Destreza, idoneidad, competencia, capacidad, suficiencia, disposición, arte, maña, talento. → *Ineptitud, incompetencia.*

APTO Capaz, idóneo, competente, suficiente, útil. → *Inepto.*

APUESTA Jugada, posta, envite, juego, reto, desafío, rivalidad.

APUESTO Arrogante, galán, gallardo, bizarro, airoso, gentil, garboso. → *Desgarbado.*

APUNTALAR Asegurar, apoyar, afirmar, entibar, sostener, consolidar, reforzar. → *Abandonar, aflojar.*

APUNTAR Inscribir, escribir, anotar, registrar, asentar. → *Borrar, tachar.*

APUNTE Nota, boceto, bosquejo, croquis.

APUÑALAR Acuchillar, acribillar, pinchar, herir, asestar. → *Curar.*

APURADO Apremiante, comprometido, peligroso, difícil, angustioso. → *Sencillo, fácil.* || Necesitado, afligido, angustiado, abrumado, miserable, hambriento. → *Tranquilo, desahogado.*

APURAR Consumir, acabar, agotar, rematar, concluir. → *Empezar, iniciar.* || Urgir, acelerar, activar, apresurar.

APURARSE Atribularse, apenarse, acongojarse, preocuparse. → *Despreocuparse.*

APURO Necesidad, escasez, compromiso, aprieto. → *Desahogo.*

AQUEJAR Afectar, acongojar, afligir, entristecer, inquietar, abrumar, apenar, apesadumbrar. → *Confortar.*

AQUELLARRE Orgía, bacanal, desenfreno, batahola, barahúnda.

AQUIESCENCIA Autorización, venia, permiso, consentimiento, asentimiento, beneplácito. → *Delegación.*

AQUIETAR Calmar, serenar, tranquilizar, apaciguar, sosegar, aplacar. → *Inquietar, soliviantar.*

AQUILINO Aguileño, jorobado.

ÁRABE Sarraceno, moro, mahometano, musulmán, islámico.

ARANCEL Tasa, derecho, tarifa, impuesto, valoración, carga, tributo, arbitrio, contribución.

ARANDELA Anilla, disco, corona, aro, argolla.

ARAÑAR Rasguñar, arpar, escarbar, rascar, marcar, señalar, herir. → *Suavizar, curar.*

ARAÑAZO Rasguño, uñarada, araño, rasponazo.

ARAR Labrar, remover, roturar, cultivar, trabajar, laborear, cavar, surcar. → *Allanar.*

ARBITRAJE Dictamen, sentencia, decisión, juicio, resolución, fallo, veredicto.

ARBITRARIEDAD Atropello, injusticia, ilegalidad, desafuero, abuso, vejación, ultraje. → *Derecho, justicia.*

ÁRBITRO Juez, mediador, interventor, intercesor, componedor, dictaminador. → *Parte.*

ARBOLEDA Espesura, selva, bosque, floresta, fronda, follaje.

ARCA Baúl, arcón, cofre, arqueta, bargueño, cajón.

ARCADA Bóveda, arco, cimbra, vuelta, arquería, cúpula, ábside. ‖ Vómito, vértigo, basca, náusea, vahído, asco, ansia, angustia.

ARCAICO Antiguo, anticuado, viejo, vetusto, venerable. → *Reciente.*

ARCANO Recóndito, oscuro, misterioso, secreto, oculto, reservado, hermético. → *Conocido, divulgado.*

ARCILLA Marga, greda, calamita, arena, tierra, silicato, caliza.

ARCO Bóveda, curvatura, curva, aro, cimbra, cúpula, ábside. → *Recta.*

ARCHIVO Registro, protocolo, cedulario, cartulario, legajo, repertorio, padrón, índice.

ARDER Quemar, abrasar, incendiar, incinerar, chamuscar, prender, flamear, inflamar, tostar, escaldar. → *Apagar, sofocar, enfriar.*

ARDID Treta, astucia, maña, estratagema, engaño, artificio, truco, trampa, martingala, mentira. → *Verdad, honorabilidad.*

ARDIENTE Candente, abrasador, ardoroso, incandescente, tórrido, incendiario, achicharrante, caluroso, ígneo. → *Gélido, frío.*

ARDOR Vehemencia, calor, pasión, entusiasmo, fogosidad, arrebato, exaltación, efervescencia. → *Indiferencia, frialdad.*

ARDUO Difícil, dificultoso, trabajoso, apretado, apurado, peleagudo, laborioso, penoso, espinoso, complicado. → *Fácil, cómodo.*

ÁREA Superficie, extensión, espacio, perímetro, zona, tierra, comarca.

ARENA Tierra, polvo, grava, polvillo, asperón, escoria, arenisca, partículas.

ARENGA Discurso, perorata, alocución, oración, prédica, proclama, sermón, alegato, diatriba, catilinaria. → *Silencio.*

ARENOSO Polvoroso, granuloso, sabuloso.

ARETE Pendiente, zarcillo, arracada, arillo.

ARGAMASA Mezcla, mortero, forja, arena, cemento, cascajo, grava.

ARGENTINO Sonoro, cristalino, puro, vibrante. → *Bronco, discordante.*

ARGOLLA Anilla, aro, sortija, collar, abrazadera, gargantilla, ajorca, dogal.

ARGOT Jerga, caló, germanía, jerigonza, galimatías.

ARGUCIA Tergiversación, sofisma, sutileza, treta, engaño, artimaña, añagaza, artificio, trampa. → *Honradez, corrección.*

ARGÜIR Replicar, contradecir, refutar, argumentar, objetar, impugnar, litigar, disputar. → *Aprobar, convenir.* || Mostrar, indicar, revelar, probar, exponer, demostrar, asegurar. → *Aprobar, callar, omitir.*

ARGUMENTAR Contradecir, discutir, impugnar, refutar, objetar. → *Aprobar.*

ARGUMENTO Conclusión, razonamiento, juicio, demostración, tesis, testimonio, evidencia, señal. → *Disparate, sandez.* || Libreto, guión, trama, tema, asunto, materia, motivo.

ARIA Canción, pieza, canto, aire, tonada, melodía, romanza, cavatina.

ÁRIDO Estéril, seco, improductivo, enjuto, infecundo, desierto, yermo, desolado. → *Fértil, fecundo.*

ARISCO Huraño, hosco, esquivo, áspero, huidizo, bravío, indócil, insociable, montaraz, cerril. → *Sociable, dócil.*

ARISTA Esquina, canto, borde, intersección, margen, costado, saliente, ángulo.

ARISTOCRACIA Nobleza, alcurnia, linaje, estirpe, prosapia, solera, abolengo, ascendencia, patriciado, señoría. → *Plebe.*

ARMADA Escuadra, flota, marina, flotilla.

ARMADURA Montura, esqueleto, armazón, protección, defensa, coraza, arnés, caparazón.

ARMAR Equipar, pertrechar, proteger, defender, dotar, blindar, acorazar. → *Desarmar, desproteger.*

ARMARIO Ropero, alacena, guardarropa, cómoda, aparador, rinconero.

ARMATOSTE Trasto, artefacto, cachivache, artilugio, aparato, cacharro.

ARMAZÓN Andamio, andamiaje, armadura, montura, bastidor, maderamen, entramado, sustentáculo.

ARMISTICIO Tregua, paz, cese, interrupción, pacto, tratado, reconciliación. → *Hostilidades, guerra.*

ARMONÍA Consonancia, concordia, acorde, cadencia, afinación, ritmo. → *Disonancia, estridencia.* || Hermandad, concordia, avenencia, paz, cordialidad, calma, unión. → *Desacuerdo, discordia.*

ARMONIOSO Melodioso, agradable, grato, musical, arpado, sonoro, eufónico, rítmico. → *Inarmónico, discordante.*

ARO Anillo.

AROMA Fragancia, perfume, esencia, olor, efluvio, bálsamo, emanación. → *Fetidez, hedor.*

AROMÁTICO Perfumado, fragante, oloroso, aromoso, odorífero. → *Hediondo, apestoso.*

ARPA Lira, laúd, cítara.

ARPÍA Bruja, furia, harpía, basilisco, esperpento.

ARQUEAR Combar, enarcar, encorvar, doblar, cimbrar. → *Enderezar.*

ARQUEO Recuento, reconocimiento.

ARQUETIPO Prototipo, ejemplar, modelo, dechado, molde, ideal, tipo.

ARRABAL Barriada, contornos, suburbio, afueras, alrededores, extrarradio. → *Centro, casco urbano.*

ARRABALERO Grosero, tosco, ordinario, soez, deslenguado, descarado. → *Fino, educado.*

ARRACIMARSE Apiñarse, concentrarse, agruparse, reunirse, apretujarse. → *Dispersarse, disgregarse.*

ARRAIGADO Aclimatado, establecido, acostumbrado, radicado, avecindado. → *Desarraigado, inestable.*

ARRANCAR Desarraigar, quitar, separar, sacar, eliminar, suprimir, destrozar, extirpar, extraer, despegar. → *Unir, adherir.*

ARRANQUE Impulso, ímpetu, rapto, arrebato, prontitud, vehemencia, crisis. → *Apatía, calma, término.*

ARRAPIEZO Chicoelo, muchacho, chaval, rapaz, mocoso, crío, mozalbete. → *Adulto.*

ARRAS Prenda, señal, fianza, aval, garantía, dote, bienes, asignación.

ARRASAR Arruinar, destruir, asolar, devastar, allanar, desmantelar. → *Construir, rehacer.*

ARRASTRAR Remolcar, impelar, tirar, conducir, transportar, llevar. → *Inmovilizar, parar.*

ARREAR Azuzar, hostigar, aguijonear, animar, estimular, activar. → *Parar, disuadir.* || Pegar, zurrar, atizar, golpear, tundir.

ARREBATADO Precipitado, impetuoso, violento, colérico, fogoso. → *Flemático, cauteloso.*

ARREBATADOR Apasionante, maravilloso, conmovedor, encantador, arrobador. → *Soso, insulso.*

ARREBATAR Quitar, despojar, arrancar, desposeer, saquear, apoderarse. → *Devolver, entregar.*

ARREBATARSE Irritarse, encolerizarse, enfurecerse. → *Sosegarse.*

ARREBATO Rapto, crisis, arranque, furor, enajenamiento.

ARREBUJAR Abrigar, arropar, embozar, tapar, envolver, cubrir, esconder. → *Desarropar, destapar.*

ARRECIAR Redoblar, aumentar, agravarse, empeorarse, crecer, intensificar, recrudecer. → *Amainar, disminuir.*

ARRECIFE Escollo, hoyo, cayo, bajío, banco, rompiente, peñasco, atolón.

ARRECIRSE Entumecerse, helarse, entorpecerse.

ARRECHUCHO Indisposición, achaque, afección, malestar, acceso, mal. → *Mejoría.*

ARREDRARSE Amedrentarse, atemorizarse, amilanarse, apoquinarse, abstenerse. → *Envalentonarse.*

ARREGLAR Reparar, remendar, aderezar, componer, ataviar. → *Estropear.* || Ajustar, conformar, supeditar. → *Desajustar.* || Conciliar, concertar, convenir. → *Enemistar.*

ARREGLO Acomodo, compostura, orden, avenencia, convenio, restauración, acicalamiento. → *Avería, rotura.*

ARRELLANARSE Repantigarse, retreparse, acomodarse, descansar. → *Incorporarse, erguirse.*

ARREMETER Atacar, avalanzarse, embestir. || Agredir, acometer, precipitarse. → *Huir, detenerse.*

ARREMOLINARSE Amontonarse, apiñarse, reunirse, aglomerarse, apretujarse. → *Separarse, dispersarse.*

ARRENDADOR Rentero, casero, locador, colono. || Arrendatario, inquilino.

ARRENDAMIENTO Alquiler, renta, arriendo, inquilinato, locación.

ARRENDAR Alquilar, ceder, rentar, traspasar, ocupar, contratar, realquilar.

ARREOS Guarniciones, arnés, atalaje, jaeces, enseres, aparejos, aperos, equipo, adornos, galas.

ARREPENTIDO Compungido, contrito, pesaroso, afligido. → *Recalcitrante, contumaz, reincidente.*

ARREPENTIMIENTO Pesar, contrición, remordimiento, compunción, atrición. → *Contumacia.*

ARRESTAR Apresar, detener, prender, aprisionar, recluir, encarcelar. → *Liberar, soltar.*

ARRESTOS Coraje, brío, valor, valentía, arrojo, osadía, resolución, denuedo. → *Cobardía, temor.*

ARRIAR Soltar, bajar, aflojar, largar, abatir, recoger, descender. → *Izar, subir.*

ARRIBAR Llegar, aportar, aparecer, presentarse, acudir, venir, comparecer. → *Zarpar, irse.*

ARRIBISTA Advenedizo, intruso, oportunista, aprovechador, ambicioso. → *Altruista.*

ARRIENDO Renta, alquiler, inquilinato, locación, arrendamiento.

ARRIESGADO Peligroso, osado, temerario, intrépido, decidido, imprudente. → *Cauteloso.*

ARRIESGAR Aventurar, exponer, arriscar.

ARRIMAR Juntar, acercar, yuxtaponer, aproximar, adosar, apoyar, pegar, avecindar. → *Separar, alejar.*

ARRINCONAR Arrumbar, aislar, relegar, abandonar, desdeñar. → *Sacar, actualizar.*

ARRISCADO Resuelto, arriesgado, temerario, audaz, osado. → *Cauteloso.*

ARROBADOR Seductor, encantador, arrebatador, exquisito, maravilloso, hechicero. → *Repulsivo.*

ARROBAMIENTO Embelesamiento, éxtasis, enajenamiento, arrobo.

ARRODILLARSE Hincarse, prosternarse, postrarse, inclinarse, venerar. → *Incorporarse, erguirse.*

ARROGANCIA Orgullo, soberbia, altivez, altanería, presunción. → *Modestia.* || Apostura, garbo, brío, elegancia, galanura, gallardía. → *Desaliño.*

ARROGARSE Atribuirse, usurpar, apropiarse.

ARROJAR Lanzar, disparar, tirar, proyectar, echar, expeler. → *Atraer, recuperar.*

ARROJARSE Atacar, agredir, embestir, arremeter, avalanzarse. → *Retroceder.* || Tirarse, despeñarse, precipitarse.

ARROJO Osadía, audacia, valor, coraje, resolución, atrevimiento, temeridad. → *Cobardía, prudencia.*

ARROLLADOR Irresistible, incontenible, pujante, furibundo, invencible. → *Débil.*

ARROPAR Cubrir, abrigar, tapar, amantar, enmantar. → *Desarropar.*

ARROSTRAR Resistir, desafiar, afrontar, aguantar, soportar, rechazar, rebelarse, enfrentarse. → *Ceder, tolerar, rehuir.*

ARROYO Riachuelo, torrentera, regato, afluente, riacho, reguero, brazo, estero, regajo.

ARRUGA Rugosidad, pliegue, surco, dobladura, plisado. → *Tersura.*

ARRUGAR Marchitar, estriar, arrebujar, plegar, surcar.

ARRUINAR Destruir, estropear, asolar, deshacer, empobrecer, malograr, fracasar, devastar, hundirse, quebrar. → *Enriquecer, reparar.*

ARRULLAR Dormir, adormecer.

ARRUMACO Zalamería, mimo, caricia, halago, zalema, engatusamiento, carantoña. → *Grosería, daño.*

ARRUMBAR Desdeñar, arrinconar, abandonar, apartar, olvidar, menospreciar. → *Sacar, recuperar.*

ARSENAL Almacén, depósito. || Montón, cúmulo, conjunto.

ARTE Ciencia, disciplina, técnica, procedimiento, método, sistema, orden. || Ingenio, destreza, maña, maestría, habilidad, capacidad, facultad, experiencia. → *Inhabilidad, incapacidad.*

ARTEFACTO Aparato, instrumento, máquina.

ARTILUGIO Armatoste.

ARTERIA Vena, vaso. || Calle, vía.

ARTERO Malintencionado, astuto, traidor, falso, ladino, marrulle-ro, disimulado, taimado. → *Leal, noble.*

ARTESANO Operario, obrero, menestral, productor, asalariado, trabajador.

ÁRTICO Norte, boreal, hiperbóreo, septentrional. → *Austral, meri-dional, antártico.*

ARTICULACIÓN Artejo, coyuntura, juntura, unión, juego, acopla-miento, enlace. || Pronunciación.

ARTICULAR Pronunciar, enunciar, expresar, modular, proferir, mascullar, manifestar. → *Callar.*

ARTÍCULO Título, apartado, capítulo, sección, división. || Mercade-ría, mercancía, género, producto. || Crónica, escrito suelto, gacetilla, noticia.

ARTÍFICE Artesano, artista, autor, creador.

ARTIFICIAL Ficticio, fingido, falso, postizo, falsificado, imitado, adulterado, convencional, simulado, sintético. → *Natural, genui-no.*

ARTIFICIO Artimaña, astucia, engaño, disimulo. || Arte, ingenio, habilidad.

ARTIMAÑA Trampa, ardid, treta, engaño.

ARTISTA Ejecutante, comediante, actor, protagonista, estrella, ga-lán, dama.

ARTÍSTICO Exquisito, elevado, estético, atractivo, primoroso, fino, noble, puro, interesante. → *Rústico, prosaico.*

ARÚSPICE Adivino, agorero, vaticinador, oráculo.

AS Campeón, vencedor, invicto, ganador, primero. → *Vencido, último.*

ASA Oreja, asidero, empuñadura, agarradero, mango, manu-brio.

ASALARIADO Empleado, productor, trabajador, proletario, obrero, artesano, pagado. → *Capitalista, potentado.*

ASALTAR Atracar, hurtar, robar, forzar, despojar, desplumar, agre-dir, delinquir.

ASAMBLEA Junta, congreso, reunión, convención, conferencia, mitin, auditorio. || Cortes, cámara, parlamento, senado, corporación.

ASAR Dorar, tostar, calentar, quemar, chamuscar, abrasar, achi-charrar. → *Enfriar, congelar.*

ASCENDENCIA Alcurnia, linaje, estirpe, cuna, origen, abolengo, prosapia, casta, genealogía, sangre. → *Descendencia.*

ASCENDER Subir, trepar, elevarse, alzarse, encaramarse, progre-sar. → *Descender, retroceder.*

ASCENDIENTE Antecesor, precursor, antepasado, predecesor, progenitor. → *Descendiente, sucesor.* || Influencia, influjo, predominio, prestigio, poder, autoridad, crédito. → *Descrédito, incapacidad.*

ASCENSO Subida, escalamiento, avance, progreso. → *Descenso.* || Promoción, aumento, progreso, incremento, mejora, recompensa. → *Destitución, degradación.*

ASCETA Anacoreta, ermitaño, cenobita, eremita, monje, penitente, santón. → *Vividor, epicúreo.*

ASCO Repulsión, náuseas, aversión, repugnancia. → *Agrado.*

ASCUA Rescoldo, brasa, lumbre, fuego.

ASEADO Higiénico, pulcro, limpio, acicalado, aliñado, impecable. → *Sucio, antihigiénico.*

ASECHANZA Intriga, perfidia, engaño, celada, treta, trampa, artificio, insidia. → *Veracidad, honradez.*

ASEDIAR Bloquear, cercar, sitiar. || Importunar, molestar.

ASEDIO Bloqueo, cerco, sitio, acorralamiento, rodeo, asalto, aislamiento. → *Liberación, huida.*

ASEGURAR Afirmar, reforzar, consolidar, sostener, fortalecer, apoyar. → *Aflojar, debilitar.* || Afirmar, declarar, aseverar, testificar, atestiguar, ratificar. → *Negar.*

ASEMEJARSE Parecerse, semejar, parangonarse, recodar a, tener un aire. → *Diferenciarse, distinguirse.*

ASENSO Conformidad, aprobación, anuencia, venia, permiso, confirmación. → *Denegación, disconformidad.*

ASENTADERAS Nalgas, posaderas, culo, trasero, ancas, cachas, nalgatorio.

ASENTADO Juicioso, serio, reflexivo. → *Irreflexivo.* || Permanente, fijo, estable. → *Móvil*

ASENTAR Instalar, fundar, establecer, fijar, levantar, poner, crear. → *Trasladar, quitar.* || Registrar, inscribir, escribir, anotar, pasar. → *Borrar, tachar.* || Allanar, aplastar, apisonar, enrasar, alisar, planchar. → *Desnivelar.*

ASENTIMIENTO Aprobación, anuencia, permiso, venia, asenso, conformidad. → *Disentimiento, disconformidad.*

ASENTIR Consentir, aprobar, convenir, afirmar, admitir, reconocer, confirmar. → *Disentir, negar.*

ASEO Esmero, pulcritud, limpieza, lavado, higiene. → *Desaseo, suciedad.*

ASEPSIA Limpieza, desinfección, antisepsia, esterilización, higiene. → *Contaminación, infección, sepsia.*

ASEQUIBLE Alcanzable, accesible, realizable, factible, posible, hacedero, alcanzable, fácil. → *Inasequible.*

ASERCIÓN Afirmación, aseveración, aserto, declaración, manifiesto, confirmación. → *Negación.*

ASERRAR Cortar, partir, serrar, talar, seccionar, dividir, separar. →
Unir, clavar, soldar.

ASESINAR Eliminar, matar, liquidar, inmolar, suprimir, despachar,
exterminar, aniquilar, acabar, ejecutar.

ASESINATO Crimen, homicidio, delito, atentado, violencia, magni-
cidio.

ASESINO Criminal, homicida, delincuente.

ASESOR Consejero, consultor, guía, mentor, monitor, supervisor,
adiestrador, rector, director.

ASESTAR Descargar, disparar, apuntar, pegar, aporrear, atizar,
golpear, lanzar.

ASEVERACIÓN Afirmación, ratificación. → *Negación.*

ASEVERAR Asegurar, afirmar, confirmar, declarar, asegurar, manifestar, atestiguar. → *Negar, callar.*

ASFALTO Pavimento, recubrimiento, hormigonado, revestimiento,
alquitranado, empedrado, macadán, pez, brea.

ASFIXIA Sofocación, ahogo, agobio, sofoco, opresión, estrangula-
ción. → *Respiración, reanimación, aireación.*

ASÍ De esta forma, de este modo. || En consecuencia, por lo cual,
por lo que.

ASIDERO Agarradero, asa, oreja. || Pretexto, ocasión, pie.

ASIDUO Persistente, frecuente, continuo, consuetudinario, acostumbrado, constante. → *Intermitente, infrecuente.*

ASIENTO Butaca, silla. || Lugar, sitio, sede. || Sedimento, poso.

ASIGNACIÓN Retribución, remuneración, estipendio, cuota, cantidad, paga, emolumentos, gratificación, honorarios.

ASIGNAR Fijar, señalar, destinar.

ASIGNATURA Disciplina, materia, estudio, tratado, ciencia, arte,
texto.

ASILO Hospicio, refugio, albergue, orfanato, inclusa, establecimiento benéfico.

ASIMÉTRICO Irregular, desigual, anómalo, desproporcionado. →
Simétrico, regular.

ASIMILACIÓN Digestión, nutrición, provecho.

ASIMILAR Digerir, absorber, incorporar, aprovechar, nutrirse, ali-
mentarse. → *Eliminar, excretar.* || Equiparar, igualar, comparar.
→ *Distinguir, diferenciar.*

ASIMISMO Igualmente, también. → *Tampoco.*

ASIR Tomar, coger, agarrar, empuñar, atrapar, aferrar, aprisionar,
apresar, trabar, aprehender, afianzar. → *Desasir, soltar, aflojar.*

ASISTENCIA Auxilio, socorro, ayuda, protección, colaboración,
apoyo, amparo. → *Desistencia, desamparo, abandono.*

ASISTIR Ayudar, socorrer, auxiliar. || Concurrir, presentarse, estar,
ver, ir, encontrarse, hallarse, visitar, acompañar. → *Faltar.*

ASMA   Disnea, opresión.

ASNO   Jumento, burro, pollino, rucio, borrico. || Zopenco, bruto, bestia, animal, necio, mentecato, lerdo. → *Inteligente, listo.*

ASOCIACIÓN   Comunidad, sociedad, agrupación, institución, corporación, compañía, hermandad, entidad, gremio, grupo, consorcio, empresa, círculo. → *Separación, desvinculación.*

ASOCIAR   Unir, aliar, incorporar, juntar, federar, congregar, agrupar, inscribir. → *Separar, desvincular.*

ASOLAR   Devastar, arruinar, arrasar, saquear, talar, agostar. → *Rehacer, reconstruir.*

ASOMAR   Aparecer, mostrarse, surgir, salir, presentarse, manifestarse, enseñar. → *Ocultar, esconder.*

ASOMBRAR   Maravillar, pasmar, sorprender.

ASOMBRO   Admiración, sorpresa, espanto, pasmo, estupefacción, turbación, estupor, alejamiento, extrañeza, maravilla, fascinación, confusión. → *Indiferencia, apatía.*

ASONADA   Motín, sedición, tumulto, sublevación, rebelión.

ASPAVIENTO   Gesticulación, gesto, ademán, demostración, visajes, queja. → *Calma, indiferencia.*

ASPECTO   Semblante, apariencia, traza, porte, aire, presencia, talante, cariz, figura, pinta, catadura, empaque, estampa, fisonomía, semejanza.

ASPEREZA   Rugosidad, escabrosidad. → *Llanura.* || Brusquedad, rudeza. → *Afabilidad.*

ÁSPERO   Desigual, rudo, tosco, rugoso, abrupto, escarpado. → *Liso, suave, uniforme.* || Severo, austero, rudo, arisco, desapasible, riguroso, brusco, desabrido. → *Amable, afectuoso, cariñoso.*

ASPIRACIÓN   Deseo, anhelo, esperanza, sueño, pretensión, apetencia, afán, ansia, pasión, inclinación, designio, avidez. → *Desilusión, indiferencia.* || Respiración.

ASPIRANTE   Postulante, candidato, pretendiente, solicitante, demandante, suplicante. → *Titular.*

ASPIRAR   Respirar, inhalar, inspirar, suspirar, jadear. → *Expirar, expulsar.* || Ansiar, anhelar, desear, pretender. → *Rehusar.*

ASQUEROSO   Repulsivo, sucio, repugnante, nauseabundo, inmundo, impúdico. → *Limpio, agradable.*

ASTA   Mástil, palo, vara, pértiga, eje, pica, lanza. || Cornamenta, cuerno.

ASTENIA   Cansancio, decaimiento, debilidad. → *Vigor.*

ASTERISCO   Tilde, señal, estrellita.

ASTILLA   Fragmento, esquirla, doladura.

ASTRACANADA   Disparate, vulgaridad, barbaridad, bufonada, necedad, ordinariez. → *Sensatez, cordura.*

ASTRO   Estrella, cuerpo celeste, lucero, mundo, planeta, satélite, luminaria.

ASTROSO Harapiento, desastrado, zarrapastroso, andrajoso, desaliñado, desaseado, sucio. → *Pulcro, limpio, aseado.*

ASTUCIA Picardía, sutileza, sagacidad, perfidia, marrullería, habilidad, zorrería, treta, artimaña, ardid. → *Ingenuidad, nobleza, franqueza.*

ASTUTO Ladino, sagaz, perspicaz. → *Ingenuo.*

ASUETO Descanso, vacación, holganza, festividad, recreo, pausa, reposo, ocio. → *Trabajo, laborable.*

ASUMIR Aceptar, tomar, contraer, hacer cargo, conseguir, alcanzar. → *Dejar, rehusar, rechazar.*

ASUNCIÓN Exaltación, elevación.

ASUNTO Argumento, tema, trama, cuestión, materia, fin, objetivo, motivo, tesis. || Transacción, negocio, operación, trato, venta.

ASUSTAR Atemorizar, intimidar, amedrentar, aterrorizar, impresionar, sobrecoger, sobresaltar, preocupar. → *Tranquilizar.*

ATACAR Acometer, embestir, arremeter, asaltar, agredir, abalanzarse, arrojarse. → *Retroceder, defenderse.* || Impugnar, refutar, rebatir, replicar, contestar, contradecir. → *Callar.*

ATADURA Unión, lazo, vínculo, sujeción, enlace, impedimento, yugo. → *Libertad.*

ATAÑER Afectar, tocar, concernir.

ATAQUE Agresión, embestida, arremetida. → *Defensa.*

ATAR Anudar, ligar, amarrar, enlazar, empalmar, unir, sujetar, asegurar, trabar, inmovilizar, apiolar. → *Soltar, desatar.*

ATARDECER Crepúsculo, anochecer, oscurecer, ocaso, tarde. → *Amanecer, alba.*

ATAREADO Ocupado, diligente, apresurado, afanoso, apurado, atosigado, afanado, ajetreado, abrumado, agitado, activo. → *Ocioso, desocupado.*

ATASCAR Obstruir, tapar, atorar, cerrar, segar, obturar, atrancar, taponar, estancar, obstaculizar, embotellar, impedir, dificultar. → *Desobstruir, abrir, favorecer.*

ATAÚD Féretro, caja, cajón, sarcófago.

ATAVIAR Engalanar, acicalar, adornar, vestir, cubrir, poner, llevar, usar, lucir, colocarse. → *Desnudar.*

ATÁVICO Ancestral, hereditario, familiar, recurrente, consanguíneo.

ATAVÍO Indumentaria, indumento, vestido, prenda, atuendo, adorno, aderezo, ajuar, ropaje, vestimenta.

ATEÍSMO Negación, incredulidad, impiedad, irreligiosidad, escepticismo, duda, infidelidad. → *Religiosidad, fe.*

ATEMORIZAR Amedrentar, asustar, intimidar, amilanar, acobardar, espantar, arredrar, alarmar, inquietar, aterrar, horrorizar. → *Envalentonar, animar.*

ATEMPERAR Moderar, templar, suavizar, mitigar, atenuar, aplacar, calmar. → *Irritar, exacerbar.*

ATENAZAR Apretar, sujetar, coger, aferrar, oprimir, trincar. → *Soltar, aflojar.*

ATENCIÓN Cortesía, urbanidad, cumplido, miramiento, consideración. → *Grosería, desconsideración.* || Interés, cuidado, esmero, vigilancia. → *Desinterés, distracción.*

ATENDER Oír, escuchar, fijarse, estudiar, reflexionar. → *Desatender.* || Cuidar, mimar, preocuparse, interesarse. → *Descuidar, desdeñar.*

ATENEO Asociación, agrupación, sociedad, casino, círculo, centro, club.

ATENTADO Ataque, crimen, delito, agresión, asalto, conjura, violencia.

ATENTAR Transgredir, vulnerar, infringir, contravenir. → *Obedecer.*

ATENTO Estudioso, aplicado, esmerado. → *Distraído.* || Afable, cortés, amable, cariñoso, considerado, complaciente, solícito, servicial, respetuoso, galante, educado. → *Descortés, grosero.*

ATENUAR Aminorar, disminuir, amortiguar, debilitar, mitigar, menguar. → *Acentuar, aumentar.*

ATEO Incrédulo, escéptico, irreligioso, impío, descreído. → *Creyente, piadoso.*

ATERCIOPELADO Suave, afelpado, terso, fino, velloso, algodonoso. → *Áspero, tosco.*

ATERIDO Transido, helado, frío, yerto, congelado, amoratado. → *Tibio, caliente, ardiente.*

ATERRADOR Horripilante, temible, espantoso, horrible, hórrido, tremebundo, alucinante, horrendo, pavoroso. → *Encantador, agradable.*

ATERRAR Espantar, horrorizar, acobardar, horripilar.

ATERRIZAR Descender, bajar, posarse, planear, llegar, tomar tierra. → *Despegar, ascender.*

ATESORAR Acumular, economizar, amasar, ahorrar, entalegar, guardar, amontonar. → *Gastar, despilfarrar, dilapidar.*

ATESTADO Colmado, abarrotado, repleto, henchido, cargado, atiborrado. → *Vacío, libre.* || Documento, declaración, escrito, testimonio.

ATESTIGUAR Testificar, atestar, testimoniar, declarar, alegar, afirmar, aseverar, probar, manifestar. → *Negar, callar.*

ATEZADO Tostado, pimiento, quemado, fuliginoso, moreno, bronceado, cetrino, oscuro, aceitunado. → *Claro, blanco, rubio.*

ATIBORRAR Henchir, abarrotar, colmar, hartar, atracar, acumular. → *Escarbar, vaciar.*

ATILDADO Acicalado, pulcro, aseado, pulido, esmerado, peripuesto, adornado. → *Desaliñado, descuidado.*

ATINAR Acertar, encontrar, hallar, adivinar, lograr, dar con, descubrir. → *Errar, fallar.*

ATINGENCIA Acierto, tino. || Relación, conexión. || Incumbencia.

ATIPLADO Aflautado, agudo, fino, alto, subido. → *Grave, bronco.*

ATIRANTAR Tesar, atiesar, entesar, templar, aballestar.

ATISBAR Observar, espiar, vigilar, acechar, escudriñar, escrutar, curiosear, contemplar, ver.

ATIZAR Propinar, pegar, golpear, dar, aplicar, proporcionar. || Azuzar, incitar, avivar, remover, estimular, excitar. → *Moderar, aplacar.*

ATLETA Deportista, gimnasta, acróbata, competidor.

ATLÉTICO Fornido, robusto, vigoroso, nervudo, membrudo, forzudo, hercúleo. → *Endeble, débil, canijo.*

ATMÓSFERA Aire, ambiente, espacio, éter, estratosfera, masa gaseosa.

ATOLONDRADO Alocado, imprudente, irreflexivo, aturdido, precipitado, atontado. → *Sensato, prudente.*

ATOLLADERO Atranco, atascadero, dificultad, obstáculo, engorro, problema, trance, escollo. → *Solución, posibilidad, salida.*

ATOMIZAR Pulverizar, dividir, fragmentar, proyectar, vaporizar, rociar. → *Aglomerar, acumular.*

ÁTOMO Migaja, partícula, escrúpulo.

ATONÍA Flojedad, flaccidez, debilidad, relajamiento, decaimiento, lasitud. → *Firmeza, energía.*

ATÓNITO Asombrado, pasmado, estupefacto, maravillado, aturdido, desconcertado, sorprendido. → *Impasible, apático.*

ÁTONO Débil, inacentuado. → *Tónico.*

ATONTADO Pasmado, bobo, lelo, papanatas, zoquete, simple, zopenco. → *Listo, despierto.* || Mareado, aturdido, aturrullado, ofuscado, azorado, confundido, turbado. → *Consciente, sobrio.*

ATORAR Obstruir, atascar, tupir, tapar, ahogar, segar, obturar. → *Desatascar, destapar.*

ATORMENTADO Conflictivo, torturado, contrito, flébil.

ATORMENTAR Atribular, afligir, martirizar, torturar, abrumar, acosar, hostigar, acongojar, inquietar, desesperar, disgustar, molestar. → *Confortar, aliviar.*

ATORNILLAR Enroscar, avellanar, aterrajar.

ATOSIGAR Agobiar, abrumar, acuciar, fatigar, importunar, azuzar, acosar, molestar. → *Aliviar, tranquilizar, serenar.*

ATRACADERO Muelle, dique, malecón, desembarcadero, espigón, fondeadero, amarradero.

· **ATRACADOR** Delincuente, salteador, asaltante, bandido, malhechor, agresor.

ATRACAR Robar, delinquir, asaltar, desvalijar, saquear, atacar. ||
Fondear, anclar, amarrar.

ATRACARSE Hartarse, saciarse, atiborrarse, llenarse, henchirse,
tragar. → *Evacuar.*

ATRACTIVO Encanto, hechizo, atracción, simpatía, sugestión, se-
ducción, gracia. → *Repulsión, desagrado.* || Seductor, encantador,
atrayente.

ATRAER Cautivar, seducir, encantar. → *Repeler.* || Aproximar,
acercar, arrimar, avecindar, tirar de. → *Rechazar.*

ATRAGANTARSE Ahogarse, atorarse, atascarse, asfixiarse, taparse, ocluirse. → *Expulsar, destapar.*

ATRANCAR Reforzar, afianzar, sujetar, atascar, cerrar, asegurar,
atorar, obstruir, obturar, tapar. → *Desatrancar, abrir.*

ATRAPAR Pescar, cazar, pillar, coger, agarrar, sujetar, detener,
retener, apoderarse. → *Soltar.* || Engatusar, engañar.

ATRÁS Detrás. || Anteriormente, antes.

ATRASADO Anticuado, pasado, viejo, vetusto, arcaico, antiguo. →
Moderno, actual. || Moroso, empeñado, entrampado.

ATRASAR Demorar, retardar, retrasar, rezagar. → *Adelantar.*

ATRASO Retraso, demora, aplazamiento, postergación, rezaga-
miento, dilación. → *Adelanto.* || Incultura, salvajismo, barbarie. →
Progreso.

ATRAVESAR Cruzar, pasar, trasponer, salvar, recorrer, traspasar,
vadear. → *Rodear.* || Ensartar, horadar, traspasar, perforar, clavar,
penetrar, meter, engarzar, agujerear.

ATREVERSE Osar, aventurarse, arriesgarse.

ATREVIDO Audaz, osado, intrépido, temerario, caliente, despreocu-
pado, resuelto. → *Cobarde, tímido.* || Descarado, insolente. → *Cortés.*

ATRIBUCIÓN Atributo, aplicación, asignación, prerrogativa,
facultad, jurisdicción, poder. → *Renuncia.*

ATRIBUIR Imputar, aplicar, asignar, achacar.

ATRIBUIRSE Arrogarse, apropiarse, usurpar. → *Renunciar.*

ATRIBULAR Angustiar, atormentar, apesadumbrar, apenar, afligir,
entristecer, desconsolar. → *Aliviar, animar.*

ATRIBUTO Distintivo, característica, propiedad, rasgo, peculiaridad, condición.

ATRICIÓN Dolor, pesar, arrepentimiento, compunción. → *Impenitencia.*

ATRINCHERARSE Protegerse, defenderse, parapetarse, cubrirse,
fortificarse.

ATRIO Pórtico, portal, porche, soportal, columnata, peristilo, entrada, patio.

ATROCIDAD Barbaridad, brutalidad, salvajada, crueldad, desenfreno. → *Humanidad, piedad.*

ATROFIA Raquitismo, consunción, debilitamiento, parálisis, debilidad. → *Fortalecimiento, desarrollo.*

ATROFIARSE Decaer, anquilosarse, menguar, inutilizarse.

ATRONADOR Estruendoso, retumbante, ensordecedor, ruidoso, sonoro. → *Silencioso.*

ATROPELLAR Arrollar, derribar, arrojar, tirar, golpear, herir. || Agraviar, ofender, vejar, afrentar, insultar, deshonrar. → *Honrar, ensalzar.*

ATROZ Espantoso, horripilante, monstruoso, bárbaro, inhumano, cruel, inaudito, salvaje, fiero, impío, repugnante, terrible, desastroso. → *Agradable, humanitario.*

ATUENDO Atavío, vestimenta, ropaje, indumentaria, vestuario, prendas.

ATURDIMIENTO Impetuosidad, precipitación, apresuramiento, alocamiento, atolondramiento, confusión, ofuscación, torpeza. → *Serenidad, calma.*

ATURDIR Turbar, atontar, atolondrar. || Sorprender, asombrar, admirar. || Perturbar, consternar. → *Serenar.*

AUDACIA Atrevimiento, valentía, osadía, intrepidez, arrojo, temeridad, decisión, resolución, imprudencia, despreocupación, coraje, desfachatez, descaro, desvergüenza. → *Prudencia, timidez, cobardía.*

AUDICIÓN Concierto, lectura, sesión.

AUDIENCIA Entrevista, conferencia, recepción, visita, diálogo. || Juzgado, tribunal, sala, magistratura. || Auditorio, público, asistentes, oyentes, presentes, concurrentes.

AUDITOR Oyente. || Informante, juez.

AUDITORIO Público, concurrencia, oyentes.

AUGE Esplendor, culminación, plenitud, prosperidad, elevación, apogeo, pináculo, remate, cúspide. → *Decadencia.*

AUGUR Vaticinador, agorero, adivino.

AUGURAR Profetizar, vaticinar, pronosticar, predecir, presagiar, prever, conjeturar, adivinar. → *Errar, equivocarse.*

AUGURIO Vaticinio, presagio, profecía, predicción.

AUGUSTO Respetable, venerable, honorable, admirado, reverenciado, majestuoso. → *Insignificante, desdeñado.*

AULA Clase, sala, anfiteatro, cátedra, aposento, recinto, paraninfo.

AULLAR Rugir, bramar, baladrear, gritar, vociferar, ulular, chillar, tronar. → *Callar.*

AUMENTAR Agregar, agrandar, añadir, sumar, acrecentar, engrandecer. → *Disminuir.*

AUMENTO Incremento, crecimiento, elevación, ampliación, acrecentamiento, añadido. → *Disminución.*

AUN Incluso, hasta.

AÚN Todavía.

AUNAR Congregar, reunir, sumar, juntar, combinar, ajustar, compaginar, unificar, unir, asociar. → *Separar, dividir, disgregar.*

AUNQUE Por más que, si bien.

AURA Renombre, fama, halo, aureola, reputación, popularidad. → *Descrédito.* || Brisa, vientecillo, airecillo, céfiro.

ÁUREO Dorado, resplandeciente, brillante, rutilante, fulgurante. → *Opaco, deslucido.*

AUREOLA Corona, halo, nimbo, cerco, fulgor, resplandor.

AURIGA Conductor, cochero.

AURORA Amanecer, alba, madrugada, mañana, alborada.

AUSENCIA Carencia, omisión, privación, falta, defecto, insuficiencia, escasez. → *Abundancia, exceso.* || Alejamiento, separación, marcha, abandono, desaparición, eclipse, falta. → *Presencia.*

AUSENTARSE Irse, marcharse, partir, separarse, alejarse.

AUSPICIAR Favorecer, proteger, asistir, socorrer, patrocinar, sufragar. → *Abandonar, descuidar.*

AUSPICIO Agüero, presagio, pronóstico, indicio, profecía, vaticinio. || Protección, ayuda, amparo.

AUSTERO Sobrio, frugal, moderado, templado, abstinente, rígido, severo, riguroso, ascético. → *Indulgente, desenfrenado, inmoderado.*

AUSTRAL Sur, meridional, antártico. → *Boreal.*

AUTARQUÍA Independencia, autonomía, soberanía, libertad, autosuficiencia. → *Dependencia.*

AUTÉNTICO Legítimo, fidedigno, verdadero, real, genuino, probado. → *Falso, espurio.*

AUTO Acta, documento, escritura. || Coche, automóvil, carro.

AUTOBIOGRAFÍA Memorias, confesiones.

AUTOCRACIA Tiranía, despotismo, dictadura.

AUTÓCTONO Nativo, indígena, aborigen, vernáculo, oriundo, originario. → *Extranjero, foráneo.*

AUTOMÁTICO Instintivo, involuntario, inconsciente, maquinal, artificial. → *Voluntario, consciente.* || Mecánico, técnico, automotriz. → *Manual.*

AUTOMÓVIL Coche, auto, vehículo, carruaje.

AUTONOMÍA Emancipación, libertad, soberanía, separación, independencia, autarquía. → *Dependencia, subordinación.*

AUTOPSIA Disección, necropsia.

AUTOR Creador, descubridor, productor. || Causante, culpable, ejecutor. || Escritor, literato, dramaturgo, ensayista.

AUTORIDAD Mando, poderío, poder, dominación, potestad, imperio, jerarquía, supremacía, arbitrio, fuerza. → *Sumisión, dependencia.*

AUTORITARIO Mandón, dominante, despótico, arbitrario, abusivo, absoluto, injusto. → *Sumiso, dócil.*

AUTORIZACIÓN Aprobación, venia, permiso, consentimiento, anuencia. → *Desautorización.*

AUTORIZAR Acceder, permitir, consentir, tolerar, facultar, otorgar. → *Prohibir, negar, rechazar.*

AUXILIAR Socorrer, ayudar, favorecer, asistir, remediar, amparar, colaborar, proteger, sufragar, apoyar, acompañar. → *Desamparar, perjudicar.* || Ayudante, asistente, adjunto, suplente. → *Titular.*

AUXILIO Ayuda, amparo, apoyo, socorro, asistencia. → *Daño.*

AVAL Garantía, fianza, vale, crédito.

AVALANCHA Alud, desmoronamiento, corrimiento, derrumbe, hundimiento, desprendimiento.

AVANCE Progreso, adelanto. → *Retroceso.*

AVANZADA Vanguardia, destacamento, frente, patrulla. → *Retaguardia.*

AVANZAR Adelantar, marchar, rebasar, arrollar, progresar, acometer. → *Retroceder.* || Prosperar, progresar, mejorar. → *Declinar, empobrecerse.*

AVARICIA Tacañería, mezquindad, codicia, avidez, ambición, usura, sordidez, ruindad, cicatería, miseria. → *Prodigalidad, generosidad.*

AVASALLAR Subyugar, sojuzgar, someter, dominar, atropellar, oprimir, humillar. → *Emancipar, liberar.*

AVATARES Alternativas, transformaciones, cambios, altibajos, problemas. → *Permanencia, firmeza.*

AVECINARSE Acercarse, aproximarse. → *Alejarse.* || Establecerse, residir, avecindarse, domiciliarse. → *Emigrar.*

AVEJENTADO Envejecido, ajado, mustio, marchito, arrugado, apergaminado. → *Rejuvenecido.*

AVENENCIA Arreglo, acuerdo, pacto, convenio, compromiso, concordia, unión, conformidad, armonía. → *Desavenencia.*

AVENIDA Vía, paseo, bulevar, ronda, arteria, carrera. → *Callejuela.* || Inundación, riada, crecida, desbordamiento, aluvión, torrente.

AVENIRSE Amoldarse, transigir, conformarse, doblegarse. → *Rebelarse.* || Simpatizar, congeniar, comprenderse. → *Disputar.*

AVENTAJAR Superar, adelantar, pasar, exceder, sobrepujar, desbordar, sobrepasar. → *Rezagarse.*

AVENTURA Lance, episodio, hazaña, andanza, acaecimiento, suceso, hecho, contingencia, caso, evento, circunstancia, incidente, peligro.

AVENTURADO Arriesgado, azaroso, expuesto, peligroso, fortuito, aleatorio, incierto, comprometido, inseguro. → *Seguro.*

AVENTURARSE Osar, arriesgarse, atreverse, exponerse.

AVERGONZAR Ruborizar, sonrojar, abochornar, humillar, vejar, afrentar, ultrajar, desconcertar, confundir, agraviar. → *Enorgullecer, enaltecer.*

AVERÍA Daño, deterioro, desperfecto.

AVERIAR Estropear, dañar, deteriorar, perjudicar, arruinar, malograr. → *Arreglar.*

AVERIGUACIÓN Indagación, investigación, pesquisa.

AVERIGUAR Investigar, indagar, buscar, vigilar, examinar, rebuscar, escudriñar, rastrear, sondear, preguntar, explorar, fisgar.

AVERSIÓN Repulsión, repugnancia, antipatía, desafecto, ojeriza, tirria, odio. → *Simpatía, afecto.*

AVEZADO Curtido, veterano, ducho, fogueado, diestro, encallecido, experimentado. → *Inexperto, novato.*

AVIADOR Aeronauta, piloto.

AVIDEZ Ambición, apetencia, codicia, ansia, voracidad, deseo, pasión. → *Saciedad, moderación.*

AVIEJARSE Avejentarse. → *Rejuvenecerse.*

AVIESO Perverso, ruin, malo, atravesado, retorcido, odioso, maligno, abyecto, tortuoso, maquiavélico. → *Recto, bueno.*

AVINAGRADO Agrio, acre, áspero, acedo, agriado. → *Dulce.*

AVIÓN Aeroplano, aparato, aeronave, reactor.

AVÍOS Aperos, utensilios, arreos, trastos, bártulos, enseres, arfactos, equipo.

AVISADO Sagaz, despierto, advertido, astuto, perspicaz. → *Simple.*

AVISAR Comunicar, advertir, anunciar, informar, participar, indicar, prevenir. → *Callar, omitir.*

AVISO Anuncio, noticia, observación, nota, advertencia. || Prudencia, precaución, discreción, cuidado. → *Descuido.*

AVISPADO Despierto, agudo, listo, vivo, sagaz, ladino, previsor, despabilado. → *Obtuso, necio.*

AVISTAR Avizorar, ver, descubrir, divisar, percibir, vislumbrar, observar, ojear, distinguir.

AVITUALLAR Suministrar, abastecer, proveer, surtir, equipar. → *Negar, retener.*

AVIVAR Animar, excitar, enardecer, acelerar, apresurar, incitar, activar, reanimar. → *Frenar, calmar.*

AVIZOR Vigilante, atento, alerta, acechante, observador. → *Desprevenido, distraído.*

AVIZORAR Atisbar, observar, vigilar, espiar, vislumbrar, distinguir, avisar, descubrir, ver, columbrar.

AXILA Sobaco, cavidad, hueco.

AXIOMA Sentencia, principio, verdad, aforismo, proverbio, principio, regla, evidencia, precepto.

AXIOMÁTICO Indiscutible, evidente, irrebatible, absoluto. → *Problemático.*

AYA Nodriza, niñera, chacha, ama, seca, institutriz, preceptora.

AYER Antes, anteriormente, recientemente, hace poco, antiguamente. → *Hoy, actualmente, mañana.*

AYO Custodio, preceptor, guía, pedagogo, mentor, maestro, educador, dómine, tutor.

AYUDA Asistencia, amparo, cooperación, auxilio, apoyo, socorro, protección, respaldo, favor, subsidio, colaboración, contribución, limosna. → *Abandono, daño, perjuicio.*

AYUDANTE Colaborador, cooperador, auxiliar, coadjutor, asistente, agregado. → *Jefe, titular.*

AYUDAR Asistir, amparar, cooperar, auxiliar, socorrer. → *Perjudicar.*

AYUNAR Abstenerse, privarse. → *Hartarse.*

AYUNO Abstinencia, dieta, vigilia, penitencia, privación, sacrificio. → *Desenfreno, intemperancia, hartura.*

AYUNTAMIENTO Consistorio, municipio, cabildo, alcadía, municipalidad, corporación.

AZAFATA Camarera, auxiliar, ayudante.

AZANA Trabajo, obligaciones, menesteres, faena, labores.

AZAR Acaso, eventualidad, albur, casualidad, ventura, hado, eventualidad, fortuna, contingencia, coincidencia, suerte, sino, destino, casualidad, riesgo. → *Seguridad, realidad.*

AZARARSE Confundirse, azorarse, turbarse, sobresaltarse, ofuscarse, apabullarse, pasmarse, embarazarse. → *Serenarse, animarse.*

AZAROSO Peligroso, expuesto, aventurado, arriesgado, fortuito, aleatorio, casual, incierto, comprometido, apurado, inseguro. → *Seguro, real.*

AZOR Milano, esmerejón, ave rapaz.

AZORADO Turbado, sobresaltado, confundido, aturdido, desorientado, ofuscado. → *Sereno, calmado.*

AZORAR Amilanar, espantar, sobresaltar. → *Tranquilizar.*

AZOTAINA Tunda, vapuleo, zurra, somanta, paliza, castigo, felpa.

AZOTAR Vapulear, golpear, flagelar, zurrar.

AZOTE Látigo, vergajo, flagelo, disciplinas, vara, fusta. || Azotaina. || Calamidad, plaga, epidemia, desastre, flagelo, castigo. → *Bendición, fortuna.*

AZOTEA Terraza, terrado, aljarafe, solana, galería.

AZUCARAR Endulzar, dulcificar, almibarar, edulcorar, acaramelar. → *Acibarar, amargar, agriar.*

AZUL Índigo, añil, azur, opalino, zarco, garzo.

AZULEJO Vidriado, baldosa, mosaico, cerámica, mayólica, alicatado, baldosín.

AZUZAR Instigar, incitar, excitar, estimular, espolear, hostigar, animar, acosar, avivar, atosigar, irritar, atormentar. → *Frenar, contener.*

Bb

BABA Saliva.

BABEL Confusión, desorden, barullo, barahúnda, leonera, merienda de negros, pandemonio, perturbación. → *Orden*.

BABIA (ESTAR EN) Abastraerse, vagar. → *Estar atento*.

BABIECA Bobo, tonto, papanatas, pazguato, simple, bobalicón.

BABILÓNICO Fastuoso, ostentoso, asiático.

BABOSA Limaza, limaco, gasterópodo.

BABOSO Almibarado, empalagoso, pegajoso, obsequioso. → *Rudo, tosco*. || Senil, chocho, decrépito, valetudinario. → *Joven, lúcido*.

BACA Portaequipaje, sostén, soporte, apoyo, base, plataforma.

BACALAO Abadejo, pejepalo, pezpalo, estocafís.

BACANAL Orgía, desorden, jolgorio, francachela, holgorio, juerga, zambra, sarao, parranda, jarana, asonada, diversión, carnavalada. → *Orden, tranquilidad*.

BACANTE Desocupado, voluptuoso, ebrio, juerguista, licencioso, impúdico, desvergonzado, erótico, lujurioso. → *Virtuoso, honesto, honrado*.

BACTERIA Bacilo, microbio, virus, microorganismo, micrococo, estreptococo, estafilococo, vibrión, espirilio, vírgula, espiroqueta.

BACTERIOLOGÍA Microbiología, bacterioterapia.

BÁCULO Palo, cayado, vara, bastón, bordón, apoyo, muleta.

BACHE Hoyo, depresión, agujero, socavón, hundimiento, excavación, hueco, zanja, surco.

BACHILLER Graduado, licenciado, estudiante, educando, discípulo, pedante, hablador, fisgón, metomentodo, importuno. → *Discreto*.

BADAJADA Simpleza, necedad, tontería, idiotez. → *Acierto*.

BADAJO Colgante, mazo, campana, hablador, charlatán, necio, bobo.

BAGAJE Bultos, impedimenta, equipaje, equipo, pertrechos, arreos. || Acervo, patrimonio, cúmulo, conjunto. || Equipaje, maletas.

BAGATELA Insignificancia, menudencia, fruslería, bicoca, friolera, chuchería, nimiedad, nadería. → *Importancia, trascendencia.*

BAGAZO Cáscara, residuo.

BAHÍA Rada, puerto, ensenada, caleta, golfo, abra, cala, refugio, abrigo.

BAILAR Danzar, bailotear, zapatear, oscilar, moverse, estremecerse. → *Pararse, inmovilizarse.*

BAILARÍN Danzante, bailador, danzarín, saltarín, artista.

BAILE Danza, tripudio. || Moverse.

BAJA Caída, pérdida, descenso, decadencia, disminución, mengua, aminoración, desvalorización. → *Alza, incremento.* || Víctima, accidentado, muerto, herido, desaparecido.

BAJADA Descenso, cuesta, declive, desnivel, pendiente, ladera, talud, rampa, costanilla, repecho, escarpa. → *Subida, ascenso.*

BAJAR Decrecer, disminuir, decaer, abaratar, rebajar. → *Subir.* || Descender, apearse, desmontar, descabalgar. → *Montar.*

BAJEL Nave, navío, barco, buque, nao, galeón, galera.

BAJEZA Ruindad, indignidad, vileza, abyección, degradación, infamia. → *Nobleza, honra.*

BAJO Pequeño, menudo, chico, corto, menguado, retaco. → *Alto, corpulento.* || Vil, indigno, rastrero, ruin, soez, villano, canallesco. → *Noble, honroso.*

BAJORRELIEVE Entretalladura, entretalla.

BALA Proyectil, balín, plomo, munición, tiro.

BALADÍ Superficial, trivial, fútil, frívolo, pueril, insustancial, insignificante, nimio. → *Importante, trascendental.*

BALADRÓN Fanfarrón, bravucón, valentón, matasiete, perdonavidas, matón. → *Tímido.*

BALADRONADA Bravata, desplante, jactancia, fanfarronada, bravuconada. → *Timidez, modestia.*

BALANCE Vaivén, balanceo. || Cómputo, arqueo, confrontación.

BALANCEO Bamboleo, mecimiento, vaivén, oscilación, movimiento, inclinación, meneo, agitación, contoneo. → *Inmovilidad, horizontalidad.*

BALANDRO Bote, batel, lancha, barca, falúa, chalupa, embarcación.

BALANZA Báscula, romana.

BALAR Berrear, gemir, balitar, gamitar, lamentarse.

BALAUSTRADA Barandal, balcón, antepecho, pretil, borde, brocal.

BALAZO Disparo, tiro, descarga, fogonazo, explosión, detonación, estampido.

BALBUCEAR Balbucir, mascullar, tartamudear, tartajear, musitar, farfullar.

BALCÓN Galería, mirador, ventanal, antepecho, pretil, miranda.

BALDADO Lisiado, paralítico, impedido, tullido, inválido.

BALDAQUÍN Dosel, patio, pabellón, baldaquino, paleo, colgadura, tapiz, marquesina.

BALDAR Lisiar, impedir, inutilizar, anquilosar, estropear, tullir, atrofiar. → *Rehabilitar, curar.*

BALDE Cubo, artesa, barreño, palangana, cubeta, recipiente.

BALDEAR Limpiar, fregar, lavar, restregar, regar. → *Ensuciar.*

BALDÍO Yermo, estéril, desértico, improductivo, infecundo, infructuoso, árido, pobre, estepario. → *Fructífero, fértil, cultivado.* || Inútil, fútil, vano, ocioso, ineficaz, infundado. → *Útil, eficaz.*

BALDÓN Afrenta, injuria, oprobio, vituperio, ultraje, estigma, deshonra, ignominia. → *Honra, desagravio, loanza.*

BALDOSA Azulejo, ladrillo, baldosín, mosaico, mayólica, alicatado.

BALIDO Berrido, quejido, gamitido.

BALIZA Boya, señal, indicación, marca, mojón.

BALNEARIO Caldas, termas, manantial, aguas termales, baños.

BALÓN Pelota, bola, esférico, cuero.

BALSA Jangada, almadia, maderamen, barcaza, armadia.

BALSÁMICO Curativo, lenitivo, calmante, suavizante. → *Irritante.* || Fragante, aromático, perfumado, oloroso, odorífero. → *Hediondo, maloliente.*

BÁLSAMO Ungüento, unto, linimento, resina, goma, emplasto, medicamento, linitivo. || Perfume, aroma, fragancia, olor. → *Hedor, pestilencia.*

BALUARTE Fortaleza, defensa, protección, bastión, fuerte, ciudadela, torreón, parapeto, fortificación.

BALLESTA Muelle, resorte, fleje, suspensión.

BALLET Bailable, baile, danza, coreografía, función, escenas de baile.

BAMBALINA Decorado, colgadura, decoración, telón, lienzo, bastidor.

BAMBOLEARSE Vacilar, oscilar, tambalearse, balancearse, bambalear, menearse, moverse, mecerse, columpiarse. → *Parar, detenerse.*

BAMBOLLA Boato, fasto, ornato, pompa, ostentación, suntuosidad. → *Sencillez, humildad.*

BANAL Trivial, baladí, insustancial, insípido, nimio, pueril, superficial. → *Importante, decisivo.*

BANASTA Canasta, cesto, cuévano, banasto.

BANCARROTA Ruina, quiebra, descrédito, hundimiento, embargo, suspensión de pagos. → *Éxito, prosperidad.*

BANCO Taburete, escabel, banqueta, escaño, peana, sitial, asiento. || Institución, establecimiento (bancario), banca.

BANDA Faja, cinta, lista, venda, orla, tira, brazalete, bandolera, cincha. || Costado, lado, borde, margen, parte. || Pandilla, cuadrilla, partida, turba, tropa, horda, grupo, caterva.

BANDAZO Tumbo, vaivén, bamboleo, balance, oscilación, agitación, meneo.

BANDEJA Fuente, plato, patena, dulcera, recipiente.

BANDERA Enseña, pabellón, estandarte, pendón, guión, divisa, oriflama, gallardete, insignia.

BANDERÍA Facción, partido, parcialidad, bando, secta, pandilla, grupo, clan.

BANDIDO Malhechor, bandolero, salteador, atracador, ladrón, delincuente, facineroso, criminal, infractor, reo.

BANDO Proclama, orden, publicación, decreto, mandato, aviso. || Facción, partido, ala, grupo, secta, camarilla, pandilla, bandería.

BANQUERO Cambista, financiero, economista, acaudalado, opulento.

BANQUILLO Escabel, taburete, escaño, peana, grada, poyo.

BANQUETE Ágape, convite, festín, comilona, homenaje, fiesta, francachela, orgía.

BAÑAR Sumergir, mojar, humedecer, lavar, remojar, chapuzar, calar, duchar, nadar, rociar, empaparse, refrescarse, higienizar, regar. → *Secar.*

BAÑERA Tina, pila, artesa, baño, barreño.

BAQUETA Varilla, vara, barra, palo, atacador.

BAQUETAZO Golpazo, batacazo, costalada, porrazo, caída, choque, encontronazo.

BAQUETEADO Avezado, acostumbrado, habituado, ducho, experimentado, fogueado, experto, curtido, endurecido. → *Inexperto, bisoño, novel.*

BAR Café, cervecería, cafetería, cantina, tasca, taberna.

BARAHÚNDA Tumulto, confusión, desorden, bulla, barullo, alboroto, batahola, algarabía, tiberio, escándalo, juerga. → *Silencio, paz.*

BARAJA Naipes, cartas, juegos de azar.

BARAJAR Resolver, mezclar, entremezclar, confundir, cortar, repartir. → *Ordenar.*

BARANDA Antepecho, balaustrada, barandilla, pasamanos, pretil.

BARATA Trueque, cambio, mohatra.

BARATIJA Chuchería, fruslería, bagatela, nadería, bisutería, imitación.

BARATO Rebajado, módico, económico, depreciado, saldado, desvalorizado, tirado, ganga, ocasión, saldo, oportunidad. → *Caro, costoso.*

BARBA Pera, perilla, chiva, mosca, vello, pelo, barbilla.

BARBARIDAD Crueldad, atrocidad, inhumanidad, exceso, enormidad, brutalidad, disparate, desatino, ferocidad, salvajada, ensañamiento. → *Civismo, respeto.*

BARBARIE Salvajismo, incultura, rudeza, tosquedad, atraso. → *Cultura, civilización.* || Fiereza, ferocidad. → *Piedad.*

BARBARISMO Extranjerismo.

BÁRBARO Cruel, feroz, atroz. → *Humano.* || Cerril, salvaje, tosco, grosero, inculto. → *Civilizado, culto.*

BARBIÁN Desenvuelto, gallardo, arriscado, bizarro, atrevido, decidido, desenfadado. → *Tímido, desgarbado.*

BARBILAMPIÑO Imberbe, lampiño, desbarbado, carilampiño. → *Barbudo.*

BARBILLA Mentón, perilla, barba.

BARBOTAR Balbucear, musitar, mascullar, barbotear, farfullar, tartamudear, murmurar, chapurrear.

BARBUDO Barbado, peludo, velludo, hirsuto, barbón, cerrado. → *Lampiño, imberbe.*

BARCA Bote, lancha, chalupa, canoa, falúa, piragua, motora, embarcación.

BARCAZA Lanchón, lancha, gabarra, chalana, pontón.

BARCO Nave, navío, nao, buque, bajel, trasatlántico, vapor, barca.

BARDO Vate, trovador, poeta, juglar, rapsoda, cantor.

BAREMO Tabla, escala, cómputo, índice, lista.

BARÍTONO Grave, llano, paroxítono.

BARNIZ Pintura, tintura, lustre, laca, esmalte, capa, resina, tinte.

BARÓN Noble, aristócrata, caballero, hidalgo, señor. → *Plebeyo, villano.*

BARRA Palanca, barrote, tranca, eje, hierro, lingote, refuerzo.

BARRABASADA Disparate, desatino, travesura, despropósito, barbaridad, villanería, diablura, trastada, gamberrada.

BARRACA Choza, chamizo, cabaña, chabola, casucha, tugurio, cobertizo, casilla, tinglado, galpón, almacén.

BARRAGANA Concubina, amante, amiga, manceba, mantenida, entretenida, prostituta.

BARRANCO Despeñadero, quebrada, cañón, precipicio, barranca, desfiladero, vaguada, angostura. → *Llano, explanada.*

BARRENA Taladro, perforadora, broca, berbiquí, fresa, punzón.

BARRENDERO Barredor, limpiador, basurero, peón.

BARRENO Cartucho, petardo, explosivo, perforación, taladro.

BARREÑO Cubo, cubeta, jofaina, palangana, recipiente, artesa, tina.

BARRER Limpiar, escobar, desempolvar, cepillar. → *Ensuciar.* || Arrollar, atropellar, aniquilar, pisotear, dispersar, desbaratar.

BARRERA Cerca, obstáculo, impedimento, muro, valla, parapeto, muralla, defensa, empalizada, estacada, trinchera, barricada, seto, verja, freno, rémora, estorbo, engorro, atasco.

BARRICADA Reparo, parapeto.

BARRIGA Panza, vientre, tripa, abdomen, estómago, bandullo.

BARRIL Tonel, cuba, pipa, barrica, bocoy, casco, recipiente.

BARRIO Distrito, suburbio, arrabal, barriada, sector, término.

BARRO Fango, cieno, lodo, légamo, limo, azolve.

BARROCO Rococó, pomposo, recargado, plateresco, churrigueresco, ornamentado.

BARROSO Cenagoso, fangoso, legamoso, pantanoso.

BARROTE Barra, palo, travesaño, larguero.

BARRUNTO Presentimiento, sospecha, suposición, conjetura, recelo, intuición.

BÁRTULOS Cachivaches, trastos, enseres, chismes, chirimbolos, útiles, bultos, aparatos.

BARULLO Desorden, confusión, caos, lío, laberinto, desbarajuste, anarquía. → *Orden.* || Alboroto, escándalo, barahúnda, estruendo. → *Silencio.*

BASAMENTO Pedestal, base, peana, basa, plinto, cimiento, zócalo.

BASAR Fundamentar, apoyar, asentar, cimentar, fundar, probar, establecer, demostrar, justificar.

BASCA Arcada, náusea, vómito, desazón, asco.

BASCULAR Tambalearse, oscilar.

BASE Fundamento, cimiento, basamento, asiento, pie, pedestal, apoyo, peana, podio. || Fundamento, principio, origen, arranque, génesis, ley, constante.

BÁSICO Fundamental, principal, cardinal, esencial, radical, primordial. → *Baladí, anodino.*

BASÍLICA Templo, santuario, catedral, oratorio, colegiata, iglesia.

BASTANTE Harto, suficiente, hazas, sobrado, lo indispensable, lo justo.

BASTAR Convenir, ser suficiente, venir bien. → *Faltar.*

BASTARDEAR Degradar, degenerar, envilecer, corromper, desnaturalizar. → *Mejorar, perfeccionar.*

BASTARDILLA Itálica, cursiva.

BASTARDO Ilegítimo, natural, espurio, adulterino. → *Legítimo.* || Infame, bajo, vil, falso, degradado, degenerado, envilecido, corrompido. → *Mejorado, perfeccionado.*

BASTIDOR Armazón, esqueleto, soporte, base, sostén, maderamen, chasis.

BASTIÓN Defensa, baluarte, fortificación, fuerte, fortín, protección.

BASTO Burdo, ordinario, rudo, grosero, tosco, rústico, plebeyo, vulgar. → *Fino, educado.*

BASTÓN Cayado, báculo, vara, palo, clava, garrote, tranca, muleta, estaca.

BASURA Desperdicio, suciedad, porquería, hez, inmundicia, desechos, despojos, sobras, barreduras, excremento.

BASURERO Vertedero, estercolero, muladar, albañal, sentina, sumidero, corral.

BATA Peinador, guardapolvo, mandil, batín, quimono, delantal, prenda.

BATACAZO Porrazo, trastazo, costalada, golpe, caída, choque, culada.

BATAHOLA Vocerío, bullicio, jarana, alboroto, gritería, escándalo, estruendo, jaleo, tiberio. → *Calma, silencio.*

BATALLA Lucha, combate, lid, pelea, contienda, encuentro, pugna, choque, escaramuza. → *Armisticio, paz.*

BATALLÓN Escuadrón, grupo, compañía, unidad táctica.

BATEL Bote, barca, lancha.

BATERÍA Grupo, hilera, fila, formación, conjunto. || Acumulador, pilas. || Utensilios, cacharros, cazos, peroles.

BATIBURRILLO Fárrago, amasijo, revoltijo, desorden, confusión, embrollo. → *Orden, armonía.*

BATIDA Acoso, persecución, exploración, búsqueda, reconocimiento, rastreo, ojeo, cacería.

BATIDOR Explorador, guía, observador.

BATIDORA Licuadora, mezcladora, aparato electrodoméstico, homogeneizadora.

BATIENTE Persiana, hoja, ventana, puerta, parte, marco.

BATÍN Quimono, bata, peinador, delantal.

BATIR Derrotar, vencer, combatir, superar, pelear, lidiar, luchar. || Mezclar, revolver, agitar, trabar, licuar, menear. || Explorar, investigar, reconocer, hojear, inspeccionar.

BATIRSE Luchar, combatir, rivalizar, pelear, batallar, chocar, guerrear, lidiar. → *Reconciliarse, pactar.*

BATUTA Vara, varilla, bastoncillo.

BAÚL Cofre, caja, arca, arcón, bulto.

BAUTIZAR Cristianar, sacramentar, administrar, crismar. || Designar, denominar, nombrar, llamar, motejar.

BAYETA Trapo, paño, lienzo, pingo, guiñapo.

BAYONETA Machete, hoja, cuchillo, arma blanca.

BAZA Tanto, mano, fuego, partido.

BAZAR Tienda, almacén, local, establecimiento, comercio, tenderete.

BAZOFIA Guisote, potingue, comistrajo, mejunje, bodrio. → *Manjar, exquisitez.* || Desperdicios, sobras, desechos, mondas, porquería, basura.

BEATO Bienaventurado, feliz, dichoso, santo, beatífico, venerable, bendito, predestinado, virtuoso. → *Pecador.* || Mojigato, santurrón, hipócrita. → *Descreído, ateo.*

BEBÉ Crío, nene, rorro, niño, pequeñuelo, angelito, infante, mocozuelo.

BEBEDIZO Pócima, brebaje, infusión, filtro, narcótico, tóxico, medicina.

BEBEDOR Borracho, tomador, beodo.

BEBER Tomar, libar, sorber, catar, tragar, probar, saborear, servirse, escanciarse, consumir, pimplar, emborracharse, empinar el codo.

BEBIDA Licor, líquido, brebaje, néctar, refresco, elixir, jugo, sumo, agua.

BEBIDO Ebrio, embriagado, beodo, borracho, achispado.

BECERRADA Novillada, tienta, corrida, lidia.

BECERRO Ternero, torito, novillo, choto, jato, resental.

BEDEL Ordenanza, celador, portero, ujier, conserje, empleado, subalterno.

BEDUINO Nómada, berberisco, beréber, tuareg, trashumante, árabe. || Bárbaro, bruto, incivil. → *Culto, civilizado.*

BEFA Escarnio, desprecio, burla, mofa, desdén, chufla, pitorreo. → *Desagravio, elogio.*

BEIGE Leonado, pajizo, amarillento, de color café con leche.

BELCEBÚ Lucifer, demonio.

BELDAD Belleza, hermosura, perfección, guapura, apostura. → *Fealdad.* || Hermosa, bella, perfecta, guapa, bonita, preciosa. → *Fea.*

BÉLICO Marcial, guerrero.

BELICOSO Guerrero, agresivo, marcial, batallador, pendenciero, luchador. → *Pacífico, cobarde.*

BELIGERANCIA Conflicto, guerra, contienda, lucha. → *Paz.* || Importancia, trascendencia, valor, categoría. → *Desinterés, intrascendencia.*

BELIGERANTE Contrario, adversario, guerrero, combatiente, belicoso.

BELITRE Truhán, bergante, pícaro, perillán, tunante, granuja, pillo. → *Honrado, decente.*

BELLACO Tunante, bribón, astuto, zorro, belitre. → *Cándido.*

BELLEZA Hermosura, beldad, preciosidad, lindeza, guapura, preciosura, apostura, encanto, seducción. → *Fealdad.*

BELLO Lindo, bonito, hermoso, precioso, grato. → *Feo.*

BENCINA Gasolina, carburante, combustible, esencia, derivado del petróleo

BENDECIR Alabar, ensalzar, elogiar, exaltar, honrar, enaltecer, agradecer. → *Maldecir.* || Consagrar, imponer, impetrar. || *Execrar.*

BENDICIÓN Gracia, favor, don, merced, ofrenda, dádiva. || Maldición, desgracia. || Consagración, invocación, impetración, signo, seña.

BENDITO Consagrado, santificado, santo. → *Maldito.* || Inocente, ingenuo, buenazo, infeliz, dichoso. → *Listo, taimado, astuto.*

BENEFACTOR Bienhechor, filántropo, humanitario, protector, caritativo. → *Dañino, perjudicial.*

BENEFICENCIA Filantropía, humanidad, misericordia. → *Inhumanidad.* || Merced, caridad, benevolencia, favor. → *Desatención.*

BENEFICIAR Bonificar, mejorar, utilizar, aprovechar, favorecer, ayudar, amparar, conceder, dar, dispensar, socorrer. → *Perjudicar.*

BENEFICIO Ganancia, rendimiento, provecho, utilidad, lucro, usura, dividendo. → *Pérdida, perjuicio.* || Merced, servicio, gracia, favor, ayuda, amparo, concesión, dádiva. → *Descuido.*

BENEFICIOSO Lucrativo, productivo, provechoso, útil, benéfico, favorable, ventajoso, bueno. → *Perjudicial.*

BENÉFICO Humanitario, caritativo, protector, bienhechor, benefactor, beneficioso. → *Impío, maléfico, indiferente.*

BENEMÉRITO Honorable, meritorio, digno, estimable, elogiable, loable, encomiable, merecedor, digno. → *Despreciable, desdeñable.*

BENEPLÁCITO Aprobación, permiso, conformidad, aquiescencia, consentimiento, permiso, venia, autorización. → *Disconformidad, negativa.*

BENEVOLENCIA Indulgencia, clemencia, magnanimidad, simpatía, benignidad. → *Malevolencia.*

BENÉVOLO Magnánimo, indulgente, complaciente, humanitario, considerado, cariñoso, benigno, piadoso, compasivo, afable. → *Malévolo, severo, cruel.*

BENIGNO Apacible, suave, dócil, placido, obediente, benévolo, sumiso, dulce, templado. → *Riguroso.* || Compasivo, clemente, bondadoso, benévolo, piadoso. → *Maligno, cruel.*

BEOCIO Necio, tonto, estulto, estúpido.

BEODO Ebrio, embriagado, borracho, achispado, bebido, temulento, alegre, dipsómano, borrachín. → *Sobrio, sereno.*

BERBERISCO Beréber, moro, rifeño, mogrebí, berebere, árabe, musulmán.

BERBIQUÍ Taladro, broca, trépano, barrena.

BERENGO Ingenuo, cándido, sencillo, bobo.

BERENJENAL Embrollo, lío, enredo, confusión, maraña, barullo, laberinto, jaleo.

BERGANTE Pícaro, bribón, belitre, bellaco, bandido.

BERGANTÍN Velero, goleta, fragata, embarcación.

BERMEJO Rojizo, rubio, taheño, rujo, encarnado, rojo, colorado, azafranado.

BERREAR Chillar, gritar, mugir, aullar, gañir, rugir, lloriquear, vociferar.

BERRINCHE Cólera, rabia, enojo, pataleta, rabieta, acceso, corajina, irritación, furor.

BESO Ósculo, besuqueo, caricia, roce, arrumaco, carantoña, mimo, terneza.

BESTIA Animal, bruto, irracional, cuadrúpedo, acémila, fiera, caballería. || Ignorante, cruel, bruto, zafio, bárbaro.

BESTIAL Feroz, brutal, bárbaro, animal, sanguinario, salvaje, inhumano, fiero, bestia. → *Humanitario, piadoso.*

BESUQUEAR Mimar, sobar, acariciar, rozar.

BETÚN Brea, asfalto, alquitrán, pez, resina.

BIBLIA Escritura, Libros Sagrados, Sagrada Escritura.

BÍBLICO Antiguo, venerable, tradicional, histórico.

BIBLIOGRAFÍA Relación, descripción, lista, ordenación, catálogo (de libros).

BIBLIOTECA Librería, estantería, librería, anaquel, repisa, mueble. || Local, archivo, dependencia, colección, centro, organismo.

BICOCA Insignificancia, nadería, pequeñez, fruslería, bagatela, baratija, chuchería. || Ganga, breva, ocasión, oportunidad, negocio.

BICHO Sabandija, bicha, gusarapo, parásito, alimaña, bicharraco.

BIEN Don, favor, merced, provecho, beneficio, utilidad, ayuda, auxilio, servicio, gracia. || Adecuado, apropiado, conveniente, conforme, bueno, oportuno, acertado, admisible. → *Malo, inadecuado, inoportuno.* || Bastante, muy, mucho. → *Poco.* || En verdad, seguramente. || Con gusto, sí, de buena gana. || Ora, ya. || Con razón, justamente.

BIENAVENTURADO Venturoso, feliz, dichoso, afortunado, favorecido. → *Desdichado, desgraciado.* || Santo, beato, bendito, perfecto. || *Maldito, réprobo.* || Inocente, ingenuo, cándido, simple. → *Astuto, taimado.*

BIENES Riqueza, hacienda, caudal, fortuna, capital, fondos, pertenencias, posesiones. → *Miseria, pobreza.*

BIENESTAR Abundancia, satisfacción, comodidad, regalo, desahogo, prosperidad, comodidad, tranquilidad, ventura, seguridad. → *Malestar, pobreza.*

BIENHECHOR Filántropo, favorecedor, amparador, protector, benefactor, defensor, mecenas. → *Malhechor.*

BIENINTENCIONADO Benévolo, justo, bueno, benigno, indulgente, bondadoso. → *Malvado, taimado.*

BIENVENIDA Acogida, saludo, parabién, recepción, recibimiento, homenaje, agasajo. → *Desaire, despedida.*

BIFURCACIÓN Desvío, derivación, ramificación, separación, cruce, ramal. → *Unión.*

BIFURCARSE Divergir, desviarse, dividirse, separarse, ahorquillarse. → *Confluir.*

BIGARDO Truhán, perillán, vago, vicioso, holgazán. → *Recto.*

BIGOTE Mostacho, bozo, vello, cerda.

BILIS Amargura, aspereza, cólera, irritabilidad, desabrimiento. → *Dulzura.* || Humor, secreción, atrabilis.

BILLETE Boleto, vale, bono, entrada, talón, localidad, asiento, cupón, volante. || Papel, moneda, dinero, efectivo, metálico. || Misiva, carta, nota.

BILLETERO Cartera, monedero, bolso.

BINOCULARES Prismáticos, gemelos, anteojos.

BIOGRAFÍA Semblanza, historia, vida, hechos, carrera, currículum, crónica, ensayo, hazañas, relación, relato, acontecimientos, sucesos, aventuras.

BIOMBO Antipara, mampara, cancel, persiana.

BIRLAR Robar, hurtar, escamotear, quitar, estafar, despojar. → *Devolver.*

BIRRETE Bonete, solideo, gorro, chapeo.

BIRRIA Adefesio, mamarracho, facha, espantajo, extravagante, grotesco. → *Apostura, belleza.*

BISAGRA Gozne, charnela, pernio, juego, articulación.

BISBISAR Musitar, mascullar, cuchichear.

BISEL Chaflán, sesgo, ángulo, borde, arista.

BISEXUAL Hermafrodita, andrógino.

BISOÑÉ Peluquín, peluca, añadido, postizo.

BISOÑO Novato, novel, inexperto, nuevo, aprendiz, neófito, principiante. → *Experimentado, curtido, veterano.*

BISUTERÍA Baratija, fruslería, imitación, bagatela, buhonería. → *Alhaja, joya.*

BIZANTINO Rebuscado, sutil, intrascendente, fútil.

BIZARRO Denodado, valeroso, esforzado, arrojado, bravo. || Flojo, cobarde. || Gallardo, apuesto, garboso, elegante, bien plantado. → *Desgarbado.*

BIZCO Estrábico, bisojo, de vista desviada.

BIZCOCHO Galleta, torta, bollo, barquillo.

BIZMA Emplasto, pegote, cataplasma, ungüento.

BLANCO Nievo, albo, cándido, cano, inmaculado, pálido. → *Negro.* || Caucásico, ario, occidental, indoeuropeo. → *Negro, oriental.* || Diana, centro.

BLANCURA Candor, albor, blancor, albura. → *Negrura.*

BLANDIR Enarbolar, mover, agitar, levantar, balancear, aferrar, empuñar. → *Soltar.* || Amenazar.

BLANDO Suave, tierno, mórbido, esponjoso, muelle, flojo, laxo, fláccido. → *Duro, firme.* || Dócil, apacible, timorato, cobarde. || Enérgico, valeroso.

BLANDURA Afabilidad, mansedumbre, dulzura, delicadez, templanza. → *Severidad.* || Pereza, indolencia, molicie, flojedad, lentitud. → *Diligencia.* || Requiebro, blandicia.

BLANQUEAR Emblanquecer, blanquecer, armiñar. → *Ennegrecer.* || Limpiar, lavar, jabonar.

BLASFEMAR Renegar, maldecir, jurar.

BLASFEMIA Maldición, imprecación, juramento, reniego, terno, taco, palabrota, sacrilegio.

BLASÓN Escudo, divisa, armas, alegoría, pieza, timbre, lema, símbolo. || Heráldica.

BLASONAR Ostentar, jactarse, presumir, vanagloriarse, pavonearse, alabarse, fanfarronear. → *Humillarse, recatarse.*

BLEDO Ardite, comino, insignificancia, minucia.

BLINDAJE Defensa, coraza, protección, plancha, forro, revestimiento, chapa, recubrimiento.

BLOCAO Fortificación, fortín, reducto, subterráneo.

BLONDA Encaje, ronda, puntas, guipur.

BLOQUE Sillar, piedra, dovela, cubo, mazacote. || Libreta, librillo, cuadernillo, hojas.

BLOQUEAR Asediar, cercar, sitiar, rodear, encerrar, aislar, incomunicar. → *Liberar, huir, fugarse.*

BLUSA Blusón, camisola, camisa, marinera, chambra.

BOATO Pompa, ostentación, lujo, fausto, derroche, aparato, oropel. → *Sencillez, pobreza.*

BOBADA Simpleza, tontería, bobería, necedad.

BOVINA Carrete, canilla, devanado, inductor.

BOBO Ingenuo, inocente, palurdo, pasmado, simple, necio, tonto, mentecato, idiota, obtuso, zopenco, pazguato. → *Listo, inteligente.*

BOCA Hocico, tragadero, tarasca, jeta, morro, fauces, belfos. || Entrada, embocadura, abertura, acceso, grieta.

BOCACALLE Esquina, cruce, intersección, confluencia, encrucijada.

BOCADO Mordisco, dentellada, mordedura, tarascada. || Bocadillo, tentempié, refrigerio. || Trozo, cacho, fragmento, porción.

BOCANADA Varahada, baho, soplo, hálito, aliento, emanación, exhalación, jadeo.

BOCETO Bosquejo, diseño, esbozo, croquis, apunte, plano, dibujo, borrador, esquema.

BOCINA Corneta, trompeta, cuerno, claxon.

BOCÓN Charlatán, fanfarrón, hablador.

BOCHINCHE Escándalo, alboroto, tumulto, asonada, barahúnda, barullo, estrépito, jaleo. → *Silencio.*

BOCHORNO Calor, sofoco, canícula, calina, vulturno. → *Frío.* || Vergüenza, sonrojo, rubor, turbación, confusión. → *Descaro.*

BODA Enlace, nupcias, desposorios, casamiento, matrimonio, himeneo, unión, vínculos, alianza, sacramentos. → *Divorcio.*

BODEGA Cava, sótano, cueva, bóveda, silo.

BODEGÓN Taberna, tasca, bar, tabuco, bodega, figón, fonda.

BODRIO Bazofia, mejunje, potingue, guisote, comistrajo, rancho. → *Manjar, exquisitez.*

BOFE Pulmón, órgano, víscera, asadura.

BOFETADA Manotazo, cachetada, guantazo, bofetón, sopapo, mamporro, tortazo, revés. → *Caricia.*

BOGA Reputación, aceptación, fama, moda, auge, novedad, actualidad, costumbre, uso, popularidad. → *Desuso, caducidad.*

BOGAR Remar, navegar, ciar, sirgar, avanzar.

BOHEMIO Errante, vagabundo, gitano, despreocupado, negligente. → *Metódico, disciplinado.*

BOICOT Exclusión, aislamiento, rechazo, castigo, privación, separación. → *Aceptación.*

BOINA Bonete, birrete, gorra, chápela, chapeo.

BOLA Pelota, esfera, balón, globo, cuenta, canica, píldora. || Trola, mentira, embuste, bulo, fábula, cuento, patraña, engaño. → *Verdad.*

BOLETA Talón, libranza, libramiento. || Papeleta, cédula.

BOLETÍN Gaceta, revista, circular, folleto, publicación, impreso.

BOLETO Papeleta, cupón, talón, volante, vale, bono, tarjeta, comprobante, entrada, localidad, tícket.

BÓLIDO Meteorito, aerolito, exhalación, piedra.

BOLO Palo, taco, palitroque, tarugo.

BOLSA Morral, faltriquera, bolso, bolsillo, talega, fardo, saco, alforja, bulto. || Lonja, bolsín.

BOLSO Cartera, bolsillo, valija.

BOMBA Granada, proyectil, obús, explosivo, munición, bala. || Máquina, pistón, aparato.

BOMBARDEAR Cañonear, lanzar, ametrallar, arrasar, atacar, demoler, aniquilar.

BOMBEAR Extraer, impulsar, succionar, sacar, impeler, agotar, vaciar.

BOMBILLA Lámpara, lamparilla, farol, globo, bulbo.

BOMBO Timbal, tambor, atabal, caja. || Jactancia, vanagloria, tono, coba. → *Humildad.*

BOMBÓN Chocolatín, golosina, chocolate, chocolatina.

BOMBONA Garrafa, vasija, redoma, botella, recipiente, botellón.

BONACHÓN Buenazo, bondadoso, candoroso, ingenuo, crédulo, manso, sencillo. → *Severo, astuto.*

BONANCIBLE Apasible, tranquilo, sereno, suave, claro, despejado, razo, benigno. → *Desapacible.*

BONANZA Calma, serenidad, tranquilidad, quietud, prosperidad, bienestar, opulencia. → *Tormenta, pobreza.*

BONDAD Misericordia, benevolencia, dulzura, afecto, indulgencia, humanidad, caridad, clemencia, generosidad, piedad. → *Maldad.*

BONDADOSO Indulgente, afectuoso, benévolo, afable, apacible. → *Perverso.*

BONETE Birrete, gorro, gorra, boina, casquete, solideo, sombrero.

BONIFICACIÓN Descuento, rebaja, beneficio, abono, mejora, reducción, indemnización, compensación. → *Recargo, gravamen,*

BONITO Bello, agraciado, hermoso, lindo, primoroso, delicado, mono. → *Feo.*

BONO Vale, papeleta, comprobante, cupón, libranza, bonificación.

BOÑIGA Estiércol, fiemo, excremento, guano, bosta.

BOQUEAR Resollar, jadear, respirar, acezar, resoplar. || Agonizar, expirar, fenecer, morirse, acabarse.

BOQUETE Hueco, abertura, agujero, rotura, brecha, oquedad, grieta, perforación, orificio.

BORBOLLAR Borbotar, hervir, brollar.

BORBOTÓN Burbujeo, borbollón, borboteo, burbujas.

BORDAR Cocer, recamar, festonear, ribetear, adornar, marcar, ornamentar.

BORDE Orilla, canto, extremo, margen, arista, linde, orla, ribete. → *Centro.*

BORDEAR Rodear, desviarse, circunvalar, eludir, separarse, circundar. → *Atravesar, cruzar.*

BOREAL Ártico, septentrional, hiperbóreo, norte.

BORLA Pompón, fleco, colgante, adorno.

BORRA Pelusa, lanilla, guata, tamo. || Poso, hez, sedimento, residuo.

BORRACHERA Embriaguez, emborrachamiento, ebriedad, beodez, dipsomanía, alcoholismo, merluza, tajada, cogorza. → *Sobriedad, abstinencia.*

BORRACHO Ebrio, alcoholizado, beodo, temulento, embriagado, dipsómano, achispado. → *Sobrio, abstemio.*

BORRADOR Esbozo, bosquejo, esquema, apunte, proyecto, plan, diseño, boceto.

BORRAR Tachar, suprimir, esfumar, desvanecer, anular, corregir, rectificar, deshacer. → *Escribir.*

BORRASCA Temporal, tempestad, tormenta, galerna, turbión, chaparrón. → *Bonanza, calma.*

BORRASCOSO Tempestuoso, turbulento, tormentoso, proceloso. → *Plácido.*

BORREGO Cordero, ternasco, andosco, borrón. || Sumiso, apocado, pusilánime, timorato. → *Decidido, enérgico.*

BORRICO Burro, asno, jumento, pollino, rucio.

BORRÓN Mancha, tacha, mácula, defecto, chafarrinón, tiznón.

BORROSO Nebuloso, confuso, velado, opaco, turbio, impreciso, difuso, oscuro. → *Diáfano, nítido, preciso.*

BOSCOSO Selvático, frondoso, espeso, tenso, tupido, impenetrable, exhuberante. → *Ralo, desértico.*

BOSQUE Arboleda, espesura, boscaje, floresta, selva, parque, follaje. → *Sabana, páramo.*

BOSQUEJO Croquis, apunte, boceto, esbozo, diseño. || Plan, planificación, idea, proyecto, concepción.

BOSTA Estiércol, frez, majada.

BOTA Borceguí, zapato, calzado, chanclo. || Barril, cuba, tina, tonel, pellejo, cuero, odre.

BOTAR Tirar, arrojar, lanzar. || Brincar, saltar.

BOTARATE Tarambana, irreflexivo, precipitado, ligero, atolondrado, alocado, aturdido. → *Cauto, reflexivo.* || Malgastador, derrochador.

BOTE Barca, lancha, batel, canoa, esquife, chinchorro, piragua, embarcación.

BOTELLA Frasco, redoma, casco, garrafa, recipiente, envase.

BOTELLERO Trapero, quincallero, chamarilero, ropavejero.

BOTICA Farmacia, droguería, establecimiento.

BOTIJO Cántaro, piporro, jarro, ánfora, vasija, recipiente.

BOTÍN Despojos, presa, trofeo, pillaje, rapiña, robo, captura. || Bota.

BOTÓN Botonadura, broche, presilla, automático. || Renuevo, yema, pimpollo, capullo, cogollo. || Pulsador, interruptor, llave, tecla, clavija.

BOTONES Mozo, chico, recadero, mandadero, muchacho, servidor.

BOUQUET Aroma, olor, perfume, sabor.

BÓVEDA Cripta, cúpula, arco, domo, ábside, vuelta, pabellón, techo, arquería.

BOVINO Vacuno, bóvido, rumiante, toro, vaca, buey.

BOXEADOR Púgil, luchador, adversario.

BOYA Baliza, señal, marca, hito.

BOYANTE Floreciente, próspero, afortunado, rico, feliz, venturoso, opulento. → *Empobrecido.*

BOZO Vello, cerda, pelo, bigote, pelusa.

BRACERO Peón, obrero, labriego, jornalero, rústico.

BRAGA Calzón, pantalón, prenda interior.

BRAGADO Valiente, animoso, enérgico, entero, resuelto, decidido. → *Apocado, pusilánime.*

BRAGADURA Ingle, entrepierna.

BRAGAZAS Calzonazos, menguado, pusilánime, borrego, cobarde. → *Valiente, decidido.*

BRAMANTE Cordón, cordel, guita, cáñamo, hilo.

BRAMAR Mugir, rugir, aullar, berrear, ulular, chillar, gritar, bociferar, troncar, roncar. → *Callar.*

BRANQUIA Agalla, membrana, órgano respiratorio.

BRASA Ascua, rescoldo, chispa, llama, lumbre, fuego.

BRASERO Estufa, calentador, hogar, calientapiés.

BRAVATA Jactancia, fanfarronada, bravuconada, baladronada, amenaza, desplante, alarde, desafío. → *Humillación, pleitesía.*

BRAVÍO Fiero, indómito, cerril, salvaje, silvestre, montaraz, rústico, agreste. → *Manso, doméstico.*

BRAVO Valeroso, bizarro, valiente, esforzado, animoso, resuelto, intrépido, osado, temerario. → *Temeroso, tímido, apocado.*

BRAVUCÓN Valentón, fanfarrón, chulo.

BRAVURA Valentía, coraje, resolución, atrevimiento, temeridad, hombría. → *Cobardía, miedo.*

BRAZALETE Pulsera, ajorca, muñequera, aro, argolla.

BRAZO Articulación, extremidad, miembro, apéndice.

BREA Alquitrán, pez, resina.

BREBAJE Poción, bebida, potingue, bebistrajo, cocimiento, filtro.

BRECHA Abertura, brebaje, rotura, grieta, fisura, raja, resquicio.

BREGA Reyerta, lucha, pugna, pendencia, riña, afán, ajetreo, esfuerzo, lidia, trabajo, trajín. → *Calma, paz, tranquilidad.*

BRETE Accidente, ahogo, aprieto, apuro, atolladero, compromiso, conflicto, contrariedad, contratiempo, dificultad, engorro, inconveniente, necesidad, percance, problema, revés, trance, tropiezo. → *Solución, remedio.*

BREVE Sumario, sucinto, corto, conciso, compendio, limitado, reducido, efímero, provisional, temporal, perecedero, transitorio. → *Prolongado, extenso, largo.*

BREVEDAD Concisión, cortedad, laconismo. || Ligereza, prontitud.

BREVIARIO Compendio, epítome, extracto, resumen, recopilación, sumario.

BRIBÓN Pillo, bellaco, pícaro, tunante, bergante, taimado, perillán. || *Honrado, ingenuo.*

BRILLANTE Resplandeciente, fulgurante, esplendente, cegador, refulgente, centelleante, luminoso, deslumbrante, radiante. → *Opaco, mate.* || Sobresaliente, descollante, destacado, distinguido. → *Anodino, vulgar, modesto.*

BRILLAR Resplandecer, centellear, lucir, relucir, fulgurar. || Lucir, descollar, sobresalir.

BRINCAR Saltar, botar, triscar, retozar.

BRINCO Cabriola, salto, bote, pirueta, corcovo, voltereta, rebote, retozo.

BRINDAR Desear, ofrecer, dedicar, consagrar, proponer, invitar, convidar, prometer.

BRÍO Ímpetu, pujanza, energía, fuerza, empuje, ardor, fortaleza, arrestos, reciedumbre, determinación, vigor, acometividad, garbo, valor. → *Apatía, debilidad.*

BRISA Céfiro, viento, vientecillo, aura, corriente, aire, soplo.

BRIZNA Un poco, algo. || Hebra, hilo, fibra, filamento. || Pajita, ramita, hierba.

BROCA Barrena, taladro, trépano, lezna, cincel, punzón.

BROCADO Tejido, bordado, seda, brocatel, brochado, brocalado, briscado, guadamecí.

BROCAL Antepecho, borde, pretil, parapeto, resalto.

BROCHA Pincel, cepillo, cerdamen, escobilla.

BROCHE Prendedor, pasador, hebilla, fíbula, imperdible, aguja, gancho, corchete.

BROMA Burla, chanza, chunga, guasa, chasco, chacota, cuchufleta, pulla, sarcasmo, remedo, ironía, escarnio. → *Formalidad, sensatez.*

BROMEAR Burlarse, divertirse, chancearse.

BROMISTA Guasón, chancero, risueño, juguetón, zumbón, socarrón, jocoso. → *Serio, burlón.*

BRONCA Riña, pendencia, gresca, alboroto, reyerta, escándalo, altercado, disputa, trifulca. → *Paz, tranquilidad.* || Reprimienda, filípica, regaño, rapapolvo, regañina, reprensión. → *Felicitación, elogio.*

BRONCEADO Cobrizo, tostado, dorado, quemado, aceitunado, moreno, atezado. → *Blanco, pálido.*

BRONCO Rudo, áspero, hosco, tosco, rústico, grosero, basto, huraño, desapacible. → *Afable, cortés.* || Profundo, bajo, destemplado, desagradable. → *Agudo, armonioso.*

BROTAR Manar, surgir, germinar, nacer, salir, aflorar, asomar, retoñar.

BROTE Retoño, renuevo, vástago, cogollo, yema, capullo, pezón, botón.

BROZA Maleza, hojarasca, desperdicio, matorral, espesura, desechos, sobras, residuos, restos.

BRUJA Maga, hechicera, encantadora, adivinadora, vidente, agorera, aojadora, esperpento, arpía, vieja, estantigua, adefesio.

BRUJERÍA Hechizo, magia, encantamiento.

BRÚJULA Compás, bitácora, calamita.

BRUMA Niebla, neblina, calina, vapor, nube, calígine, boira.

BRUMOSO Oscuro, confuso, incomprensible, nebuloso. → *Diáfano.*

BRUÑIR Pulir, enlucir, lustrar, abrillantar, gratar, acicalar, charolar, frotar, esmerilar.

BRUSCO Repentino, súbito, imprevisto, inesperado, inopinado, rápido. → *Lento, previsto.* || Descortés, desapacible, áspero, rudo, tosco, grosero, destemplado. → *Amable, fino, apacible.*

BRUTAL Feroz, salvaje, bestial, bárbaro. → *Humano.* || Enorme, formidable, extraordinario, colosal, fenomenal.

BRUTALIDAD Crueldad, barbaridad, bestialidad, salvajismo, ferocidad, dureza, violencia, desenfreno, saña, encarnizamiento. → *Delicadeza, piedad.*

BRUTO Torpe, tosco, rudo, bestia, animal, zafio, grosero, cruel, feroz. → *Amable, bondadoso, persona.*

BUCANERO Pirata, corsario, filibustero, aventurero, bandido.

BUCEAR Zambullirse, sumergirse, chapuzarse, hundirse, descender, explorar. → *Flotar, emerger.*

BUCLE Tirabuzón, rizo, onda, sortija, caracolillo.

BUCÓLICO Égloga, pastoril, campestre, campesino, idílico, apacible, placentero. → *Ajetreado, ciudadano.*

BUENAVENTURA Auspicio, vaticinio, predicción, pronóstico, adivinación, profecía, augurio.

BUENO Benévolo, clemente, misericordioso, compasivo, bondadoso, benigno, piadoso, generoso, tierno, indulgente, comprensivo. → *Malo, malvado.* || Ventajoso, aprovechoso, propicio, favorable. → *Desventajoso.* || Robusto, sano. || Divertido, gustoso, agradable.

BUFANDA Tapaboca.

BUFAR Soplar, resoplar, jadear, acezar. || Rezongar, gruñir, refunfuñar, rabiar, bramar, regañar.

BUFETE Oficina, despacho, escritorio, estudio, consultorio. || Escritorio.

BUFIDO Resoplido, soplo, jadeo, rebufo. || Bramido, gruñido, rugido, denuesto, rabieta.

BUFO Cómico, burlesco, grotesco, risible, extravagante. → *Serio, sensato.*

BUFÓN Juglar, histrión, albardán, payaso, cómico, caricato, burlón, jocoso, chancero, bufo.

BUHARDILLA Desván, guardilla, buharda, tugurio, altillo, sobrado, zahúrda, tabuco, antro.

BÚHO Lechuza, carancho.

BUHONERO Mercachifle, quincallero, gorgotero, marchante, mercader, feriante, baratero, ambulante.

BUJÍA Candela, vela, cirio, hacha, candelabro.
BULA Concesión, excepción, gracia, privilegio, favor, prerrogativa.
|| Sello.
BULEVAR Avenida, ronda, paseo, arteria, vía, carretera. → Callejuela.
BULO Embuste, patraña, engaño, mentira, bola, rumor, falsedad, infundio, mentira, chisme, camelo. → Verdad.
BULTO Prominencia, protuberancia, saliente, lomo, resalte, giba, abombamiento, convexidad. || Depresión, hundimiento. || Fardo, paca, bolsa, saco, lío, paquete, equipaje. || Tumor, hinchazón, excrecencia, bubón, chichón, dureza, nódulo, grano. || Volumen, mole, cuerpo, contorno.
BULLA Estruendo, vocería, algarabía, algazara, bullicio, gritería, alboroto, desorden, estrépito, tiberio, zarabanda, escandalera. → Silencio, orden,
BULLANGA Tumulto, algarada, asonada, revuelta, alboroto.
BULLICIO Algarabía, gritería, bulla, algazara. → Silencio.
BULLIR Hervir, gorgotear, burbujear, cocer, escaldar. || Moverse, agitarse, pulular, hormiguear, inquietarse, afanarse. → Calmarse, inmovilizarse.
BUNGALOW Chalé, cabaña, pabellón.
BUQUE Nave, navío, barco, embarcación, bajel, trasatlántico.
BURBUJA Gorgorita, pompa, ampolla, campanilla.
BURBUJEAR Borbotear, borboritar, gorgotear, bullir, hervir, espumar.
BURDEL Prostíbulo, lupanar, mancebía, casa de citas.
BURDO Tosco, rústico, rudo, grosero, basto, ordinario, áspero, vulgar, chabacano, agreste, silvestre, palurdo. → Refinado, fino.
BURGUÉS Acomodado, adinerado, opulento, cómodo, pudiente. → Proletario. || Conservador, reaccionario. → Progresista.
BURIL Punzón, gubia, cuchillo, cortafrío.
BURLA Broma, bufonada, chanza, chiste, mofa, chasco, chunga, pulla, chirigota, guasa. → Respeto, seriedad, formalidad.
BURLAR Chancear, embaucar, engañar. || Eludir, evitar, escapar. → Afrontar. || Frustrar, malograr.
BURLESCO Picaresco, jocoso, cómico, festivo, alegre, jovial, jaranero, divertido, picante, audaz. → Serio, recatado.
BURLÓN Bromista, chancero, guasón, socarrón, mordaz, sarcástico, irónico. → Grave, formal.
BUROCRÁTICO Administrativo, oficial, gubernativo, premioso, farragoso.
BURRADA Disparate, dislate, desatino, tontería, necedad, barbaridad, animalada, bestialidad, sandez, torpeza. → Agudeza, gracia.
BURRO Jumento, asno, pollino, borrico, rucio. || Necio, torpe, zopenco, ignorante, bruto, grosero, tosco, bárbaro. → Lince, inteligente.

BUSCAR Investigar, averiguar, pesquisar, inquirir, escudriñar, resolver, escarbar, preguntar, fisgonear, explorar, rastrear.

BUSCARRUIDOS Pendenciero, camorrista, matón, bravucón, escandaloso. → *Formal, sensato.*

BUSCAVIDAS Entremetido, curioso, fisgón, bullebulle, activo, afanoso, dinámico, trabajador, diligente. → *Respetuoso, perezoso.*

BUSCONA Ramera, prostituta.

BUSILIS Dificultad, intríngulis, quid, clavo, nudo, meollo, punto principal.

BÚSQUEDA Pesquisa, investigación, indagación, busca, explicación, batida, examen. → *Abandono.*

BUSTO Tórax, torso, tronco, caja torácica.

BUTACA Localidad, luneta, asiento, silla, sillón.

BUZÓN Casilla, casillero, depósito, receptáculo, caja, ranura.

CABAL Íntegro, completo, entero, recto, honrado, justo, perfecto, adecuado, ajustado, puro, consumado. → *Incompleto.*

CÁBALA Suposición, conjetura, adivinación, atisbo, cálculo, deducción, inferencia, pronóstico, hipótesis. || Anagrama, signo, superstición, sortilegio. || Maquinación, intriga.

CABALGADURA Montura, caballería, corcel.

CABALGAR Montar, jinetear, subir, avanzar.

CABALGATA Comitiva, grupo, desfile, tropa, marcha, columna, séquito.

CABALÍSTICO Misterioso, secreto, recóndito, oculto, mágico.

CABALLERESCO Valiente, paladín, galante, cortés, cortesano, fino, elegante, noble, cumplido. → *Villano, grosero.*

CABALLERÍA Montura, cabalgadura, bestia.

CABALLERIZA Cuadra, establo, corral, cobertizo, granero.

CABALLERO Hidalgo, noble, señor, cortesano, aristócrata. → *Plebeyo, villano.* || Caballeresco, leal, digno, galante. → *Villano, grosero.* || Caballista, jinete, montado, jockey.

CABALLEROSIDAD Lealtad, hidalguía, nobleza, dignidad, generosidad.

CABALLEROSO Leal, noble, digno, generoso. → *Bellaco.*

CABALLO Potro, corcel, alazán, trotón, palafrén, montura, rocín, jamelgo.

CABAÑA Choza, chamizo, chabola, barraca, tugurio, rancho, cobertizo, refugio.

CABECEO Vaivén, balanceo, traqueteo, bamboleo, oscilación, ajetreo, bandazo, mecimiento, meneo.

CABECERA Encabezamiento, partida, preámbulo, entrada, arranque, iniciación. || Presidencia, preferencia. || Cabezal, testero.

CABECILLA Cacique, jefe, caudillo, capitán, guía, conductor. → *Esbirro, secuaz, seguidor.*

CABELLERA Melena, pelambre, pelambrera, cabello.

CABELLO Pelo, vello, bozo, pelusa, crin, cerda, hebra. || Cabellera, pelaje, melena, guedeja, mechón, bucle, tirabuzón, onda, rizo, trenza, flequillo, moño, tupé, rodete.

CABER Contener, coger, entrar, abarcar, encerrar, englobar, reunir, estar.

CABESTRO Bozal, ronzal, jáquima, cabezada.

CABEZA Testa, mollera, sesera, melón, coco, cráneo, testuz. || Mente, seso, cerebro, inteligencia, capacidad, entendimiento, razón, juicio. → *Idiotez, torpeza.* || Comienzo, extremidad, principio, origen, nacimiento, prólogo.

CABEZAZO Calabazada, testarazo, golpazo, topetazo, morrada, choque, golpe, calamorrada.

CABEZÓN Cabezudo, cabezota. || Testarudo, terco, porfiado, obstinado, tozudo. → *Razonable, comprensivo.*

CABIDA Extensión, capacidad, espacio, volumen, aforo, contenido, porte.

CABILDEO Conciliábulo, consulta, secreto, intriga, conspiración, reunión.

CABILDO Capítulo, municipio, ayuntamiento, junta, corporación, entidad, consejo, cuerpo, asamblea.

CABINA Camarote, compartimiento, alojamiento, habitáculo, camareta. || Casilla, locutorio, división.

CABIZBAJO Abatido, triste, desanimado, alicaído, melancólico, desalentado. → *Animado, alegre.*

CABLE Cuerda, jarcia, cabo, estrenque, maroma, soga. || Hilo, alambre, cordón. || Telegrama, cablegrama, despacho, radiograma.

CABO Cuerda, cordel, soga, cable, maroma, cordón, chicote, calabrote, guindaleza, hilo, fibra, amarra. || Extremo, término, fin, punta, remate. || Promontorio, punta, saliente, lengua de tierra.

CABREARSE Enfadarse, enojarse, irritarse, enfurecerse, enemistarse. → *Calmarse, tranquilizarse.*

CABRIOLA Voltereta, salto, brinco, pirueta, corcovo, bote, corveta, rebote, retozo.

CABRITO Choto, ternasco, caloyo, chivo.

CACA Excremento, deposición, evacuación, mierda, deyección, heces, inmundicia, porquería.

CACAREAR Cloquear, llamar, alborotar, piar. || Jactarse, exagerar, vanagloriarse, envanecerse, alardear, fanfarronear. → *Disculparse, humillarse.*

CACATÚA Papagayo, loro, cotorra, periquito.

CACERÍA Montería, batida, partida, acoso, ojeo, persecución, búsqueda, acorralamiento.

CACEROLA Pote, olla, puchero, cazo, tartera, cazuela, perol, marmita, vasija, recipiente.

CACIQUE Dueño, señor, amo, superior, patrono, cabecilla, tirano, personaje.

CACO Ratero, ladrón, carterista, descuidero, rata, delincuente. → *Honrado, probo.*

CACOFONÍA Discordancia, disonancia, repetición, reiteración. → *Eufonía, armonía.*

CACUMEN Talento, cabeza, perspicacia, ingenio, agudeza, lucidez, meollo, mollera, seso. → *Torpeza, idiotez.*

CACHARRO Utensilio, vasija, bártulo, cachivache, trasto, artefacto, chisme, enser. || Pote, vasija, olla, puchero.

CACHAZA Apatía, flema, calma, lentitud, pachorra, parsimonia, premiosidad, morosidad. → *Ímpetu, dinamismo.*

CACHEAR Registrar, esculcar, examinar, reconocer, palpar, inspeccionar, buscar.

CACHETE Mejilla, moflete, carrillo, quijada. || Bofetón, torta, bofetada, tortazo.

CACHIPORRA Porra, estaca, clava, maza, rompecabezas, garrote, bastón, cayado.

CACHIVACHE Bártulos, enseres, trasto, chirimbolo, cacharro. || Inservible, inútil, torpe, desmañado. → *Útil, hábil, competente.*

CACHO Fragmento, porción, pedazo, trozo, partícula, pieza, parte, sección. → *Conjunto, totalidad.*

CACHONDEO Guasa, burla, befa, mofa, chanza, pitorreo, zumba, diversión.

CACHONDO Libidinoso, excitado, salido, en celo, lascivo, sensual, lujurioso. → *Impotente.*

CACHORRO Cría, retoño, hijuelo, descendiente, hijo, vástago.

CADALSO Tablado, patíbulo, horca, plataforma, entarimado, pena, castigo, guillotina.

CADÁVER Muerto, difunto, restos, cuerpo, extinto, finado, fallecido.

CADAVÉRICO Pálido, flaco, macilento, macabro, fúnebre, lúgubre, sepulcral. → *Sano, alegre.*

CADENA Eslabones, grillete, hierros, esposas, cepo. || Serie, orden, encadenamiento, sucesión. || Cautiverio, condena, prisión, sujeción, esclavitud, cautividad. → *Libertad.*

CADENCIA Medida, compás, movimiento, ritmo, paso, armonía, consonancia.

CADERA Cuadril, anca, canco, grupa, flanco, pelvis, pernil.

CADÍ Juez, caíd.

CADUCAR Envejecer, extinguirse, anularse, chochear. → *Lozanear.* || Concluir, prescribir, terminar, acabarse, extinguirse, cumplir. → *Perdurar, continuar.*

CADUCO Viejo, perecedero, decrépito, efímero, fugaz, chocho, senil, achacoso, acabado, decadente. → *Joven, lozano, perenne.*

CAER Derrumbarse, bajar, decaer, desplomarse, declinar. → *Levantarse.* || Sucumbir, morir, perecer, abatirse. → *Brotar.* || Incurrir, incidir.

CÁFILA Caterva, horda, tropel, turba, cuadrilla.

CAFRE Bruto, bárbaro, cruel, brutal, bestial, fiero. → *Humanitario.* || Inculto, cerril, rudo. → *Culto, refinado.*

CAGAR Evacuar, defecar, excretar, obrar, descargar, hacer sus necesidades.

CAÍDA Bajada, desplome, declive, descenso, derrumbe, cuesta. → *Subida, ascenso.* || Porrazo, golpe, costalada, batacazo, culada, derrumbe. || Decadencia, fracaso, ocaso, ruina, desgracia. → *Auge, prosperidad.* || Desliz, lapso, falta.

CAJA Cofre, ataúd, cajón, arca, envase, estuche, urna, embalaje, paquete, bulto.

CAJERO Tesorero, pagador.

CAJÓN Estante, compartimiento, gaveta, naveta. || Caja.

CAL Tiza, yeso, creta, caliza.

CALA Abra, ensenada, caleta, golfo, rada, refugio, bahía. || Penetración, sondeo, perforación.

CALABOZO Celda, mazmorra, cárcel, encierro, trena, prisión, galera, ergástula.

CALADO Encaje, randa, galón, labor.

CALAMAR Sepia, chipirón, pulpo, molusco, cefalópodo.

CALAMBRE Espasmo, contracción, agarrotamiento, contractura, rampa, garrampa, hormigueo.

CALAMIDAD Desgracia, infortunio, desastre, plaga, azote, catástrofe, desdicha, tragedia. → *Fortuna, suerte.*

CALAMITOSO Aciago, desastroso, funesto, infortunado, perjudicial. → *Venturoso.*

CALAÑA Ralea, naturaleza, índole, jaez, raza, calidad, categoría.

CALAR Penetrar, perforar, atravesar, comprender, adivinar. || Mojarse, empaparse, embeberse, humedecerse, impregnarse. → *Secarse.*

CALAVERA Cráneo, huesos de la cabeza. || Disoluto, vicioso, mujeriego, perdido, parrandero, vividor, tarambana, jaranero. → *Sensato, casto.*

CALCAR Reproducir, duplicar, copiar, repetir, imitar, plagiar, remedar.

CALCETA Punto, media, malla, tejido.

CALCIFICAR Endurecer, osificar, anquilosar.

CALCINAR Carbonizar, incinerar, quemar, abrazar, consumir, tostar, asar, arder.

CALCULAR Contar, computar, tantear, determinar, operar. || Deducir, creer, suponer, conjeturar.

CÁLCULO Cómputo, cuenta, recuento, operación, enumeración. || Suposición, conjetura, cábala. || Piedra.

CALDEAR Calentar.

CALDERA Acetre, caldero, calentador, fogón, hogar, estufa, horno. || Recipiente, cacerola.

CALDERILLA Cambio, suelto, sencillo, chaucheo, perras, monedas.

CALDO Cocido, salsa, unto, moje, sopa, sustancia, jugo, zumo.

CALDOSO Jugoso, sustancioso, sabroso, aguado. → Seco.

CALENDARIO Almanaque, anuario, agenda, efemérides, repertorio, guía.

CALENTADOR Escalfador, braserillo.

CALENTAR Caldear, templar, abochornar, achicharrarse, cocer, escaldar, tostar. → Enfriar, helar. || Enfadarse, acalorarse, irritarse. → Aplacarse.

CALENTURA Temperatura, fiebre, febrícula, décimas. → Hipodermia.

CALETRE Cabeza, talento, ingenio, agudeza, tino, cacumen.

CALIBRAR Graduar, medir, comprobar, evaluar, calcular, determinar.

CALIBRE Anchura, diámetro, amplitud, abertura, tamaño, formato, talla, dimensión.

CALICHE Salitre, nitrato de sodio.

CALIDAD Índole, clase, categoría, condición, particularidad. || Excelencia, perfección, eficacia, virtud. → Deficiencia, defecto.

CÁLIDO Caliente.

CALIENTE Ardiente, candente, ígneo, incandescente, tórrido, caluroso, caldeado, ardoroso, cálido. → Frío, helado.

CALIFICACIÓN Nota, evaluación, valoración, clasificación, estima, tasa, apreciación. || Epíteto, apelativo, título.

CALIFICADO Competente, capaz, entendido, autorizado, hábil, apto, capacitado, experto, idóneo. → Incompetente, descalificado.

CALIFICAR Conceptuar, adjetivar, tildar, considerar, designar, llamar, nombrar, denominar. || Evaluar, valorar, establecer, estimar, calcular, tasar, atribuir.

CALIFICATIVO Nombre, adjetivo, epíteto, título, alias, apodo, nota.

CALIGINOSO Nebuloso, calinoso, brumoso, denso. → Diáfano.

CÁLIZ Copa, vaso, copón, grial, recipiente.

CALMA Placidez, sosiego, reposo, tranquilidad, serenidad, quietud, paz, silencio, imperturbabilidad, impavidez, flema, frialdad. → Alboroto, inquietud. || Cachaza, parsimonia, lentitud, apatía, indolencia. → Actividad, dinamismo.

CALMANTE Sedativo, tranquilizante, paliativo, sedante, narcótico, lenitivo, hipnótico, medicamento. → *Estimulante.*

CALMAR Serenar, suavizar, paliar, sosegar, tranquilizar. → *Excitar.* || Mejorar, amainar, abonanzar, serenarse. → *Arreciar.*

CALÓ Jerga, argot, germanía, jerigonza.

CALOR Bochorno, ahogo, temperatura, sofoco, sofocación, sol, canícula, entusiasmo, viveza. → *Frialdad.* || Ardor, fuego, combustión, hoguera, llama, incendio, incandescencia. → *Frío.*

CALUMNIA Falsedad, difamación, chisme, murmuración, impostura, maledicencia, falacia, bulo, mentira, embuste. → *Encomio, alabanza, loa.*

CALUMNIAR Infamar, difamar, desacreditar, chismear, murmurar. → *Encomiar, alabar.*

CALUROSO Cálido, ardiente, vivo, caliente, bochornoso, sofocante, asfixiante, tórrido, tropical. → *Frío, helado.*

CALVA Calvicie, alopecia, entradas, peladas, pelona. → *Pelambre.*

CALVARIO Tormento, martirio, amargura, penalidad, vía crucis, sufrimiento, fatiga, dolor, amargura. → *Felicidad.*

CALVICIE Alopecia, calva, pelona, entradas.

CALZADA Camino, vereda, acera.

CALZADO Zapato, bota, botín, chanclo, borceguí, alpargata, zapatilla, pantufla.

CALZAR Endosarse, colocarse, ponerse, meterse, trabar, asegurar. → *Descalzar.*

CALZÓN Calzas, bragas, pantalón, taparrabo, bombacha, calzoncillo.

CALLADO Reservado, taciturno, discreto, silencioso, tranquilo, reposado, tácito, secreto, hosco, silente. → *Parlanchín, comunicativo.*

CALLAR Silenciar, omitir, enmudecer, ocultar, tapar, aguantar. → *Hablar, responder.*

CALLE Vía, camino, arteria, rúa, pasaje, calzada, travesía, paseo, avenida, ronda.

CALLEJEAR Pasear, ruar, vagar, corretear, errar, deambular, caminar, holgazanear, merodear.

CALLO Dureza, endurecimiento, callosidad, aspereza, juanete.

CAMA Lecho, litera, catre, tálamo, yacija, hamaca, camastro, diván, petate.

CAMADA Ventregada, lechigada, cría, prole, cachillada.

CÁMARA Estancia, aposento, pieza, salón, habitación, sala, saleta, cuarto, recinto. || Congreso, parlamento, consejo, asamblea, junta, cortes, consejo, senado.

CAMARADA Compañero, compadre, amigo, acompañante, colega, cofrade, compinche, correligionario. → *Enemigo, rival.*

CAMARERA Doncella, azafata, moza, criada, asistente, maritornes.

CAMARERO Servidor, criado, mozo, sirviente, doméstico, fámulo, muchacho, botones.

CAMARILLA Pandilla, grupo, cuadrilla, partida, caterva.

CAMARÓN Esquila, quisquilla, gámbaro, langostino, marisco.

CAMASTRO Jergón, lecho, hamaca, catre, yacija, cama.

CAMBALACHE Permuta, trueque.

CAMBIAR Modificar, alterar, transformar, variar, mudar, reemplazar, innovar. → *Mantener, persistir.* || Canjear, permutar, trocar, negociar, intercambiar, volver.

CAMBIO Alteración, modificación, mutación, variación, mudanza.

CAMBUJ Antifaz, careta, mascarilla, gambox.

CAMILLA Angarillas, parihuela, andas.

CAMINANTE Transeúnte, viandante, andarín, peatón, viajero, paseante, vagabundo.

CAMINAR Andar, marchar, deambular, avanzar, moverse, errar, recorrer. → *Detenerse, pararse.*

CAMINO Carretera, pista, ruta, sendero, vía, autopista, calle, senda, sendero, atajo, vereda, rastro. || Método, sistema, manera, modo, procedimiento.

CAMIÓN Camioneta, furgón, furgoneta, carruaje, vehículo, automotor.

CAMISA Blusa, camisola, camisón, camiseta, bata, lienzo, prenda, vestidura. || Revestimiento, funda.

CAMORRA Pelea, disputa, riña, pendencia, refriega, trifulca, gresca. → *Paz.*

CAMPAMENTO Acantonamiento, toldería, acampada, vivaque, cuartel, reales, campo, reducto, posición.

CAMPANA Cencerro, esquila, campanilla, carrillón, bronce, sonería, badajo.

CAMPANADA Campanazo, repique, rebato, toque, llamada, tañido, campaneo.

CAMPANARIO Torre, campanil, espadaña, aguja.

CAMPANTE Contento, satisfecho, ufano, alegre, gozoso, eufórico. → *Decaído, alicaído, disgustado.*

CAMPANUDO Altisonante, hinchado, rimbombante, retumbante, prosopopéyico. → *Modesto, llano, sencillo.*

CAMPAÑA Acción, operación, gestión, misión, cometido, tarea. Empresa, proyecto, designio, obra, trabajo. || Campiña, campo.

CAMPEAR Dominar, campar, descollar, destacar, prevalecer. → *Perder, fallar, fracasar.* || Verdear, pacer.

CAMPECHANO Afable, jovial, franco, llano, sincero, natural, despreocupado. → *Afectado, vanidoso.*

CAMPEÓN Paladín, defensor, adalid, héroe, cabecilla. || As, ganador, vencedor. → *Derrotado, vencido.*

CAMPEONATO Contienda, lucha, certamen, competición, lid, disputa, concurso, pugna.

CAMPERO Descubierto, expuesto.

CAMPESINO Labrador, lugareño, rústico, agricultor, aldeano, labriego. → *Ciudadano.* || Campestre. Rural, agreste.

CAMPESTRE Agreste, silvestre, bucólico, campesino, rústico, natural, sencillo. → *Urbano, artificial.*

CAMPIÑA Campaña, campo.

CAMPO Campiña, tierra, terruño, prado, sembrado, cultivo, latifundio, ámbito.

CAMPOSANTO Cementerio, necrópolis, fosal.

CAMUFLAR Disfrazar, ocultar, enmascarar, disimular, desfigurar. → *Descubrir, mostrar.*

CAN Perro, gozque, chucho, cachorro, dogo.

CANAL Zanja, conducto, acueducto, cauce, acequia, reguero. || Estrecho, istmo, paso, bocana.

CANALADURA Ranura, moldura.

CANALIZAR Encauzar, dirigir, conducir, reunir, aprovechar. || Regar, desaguar, avenar.

CANALÓN Caño, tubería, desagüe, conducto, cañería.

CANALLA Bellaco, pillo, bandido, bribón, miserable, rastrero, infame, villano, bergante, malandrín, tunante, belitre, granuja, truhán. → *Señorial, noble.*

CANASTA Cesto, banasta, cuévano, espuerta.

CANASTILLA Equipo, ajuar.

CANCEL Antepuerta. || Mampara, biombo, persiana.

CANCELA Reja, verja, puertecilla.

CANCELAR Suprimir, liquidar, abolir, anular, derogar, suspender, revocar. → *Habilitar, aprobar.*

CÁNCER Carcinoma, tumor, epitelioma, neoplasia.

CANCILLER Dignatario, funcionario, secretario.

CANCIÓN Tonada, romanza, cantar, cántico, canto, copla, balada, melodía, aire, aria, estrofa.

CANCHA Campo, pista, frontón, patio, terreno.

CANDELA Vela, bujía, cirio.

CANDELABRO Lámpara, flamero, almenar, candelero, araña.

CANDELERO Candelabro, arandela, velón, hachero, candil, antorchero, blandón, velador, lámpara.

CANDENTE Ígneo, incandescente, apasionante, ardiente, quemante, al rojo. → *Helado.* || Actual, presente, palpitante. → *Anticuado.*

CANDIDATO Solicitante, pretendiente, aspirante, postulante, demandante, peticionario. → *Elegido, designado.*

CANDIDATURA Pretensión, participación, aspiración, nombramiento, petición.

CÁNDIDO Inocente, sencillo, ingenuo, candoroso, simple, crédulo, incauto. → *Malicioso, astuto.*

CANDIL Quinqué, farol, lámpara, fanal, linterna.

CANDOR Inocencia, sencillez, ingenuidad, simplicidad, candidez, pureza, credulidad, simpleza. → *Malicia.* || Blancura, blancor. → *Negrura.*

CANÍBAL Antropófago, salvaje, indígena, sanguinario, inhumano, feroz, cruel. → *Clemente, civilizado.*

CANÍCULA Bochorno, calor, resol, sofoco. → *Frigidez, frío.*

CANIJO Flaco, débil, enclenque, enfermizo, enteco, esmirriado. → *Vigoroso, robusto.*

CANINO Perruno. || Colmillo, columelar.

CANJE Permuta, cambio, trueque.

CANJEAR Trocar, cambiar, permutar.

CANO Blanquecino, blanco, canoso, anciano, encanecido, viejo.

CANOA Embarcación, bote, falúa, bonga, piragua, barca, lancha, trainera, esquife, chinchorro.

CANON Norma, precepto, regla, pauta, guía. || Tasa, pago, tarifa, impuesto, censo.

CANONIZAR Santificar, beatificar, glorificar, elevar, venerar, ensalzar. → *Execrar.*

CANONJÍA Beneficio, provecho, prebenda, breva, ganga. → *Perjuicio.*

CANOSO Rucio, entrecano, plateado, grisáceo.

CANSADO Fatigado, exánime, agotado, extenuado. → *Activo.* || Molesto, fastidioso. → *Agradable.*

CANSANCIO Agotamiento, lasitud, extenuación, fatiga. → *Vigor.*

CANSAR Agotar, fatigar, debilitar, desfallecer, agobiar, sofocar, ajetrear, jadear, moler. → *Vigorizar.* || Hartar, importunar, hastiar, aburrir. → *Interesar.*

CANTANTE Cantor, divo, intérprete, solista, soprano, tenor, barítono, bajo.

CANTAR Tararear, canturrear, entonar, vocalizar, modular, interpretar, corear. || Copla, tonada, canción.

CÁNTARO Vasija, recipiente, ánfora, jarrón, botijo, cuenco, jarra.

CANTIDAD Suma, total, cuantía, importe, coste, conjunto, cuantidad. || Exceso, abundancia, raudal, miríada, aumento. → *Falta, carencia.*

CANTILENA Aire, balada, canción, cantar, cántico, cantiga, canto, letrilla, melodía, tonada, trova.

CANTIMPLORA Garrafa, botijo.

CANTINA Taberna, bar, fonda, cafetería, bodega, tasca.

CANTO Borde, margen, esquina, orilla, arista, saliente, costado. → *Centro.* || Piedra, guijarro, pedrusco. || Copla, tonada, canción.

CANTÓN Casa, habitación, morada, país, comarca, región, demarcación, término, distrito, territorio.

CANTURREAR Entonar, tararear, salmodear, zumbar.

CANUTO Cánula, tubito, boquilla, conducto, caña.

CAÑA Palo, tallo, bambú, anea, junco, mimbre, vara, bejuco. || Cánula, canuto.

CAÑADA Barranco, quebrada, vaguada, hondonada, cauce, desfiladero, torrentera.

CAÑAVERAL Cañizal, cañedo, canal.

CAÑERÍA Tubería, conducción, conducto, tubos, distribución, caño, fontanería.

CAÑO Cánula, tubo, espita, grifo, cloaca, cañería.

CAÑÓN Pieza, mortero, obús, arma, bombarda. || Desfiladero, barranco, ladero, quebrada.

CAÑONAZO Fragor, estruendo, descarga, tiro, disparo, proyectil, estampido, detonación, explosión.

CAOS Desorden, confusión, desconcierto, lío, desorganización, desbarajuste, anarquía. → *Orden, organización.*

CAPA Manto, túnica, caparote, abrigo, prenda. || Recubrimiento, baño, mano, forro, cubierta, revestimiento. || Veta, estrato, faja, sedimento.

CAPACIDAD Cabida, volumen, tonelaje, desplazamiento, aforo, dimensión. || Inteligencia, idoneidad, talento, competencia, aptitud, condiciones. → *Incapacidad, ineptitud.*

CAPACITAR Habilitar, facilitar. || Comisionar, facultar, habilitar. → *Incapacitar.*

CAPACHO Cesta, canasta, espuerta, serón.

CAPAR Esterilizar, castrar, emascular, mutilar, inutilizar, cercenar, amputar, extirpar.

CAPARAZÓN Cubierta, corteza, telliz, concha, coraza, protección, defensa, armazón.

CAPATAZ Encargado, caporal, sobrestante, mayoral, jefe, subalterno.

CAPAZ Amplio, basto, espacioso, grande, extenso, suficiente, holgado, dilatado, abundante. → *Estrecho, reducido.* || Idóneo, competente, apto, hábil, preparado, experto. → *Incapaz, incompetente.*

CAPCIOSO Insidioso, artificioso, engañoso, falaz, aparente, embaucador, falso. → *Franco, sincero.*

CAPEAR Soslayar, entretener, engañar, eludir, aguantar, resistir, soportar, sortear, defenderse. → *Rendirse, dejarse arrastrar.*

CAPELLÁN Eclesiástico, clérigo, cura, sacerdote.

CAPERUZA Capucha, capuz, gorro, bonete, cucurucho, capirote.

CAPILLA Ermita, oratorio, bautisterio, iglesia.

CAPIROTE Caperuza, cubierta, capota.

CAPITAL Caudal, fortuna, dinero, hacienda, bienes, patrimonio, fondos, tesoro. → *Indigencia, pobreza.* || Esencia, fundamental, primordial. → *Secundario.* || Metrópoli, urbe, ciudad, población principal.

CAPITALISTA Adinerado, pudiente, acaudalado, financista, poderoso, especulador. → *Mísero, pobre.*

CAPITÁN Caudillo, jefe, oficial, arraez, guía, dirigente, conductor. → *Subordinado, subalterno.*

CAPITEL Ábaco, capitel.

CAPITULACIÓN Convenio, ajuste, pacto, rendición.

CAPITULAR Rendirse, entregarse, abandonar, pactar, someterse, ceder, transigir. → *Resistir.*

CAPÍTULO Parte, sección, título, división, apartado, artículo, párrafo.

CAPOTE Gabán, abrigo, capa, capuz, tabardo, zamarra.

CAPOTEAR Evadir, eludir, entretener, capear.

CAPRICHO Antojo, deseo, fantasía, gusto, veleidad, rareza, extravagancia, excentricidad, arbitrariedad, ridiculez.

CAPRICHOSO Veleidoso, antojadizo, voluble, variable. → *Consecuente.*

CÁPSULA Cubierta, cartucho, envoltura, envoltorio, estuche, receptáculo, envase, cilindro.

CAPTAR Conseguir, lograr, atraer, granjear, conquistar, seducir, engatusar, fascinar. → *Rechazar.* || Apreciar, divisar, observar.

CAPTURA Caza, aprehensión, presa, botín, conquista, despojo, saqueo, trofeo, pillaje, rapiña, prisioneros. || Detención, arresto, encarcelamiento, prendimiento.

CAPTURAR Aprisionar, cazar, aprehender, apresar, arrestar. → *Libertar.*

CAPUCHA Caperuza, capuz.

CAPULLO Retoño, pimpollo, brote, yema, botón.

CARA Fisonomía, faz, semblante, rostro, facciones, efigie, imagen, rasgos. || Fachada, exterior, frente, plano, anverso. → *Reverso, cruz.*

CARABINA Rifle, fusil, máuser, escopeta, trabuco, espingarda.

CARÁCTER Índole, temple, personalidad, condición, temperamento, humor, naturaleza, genio, dotes. || Voluntad, entereza, energía, firmeza, severidad, rigor. → *Debilidad, timidez.*

CARACTERÍSTICA Peculiaridad, singularidad, propiedad, particularidad, rasgo.

CARACTERÍSTICO Típico, distintivo, singular, propio, peculiar, especial. → *General, común.*

CARACTERIZAR Identificar, distinguir, definir, calificar, establecer, personalizar, determinar. → *Generalizar.*

CARADURA Descarado. → *Vergonzoso.*

CARAMBOLA Casualidad, suerte, chiripa. || Embuste, trampa, enredo.

CARAMELO Golosina, dulce, confite, bombón.

CARANTOÑA Embeleso, mimo, caricia, zalamería, halago, arrumaco, sobo, embeleco, terneza.

CARÁTULA Máscara, careta, cambuj.

CARAVANA Expedición, columna, partida, grupo, tropel, romería, convoy, fila, multitud, recua.

CARBÓN Antracita, hornaguera, hulla, coque, lignito, cisco.

CARBONIZAR Calcinar, quemar, incinerar, achicharrar, abrazar, incendiar, consumir.

CARBURANTE Combustible, gasolina, bencina, gasóleo, fuel, petróleo.

CARCAJ Goldre, aljaba, carcax, funda.

CARCAJADA Risotada, carcajeo, risa incontenible, jolgorio, algazara. → *Llanto, lloro.*

CARCAMAL Vejestorio, anciano, senil, decrépito, vetusto. → *Joven.*

CÁRCEL Penitenciaría, penal, prisión, mazmorra, correccional, ergástula, celda.

CARCELERO Vigilante, guardián, celador, centinela, grillero.

CARCOMER Consumir, roer, horadar, desgastar, desmenuzar, agujerear. || Inquietar, angustiar, mortificar, consumir. → *Tranquilizar.*

CARDENAL Prelado, purpurado, eminencia. || Moretón, verdugón, equimosis, golpe.

CÁRDENO Amoratado, violáceo, lívido, purpúreo.

CARDINAL Esencial, fundamental, principal, básico, sustancial, capital. → *Accesorio, secundario.*

CARDUMEN Bando, banco. || Profusión, abundancia.

CAREAR Encarar, enfrentar, cotejar, interrogar.

CARECER Faltar, necesitar, estar carente, no poseer. → *Tener, poseer, disponer.*

CARENCIA Escasez, privación, ausencia, falta, déficit. → *Abundancia, posesión.*

CARESTÍA Encarecimiento, alza, aumento, elevación. → *Abaratamiento, rebaja.*

CARETA Máscara, antifaz, mascarilla, carátula, disfraz.

CARGA Cargamento, mercancía, envío, remesa, expedición, flete, volumen. || Bulto, paca, peso, fardo, lío, paquete, embalaje. || Impuesto, tributo, gabela, tasa, derechos, gravamen. || Ataque, embestida, arremetida, ofensiva, asalto. → *Huida, retirada.* || Penuria, obligación, pena, cruz, sufrimiento, agobio. → *Alegría, alivio.*

CARGAMENTO Fardaje, recua, carretada, acarreo, cargazón.

CARGANTE Molesto, irritante, enojoso, fastidioso, importuno, pesado, latoso, insoportable, enfadoso, aburrido, tedioso, soporífero. → *Ameno, interesante, agradable.*

CARGAR Descansar, apoyar, estribar, gravitar. → *Descargar.* || Apechar, apechugar. → *Descargar.* || Atacar, embestir, acometer. → *Retroceder.* || Molestar, irritar, importunar, fastidiar, enojar. → *Divertir.* || Imputar, atribuir, achacar, colgar.

CARGO Puesto, plaza, empleo, dignidad. || Obligación, custodia, cuidado, dirección, cuenta. || Falta, acusación, recriminación, imputación.

CARICATURA Exageración, parodia, ridiculización, sátira, remedo. || Dibujo, viñeta, representación.

CARICIA Halago, mimo, cariño, zalamería, carantoña, arrumaco, beso, abrazo.

CARIDAD Altruismo, filantropía, compasión, piedad, misericordia, humanidad, bondad. → *Crueldad, insensibilidad.*

CARIES Picadura, corroeduras, ulceración, putrefacción.

CARILLA Plana, página, hoja, cuartilla, folio.

CARIÑO Afección, simpatía, ternura, afecto, apego, amor, adoración. → *Odio, aversión.*

CARIÑOSO Afectuoso, amoroso, tierno, amoroso, cordial, devoto. → *Desabrido, desatento.*

CARISMA Atracción, don.

CARITATIVO Filantrópico, generoso, compasivo, misericordioso, comprensivo, humano. → *Egoísta, inhumano, cruel.*

CARIZ Aspecto, perspectiva, traza, apariencia, porte, situación

CARMESÍ Rojo, escarlata, grana, encarnado, colorado, púrpura, granate.

CARNAL Consanguíneo, directo, familiar. || Sensual, libidinoso, lujurioso, lúbrico, lascivo, licencioso, mundano. → *Puro, espiritual.*

CARNAVAL Carnestolendas, antruejo, mascarada, comparsa, regocijo.

CARNE Crioja, chicha, magro, bisté, músculo, chuleta, solomillo, filete.

CARNET Documento, credencial, comprobante, justificante, título, cuaderno, libreta.

CARNICERÍA Matanza, degollina, destrozo, mortandad, escabechina, exterminio, aniquilación.

CARNICERO Fiera, carnívoro, animal de presa, rapaz. || Sanguinario, cruel.

CARNOSO Rollizo, grueso, opulento, corpulento, voluminoso. → *Flaco, enjuto.* || Tierno, suculento, apetitoso, blando, jugoso. → *Duro, correoso, descarnado.*

CARO Querido, amado, apreciado. → *Aborrecido, odioso.* || Costoso, dispendioso, encarecido, elevado, alto, exorbitante, excesivo. → *Barato.*

CARPA Gajo. || Tenderete. || Lona, tienda de campaña.

CARPETA Cubierta, forro. || Cartera, vadee, cartapacio, legajo.

CARRACA Carcamal, vejestorio, cachivache, trasto, armatoste, cacharro.

CARRASPERA Ronquera, aspereza, flema, tos, afonía, enroquecimiento, carraspeo.

CARRERA Corrida, persecución, recorrido, trayecto. || Competición, prueba, pugna. || Profesión, licenciatura, estudios, empleo.

CARRETA Carro, galera.

CARRETADA Carga, cargamento, carrada, carretonada, viaje.

CARRETE Canilla, bobina.

CARRETERA Camino, vía, pista, calzada, autopista.

CARRETERO Carrero, guía, conductor, mayoral.

CARRIL Riel, raíl, vía, surco.

CARRILLO Mejilla, moflete, cachete, pómulo.

CARRIZO Cañeta, cisco, cañavera, jisca.

CARRO Carreta, carruaje, carricoche, carretón, carromato, galera, diligencia, coche, vehículo.

CARROÑA Podredumbre, putrefacción, cadáver, restos.

CARROZA Carruaje, coche, carro.

CARRUAJE Carro, vehículo, carroza.

CARRUSEL Tiovivo, caballitos, rueda.

CARTA Epístola, escrito, misiva, esquela, pliego, nota, comunicación. || Mapa. || Naipe, baraja.

CARTAPACIO Cuaderno, portapliegos, carpeta, portafolio, vademécum.

CARTEL Letrero, aviso, anuncio, rótula, muestra, proclama, publicación, proclamación, pasquín. || Monopolio.

CARTERA Tarjetera, billetera, vademécum, monedero, macuto.

CARTERISTA Ladrón, caco, descuidero, ratero.

CARTILLA Silabario, abecé, abecedario. || Cuaderno, libreta, añalejo.

CARTUCHERA Canana, cinto.

CARTUCHO Explosivo, carga, bala. || Cucurucho, bolsa, envoltorio, tubo.

CARTUJA Convento, monasterio, claustro, cenobio, priorato, noviciado, comunidad.

CARTUJO Monje, penitente, religioso, fraile, cenobita, anacoreta.

CASA Morada, vivienda, domicilio, hogar, lar, techo, albergue, cobijo, residencia, inmueble, edificio. || Estirpe, linaje, familia, solar.

CASACA Pelliza, futraque, capote, guerrera, chaquetón.

CASAMATA Blocao, fortificación, fortín, bóveda, fuerte, reducto.

CASAMIENTO Boda, casorio, desposorios, matrimonio, enlace, nupcias, alianza, esponsales. → *Divorcio, separación.*

CASAR Juntar, unir, desposar, vincular. → *Desencajar, divorciar.* || Emparejar, juntar, igualar, reunir. → *Desunir, separar.* || Anular, revocar, abolir, abrogar. → *Confirmar.*

CASCABEL Cencerro, campanilla, cascabillo.

CASCADA Catarata, torrente, salto, caída, rápidos.

CASCADO Gastado, achacoso, decrépito, quebradizo, ajado, estropeado. → *Flamante, lozano.* || Rajado, agrietado, partido. → *Entero.*

CASCAJO Cascote, guijo, guijarros, piedras.

CASCANUECES Cascapiñones, rompenueces, trincapiñones.

CASCAR Abrir, agrietar, romper, rajar, hender, partir. → *Reparar.* || Zurrar, pegar, golpear.

CÁSCARA Corteza, monda, piel, casca, cascarón, costra, cápsula, envoltura.

CASCARRABIAS Quisquilloso, irascible, regañón, puntilloso, susceptible. → *Alegre, despreocupado.*

CASCO Yelmo, bacinete, morrión, almete, capacete. || Cráneo, cabeza. || Botella, tonel.

CASCOTE Escombro, fragmento, piedra, guijarro, canto.

CASERÍO Villorrio, lugar, poblado, aldea, burgo. → *Urbe.*

CASERO Dueño, propietario, administrador, arrendador. → *Inquilino.* || Hogareño, familiar, doméstico. || Natural, sencillo. → *Artificial.*

CASERÓN Casona, mansión, morada, palacio.

CASETA Casilla, puesto, cabina, quiosco, refugio, cabaña, choza, chabola.

CASI Aproximadamente, cerca de, más o menos.

CASILLA División, apartado, compartimiento, sección, caja, casillero. || Caseta.

CASINO Sociedad, club, centro, círculo, asociación.

CASO Incidente, acontecimiento, suceso, peripecia, hecho, evento, trance, situación. || Argumento, materia, tema, punto, cuestión.

CASQUILLO Abrazadera, anillo, cartucho, vaina.

CASQUIVANO Irreflexivo, alocado, voluble, veleidoso, inconstante, frívolo, versátil. → *Sesudo, formal.*

CASTA Linaje, clase, generación, progenie, raza, abolengo, alcurnia, estirpe, nobleza, prosapia.

CASTAÑETEAR Tiritar, rasgar, chasquear, entrechocar, repiquetear.

CASTELLANO Señor, barón, hidalgo, amo, caballero.

CASTIDAD Virginidad, pureza, continencia, honestidad, virtud, pudor, decencia. → *Lujuria, libertinaje.*

CASTIGAR Condenar, sancionar, penar, sentenciar, unir, disciplinar. → *Perdonar, indultar.* || Golpear, pegar, zurrar, azotar, apalear, afligir, molestar, mortificar. → *Curar, aliviar.*

CASTIGO Sanción, condena, pena.

CASTILLO Ciudadela, fortaleza, alcázar, fuerte, fortificación, reducto, torre.

CASTIZO Correcto, puro, típico, auténtico, original, limpio. → *Bárbaro, impuro, foráneo, adulterado.*

CASTO Puro, púdico, honesto, pudoroso, continente. → *Lujurioso.*

CASTRAR Capar, emascular, esterilizar, extirpar, amputar, incapacitar.

CASTRENSE Militar, bélico, marcial. → *Pacífico.*

CASUAL Incidental, eventual, aleatorio, fortuito, contingente, imprevisto, ocasional, inopinado, accidental. → *Lógico, premeditado, cierto.*

CASUALIDAD Azar, ventura, fortuna, acaso, accidente, contingencia, capricho, albur, eventualidad. → *Certidumbre, premeditación.*

CATACLISMO Desastre, catástrofe, hecatombe, calamidad, infortunio, tragedia, ruina.

CATACUMBAS Cripta, bóveda, subterráneo.

CATADURA Semblante, aspecto, facha, traza, pinta, talante, apariencia, aire, figura.

CATALEJO Anteojo, telescopio.

CATÁLOGO Registro, lista, matrícula, rol, inventario, índice, folleto, impreso.

CATAPLASMA Emplasto, sinapismo, emoliente, tópico, fomento, bizma, parche. || Inútil, torpe, desmañado. → *Competente, hábil.*

CATAR Probar, gustar, saborear, paladear.

CATARATA Cascada, salto de agua.

CATARRO Constipado, resfriado, romadizo, coriza, resfrío, enfriamiento, gripe.

CATASTRO Censo, padrón, estadística.

CATÁSTROFE Desastre, cataclismo, hecatombe.

CÁTEDRA Asignatura, materia, ciencia, clase, disciplina, estudio.

CATEDRAL Basílica, templo, iglesia.

CATEDRÁTICO Profesor, maestro, educador, pedagogo.

CATEGORÍA Clase, jerarquía, condición, esfera, grupo, estamento, nivel, rango, tipo. || Distinción, supremacía, calidad, importancia. → *Humildad, sencillez.*

CATEGÓRICO Terminante, concluyente, decisivo, preciso, absoluto, inapelable, rotundo. → *Vago, incierto.*

CATERVA Muchedumbre, tropel, horda, turba, pandilla, cáfila, patulea, tropa, chusma.

CATEQUIZAR Instruir, iniciar. || Convencer, convertir, persuadir, conquistar.

CATETO Ignorante, rústico, palurdo. → *Listo.*

CATILINARIA Sermón, increpación, apóstrofe, invectiva. → *Elogio.*

CATÓLICO Ecuménico, universal, cristiano, apostólico, creyente, fiel. → *Infiel, hereje.*

CATRE Cama, litera, yacija, lecho, camastro, petate, hamaca, jergón.

CAUCE Lecho, madre, conducto, acequia, vaguada, cañada.

CAUDAL Riqueza, hacienda, bienes, dinero, fortuna, ahorros, economías, capital. → *Pobreza.* || Volumen, cantidad, medida, abundancia. → *Carencia.*

CAUDALOSO Ancho, crecido, arrollador, impetuoso. → *Estrecho, pequeño.*

CAUDILLO Dirigente, jefe, líder, cabecilla, adalid, guía, amo, señor. → *Seguidor, gregario.*

CAUSA Origen, principio, fuente, fundamento, motivo. → *Efecto, resultado.* || Pleito, proceso.

CAUSAR Ocasionar, originar, provocar, producir, determinar, obrar, motivar, suscitar, influir. → *Evitar, impedir, recibir.*

CÁUSTICO Corrosivo, quemante, ácido, áspero, punzante, satírico, irónico, mordaz, incisivo. → *Moderado, suave.*

CAUTELA Prudencia, precaución, cuidado, moderación, discreción, cordura, juicio, sensatez, recelo, reserva. → *Imprudencia, inocencia.*

CAUTELOSO Precavido, previsor, prudente, recatado, cuidadoso, receloso, mesurado. → *Imprudente, descuidado.*

CAUTERIZAR Foguear, detener, curar, restañar, atajar. → *Fomentar.*

CAUTIVANTE Atrayente, fascinante, seductor, encantador, maravilloso, sugestivo. → *Repulsivo.*

CAUTIVAR Fascinar, atraer, seducir, captar. → *Repeler.* || Capturar, prender, apresar, aprisionar. → *Libertar.*

CAUTIVERIO Esclavitud, cautividad, servidumbre, sumisión, sojuzgamiento, cárcel. → *Libertad.*

CAUTIVO Prisionero, esclavo, preso, sujeto. → *Libre.*

CAUTO Prudente, precavido, previsor, cauteloso, circunspecto. → *Incauto.*

CAVA Bodega, sótano, subterráneo, taberna, cueva, foso.

CAVAR Ahondar, profundizar, penetrar, horadar, excavar, desenterrar. → *Rellenar, cubrir.*

CAVERNA Gruta, cueva, sima, subterráneo, fosa, mina, catacumba, cripta, subsuelo, antro, agujero, cubil, cavidad, refugio, boca.

CAVERNÍCOLA Troglodita. || Retrógrado, reaccionario.

CAVERNOSO Bronco, profundo, aguardentoso, áspero, ronco, desapacible. → *Agudo, claro.* || Hueco, sordo.

CAVIDAD Hueco, hoyo, concavidad, agujero, orificio, oquedad, grieta, seno, brecha, caverna.

CAVILAR Meditar, reflexionar, pensar, preocuparse, rumiar, discurrir, ensimismarse. → *Olvidar, desechar.*

CAYADO Báculo, bastón, cachaba, vara, palo, garrote, tranca.

CAZA Cacería, cinegética, ojeo, montería. || Persecución, batida, acoso, acecho, seguimiento, cerco, acorralamiento, apremio, sitio.

CAZADOR Montero, batidor, ojeador, trampero, perseguidor, acechador.

CAZADORA Zamarra, pelliza, guerrera, chaqueta, chaquetilla.

CAZAR Perseguir, buscar, ojear, acosar, acechar, sitiar. → *Abandonar.* || Atrapar, prender, alcanzar, coger, aprisionar, pescar, detener, pillar. → *Soltar.*

CAZUELA Caso, cacerola, puchero, perol, tartera, tortera, marmita, olla, recipiente.

CAZURRO Ladino, taimado, taciturno, silencioso, reservado, callado. → *Charlatán, parlanchín.*

CEBO Señuelo, carnada, carnaza, güeldo, sobrealimentación. || Anzuelo, incentivo, atractivo, aliciente. || Fulminante, explosivo, detonador.

CECINA Tasajo, salazón, adobo, chacina, mojama.

CEDAZO Criba, harnero, tamiz, zaranda, garbillo, criba.

CEDER Traspasar, transferir, dar, dejar, entregar, facilitar, prestar, proporcionar. → *Tomar, apropiarse.* || Transigir, consentir, acceder, someterse. → *Rebelarse, resistir.* || Mitigarse, menguar, disminuir. → *Arreciar.*

CÉDULA Documento, carnet, pliego, título, despacho, tarjeta de identidad.

CÉFIRO Vientecillo, brisa, airecillo, aura, soplo, corriente.

CEGAR Enceguecer, deslumbrar, encandilar, alucinar, maravillar, fascinar, confundir, ofuscar, obcecar, tapar, obstruir, atascar.

CEGUERA Ofuscación, obnubilación, alucinación, obsecración, extravío, prejuicio, error, terquedad. → *Clarividencia, sensatez, prudencia.*

CEJAR Consentir, transigir, ceder, abandonar, rendirse, flaquear, retroceder, aflojar. → *Resistir.*

CELADA Trampa, emboscada, engaño, fraude, estratagema, asechanza. || Casco, yelmo, morrión.

CELADOR Guardián, vigilante, cuidador, tutor.

CELAR Cuidar, velar, vigilar. → *Descuidar.* || Disimular, ocultar, tapar, encubrir. → *Revelar.*

CELDA Mazmorra, calabozo, encierro, prisión, antro, ergástula, chirona. || Aposento, célula, cuarto.

CELEBRAR Conmemorar, festejar, solemnizar, evocar, recordar, rememorar. → *Olvidar.* || Elogiar, ensalzar, encomiar, alabar, enaltecer, aplaudir, encarecer. → *Denigrar, criticar.*

CÉLEBRE Renombrado, distinguido, reputado, ilustre, famoso, insigne, acreditado, eximio, conocido, prestigioso. → *Desconocido.*

CELEBRIDAD Fama, renombre, reputación, notoriedad. → *Oscuridad.*

CELERIDAD Velocidad, rapidez, presteza, diligencia, dinamismo, prisa, urgencia. → *Lentitud.*

CELESTE Espacial, cósmico, sideral, astronómico. → *Terrestre.* || Celestial. || Azulino, azulado, azul claro.

CELESTIAL Divino, paradisiaco, celeste, empíreo, perfecto, etéreo, bienaventurado, puro. → *Infernal, terrenal.*

CELESTINA Alcahueta, encubridora, tercera, trotaconventos, cómplice, mediadora.

CÉLIBE Soltero, mozo, núbil, casto, mancebo. → *Casado.*

CELO Afán, asiduidad, entusiasmo, diligencia, devoción, esmero, interés, cuidado, ahínco. → *Indiferencia, descuido, negligencia.*

CELOS Recelo, sospecha, envidia, rivalidad, suspicacia, aprensión, resentimiento. → *Confianza.*

CELOSÍA Persiana, enrejado, rejilla, bastidor, entramado.

CELOSO Adorador, afanoso, amador, amistoso, amoroso, apegado, aplicado, ardoroso, creyente, dedicado, devoto, diligente, ferviente, fervoroso, fiel, inclinado, piadoso, religioso. → *Descreído, descuidado, despegado, indiferente, negligente, impío.*

CÉLULA Cavidad, celdilla, celda, seno.

CEMENTERIO Necrópolis, camposanto, sacramental.

CEMENTO Hormigón, argamasa, cal, mortero.

CENA Comida, refrigerio, colación, yantar.

CENAGAL Fangal, lodazal, barrizal, ciénaga, marjal, poza, charca.

CENCERRO Esquila, campana, campanilla.

CENEFA Fleco, orla, ribete, festón, lista, tira, orilla, remate, franja, borde.

CENICIENTO Grisáceo, pardo, pálido, oscuro, borroso, cinereo, cenizo.

CENIZA Polvillo, escoria, residuo, pavesa, favila.

CENIZAS Residuos, restos, escombros, reliquias, despojos.

CENOBIO Convento, monasterio, abadía.

CENOBITA Ermitaño, monje, anacoreta, asceta, penitente, solitario, misógino. → *Mundano, laico.*

CENSO Lista, padrón, registro, asiento, relación, empadronamiento, inventario, catastro.

CENSOR Corrector, examinador, interventor, magistrado. || Censurador, criticón, murmurador.

CENSURA Crítica, reparo, reproche, diatriba, murmuración, conde-na, anatema, examen, reprobación, impugnación, desaprobación, corrección. → *Aprobación, elogio.*

CENSURABLE Criticable, incalificable, vituperable, indigno, bajo, punible, condenable. → *Elogiable, correcto.*

CENSURAR Tachar, prohibir, purgar, corregir, expugnar, enmen-dar. → *Autorizar, permitir.* || Criticar, reprochar, condenar, vituperar, murmurar, sermonear, amonestar. → *Elogiar, aprobar.*

CENTELLA Chispa, rayo, exhalación, meteoro, relámpago. → *Os-curidad.*

CENTELLEAR Fulgurar, resplandecer, brillar, refulgir, relumbrar, llamear. → *Apagarse, oscurecerse.*

CENTELLEO Fulgor, brillo, resplandor, chisporroteo, chispeo, lla-marada, fosforescencia. → *Oscuridad.*

CENTENA Ciento, centenar.

CENTENARIO Ancestral, secular, antiguo, vetusto. → *Moderno.* || Conmemoración, centuria, siglo, evocación, remembranza.

CENTINELA Guardia, vigilante, escucha, vigía, soldado, observa-dor, cuidador.

CENTRAL Sede, base, capital, polo, cuna. → *Sucursal.*

CENTRALISMO Unitarismo, imperialismo. → *Federalismo.*

CENTRALIZAR Concentrar, reunir, agrupar, centrar, congregar, unir, monopolizar. → *Descentralizar.*

CÉNTRICO Central, urbano ciudadano. → *Periférico.* || Frecuenta-do, concurrido, animado. → *Solitario.*

CENTRO Foco, núcleo, medio, mitad, médula, meollo, corazón, eje, base. → *Periferia, contorno.* || Círculo, casino, sociedad, club, ateneo.

CENTURIA Siglo, centena, cien.

CEÑIR Oprimir, ajustar, estrechar, apretar, cercar, comprimir. → *Soltar, aflojar.* || Rodear, abarcar, cercar, envolver, abrazar. → *Soltar.*

CEÑO Gesto, entrecejo, arruga, disgusto, mohín.

CEÑUDO Hosco, sombrío, cejijunto. → *Alegre.*

CEPA Origen, linaje, raza, raíz, tronco.

CEPILLO Escobilla, brocha, pincel, cerdamen.

CEPO Trampa, emboscada, celada, lazo, cebo, añagaza. || Tolva, alcancía, cepillo. || Rama, gajo.

CERÁMICA Loza, porcelana, mayólica, arcilla, barro, terracota, gres. || Alfarería.

CERCA Próximo, vecino, cercano, adyacente, contiguo, inmediato, inminente. → *Lejano.* || Valla, verja, vallado, empalizáda, estacada, seto, pared.

CERCANO Contiguo, limítrofe, próximo. → *Lejano.*

CERCAR Sitiar, rodear, bloquear, confinar, aislar, encerrar, arrinconar. → *Liberar.* || Tapiar, murar, vallar, rodear, circundar.

CERCENAR Rebanar, truncar, mutilar, cortar, reducir, acortar, segar, talar, amputar, extirpar, suprimir. → *Prolongar, unir, pegar.*

CERCIORARSE Confirmar, certificar, asegurarse, afirmar, corroborar, observar, justificar, apoyar. → *Desmentir, omitir.*

CERCO Asedio, sitio, encierro, bloqueo, ataque. → *Liberación.* || Valla, verja, encierro.

CERDA Hebra, pelo, vello, fibra, filamento. || Cerdo.

CERDO Puerco, cochino, marrano, guarro, cebón, lechón, chancho. || Sucio, desaseado, desaliñado. → *Limpio, pulcro.*

CEREBRO Seso, encéfalo, mollera, inteligencia, capacidad, cacumen. → *Idiotez.*

CEREMONIA Acto, función, rito, solemnidad, protocolo, fiesta, fasto, celebración, pompa. || Cortesía, saludo, reverencia, pleitesía. → *Descortesía.*

CEREMONIAL Formalidades, costumbres, rito, usos.

CERILLA Fósforo, velilla, cerillo, mixto.

CERNER Cribar, zarandear, tamizar, colar, separar. → *Mezclar.* || Depurar, afinar.

CERNERSE Planear, sobrevolar, remontarse, elevarse. → *Bajar, caer.*

CERO Nada, nulidad, carencia. → *Totalidad.*

CERRADO Incomprensible, hermético, oscuro. → *Patente.* || Nublado, encapotado, cubierto. → *Despejado.* || Obtuso, torpe, negado. → *Despierto.*

CERRADURA Cerrojo, pestillo, candado, pasador, falleba, picaporte, tranca.

CERRAR Cubrir, tapar, segar, obstruir, ocluir, atrancar, condenar, taponar, obturar, cercar, vallar, sellar, pegar, juntar, unir, terminar, finalizar, clausurar. → *Abrir, destapar, inaugurar.* || Curar, cicatrizar.

CERRIL Indómito, arisco, bravío, montaraz, rudo, tosco, salvaje, bronco, silvestre. → *Doméstico, cultivado.* || Torpe, negado, tozudo, obstinado, terco. → *Razonable, sensato.*

CERRO Montículo, colina, alcor, loma, altozano, elevación, collado, montecillo. → *Llano.*

CERROJO Pasador, aldaba, pestillo, falleba, barra, hierro, picaporte, candado.

CERTAMEN Concurso, competición, torneo, disputa, encuentro, lid, liza, congreso, celebración.

CERTERO Seguro, acertado, cierto, diestro, atinado, infalible, adecuado. → *Errado, equivocado.*

CERTEZA Seguridad, convicción, convencimiento, confianza, inefabilidad, evidencia. → *Duda, inseguridad.*

CERTIFICADO Título, documento, atestado, diploma, pase, cédula, testimonio, garantía.

CERTIFICAR Confirmar, aseverar, asegurar, afianzar, garantizar, testimoniar, probar, afirmar, atestar, legalizar, documentar. → *Negar, desautorizar.*

CERVECERÍA Bar, cantina, taberna, tasca, bodega.

CERVIZ Nuca, occipucio, cogote, pescuezo, testuz, cuello.

CESANTE Parado, desocupado, inactivo, despedido, expulsado, destituido. → *Activo, admitido.*

CESAR Detener, interrumpir, abandonar, dejar, finalizar, suspender, acabar, terminar, rematar, cerrar. → *Empezar, continuar.*

CESIÓN Entrega, abandono, renuncia, donación, traspaso, transferencia, préstamo, licencia. → *Usurpación, devolución.*

CÉSPED Hierba, pasto, verde, pastizal, prado, campo.

CESTA Canasta, banasta, cesto, cuévano, espuerta.

CESURA Pausa, reposo, corte.

CETRINO Verdoso, amarillento, aceitunado, tostado, moreno, atezado, oscuro, oliváceo. → *Blanco, claro.* || Melancólico, adusto. → *Contento.*

CETRO Bastón, báculo, vara, caduceo. || Reinado, mando, gobierno, dignidad, majestad.

CHABACANO Vulgar, soez, basto, ordinario, grosero, rústico, ramplón. → *Refinado, elegante.*

CHABOLA Choza, chamizo, barraca, tugurio, cabaña, cobijo, refugio, casucha, casilla. → *Mansión, palacio.*

CHACOLOTEAR Chapear, chapalear.

CHACOTA Broma, burla, chanza, guasa, zumba, chunga, chirigota, escarnio, jarana. → *Seriedad, gravedad.*

CHACOTEAR Mofarse, reírse, chancearse, burlarse.

CHACHA Niñera, nodriza, aya, tata, ama de cría.

CHÁCHARA Parloteo, charla, verborrea, palabrería, palique, facundia, verbo. → *Discreción, reserva.*

CHAFAR Aplastar, despachurrar, machacar, reventar, ajar, arrugar, estrujar. → *Remozar.* || Confundir, apabullar, avergonzar.

CHAFLÁN Bisel.

CHAL Mantón, pañoleta, pañuelo, manteleta.

CHALADO Tocado, alelado, chiflado, trastornado, guillado, guido, excéntrico, raro, estrafalario. → *Sensato, cuerdo.*

CHALARSE Enamorarse, acaramelarse, chiflarse, perder la cabeza.

CHALECO Jubón, almilla, ropilla, prenda.

CHALET Quinta, villa, hotelito, casita.

CHALUPA Embarcación, bote, canoa, lancha, barca, falúa, batel, trainera.

CHAMBA Suerte, casualidad, azar, chiripa, fortuna, acierto. → *Desgracia.*

CHAMBÓN Torpe, tosco, desmañado, chapucero, inepto, remendón. → *Hábil, competente.*

CHAMIZO Choza, tugurio, barraca.

CHAMUSCAR Tostar, ahumar, quemar, dorar, pasar, torrar, soflar. || Sollamar, socarrar.

CHANCE Oportunidad, ocasión, suerte, fortuna. → *Desgracia.*

CHANCEAR Encarnecer, burlar, embromar.

CHANCERO Bromista, burlón, jaranero, guasón, juguetón, divertido. → *Serio, formal.*

CHANCLA Zapatón, chanca, chanclo.

CHANCLETA Pantunfla, babucha, zapatilla, alpargata, chinela, sandalia.

CHANCHULLO Embrollo, lío, maniobra, mangonea, artimaña, enredo, manipulación, trampa, componenda.

CHANTAJE Extorsión, timo, coacción, amenaza, intimidación, abuso, estafa.

CHANZA Burla, chiste, broma, befa, chacota, chasco, diversión, mofa, pulla, chunga. → *Seriedad, tristeza.*

CHAPA Lámina, palastro, hoja, alaria, placa, plancha, tabla, lata.

CHAPARRÓN Aguacero, nubada, chubasco, diluvio, tromba, turbión, tormenta, galerna. → *Bonanza, calma.*

CHAPEAR Planchear, enchapar, empelechar, chapar. || Chacolotear.

CHAPOTEAR Pisotear, salpicar, rociar.

CHAPUCERÍA Chapuza, pegote, remiendo, frangollo, impericia, tosquedad. → *Perfección.*

CHAPUCERO Chambón, desmañado, inepto, remendón, tosco, torpe. → *Competente.*

CHAPURRAR Farfullar, barbotar, embrollar, tartamudear.

CHAPUZA Remiendo, pifia, imperfección, tosquedad.

CHAPUZÓN Baño, remojón, buceo, zambullida.

CHAQUETA Saco, americana, cazadora, chaquetón, guerrera, prenda, atuendo, chaquetilla.

CHARADA Acertijo, enigma, jeroglífico, pasatiempo, adivinanza, rompecabezas.

CHARCO Charca, poza, balsa, hoyo, bache, senegal, barrizal, laguna.

CHARCUTERÍA Salchichonería, embutidos.

CHARLA Plática, coloquio, diálogo, parlamento, tertulia, conversación, parloteo.

CHARLATÁN Parlanchín, locuaz, lenguaraz, hablador, facuncotorra, cotilla. → *Callado, reservado.*

CHARLATANERÍA Verborrea, facundia, locuacidad, verbosidad, monserga. → *Discreción, reserva.*

CHASCARRILLO Chiste, anécdota, cuento, ocurrencia, lance.

CHASCO Planchar, burla, engaño, decepción, desilusión, equivocación. → *Acierto.*

CHASQUIDO Crujido, estallido, crepitación.

CHATO Romo, aplastado, liso, de nariz respingona, arremangada. → *Narigudo, aguileño.*

CHAVAL Chico, muchacho, mozo, crío, arrapiezo.

CHEPA Joroba, jiba, corcoba, deformidad.

CHEQUEO Examen, reconocimiento, exploración, investigación, control médico.

CHIC Elegante, distinguido, gracioso, fino, aristocrático. → *Ordinario, tosco.* || Elegancia, gracia, distinción. → *Tosquedad, vulgaridad, ordinariez.*

CHICA Muchacha, señorita, moza, joven, doncella, adolescente. || Sirvienta, criada, doncella, camarera, fámula, doméstica, servidora, maritornes.

CHICO Muchacho, mozalbete, chiquillo, pequeño, criatura, impúber, niño, galopín, mocoso, arrapiezo. → *Adulto.* || Minúsculo, pequeño, corto, menudo, escaso, reducido, exiguo. → *Grande, alto, abundante.*

CHICHÓN Bulto, hinchazón, golpe, tumefacción, protuberancia, inflamación.

CHIFLADO Chalado, trastornado, guillado, estrafalario, raro, excéntrico. → *Sensato.*

CHILLAR Vociferar, gritar, aullar, llorar.

CHILLÓN Gritón, alborotador, vociferante, aullador, llorón. → *Callado.* || Vulgar, estridente, abigarrado, llamativo, barroco. → *Sobrio.* || Agudo, penetrante, aflautado, alto, discreto, grave.

CHIMENEA Fogón, hogar, estufa, fogaril.

CHIMPANCÉ Mono, antropoide, simio.

CHINELA Chancleta, babucha, escarpín, zapatilla.

CHINO Oriental, amarillo, asiático.

CHIQUERO Pocilga, zahúrda, porqueriza, cuadra.

CHIQUILLADA Niñería, travesura, puerilidad, futilidad, necedad, bobada.

CHIQUILLO Chico, muchacho, niño, crío, criatura.

CHIRIMBOLO Chisme, bártulo, cachivache, cacharro, utensilio, trasto, útil, enser.

CHIRIPA Fortuna, suerte, chamba, casualidad, azar, acierto. → *Mala suerte.*

CHIRRIAR Rechinar, crujir, crepitar, chasquear, resonar, chillar.

CHISME Habladuría, murmuración, cuento, comadreo, cotilleo, bulo, comidilla, fábula, mentira. || Patraña, enredo, historia, calumnia. → *Verdad.*

CHISMOSO Maldiciente, murmurador, lioso, enrededador, cuentista, calumniador, intrigante. → *Veraz.*

CHISPA Rayo, centella, exhalación, relámpago, descarga. || Agudeza, gracia, viveza, ingenio, donaire. || Pisca, miaja, partícula, chirivita.

CHISPAZO Destello, fogonazo, llamarada, centelleo, resplandor, fulgor, brillo.

CHISTE Ocurrencia, agudeza, gracia, chascarrillo, historieta, cuento.

CHISTOSO Ocurrente, gracioso, agudo, humorístico, ingenioso. → *Soso.*

CHIVATO Delator, soplón, confidente, acusón.

CHIVO Cabrito, chivato, cabritillo, choto, cabrón, macho cabrío.

CHOCANTE Curioso, extraño, inesperado, raro, sorprendente, singular, original, desusado, peregrino. → *Corriente, normal, usual.*

CHOCAR Colisionar, tropezar, topar, dar. || Extrañar, sorprender, contrastar. → *Concordar.*

CHOCHO Senil, decrépito, caduco, valetudinario, claudicante. → *Joven, activo.*

CHÓFER Conductor, cochero, automovilista, piloto.

CHOQUE Colisión, topetazo, encontronazo, encuentro, embate, trompicón, golpe. || Conflicto, enfrentamiento, lucha, batalla. → *Paz, calma.*

CHORIZO Embutido, embuchado, tripa, salchicha.

CHORREAR Gotear, fluir, salir, brotar, perder, pringar, manchar.

CHORRO Surtidor, salida, efusión, pérdida, caño, hilo, vena, borbotón, manantial.

CHOZA Cabaña, casucha, barraca, chabola, tugurio, casilla, chamizo, rancho.

CHRISTMAS Tarjeta de navidad.

CHUBASCO Chaparrón, aguacero, nubada.

CHUCHERÍA Baratija, bagatela, fruslería, nadería, menudencia, insignificancia.

CHUCHO Gozque, perro, can, cachorro.

CHULERÍA Desplante, fanfarronada, jactancia, bravata, presunción, amenaza.

CHULETA Costilla, carne, tajada, filete, bisté. || Bofetada, tortazo, guantazo.

CHULO Majo, curro, valentón, fanfarrón, jactancioso, perdonavidas. || Rufián, alcahuete, mantenido, tratante de blancas.

CHUNGA Chanza, broma, escarnio.

CHUNGUERO Chistoso, bromista, chancero, burlón, zumbón, chacotero, guasón. → *Serio, formal.*

CHUPADO Consumido, flaco, extenuado, delgado. → *Rollizo.*

CHUPAR Succionar, mamar, sorber, lamer, aspirar, absorber, tragar, libar.

CHUPATINTAS Oficinista, escribiente, amanuense, copista, cagatintas, pasante, auxiliar.

CHURRETE Mancha, suciedad, mugre, lámpara, chafarrinón, pringue.

CHUSCO Ocurrente, divertido, chistoso, gracioso, agudo. → *Soso.*

CHUSMA Gentuza, vulgo, masa, plebe, populacho, horda, tropel, canalla, muchedumbre.

CHUZO Palo, pica, garrote, tranca, porra, bastón.

CIBAL Nutritivo, sustancioso, alimenticio.

CICATERO Ruin, mezquino, avaro, tacaño, roñoso, usurero, egoísta, interesado. → *Generoso, desprendido.*

CICATRIZ Costurón, chirlo, marca, señal, escara, herida.

CICATRIZAR Cerrar, curar, secar, sanar. → *Abrirse, sangrar.* || Olvidar, serenar. → *Angustiar, preocupar.*

CICERONE Intérprete, guía, baquiano, acompañante.

CÍCLICO Periódico, regular, constante, recurrente, incesante, asiduo. → *Irregular, variable.*

CICLO Lapso, periodo, tiempo, época, fase, etapa, espacio, instante, duración.

CICLÓN Tornada, huracán, vendaval, turbión, tromba, torbellino, tifón, borrasca. → *Calma, bonanza.*

CÍCLOPE Titánico, gigantesco, hercúleo, colosal, enorme, formidable, desmesurado. → *Pequeño, minúsculo.*

CIEGO Invidente, cegado, sin vista. → *Vidente.* || Cegado, ofuscado, obcecado, terco, obnubilado, alucinante. → *Razonable, comprensivo.*

CIÉNAGA Fangal, lodazal, barrizal, cenagal, tremedal, pantano, marjal, charca.

CIENCIA Tratado, sapiencia, erudición, conocimiento, saber, sabiduría, disciplina, doctrina, arte, teoría. → *Ignorancia, incultura.*

CIENO Lodo, barro, fango, légamo, limo, lama.

CIENTÍFICO Investigador, sabio, perito, técnico, especialista, experto. → *Ignorante, lego.*

CIENTO Centenar, ciento, centena.

CIERRE Clausura, cerrojazo, suspensión, interrupción, cese. → *Apertura, iniciación.* || Cerrojo.

CIERTO Indudable, manifiesto, auténtico, evidente, seguro, incuestionable, innegable, claro, irrefutable, elemental, tangible, certero, absoluto. → *Dudoso, inseguro.* || Alguno, alguien.

CIERVO Gamo, venado, corso, gacela, antílope, rebeco, reno, rumiante.

CIERZO Norte, septentrión, bóreas, tramontana, aquilón.

CIFRA Número, dígito, guarismo, signo, símbolo, cantidad, representación, notación, sigla, clave.

CIFRAR Resumir, limitar, reducir, abreviar, compendiar.

CIGARRERA Pitillera, petaca, cajetilla.

CIGARRO Breva, puro, veguero, habano, tagarnina, cigarrillo, pitillo, colilla, tabaco.

CILICIO Tormento, mortificación, suplicio, disciplina. → *Goce.*

CILINDRO Eje, tambor, rodillo, rollo, rulo, tubo.

CIMA Cúspide, ápice, cumbre, culmen, vértice, pico, remate, punta, altura. → *Fondo, base, falda.*

CIMBRA Arco, curvatura, vuelta.

CIMBREANTE Ondulante, flexible, vibrante, oscilante, movedizo. → *Inmóvil, rígido.*

CIMENTAR Asentar, fundamentar, establecer, fundar, afirmar, basar, crear, colocar, situar, consolidar. → *Debilitar, quitar.*

CIMERA Penacho, airón, plumero, coronamiento, remate, adorno.

CIMERO Superior, supremo, culminante. → *Inferior.*

CIMIENTO Base, fundamento, soporte, realce, basamento, firme, pedestal, causa, motivo. → *Remate, cima.*

CIMITARRA Alfanje, sable, yatagán.

CINCEL Buril, cortafrío, gubia, escoplo, cuchilla.

CINCELAR Labrar, tallar, esculpir, grabar, cortar, trabajar, burilar.

CINCHAR Ajustar, apretar, sujetar, ceñir, fajar. → *Soltar.*

CINE Sala, salón, cinematógrafo, teatro, cinema. || Cinematografía, séptimo arte.

CINEGÉTICA Montería, caza, cacería.

CINEMATÓGRAFO Cine, cinema.

CÍNICO Procaz, desvergonzado, impúdico, descarado, sarcástico, satírico, desfachatado, atrevido. → *Respetuoso, cortés.*

CINISMO Sarcasmo, desvergüenza, descaro, procacidad, desfachatez. → *Decencia.*

CINTA Ribete, faja, banda, trencilla, tira, cincha, cordón, orla. || Película, filme, proyección.

CINTO Cinturón, faja, correa, ceñidor, cincha, tira, banda, cordón, pretina, traba.

CINTURA Talle, cinto.

CINTURÓN Correa, ceñidor, pretina, cinto, faja.

CIRCO Arena, pista, anfiteatro, hemiciclo, coliseo, espectáculo, exhibición.

CIRCULACIÓN Tránsito, tráfico, tráfago, transporte, movimiento, locomoción.

CIRCULAR Moverse, transitar, pasar, recorrer, atravesar, trasladarse, marchar. → *Pararse, detenerse.* || Curvo, redondo, orbital, discoidal. → *Cuadrado, rectangular.* || Propagarse, difundirse, extenderse, generalizarse. → *Detenerse, ocultarse.* || Notificación, aviso, octavilla, hoja, panfleto, informe.

CÍRCULO Circunferencia, redondel, anillo, aro, corona, rueda, disco. → *Cuadrado.* || Casino, centro, asociación, agrupación, club.

CIRCUNDAR Rodear, cercar, circunvalar, circuir, evitar. → *Atravesar.*

CIRCUNFERENCIA Ruedo, círculo, circuito.

CIRCUNFERIR Limitar, circunscribir.

CIRCUNLOQUIOS Perífrasis, ambages, rodeos, circunlocución, ambigüedad, evasiva, indirecta.

CIRCUNSCRIBIR Limitar, ceñir, ajustar, amoldar, restringir, localizar, reducir, cerrar, confinar. → *Extender, difundir.*

CIRCUNSCRIPCIÓN Zona, demarcación, distrito, jurisdicción, término, comarca, territorio.

CIRCUNSPECTO Prudente, sensato, discreto, serio, formal, mesurado, reservado. → *Indiscreto, imprudente, locuaz.*

CIRCUNSTANCIA Acontecimiento, caso, evento, accidente. || Eventualidad, situación, ocasión, coyuntura, incidente, ambiente.

CIRCUNSTANCIAL Casual, eventual, accidental, condicional, temporal. → *Fijo, duradero.*

CIRCUNVALAR Rodear, cercar, circundar, circuir, bordear, desviarse, eludir, girar, evitar. → *Atravesar.*

CIRCUNVECINO Contiguo, inmediato, próximo, cercano, vecino. → *Remoto.*

CIRIO Vela, blandón, bujía, candela, ambleo.

CIRUJANO Operador, especialista.

CISMA Desavenencia, separación, disensión, discordia, escisión, rompimiento. → *Unión.*

CISURA Incisión, corte, abertura, hendidura, rotura, grieta, rendija.

CITA Encuentro, entrevista, reunión. || Alusión, nota, referencia, noticia, mención.

CITACIÓN Requerimiento, mandato, emplazamiento, notificación, orden, convocatoria.

CITADO Aludido, referido, antedicho, mencionado, señalado, nombrado, susodicho, mentado, predicho.

CITAR Aludir, nombrar, referirse, mencionar. || Convocar, requerir, ordenar, llamar, intimar. || Reunirse, convenir, comprometerse.

CÍTARA Lira, laúd, arpa.

CIUDAD Metrópoli, urbe, población, localidad, capital, centro, emporio, municipio. → *Aldea, pueblo.*

CIUDADANO Habitante, residente, poblador, vecino, natural, domiciliado. || Metropolitano, urbano, céntrico, local, capitalino, civil, cívico. → *Pueblerino, aldeano.*

CIUDADELA Fortificación, baluarte, fortaleza, reducto, recinto, fortín, castillo.

CÍVICO Civil, urbano, político, patriótico, social, ciudadano. → *Antipatriótico.*

CIVIL Ciudadano, cívico. || Paisano, no militar. || Cortés, atento, sociable, educado, consciente. → *Incivil, irresponsable.*

CIVILIZACIÓN Progreso, desarrollo, cultura, avance, evolución, prosperidad. → *Barbarie.*

CIVILIZAR Educar, cultivar, instruir, ilustrar, formar, desarrollar, mejorar, prosperar, perfeccionar. → *Embrutecer.*

CIVISMO Conciencia, sensatez, responsabilidad, patriotismo, celo, respeto, interés. → *Incivilidad, incultura.*

CIZAÑA Disensión, discordia, desavenencia, enemistad. → *Concordia.*

CLAMAR Lamentarse, quejarse, reclamar, suplicar, gemir, condolerse, gritar, pedir, exclamar. → *Callar, aguantar.*

CLAMOR Griterío, vocerío, lamento, queja, gemido, lloriqueo, grito, voz. → *Silencio.*

CLAN Grupo, tribu, familia, agrupación, secta.

CLANDESTINO Ilegítimo, ilegal, ilícito, furtivo, prohibido, solapado, encubierto, secreto, oculto. → *Legal, público.*

CLARABOYA Lumbrera, tragaluz, ventanal.

CLARIDAD Diafanidad, luminosidad, transparencia, luz, limpidez, fulgor, brillo, blancura, pureza. → *Oscuridad.* || Sinceridad, franqueza, llaneza, lealtad, confianza. → *Hipocresía.*

CLARIFICAR Alumbrar, iluminar. → *Oscurecer.* || Aclarar, depurar, filtrar, purificar.

CLARÍN Corneta, trompeta, cuerno.

CLARIVIDENCIA Perspicacia, penetración, intuición, sagacidad, premonición, presentimiento, adivinación, visión. → *Ofuscación, ceguera.*

CLARO Diáfano, límpido, puro, cristalino, luminoso, transparente, alumbrado, blanco. → *Oscuro, opaco.* || Sincero, franco, espontáneo, llano, abierto, leal. → *Hipócrita, turbio.* || Explícito, palmario, manifiesto, evidente, palpable. → *Confuso, incomprensible.* || Despejado, diáfano, sereno. → *Encapotado, cubierto, nublado.*

CLASE Asignatura, lección, materia, disciplina. || Cátedra, aula, sala, hemiciclo, anfiteatro, paraninfo. || Categoría, género, tipo, orden, calidad, variedad, índole, naturaleza, nivel.

CLÁSICO Antiguo, notable, destacado, principal, conocido, leído, puro, depurado, conservador. → *Moderno, chabacano.*

CLASIFICAR Agrupar, ordenar, dividir, separar, organizar, coordinar, registrar. → *Juntar, desordenar.*

CLAUDICAR Desistir, ceder, rendirse, someterse, entregarse, retractarse, transigir. → *Insistir, luchar.*

CLAUSTRO Convento, cenobio, clausura. || Corredor, galería, pasillo, celda, retiro, encierro, reclusión.

CLÁUSULA Condición, disposición, estipulación, artículo, apartado, requisito, reserva. || Frase, periodo, proposición.

CLAUSURA Cierre. → *Apertura.* || Claustro.

CLAUSURAR Cerrar, terminar, concluir, finalizar. → *Abrir, iniciar.* || Suspender, prohibir, abolir, cerrar, inhabilitar, anular. → *Habilitar, autorizar.*

CLAVAR Fijar, pinchar, sujetar, introducir, asegurar, incrustar, hundir, meter, plantar, hincar. → *Desclavar, sacar.*

CLAVE Solución, respuesta, quid, aclaración, inferencia. → *Enigma.*

CLAVIJA Espiga, eje, pasador, barra, pieza, hierro, clavo, tarugo, sujeción.

CLAVO Punta, clavija, pincho, hierro, tachuela, alcayata, escarpia, bellote.

CLAXON Bocina, trompeta, corneta, pito, señal acústica.

CLEMENCIA Piedad, misericordia, compasión, indulgencia, benignidad, merced, filantropía, benevolencia, tolerancia, indulto. → *Crueldad.*

CLEMENTE Piadoso, compasivo, misericordioso, indulgente, benigno. → *Severo.*

CLÉRIGO Sacerdote, cura, eclesiástico, presbítero.

CLIENTE Comprador, consumidor, parroquiano, interesado. → *Vendedor, comerciante.*

CLIMA Temperatura, condición atmosférica, ambiente, país, región. || Estado, situación, condición.

CLÍMAX Auge, apogeo, culminación, momento crítico, gradación, escala.

CLÍNICA Sanatorio, nosocomio, dispensario, hospital, consultorio.

CLIP Broche, sujetapapeles.

CLOACA Alcantarilla, sumidero, imbornal, albañal, desagüe, colector, conducción, tubería, centina.

CLOROFORMO Narcótico, anestésico, sedante, anestesia.

CLUB Círculo, sociedad, asociación, centro, casino, ateneo.

COACCIÓN Imposición, coerción, constreñimiento, fuerza. → *Espontaneidad.*

COACCIONAR Obligar, forzar, apremiar, imponer, violentar, amenazar, chantajear.

COADJUTOR Auxiliar, ayudante, vicario, clérigo.

COADYUVAR Contribuir, auxiliar, cooperar, ayudar.

COAGULAR Cuajar, espesar, condensar, solidificar, precipitar, cristalizar, helar, apelmazar, enturbiar. → *Licuar, disolver.*

COÁGULO Cuajarón, grumo, cruor, masa, trombo, espesamiento.

COALICIÓN Liga, confederación, alianza, unión, asociación, convenio, pacto. → *Rompimiento, desavenencia.*

COARTADA Excusa, disculpa, defensa, justificación, eximente, prueba, escapatoria, testimonio.

COARTAR Restringir, cohibir, coaccionar, limitar, impedir, reducir, contener. → *Fomentar, estimular, facilitar.*

COBA Anulación, halago, lisonja, jabón, pelotilla. → *Crítica, acusación, censura.*

COBARDE Miedoso, pusilánime, timorato, temeroso, tímido, asustadizo, medroso, gallina. → *Valiente.*

COBARDÍA Miedo, timidez, pusilanimidad, temor, apocamiento, susto, espanto, aprensión. → *Valentía.*

COBERTIZO Techado, tinglado, barracón, porche, sotechado.

COBIJA Manta, cobertor, colcha, abrigo.

COBIJAR Resguardar, guarecer, amparar, defender, abrigar, cubrir, tapar, refugiar, albergar. → *Desamparar, desabrigar.*

COBISTA Adulador, lisonjero, adulón, pelotillero, tiralevitas, lavacaras. → *Íntegro, ecuánime, sincero.*

COBRAR Recaudar, percibir, recibir, recoger, recolectar, embolsar, resarcirse. → *Pagar.*

COBRIZO Bronceado, aceitunado, cetrino, oscuro. → *Blanco.*

COBRO Recaudación, percepción, cobranza, exacción. → *Pago.*

COCEAR Patear, golpear, rebelarse, rechazar, resistir, repugnar.

COCER Guizar, cocinar, calentar, escalfar, hervir, bullir, borbotear, escaldar.

COCIENTE Fracción, relación, razón.

COCINA Gastronomía, culinaria, alimentación. || Cocinilla, fogón, horno, estufa, calentador, infiernillo, reverbero.

COCINAR Cocer, guizar, aderezar, sazonar, condimentar, preparar, estofar, asar.

COCODRILO Caimán, yacaré, reptil, saurio.

CÓCTEL Combinado, bebida, bebistrajo.

COCHAMBRE Suciedad, porquería, crasitud, miseria, basura, mugre, roña. → *Limpieza, aseo.*

COCHE Vehículo, automóvil, carruaje, auto, carricoche, carroza.

COCHERO Conductor, postillón, mayoral, chófer.

COCHINADA Marranada, porquería, faena, trastada, vileza, jugarreta, bribonada. → *Favor, ayuda.*

COCHINO Cerdo, marrano, puerco. || Desaseado, sucio. → *Pulcro.*

CODEARSE Frecuentar, alternar, rozarse, tratarse.

CODICIA Ambición, avaricia, avidez, ansia, mezquindad, ruindad. → *Generosidad, desprendimiento.*

CODICIAR Desear, anhelar, ansiar, ambicionar, apetecer. → *Despreciar.*

CODICIOSO Ansioso, deseoso, sediento, acucioso. → *Desprendido.*

CODIFICAR Legalizar, compilar, recopilar.

CÓDIGO Reglamento, reglamentación, recopilación, compilación, legislación, precepto.

CODO Articulación, coyuntura, juego.

COEFICIENTE Multiplicador, factor.

COERCIÓN Restricción, limitación, freno, límite, sujeción. → *Libertad, aprobación.*

COERCITIVO Coactivo, restrictivo, represivo.

COETÁNEO Contemporáneo, coexistente, simultáneo.

COEXISTIR Convivir, cohabitar, compenetrarse, avenirse, entenderse, simpatizar. → *Odiar, discrepar.*

COFIA Tocado, escarcela, capillejo, albanegra.

COFRADÍA Hermandad, congregación, corporación, orden, gremio, compañía, grupo, comunidad.

COFRE Arca, baúl, caja, arcón, joyero, bulto.

COGER Agarrar, atrapar, asir, aferrar, tomar, retener, empuñar, prender, arrebatar, capturar, alcanzar, pillar, cazar. → *Soltar, liberar.* || Sorprender, encontrar, hallar, descubrir, sobrevenir.

COGNOSCIBLE Comprensible, inteligible, conocible. → *Incognoscible.*

COGOLLO Meollo, centro, yema, renuevo, capullo.

COGOTE Cuello, cerviz, occipucio, nuca, pescuezo, testuz.

COHABITAR Convivir, coexistir, amancebarse, abarraganarse, apañarse, liarse, fornicar. → *Separar.*

COHECHO Soborno, corrupción, unto, pago, venalidad.

COHERENTE Lógico, razonable, análogo, vinculado. → *Incoherente, ilógico.*

COHESIÓN Enlace, ligazón, fuerza, atracción, unión, adhesión, aglomeración. → *Repulsión, inconsistencia.*

COHETE Proyectil, misil, bólido. || Petardo, buscapiés, volador, triquitraque.

COHIBIR Coartar, contener, reprimir, refrenar, limitar, intimidar, atemorizar. → *Estimular, animar.*

COHORTE Seguicio, corte, séquito, legión.

COINCIDENCIA Casualidad, eventualidad, fortuna, chamba, chiripa.

COINCIDIR Concordar, convenir, encajar, armonizar. → *Divergir, discrepar, discutir.* || Encontrarse, concurrir, hallarse, verse, juntarse.

COITO Cópula, fornicación, ayuntamiento, concúbito, apareamiento.

COJEAR Renquear, torcerse, claudicar.

COJERA Renquera, recancanilla.

COJÍN Almohadilla, almohadón, cabezal, respaldo.

COJO Renco, rengo, lisiado, tullido, estropeado, deficiente, desnivelado, vencido.

COL Berza, repollo, coliflor, hortaliza, verdura.

COLA Apéndice, rabo, extremidad. || Punta, final, extremo, terminación. → *Principio, cabeza.* || Goma, adhesivo, pegamento, aglutinante, pasta.

COLABORACIÓN Cooperación, participación, asociación, asistencia, ayuda. → *Oposición.*

COLABORAR Contribuir, ayudar, auxiliar, cooperar.

COLACIÓN Cotejo. || Tema, conversación. || Refacción.

COLADOR Pasador, filtro, manga, criba, cedazo, tamiz, zaranda.

COLAR Pasar, filtrar, trascolar, zarandear, depurar, cerner, limpiar.

COLARSE Infiltrarse, pasar, meterse, escaparse.

COLCHA Cubrecama, cobertor, edredón, cobija.

COLCHÓN Colchoneta, jergón, almadraque, yacija.

COLECCIÓN Serie, conjunto, colectánea, biblioteca, repertorio, compilación, reunión, florilegio, grupo.

COLECCIONAR Reunir, compilar, recopilar, atesorar, guardar. → *Desperdigar.*

COLECTA Recaudación, cuestación, petición, suscripción, postulación.

COLECTIVIDAD Sociedad, familia, grupo, clase.

COLECTIVO Común, general, global, familiar, público, social. → *Particular, propio.*

COLEGA Compañero, correligionario, miembro, cofrade, consocio, igual.

COLEGIAL Alumno, escolar, educando, párvulo, estudiante, becario, discípulo.

COLEGIO Escuela, academia, instituto, liceo, conservatorio, facultad. || Corporación, sociedad, comunidad, reunión, cuerpo, junta, asociación.

COLEGIR Deducir, concluir, juzgar, conjeturar, inferir, razonar, discurrir.

CÓLERA Furia, furor, irritación, enfado, ira, exasperación, corajina, enojo. → *Calma, serenidad.*

COLÉRICO Irritable, rabioso, iracundo, violento, sañudo. → *Plácido.*

COLETA Trenza, guedeja, mechón, moño.

COLGADURA Cortinaje, albenda, arambel, toldo, tapiz, repostero, paño, cortina, estandarte.

COLGAJO Harapo, guiñapo, andrajo, jirón, descosido, roto, pingajo.

COLGAR Pender, suspender, colocar, enganchar, asegurar, fijar. → *Descolgar, quitar.* || Estrangular, ahorcar, acogotar, ejecutar.

COLIGARSE Unirse, asociarse, aliarse, confederarse, vincularse, acordar, pactar. → *Separarse, enemistarse.*

COLILLA Punta, resto, extremo, pucho.

COLINA Cerro, otero, montículo, altozano, collado, loma, altura, alcor. → *Cordillera.*

COLINDANTE Limítrofe, lindante, contiguo, adyacente, fronterizo, inmediato. → *Lejano.*

COLISEO Teatro, anfiteatro, circo, arena, sala, escena.

COLISIÓN Encontronazo, choque, topetazo, encuentro, embate, golpe, sacudida.

COLMAR Atestar, atiborrar, abarrotar, llenar, saturar, satisfacer. → *Vaciar, decepcionar.*

COLMILLO Canino, diente, marfil, columelar.

COLMILLUDO Sagaz, astuto.

COLMO Remate, acabóse, culmen, cima, máximo, perfección, exceso, abuso, límite, culminación. → *Mínimo.*

COLOCACIÓN Ocupación, empleo, cargo, puesto, plaza, destino, oficio. || Situación, posición, postura, emplazamiento, ubicación.

COLOCAR Situar, poner, ubicar, instalar, depositar, acomodar, meter, ordenar, alinear. → *Quitar, desordenar.* || Ocupar, emplear, destinar, trabajar. → *Despedir.*

COLOFÓN Remate, fin, término, conclusión, explicación, nota, comentario. → *Principio, prólogo.*

COLONIA Dominio, posesión, territorio, mandato, feudo, fideicomiso. || Asentamiento, establecimiento, fundación, poblado.

COLONIZAR Someter, dominar, oprimir, avasallar. → *Liberar, independizar.* || Repoblar, fomentar, desarrollar, asentar, instalar. → *Despoblar, abandonar.*

COLONO Plantador, colonizador, pionero, hacendado, labrador, emigrante.

COLOQUIO Diálogo, charla, conversación, plática, conferencia, conciliábulo, comentario.

COLOR Matiz, tono, tonalidad, tintura, tinte, colorido, gama, viso, pigmento, colorante.

COLORADO Encarnado, rojo, granate, púrpura, bermellón, carmesí, escarlata.

COLOREAR Pintar. → *Decolorar.*

COLORIDO Coloreado, tinte, color.

COLOSAL Enorme, grandioso, titánico, gigantesco, inmenso, descomunal, maravilloso, magnífico, soberbio, monumental. → *Pequeño, minúsculo, insignificante.*

COLOSO Titán, gigante, cíclope. → *Enano.*

COLUMBRAR Divisar, vislumbrar, entrever. || Sospechar, adivinar, intuir, barruntar, conjeturar.

COLUMNA Pilastra, pilar, punta, cepa, refuerzo, estípite, cilindro, sostén. || Fila, línea, hilera, caravana, tropa, formación.

COLUMPIAR Mecer, balancear, bambolear, acunar, menear, oscilar, empujar. → *Inmovilizar.*

COLUMPIO Mecedora, balancín, hamaca.

COLLAR Gargantilla, argolla, aro, collarín, joya, alhaja, cuentas, abalorios.

COMA Vírgula, virgulilla, notación, signo, trazo, tilde. || Estertor, sopor, letargo, colapso.

COMADRE Cotilla, chismosa, parlanchina, cuentista, enredadora, alcahueta. || Partera, matrona, comadrona.

COMADREAR Chismorrear, murmurar, cotillear, chismear.

COMADRONA Partera, comadre, matrona.

COMANDANTE Conductor, jefe, caudillo, adalid, oficial, militar.

COMARCA Territorio, región, país, división, circunscripción, demarcación, distrito, zona.

COMBADO Curvado, arqueado, turgente, combo, curvo, abovedado, adunco, torcido, alabeado, pandeado, abarquillado. → *Recto.*

COMBATE Lucha, pelea, lid, refriega, batalla, liza, acción, conflicto, hostilidades, contienda, ataque, pugna, guerra. → *Paz, armisticio.*

COMBATIENTE Guerrero, soldado, beligerante, enemigo, adversario, camarada. → *Pacífico, neutral.*

COMBATIR Luchar, lidiar, pelear, contender. || Contradecir, discutir, refutar, impugnar. → *Defender.*

COMBINACIÓN Unión, mezcla, composición, amalgama, grupo, fusión, reunión, asociación. → *Separación, disgregación.* || Plan, proyecto, arreglo, acuerdo, maniobra, maquinación, disposición, sistema.

COMBINAR Unir, mezclar, reunir, asociar. || Concertar, coordinar, componer, disponer. → *Desintegrar.*

COMBUSTIBLE Carburante, hidrocarburo, petróleo, carbón, madera. || Inflamable.

COMBUSTIÓN Ignición, incineración, ustión, abrasamiento.

COMEDIA Farsa, enredo, ficción, sainete, parodia, bufonada. → *Tragedia.*

COMEDIANTE Actor, artista, cómico, bufón, caricato. || Farsante, hipócrita, impostor, falso, teatral, engañoso. → *Serio, sincero.*

COMEDIDO Cortés, atento, considerado, moderado, discreto, mesurado, prudente, circunspecto, sensato, juicioso. → *Descortés, imprudente, insensato.*

COMEDOR Refectorio, tinelo, comedero. || Merendero, fonda, restaurante, figón, bodegón.

COMENSAL Invitado, convidado, huésped, contertulio.

COMENTAR Glosar, discantar, explicar, interpretar, dilucidar, criticar, aclarar, esclarecer. → *Callar, omitir.*

COMENTARIO Explicación, glosa, interpretación, exégesis, nota.

COMENZAR Iniciar, emprender, empezar, principiar, entablar, preludiar, abrir, estrenar, inaugurar, encabezar, nacer, establecer. → *Finalizar, terminar, acabar.*

COMER Ingirir, tomar, engullir, tragar, yantar, devorar, zampar, nutrirse, consumir, alimentarse, sustentarse, atiborrarse. → *Ayunar, devolver.*

COMERCIAL Mercantil, mercante, lucrativo, especulativo.

COMERCIANTE Distribuidor, negociante, traficante, mercader, comprador, vendedor, tratante, intermediario, especulador, proveedor.

COMERCIAR Traficar, negociar, tratar, mercadear.

COMERCIO Tráfico, trato, negocio. || Establecimiento, tienda, almacén. || Relaciones, trato, comunicación.

COMESTIBLE Alimenticio, nutritivo, sustancioso, completo. → *Indigesto, incomible.*

COMESTIBLES Víveres, avíos, provisión, bastimento, vituallas, alimentos, provisiones, ultramarinos.

COMETER Realizar, perpetrar, ejecutar, consumar, cumplir, llevar a cabo, incurrir, caer. → *Impedir, abstenerse.*

COMETIDO Misión, encargo, comisión, encomienda, función, tarea, labor, ocupación, gestión, deber, quehacer.

COMEZÓN Picor, picazón, prurito, desazón. || Afán, ansia, anhelo, empeño. → *Indiferencia.*

COMICIDAD Bufonería, jocosidad, gracia, humor, humorismo, diversidad. → *Dramatismo, sosería, tristeza.*

COMICIOS Elecciones, votaciones, sufragio, referéndum, plebiscito, asamblea, junta.

CÓMICO Gracioso, jocoso, risible, divertido, hilarante, festivo, humorístico, alegre. → *Trágico.* || Actor, comediante, histrión, bufón, payaso, actor.

COMIDA Sustento, alimento, pitanza, comestibles, manjares, platos. || Desayuno, almuerzo, cena, ágape, refrigerio, convite, banquete, festín, colación. → *Ayuno.*

COMIDILLA Murmuración, chismorreo, maledicencia. || Preferencia, inclinación.

COMIENZO Inicio, origen, principio, iniciación, apertura, partida, entrada, inauguración, preámbulo, prólogo. → *Fin, conclusión, término.*

COMILÓN Glotón, tragón, zampón, voraz, insaciable, hambrón. → *Inapetente, moderado.*

COMILONA Ágape, banquete, festín, comida.

COMINO Bledo, pito, ardite.

COMISARIO Mandatario, ejecutor, delegado.

COMISIÓN Comité, junta, cuerpo, delegación, consejo, agrupación, corporación. || Tarea, misión, mandato, gestión, función. || Porcentaje, parte, derechos, prima, participación.

COMISIONISTA Representante, delegado, intermediario.

COMITÉ Junta, delegación, comisión.

COMITIVA Cortejo, séquito, acompañamiento, escolta, custodia, grupo, fila.

COMO Así que. || En calidad de. || A modo de, a manera de. || Así, tal, tan, tanto. || Por qué, en virtud de que. || A fin de que, de modo que.

CÓMODA Tocador, mesa, guardarropa, armario.

COMODIDAD Holgura, conveniencia, bienestar, facilidad, ventaja, desahogo, placer, agrado, molicie, utilidad. → *Incomodidad.*

CÓMODO Conveniente, descansado, desahogado, grato, placentero, fácil, útil. → *Incómodo, inútil.* || Haragán, vago, poltrón, egoísta. → *Activo, trabajador, austero.*

COMPACTO Consistente, macizo, espeso, denso, sólido, fuerte, apretado. → *Poroso, laxo.*

COMPADECER Lamentar, sentir, conmoverse, apiadarse, lastimarse, enternecerse. → *Burlarse.*

COMPADRE Camarada, compañero, amigo, compinche, padrino, pariente. → *Enemigo, rival.*

COMPAGINAR Conjugar, corresponder, concordar, armonizar. → *Discordar.* || Ajustar. → *Descompaginar.*

COMPAÑERISMO Camaradería, amistad, lealtad, fidelidad, armonía, confianza, familiaridad. → *Enemistad.*

COMPAÑERO Camarada, amigo, acompañante, compadre, compinche, colega, condiscípulo. → *Enemigo.* || Cónyuge, esposo, marido, novio, querido.

COMPAÑÍA Empresa, firma, institución, sociedad, asociación, casa, corporación, agrupación, entidad. || Séquito, comitiva, cortejo, caravana.

COMPARACIÓN Confrontación, cotejo, parangón, examen, verificación, parecido. → *Diferencia.* || Metáfora, símil, imagen.

COMPARAR Cotejar, confrontar, parangonar, equiparar.

COMPARECER Acudir, presentarse, llegar, asistir. → *Ausentarse.*

COMPARSA Comitiva, cohorte, séquito, acompañamiento, escolta, cortejo, grupo. || Extra, figurante.

COMPARTIMIENTO Sección, división, casilla, apartado, departamento, caja.

COMPARTIR Dividir, repartir, distribuir, participar, intervenir, colaborar.

COMPÁS Cadencia, ritmo, movimiento, paso, medida.

COMPASIÓN Misericordia, lástima, piedad, caridad, conmiseración, sentimiento, clemencia, humanidad, enternecimiento. → *Dureza, crueldad, severidad.*

COMPASIVO Piadoso, caritativo, misericordioso, humanitario. → *Cruel, riguroso, severo.*

COMPATIBLE Avenido, compenetrado, amistoso, fraterno. || *Desavenido, incompatible.*

COMPATRIOTA Coterráneo, paisano, conciudadano. → *Extranjero.*

COMPELER Forzar, violentar, obligar, constreñir, impeler, impulsar, apremiar, hostigar, exigir. → *Contener, calmar.*

COMPENDIO Epítome, manual, sumario, prontuario, resumen, extracto, sinopsis, compilación, condensación.

COMPENETRARSE Entenderse, coincidir, identificarse, comprenderse, concordar, avenirse. → *Disentir, discrepar.*

COMPENSACIÓN Indemnización, equivalencia, resarcimiento, nivelación, equilibrio, recompensa, ayuda, estímulo, remuneración, retribución. → *Desnivelación, injusticia.*

COMPENSAR Resarcir, indemnizar, contrapesar, equilibrar, nivelar. → *Desnivelar.*

COMPETENCIA Pugna, lucha, antagonismo, emulación, porfía, concurrencia. → *Acuerdo.* || Aptitud, idoneidad, capacidad, habilidad, suficiencia, disposición. → *Incompetencia.* || Autoridad, jurisdicción, incumbencia, obligación.

COMPETENTE Hábil, capaz, idóneo, apto, entendido. → *Incompetente.*

COMPETICIÓN Prueba, concurso, certamen, emulación, celebración, competencia, disputa, lucha, contienda, partido.

COMPETIDOR Contendiente, rival, émulo, contrincante, adversario, antagonista. → *Compañero.*

COMPETIR Rivalizar, luchar, pugnar, contender, porfiar, oponerse, emular. → *Coincidir, transigir.*

COMPILAR Coleccionar, reunir, allegar.

COMPINCHE Compañero, comparsa, compadre

COMPLACENCIA Agrado, contento, placer, satisfacción, gusto, deleite. → *Contrariedad, disgusto.* || Transigencia, tolerancia, conformidad. → *Intransigencia.*

COMPLACER Conformar, contentar, satisfacer, acceder, transigir, gustar. → *Disgustar, contrariar.*

COMPLACIENTE Servicial, obsequioso, atento, condescendiente, deferente, indulgente, benévolo, tolerante, conciliador. → *Desatento, desconsiderado.*

COMPLEJIDAD Diversidad, entrelazamiento, obstáculo, complicación, multiplicidad. → *Simplicidad.*

COMPLEJO Complicado, variado, múltiple, diverso, confuso, problemático, dificultoso, enredado, intrincado. → *Simple, sencillo.* || Rareza, manía, transtorno, inferioridad, superioridad. → *Equilibrio.*

COMPLEMENTO Suplemento, añadidura, apéndice, aditamento. → *Totalidad.*

COMPLETAR Acabar, añadir, integrar, adjuntar, rematar, concluir, terminar, perfeccionar, cumplir. → *Empezar, comenzar.*

COMPLETO Lleno, atestado, colmado, repleto, abarrotado. → *Vacío, libre.* || Íntegro, total, cabal, absoluto, entero, indiviso. → *Parcial, incompleto.*

COMPLEXIÓN Constitución, aspecto, temperamento, apariencia.

COMPLICACIÓN Obstáculo, dificultad, tropiezo, embrollo, lío, enredo, confusión. → *Simplificación, sencillez.*

COMPLICADO Complejo, difícil, embrollado, arduo, espinoso, confuso, enredado, dificultoso. → *Sencillo, simple.*

COMPLICAR Involucrar, mezclar. || Enredar, obstaculizar, entorpecer, interponer, dificultar. → *Simplificar.*

CÓMPLICE Partícipe, participante, asociado, implicado, colaborador. → *Inocente.*

COMPLOT Intriga, confabulación, conspiración, conjuración, maquinación, participación, acuerdo.

COMPONENDA Arreglo, compromiso, transacción, compostura, chanchullo, maniobra, pacto. → *Desacuerdo.*

COMPONENTE Elemento, integrante, parte, factor, materia. → *Totalidad.*

COMPONER Arreglar, enmendar, modificar, remediar, restaurar, subsanar, acomodar, remendar. → *Estropear.* || Integrar, totalizar, constituir, formar parte. → *Descomponer, separar, disgregar.*

COMPORTAMIENTO Conducta, proceder, costumbre, actuación, práctica, uso, hábito, rutina.

COMPORTARSE Actuar, proceder, conducirse, obrar, desenvolverse, hacer, gobernarse.

COMPOSICIÓN Pieza, música, obra, poema. || Labor, trabajo, obra, producción, resultado.

COMPOSITOR Músico, autor, musicólogo.

COMPOSTURA Decoro, circunspección, mesura, gravedad, dignidad, recato, pudor, decencia. → *Incorrección, descaro.* || Arreglo, reparación, rectificación, restauración, ajuste, remiendo. → *Avería.*

COMPRA Adquisición, recova, merca, transacción, operación, lucro. → *Venta.*

COMPRADOR Cliente, parroquiano, negociante, consumidor, adquirente, adquisidor. → *Vendedor.*

COMPRAR Adquirir, mercar. → *Vender.* || Sobornar.

COMPRENDER Entender, interpretar, percibir, intuir, saber, pensar, vislumbrar, concebir, penetrar, alcanzar. → *Ignorar.* || Incluir, abarcar, encerrar, rodear, englobar, contener. → *Excluir.*

COMPRENSIBLE Claro, evidente, sencillo, fácil, explicable, inteligible. → *Incomprensible, difícil.*

COMPRENSIÓN Tolerancia, benevolencia, indulgencia, bondad, condescendencia. → *Incomprensión, intolerancia*. || Agudeza, inteligencia, alcance, talento, perspicacia, entendimiento. → *Idiotez*.

COMPRIMIDO Pastilla, tableta, píldora, oblea, sello, gragea.

COMPRIMIR Prensar, apretar, aplastar, estrujar, apelmazar, reducir. → *Ablandar, aflojar*.

COMPROBANTE Recibo, garantía, documento, justificante, vale.

COMPROBAR Cotejar, verificar, confirmar, revisar, asegurarse, cerciorarse, observar. → *Omitir*.

COMPROMETER Implicar, complicar, embrollar, enzarzar, mezclar, arriesgar, exponer. → *Librar, exculpar, salvaguardar*.

COMPROMETERSE Prometer, garantizar, obligarse, responder, ligarse, empeñarse. → *Excusarse, eludir*.

COMPROMISO Obligación, empeño, deber. || Pacto, transacción, acuerdo, convenio, ajuste, responsabilidad, contrato. → *Excusa*. || Apuro, dificultad, trance, problema, dilema, embarazo, aprieto, conflicto. → *Solución, ayuda*.

COMPUESTO Mixtura, mezcla, composición, agregado. || Múltiple, complejo. → *Simple*. || Acicalado, adornado, arreglado, aliñado. → *Desarreglado*.

COMPULSAR Cotejar, confrontar, comparar, verificar, comprobar.

COMPUNGIDO Arrepentido, afligido, atribulado, pesaroso, contristado, contrito, dolorido, apenado, apesadumbrado. → *Despreocupado, alegre*.

COMPUTAR Calcular, contar, comprobar, suponer.

CÓMPUTO Cálculo, cuenta, operación, total.

COMÚN Usual, ordinario, habitual, corriente, vulgar, frecuente. → *Extraordinario, desusado*.

COMUNICACIÓN Información, escrito, comunicado, oficio, correspondencia, relación. → *Incomunicación*.

COMUNICAR Informar, avisar, notificar, manifestar, anunciar, revelar, declarar, trasmitir. → *Callar, omitir*. || Difundir, impartir, compartir, propagar. → *Retener*.

COMUNICATIVO Social, expansivo, extrovertido, conversador, locuaz, parlanchín. → *Reservado, silencioso*.

COMUNIDAD Sociedad, congregación, asociación, corporación, colectividad, agrupación. || Convento, orden, regla, monasterio.

COMUNIÓN Lazo, vínculo, unión, relación, trato, correspondencia. → *Desunión*. || Eucaristía, sacramento, ceremonia.

CONATO Intento, empeño, propósito, amago, tentativa, indicio, proyecto. → *Éxito*.

CONCATENAR Unir, enlazar, juntar.

CONCATENACIÓN Enlace, encadenamiento, conexión, eslabonamiento, sucesión.

CONCAVIDAD Oquedad, cavidad, hueco, seno, hoyo, depresión. → *Convexidad.*

CÓNCAVO Hundido, hueco, deprimido, anfractuoso, profundo, aboyado. → *Convexo.*

CONCEBIR Entender, alcanzar, comprender, penetrar, crear, proyectar, imaginar, pensar, idear, inferir. || Engendrar, procrear.

CONCEDER Otorgar, conferir, asignar, dar, adjudicar, proporcionar, entregar. → *Denegar.* || Admitir, acceder, reconocer, convenir, asentir. → *Negar, refutar.*

CONSEJAL Edil, regidor, consejero.

CONCEJO Municipio, municipalidad, ayuntamiento, cabildo, junta, corporación, alcaldía.

CONCENTRAR Reunir, agrupar, centralizar, consolidar, espesar, fortalecer. → *Dispersar, diluir.*

CONCEPCIÓN Concepto, idea, proyecto, noción.

CONCEPTO Sentencia, frase, idea, juicio, opinión, conocimiento, pensamiento. || Fama, reputación, crédito.

CONCEPTUAR Juzgar, estimar, calificar, reputar, enjuiciar, considerar.

CONCERNIENTE Tocante, referente, relativo, perteneciente.

CONCERNIR Atañer, corresponder, pertenecer, tocar, incumbir, interesar, afectar, relacionarse, depender, vincularse. → *Desvincularse*

CONCERTAR Acordar, convenir, ajustar, tratar, pactar, estipular, establecer. → *Discrepar, romper.*

CONCESIÓN Permiso, licencia, aquiescencia, autorización, favor, gracia. → *Denegación.*

CONCIENCIA Dicernimiento, conocimiento, percepción, juicio. || Escrúpulo, delicadeza, miramiento, cuidado, atención, responsabilidad. → *Desvergüenza, inmoralidad.*

CONCIENZUDO Escrupuloso, minucioso, tesonero, perseverante, aplicado, esmerado, cuidadoso, laborioso. → *Despreocupado, negligente.*

CONCIERTO Recital, audición, sesión, interpretación. || Acuerdo, convenio, pacto, ajuste.

CONCILIÁBULO Asamblea, junta, corrillo, conferencia. || Conjura, intriga, maquinación, cábala, complot, conjuración, conspiración.

CONCILIAR Apaciguar, armonizar, avenir, mediar, arbitrar, acordar, pactar, tratar, convenir. → *Desunir, malquistar.*

CONCILIO Junta, reunión, asamblea, congreso, capítulo.

CONCISIÓN Brevedad, laconismo, parquedad, precisión.

CONCISO Sumario, sucinto, breve, lacónico, compendioso, sobrio, tajante, parco. → *Extenso, detallado.*

CONCIUDADANO Compatriota, compatricio, coterráneo, paisano.

CONCLUIR Terminar, finalizar, acabar, completar, agotar, liquidar. → *Empezar, iniciar.* || Deducir, inferir, seguirse, colegir.

CONCLUSIÓN Deducción, consecuencia, indiferencia, resultado, resolución. → *Premisas.* || Término, final, fin, terminación, desenlace, cierre, abandono. → *Comienzo, principio.*

CONCLUYENTE Decisivo, definitivo, irrebatible, convincente, contundente. → *Discutible.*

CONCOMITANTE Análogo, afín, similar, relacionado, conexo, simultáneo, acompañante, concurrente. → *Diferente, ajeno.*

CONCORDANCIA Concierto, armonía, acuerdo, correspondencia, conformidad. → *Discordancia.*

CONCORDAR Coincidir, armonizar, relacionarse, semejarse, conciliar, concertar, acordarse. → *Discordar, discrepar.*

CONCORDIA Hermandad, paz, armonía, conformidad, unanimidad, avenencia, acuerdo, unidad. → *Discordia.*

CONCRETAR Resumir, reducir, abreviar, precisar. → *Divagar.*

CONCRETARSE Ceñirse, reducirse, limitarse, circunscribirse. → *Extenderse.*

CONCRETO Determinado, específico, preciso, delimitado, sucinto, definido. → *Impreciso.*

CONCUBINA Amante, querida, entretenida, barragana, prostituta. → *Esposa.*

CONCUPISCENCIA Sensualidad, apetito, deseo, avidez, liviandad, lujuria, erotismo, lubricidad, voluptuosidad. → *Castidad.* || Templanza, virtud.

CONCURRENCIA Auditorio, asistencia, público. || Simultaneidad, convergencia, coincidencia. → *Divergencia.*

CONCURRIR Visitar, frecuentar, asistir, presentarse, reunirse, encontrarse, hallarse. → *Faltar.*

CONCURSO Oposición, competencia, certamen, lucha, examen, pugna, participación.

CONCHA Ostra, valva, caparazón, cubierta, venera.

CONDECORAR Recompensar, galardonar, premiar, distinguir, conceder, homenajear. → *Agraviar.*

CONDENADO Culpable, reo, penado, convicto. → *Inocente.*

CONDENAR Sentenciar, sancionar, penar, castigar, anatemizar. → *Indultar, absolver.* || Maldecir, censurar, desaprobar. → *Aprobar, bendecir.*

CONDENSAR Comprimir, coagular, concentrar, espesar, aglomerar. → *Diluir, licuar.* || Compendiar, abreviar, resumir. → *Extender.*

CONDESCENDENCIA Benevolencia, indulgencia, transigencia, complacencia, deferencia, tolerancia. → *Dureza, intransigencia.*

CONDESCENDIENTE Accesible, tolerante, benévolo, complaciente, servicial. → *Intransigente.*

CONDICIÓN Requisito, exigencia, obligación, formalidad, traba, estipulación, cláusula, disposición. || Índole, naturaleza, particularidad. || Situación, posición, estado, clase.

CONDICIONAR Convenir, ajustar. || Estipular. || Subordinar, depender, supeditar, referir, ajustar.

CONDIMENTAR Sazonar, condimentar, aderezar, adobar, aliñar.

CONDISCÍPULO Compañero, discípulo, alumno, camarada, estudiante.

CONDOLENCIA Pésame, conmiseración, compasión, duelo, expresión, piedad, dolor, lástima. → *Felicitación, pláceme.*

CONDOLERSE Contristarse, lastimarse, compadecerse. → *Alegrarse.*

CONDONAR Dispensar, relevar, perdonar, remitir.

CONDUCCIÓN Transporte, acarreo. || Gobierno, manejo, dirección, administración, guiaje, guía.

CONDUCIR Guiar, transportar, trasladar, acompañar, dirigir, llevar. || Administrar, mandar, gobernar.

CONDUCTA Proceder, comportamiento, actuación, costumbre, modo de vida, estilo.

CONDUCTO Camino, medio, vía, tubo, canal, desagüe, cauce.

CONDUCTOR Guía, jefe, director, dirigente, adalid, caudillo. → *Subordinado.* || Chófer, cochero, piloto, timonel, automovilista.

CONECTAR Enlazar, empalmar, conexar, unir, enchufar, encajar, ajustar, ensamblar. → *Separar, desconectar.*

CONEXIÓN Empalme, unión, relación, acoplamiento, enlace. → *Desconexión.*

CONFABULACIÓN Conspiración, intriga, conjuración, complot, maquinación, conjura, maniobra, traición.

CONFECCIÓN Ejecución, realización, fabricación.

CONFECCIONAR Fabricar, realizar, ejecutar, elaborar, preparar, crear, manufacturar.

CONFEDERACIÓN Liga, unión, coalición, convenio, alianza, tratado, acuerdo. → *Separación, secesión.*

CONFERENCIA Coloquio, charla, lección, disertación, conversación, discurso, parlamento. || Congreso, reunión, asamblea.

CONFERIR Dar, otorgar, asignar, conceder, dispensar, ceder, entregar. → *Negar.*

CONFESAR Revelar, admitir, aceptar, reconocer, declarar, manifestar, descubrir. → *Callar, ocultar.*

CONFESIÓN Declaración, confidencia.

CONFESIONES Autobiografía, memorias.

CONFESO Lego, donado.

CONFIADO Ingenuo, cándido, incauto, crédulo, candoroso. → *Desconfiado.*

CONFIANZA Esperanza, fe, seguridad, creencia, tranquilidad, convicción, certidumbre, entusiasmo. → *Desconfianza.* || Familiaridad, franqueza, intimidad, llaneza, claridad, libertad. → *Frialdad, protocolo.*

CONFIAR Fiarse, esperar, creer, encomendarse, abandonarse. → *Desconfiar.* || Entregar, delegar, encomendar, encargar, depositar.

CONFIDENCIA Revelación, informe, secreto, testimonio, declaración.

CONFIDENCIAL Íntimo, secreto, personal, reservado, privado. → *Público, general.*

CONFIDENTE Amigo, compañero, íntimo, consejero. || Delator, soplón, denunciante.

CONFIGURACIÓN Figura, conformación, forma.

CONFÍN Linde, término, frontera, límite, orilla, extremo, final, perímetro, alrededores.

CONFINAR Encerrar, recluir, aislar, internar, condenar, desterrar, relegar. → *Liberar.* || Lindar, limitar, tocarse, confrontar, colindar.

CONFINES Extremidad, lindes, límites, barrera, fin.

CONFIRMAR Corroborar, testificar, certificar, ratificar, atestiguar, aseverar, probar. → *Desmentir.*

CONFISCAR Requisar, decomisar, incautarse, embargar, desposeer, aprehender. → *Restituir, entregar, devolver.*

CONFITERÍA Dulcería, repostería, pastelería.

CONFLAGRACIÓN Perturbación, guerra, revolución, conflicto, contienda, choque, lucha, hostilidad. → *Paz, armonía.*

CONFLICTO Dificultad, aprieto, apuro, trance, preocupación. || Guerra, conflagración, lucha, antagonismo, pugna, peligro, → *Concordia, paz.*

CONFLUIR Converger, reunirse, afluir, juntarse, concurrir, desembocar, coincidir. → *Separarse.*

CONFORMAR Adaptar, concordar, ajustar, complacer, satisfacer, acceder, transigir. → *Negar.*

CONFORMARSE Amoldarse, resignarse, avenirse, ceder, reciar, acomodarse. → *Rebelarse.*

CONFORME Proporcionado, igual, correspondiente. || Idéntico, semejante, parecido, acorde, ajustado. → *Disconforme.*

CONFORMIDAD Paciencia, resignación. → *Contrariedad.* || Consentimiento, anuencia, acuerdo, aprobación, aquiescencia. → *Disconformidad.*

CONFORT Comodidad, bienestar, prosperidad, desahogo. → *Incomodidad.*

CONFORTANTE Tónico, estimulante, reconstituyente, restaurador, cordial. || Mitón.

CONFORTABLE Cómodo, desahogado, descansado, regalado, agradable. → *Incómodo.*

CONFORTAR Animar, fortalecer, alentar, tranquilizar, esperanzar, reanimar, consolar, vigorizar. → *Desalentar, desanimar.*

CONFRATERNIDAD Fraternidad, hermandad, congregación, cofradía, sociedad, agrupación.

CONFRONTACIÓN Cotejo, careo, colisión, parangón, comparación, verficación, examen, enfrentamiento.

CONFRONTAR Comparar, carear, cotejar, compulsar, colisionar. || Avenirse, congeniar, coincidir. → *Diferir.* || Lindar, confinar, colindar.

CONFUNDIR Perturbar, desconcertar, turbar, aturdir, desorientar, anonadar, avergonzar. → *Orientar, halagar.* || Mezclar, revolver, embrollar, embarullar, enredar. → *Ordenar.*

CONFUSIÓN Embrollo, desorden, barullo, enredo, mezcla, revoltijo, maraña, perturbación. → *Orden.* || Desconcierto, turbación, aturdimiento, desorientación. → *Seguridad, aplomo.*

CONFUSO Dudoso, embrollado, revuelto, mezclado, oscuro. → *Claro.* || Turbado, abochornado, desconcertado, perplejo, confundido. → *Seguro.*

CONGELACIÓN Enfriamiento, helamiento, congelamiento, heladura. → *Calentamiento.*

CONGELAR Helar, cuajar, enfriar, solidificar. → *Fundir, licuar.*

CONGÉNERE Semejante, similar, análogo, afín, individuo, ser, persona, humano.

CONGENIAR Avenirse, simpatizar, confraternizar, entenderse, comprenderse, coincidir. → *Discrepar, disentir.*

CONGÉNITO Hereditario, innato, natural, constitucional, engendrado. → *Adquirido.*

CONGESTIÓN Inflamación, tumefacción, hinchazón, saturación, exceso, abundancia, acumulación. || Apoplejía, ataque, patatús. || Atasco, obstáculo, embotellamiento.

CONGLOMERADO Masa, aglomeración, mazacote, amontonamiento, racimo, amasijo, grumo.

CONGOJA Inquietud, angustia, zozobra, pena, aflicción, tribulación, desmayo, desconsuelo. → *Alegría, serenidad.*

CONGRACIARSE Ganarse, conquistarse, atraerse, seducir, encantar, cautivar, captarse simpatías. → *Enemistarse.*

CONGRATULACIÓN Parabién, pláceme, felicitación, enhorabuena, cumplido, saludo. → *Pésame.*

CONGREGACIÓN Hermandad, comunidad, agrupación, gremio, cofradía, secta, orden, compañía.

CONGREGAR Agrupar, reunir, juntar, convocar, citar, apiñarse, amontonarse. → *Disgregar, dispersar.*

CONGRESO Junta, asamblea, convención, conferencia, reunión, concilio. || Cámara, parlamento, cortes, senado, diputación.

CONGRUENTE Coherente, sensato, racional, pertinente, lógico, oportuno, conveniente, correspondiente, conexo. → *Ilógico, incongruente.*

CONJETURA Hipótesis, supuesto, suposición, interrogante, presunción, sospecha, creencia, deducción, barrunto, posibilidad. → *Certeza, seguridad.*

CONJUGAR Exponer, ordenar, formar, relacionar, comparar, cotejar. || Unir, juntar, conciliar, unificar. → *Desunir.*

CONJUNCIÓN Enlace, unión, juntura. → *Disyunción.*

CONJUNTO Grupo, reunión, combinación, compuesto, totalidad, serie, mezcla. → *Unidad, parte.*

CONJURA Confabulación, intriga, conspiración, conjuración, complot, maquinación, maniobra, traición.

CONJURO Súplica, invocación, ruego, imprecación, hechizo, sortilegio, exorcismo, encantamiento, magia, evocación.

CONLLEVAR Ayudar, coadyuvar. || Comportar, tolerar, aguantar, sufrir, sobrellevar.

CONMEMORACIÓN Celebración, aniversario, solemnidad, ceremonia, festividad, evocación, recuerdo, remembranza.

CONMINAR Requerir, ordenar, exigir, apremiar, intimidar, mandar, obligar, amenazar. → *Rogar, suplicar.*

CONMISERACIÓN Lástima, piedad, compasión, misericordia. → *Desdén.*

CONMOCIÓN Trastorno, perturbación, temblor, agitación, convulsión, ataque. || Tumulto, rebelión, levantamiento, motín, sedición, disturbio. → *Paz, orden.*

CONMOVEDOR Impresionante, emocionante, patético, enternecedor. → *Ridículo.*

CONMOVER Emocionar, enternecer, impresionar, excitar, perturbar, inquietar, apasionar, apenar, alterar, sacudir. → *Despreocupar, aburrir, tranquilizar.*

CONMUTADOR Interruptor, cortacorriente.

CONMUTAR Indultar, absolver, perdonar, favorecer, agraciar. → *Condenar, castigar.* || Trocar, permutar, cambiar.

CONNIVENCIA Complicidad, tolerancia, alianza, conchabanza, colaboración, contubernio, confabulación, acuerdo. → *Desacuerdo.*

CONNOTADO Relacionado, emparentado, allegado. → *Independiente.*

CONOCEDOR Perito, versado, práctico, experimentado, avezado. → *Lego.* || Informado, enterado, sabedor. → *Desconocedor.*

CONOCER Tratar, frecuentar, alternar, codearse, rozarse, relacionarse. → *Desconocer.* || Comprender, enterarse, percatarse, advertir, intuir, adivinar, averiguar. creer, saber. → *Ignorar.*

CONOCIDO Relación, amistad, amigo, compañero, camarada. → *Desconocido, extraño.* || Famoso, célebre, renombrado, reputado, afamado, acreditado, ilustre. → *Ignorado, anónimo.*

CONOCIMIENTO Juicio, discernimiento, inteligencia, razón. || Cognición. → *Desconocimiento.*

CONOCIMIENTOS Nociones, erudición, saber, rudimentos.

CONQUISTA Ocupación, invasión, usurpación, dominación, captura, rapiña, robo, botín, despojo, victoria. → *Pérdida, derrota.*

CONQUISTAR Adueñarse, apoderarse, tomar, ocupar. || Persuadir, convencer, ganarse, seducir, catequizar. → *Perder.*

CONSABIDO Mentado, mencionado, nombrado, aludido, citado. → *Desconocido.*

CONSAGRAR Ofrecer, dedicar, ofrendar, bendecir, santificar, destinar.

CONSAGRARSE Dedicarse, aplicarse, entregarse, perseverar, esforzarse. → *Descuidar.*

CONSANGUINIDAD Afinidad, parentesco, cognación, vínculo, lazo, relación, grado, ascendencia, descendencia.

CONSCIENTE Sensato, juicioso, formal, responsable, cabal, cumplidor, cuerdo, cuidadoso, honesto, escrupuloso, honrado. → *Insensato, irresponsable.*

CONSECUENCIA Efecto, resultado, derivación, secuela, desenlace, conclusión, inferencia, corolario. → *Causa, principio.*

CONSECUENTE Tesonero, perseverante, tenaz, firme, inflexible. → *Inconstante, voluble.* || A continuación, siguiente.

CONSECUTIVO Próximo, inmediato, contiguo, siguiente, sucesivo. → *Alterno, lejano.*

CONSEGUIR Lograr, adquirir, obtener, ganar, alcanzar, atrapar, apresar, vencer. → *Perder, ceder.*

CONSEJERO Mentor, guía, maestro, conciliario, asesor.

CONSEJO Recomendación, sugerencia, advertencia, indicación, aviso, idea, indirecta, parecer, exhortación. || Asamblea, reunión, junta, conferencia, congreso.

CONSENSO Aprobación, aquiescencia, conformidad, consentimiento. → *Denegación.*

CONSENTIDO Malcriado, mimado.

CONSENTIMIENTO Permiso, venia, autorización, asentimiento, anuencia. → *Denegación.*

CONSENTIR Permitir, autorizar, admitir, aprobar, adherirse, transigir, tolerar. → *Rechaza, denegar.* || Malcriar, mimar, resabiar, viciar, perjudicar. → *Corregir, educar.*

CONSERJE Bedel, portero, ordenanza, ujier.

CONSERVAR Cuidar, preservar, salvaguardar, proteger, salvar, atender, garantizar, guardar, retener. → *Descuidar, abandonar.*

CONSIDERABLE Numeroso, cuantioso, grande, importante, extenso, basto. → *Reducido, insignificante, minúsculo.*

CONSIDERACIÓN Miramiento, respeto, aprecio, estima, deferencia, atención, cortesía. → *Desprecio, desdén.* || Reflexión, estudio, atención, meditación. || Monta, cuantía, importancia.

CONSIDERADO Apreciado, respetado, estimado. → *Despreciado.* || Comedido, atento, deferente, respetuoso. → *Desconsiderado.*

CONSIDERAR Examinar, reflexionar, meditar, pensar. || Reputar, conceptuar, juzgar, tener por. || Respetar. → *Menospreciar.*

CONSIGNA Contraseña, lema, santo y seña, pase, frase.

CONSIGNAR Destinar, enviar, expedir, designar. || Depositar, entregar. || Asentir, manifestar, firmar.

CONSISTENCIA Firmeza, coherencia, solidez, resistencia, estabilidad. → *Inconsistencia.*

CONSISTENTE Fuerte, resistente, recio, robusto, sólido, firme. → *Endeble.*

CONSISTIR Radicar, fundamentarse, estribar, basarse, fundarse, residir, apoyarse, descansar.

CONSOLACIÓN Consuelo, alivio, apaciguamiento, confortación. → *Exacerbación.*

CONSOLAR Alentar, animar, tranquilizar, confortar, apaciguar, calmar, sosegar, aliviar, atenuar, suavizar. → *Exacerbar, apenar.*

CONSOLIDAR Asegurar, fortalecer, afianzar, robustecer, fijar, cimentar. → *Debilitar.*

CONSONANCIA Afinidad, relación, semejanza, similitud, concordancia, armonía, proporción, conformidad. → *Disparidad, disonancia.*

CONSORCIO Sociedad, asociación, grupo, monopolio, agrupación, corporación. || Matrimonio.

CONSORTE Esposo, cónyuge, compañero, contrayente, marido, mujer, desposado.

CONSPICUO Notable, destacado, sobresaliente, insigne, ilustre, visible. → *Insignificante, oscuro.*

CONSPIRACIÓN Confabulación, conjuración, maquinación, contubernio, complot.

CONSPIRAR Intrigar, maquinar, confabularse, conjurarse, traicionar, engañar, maniobrar, planear, tramar. → *Colaborar.*

CONSTANCIA Perseverancia, tenacidad, tesón, persistencia, asiduidad, insistencia, fidelidad, lealtad. → *Volubilidad, ligereza, inconstancia.*

CONSTANTE Tenaz, persistente, fiel, perseverante, firme. → *Voluble.*

CONSTAR Constituir, consistir, componerse, contener.

CONSTERNACIÓN Aflicción, pesadumbre, pesar, abatimiento, desconsuelo, desolación. → *Ánimo, consuelo.*

CONSTERNAR Conturbar, desolarse, afligir, abatir. → *Alentar.*
CONSTIPADO Catarro, resfriado, enfriamiento, gripe.
CONSTITUCIÓN Temperamento, naturaleza, complexión, configuración, contextura, aspecto. || Estatuto, código, carta, reglamento, precepto.
CONSTITUCIONAL Legal, legítimo, reglamentario.
CONSTITUIR Establecer, formar, crear, organizar, instaurar, implantar, dotar. → *Disolver, anular.*
CONSTREÑIR Forzar, compeler, obligar, impeler, apremiar, exigir, apretar, oprimir. → *Ayudar, soltar.*
CONSTRUCCIÓN Edificación, erección, edificio, obra, inmueble, residencia. || Dispositivo, armazón, aparato.
CONSTRUIR Fabricar, montar, edificar, erigir, levantar, alzar, crear, confeccionar, elaborar. → *Destruir.*
CONSUELO Ánimo, aliento, pacificación, alivio, calma, confortamiento, sosiego, estímulo, calmante, lenitivo, descanso. → *Aflicción, desánimo, desconsuelo.*
CONSUETUDINARIO Acostumbrado, común, frecuente, ordinario, consuetudinal. → *Desusado.*
CONSULTA Consejo, parecer, dictamen, sugerencia, opinión. || Junta, conferencia, deliberación, examen.
CONSULTAR Examinar, conferenciar, entrevistarse, deliberar, reunirse, tratar. || Asesorarse, aconsejarse.
CONSULTORIO Estudio, clínica, dispensario, gabinete. || Oficina, despacho, bufete.
CONSUMACIÓN Perfección, final, acabamiento. → *Conato.*
CONSUMADO Terminado, acabado. || Diestro, experto, hábil, competente, cabal, insuperable, perfecto, cumplido. → *Inepto.*
CONSUMAR Concluir, realizar, acabar, ejecutar, cometer, completar, liquidar. → *Empezar, intentar.*
CONSUMICIÓN Cuenta, importe, nota, gasto, consumo. || Agotamiento, consunción.
CONSUMIDO Agotado, extenuado, debilitado, débil, flaco, macilento, exhausto, enflaquecido, descarnado. → *Robusto, fuerte.* || Afligido, apurado.
CONSUMIR Gastar, comprar, invertir. → *Ahorrar.* || Agotar, extenuar, afligir, atribular, desazonar.
CONSUMO Gasto, empleo, uso, utilización, dispendio, consumición. → *Ahorro.*
CONTACTO Tacto, acercamiento, aproximación, roce, fricción, arrimo, unión, adosamiento. → *Separación.* || Relación, amistad, vínculo. → *Desvinculación.*
CONTADO (AL) En efectivo, contante, en metálico.
CONTAGIAR Infectar, inocular, contaminar, inficionar, pegar, transmitir, comunicar, propagar, infestar, apestar, plagar.

CONTAGIO Infección, contaminación, inficionamiento, corrupción.

CONTAMINAR Contagiar.

CONTAR Calcular, computar, valorar, liquidar, determinar, enumerar. || Relatar, narrar, detallar, referir, reseñar, explicar. → *Callar, omitir.*

CONTEMPLAR Admirar, observar, ver, mirar, atender, examinar, vigilar, revisar, considerar, meditar.

CONTEMPLATIVO Contemplador, observador, curioso. || Extático, soñador, meditativo, iluminado. → *Activo.*

CONTEMPORÁNEO Coetáneo, coincidente, simultáneo, coexistente, sincrónico, actual.

CONTEMPORIZAR Transigir, condescender, temporizar, consentir, conformarse, doblegarse, amoldarse. → *Obstinarse, enfrentarse, rebelarse.*

CONTENCIÓN Emulación, litigio, contienda.

CONTENDIENTE Rival, adversario, contrario, oponente, guerrero, luchador. → *Amigo, partidario.*

CONTENER Comprender, abrazar, abarcar, encerrar, poseer, englobar, llevar, incluir. → *Excluir.* || Refrenar, dominar, sofrenar, moderar, reprimir, sujetar, vencer. → *Permitir, aflojar.*

CONTENIDO Cabida, capacidad, volumen, aforo, espacio.

CONTENTA Obsequio, regalo, agasajo.

CONTENTAR Complacer, agradar, satisfacer, conformar, deleitar, acceder. → *Disgustar.*

CONTENTO Dicha, felicidad, satisfacción, alborozo, júbilo, regocijo, agrado, entusiamo, euforia. → *Pena, pesar, descontento.* || Complacido, jubiloso, satisfecho, encantado. → *Disgustado.*

COTERRÁNEO Compatriota, paisano, compatricio.

CONTESTABLE Discutible, controvertible, impugnable, cuestionable, rebatible. → *Incontestable.*

CONTESTACIÓN Respuesta, réplica, afirmación, declaración, negación, impugnación. → *Silencio.*

CONTESTAR Responder, replicar.

CONTEXTO Texto, trabazón, encadenamiento, enlace, argumento. || Maraña, enredo. || Tejido, contextura, textura.

CONTIENDA Disputa, riña, lucha, pelea, pendencia, competición, altercado, refriega, guerra. → *Paz, armisticio.*

CONTIGUO Adyacente, inmediato, lindante, limítrofe, junto, adosado, vecino. → *Separado, alejado.*

CONTINENCIA Templanza, castidad, abstinencia, moderación, virtud, pureza. → *Desenfreno, lascivia, incontinencia.*

CONTINENTAL Interior, mediterráneo, crudo, riguroso. → *Marítimo, costero.* || General, cosmopolita, internacional, mundial. → *Nacional, regional.*

CONTINENTE Zona, hemisferio, territorio, ámbito. || Aire, compostura, talante. || Puro, casto, abstinente, púdico. → *Incontinente.*

CONTINGENCIA Circunstancia, coyuntura, eventualidad, casualidad, riesgo, posibilidad. → *Realidad, certeza, necesidad.*

CONTINGENTE Grupo, conjunto, tropa, fuerza, agrupación.

CONTINUACIÓN Prosecución, prorrogación, prolongación, continuidad, duración, persistencia, permanencia. → *Cese, interrupción.*

CONTINUAR Proseguir, persistir, seguir, alargar, prolongar, permanecer, perpetuar, durar, subsistir. → *Cesar, interrumpir.*

CONTINUO Constante, persistente, incesante, perpetuo, perenne, repetido, crónico. → *Discontinuo, interrumpido.*

CONTONEARSE Anadear, pavonearse.

CONTONEO Meneo, pavoneo, movimiento, oscilación, balanceo, ondulación. → *Inmovilidad.*

CONTORNO Perfil, figura, silueta, trazo, sombra, derredor, periferia, perímetro.

CONTORNOS Alrededores, inmediaciones, cercanías, proximidades, afueras, aledaños, suburbios, arrabales. → *Centro, casco urbano.*

CONTORSIÓN Retorcimiento, contracción, ademán, gesticulación, crispamiento, espasmo, deformación. → *Distensión.*

CONTRA Objeción, oposición, dificultad, inconveniente, obstáculo. → *Pro.*

CONTRAATAQUE Ofensiva, reacción, resistencia, recuperación, contragolpe. → *Retirada, huida.*

CONTRABANDO Tráfico, alijo, matute, fraude, delito, contravención.

CONTRACCIÓN Crispamiento, espasmo, constricción, crispación, astricción, encogimiento, calambre. → *Relajación.*

CONTRADECIR Replicar, desmentir, discutir, objetar, impugnar, argumentar, oponerse, contestar. → *Confirmar, corroborar.*

CONTRADICCIÓN Refutación, réplica, objeción, absurdo, paradoja, contrasentido, incoherencia, imposibilidad, impugnación, sinrazón, incompatibilidad, discordancia, disparate, ridiculez. → *Confirmación, lógica.* || Oposición, contrariedad.

CONTRADICTORIO Contrapuesto, paradójico, opuesto, contrario, antitético. → *Concorde.*

CONTRAER Adquirir, tomar, contagiarse, caer. → *Perder, curar.* || Crispar, encoger, constreñir, acortar, menguar, estrechar. → *Alargar, extender.*

CONTRAHECHO Monstruoso, deforme, grotesco, estropeado, desproporcionado, lisiado, tullido, baldado, encogido. → *Perfecto, bien formado.*

CONTRAINDICADO Desaconsejado, nocivo, perjudicial. → *Aconsejado, indicado.*

CONTRAORDEN Cancelación, revocación, retractación, desmandamiento.

CONTRAPONER Comparar, cotejar, oponer.

CONTRAPOSICIÓN Rivalidad, antagonismo, oposición. → *Coincidencia.*

CONTRAPRODUCENTE Desfavorable, desventajoso, adverso, contrario, desacertado.

CONTRAPUESTO Antagónico, encontrado, adverso, contrario. → *Coincidente.*

CONTRARIAR Oponerse, estorbar, entorpecer, dificultar, resistir, contradecir, impedir. → *Aprobar, confirmar.* || Molestar, fastidiar, incomodar, disgustar. → *Complacer.*

CONTRARIEDAD Dificultad, contratiempo, obstáculo, engorro, tropiezo. → *Facilidad.* || Disgusto, tristeza, desagrado, decepción, desazón. → *Agrado.*

CONTRARIO Hostil, opuesto, contradictorio, discrepante. → *Favorable.* || Enemigo, adversario, rival, contrincante, antagonista, oponente. → *Amigo, compañero.*

CONTRARRESTAR Compensar, oponerse, neutralizar, impedir, dificultar, anular, equilibrar, resistir, afrontar. → *Favorecer, ceder.*

CONTRASENTIDO Contradicción, sinrazón, confusión, equivocación, error. → *Corroboración.*

CONTRASEÑA Consigna, contramarca, santo y seña, lema, frase.

CONTRASTE Disparidad, desigualdad, oposición, diferencia, desemejanza, antítesis. → *Parangón, igualdad, semejanza.*

CONTRATAR Pactar, acordar, convenir, estipular, negociar, ajustar, celebrar. → *Rescindir, cancelar.* || Emplear, colocar, asalariar. → *Despedir.*

CONTRATIEMPO Contrariedad, obstáculo, dificultad, percance.

CONTRATO Compromiso, acuerdo, convenio, pacto, transacción, documento, negocio. → *Rescisión, cancelación.*

CONTRAVENCIÓN Infracción, violación, falta, quebrantamiento, culpa, transgresión, incumplimiento, desacato, desobediencia. → *Cumplimiento, obediencia.*

CONTRAVENENO Antídoto, antitóxico, revulsivo, desintoxicante, vomitivo. → *Tóxico, veneno.*

CONTRAVENIR Infringir, quebrantar, desobedecer, trasgredir, violar. → *Cumplir.*

CONTRAVENTOR Infractor, violador, trasgresor, delincuente, abusador. → *Respetuoso.*

CONTRIBUCIÓN Cuota, canón, impuesto, subsidio, arancel, tasa, arbitrio, gravamen, costas, carga. || Ayuda, aporte, cooperación, colaboración, aportación.

CONTRIBUIR   Ayudar, cooperar, colaborar, participar, auxiliar, favorecer, secundar. → *Obstaculizar, negar.* || Tributar.

CONTRICIÓN   Pesar, compunción, dolor, arrepentimiento, remordimiento, pesadumbre. → *Contumacia, impenitencia.*

CONTRINCANTE   Contrario, émulo, rival, adversario, competidor.

CONTRITO   Arrepentido, compungido, pesaroso, dolorido, trisconsternado. → *Contumaz, impenitente, incontrito.*

CONTROL   Inspección, vigilancia, examen, verificación, registro, revisión, comprobación, censura. → *Descuido.*

CONTROLAR   Verificar, inspeccionar, examinar, comprobar, vigilar.

CONTROVERSIA   Debate, litigio, polémica, discusión, réplica, disputa, altercado, porfía. → *Acuerdo, armonía.*

CONTROVERTIR   Debatir, polemizar, disputar, discutir.

CONTUBERNIO   Maquinación, conspiración, confabulación, complot. || Cohabitación.

CONTUMACIA   Reincidencia, obstinación, recaída, insistencia, reiteración, persistencia. → *Obediencia, observancia.*

CONTUNDENTE   Terminante, convincente, decisivo, concluyente, irrebatible, definitivo, incuestionable. → *Discutible, dudoso.* || Pesado, macizo, magullador. → *Liviano, inofensivo.*

CONTURBACIÓN   Conmoción, desasosiego, inquietud, turbación, intranquilidad. → *Serenidad.*

CONTUSIÓN   Magulladura, lesión, daño, herida, equimosis, moretón, cardenal, golpe.

CONVALECENCIA   Restablecimiento, recuperación, mejoría, cura. → *Recaída.*

CONVALECER   Recuperarse, recobrarse, mejorar. → *Empeorar.*

CONVALECIENTE   Paciente, enfermo, mejorado, recuperado, afectado, sufrido.

CONVALIDAR   Revalidar, gratificar, confirmar, corroborar. → *Anular.*

CONVENCER   Persuadir, conquistar, convertir, imbuir, atraer, captar, demostrar, seducir. → *Contradecir, repeler.*

CONVENCIMIENTO   Certeza, creencia, convicción, persuasión. → *Disuasión.*

CONVENCIÓN   Tratado, pacto, convenio, acuerdo. || Asamblea, congreso, reunión, junta.

CONVENCIONALISMO   Artificio, afectación, falacia, falsedad, complicación, conveniencia. → *Realidad, sencillez.*

CONVENIENCIA   Utilidad, beneficio, comodidad, provecho, ventaja, conformidad, adecuación. → *Perjuicio, desventaja, molestia.*

CONVENIENTE   Beneficioso, útil, ventajoso, provechoso. → *Inconveniente.*

CONVENIO   Acuerdo, compromiso, ajuste, pacto, tratado, alianza, avenencia, transacción. → *Disensión, rompimiento.*

CONVENIR   Acordar, pactar, aceptar, admitir. || Encajar, corresponder, cuadrar. || Acudir, concurrir, juntarse. → *Dispersarse*

CONVENTO   Cenobio, monasterio, cartuja, priorato, claustro, retiro, noviciado.

CONVERGER   Coincidir, concurrir, juntarse, aproximarse, confluir, desembocar. → *Divergir, separarse.*

CONVERSACIÓN   Charla, diálogo, coloquio, conferencia, plática, parlamento, conciliábulo, tertulia, chisme.

CONVERSAR   Charlar, platicar, hablar, dialogar.

CONVERSIÓN   Cambio, mudanza, transformación, transmutación, metamorfosis. || Corrección, enmienda. → *Perversión.*

CONVERTIR   Modificar, transformar, cambiar, alterar, mudar, rectificar, variar, metamorfosear, enmendar, corregir. → *Conservar.* || Evangelizar, cristianizar, reconciliar, propagar, convencer.

CONVERTIRSE   Adjurar, abandonar, abrazar, apostatar, renegar. → *Pervertirse.*

CONVEXO   Combado, pandeado, curvado, alabeado, abultado, saliente, prominente, abombado. → *Cóncavo.*

CONVICCIÓN   Certeza, creencia, persuasión, convencimiento, certidumbre, seguridad, confianza, firmeza. → *Inseguridad, duda.*

CONVIDADO   Invitado, huésped, agasajado, comensal.

CONVIDAR   Invitar, ofrecer, inducir, atraer, agasajar, homenajear, brindar, dedicar, hospedar. → *Desairar.*

CONVINCENTE   Terminante, concluyente, persuasivo, contundente, decisivo, elocuente, conmovedor, sugestivo. → *Discutible.*

CONVITE   Invitación. || Banquete, ágape, comilona.

CONVIVIR   Coexistir, cohabitar, residir, compenetrarse, avenirse, entenderse. → *Separarse.*

CONVOCAR   Congregar, llamar, citar, invitar, requerir, solicitar, avisar.

CONVOCATORIA   Cita, llamada, convocación, llamamiento, edicto.

CONVOY   Escolta, séquito, acompañamiento, caravana, columna, destacamento, fila, expedición.

CONVULSIÓN   Espasmo, sacudida, crispación, estremecimiento, temblor, síncope, agitación, perturbación, conmoción.

CONYUGAL   Matrimonial, marital, nupcial, íntimo, familiar.

CÓNYUGE   Desposado, consorte, contrayente, compañero, esposo, marido, mujer, esposa.

COOPERAR   Colaborar, secundar, participar, contribuir, auxiliar, favorecer, socorrer, ayudar. → *Obstaculizar.*

COOPERATIVA   Mutualidad, economato, asociación, montepío, pósito, almacén, mutua.

COORDINAR   Ordenar, reunir, combinar, relacionar, conectar, organizar, concertar, arreglar. → *Desordenar.*

COPA Vaso, caliz, taza, crátera, recipiente. || Galardón, recompensa, premio.

COPAR Cercar, rodear, asediar, envolver, aprisionar, sorprender. → *Liberar.*

COPETE Penacho, tupé, mechón, mecha, flequillo, guedeja, moño, cimera, plumero.

COPIA Reproducción, duplicado, calco, facsímil, imitación, falsificación, remedo, plagio. → *Original.*

COPIAR Reproducir, transcribir, calcar, trasladar. || Remedar, imitar, plagiar, falsificar. → *Inventar.*

COPIOSO Abundante, numeroso, nutrido, cuantioso, fecundo, profuso, excesivo, considerable. → *Escaso, mezquino.*

COPLA Cantar, tonada, aire, canto, estrofa, verso.

CÓPULA Fornicación, apareamiento, unión, coito, ayuntamiento, concúbito. → *Abstinencia.*

COQUETA Presumida, frívola, casquivana, vanidosa, veleidosa, seductora. → *Formal, sensata.*

COQUETEAR Atraer, galantear, cautivar, seducir, enamorar, jugar, divertirse.

COQUETERÍA Galanteo, coqueteo, raboseo. || Provocación, seducción, encanto.

CORAJE Arrojo, ímpetu, valentía, audacia, intrepidez, agallas, ardor, ira, furia. → *Miedo, cobardía.*

CORAZA Defensa, armadura, protección, cocelete, blindaje, forro, revestimiento, chapa.

CORAZÓN Valor, osadía, ánimo, atrevimiento. || Sensibilidad, sentimientos, benignidad. || Núcleo, centro, interior. → *Exterior.*

CORAZONADA Presentimiento, instinto, barrunto, presagio, intuición, arranque, ímpetu, augurio.

CORBATA Lazo, chalina, pajarita, corbatín.

CORCEL Caballo, bridón, trotón, palafrén, alfaraz, cabalgadura, proto, montura, jaca.

CORCOVA Giba, joroba, chepa, deformidad.

CORCOVO Salto, estremecimiento, respingo, sacudida, brinco, corveta.

CORCHETE Esbirro, alguacil, sayón. || Llave. || Gafete.

CORDEL Cuerda, cinta, bramante, guita, baga, trencilla, soga.

CORDERO Borrego, ternasco, andasco, caloyo, ovino.

CORDIAL Afable, efusivo, amable, franco, sincero, abierto, expansivo, acogedor, hospitalario, espontáneo, cariñoso. → *Antipático, huraño.*

CORDIALIDAD Afabilidad, sinceridad, amabilidad, llaneza, afecto.

CORDILLERA Sierra, macizo, cadena, barrera, cumbres.

CORDÓN Fleco, trencilla, galón, cordel.

CORDURA Prudencia, sensatez, juicio, madurez, discreción, equilibrio, mesura. → *Insensatez, imprudencia, locura.*

COREAR Acompañar, entonar, cantar, adular.

CORIÁCEO Resistente, tenaz, correoso. → *Blando.*

CORISTA Cantante, comparsa, figurante, bailarina, partiquino, acompañante, extra.

CORNADA Puntazo, cachada, mochada, cogida, topetazo, herida, desgarrón.

CORNAMENTA Astas, cuernos, defensas, pitones, encornadura.

CORNETA Trompeta, clarín, cuerno, trompa, cornetín.

CORNISA Remate, coronamiento, arimez, cornija, capitel, saliente, moldura, friso, resalto, voladizo.

CORNUDO Cabrón, consentido, sufrido, cuclillo.

CORO Coral, orfeón, ronda, conjunto.

COROLARIO Conclusión, resultado, derivación, consecuencia, inferencia. → *Premisas.*

CORONA Aureola, diadema, guirnalda, nimbo, halo. || Monarquía, reino. || Premio, gloria, honor. || Coronilla.

CORONAR Ceñir, ungir, investir, proclamar, entronizar. → *Destronar.* || Terminar, rematar, concluir, completar, perfeccionar.

CORPORACIÓN Asociación, institución, sociedad, empresa, compañía, firma, cuerpo, junta, organismo, instituto, consejo.

CORPORAL Carnal, somático, corpóreo, orgánico, físico, material. → *Espiritual.*

CORPULENTO Robusto, fuerte, recio, abultado, imponente, gordo, voluminoso, rollizo, pesado, grande, grueso. → *Enjuto, enclenque.*

CORPÚSCULO Átomo, elemento, mólecula, partícula, microbio, pizca.

CORRAL Redil, aprisco, majada, cortil, redil, corraliza, encierro, establo, caballeriza.

CORREA Cinturón, cinta, cincho, ceñidor, banda, faja.

CORRECCIÓN Cortesía, urbanidad, discreción, educación, amabilidad, finura, delicadeza, consideración. → *Incorrección, descortesía.* || Modificación, enmienda, retoque, mejora, rectificación, censura, reprimenda, castigo, correctivo.

CORRECCIONAL Reformatorio, internado, penal, prisión, establecimiento penitenciario.

CORRECTIVO Castigo, pena, escarmiento, sanción, represión, condena.

CORRECTO Cortés, circunspecto, discreto, comedido. → *Incorrecto.* || Adecuado, exacto, cabal, fiel, justo, castizo, acertado, oportuno, apropiado. →*Incorrecto.*

CORREDOR Galería, pasillo, pasadizo, angostura, pasaje, crujía. || Viajante, comisionista, agente, delegado, representante, vendedor. || Atleta, deportista, carrerista, velocista.

CORREGIDOR Alcalde, magistrado, regidor, gobernador.

CORREGIR Modificar, retocar, enmendar, rectificar, subsanar, alterar, cambiar, transformar, reparar. → *Corromper, mantener.* || Castigar, penar, amonestar, reprender, reñir, escarmentar, advertir. → *Excitar.*

CORRELACIÓN Analogía, sucesión, reciprocidad, parecido, semejanza, afinidad.

CORRELATIVO Sucesivo, encadenado, inmediato, seguido, continuado.

CORRELIGIONARIO Socio, compañero, camarada, cofrade.

CORREO Correspondencia, saca, misivas, cartas, mensajes. || Comunicación, posta, servicio postal. || Estafeta, mensajero, cartero, enviado, postillón, alfaqueque.

CORREOSO Fibroso, coriáceo, resistente, duro, elástico. → *Suave, tierno.*

CORRER Trotar, acelerar, arrancar, avanzar, trasladarse, recorrer, viajar, desplazarse. || Activar, agilizar, darse prisa. → *Detenerse, pararse.*

CORRERÍA Incursión, razzia, irrupción, ataque, invasión.

CORRERSE Propagarse, propalarse, difundirse, extenderse, divulgarse. → *Circunscribirse.*

CORRESPONDENCIA Correo. || Correlación, relación, conformidad, conexión, reciprocidad. → *Inconexión.*

CORRESPONDER Retribuir, compensar, devolver, intercambiar, permutar, agradecer, pagar, recompensar. → *Negar.* || Incumbir, atañer, concernir, afectar, tocar.

CORRESPONDIENTE Adecuado, conveniente, oportuno, debido, proporcionado.

CORRESPONSAL Periodista, enviado, cronista, reportero.

CORRETAJE Prima, comisión, correduría.

CORRETEAR Callejear, vagar, viltrotear. || Andar, recorrer, correr.

CORREVEIDILE Murmurador, cotilla, alcahuete, entrometido, chismoso.

CORRIDA Lidia, novillada, becerrada, capea, tienta.

CORRIDO Avergonzado, abochornado, confuso, desconcertado, humillado, ruborizado, cortado, confundido. → *Descarado.* || Ducho, fogueado, avezado, experimentado, veterano, baqueteado. → *Novato, inexperto.*

CORRIENTE Ordinario, frecuente, usual, común, habitual, vulgar, general, popular. → *Desusado.* || Llano, fácil. → *Dificultoso.* || Curso.

CORRILLO Grupo, tertulia, conciliábulo, reunión, corro, camarilla, peña.

CORRO Reunión, peña, círculo, rueda, cerco, grupo, corrillo.

CORROBORAR Reafirmar, confirmar, apoyar, ratificar, certificar, asentir, reconocer. → *Denegar, desmentir.*

CORROER Roer, carcomer, consumir, desgastar, desmenuzar. || Perturbar, minar, remorder.

CORROMPER Enviciar, pervertir, seducir, viciar, depravar, dañar, prostituir, pudrir, estropear, descomponer, desintegrar, malograr. → *Conservar, reeducar.*

CORROMPIDO Viciado, putrefacto, corrupto. || Libertino, vicioso, perverso.

CORROSIVO Ácido, cáustico, mordaz, mordiente, destructivo, quemante, picante, ardiente. → *Lenitivo.* || Sarcástico, irónico, satírico, agresivo. → *Halagador.*

CORRUPCIÓN Putrefacción, descomposición, podredumbre, deterioro. → *Conservación.* || Depravación, perversión, vicio, descarrío, desenfreno. → *Integridad.*

CORSARIO Filibustero, pirata, bucanero, corso, aventurero.

CORSÉ Faja, cotilla, ajustador, justillo, ceñidor.

CORTACORRIENTE Conmutador, interruptor.

CORTADURA Hendidura, grieta, abertura. || Incisión, corte, sección.

CORTANTE Afilado, agudo, filoso, aguzado, fino. → *Embotado.* || Tajante, drástico, acerado, autoritario, violento, descortés, incisivo. → *Amable, cortés.*

CORTAPISA Obstáculo, estorbo, dificultad, inconveniente, restricción, traba, condición, limitación, reserva. → *Facilidad, ayuda.*

CORTAPLUMAS Navaja, cuchillo, faca.

CORTAR Partir, seccionar, dividir, tajar, escindir, separar, amputar, cercenar, segar. → *Unir, soldar, pegar.* || Interrumpir, detener, suspender. → *Continuar.* || Surcar, hender, atravesar.

CORTE Tajo, incisión, sección, cisura, muesca, hendidura, herida. || Filo, hoja, lámina, cuchilla, tajo. || Comitiva, cotejo, séquito.

CORTEDAD Timidez, pusilanimidad, apocamiento, indecisión, apocamiento, vergüenza, cobardía. → *Decisión, desenvoltura.*

CORTEJAR Enamorar, galantear, requebrar, festejar, conquistar, arrullar.

CORTEJO Comitiva, séquito, acompañamiento, escolta, desfile, columna.

CORTES Cámara, parlamento.

CORTÉS Amable, considerado, fino, obsequioso, atento, educado, galante, correcto, comedido, afable. → *Descortés, grosero, incorrecto.*

CORTESANA Prostituta, ramera.

CORTESANO Palaciego, noble, aristócrata, caballero. → *Plebeyo.*

CORTESÍA Urbanidad, amabilidad, afabilidad, consideración, atención, finura, corrección, tacto, respeto, gentileza, modales. → *Grosería, descortesía.* || Cumplido, saludo, reverencia, inclinación, genuflexión, regalo, obsequio.

CORTEZA Cáscara, envoltura, cubierta, casca, costra, caparazón, vaina. → *Médula, meollo.*

CORTIJO Rancho, alquería, granja, hacienda, finca.

CORTINA Dosel, tapiz, cortinaje, colgadura, visillo, velo, pantalla.

CORTO Pequeño, bajo, chico, menudo, diminuto, enano, reducido, exiguo, limitado. → *Alto, amplio.* || Fugaz, breve, efímero, pasajero, precario. → *Largo, duradero.* || Tímido, vergonzoso, pusilánime. → *Abierto, listo.*

CORVETA Gambeta, corcovo.

CORVO Combado, curvado, curvo, arqueado. → *Recto.*

CORZO Venado, gacela, gamo, antilope, ciervo.

COSA Cuerpo, ente, entidad, ser, elemento, esencia, forma.

COSCORRÓN Topetón, testarazo, molondrón, cabezazo.

COSECHA Recolección, siega, recogida, vendimia.

COSER Hilvanar, zurcir, puntear, pespuntar, remendar, unir, pegar, arreglar. → *Descoser, rasgar, separar.*

COSMÉTICO Maquillaje, afeite, crema, pomada, ungüento, tintura, potingue.

CÓSMICO Celeste, espacial, astral, sideral, universal. → *Terrenal.*

COSMONAUTA Astronauta, navegante espacial.

COSMOPOLITA Internacional, universal, mundial, mundano. → *Local.*

COSMOS Universo, creación, cielo, firmamento, espacio, alturas, infinito, vacío. → *Tierra.*

COSQUILLAS Hormigueo, picor, picazón, titilación.

COSTA Ribera, orilla, litoral, margen, playa. → *Interior.*

COSTADO Flanco, lado, lateral, ala, banda, borde, canto, orilla. → *Centro.*

COSTAL Saco, fardo.

COSTALADA Porrazo, trastazo, batacazo, golpe, caída, tumbo.

COSTAR Valer, totalizar, importar, montar, subir, ascender a, salir por, pagar.

COSTE Costo, gasto, valor, precio, importe, total, cuantía, monta, desembolso.

COSTEAR Orillar, bordear, bojar. || Sufragar, pagar, abonar.

COSTILLA Chuleta. || Espalda. || Cónyuge, mujer. || Cuaderna, costana.

COSTOSO Gravoso, dispendioso, caro, subido, elevado, alto, exorbitante, exagerado. → *Barato.* || Dificultoso, difícil, complicado. → *Fácil.*

COSTRA Corteza, capa, revestimiento, cáscara, cubierta, pústula, escara.

COSTUMBRE Hábito, práctica, usanza, uso, modo, maña, rutina, conducta, moda.

COSTURA Zurcido, remiendo, hilvanado, puntada, pespunte. ‖ Labor, cosido, corte, confección.

COSTURERA Modista, satra, zurcidora, bordadora, oficiala.

COTA Altura, altitud, nivel, elevación. ‖ Malla, camisola, armadura. ‖ Cita, acotación, nota.

COTARRO Albergue, asilo, refugio. ‖ Reunión, círculo, corrillo, tertulia.

COTEJAR Confrontar, comparar, parangonar, equiparar, compulsar, examinar, verificar, medir, cerciorarse.

COTERRÁNEO Paisano, compatriota, conciudadano.

COTIDIANO Diario, corriente, usual, ordinario, habitual, seguido, periódico, regular. → *Alterno, irregular.*

COTILLA Chismoso, murmurador, enredador, cuentista, comadre. → *Reservado, taciturno.*

COTIZACIÓN Valorización, tasación, monto, evaluación, precio, valor, importe, coste.

COTO Vedado, cercado, terreno acotado, zona. ‖ Límite, postura, término, tasa.

COTORRA Papagayo, cacatúa, loro. ‖ Parlanchín, charlatán, conversador. → *Silencioso, taciturno.*

COW-BOY Vaquero, caballista, jinete, ganadero.

COYUNTURA Unión, juntura, articulación, juego. ‖ Situación, momento, circunstancia, ocasión, oportunidad, coincidencia.

COZ Patada, golpe, porrazo. ‖ Retroceso.

CRÁNEO Cabeza, casco, calavera, testa.

CRÁPULA Borrachera. ‖ Corrupción, vicio, depravación, disipación, libertinaje. → *Integridad.*

CRASO Gordo, grueso. → *Flaco.*

CRÁTER Abertura, boca, boquete, orificio, cima.

CREACIÓN Mundo, cosmos, universo, cielos, infinito, firmamento, espacio. ‖ Producción, obra, invento, producto, novedad, resultado, mejora. → *Copia, plagio.* ‖ Instauración, fundación, institución.

CREADOR Hacedor, Dios, Altísimo, Señor, Todopoderoso. ‖ Inventor, fundador, hacedor, autor, productor, artista, genio. → *Exterminador.*

CREAR Fundar, establecer, hacer, producir, inventar. → *Aniquilar.*

CRECER Desarrollarse, formarse, elevarse, ganar, madurar, progresar, engordar, extenderse, multiplicarse, proliferar. → *Disminuir, reducirse, decrecer.*

CRECIDA Inundación, riada, subida, avenida. → *Descenso.*

CRECIDO Corpulento, alto, desarrollado, grande, espigado, vigoroso, aventajado. → *Reducido, pequeño.* ‖ Numeroso, abundante, copioso, profuso, extenso. → *Reducido, corto, escaso.*

CRECIMIENTO Aumento, desarrollo, incremento. → *Decrecimiento.*

CREDENCIAL Documento, justificante, comprobante, identificación, carnet.

CRÉDITO Fe, confianza, seguridad, certidumbre, respaldo, reputación. || Préstamo, empréstito, prestación, anticipo, financiación, ayuda.

CREDO Dogma, creencia, doctrina, convicción, religión, culto.

CREDULIDAD Inocencia, candor, ingenuidad, candidez. → *Incredulidad.*

CRÉDULO Ingenuo, inocente, candoroso, confiado, simple, bonachón, incauto, cándido. → *Incrédulo, desconfiado.*

CREENCIA Fe, crédito, convencimiento, convicción, confianza. || Secta, religión.

CREER Imaginar, suponer, estimar, pensar, admitir, entender, juzgar, conceptuar, opinar, afirmar, declarar. → *Negar.* || Confiar, profesar, seguir, venerar. → *Dudar, desconfiar.*

CREMA Nata, natilla, manteca, sustancia. || Ungüento, cosmético, unto, maquillaje, potingue.

CREMACIÓN Incineración, quema, combustión.

CREPITAR Crujir, restallar, chasquear, traquear.

CREPÚSCULO Atardecer, ocaso, anochecer. → *Aurora, alba.*

CRESO Millonario, rico, acaudalado.

CRESPO Rizado, encrespado, ensortijado.

CRESTA Copete, penacho, moño, carnosidad, protuberancia. || Cima, cumbre, pico, cúspide. → *Base, ladera.*

CRESTOMATÍA Antología, colección, selección, florilegio, analectas.

CRETINO Inepto, estulto, necio, tardo, imbécil, idiota, retrasado, deficiente, tonto. → *Listo.*

CREYENTE Fiel, seguidor, adorador, religioso, devoto, pío, místico. → *Descreído, incrédulo, ateo.*

CRÍA Hijo, descendiente, vástago, cachorro, hijuelo, creatura. || Camada, lechigada, ventregada.

CRIADA Doncella, sirvienta, muchacha, camarera, maritornes, asistenta, fámula.

CRIADERO Semillero, vivero, invernadero, invernáculo.

CRIADO Sirviente, servidor, mozo, doméstico, fámulo, camarero, asistente, lacayo, mayordomo.

CRIANZA Cría, amamantamiento, protección, lactancia. || Educación, cortesía, urbanidad.

CRIAR Amamantar, nutrir, alimentar, cebar. || Educar, enseñar, instruir, cuidar, custodiar, mimar, proteger.

CRIATURA Ser, organismo, espécimen, individuo, sujeto, entidad. || Niño, chiquillo, pequeño, infante, párvulo, chico, nene, mocoso, crío. → *Adulto.*

CRIBA Arnero, tamiz, cedazo, zaranda, filtro, cernedor. || Selección, clasificación, examen, depuración, limpieza.

CRIMEN Asesinato, homicidio, delito, falta, culpa, infracción, atentado, pecado, transgresión. → *Expiación, castigo.*

CRIMINAL Delincuente, malhechor, homicida, asesino, reo, condenado, culpable, transgresor. → *Inocente.*

CRIN Melena, cerda, pelo, coleta, mata.

CRIPTA Subterráneo, subsuelo, galería, bóveda, cueva, catacumba, sibil, hipogeo.

CRISIS Conflicto, apuro, problema, angustia, riesgo, alarma. || Arrebato, desequilibrio, arranque, ataque, paroxismo, inestabilidad. → Seguridad, estabilidad.

CRISPAR Convulsionar, contraer, encoger, apretar, retorcer, sacudir, temblar. → *Relajar.*

CRISTAL Vidrio, vitrificado, cristalino. || Espejo, luna. || Agua.

CRISTALINO Claro, transparente, diáfano, límpido, puro. → *Turbio, opaco, sucio.*

CRISTIANO Católico, creyente, fiel, religioso, seguidor, piadoso, devoto, practicante, bautizado. → *Infiel, descreído, pagano.*

CRISTO Jesús, Jesucristo, el Mesías, el Nazareno, el Salvador, el Ungido.

CRITERIO Principio, norma, regla, pauta. || Parecer, juicio, discernimiento, opinión, creencia, convencimiento.

CRÍTICA Apreciación, estimación, juicio, examen, opinión, evaluación. || Censura, acusación, reprobación, impugnación, detracción, reproche, reparo. → *Aprobación, defensa.*

CRITICABLE Censurable, reprensible. → *Loable.*

CRITICAR Examinar, juzgar. || Impugnar, censurar, reprobar. → *Aprobar.*

CRÍTICO Delicado, decisivo, grave, serio, peligroso, crucial, preciso, exacto, oportuno. → *Favorable.* || Juez, censor, acusador, oponente, detractor. → *Partidario.*

CROMÁTICO Pintado, coloreado, irisado, pigmentado.

CROMO Estampa, cuadro, pintura, imagen, lámina.

CRÓNICA Artículo, reportaje, escrito, relato, descripción. || Historia, comentarios, anales, dietario.

CRÓNICO Habitual, acostumbrado, repetido, inveterado, arraigado. → *Infrecuente.* || Grave, serio, incurable, enfermo. → *Sano, convaleciente.*

CRONISTA Historiador, analista, investigador, comentarista, escritor, periodista.

CRONÓMETRO Reloj, horómetro.

CRONOMÉTRICO Exacto, puntual, fiel, preciso, matemático. → *Impreciso, inexacto.*

CROQUIS Esbozo, bosquejo, boceto, dibujo, diseño, apunte, esquema, borrador.

CRUCE Intersección, encrucijada, empalme, confluencia, bifurcación, reunión.

CRUCERO Cruce. || Madero, vigueta. || Maniobra, travesía.

CRUCIAL Decisivo, crítico, culminante, cumbre, trascendental, grave. → *Común, insignificante.*

CRUCIFICAR Atormentar, sacrificar, martirizar.

CRUCIFIJO Cruz, efigie, imagen, reliquia, talla.

CRUDEZA Sinceridad, severidad, aspereza, rudeza, rigor. → *Suavidad.*

CRUDO Tierno, verde, duro, ácido, indigesto, sangrante, inmaduro. → *Maduro, en sazón.* || Destemplado, riguroso, frío, cruel, obsceno, verde, despiadado. → *Amable, suave, casto.*

CRUEL Despiadado, brutal, fiero, bestial, inhumano, feroz, bárbaro, sanguinario, desalmado, violento, encarnizado, atroz, salvaje. → *Compasivo, humanitario, bondadoso.* || Riguroso, doloroso, acerbo, lacerante. → *Suave.*

CRUELDAD Brutalidad, salvajismo, ferocidad. → *Piedad.* || Rigor, crudeza, dureza. → *Suavidad.*

CRUJÍA Pasillo, corredor, galería.

CRUJIDO Traquido, ruido, chasquido.

CRUJIR Chasquear, restallar, crepitar.

CRUZ Aspa, crucifijo, signo, símbolo. || Dolor, suplicio, aflicción, carga, sufrimiento. → *Gozo.* || Sello, reverso. || Premio, galardón, medalla. → *Castigo.*

CRUZADA Campaña, lucha, expedición, liberación, empresa.

CRUZAMIENTO Intersección, cruce, entrelazamiento.

CRUZAR Atravesar, traspasar, pasar, trasponer, cortar, recorrer, atajar. → *Rodear, circunvalar.*

CUADERNO Libreta, bloque, borrador, carpeta, fascículo.

CUADRA Establo, caballería, corte, caballeriza, corral.

CUADRADO Rectangular, cuadrangular, ajedrezado. → *Redondo.* || Rectángulo, cuadrilátero, paralelogramo. → *Círculo, circunferencia.* || Troquel. || Porfiado, obtuso, obstinado.

CUADRANTE Travesaño, cuadral.

CUADRAR Coincidir, acomodarse, corresponder, concordar, encajar. → *Discordar.*

CUADRIL Grupa, anca. || Cadera.

CUADRILLA Partida, pandilla, hato, camarilla, grupo, brigada, horda, multitud.

CUADRO Pintura, lienzo, tela, tabla, lámina, grabado, retrato. || Marco. || Acto, escena, parte, espectáculo, episodio.

CUAJARSE Coagularse, solidificarse, espesarse, condensarse, agriarse, cortarse. → *Licuarse.*

CUAJO Grumo, coágulo.

CUALIDAD Peculiaridad, atributo, condición, propiedad, característica, aptitud, capacidad, ventaja, mérito. → *Defecto, desventaja.*

CUANDO En el tiempo que, en el punto que, en el momento que. || En qué tiempo. || En caso que, si. || Puesto que. || Aunque.

CUANTÍA Importe, valor, precio, cuantidad, cantidad.

CUANTIOSO Considerable, abundante, numeroso, copioso, grande, excesivo, grande, inagotable. → *Escaso, pequeño.*

CUARENTENA Aislamiento, incomunicación, encierro, confinamiento, cierre. || Cuaresma.

CUARTEARSE Agrietarse, rajarse, abrirse, cascarse, henderse, resquebrajarse, fragmentarse, romperse, desintegrarse.

CUARTEL Campamento, acantonamiento, alojamiento, instalación, reducto, acuartelamiento.

CUARTO Estancia, cámara, pieza, aposento, habitación, alcoba, dormitorio, recinto.

CUARTOS Plata, dinero, metálico, monedas, fondos.

CUARTUCHO Cuchitril, tabuco, tugurio, zahúrda, desván, cubículo.

CUBA Tonel, barril, pipa, bocoy, casco, barrica, bota.

CUBÍCULO Aposento, habitación, alcoba, dormitorio. || Privado, estudio.

CUBIERTA Envoltorio, forro, revestimiento, capa, recubrimiento, tapa, chapa, cobertizo.

CUBIERTO Abrigado, tapado. →*Descubierto.* || Servicio, plato, bandeja. || Menú, minuta.

CUBIL Cueva, madriguera, guarida, albergue, agujero, manida.

CUBILETE Molde, cubilitero, flanero, vaso.

CUBO Balde, cubeta, barreño, recipiente, receptáculo.

CUBRECAMA Colcha, telliza, sobrecama.

CUBRIR Tapar, abrigar, envolver, resguardar, embozar, esconder, disimular, disfrazar, proteger, defender, asegurar. → *Destapar, descubrir.*

CUCO Bonito, lindo. → *Feo.* || Listo, astuto. → *Candoroso.*

CUCURUCHO Capirote, caperuza, capucha, cartucho, bolsa

CUCHICHEAR Murmurar, susurrar, secretear, bisbisear, cotillear, criticar.

CUCHILLA Hoja, filo, tajo, estocada, navajazo, herida, incisión, corte.

CUCHILLO Navaja, cortaplumas, faca, machete, charrasca, daga, puñal, estilete, cuchilla.

CUCHITRIL Cuartucho, zahúrda, pocilga.

CUELGA Obsequio, regalo.

CUELLO Garganta, pescuezo, cogote, gollete.

CUENCA Órbita, cavidad, hueco. || Cauce, valle, comarca.

CUENTA Cómputo, cálculo, recuento, enumeración, operación, balance, control, importe, suma, factura, nota. || Abalorio, bolita, esferita.

CUENTISTA Chismoso, cotilla, correveidile, alcahuete, murmurador, comadre. → *Veraz, serio.*

CUENTO Narración, relato, fábula, historieta, descripción, novela, aventura, anécdota. || Chisme, cotilleo, alcahuetería, enredo, bulo, patraña, rumor, infundio, bola. → *Verdad, realidad.*

CUERDA Cordel, soga, cabo, bramante, maroma, correa, cordón, cable, amarra, filamento.

CUERDO Sensato, reflexivo, juicioso, prudente, formal, austero, cabal, moderado. → *Alocado, insensato.*

CUERNO Pitón, asta, punta. cornamenta, defensas, antena, apéndice, extremidad.

CUERO Pellejo, piel, cubierta, badana, corteza. || Odre.

CUERPO Organismo, materia, ser, soma, exterior, cadáver, restos. → *Espíritu.* || Configuración, forma, apariencia, figura, volumen, tamaño. || Corporación, organismo, entidad, asociación, grupo.

CUESTA Declive, rampa, pendiente, repecho, subida, desnivel, escarpa, talud, ladera, costera. → *Llano.*

CUESTACIÓN Colecta, recaudación, petición, suscripción, postulación. → *Donación.*

CUESTIÓN Asunto, materia, tema, aspecto, punto. || Pregunta, interrogación. → *Respuesta.* || Debate, polémica, discusión, controversia.

CUESTIONABLE Discutible, dudoso, problemático. → *Incuestionable.*

CUESTIONARIO Interrogatorio, estudio, preguntas, consulta, relación.

CUESTIONAR Polemizar, debatir, discutir, disputar.

CUEVA Caverna, gruta, subterráneo, cavidad, oquedad, foso, catacumba, guarida, antro, covacha, sótano, bodega.

CUIDADO Atención, solicitud, esmero, afán, amor, interés, eficacia, preocupación, moderación, temor, vigilancia, exactitud. → *Despreocupación, descuido, negligencia.*

CUIDADOSO Esmerado, minucioso, solícito, metódico, nimio, escrupuloso, diligente, atento, vigilante. → *Negligente, descuidado.*

CUIDAR Mantener, conservar, guardar, vigilar, esmerarse, asistir, defender, proteger, guarecer, curar, sanar, asistir, atender. → *Descuidar, despreocuparse.*

CUITA Angustia, aflicción, inquietud.

CUITADO Desdichado, afligido, infeliz, desgraciado, desventurado, acongojado, infortunado. → *Feliz.*

CULEBRA Serpiente, reptil, ofidio, boa, pitón, crótalo, víbora.

CULINARIO Gastronómico, alimenticio, nutricio, de la cocina.

CULMINACIÓN Apogeo, cima, cumbre, auge, ápice, esplendor, florecimiento, pináculo, cúspide. → *Decadencia.*

CULMINANTE Destacado, sobresaliente, dominante, elevado, eminente, superior, principal, trascendental. → *Ínfimo, mínimo, decadente.*

CULMINAR Descollar, predominar, destacar, distinguirse, elevarse. → *Degradarse, menguar.*

CULO Asentaderas, nalgas, posaderas, trasero, nalgatorio, pompis, asiento.

CULPA Falta, infracción, delito, pecado, incumplimiento, informalidad, negligencia, descuido, yerro, abandono. → *Inocencia.*

CULPABLE Delincuente, autor, infractor, causante, ejecutor, reo, acusado, criminal. → *Inocente.*

CULPAR Imputar, acusar, atribuir, inculpar, denunciar, censurar, condenar, procesar. → *Indultar, exculpar.*

CULTERANISMO Rebuscamiento, ampulosidad, afectación, cultismo. → *Simplicidad.*

CULTIVABLE Arable, arijo, sativo, labradero. → *Yermo.*

CULTIVADOR Labrador, agricultor, agrícola, campesino.

CULTIVAR Arar, labrar, laborar, plantar, sembrar, colonizar, trabajar, recolectar. || Cuidar, mantener, sostener, fomentar, desarrolar. → *Descuidar.* || Practicar, estudiar, ejercitarse.

CULTIVO Labranza, laboreo, cultivación, agricultura, plantación. || Huerto, sembrado, parcela, plantío. → *Páramo, desierto.*

CULTO Instruido, cultivado, educado, erudito, entendido, docto, ilustrado. → *Ignorante, neófito.* || Ceremonia, rito, pompa, aparato, solemnidad, adoración, devoción, veneración. → *Execración.*

CULTURA Erudición, educación, ilustración, sabiduría, conocimientos, saber. → *Ignorancia, barbarie.*

CUMBRE Cima, vértice, cúspide, cresta, pico, punta, altura, remate, culmen. → *Base, ladera.* || Culminación, apogeo, objetivo.

CUMPLEAÑOS Aniversario, celebración, fiesta, festejo, acontecimiento.

CUMPLIDO Halago, cortesía, atención, fineza, lisonja, obsequio. → *Grosería.* || Galante, atento, considerable, cortés, solícito, amable. → *Desatento, descortés.* || Entero, cabal, completo. → *Incompleto, incumplido.*

CUMPLIDOR Puntual, estricto, fiel, escrupuloso, disciplinado, honrado, exacto, diligente, aplicado. → *Informal, negligente.*

CUMPLIMIENTO Observancia, acatamiento, celo, cuidado, fidelidad, obediencia. → *Desobediencia, incumplimiento.* || Realización, ejecución, verificación. → *Abstención.* || Halago, cumplido, cortesía, obsequio. → *Desplante.*

CUMPLIR Ejecutar, realizar, efectuar, verificar, desempeñar, hacer, retribuir, corresponder, pagar, satisfacer. → *Abastenerse, incumplir.*

CÚMULO Acumulación, aglomeración, montón, multitud, pila, hacina, atajo, sinnúmero, cantidad, conjunto. → *Escasez, insignificancia.*

CUNA Ascendencia, procedencia, estirpe, linaje, familia. || Principio, comienzo, origen. → *Final.* || Camita, moisés.

CUNDIR Propagarse, desarrollarse, extenderse, reproducirse, divulgarse, difundir, multiplicarse, aumentar, contagiarse. → *Limitarse, confinarse, reducirse.*

CUNETA Zanja, reguero, acequia, excavación, canal.

CUÑA Taco, traba, calza, tarugo, calce.

CUÑADO Hermano político, pariente.

CUÑO Señal, marca, característica, rasgo, rastro, huella. || Sello, troquel, matriz, punzón.

CUOTA Contribución, mensualidad, asignación, cantidad, canon, cupo, porción.

CUPLETISTA Cancionista, cantante, tonadillera.

CUPO Cuota, asignación, porción.

CUPÓN Talón, papeleta, boleta, volante, vale, bono, comprobante.

CÚPULA Bóveda, domo, ápside, cimborrio, arco.

CURA Eclesiástico, clérigo, sacerdote, párroco, padre, religioso, capellán, presbítero. || Tratamiento, curación.

CURACIÓN Alivio, restablecimiento, cura, salud, convalecencia, recobramiento, tratamiento, terapéutica, régimen, medicina, método. → *Enfermedad, recaída.*

CURALOTODO Panacea, remedio, pócima.

CURANDERO Charlatán, sacamuelas, matasanos, hechicero, brujo, médico, ensalmador.

CURAR Sanar, tratar, medicar, administrar, recetar. || Restablecer, reanimar, sanar, aliviar, rehabilitar, mejorar, convalecer. → *Enfermar, agravarse.* || Adobar, ahumar, acecinar, secar, salar, curtir.

CURDA Borrachera. || Borracho, beodo, ebrio.

CURIOSEAR Averiguar, espiar, husmear, fisgonear, indagar.

CURIOSIDAD Interés, intriga, atención, deseo, expectativa, indagación, investigación, averiguación. → *Desinterés.* || Indiscreción, fisgoneo, impertinencia, espionaje. → *Prudencia, recato.*

CURIOSO Interesado, atento, expectante, aficionado. → *Desinteresado.* || Indiscreto, fisgón, impertinente, descarado, cotilla, entrometido, espía. → *Recatado, prudente.* || Notable, interesante, desusado, raro. → *Anodino, aburrido.*

CURRICULUM VITAE Hoja de servicios, expediente.

CURSAR Estudiar, asistir, seguir, preparar, aprender. || Aprobar, otorgar, tramitar, despachar. → *Denegar.*

CURSI Ñoño, amanerado, afectado, pretensioso, recargado, ridículo, extravagante, artificioso. → *Elegante, sobrio.*

CURSIVA Itálica, bastardilla.

CURSO Materia, disciplina, asignatura, carrera, estudios, enseñanza. || Año, periodo, ciclo, grado, término. || Trayectoria, dirección, rumbo, derrotero, destino, orientación, tendencia.

CURTIDO Avezado, baqueteado, fogueado, experimentado, aguerrido, experto, ducho, acostumbrado, habituado. → *Novato, inexperto, bisoño.*

CURTIR Adobar, aderezar, preparar, ahumar, salar.

CURTIRSE Avezarse, acostumbrarse, foguearse, baquetearse, endurecerse, aguerrirse, encallecerse, acostumbrarse, adiestrarse. || Tostarse, asolearse, broncearse, atezarse.

CURVA Onda, alabeo, rodeo, reviro, órbita, línea, arco, elipse, círculo, circunferencia, espiral, vuelta, parábola, desvío, desviación. → *Recta.*

CURVATURA Arqueamiento, alabeo, combadura, doblamiento, comba. → *Enderezamiento.*

CURVO Torcido, curvado, encorvado, sinuoso, combado, pandeado, arqueado, desviado, cóncavo, convexo, circular, espiral. → *Recto.*

CÚSPIDE Cumbre, cima, sumidad, ápice, vértice.

CUSTODIA Vigilancia, cuidado, guardia, resguardo, protección, conservación, defensa, escolta, amparo, salvaguardia, celo, desvelo. → *Desamparo, abandono, descuido.*

CUSTODIAR Proteger, conservar, guardar, velar, vigilar. → *Abandonar.*

CUTIS Piel, epidermis, tez, dermis, pellejo, superficie.

DACTILAR Digital.

DACTILOGRAFÍA Mecanografía, tipeo.

DÁDIVA Donación, gracia, ofrenda, merced, regalo, presente, obsequio, propina, auxilio. → *Exacción, expoliación, usurpación.*

DADIVOSO Pródigo, generoso, desprendido, espléndido, desinteresado, rumboso, caritativo. → *Avaro, mezquino.*

DADO Concedido, aceptado, determinado, supuesto, admitido.

DAGA Puñal, estilete, navaja, cuchillo, machete, charrasca, arma blanca.

DAMA Señora, matrona, ama, dueña.

DAMAJUANA Garrafa, garrafón, bombona, castaña, recipiente, vasija de cristal.

DAMISELA Damita, doncella, señorita. || Cortesana.

DAMNIFICADO Perjudicado, afectado, víctima, lastimado, deteriorado. → *Beneficiado.*

DAMNIFICAR Perjudicar, dañar. → *Beneficiar.*

DANDY Petimetre, elegante, pisaverde, figurín.

DANTESCO Tremendo, imponente, apocalíptico, impresionante, espeluznante. → *Grato, pacífico.*

DANZA Baile, tripudio, evolución, brinco, coreografía, floreo, paso, vuelta.

DANZANTE Bailarín, danzarín.

DAÑAR Deteriorar, estropear, perjudicar, damnificar, menoscabar, lesionar, herir, ofender, dañar. → *Reparar, favorecer.*

DAÑINO Perjudicial, pernicioso, nocivo, malo, dañoso, desfavorable, perverso. → *Favorable, benéfico.*

DAÑO Deterioro, desperfecto, lesión, mal, perjuicio. → *Beneficio.*

DAR Entregar, ceder, proporcionar, regalar, donar, ofrecer, conceder, facilitar, transmitir, obsequiar, gratificar, remunerar. → *Recibir,* *cobrar, quitar.* || Rentar, redituar, producir, rendir. || Aplicar. || Chocar, topar, pegar, incurrir, caer.

DARDO Flecha, , venablo, arpón, pica, jabalina, arma arrojadiza.

DÁRSENA Fondeadero, ancladero, surgidero, amarradero, atracadero, desembarcadero, muelle, dique, malecón.

DATA Fecha.

DATO Referencia, nota, detalle, antecedente, noticia, documento, informe, relación.

DEAMBULAR Vagar, errar, andar, merodear, callejear, pasear, caminar, rondar. → *Detenerse, pararse.*

DEÁN Canónigo, decano, rector.

DEBACLE Desastre.

DEBAJO Abajo, bajo, so, infra, sub. → *Encima, sobre.*

DEBATE Controversia, polémica, disputa, discusión, litigio, dialéctica, altercado, disputa. → *Acuerdo.*

DEBELAR Vencer, conquistar, rendir, derrotar, batir.

DEBER Misión, responsabilidad, obligación, cometido, tarea, exigencia. → *Prerrogativa, derecho.* || Adeudar, obligarse, entramparse.

DÉBIL Frágil, debilitado, decaído, lánguido, endeble, enclenque, canijo, raquítico, exhausto, gastado, quebradizo, timorato, pusilánime, cobarde. → *Fuerte, enérgico.*

DEBILIDAD Decaimiento, desfallecimiento, languidez, endeblez, lasitud, cansancio, agotamiento, fragilidad, apatía, cobardía, pusilanimidad. → *Energía, fuerza.*

DEBUT Estreno, inauguración, presentación, apertura, inicio. → *Clausura.*

DÉCADA Decenio, dos lustros, lapso, periodo.

DECADENCIA Ocaso, declive, declinación, decaimiento, descenso, menoscabo, caída, degeneración. → *Auge, progreso.*

DECAER Flaquear, menguar, declinar, disminuir, debilitarse. → *Ascender.*

DECAPITAR Degollar, guillotinar, desmochar, descabezar, cercenar, segar.

DECENCIA Honradez, modestia, moderación, recato, decoro, honestidad, integridad, castidad, pudor. → *Indecencia.*

DECENIO Década.

DECENTE Modesto, recatado, decoroso, honesto, digno, honrado, casto, íntegro, pudoroso. → *Indecente.*

DECEPCIÓN Desilusión, desengaño, desencanto, chasco, despecho, fiasco, plancha, sorpresa, desacierto, frustración, fracaso. → *Ilusión.*

DECESO Muerte, fallecimiento, defunción, óbito, tránsito. → *Resurrección.*

DECIDIR Determinar, deliberar, disponer, resolver, zanjar, despachar, acordar, aclarar. → *Dudar, titubear.*

DECIDIRSE Animarse, arriesgarse, emprender, iniciar, osar, atreverse. → *Dudar.*

DECIDOR Locuaz, ocurrente, verboso, gracioso, dicharachero.

DECIMAL Quebrado, fracción, parte, billete, lotería.

DECIR Expresar, manifestar, hablar, declarar, referir, explicar, especificar, enumerar, señalar, mencionar, detallar, informar, opinar, proponer, articular, pronunciar, responder. → *Callar.* || Asegurar, sostener, afirmar, opinar. → *Negar.*

DECISIÓN Determinación, disposición, resolución, sentencia, dictamen, fallo, juicio, decreto. || Osadía, entereza, energía, desenvoltura, firmeza, arrojo, valentía, intrepidez. → *Indecisión.*

DECISIVO Definitivo, crucial, trascendental, concluyente, irrevocable, perentorio. → *Secundario, dudoso.*

DECLAMAR Recitar, pronunciar, orar, decir, discantar, representar, interpretar, ejecutar, actuar.

DECLARACIÓN Manifestación, proclamación, confesión, explicación, exposición, afirmación, revelación, testimonio, comunicado, aseveración, información, alegato. → *Abstención, silencio.*

DECLARAR Afirmar, explicar, exponer, manifestar, decir, testificar, deponer, atestiguar, resolver, decidir, fallar, proclamar. → *Callar, abstenerse.*

DECLINAR Decaer, disminuir, menguar, degenerar, caducar, deteriorarse. → *Progresar, elevarse.*

DECLIVE Ocaso, declinación, decadencia, ruina, caída, eclipse, degeneración, deterioro. → *Progreso, ascensión.* || Pendiente, trampa, cuesta, inclinación, desnivel, ladera, subida, bajada. → *Llano.*

DECOLORAR Desteñir, despintar, blanquear, ajar, deslucir, desgastar, lavar. → *Colorear, teñir.*

DECOMISAR Confiscar, requisar, incautarse, apropiarse, embargar, desposeer. → *Restituir, devolver.*

DECORACIÓN Embellecimiento, adorno, ornato, ornamentación, engalanamiento.

DECORADO Engalanamiento, ornamento, adorno, ornato, fondo, ambientación.

DECORAR Engalanar, ornamentar, acicalar, ambientar, guarnecer, hermosear. → *Afear, estropear.*

DECORO Respetabilidad, compostura, dignidad, decencia, honor, pundonor, honestidad, vergüenza, recato. → *Indecoro.*

DECOROSO Digno, respetable, recatado, pudoroso, honesto, honrado. → *Indecoroso.*

DECRECER Menguar, declinar, decaer, disminuir, bajar, aminorar, moderarse, atenuarse. → *Aumentar, crecer.*

DECRÉPITO Caduco, achacoso, vetusto, valetudinario, senil, decadente, provecto, estropeado, desvencijado, chocho. → *Lozano, joven, vigoroso, flamante.*

DECRETAR Decidir, determinar, resolver, ordenar.

DECRETO Edicto, orden, bando, ley, reglamento, precepto, disposición, resolución, dictamen, determinación.

DECHADO Modelo, ejemplo, muestra, prototipo, ejemplar, pauta, ideal, regla.

DÉDALO Enredo, maraña, lío, laberinto, embrollo, caos, confusión.

DEDICACIÓN Dedicatoria, consagración, homenaje, asignación, ofrecimiento.

DEDICAR Consagrar, destinar, aplicar, disponer, reservar, adjudicar, ocupar, asignar, ofrecer, ofrendar.

DEDICARSE Afanarse, concentrarse, perseverar, entregarse. → *Desinteresarse.*

DEDICATORIA Nota, homenaje, ofrenda, explicación, dedicación.

DEDUCCIÓN Inferencia, derivación, consecuencia, conclusión, resultado, suposición, razón, creencia, teoría, conjetura. → *Interrogante.* || Descuento, rebaja, disminución, resta, reducción, abaratamiento. → *Incremento, recargo, gravamen, aumento.*

DEDUCIR Concluir, seguirse, derivarse, colegir, inferir. || Rebajar, disminuir, restar, descontar. → *Añadir.*

DEFECAR Evacuar, obrar, ensuciar, cagar, deponer, excretar, hacer sus necesidades.

DEFECCIÓN Abandono, huida, deserción, traición, infidelidad, apostasía, deslealtad. → *Apoyo, fidelidad.*

DEFECTO Imperfección, falta, deficiencia, tacha, carencia, anomalía, privación, irregularidad, vicio, anormalidad, daño, deformidad. → *Perfección.*

DEFECTUOSO Incompleto, insuficiencia, carente, imperfecto, defectivo, deficiente. → *Perfecto.*

DEFENDER Proteger, resguardar, preservar, amparar, apoyar, librar, sostener, mantener, abogar, justificar, disculpar, auxiliar, favorecer. → *Atacar, abandonar, acusar.*

DEFENSA Ayuda, apoyo, reparo, amparo, resguardo, protección, sostén, salvaguardia, cobijo. → *Abandono, ataque.* || Alegato, disculpa, justificación, testimonio, declaración, manifiesto, exculpación. → *Acusación.*

DEFENSOR Abogado, sostén, tutor, paladín, campeón, bienhechor, favorecedor, valedor. → *Acusador.*

DEFERENCIA Miramiento, atención, consideración, respeto, cortesía, solicitud. → *Menosprecio, descortesía.*

DEFICIENCIA Insuficiencia, anomalía, falta, defecto, tacha, imperfección. → *Perfección.*

DEFICIENTE Insuficiente, imperfecto, defectuoso, incompleto, anómalo, raro, singular, privado, inferior, tosco. → *Completo.* || Retrasado, imbécil, subnormal, retardado. → *Normal, inteligente.*

DÉFICIT Pérdida, quebranto, descubierto, quiebra. → *Beneficio.* || Carencia, falta, escasez, privación, insuficiencia. → *Superávit.*

DEFINICIÓN Explicación, descripción, detalle, relación, aclaración. → *Imprecisión.*

DEFINIR Fijar, precisar, determinar, explicar.

DEFINITIVO Concluyente, decisivo, indiscutible, terminante, resolutivo, perentorio, resuelto, evidente. → *Provisional.*

DEFORMACIÓN Deformidad, desfiguración, anomalía, aberración, alteración, irregularidad, desvío, rareza, incorrección, monstruosidad, desproporción, transformación. → *Perfección, regularidad, proporción.*

DEFORME Contrahecho, desfigurado, disforme, desproporcionado, anómalo, irregular, monstruoso, lisiado, tullido, jorobado. → *Perfecto, regular.*

DEFRAUDAR Engañar, usurpar, estafar, timar, contrabandear, robar, esquilmar, desfalcar, delinquir. → *Devolver, restituir.* || Decepcionar, desilusionar, desengañar, frustrar, chasquear. → *Ilusionar, cumplir.*

DEFUNCIÓN Fallecimiento, óbito, muerte, deceso, desaparición, tránsito, expiración. → *Nacimiento.*

DEGENERACIÓN Degradación, declinación, decadencia, bastardización. → *Regeneración.* || Corrupción, perversión, bizantinismo.

DEGENERADO Corrompido, depravado, descarriado, pervertido, decadente, degradado, libertino, desenfrenado, infame. → *Puro, recto, cabal, honesto.*

DEGLUTIR Engullir, tragar, ingerir. → *Regurgitar.*

DEGOLLAR Descabezar, decapitar, guillotinar.

DEGOLLINA Matanza, carnicería, degüello, mortandad, exterminio, aniquilación, asesinato.

DEGRADACIÓN Vileza, bajeza, ruindad, abyección, mezquindad, baldón, vicio, libertinaje, degeneración, retraso. → *Pureza, progreso, reeducación.* || Rebajamiento, destitución, exoneración, deposición. → *Ascenso.*

DEGRADANTE Ignominioso, humillante, envilecedor, indecoroso, ruin. → *Dignificante.*

DEGRADAR Destituir, exonerar, separar, expulsar. → *Honrar.* || Envilecer, enviciar, humillar, corromper, descarriar, desenfrenar. → *Perfeccionar, reeducar.*

DEGÜELLO Decapitación, degolladero, degollina.

DEGUSTAR Saborear, paladear, probar, consumir, tomar, comer, beber.

DEHESA Coto, majada, pasto, campo, pastizal, prado, monte.

DEIDAD Divinidad, Dios, superhombre, héroe, semidiós, ídolo, titán.

DEIDIFICAR Endiosar, divinizar, exaltar, ensalzar, glorificar. → *Humillar.*

DEJADEZ Desidia, incuria, negligencia, indolencia, abandono, desgana, apatía, indolencia, pereza. → *Interés, esmero.*

DEJADO Indolente, perezoso, desidioso, descuidado, abandonado. → *Diligente.* || Desaliñado, desaseado, sucio. → *Pulcro.*

DEJAR Soltar, abandonar, desechar, repudiar, rechazar, desamparar. → *Coger, aceptar.* || Irse, marcharse, abandonar, partir, desertar, ausentarse, salir. → *Llegar, estar.* || Legar, ceder, transmitir, regalar, encomendar, dar. → *Quitar, negar.* || Permitir, tolerar, acceder, consentir, autorizar, transigir. → *Negar, oponerse.*

DEJE Dejo, acento, tonillo, tono, inflexión, pronunciación, modulación.

DEJO Acento, deje, resabio, gusto.

DELANTAL Mandil, bata, guardapolvo, prenda, faldar, excusali.

DELANTE Enfrente, primero, al frente, al principio, al comienzo. → *Detrás.*

DELANTERA Frente, portada, cara, vista, principio, origen, avanzadilla, anverso, antedata, antecedente. → *Trasera, reverso, retaguardia.* || Aventajar, adelantar, anticiparse.

DELATAR Denunciar, descubrir, acusar, soplar, revelar, confesar, calumniar. → *Encubrir, callar.*

DELATOR Soplón, denunciador, acusador, denunciante, confidente, acusón, calumniador. → *Defensor.*

DELEGACIÓN Sucursal, agencia, filial, dependencia, anexo. → *Central.* || Embajada, comisión, misión, comité, grupo, organismo.

DELEGADO Encargado, representante, comisionado, enviado, subalterno, apoderado, embajador.

DELEGAR Facultar, encomendar, comisionar, encargar.

DELEITAR Complacer, encantar, agradar, gustar, regalar. → *Enojar.*

DELEITE Gozo, regodeo, placer, fruición, gusto, satisfacción, delicia, solaz, complacencia, delectación. → *Disgusto, molestia.*

DELETREAR Silabear.

DELEZNABLE Delicado, quebradizo, débil, delicado, inconsistente, frágil, despreciable, desdeñable, insignificante. → *Fuerte, importante.*

DELGADO Flaco, enjuto, escuálido, demacrado, débil, consumido, chupado, raquítico, enfermizo. → *Gordo, fornido.* || Fino, estrecho, delicado, ligero, grácil. → *Pesado, macizo.*

DELIBERACIÓN Debate, polémica, discusión, sesión, reunión, estudio. → *Acuerdo.* || Resolución, decisión.

DELIBERADAMENTE Intencionadamente, adrede, premeditadamente. → *Indeliberadamente.*

DELIBERADO Intencional, premeditado, preconcebido, preparado, adrede. → *Impensado, casual.*

DELIBERAR Debatir, discutir, examinar, tratar, meditar, resolver, decidir. → *Omitir, postergar.*

DELICADO Atento, cortés, fino, mesurado, tierno, afable. → *Grosero, rudo.* || Sutil, fino, suave, grácil, gracioso, pulcro. → *Tosco, rústico.* || Enfermizo, débil, enclenque, morboso, pachucho. → *Sano.* || Irritable, susceptible, quisquilloso, melindroso. → *Despreocupado.*

DELICIA Complacencia, placer, goce, deleite, gusto, regodeo, satisfacción, exquisitez, fruición. → *Repugnancia, molestia.*

DELICIOSO Placentero, encantador, agradable, deleitoso, deleitable, grato, gozoso, atractivo, gustoso, rico, sabroso, exquisito. → *Repugnante, penoso, ingrato.*

DELICTIVO Criminal, punible, reprensible, delictuoso. → *Encomiable.*

DELIMITAR Definir, deslindar, determinar, demarcar, fijar.

DELINCUENTE Reo, criminal, malhechor, forajido, culpable, infractor, contraventor, agresor, transgresor, homicida.

DELINEAR Dibujar, trazar, bosquejar, planear, proyectar, perfilar, diseñar.

DELINQUIR Transgredir, infringir, contravenir, violar, agredir, atentar, cometer, abusar. → *Respetar, cumplir.*

DELIRAR Desvariar, desatinar, enajenarse, alucinarse, desbarrar, fantasear, soñar, trastornarse, ilusionarse. → *Entender, razonar.*

DELIRIO Desvarío, dislate, alucinación, perturbación, enajenación, frenesí, fantasía, trastorno, extravío, locura. → *Cordura, razonamiento.*

DELITO Crimen, atentado, falta, culpa, infracción, violación, transgresión, abuso, usurpación, contravención, robo, asesinato. → *Inocencia, rectitud.*

DEMACRADO Desmejorado, adelgazado, enflaquecido, consumido, esquelético. → *Robusto, gordo.*

DEMACRARSE Desmedrarse, adelgazar, enflaquecer, desmejorar. → *Engordar.*

DEMANDA Ruego, petición, súplica, requerimiento, solicitud, instancia, exigencia, solicitación. → *Concesión, oferta.* || Intento, empeño, empresa.

DEMANDANTE Litigante, solicitante, reclamante, querellante, peticionario, demandador.

DEMANDAR Pedir, rogar, denunciar, pleitear, querellarse, litigar, exigir, interrogar, cuestionar, preguntar. → *Desistir.*

DEMARCACIÓN Circunscripción, término, comarca, jurisdicción, partido, distrito.

DEMASÍA Exceso, abundancia, plétora, profusión, exuberancia. → *Carencia, falta.*

DEMASIADO Sobrado, excesivo, exorbitante. → *Poco.* || Demasiadamente, excesivamente. → *Insuficientemente.*

DEMENCIA Locura, psicopatía, vesania, alienación. → *Cordura.*

DEMENTE Loco, orate, trastornado, perturbado, anormal, psicópata, vesánico, insano, enajenado, enloquecido. → *Cuerdo.*

DEMOLER Derribar, destruir, deshacer, arrasar, arruinar, desmantelar, asolar, desmoronar. → *Construir.*

DEMONIACO Perverso, satánico, diabólico, mefistofélico, maligno, infernal. → *Angelical.*

DEMONIO Diablo, Satanás, Satán, Lucifer, Mefistófeles. || Demontre, diantre, diablo. → *Ángel.*

DEMORA Retraso, tardanza, dilatoria, dilación, aplazamiento, retardo, lentitud, espera, cachaza. → *Adelanto.*

DEMORAR Retrasar, retardar, diferir, dilatar, aplazar, prorrogar, parar, detener. → *Acelerar, adelantar.*

DEMORARSE Entretenerse, pararse, detenerse. → *Apresurarse.*

DEMOSTRACIÓN Exhibición, exposición, presentación, expresión, manifestación. → *Ocultación.* || Definición, ilustración, ejemplificación, explicación. || Verificación, testimonio, prueba, confirmación. || Alegación, argumento, razonamiento.

DEMOSTRAR Justificar, manifestar, probar, patentizar, mostrar.

DEMOSTRATIVO Probatorio, convincente, evidente, categórico, apodíctico.

DENEGACIÓN Negación, negativa, desestimación. → *Concesión.*

DENEGAR Negar, rechazar, rehusar, refutar, recusar, desestimar. → *Aprobar, acceder.*

DENGUE Melindre, remilgo.

DENIGRANTE Deshonroso, humillante, infamante, afrentoso, injurioso. → *Enaltecedor.*

DENIGRAR Injuriar, difamar, ofender, deshonrar, criticar, desacreditar, desprestigiar. → *Halagar, honrar.*

DENODADO Esforzado, decidido, resuelto, atrevido, intrépido, animoso, valeroso. → *Flojo, cobarde, tímido.*

DENOMINAR Nombrar, intitular, designar, llamar, calificar, apodar.

DENOSTAR Denigrar, vilipendiar, ultrajar, injuriar, insultar, calumniar, ofender, infamar. → *Ensalzar, alabar.*

DENOTAR Significar, indicar, expresar, señalar, advertir, anunciar. → *Abstenerse, callar.*

DENSIDAD Cohesión, compacidad, macicez, consistencia. → *Fluidez.*

DENSO Compacto, espeso, macizo, consistente, pesado, comprimido, sólido. → *Ligero, esponjoso, bofo.*

DENTELLADA Mordedura, mordisco, colmillada, tarascada, bocado, herida, señal.

DENTISTA Odontólogo, estomatólogo, sacamuelas.

DENTRO En el interior, interiormente, internamente, íntimamente. → *Fuera, afuera.*

DENUEDO Esfuerzo, brío, ánimo, arrojo, valor, intrepidez, resolución, coraje, audacia. → *Pusilanimidad.*

DENUESTO Injuria, ofensa, insulto, improperio, agravio, afrenta, dicterio, invectiva, juramento. → *Lisonja, halago.*

DENUNCIA Confidencia, información, delación, acusación, soplo.

DENUNCIAR Acusar, revelar, delatar, descubrir, censurar, criticar. → *Defender, encubrir.*

DEPARAR Proporcionar, destinar, ofrecer, facilitar, conceder, entregar, suministrar, dar. → *Quitar, escatimar.*

DEPARTAMENTO Sección, ramo, división, ministerio, parte, sector. || Distrito, zona, región, jurisdicción, territorio, comarca. || Casilla, compartimiento, división, apartado, caja. || Piso, apartamento, vivienda, habitación, morada.

DEPARTIR Dialogar, platicar, charlar, conversar, hablar, argumentar, conferenciar, discutir. → *Callar.*

DEPAUPERADO Escuálido, agotado, desnutrido, flaco, adelgazado, débil. → *Fuerte, grueso.* || Empobrecido, mísero, indigente, pobre. → *Enriquecido, opulento.*

DEPENDENCIA Sumisión, subordinación, adhesión, obediencia, esclavitud, servidumbre, sujeción, supeditación. → *Independencia.* || Sección, departamento, parte, delegación, filial, despacho, sala, oficina, estancia, sucursal. → *Central.*

DEPENDIENTE Subordinado, subalterno, auxiliar, supeditado, sujeto, sometido, tributario. → *Independiente.* || Empleado, tendero, vendedor, oficinista, subalterno. → *Jefe.*

DEPILAR Arrancar, extraer, afeitar, rasurar.

DEPLORABLE Penoso, lastimoso, sensible, lamentable, triste, desgraciado, calamitoso, desolado, vergonzoso. → *Satisfactorio, loable.*

DEPLORAR Dolerse, sentir, lamentar. → *Celebrar.*

DEPORTACIÓN Exilio, extrañamiento, destierro, proscripción, relegación. → *Repatriación.*

DEPORTAR Proscribir, desterrar, confinar, exiliar, extrañar, expulsar, alejar, expatriar, echar, aislar. → *Repatriar, indultar.*

DEPORTE Diversión, juego, ejercicio, pasatiempo, recreo.

DEPORTISTA Atleta, jugador, gimnasta, aficionado, practicante. → *Profesional.*

DEPOSITAR Colocar, poner, apoyar, entregar, consignar, imponer, guardar, ahorrar, almacenar, fiar, confiar. → *Quitar, retirar.* || Sedimentar, posar, decantar, acumularse, precipitar. → *Enturbiarse, revolverse.*

DEPOSITARIO Receptor, cuidador, consignatario, tesorero, banquero, fiduciario.

DEPÓSITO Almacén, arsenal, cobertizo, tinglado, barracón, nave, granero, local. || Tanque, cuba, aljibe, receptáculo. || Sedimento, precipitado, poso, decantación. || Consignación, entrega, custodia, valores, pago.

DEPRAVACIÓN Corrupción, perversión, degeneración, envilecimiento, desenfreno, degradación, libertinaje, vicio, contaminación, licencia, indecencia. → *Integridad, pureza.*

DEPRAVADO Vicioso, corrompido, disoluto. → *Virtuoso.*

DEPRAVAR Degradar, corromper, degenerar, viciar, pervertir. → *Regenerar.*

DEPRECACIÓN Súplica, ruego.

DEPRECIACIÓN Devaluación, disminución, rebaja, abaratamiento, saldo. → *Encarecimiento.*

DEPRECIAR Devaluar, rebajar, disminuir, desvalorizar. → *Revalorizar.*

DEPREDACIÓN Pillaje, despojo, saqueo, rapiña, devastación, botín, hurto. → *Devolución, compensación.*

DEPRESIÓN Hondonada, concavidad, barranco, cuenca, seno, fosa, hoyo, cima, cañón, angostura, hueco. → *Montículo.* || Decaimiento, postración, laxitud, debilidad, desfallecimiento, desánimo, agotamiento. → *Energía, ánimo.* || Quiebra, hundimiento, baja, ruina. → *Prosperidad*

DEPRIMIR Abollar, hundir, aplastar, ahuecar, socavar. → *Levantar.* || Agobiar, desmoralizar, entristecer, desolar, desanimar. → *Animar.*

DEPUESTO Destituido, degradado, expulsado, exonerado, relevado, derrocado. → *Nombrado, entronizado.*

DEPURADO Limpio, puro, purificado, saneado, sano, refinado, decantado. → *Contaminado.* || Expulsado, destituido, derrocado, purgado, eliminado, exonerado, excluido. → *Nombrado.*

DEPURAR Perfeccionar, purificar, acrisolar. → *Corromper.*

DERECHISTA Tradicionalista, conservador, moderado, carca. → *Izquierdista.*

DERECHO Recto, directo, seguido, alineado, tieso, plano, erguido, levantado, vertical, perpendicular. → *Inclinado, curvo, torcido.* || Ley, jurisprudencia, legislación, justicia, rectitud, imparcialidad. →

Desorden. || Honesto, honrado, cabal, recto, pundonoroso, puro. → *Deshonesto.*

DERECHOS Impuestos, tributo, obvenciones, exacción, tributo, contribución, honorarios, comisión, porcentaje, prima.

DERIVACIÓN Deducción, consecuencia.

DERIVAR Proceder, salir, emanar, provenir, originarse, engendrarse, resultar.

DERMIS Piel.

DEROGAR Suprimir, anular, revocar, abolir, abrogar, cancelar, invalidar. → *Promulgar, implantar.*

DERRAMAR Verter, esparcir, desbordar, dispersar, desaguar, vaciar, volcar, rebosar, fluir. || Publicar, divulgar, extender.

DERREDOR (EN) Alrededor, entorno, rodeando, contorno.

DERRENGAR Deslomar, malograr, estropear, lisiar, cansar, agobiar, agotar. → *Rehacerse, recuperarse.*

DERRETIR Liquidar, licuar, fundir, disolver, fusionar. → *Solidificar, cuajar.*

DERRETIRSE Amartelarse, enamorarse, acaramelarse. → *Desdeñar.*

DERRIBAR Derrumbar, derruir, demoler, abatir, tumbar, arrasar, volcar. → *Levantar, construir.* || Derrocar, destronar, deponer. → *Instaurar, entronizar.*

DERRIBO Demolición, ruina, desplome, destrucción, hundimiento. → *Construcción.*

DERROCAR Precipitar, derribar, despeñar. → *Elevar.*

DERROCHAR disipar, dilapidar, desperdiciar, malgastar, despilfarrar, prodigar, malbaratar, gastar, tirar, liquidar. → *Ahorrar, econimizar.*

DERROCHE Gasto, dilapidación, despilfarro. → *Ahorro.*

DERROTA Fracaso, descalabro, vencimiento, desastre, desbaratamiento, pérdida, revés, capitulación. → *Victoria, triunfo.* || Rumbo, ruta, derrotero, dirección, camino, senda.

DERROTAR Vencer, hundir, aniquilar, batir, rendir, superar, destrozar, desbaratar. → *Perder.*

DERRUIR Derrumbar, arruinar, asolar, demoler, derribar. → *Edificar.*

DERRUMBAMIENTO Desmoronamiento, desprendimiento, derrumbe.

DERRUMBAR Despeñar, demoler, desplomar, precipitar, derruir. → *Levantar.*

DESABRIDO Soso, insípido, insulso, desaborido, insustancial, áspero, amargo. → *Sabroso.* || Displicente, hosco, adusto, descortés, uraño, rudo, arisco. → *Afable.*

DESABRIGAR Desarropar, destapar, aligerar, desnudar, desamparar. → *Abrigar, amparar.*

DESABROCHAR Desabotonar, desasir, aflojar, abrir, desvestir, desnudar. → *Abrochar, sujetar.*

DESACATO Insubordinación, irrespeto, desprecio, desobediencia, irreverencia, reto, oposición, duelo. → *Acato, obediencia.*

DESACERBAR Calmar, tranquilizar, suavizar, templar, apaciguar. → *Exacerbar.*

DESACERTADO Errado, equivocado, incorrecto, desorientado, absurdo. → *Acertado, correcto.*

DESACIERTO Error, disparate, desatino, dislate, equivocación. → *Acierto.*

DESACOMODAR Despedir, desemplear, destituir.

DESACOSTUMBRADO Inusitado, insólito, extraño, raro, desusado, inaudito. → *Acostumbrado, corriente, común.* || Inexperto, desconocedor. → *Experimentado.*

DESACREDITAR Infamar, deshonrar, difamar, desprestigiar, criticar, denigrar, vituperar. → *Acreditar, elogiar.*

DESACUERDO Divergencia, discordia, desavenencia, disconformidad, diferencia, conflicto, desafecto. → *Acuerdo, conformidad.*

DESAFECTO Aversión, enemistad, antipatía, desacuerdo, hostilidad. → *Cariño, acuerdo.*

DESAFIAR Provocar, retar, afrontar, enfrentarse, contradecir, rivalizar, oponerse. → *Someterse, acceder.*

DESAFINAR Desentonar, destemplar, disonar. → *Afinar.*

DESAFÍO Provocación, reto, duelo, competencia, lance, bravata, oposición, lucha. → *Sometimiento.*

DESAFORADO Excesivo, desmesurado, exagerado, enorme, descomunal. → *Pequeño.* || Furioso, brutal, bárbaro, frenético, rabioso, exasperado. → *Tranquilo.*

DESAFORTUNADO Desdichado, infeliz, infausto, aciago, desgraciado, desventurado, fatal, nefasto. → *Afortunado, propicio.*

DESAFUERO Abuso, exceso, desmán, tropelía, arbitrariedad, injusticia, violencia, atropello. → *Mesura, justicia.*

DESAGRADABLE Molesto, enojoso, ingrato, fastidioso, enfadoso, insufrible, feo, antipático, aburrido, incómodo. → *Placentero, grato, agradable.*

DESAGRADAR Enojar, fastidiar, molestar. → *Complacer.*

DESAGRADECIDO Ingrato, desleal, infiel, indiferente, egoísta, descastado. → *Agradecido, fiel.*

DESAGRADO Disgusto, descontento, enfado, fastidio, molestia, resentimiento, amargura, sinsabor, aflicción, hastío. → *Agraviar, agrado.*

DESAGRAVIAR Reparar, compensar, indemnizar, excusarse. → *Agraviar.*

DESAGRAVIO Reparación, reinvindicación, compensación, indemnización, expiación, explicación, satisfacción. → *Agravio.*

DESAGUAR Desembocar, vaciar, secar, verter, derramar, afluir, rebosar, sacar, desocupar. → *Llenar, anegar.*

DESAGÜE Drenaje, avenamiento, achique, desembocadura, salida, caño, tubería, cloaca, sumidero.

DESAGUISADO Agravio, disparate, desatino, desacierto, barbaridad, estropicio, torpeza, necedad, injusticia. → *Acierto.*

DESAHOGADO Cómodo, holgado, tranquilo, espacioso, amplio, despejado. → *Reducido, estrecho.* || Opulento, rico, acomodado, descansado, aliviado. → *Ahogado, pobre, necesitado.*

DESAHOGARSE Confesar, revelar, confiar, serenarse, aliviarse. → *Preocuparse, callar.*

DESAHOGO Holgura, desenvoltura, desembarazo. → *Estrechez.* || Tranquilidad, alivio, reposo. → *Congoja.* || Descaro, desenvoltura, atrevimiento. → *Encogimiento.*

DESAHUCIADO Condenado, incurable, insanable, grave, sentenciado, desesperado, moribundo, irremediable. → *Curable.*

DESAHUCIAR Expulsar, desalojar, lanzar, arrojar, echar, despedir. → *Admitir.* || Sentenciar, desengañar, desesperanzar.

DESAIRAR Despreciar, desdeñar, ofender, humillar, ultrajar, engañar. → *Desagraviar, respetar.*

DESAIRE Desdén, descortesía, desprecio. → *Atención.*

DESALENTADO Pesimista, abatido, desanimado, cabizbajo, alicaído. → *Animado, optimista.*

DESALIENTO Decaimiento, postración, abatimiento, desánimo, pesimismo, desmayo, desmoralización, consternación, desengaño, impotencia. → *Aliento, ánimo, optimismo.*

DESALIÑADO Desastrado, descuidado, desaseado, abandonado, sórdido, sucio. → *Pulcro.*

DESALMADO Brutal, bárbaro, cruel, salvaje, inhumano, despiadado, feroz. → *Compasivo, piadoso.*

DESALOJAR Expulsar, lanzar, echar, sacar, despedir, arrojar, eliminar, desahuciar. → *Alojar, admitir.* → Marcharse, irse, abandonar, dejar. → *Ocupar.*

DESAMARRAR Desatar, desasir, soltar, desligar, desprender, desanudar, desaferrar, desatracar. → *Atar, anudar.*

DESAMOR Aversión, antipatía, desafecto, aborrecimiento. → *Amor.*

DESAMPARADO Abandonado, desvalido, inerme, indefenso, solitario, perdido. → *Protegido, amparado.*

DESAMPARO Soledad, abandono, desvalimiento, aislamiento. → *Ayuda.*

DESANGRARSE Debilitarse, perder, agotarse, extenuarse, sangrar, vaciar, desaguar. → *Restañar.* || Arruinar, empobrecerse.

DESANIMAR Desalentar, acobardar, abatir, atemorizar, disuadir, descorazonar, agobiar, consternar, desmoralizar, desaconsejar, convencer. → *Animar, alentar.*

DESÁNIMO Decaimiento, abatimiento, desaliento, postración. → *Ánimo.*

DESAPACIBLE Destemplado, desabrido, áspero, duro, brusco, desagradable, borrascoso, tormentoso. → *Apacible, sereno.*

DESAPARECER Ocultarse, huir, esconderse, perderse, disiparse, esfumarse, evaporarse, taparse, oscurecerse, desvanecerse, ponerse, cesar, acabar. → *Aparecer, empezar.*

DESAPARICIÓN Ocultación, desvanecimiento, disipación. → *Aparición.* || Destrucción, supresión, cesación, fin. || Pérdida, muerte.

DESAPASIONADO Imparcial, objetivo, equitativo, justo, neutral, ecuánime. → *Parcial.* || Indiferente, frío, apático, insensible. → *Apasionado, arrebatado.*

DESAPEGO Desafecto, frialdad, alejamiento, desvío. → *Apego.*

DESAPERCIBIDO Desprevenido, descuidado. → *Preparado.*

DESAPLICADO Negligente, descuidado, desatento, distraído, holgazán, perezoso. → *Aplicado, atento, estudioso.*

DESAPRENSIVO Desvergonzado, fresco, descarado, deshonesto, sinvergüenza. → *Honrado.*

DESAPROBACIÓN Reproche, crítica, censura, vituperio. → *Aprobación.* || Desautorización, denegación. → *Consentimiento.*

DESAPROBAR Censurar, condenar, reprobar, criticar, reprochar, amonestar, corregir, oponerse. → *Aprobar, elogiar.*

DESAPROVECHAMIENTO Derroche, deterioro, desperdicio. → *Utilización.*

DESAPROVECHAR Malgastar, derrochar, desperdiciar, perder, despilfarrar, prodigar. → *Aprovechar.*

DESARMADO Inerme, indefenso, impotente, desvalido, desprovisto. → *Armado, protegido.*

DESARMAR Quitar, arrebatar, debilitar, desposeer. → *Armar, proveer.* || Desmontar, separar, desmenuzar, desbaratar, deshacer, desarticular. → *Montar, armar.*

DESARME Pacificación, apaciguamiento, tratado, pacto, acuerdo. → *Rearme.*

DESARRAIGADO Apartado, alejado, inseguro, inestable. → *Fijo, estable.* || Arrancado, descuajado, desenterrado. → *Plantado.*

DESARRAIGARSE Emigrar, expatriarse, desterrarse, desprenderse. → *Enraizar.*

DESARRAPADO Harapiento, zarrapastroso, desastroso, andrajoso. → *Atildado.*

DESARREGLAR Desordenar, trastornar, alterar, perturbar, confundir, desorientar, descomponer, estropear, deteriorar, dañar. → *Arreglar, componer, ordenar.*

DESARREGLO Trastorno, confusión, desorden, estropicio, caos, mezcolanza, desorganización. → *Orden.*

DESARROLLADO Crecido, alto, espigado, fuerte. → *Enclenque, retrasado.*

DESARROLLAR Fomentar, ampliar, acrecentar, impulsar, expandir, evolucionar, perfeccionar. → *Retrasar.* || Desplegar, desenvolver, extender, expansionar, ampliar, acrecentar. → *Reducir.* || Explicar, exponer, definir, esclarecer, interpretar. → *Callar, omitir.*

DESARROLLO Progreso, aumento, adelanto, crecimiento, amplitud, auge, prosperidad, expansión. → *Retraso, retroceso.* || Aplicación, explanación.

DESARROPAR Destapar, desabrigar, descubrir, desvestir, levantar. → *Arropar, cubrir.*

DESARRUGAR Alisar, planchar, estirar, arreglar. → *Arrugar, aplastar.*

DESARTICULACIÓN Distensión, luxación, torcedura. || Desquiciamiento, desencajadura. → *Acoplamiento.*

DESARTICULAR Descoyuntar, luxar, dislocar, torcer. → *Encajar, colocar.* || Desmembrar, separar, desunir, aniquilar, destruir, eliminar. → *Reunir, confabularse.*

DESASEADO Desaliñado, dejado, sucio, astroso, desidioso, mugriento, cochino. → *Pulcro, limpio.*

DESASIRSE Soltarse, librarse, desprenderse, separarse, eludir. → *Sujetarse.*

DESASISTIR Desamparar, abandonar, desatender, olvidar, relegar. → *Ayudar, atender.*

DESASOSIEGO Inquietud, impaciencia, intranquilidad, desazón, malestar, ansiedad. → *Tranquilidad, calma.*

DESASTRADO Harapiento, andrajoso, zarrapastroso, desaseado. → *Atildado.* || Infausto, infeliz. → *Afortunado.*

DESASTRE Catástrofe, calamidad, ruina, devastación, derrota, tragedia, hecatombe, cataclismo, siniestro, apocalipsis, desgracia. → *Fortuna, felicidad.*

DESASTROSO Catastrófico, infausto, infeliz, ruinoso, calamitoso. → *Afortunado.* || Inepto, incompetente, inservible. → *Diestro.*

DESATADO Desenfrenado, desaforado, desmandado, desbocado, desencadenado. → *Contenido, reprimido.*

DESATAR Desanudar, desligar, soltar, desunir, desamarrar, liberar. → *Atar, ligar.*

DESATASCAR Destapar, desobstruir, desembozar, despejar, limpiar, abrir. → *Obturar, atascar.*

DESATENCIÓN Desaire, incorrección, descortesía, grosería, desprecio, ofensa. → *Delicadeza.* || Distracción, inatención. → *Atención.*

DESATENDER Descuidar, relegar, olvidar, abandonar, menospreciar, desestimar. → *Atender, recordar.*

DESATENTO Desconsiderado, descortés, incorrecto, ordinario, grosero. → *Cortés.*

DESATINO Barbaridad, dislate, disparate, locura, absurdo, error, insensatez, yerro. → *Acierto.*

DESATORNILLAR Desenroscar, desmontar, desarmar, girar, soltar. → *Atornillar, armar.*

DESAUTORIZADO Desacreditado, disminuido, desprestigiado, rebajado. → *Autorizado, prestigioso.*

DESAVENENCIA Disconformidad, desacuerdo, discrepancia, disputa, antagonismo, ruptura, pugna, cisma, querella, discusión. → *Acuerdo, avenencia.*

DESAYUNO Almuerzo, comida, alimento, tentempié.

DESAZÓN Inquietud, malestar, sinsabor, prurito, zozobra, intranquilidad, desasosiego, fastidio. → *Sosiego, tranquilidad.*

DESBANCAR Eliminar, quitar, remplazar, sustituir, relevar, arrebatar, apoderarse. → *Confirmar, instaurar.* || Arruinar, arramblar, saltar la banca. → *Perder.*

DESBANDADA Fuga, derrota, estampida, huida, escapada, desastre, descalabro, desbarajuste, desorden, retirada. → *Orden, ataque, resistencia.*

DESBARAJUSTE Confusión, caos, desorden, desbandada, laberinto, tumulto. → *Orden.*

DESBARATAMIENTO Confusión, alteración, desorganización. → *Ordenación.*

DESBARATAR Desordenar, estropear, deshacer, desarticular, desarmar, destrozar. → *Rehacer, componer.*

DESBARRO Desatino, disparate, equivocación, yerro, error, confusión, necedad, locura. → *Lógica, acierto.*

DESBOCADO Encabritado, enloquecido, embravecido, disparado, trastornado. → *Dominado, tranquilo.*

DESBORDAMIENTO Crecida, riada, inundación, avenida. || Desenfreno.

DESBORDANTE Exuberante, excesivo, profuso, ilimitado. → *Mínimo, reducido.*

DESBORDARSE Anegar, inundar, salirse, rebozar, cubrir, dispersarse, derramarse. → *Bajar, ceder, encauzarse.* || Desenfrenarse, desencadenarse.

DESGRAVAR Amansar, domesticar, domar, amaestrar, aplacar, dominar. → *Enfurecer, asilvestrar.*

DESBROZAR Limpiar, despejar, desarraigar, extirpar, destruir. → *Arraigar.*

DESCABALAR Desbaratar.

DESCABALGAR   Apearse, desmontar. → *Montar.*
DESCABELLADO   Absurdo, ilógico, desatinado, disparatado, insensato, irracional. → *Sensato, lógico.*
DESCABEZAR   Mondar, mochar, despuntar, desmochar.
DESCALABRAR   Lastimar, herir, lesionar, dañar, perjudicar, maltratar, golpear, desgraciar. → *Curar, cuidar.*
DESCALABRO   Desastre, infortunio, daño, perjuicio, desgracia, pérdida, quiebra, quebranto, derrota. → *Triunfo, ganancia.*
DESCALIFICAR   Incapacitar, inhabilitar, anular, invalidar, eliminar. → *Autorizar.*
DESCALZARSE   Despojarse, quitarse, desprenderse. → *Calzarse.*
DESCAMINADO   Errado, desacertado, equivocado, incorrecto, confundido, desatinado, erróneo, aberrante, extraviado. → *Acertado.*
DESCAMISADO   Desastrado, harapiento, indigente, miserable, pobre, zarrapastroso. → *Elegante, pulcro.*
DESCAMPADO   Erial, planicie, páramo, meseta, llanura, vega, solar, campo. → *Bosque, población.* || Libre, despejado, descubierto.
DESCANSAR   Sosegarse, calmarse, suspender, aliviar, parar, tranquilizarse. → *Fatigarse.* || Echarse, apoyarse, reposar, reclinarse, tenderse, dormirse, yacer. → *Levantarse.*
DESCANSILLO   Rellano, descanso, tramo, meseta.
DESCANSO   Reposo, tregua, respiro, alivio, desahogo, holganza, tregua, sosiego, pausa, detención, parada, inactividad, alto. → *Actividad, trabajo, acción.* || Intermedio, entreacto, intervalo. → *Acto, función.*
DESCARADO   Insolente, atrevido, desvergonzado, desfachatado, cínico, grosero, vulgar, fresco, desmandado. → *Respetuoso.*
DESCARARSE   Insolentarse, atreverse, avilantarse. → *Retenerse.*
DESCARGA   Andanada, salva, ametrallamiento, fuego, disparos, cañonazos. || Fondeo, desembarco. || Aligeramiento. || Chispazo.
DESCARGADERO   Muelle, atracadero, almacén, dique, plataforma, andén.
DESCARGADOR   Estibador, mozo, cargador, peón, faquín, costalero, esportillero.
DESCARGAR   Disparar, descerrajar. || Aligerar, aliviar, descebar. || Libertar, relevar. || Desembarcar, alijar.
DESCARNADO   Flaco, esquelético, enjuto, demacrado, enflaquecido. → *Rollizo.*
DESCARO   Atrevimiento, osadía, tupé, licencia, avilantez, desvergüenza, frescura, desfachatez. → *Respeto, mesura.*
DESCARRIADO   Desviado, extraviado, perdulario, corrompido, depravado. → *Recto, sensato.*
DESCARRIAR   Errar, extraviarse, distraer, pervertirse, malograrse, frustrarse, desviarse. → *Encarrilarse, encaminar.*

DESCARRILAMIENTO Catástrofe, siniestro, percance, choque, incidente.

DESCARRÍO Desvío, extravío, vicio, relajación, perdición, descarriamiento. → *Virtud.*

DESCARTAR Rechazar, desechar, excluir, prescindir, posponer, postergar. → *Incluir, aceptar.*

DESCASTADO Ingrato, despejado, olvidadizo, renegado, desagradecido, infiel, insensible, indiferente. → *Agradecido, fiel.*

DESCENDENCIA Prole, sucesión, hijos, linaje, casta, sucesores, progenie. → *Ascendencia.*

DESCENDER Bajar, caer, precipitarse, inclinarse, resbalar, deslizarse. → *Subir, ascender.* || Disminuir, decrecer, menguar, aminorar, debilitarse. → *Aumentar, crecer.* || Proceder, derivarse, originarse, provenir.

DESCENDIENTE Sucesor, vástago, heredero, pariente, familiar, hijo. → *Ascendiente.*

DESCENSO Bajada, descendimiento, deslizamiento, jornada. → *Ascenso.* || Declive, caída, decadencia, ocaso, debilitamiento. → *Apogeo, aumento.*

DESCENTRADO Excitado, alterado, saltado, inquieto, desquiciado. → *Tranquilo.* || Excéntrico, desviado, desplazado, errado. → *Centrado, acertado.*

DESCENTRALIZAR Desconcentrar, descongestionar, repartir, dispersar. → *Centralizar, concentrar.*

DESCERRAJAR Forzar, violentar, romper, fracturar, destrozar, quebrantar. || Disparar, descargar.

DESCIFRAR Traducir, interpretar, transcribir, desentrañar, dilucidar, entender, comprender, leer, penetrar, adivinar. → *Ignorar, desconocer.*

DESCLAVAR Desprender, extraer, arrancar, quitar, separar. → *Clavar, fijar.*

DESCOCADO Impúdico, insolente, atrevido, desfachatado, desvergonzado. → *Pudoroso, vergonzoso.*

DESCOLGAR Bajar, arriar, aballar, descender, apear, deslizar, echar. → *Alzar, colgar.*

DESCOLOCADO Desplazado, descentrado, mal situado, desocupado, cesante. → *Colocado, situado.*

DESCOLORIDO Incoloro, macilento, pálido, lívido, blanquecino, apagado, desvaído, tenue, amarillento. → *Coloreado.*

DESCOLLANTE Destacado, sobresaliente, predominante, dominante, señalado, elevado, culminante, excelente, superior, ilustre, distinguido. → *Irrelevante, insignificante.*

DESCOLLAR Destacar, despuntar, sobresalir, resaltar, distinguirse, emerger.

DESCOMPONER Desarreglar, desbaratar, trastornar, estropear, averiar, deteriorar, dañar, arruinar, malograr. → *Arreglar, componer.*

DESCOMPONERSE Corromperse, pudrirse, alterarse, picarse, estropearse. → *Conservarse.* || Indisponerse, enfermar, padecer, dolerse, desmejorar, debilitarse, alterarse, desquiciarse, enojarse. → *Mejorar.*

DESCOMPOSICIÓN Putrefacción, corrupción, avería. || Descompostura. || Diarrea, flujo, cursos, cagalera, cámara, achaque. → *Estreñimiento.*

DESCOMPOSTURA Indisposición, achaque, afección, malestar, enfermedad. → *Mejoría.* || Diarrea, descomposición.

DESCOMPUESTO Estropeado, deteriorado, defectuoso, imperfecto, dañado, averiado. → *Arreglado.* || Enfermo, indispuesto, achacoso, desmejorado, doliente. → *Curado.* || Corrompido, podrido, picado, alterado, maloliente, putrefacto. → *Sano.*

DESCOMUNAL Enorme, gigantesco, monstruoso, extraordinario, colosal, formidable, desmesurado. → *Diminuto, minúsculo.*

DESCONCERTAR Confundir, alterar, turbar, perturbar, desorientar, aturdir, embarazar. → *Tranquilizar, calmar, orientar.*

DESCONCIERTO Turbación, confusión, desorden, desorganización, ofuscación, sorpresa, extrañeza, aturdimiento. → *Seguridad, concierto.*

DESCONECTAR Cortar, interrumpir, parar, detener, aislar, independizar, suspender. → *Conectar.*

DESCONFIADO Incrédulo, cauto, previsor, receloso. → *Confiado.*

DESCONFIANZA Recelo, reserva, temor, suspicacia, prevención, sospecha, incredulidad, malicia, susceptibilidad, barrunto, escepticismo. → *Confianza, fe.*

DESCONGESTIONAR Desahogar, desconcentrar, aliviar, aligerar, abrir. → *Congestionar.*

DESCONOCER Ignorar, rechazar, repudiar, despreciar, olvidar. → *Conocer, admitir, apreciar.*

DESCONOCIDO Anónimo, ignorado, incógnito, ignoto, oscuro, forastero, advenedizo, extranjero, intruso. → *Conocido.*

DESCONOCIMIENTO Ignorancia, inconciencia, inadvertencia, negligencia, inexperiencia, incuria. → *Saber, conocimiento.*

DESCONSIDERACIÓN Ligereza, atolondramiento, irreflexión, inadvertencia. → *Atención.*

DESCONSIDERADO Desatento, incorrecto, despreciativo, ingrarto, ofensivo. → *Cortés, atento.*

DESCONSOLADO Afligido, triste, dolorido, angustiado, inconsolable, compungido, atribulado, pesaroso, gimiente. → *Contento, animado.*

DESCONSOLAR Acongojar, abatir, apesarar, entristecer, contristar. → *Alentar.*

DESCONSUELO Angustia, pesar, desolación, amargura, aflicción, tristeza, tribulación, pena. → *Consuelo, alegría.*

DESCONTAR Deducir, rebajar, reducir, quitar, disminuir, abonar, pagar, sustraer, restar, devolver. → *Cobrar, cargar, añadir.*

DESCONTENTO Disgusto, enfado, irritación, enojo, insatisfacción, contrariedad, pesar, disconformidad. → *Contento.* || Disgustado, enfadado, insatisfecho, quejoso.

DESCORAZONAMIENTO Desánimo, desaliento, abatimiento, desesperación, desmoralización, duda, vacilación, desfallecimiento. → *Ánimo, esperanza.*

DESCORAZONAR Abatir, amilanar, atemorizar, arredrar. → *Amar.*

DESCORCHAR Destaponar, destapar. → *Descortezar, descascar.*

DESCORRER Retirar, correr, quitar, revelar, descubrir, exhibir. → *Correr, tapar.*

DESCORTÉS Desatento, grosero, incorrecto, inculto, incivil, desconsiderado, ordinario, rudo, vulgar, ofensivo, ultrajante. → *Cortés, educado.*

DESCORTESÍA Incorrección, desconsideración, grosería, ordinariez. → *Cortesía, educación.*

DESCORTEZAR Descascarar, mondar, pelar, cortar, limpiar, extraer.

DESCOSER Separar, deshacer, deshilvanar, desatar, desunir, rasgar. → *Coser, unir.*

DESCOYUNTAR Desarticular, desencajar, dislocar, separar, luxar, distender. → *Encajar, unir.*

DESCRÉDITO Deshonor, desdoro, mancilla, desprestigio, baldón, mengua, ignominia. → *Honor, honra, crédito.*

DESCREÍDO Incrédulo, agnóstico, excéptico, impío, irreverente, ateo, irreligioso, infiel. → *Creyente, crédulo.*

DESCRIBIR Detallar, reseñar, explicar, especificar, definir, delinear, referir, contar.

DESCRIPCIÓN Especificación, explicación, detalle, reseña, relación, retrato, imagen, síntesis, resumen.

DESCRIPTIVO Gráfico, claro, detallado, expresivo, representativo. → *Confuso, embrollado.*

DESCUADERNAR Desbaratar, trastornar. → *Ordenar.*

DESCUARTIZAR Dividir, partir, despedazar, destrozar, trocear, desmembrar, mutilar.

DESCUBRIDOR Explorador, expedicionario, adelantado, conquistador. || Inventor, científico, investigador, creador, genio.

DESCUBRIMIENTO Invención, hallazgo, creación, obra, conquista, exploración, colonización, exhumación.

DESCUBRIR Mostrar, revelar, destapar, desnudar, exhibir, enseñar, pregonar, difundir, publicar. → *Esconder, ocultar*. || Localizar, encontrar, sorprender, atrapar, apresar. → *Perder*.

DESCUBRIRSE Quitarse, destocarse, destaparse, homenajear, honrar, reverenciar. → *Cubrirse, desdeñar*.

DESCUENTO Deducción, disminución, rebaja, retención, reducción, tasa, porcentaje. → *Abono, paga, incremento*.

DESCUIDADO Desidioso, abandonado, negligente, dejado. → *Cuidadoso*. || Desaseado, dejado, desaliñado. → *Atildado*. || Desprevenido. → *Preparado*.

DESCUIDAR Desatender, omitir, abandonar, olvidar, postergar, errar, despreocuparse, dormirse, distraerse. → *Preocuparse, vigilar, cuidar*.

DESCUIDO Incuria, negligencia, olvido, dejadez, omisión, apatía, desidia, indiferencia, error. → *Cuidado, preocupación*.

DESDECIRSE Retractarse, abjurar, negar, rectificar, corregir, enmendar, renegar. → *Confirmar, reiterar*.

DESDÉN Menosprecio, desprecio, indiferencia, desaire, ofensa. → *Aprecio, estimación*.

DESDEÑABLE Indigno, mezquino, infame, insignificante, minúsculo, anodino. → *Digno, importante*.

DESDEÑAR Desairar, menospreciar, despreciar, desestimar, ofender. → *Estimar, apreciar, interesarse*.

DESDEÑOSO Arrogante, despreciativo, indiferente, orgulloso, altanero, despectivo, ofensivo, soberbio, ultrajante. → *Deferente, interesado, atento*.

DESDICHA Infortunio, infelicidad, desgracia, desventura, adversidad, desamparo, fatalidad, calamidad, tragedia, dificultad. → *Dicha, fortuna*.

DESDICHADO Infeliz, desgraciado, mísero, infortunado, desventurado. → *Dichoso*.

DESDOBLAR Extender, desplegar, desenrollar, fragmentar, dividir. → *Plegar, unir*.

DESDORO Mancilla, deshonra, mancha, descrédito, desprestigio, baldón. → *Honra, prestigio*.

DESEAR Ambicionar, ansiar, apetecer, querer, anhelar, esperar, pedir, pretender, acariciar, antojarse, encapricharse, suspirar. → *Rechazar, desdeñar*.

DESECHAR Excluir, rechazar, desdeñar, apartar, desentenderse, rehuir, repudiar. → *Aprovechar, considerar, apreciar*.

DESECHOS Desperdicios, residuos, escoria, hez, restos, despojos, sobras, excrementos, remanentes.

DESEMBALAR Desempaquetar, desatar, abrir, desliar, desempacar. → *Embalar*.

DESEMBARAZADO Desenvuelto, atrevido, desenfadado, audaz, osado. → *Tímido, apocado.* || Expedito, libre, abierto, descubierto, amplio. → *Atascado, cerrado.*

DESEMBARAZAR Despejar, abrir, retirar, quitar, limpiar, desatascar, evacuar, separar. → *Obstruir, atascar.*

DESEMBARAZARSE Librarse, eliminar, liquidar, eludir. → *Implicarse, comprometerse.*

DESEMBARAZO Soltura, desparpajo, desenvoltura, desenfado, descaro, osadía, audacia. → *Timidez, cortedad, encogimiento.*

DESEMBARCADERO Muelle, grao, puerto, fondeadero, surtidero, dique, malecón, dársena, atracadero.

DESEMBARCAR Descender, bajar, salir, abandonar, dejar, llegar, desalojar. → *Embarcar, subir.* || Invadir, incursionar.

DESEMBARCO Invasión, incursión, ocupación, ataque, asalto. → *Retirada.*

DESEMBAULAR Confiarse, espontanearse, desembuchar, confesar, hablar, cantar, revelar. → *Callar, resistir.*

DESEMBOCADURA Boca, embocadura, desagüe, estuario, salida, delta, barra, confluencia.

DESEMBOCAR Verter, desaguar, afluir, derramar, dar a, terminar en, confluir.

DESEMBOLSAR Gastar, costear, abonar, pagar, saldar. → *Embolsarse.*

DESEMBOLSO Pago, gasto, entrega, dispendio, subvención, inversión. → *Embolso, cobro, ahorro.*

DESEMBROLLAR Aclarar, esclarecer, desenmarañar, dilucidar, descubrir. → *Enmarañar, embrollar.*

DESEMEJANTE Desigual, disímil, dispar, diferente, distinto. → *Semejante.*

DESEMPACHO Desenvoltura, desenfado. → *Vergüenza.*

DESEMPAQUETAR Desembalar, desenvolver, desatar, desliar, desenfardar, soltar, abrir, destapar, desempacar, deshacer. → *Envolver, empaquetar.*

DESEMPEÑAR Rescatar, librar, libertar, desembargar, recuperar, redimir. → *Empeñar, pignorar.* || Ejercer, ejercitar, ocupar, practicar, realizar, cumplir, ejecutar, hacer. → *Abandonar.*

DESEMPEÑO Observancia, cometido, cumplimiento.

DESEMPOLVAR Sacudir, cepillar.

DESENCADENAR Liberar, redimir, soltar. → *Aprisionar.*

DESENCADENARSE Desatarse, estallar, iniciar. → *Terminar, contenerse.*

DESENCAJAR Dislocar, descoyuntar, desarticular, luxar, torcer. → *Encajar, colocar.*

DESENCANTO Decepción, desilusión, chasco, desengaño, frustración. → *Encanto.*

DESENCHUFAR Desconectar, desacoplar, interrumpir, quitar. → *Enchufar, conectar.*

DESENFADO Donaire, soltura, gallardía, audacia, osadía, desenvoltura, desembarazo, desfachatez. → *Timidez, embarazo.*

DESENFRENADO Desaforado, disoluto, licencioso, desmedido, inmoderado, descarriado, libertino, inmoral. → *Temperante, moderado.*

DESENFRENARSE Viciarse, excederse. → *Dominarse.*

DESENFRENO Abuso, descarrío, exceso, libertinaje, inmoralidad, escándalo, liviandad, crápula, garzonia. → *Templanza, moderación.*

DESENFUNDAR Sacar, soltar, extraer, desenvainar, empuñar, aferrar. → *Enfundar, meter.*

DESENGANCHAR Soltar, desunir, desconectar, desprender, separar. → *Enganchar, unir.*

DESENGAÑAR Decepcionar, desilusionar, desencantar, desanimar, contrariar, desesperanzar, defraudar, desesperar, disgustar. → *Ilusionar.*

DESENGAÑO Decepción, chasco, desilusión, desencanto. → *Ilusión.*

DESENGRASAR Lavar, limpiar. || Enflaquecer, adelgazar.

DESENLACE Final, conclusión, solución, colofón, resultado, secuela. → *Enredo, intriga, incógnita.*

DESENLAZAR Desatar, soltar. || Solucionar, resolver.

DESENMARAÑAR Desenredar, aclarar. → *Enmarañar.*

DESENMASCARAR Descubrir, destapar, revelar, sorprender, acusar, señalar, mostrar. → *Ocultar, cubrir.*

DESENREDAR Desenmarañar, deshacer, desatar, soltar, alisar. → *Enredar, enmarañar.* || Aclarar, desembrollar, solucionar, esclarecer. → *Embrollar.*

DESENROLLAR Extender, desarrollar, desplegar, abrir, estirar, desenvolver, mostrar. → *Enrollar, plegar.*

DESENROSCAR Desatornillar, destorcer, desenrollar, girar. → *Enroscar, atornillar.*

DESENTENDERSE Despreocuparse, olvidar, abstenerse, disimular, rehuir, desdeñar, prescindir. → *Preocuparse.*

DESENTERRAR Exhumar, sacar, extraer, excavar, revelar. → *Enterrar, ocultar.* || Evocar, revivir, resucitar. → *Ignorar, olvidar.*

DESENTONAR Contrastar, discordar, desafinar, disonar. → *Entonar.*

DESENTONADO Desafinado, discordante, destemplado, disonante. → *Afinado.* || Discrepante, diferente, fuera de lugar. → *Apropiado.*

DESENTRAÑAR Dilucidar, resolver, aclarar, desembrollar, desenmarañar, solucionar. → *Embrollar.* || Destripar.

DESENVAINAR Extraer, sacar, desenfundar, desnudar, tirar de, aferrar, empuñar. → *Envainar, meter.*

DESENVOLTURA Desembarazo, soltura, naturalidad, aplomo, seguridad. → *Inseguridad, torpeza.* || Descaro, insolencia, impudor, desfachatez, desparpajo, frescura. → *Recato, respeto.*

DESENVOLVER Estirar, abrir, distender, extender, desarrollar. → *Envolver.* || Expandir, dilatar, ampliar, aumentar.

DESENVOLVIMIENTO Difusión, ampliación, dispersión, extensión, amplificación. → *Recogimiento.*

DESEO Anhelo, afán, ansia, pretensión, aspiración, apetencia, esperanza, inclinación, ambición, gana, apetito, propensión. → *Aversión, repugnancia, indiferencia.*

DESEOSO Ansioso, anhelante, afanoso, esperanzado, codicioso, inclinado. → *Apático.*

DESEQUILIBRADO Maniático, neurasténico, perturbado. → *Sensato.*

DESEQUILIBRIO Inseguridad, inestabilidad, oscilación, vacilación, desigualdad, desproporción. → *Equilibrio, igualdad.* || Chifladura, trastorno, perturbación, neurosis, manía. → *Cordura.*

DESERCIÓN Fuga, huida, abandono, defección, traición. → *Fidelidad.*

DESERTAR Abandonar, escapar, huir, escabullirse, traicionar, renegar. → *Unirse.*

DESÉRTICO Despoblado, solitario, árido, desolado, yermo, estéril, seco. → *Poblado, fértil.*

DESERTOR Prófugo, fugitivo, traidor, tránsfuga, escapado, cobarde. → *Fiel.*

DESESPERACIÓN Exasperación, abatimiento, pesimismo, enfado, irritación, disgusto, alteración, dolor, consternación, desaliento, descorazonamiento. → *Esperanza, serenidad.*

DESESPERANTE Insoportable, irritante, vergonzoso, fastidioso, agobiante. → *Calmante, grato.*

DESESPERAR Desconfiar, recelar, temer, sospechar. → *Esperar, confiar.*

DESESPERARSE Exasperarse, enfadarse, enojarse, impacientarse, irritarse. → *Sosegarse.*

DESESTIMAR Desechar, rechazar, denegar, omitir, rehusar, impugnar, negar. → *Conceder, aceptar.* || Menospreciar, despreciar, desdeñar. → *Estimar.*

DESFACHATEZ Atrevimiento, osadía, frescura, descaro, insolencia, descoco, cinismo. → *Respeto, prudencia.*

DESFALCAR Sustraer, robar, hurtar, defraudar, estafar, timar, escamotear, malversar, falsear. → *Devolver, reintegrar.*

DESFALCO Hurto, sustracción, descabalamiento.

DESFALLECER Debilitarse, flaquear. → *Vigorizarse.*

DESFALLECIMIENTO Desmayo, abatimiento, debilidad, decaimiento, extenuación, agotamiento. → *Energía, robustecimiento.*

DESFASADO Anticuado, pasado, arcaico, opuesto. → *Actual, apropiado.*

DESFAVORABLE Hostil, adverso, perjudicial, contrario, nocivo, dañino. → *Propicio, favorable*

DESFIGURAR Herir, dañar, cortar, lisiar, deformar, estropear. → *Arreglar, curar.* || Falsear, disimular, alterar, ocultar, fingir, disfrazar, encubrir. → *Revelar.*

DESFILADERO Paso, barranco, angostura, quebrada, valle, despeñadero, garganta. → *Llanura.*

DESFILAR Marchar, maniobrar, evolucionar, pasar, recorrer, exhibirse. → *Detenerse.*

DESFILE Revista, parada, marcha, maniobra, exhibición, paso, recorrido.

DESFLORAR Ajar, deslucir. || Violar, forzar, desvirgar, estrenar, profanar, abusar, deshonrar, estuprar.

DESFONDAR Destrozar, romper, hundir, desbaratar, estropear. → *Arreglar, reparar.*

DESGAJAR Arrancar, quebrar, separar, desprender, destrozar, desarraigar. → *Injertar, unir.*

DESGALICHADO Desgarbado.

DESGANA Apatía, indolencia, disgusto, hastío, fastidio, indiferencia. → *Interés.* || Inapetencia, anorexia, hartura. → *Energía, apetito.*

DESGAÑITARSE Vocear, gritar, enronquecer, vociferar, chillar, bramar, escandalizar. → *Callar, enmudecer.*

DESGARBADO Grotesco, desgalichado, desmedrado, desmañado, desaliñado, desmadejado. → *Garboso, apuesto.*

DESGARRAR Despedazar, romper, rasgar, destrozar, rajar, descuartizar, estropear. → *Coser, unir.*

DESGARRO Rasgadura, desgarrón, rotura, rompimiento. || Insolencia, descaro, presunción, desfachatez, atrevimiento.

DESGARRÓN Jirón, rasgón, andrajo, pingo, guiñapo, tira, harapo, descosido.

DESGASTADO Usado, lamido.

DESGASTAR Ajar, usar, raer, rozar, deteriorar, carcomer, consumir. → *Engrosar, arreglar.* || Debilitar, extenuar, dañar, corromper.

DESGOBIERNO Anarquía, desorden, caos, desorganización, abandono. → *Gobierno, orden.*

DESGRACIA Infortunio, percance, desdicha, accidente, fatalidad, adversidad, infelicidad, desamparo, trastorno, tribulación, miseria, catástrofe. → *Dicha, suerte.*

DESGRACIADO Lamentable, aciago, infausto, trágico, desastroso, fatídico. → *Afortunado.* || Infeliz, pusilánime, apocado, tímido, vil, malvado. → *Enérgico, bueno.*

DESGRACIAR Lisiar, estropear, mutilar, tullir, frustrar, malograr. → *Curar, proteger.*

DESGREÑADO Despeinado, desmelenado, hirsuto, revuelto, desastrado. → *Peinado, pulcro.*

DESGUARNECER Desarmar, debilitar, desnudar, desamparar, despojar. → *Proteger, amparar, guarnecer.*

DESGUAZAR Desmontar, desarmar, deshacer, desbaratar, inutilizar. → *Armar, montar.*

DESHABILLÉ Bata, batín, ropas menores, ropa de casa.

DESHABITADO Despoblado, yermo, solitario, vacío, abandonado, desolado. → *Habitado, poblado.*

DESHACER Desbaratar, desmontar, desarmar, descomponer, dividir, desmenuzar, despedazar, destrozar, romper, separar, suprimir, anular. → *Armar, hacer.* || Aniquilar, eliminar, vencer, derrotar, exterminar. || Disolver, derretir, fundir, desleír. → *Solidificar.*

DESHARRAPADO Harapiento, andrajoso, roto, haraposo, mugriento, desaseado. → *Pulcro, elegante.*

DESHECHO Desbaratado, destruido.

DESHELAR Fundir, derretir, licuar, disolver, calentar, descongelar. → *Helar, congelar.*

DESHEREDAR Repudiar, privar, preterir, excluir, desahuciar, olvidar, castigar. → *Legar, otorgar.*

DESHIDRATAR Resecar, evaporar, consumir, secar, marchitar. → *Hidratar, humedecer.*

DESHILVANADO Incoherente, inconexo, absurdo, incongruente, disparatado, embrollado. → *Lógico, enlazado.*

DESHINCHAR Desinflar, desinflamar, mejorar, curar. → *Inflamar.* || Romper, rasgar, achicar, disminuir, evacuar. → *Hinchar, soplar.*

DESHOJAR Arrancar, quitar, sobar, ajar, exfoliar, desguarnecer, despojar.

DESHONESTIDAD Impudicia, liviandad, indecencia, impureza, inmoralidad. → *Honestidad.*

DESHONESTO Infiel, desleal, indecente, desvergonzado, impúdico, vicioso, obsceno, licencioso, libidinoso. → *Honesto, honrado.*

DESHONOR Oprobio, vilipendio, ultraje, ruindad, ignominia. → *Honor.*

DESHONRA Deshonor, infamia, ignominia, oprobio, desprestigio, descrédito, estigma, vergüenza, baldón, abyección, corrupción. → *Honra, prestigio.*

DESHONRAR Difamar, ultrajar, afrentar, violar, infamar. → *Respetar.*

DESHORA (A) Intempestivamente, inoportunamente, inopinadamente. → *Oportunamente.*

DESIDIA Indolencia, dejadez, abandono, incuria, apatía, pereza, negligencia. → *Afán, dedicación.*

DESIDIOSO Descuidado, negligente, indolente, perezoso. → *Diligente.*

DESIERTO Desértico, deshabitado, despoblado, solitario, abandonado, desolado, árido, yermo, estéril. → *Poblado, fértil.* || Estepa, páramo, erial, baldío, pedregal, sabana. → *Campiña, vergel.*

DESIGNACIÓN Nominación, nombramiento, elección.

DESIGNAR Nombrar, indicar, señalar, calificar, titular, investir, escoger, elegir, ascender, distinguir. → *Destituir, expulsar.*

DESIGNIO Intención, propósito, mira, idea, pensamiento, determinación, maquinación, plan.

DESIGUAL Distinto, diferente, heterogéneo, disímil, vario, disparejo, discrepante. → *Igual, semejante.*

DESIGUALDAD Diferencia, discrepancia, disparidad, disimilitud, desemejanza. || Heterogeneidad, disconformidad, desproporción, oposición. → *Igualdad, similitud.*

DESILUSIÓN Decepción, desengaño, desencanto, desaliento, frustración, amargura, chasco. → *Ilusión.*

DESILUSIONAR Decepcionar, desengañar. → *Ilusionar.*

DESINFECTANTE Antiséptico, esterilizador, purificador, higienizador. → *Contaminante.*

DESINFECTAR Purificar, deterger, esterilizar, sanear, fumigar, higienizar. → *Infectar, contaminar.*

DESINFLAR Deshinchar.

DESINTEGRAR Disgregar, desmenuzar, dividir, separar, deshacer, pulverizar. → *Reunir, condensar.*

DESINTEGRARSE Desaparecer, volatizarse, evaporarse, consumirse, dispersarse. → *Materializarse.*

DESINTERÉS Desidia, indiferencia, dejadez, desgana, impasibilidad. → *Interés.* || Altruismo, generosidad, abnegación, desprendimiento. → *Egoísmo.*

DESISTIMIENTO Renuncia, abandono, rescisión, retracción. → *Aceptación.*

DESISTIR Renunciar, desentenderse, abandonar, cejar, abstenerse, eludir, cesar. → *Perseverar, proseguir.*

DESLEAL Ingrato, infiel, engañoso, pérfido, indigno, traicionero, infame, felón, alevoso. → *Leal.*

DESLEALTAD Vileza, infidelidad, ingratitud, felonía, intriga, traición, perfidia, alevosía. → *Lealtad.*

DESLEÍR Disolver, diluir, deshacer. → *Concentrar.*

DESLENGUADO Insolente, lenguaraz, descarado, desfachatado, procaz, grosero. → *Prudente, educado.*

DESLIGAR Soltar, desatar, desunir, deshacer. → *Ligar, atar.*

DESLIGARSE Independizarse, librarse, emanciparse, distanciarse. → *Ligarse, vincularse.*

DESLINDAR Puntualizar, aclarar, establecer, distinguir, señalar, fijar, definir. → *Confundir, embrollar.*

DESLIZ Traspié, falta, caída, error, ligereza, distracción, debilidad, flaqueza. → *Acierto.*

DESLIZARSE Resbalar, escurrirse, evadirse, escabullirse, escaparse, desplazarse, patinar, moverse, rodar. → *Detenerse.*

DESLOMAR Descostillar, moler, tundir, quebrantar, reventar, golpear, agotar, cansar. → *Curar, descansar.*

DESLUCIR Ajar, deteriorar, gastar, marchitar, deslustrar, sobar, empañar, oscurecer. → *Reparar, arreglar.*

DESLUMBRAMIENTO Ofuscación, pasmo, alucinación, enajenamiento, ceguera.

DESLUMBRANTE Refulgente, cegador, brillante, fulgurante, resplandeciente. → *Opaco, oscuro.* || Espléndido, soberbio, maravilloso, fastuoso. → *Pobre, humilde.*

DESLUMBRAR Refulgir. || Maravillar, ilusionar, alucinar, engañar, ofuscar, fascinar, obsesionar. → *Aburrir.*

DESLUSTRADO Velado, mate, terne, apagado. → *Brillante.*

DESMADEJADO Desanimado, decaído, flojo, lánguido, desaliñado, lacio, exhausto, despatarrado. → *Erguido, animado.*

DESMÁN Abuso, tropelía, fechoría, exceso, demasía, atropello, arbitrariedad, injusticia. → *Justicia, compensación.*

DESMANDARSE Excederse, propasarse. → *Comedirse.* || Rebelarse, desobedecer.

DESMANTELAR Desarmar, derribar, desarbolar, arrasar, demoler, saquear. → *Erigir, restituir, reparar, construir.*

DESMAÑADO Torpe, patoso, chapucero, inhábil, inexperto, inútil, incapaz. → *Mañoso, hábil.*

DESMAYAR Ceder, flaquear, amilanarse, renunciar, desanimarse, desfallecer, acobardarse, aminorar. → *Impulsar, animarse.*

DESMAYARSE Desvanecerse, desfallecer, marearse, accidentarse, caerse, aletargarse. → *Recobrarse, recuperarse, volver en sí.*

DESMAYO Desvanecimiento, síncope, accidente, soponcio, desfallecimiento, mareo, patatús, colapso, debilidad, renuncia, cansancio. → *Recuperación, reanimación.*

DESMEDIDO Excesivo, enorme, desmesurado. → *Moderado.*

DESMEDRADO Delgado, débil, flaco, escuálido, enteco. → *Rehecho.*

DESMEJORAR Empeorar, debilitarse, agravarse, indisponerse, declinar. → *Mejorar, recuperarse.*

DESMEMBRAR Descuartizar, escindir, separar, dividir. → *Unir.*

DESMEMORIADO Olvidadizo, distraído, aturdido, despistado, ido. → *Memorión, atento.*

DESMENTIR Negar, rechazar, debatir, impugnar, objetar, contradecir. → *Confirmar, corroborar.*

DESMENUZAR Disgregar, deshacer, triturar, picar, desmigajar, pulverizar, desgranar. → *Aglomerar, unir.*

DESMERECER Desvalorizar, rebajar, desprestigiar, criticar, deslucir. → *Ensalzar, alabar.*

DESMESURADO Descomunal, enorme, excesivo, desmedido, gigantesco, exagerado. → *Moderado, minúsculo.*

DESMONTAR Desarmar, separar, desajustar, desbaratar, desmantelar. → *Armar, montar.* || Descabalgar, descender, bajar, apearse. → *Montar, subir.*

DESMORALIZAR Desalentar, abatir, descorazonar, desanimar, amedrentar. → *Animar.*

DESMORONAR Hundir, destruir, deshacer, derribar, desplomar, derrumbar, fracasar, arruinarse, decaer. → *Construir, levantar.*

DESNATURALIZADO Cruel, inhumano, ingrato, réprobo.

DESNIVEL Cuesta, pendiente, peralte, altibajo, declive, repecho, rampa. → *Ras, llano.*

DESNUCAR Descalabrar, malograr, lesionar, matar.

DESNUDEZ Privación, indigencia, escasez, penuria, pobreza. → *Abrigo.*

DESNUDO Desvestido, despojado, desarropado, desabrigado, descubierto, liso, árido. → *Vestido, frondoso.* || Pobre, indigente, desprovisto, falto, carente, privado. → *Provisto, dotado.*

DESNUTRIDO Debilitado, depauperado, débil, escuálido, flaco, esquelético, anémico, exinánido, extenuado. → *Nutrido, vigoroso.*

DESOBEDECER Rebelarse, contradecir, transgredir, vulnerar, infringir, enfrentarse, insubordinarse, resistir. → *Obedecer, acatar.*

DESOBEDIENCIA Rebeldía, indisciplina, insumisión, indocilidad. → *Obediencia.*

DESOBEDIENTE Indisciplinado, rebelde, arisco, terco, insubordinado, díscolo, reacio. → *Obediente, dócil.*

DESOBLIGAR Exonerar, dispensar, librar, eximir. → *Gravar.*

DESOCUPADO Inactivo, ocioso, haragán, cesante. → *Activo.* || Vacío, libre, vacante, disponible, deshabitado, despoblado. → *Ocupado, habitado.*

DESOCUPAR Abandonar, evacuar, vaciar, dejar, desagotar, desaguar, deshabitar. → *Ocupar, llenar.*

DESOÍR Desatender, desobedecer, desdeñar, rechazar, descuidar, desestimar. → *Escuchar, atender.*

DESOLACIÓN Pesar, pena, dolor, angustia, aflicción, tristeza, amargura. → *Gozo, alegría.* || Devastación, ruina, destrucción, estrago, aniquilación. → *Prosperidad, paz.*

DESOLADO Estéril, asolado, yermo, arruinado, devastado. → *Feraz.* || Triste, compungido, contrito, dolorido. → *Alegre.*

DESOLLAR Despellejar, arrancar, lastimar, herir. || Criticar, vituperar, murmurar. → *Alabar.*

DESORBITAR Desencajar. || Exagerar.

DESORDEN Desbarajuste, caos, embrollo, desorganización, barullo, tumulto, alboroto, motín, asonada, trastorno. → *Orden.*

DESORDENADO Turbulento, alterado, confuso, heteróclito, desenfrenado. → *Ordenado.*

DESORDENAR Desorganizar, desarreglar, revolver, enredar, perturbar, trastornar. → *Ordenar, arreglar.*

DESORGANIZAR Desordenar.

DESORIENTAR Confundir, turbar, extraviar, desconcertar, ofuscar, trastornar. → *Orientar, guiar.*

DESPABILADO Despejado, sagaz, listo, advertido, despierto, vivo, pillo, ingenioso, vivaz. → *Tardo, torpe.*

DESPABILAR Avivar, atizar, espabilar, instruir, adoctrinar, adiestrar, avispar, iniciar, arreglárselas, despertar, aguzar, incitar. → *Atontar.*

DESPACIO Pausadamente, lentamente, paulatinamente, premiosamente, poco a poco. → *Rápido, velozmente, aprisa.*

DESPACHAR Enviar, mandar, remitir, dirigir, expedir, facturar. → *Recibir.* || Tramitar, solucionar, resolver, arreglar. || Destituir, echar, expulsar, matar, eliminar, liquidar. → *Nombrar, perdonar.*

DESPACHO Oficina, bufete, estudio, escritorio. || Nota, comunicado, noticia, parte, telegrama.

DESPACHURRAR Aplastar, reventar, estrujar, despanzurrar, destripar.

DESPAMPANANTE Pasmoso, asombroso, fenomenal, prodigioso, extraordinario, portentoso, admirable, maravilloso, sorprendente, increíble, impresionante. → *Insignificante, corriente, usual.*

DESPANZURRAR Despachurrar, reventar, aplastar.

DESPARPAJO Desfachatez, descaro, frescura, cinismo, insolencia, desenfado, desenvoltura. → *Encogimiento, timidez, respeto.*

DESPARRAMADO Espacioso, abierto, amplio, ancho. → *Encogido.*

DESPARRAMAR Esparcir, dispersar, derramar, extender, diseminar, desperdigar. → *Juntar, recoger.*

DESPATARRADO Desmadejado, estirado, tumbado, apoltronado, tendido. → *Encogido.*

DESPAVORIDO Aterrorizado, espantado, atemorizado, asustado, horrorizado, amedrentado, consternado. → *Impávido, sereno.*

DESPECTIVO Despreciativo, desdeñoso, altanero, altivo, soberbio, orgulloso, imperioso, arrogante, engreído, ofensivo. → *Atento, solícito.*

DESPECHO Resentimiento, encono, envidia, tirria, desilusión, inquina, cólera, desengaño. → *Agradecimiento, afecto.*

DESPEDAZAR Destrozar, descuartizar, desmembrar, amputar, trocear, seccionar, dividir, cortar. → *Unir, juntar.*

DESPEDIDA Adiós, separación, partida, ausencia, despido, marcha, ida. → *Llegada.* || Homenaje, cortesía, ceremonia, saludos.

DESPEDIR Echar, expulsar, arrojar, destruir, desterrar, lanzar, tirar, devolver. → *Recibir.*

DESPEDIRSE Saludarse, abrazarse, desearse, separarse, celebrar, conmemorar. → *Acoger, recibir.*

DESPEGAR Desprender, quitar, arrancar, desencolar, levantar, separar. → *Pegar, encolar.* || Remontarse, alzar, salir, levantar el vuelo. → *Aterrizar.*

DESPEGO Frialdad, aspereza. → *Apego.*

DESPEGUE Ascenso, arranque, partida, salida. → *Aterrizaje.*

DESPEINADO Greñudo, desgreñado, desmelenado, revuelto, erizado, hirsuto, encrespado, desordenado, descuidado. → *Peinado.*

DESPEINAR Desgreñar. → *Peinar.*

DESPEJADO Claro, limpio, sereno, bonancible, abierto, terso. → *Nublado, encapotado.* || Desatascado, desobstruido, libre, holgado, abierto, amplio, espacioso. → *Tapado, obstruido.* || Lúcido, inteligente, ingenioso, talentoso, penetrante. → *Torpe, necio.*

DESPEJAR Limpiar, abrir. || Desocupar. → *Obstruir.* || Aclararse, serenarse. → *Cubrirse.*

DESPELLEJAR Desollar.

DESPENSA Alacena, armario, estante, trinchero, aparador. || Víveres, provisión.

DESPEÑADERO Barranco, precipicio, derrumbadero, abismo, talud, acantilado, sima, hondonada.

DESPEÑAR Arrojar, precipitar, lanzar, caer, derrumbar. → *Subir, alzar.*

DESPEPITARSE Vocear, gritar. || Desenfrenarse, pirrarse, deshacerse, derretirse, mimar, interesarse, ansiar, desear, anhelar. → *Desdeñar, olvidar.*

DESPERDICIAR Malgastar, desaprovechar, derrochar, despilfarrar, prodigar, tirar, malbaratar. → *Aprovechar.*

DESPERDICIO Sobra, excedente, residuo, resto, desecho, remanente, exceso, despojo, basura, detritos. || Despilfarro, gasto, derroche. → *Economía, provecho.*

DESPERDIGAR Diseminar, esparcir, dispersar, desparramar, extender, dividir. → *Reunir, condensar.*

DESPEREZARSE Estirarse, desentumecerse, extender, despertarse, bostezar. → *Aletargarse.*

DESPERFECTO Avería, daño, deterioro, detrimento, percance, rotura, defecto. → *Arreglo, reparación.*

DESPERTADOR Aviso, estímulo, avisador.

DESPERTAR Despabilar, avivar, reanimar, mover, sacudir, estimular, excitar, incitar. → *Dormir, acunar.* || Evocar, recordar, rememorar. → *Olvidar.*

DESPIADADO Cruel, impío, inhumano, bárbaro, desalmado, sañudo, inclemente, inflexible. → *Piadoso, compasivo.*

DESPIDO Cesantía, expulsión, destitución, eliminación, exoneración, exclusión, degradación, suspensión, relevo. → *Admisión, rehabilitación.*

DESPIERTO Despabilado, avisado, listo, advertido, vivaz, avispado, sagaz, sutil, perspicaz. → *Torpe, necio.* || Desvelado, animado, insomne, vigilante. → *Dormido.*

DESPILFARRADOR Derrochador, disipador, malgastador, malversador. → *Ahorrador.*

DESPILFARRAR Prodigar, derrochar, malgastar, dilapidar, disipar, gastar, desperdiciar. → *Ahorrar, economizar.*

DESPILFARRO Dispendio, dilapidación, derroche, prodigalidad, malgasto. → *Ahorro.*

DESPINTAR Desteñir, decolorar.

DESPISTADO Distraído.

DESPISTAR Extraviar, desorientar. → *Encaminar.*

DESPLANTE Arrogancia, desfachatez, insolencia, enfrentamiento, descaro, réplica. → *Respeto.*

DESPLAZAMIENTO Volumen, cabida, peso, arqueo, tonelaje. || Desalojo, traslado.

DESPLAZAR Correr, empujar, deslizar, trasladar, desalojar, quitar, apartar, arrinconar, relegar. → *Inmovilizar.*

DESPLAZARSE Viajar, dirigirse, trasladarse, presentarse. → *Quedarse.*

DESPLEGAR Extender, desenrollar, desdoblar, alisar, mostrar. → *Plegar, doblar.* || Ejercitar, activar, efectuar, llevar a cabo.

DESPLIEGUE Maniobra, marcha, evolución, dilatación, extensión. → *Inmovilidad.* || Actividad, ejercicio, realización.

DESPLOMARSE Derrumbarse, hundirse, desmoronarse, derribar, demoler, arruinarse, caer. → *Levantarse, alzarse.*

DESPLOME Despeño, caída, derrocamiento, hundimiento, desmoronamiento.

DESPLOMO Inclinación, desviación.

DESPLUMAR Arrancar, pelar, despojar, estafar, robar, arruinar. ||Descañonar.

DESPOBLADO Abandonado, deshabitado, apartado, desierto, desolado, vacío, desértico. → *Habitado, poblado.* || Descampado, páramo, estepa, erial, afueras, contornos. → *Población.*

DESPOBLAR Yermar, despojar, abandonar, deshabitar → *Poblar.*

DESPOJAR Quitar, privar, arrebatar, arrancar, desposeer, saquear, usurpar. → *Devolver, entregar.*

DESPOJARSE Privarse, sacrificarse, ofrecer, desprenderse, renunciar. → *Quitar, apropiarse.* || Desvestirse, desnudarse. → *Vestirse.*

DESPOJO Botín, presa, saqueo, abuso, robo, pillaje.

DESPOJOS Restos, desperdicios, residuos, sobras, desechos, piltrafas, restos mortales.

DESPOSADO Casado, consorte, cónyuge, marido, esposo. → *Divorciado, soltero.* || Unido, vinculado, atado, ligado. → *Separado.* || Aprisionado, esposado.

DESPOSARSE Casarse, unirse, prometerse, vincularse, contraer nupcias. → *Separarse, divorciarse.*

DESPOSEER Despojar, robar, quitar, usurpar. → *Restituir.*

DÉSPOTA Autócrata, opresor, tirano, dictador. → *Liberal, conservador.*

DESPÓTICO Dictatorial, abusivo, tiránico, absoluto, arbitrario. → *Benigno.*

DESPOTISMO Autocracia, opresión, tiranía, dictadura, absolutismo, intransigencia, dominación, intolerancia. → *Democracia, liberalismo.*

DESPOTRICAR Desvariar, disparatar, desbarrar, criticar, vilipendiar. → *Razonar.*

DESPRECIABLE Ruin, infame, indigno, rastrero, depravado, abyecto, vil, miserable, ridículo. → *Apreciable, noble.*

DESPRECIAR Desairar, menospreciar, humillar, postergar, ofender, desestimar, desdeñar, desairar. → *Apreciar, considerar.*

DESPRECIATIVO Despectivo, altanero, altivo, soberbio, arrogante, orgulloso, desdeñoso. → *Respetuoso, ponderativo.*

DESPRECIO Desdén, desaire, vilipendio, menosprecio, desestimación. → *Aprecio.*

DESPRENDER Separar, despegar, desunir, desasir, soltar. → *Pegar, juntar.*

DESPRENDERSE Librarse, eludir, despojarse, sacrificarse, renunciar. → *Apoderarse.*

DESPRENDIDO Generoso, liberal, dadivoso. → *Agarrado.*

DESPRENDIMIENTO Generosidad, largueza, liberalidad. → *Codicia.* || Alud, corrimiento, desmoronamiento.

DESPREOCUPADO Flemático, calmoso, frío, tranquilo, fresco. → *Inquieto, preocupado.*

DESPREOCUPARSE Desentenderse, descuidar, serenarse. → *Inquietarse, preocuparse.*

DESPRESTIGIAR Difamar, vilipendiar, denigrar, desacreditar, criticar, acusar. → *Rehabilitar, afamar, alabar.*

DESPREVENIDO Descuidado, imprevisor, despreocupado, indolente. → *Preparado, prevenido.*

DESPROPORCIÓN Diferencia, desigualdad, disparidad, discrepancia, desmesura, deformidad. → *Similitud, proporción, mesura.*

DESPROPORCIONADO Asimétrico, deforme, incongruente, dispar, desmesurado. → *Proporcionado, armonioso.*

DESPROPÓSITO Disparate, dislate, absurdo, desatino. → *Acierto.*

DESPROVISTO Carente, falto, privado, desnudo, incompleto. → *Dotado, provisto.*

DESPUÉS Luego, más tarde, posteriormente, detrás, a continuación, seguidamente. → *Antes.*

DESPUNTAR Embotar, mellar, gastar, redondear. → *Aguzar.* || Salir, aparecer, nacer, levantarse, asomar. → *Ponerse.* || Descollar, distinguirse, destacar, sobresalir. → *Estancarse.*

DESQUICIADO Alterado, perturbado, excitado, descompuesto, trastornado, enloquecido. → *Sereno.*

DESQUICIAR Descomponer, desmontar, desarticular, desencajar. → *Ajustar.*

DESQUITARSE Vengarse, resarcirse.

DESQUITE Venganza, resarcimiento, compensación, represalia. → *Perdón.*

DESTACADO Descollante, sobresaliente, predominante, distinguido.

DESTACAMENTO Avanzada, pelotón, patrulla, grupo, escalón, vanguardia.

DESTACAR Distinguirse, sobresalir, resaltar, descollar, predominar, aventajar, superar. → *Estancarse.* || Subrayar, acentuar, recalcar, insistir.

DESTAPAR Descubrir, abrir, quitar, mostrar, revelar, desnudar, desabrigar. → *Cubrir.* || Desembozar, desobstruir, desatascar, limpiar. → *Obstruir.*

DESTARTALADO Desvencijado, ruinoso, desordenado, escacharrado, estropeado. → *Ordenado.*

DESTELLAR Brillar, relumbrar, centellear, fulgurar.

DESTELLO Fulgor, centelleo, resplandor, brillo, chispazo, luz, vislumbre, reflejo, ráfaga, relumbrón. → *Oscuridad.*

DESTEMPLADO Hosco, desabrido, áspero, grosero, arisco, descortés. → *Amable.* || Desapasible, frío, riguroso, desagradable, alterado, trastornado. → *Templado.*

DESTEMPLANZA Abuso, intemperancia, exceso, vicio, alteración, perturbación, indisposición. → *Templanza.* || Inclemencia, intemperie, reciura.

DESTEMPLE Disonancia, desafinación, desentono. || Alteración, trastorno, perturbación. || Insolencia.

DESTEÑIR Aclarar, decolorar, blanquear, borrar, amarillear, deslucir. → *Colorear, teñir.*

DESTERNILLARSE Descuajaringarse, desmoldarse, desarmarse, morirse de risa, descacharrarse.

DESTERRAR Expulsar, confinar, deportar, relegar, extrañar, proscribir, exiliar. → *Repatriar.*

DESTIEMPO (A) Inoportunamente, a deshora, intempestivamente. → *Oportunamente.*

DESTIERRO Exilio, confinamiento, ostracismo, expatriación, extrañamiento, proscripción, deportación. → *Repatriación.*

DESTILAR Evaporar, separar, volatilizar, filtrar, sublimar, purificar, extraer, obtener.

DESTINO Hado, sino, fortuna, suerte, ventura, providencia, azar, estrella. || Empleo, puesto, cargo, función, cometido, menester, vacante, colocación, plaza, ocupación. || Dirección, fin, aplicación, finalidad.

DESTITUCIÓN Despido, deposición, relevo, exoneración, degradación. → *Nombramiento.*

DESTITUIR Deponer, desposeer, separar, privar, expulsar, exonerar, despedir, degradar, excluir, suspender. → *Restituir, rehabilitar.*

DESTORNILLADO Precipitado, desquiciado, alocado, chiflado. → *Cuerdo.*

DESTORNILLAR Extraer, sacar, aflojar, girar, desmontar.

DESTREZA Habilidad, soltura, pericia, maña, competencia, maestría, aptitud. → *Torpeza, impericia.*

DESTRIPAR Despachurrar, reventar.

DESTRONAR Derrocar, deponer, expulsar, eliminar, sustituir, remplazar, suplantar. → *Entronizar, coronar.*

DESTROZAR Despedazar, desmembrar, desmenuzar, desbaratar, romper, partir, quebrar, fragmentar, destruir, deshacer. → *Arreglar, componer.*

DESTRUCCIÓN Aniquilación, ruina, desolación, devastación, estrago, catástrofe. → *Construcción, reparación.*

DESTRUIR Derribar, aniquilar, arruinar, demoler, abatir, asolar, desmantelar, arrasar, devastar, desintegrar. → *Construir, reparar.* || Eliminar, inutilizar.

DESUELLO Desolladura, despellejadura. || Matadura, rozadura. || Insolencia, descaro, desvergüenza.

DESUNIDO Suelto, separado, libre, solo. → *Unido.*

DESUNIÓN Separación, oposición, ruptura, inconexión, división. → *Unión.* || Discrepancia, discordia, divergencia, enemistad. → *Avenencia.*

DESUNIR Separar, alejar, apartar, disgregar, desarticular, enemistar. → *Unir, juntar.*

DESUSADO Inusitado, inaudito, insólito, desacostumbrado, anormal, infrecuente. → *Normal, habitual, corriente.*

DESVAÍDO Descolorido, borroso, impreciso, vago, desdibujado, incoloro, pálido, apagado, mortecino. → *Definido, vivo.*

DESVALIDO Huérfano, abandonado, inerme, desamparado, impotente, indefenso. → *Protegido, amparado.*

DESVALIJAMIENTO Saqueo, despojo, robo, hurto, expoliación.

DESVALIJAR, Robar, saquear, atracar, despojar, pillar, hurtar, sustraer. → *Restituir.*

DESVALORIZAR Rebajar, menguar, devaluar.

DESVÁN Bohardilla, tobanco, sotabanco, altillo, sobrado, tabuco, cuartucho.

DESVANECERSE Desmayarse, marearse, desplomarse, desfallecer, perder el sentido. → *Volver en sí, recuperarse.* || Esfumarse, desaparecer, evaporarse, disiparse, huir. → *Aparecer.*

DESVANECIMIENTO Síncope, vahído, soponcio, desmayo, accidente, vértigo, desfallecimiento. → *Recuperación.*

DESVARIAR Disparatar, delirar, desbarrar. → *Razonar.*

DESVARÍO Delirio, perturbación, enajenación, locura, fantasía, barbaridad, ilusión, quimera. → *Sensatez.*

DESVELADO Despabilado, insomne, despierto. → *Adormilado.*

DESVELARSE Despertarse, despabilarse, despreocuparse, esmerarse, esforzarse, afanarse, inquietarse, extremarse.

DESVELO Esmero, cuidado, celo, atención, interés, vigilancia, inquietud. → *Tranquilidad, despreocupación.* || Insomnio, vigilia, vela, nerviosidad, agripnia. → *Sueño, sopor.*

DESVENCIJADO Destartalado, descacharrado, deteriorado, estropeado, viejo, despostillado. → *Flamante.*

DESVENTAJA Inconveniente, menoscabo, dificultad, perjuicio, inferioridad, trastorno, contrariedad. → *Ventaja.*

DESVENTURA Desdicha, fatalidad, adversidad, desgracia, malaventura, infortunio. → *Ventura.*

DESVENTURADO Infortunado, malhadado, desgraciado, infeliz, miserable. → *Venturoso.*

DESVERGONZADO Insolente, procaz, atrevido, impúdico, sinvergüenza. → *Honesto.*

DESCOMEDIDO Descarado, exagerado, excesivo, descortés, grosero. → *Mesurado, comedido.*

DESVERGÜENZA Insolencia, imprudencia, osadía, atrevimiento, inverecundia, frescura, desfachatez, descoco, descaro, cinismo. → *Vergüenza, respeto.*

DESVESTIR Desnudar, descubrir, destapar, desarropar, desabrigar. → *Vestir.*

DESVIACIÓN Separación, bifurcación, desvío, recoveco, circunvolución. || Luxación, torcedura, dislocación, distensión.

DESVIAR Descarriar, descaminar, desorientar, torcer, extraviar, equivocar, frustrar, corromper, viciar, pervertir. → *Encarrilar, enderezar.*

DESVINCULAR Independizar, emancipar, desligar, liberar. → *Vincular.*

DESVÍO Bifurcación, desviación, error. || Frialdad, desafecto. → *Apego.*

DESVIRGAR Desflorar, mancillar.

DESVIRTUAR Transformar, deformar, adulterar, alterar, desfigurar, falsear. → *Legalizar.*

DESVIVIRSE Pirrarse, perecerse, deshacerse, chalarse, anhelar, ansiar, esforzarse, extremarse, afanarse. → *Despreocuparse.*

DETALLADO Preciso, minucioso, pormenorizado, pródigo, circunstanciado, escrupuloso, esmerado, cuidadoso, nimio. → *Abreviado, sucinto.*

DETALLAR Fragmentar, circunstanciar. || Relatar, referir, narrar, tratar.

DETALLE Pormenor, relación, enumeración, particularidad, explicación, elemento, fragmento. → *Generalidad, conjunto.*

DETECTAR Descubrir, localizar, individualizar, determinar, revelar, señalar. → *Perder.*

DETECTIVE Agente, investigador, policía.

DETENCIÓN Alto, parada. || Esmero, prolijidad, cuidado, detenimiento. || Arresto, prendimiento.

DETENER Demorar, retrasar, dilatar, parar, suspender, atascar, paralizar, interrumpir. → *Continuar, impulsar.* || Capturar, arrestar, aprehender, encarcelar. → *Soltar, liberar.*

DETENIDO Preso, condenado, convicto, recluso, encarcelado, arrestado. → *Libre, absuelto.* || Irresoluto, embarazado, apocado, indeciso.

DETENIMIENTO Esmero, cuidado, prolijidad, detención. → *Precipitación.*

DETERIORAR Estropear, averiar, romper, menoscabar, deformar, malograr, dañar. → *Arreglar.*

DETERMINACIÓN Audacia, valor, arrojo, atrevimiento, resolución. → *Indecisión.*

DETERMINADO Establecido, fijo, señalado, especificado, concreto, concluyente. → *Impreciso.* || Decidido, osado, intrépido, valeroso, resuelto. → *Indeciso, tímido.*

DETERMINAR Establecer, especificar, aclarar, definir, señalar, fijar, precisar, delimitar. → *Indeterminar.* || Provocar, causar, originar, motivar, suscitar, crear, producir, ocasionar. → *Detener.* || Disponer, decidir, prescribir, resolver.

DETESTABLE Aborrecible, abominable, execrable, odioso, infame. → *Admirable.*

DETESTAR Odiar, aborrecer, condenar, maldecir, despreciar, execrar, abominar. → *Admirar, amar.*

DETONACIÓN Disparo, estampido, tiro, descarga, explosión, estallido, estruendo.

DETRACTAR Calumniar, difamar, desacreditar, detraer, murmurar. → *Alabar.*

DETRACTOR Oponente, contrario, crítico, acusador, censor. → *Defensor.*

DETRÁS Atrás, después, luego, posteriormente. → *Delante.*

DETRIMENTO Perjuicio, deterioro, menoscabo, pérdida, avería, mal. || Quebranto, daño. → *Provecho, beneficio.*

DETRITO Residuos, restos, sobras, despojos, desperdicios.

DEUDA Compromiso, obligación, adeudo, débito, carga, deber, gravamen, dificultad, brete. → *Haber, derecho.*

DEUDO Pariente, familiar, allegado. → *Desconocido.*

DEVALUAR Desvalorizar, despreciar, rebajar, abaratar. → *Encarecer, valorizar.*

DEVANEO Amorío, galanteo, coqueteo, aventura, flirteo.

DEVASTACIÓN Desolación, ruina, asolamiento, destrucción.

DEVASTADOR Destructor, catastrófico, aniquilador, arrasador, ruinoso, espantoso, horroso. → *Benéfico.*

DEVENGAR Atribuirse, apropiarse, percibir, retribuir.

DEVENIR Acontecer, acaecer, sobrevenir, suceder.

DEVOCIÓN fervor, piedad, fe, unción, recogimiento, éxtasis, veneración, misticismo, afecto, reverencia, predilección. → *Hostilidad, irreligiosidad, ateísmo.* || Cariño, apego, interés, amor. → *Desinterés.*

DEVOCIONARIO Misal, breviario, eucologio.

DEVOLUCIÓN Remisión, torna, redhibición.

DEVOLVER Restituir, reintegrar, reponer, remplazar, restablecer. → *Quitar, retener.* || Vomitar, lanzar, arrojar, echar. → *Tragar.*

DEVORAR Engullir, zampar, tragar, comer, masticar, despedazar. → *Vomitar.* || Consumir, destruir, disipar, agotar, desvanecer.

DEVOTO Piadoso, religioso, creyente, místico, fiel, pío. → *Impío, incrédulo.* || Afectuoso, apegado, entusiasta, admirador, partidario, seguidor. → *Hostil, contrario.*

DÍA Fecha, jornada, data, plazo, tiempo, época. || Amanecer, alba, luz, aurora, alborada, madrugada. → *Noche.* || Jornada.

DIABLO Demonio, Satanás, Mefistófeles, Belcebú, Lucifer, Luzbel. → *Ángel, Dios.* || Enemigo, tentador. || Diablillo, travieso, temerario.

DIABLURA Travesura, imprudencia, atrevimiento, chiquillada, picardía, trastada, jugarreta.

DIABÓLICO Infernal, satánico, perverso, demoniaco, mefisfofélico, maligno. → *Angelical, inocente.*

DIÁCONO Levita, ministro, eclesiástico, religioso, sacerdote, cura. → *Lego, seglar.*

DIADEMA Joya, cinta, corona, aderezo, presea, aureola, nimbo.

DIÁFANO Límpido, transparente, claro, cristalino, puro, traslúcido. → *Turbio, opaco.*

DIAFRAGMA Membrana, lámina, músculo, separación.

DIAGNOSTICAR Establecer, determinar, analizar, definir, prescribir.

DIAGNÓSTICO Opinión, dictamen, juicio, parecer, análisis, determinación, prescripción, diagnosis.

DIAGONAL Sesgado, enviajado, oblicuo, transversal, cruzado, torcido. → *Vertical, horizontal.* || Trazo, línea, recta, sesgo, cruce.

DIAGRAMA Bosquejo, esbozo, esquema, croquis, plano.

DIALÉCTICA Razonamiento, raciocinio, oratoria, lógica.

DIALECTO Lengua, lenguaje, habla, idioma, jerga, jerigonza.

DIALOGAR Platicar, conversar, hablar.

DIÁLOGO Conversación, charla, coloquio, parlamento, plática, entrevista, consulta. → *Monólogo.*

DIAMANTE Brillante, gema, piedra, joya, cristal.

DIÁMETRO Eje, recta, línea, medida.

DIANA Llamada, toque, aviso, señal, orden, advertencia. → *Blanco, centro, punto.*

DIANTRE Diablo.

DIARIO Cotidiano, regular, corriente, habitual, periódico, cuotidiano, jornalero. → *Irregular.* || Periódico, publicación, gaceta, impreso, hoja, rotativo.

DIARREA Descomposición, cólico, destemplanza, flujo, cagalera, flojedad de vientre. → *Estreñimiento*

DIÁSPORA Dispersión, diseminación, éxodo. → *Unión, reunión.*

DIATRIBA Invectiva, crítica, perorata, discurso. → *Alabanza.*

DIBUJANTE Artista, pintor, diseñador, proyectista, delineante, calquista.

DIBUJAR Pintar, trazar, diseñar, delinear.

DIBUJO Pintura, esbozo, boceto, diseño, croquis, esquema, delineación, proyecto, ilustración, imagen, lámina, grabado, retrato, apunte, silueta.

DICCIÓN Elocución, articulación, pronunciación. || Voz, término, vocablo, palabra, expresión.

DICCIONARIO Léxico, glosario, vocabulario, enciclopedia, repertorio, relación.

DICTADOR Déspota, tirano, autócrata. → *Demócrata.*

DICTADURA Autocracia, tiranía, despotismo. → *Democracia.*

DICTAMEN Parecer, opinión, informe, juicio, diagnóstico, veredicto, sentencia, conjetura, acuerdo.

DICTAMINAR Informar, opinar, diagnosticar.

DICTAR Leer, decir, pronunciar, transcribir. || Ordenar, mandar, imponer, obligar, decretar, promulgar, disponer, expedir.

DICTATORIAL Despótico, autocrático, autoritario, imperioso, arbitrario.

DICTERIO Insulto, improperio, ofensa, denuesto, injuria, invectiva, afrenta. → *Lisonja, alabanza.*

DICHA Ventura, felicidad, bienestar, alegría, fortuna, suerte, complacencia, beatitud. → *Desdicha, desgracia.*

DICHARACHERO Chancero, ocurrente, bromista, gracioso, parlanchin, gárrulo, chistoso. → *Hosco, serio.*

DICHO Máxima, refrán, proverbio, ocurrencia, sentencia, aforismo, adagio, chiste. || Referido, mentado, mencionado, antedicho, susodicho.

DICHOSO Venturoso, feliz, fausto, bienaventurado. → *Desdichado.*

DIENTE Hueso, muela, colmillo, canino, incisivo. || Saliente, junta, resalte, prominencia.

DIESTRO Hábil, experto, perito, versado, mañoso, idóneo, docto. → *Torpe, inepto, incapaz.* || Derecho. → *Siniestro.*

DIETA Abstinencia, régimen, privación, ayuno, tratamiento. → *Comilona.*

DIETAS Honorarios, retribución, estipendio, indemnización, paga.

DIETARIO Calendario, agenda, libreta, memorándum, cuaderno.

DIEZMAR Aniquilar, exterminar, eliminar, arrasar, asolar, destruir, perjudicar, castigar, dañar, menoscabar. → *Proteger.* || Tasar, imponer.

DIEZMO Tributo, impuesto, contribución, prebenda, tasa, derecho, carga.

DIFAMACIÓN Denigración, calumnia, maledicencia, infamación, murmuración. → *Apología.*

DIFAMADOR Calumniador, murmurador, denigrador, maldiciente.

DIFAMAR Calumniar, denigrar, deshonrar, infamar, afrentar, murmurar, desacreditar. → *Elogiar, disculparse.*

DIFERENCIA Desigualdad, disparidad, desproporción, desemejanza, divergencia, diversidad. → *Igualdad.* || Controversia, desavenencia, disensión. → *Acuerdo.*

DIFERENCIAR Distinguir, separar, determinar, calificar, discrepar, diferir, distar, distinguirse. → *Asemejar, parecerse.*

DIFERENTE Diverso, distinto, divergente, desigual, contrario. → *Igual, parecido.*

DIFERIR Retrasar, aplazar, dilatar, demorar, retardar, prorrogar, posponer, suspender. → *Adelantar.* || Discrepar, distinguirse, diferenciarse. → *Coincidir.*

DIFÍCIL Laborioso, complicado, arduo, trabajoso, engorroso,penoso, incomprensible, intrincado, imposible. → *Fácil, comprensible.*

DIFICULTAD Contrariedad, traba, tropiezo, apuro, complicación, inconveniente, obstáculo, problema, aprieto. → *Facilidad, solución.*

DIFICULTOSO Difícil.

DIFUNDIR Extender, divulgar, propagar, esparcir, propalar, diseminar, emitir, publicar. → *Contener, juntar, reservarse, callar.*

DIFUNTO Occiso, cadáver, muerto, finado, extinto, fallecido, víctima. → *Vivo, resucitado.*

DIFUSIÓN Proliferación, propagación, extensión, expansión, diseminación. → *Limitación.*

DIFUSO Confuso, borroso, oscuro, vago, farragoso, incomprensible. → *Claro.*

DIGERIR Asimilar, aprovechar, absorber, nutrirse, alimentarse. → *Eliminar.* || Sufrir, soportar, sobrellevar. || Reflexionar, meditar, madurar.

DIGESTO Resumen, recopilación, repertorio, selección.

DIGNARSE Acceder, condescender, permitirse, admitir, consentir. → *Negar, rechazar.*

DIGNATARIO Personaje, personalidad, mandatario, cabecilla, funcionario, figurón, cortesano.

DIGNIDAD Integridad, decoro, gravedad, decencia, honradez, mesura, solemnidad. → *Vileza, ruindad.* || Cargo, puesto, prerrogativa, título, honor.

DIGNIFICAR Realzar, alabar, honrar. → *Denigrar.*

DIGNO Acreedor, merecedor. → *Indigno.* || Decente, íntegro, decoroso, grave. → *Vil.*

DIGRESIÓN Divagación, rodeo, vaguedad, observación, paréntesis.

DIJE Colgante, joya, baratija, chuchería, medalla.

DILACIÓN Retraso, demora, tardanza, retardación, prórroga, aplazamiento. → *Prontitud, prisa.*

DILAPIDAR Despilfarrar, prodigar, malgastar, derrochar, disipar, gastar. → *Ahorrar.*

DILATACIÓN Acrecentamiento, aumento, ampliación, hinchazón, dilatabilidad. || Rarefacción.

DILATADO Vasto, difuso, extenso, amplio, ancho. → *Encogido.*

DILATAR Hinchar, abultar, expandir, distender, aumentar, agrandar. → *Contraer.* || Prolongar, demorar, prorrogar, alargar. → *Acotar, abreviar.*

DILECTO Preferido, querido, amado, selecto, predilecto, elegido. → *Odiado, desdeñado.*

DILEMA Alternativa, conflicto, problema, contradicción, opción, disyuntiva, dificultad. → *Solución.*

DILIGENCIA Prontitud, rapidez, presteza, actividad, dinamismo. → *Lentitud, indolencia.* || Esmero, dedicación, cuidado, celo, afán, atención, esmero, aplicación. → *Desinterés, negligencia.* || Misión, cometido, mandado, trámite. || Coche, carruaje, carroza, carro, carromato.

DILIGENTE Veloz, rápido, dinámico, activo, pronto, expeditivo. → *Perezoso.* || Aplicado, cuidadoso, esmerado, atento. → *Negligente.*

DILUCIDAR Aclarar, esclarecer, explicar, elucidar, establecer, determinar, desembrollar. → *Confundir, embrollar.*

DILUIR Disolver, desleír. → *Concentrar.*

DILUVIO Aguacero, temporal, chaparrón, chubasco, lluvia, borrasca, inundación, tromba. → *Sequía.*

DIMANAR Originarse, nacer, venir, proceder, emanar.

DIMENSIÓN Volumen, tamaño, medida, magnitud, capacidad, extensión, cantidad.

DIMINUTO Pequeño, minúsculo, mínimo, microscópico, pequeñísimo, ínfimo, menudo. → *Enorme, grande.*

DIMISIÓN Renuncia, cesión, abdicación, abandono, resignación, entrega, deserción, retiro.

DIMITIR Renunciar, declinar, rehusar, abandonar.

DINÁMICO Activo, diligente, móvil, rápido, expeditivo, veloz, afanoso, solícito, laborioso. → *Lento, indolente.*

DÍNAMO Generador, transformador, aparato.

DINASTÍA Familia, raza, estirpe, linaje, casa, casta, progenie, sucesión.

DINERAL Fortuna, caudal, capital, millonada, tesoro, dinero. → *Miseria, insignificancia.*

DINERO Moneda, billete, capital, fortuna, tesoro, fondos, riqueza, patrimonio, metálico, valores, efectivo, dineral, caudal, plata.

DINTEL Cumbrera, platabanda, lintel. || Umbral.

DIÓCESIS Obispado, distrito, sede, jurisdicción, circunscripción.

DIOS Hacedor, Creador, Todopoderoso, Altísimo, Señor, Divinidad, Padre, Jesucristo, Providencia. || Deidad, divinidad, héroe, semidiós.

DIPLOMA Título, certificado, nombramiento, documento, despacho, pergamino, privilegio, carta, bula, acta, credencial, autorización.

DIPLOMACIA Tacto, política, habilidad, estrategia, sagacidad, tiento, circunspección. → *Rudeza.* || Embajada, representación, cancillería, consulado.

DIPLOMÁTICO Embajador, plenipotenciario, ministro, enviado, legado, representante, agente, cónsul. || Hábil, político, taimado, cortés. → *Rudo, brusco.*

DIPUTACIÓN Junta, representación, consejo, corporación, organismo.

DIPUTADO Representante, consejero, parlamentario, congresista, delegado, legislador, procurador, enviado.

DIQUE Rompeolas, malecón, espigón, escollera, muelle, desembarcadero, dársena, tajamar. || Muro, pared.

DIRECCIÓN Rumbo, sentido, orientación, trayectoria, derrotero, marcha, giro, curso. || Señas, domicilio, destinatario. || Jefatura, gerencia, gobierno, mando, guía, administración.

DIRECTO Recto, seguido, derecho, continuo, ininterrumpido. → *Indirecto, sinuoso.* || Claro, llano, franco, rotundo, natural, abierto. → *Disimulado, hipócrita.*

DIRECTOR Dirigente, jefe, rector, presidente, guía, autoridad, gobernador, administrador, directivo. → *Subordinado.*

DIRECTORIO Junta, jefatura, presidencia, asamblea, comité, consejo, gobierno. || Guía, consulta.

DIRIGIR Conducir, orientar, guiar, encaminar, enderezar, regir, gobernar, mandar, encarrilar, tutelar, enseñar, administrar, regentar. → *Desorientar.*

DIRIGIRSE Encaminarse, converger, trasladarse, ir, presentarse, salir. → *Volver, regresar.*

DIRIMIR Resolver, zanjar, decidir, solventar, ventilar, terminar, fallar, separar, disolver. → *Complicar.*

DISCERNIMIENTO Lucidez, penetración, clarividencia, perspicacia, apreciación, juicio. → *Obtusidad, torpeza.*

DISCERNIR Diferenciar, discriminar, distinguir, juzgar, apreciar. → *Confundir.* || Percibir, comprender, apreciar. || Otorgar, premiar, conceder, adjudicar. → *Negar.*

DISCIPLINA Obediencia, orden, rigor, regla, sumisión, intransigencia, subordinación, observancia. → *Indisciplina, desorden.* || Enseñanza, asignatura, ciencia, materia, doctrina.

DISCIPLINARIO Correccional, reformatorio.

DISCÍPULO Estudiante, colegial, alumno, escolar, educando, seguidor, partidario, adepto. → *Maestro, oponente.*

DISCO Círculo, circunferencia, rodaja, tapa, rolde, tejo, chapa, rueda, redondel.

DÍSCOLO Revoltoso, rebelde, indisciplinado, desobediente, travieso, indócil, perturbador. → *Dócil, obediente.* || Envidioso.

DISCONFORMIDAD Desacuerdo, divergencia, disentimiento, discrepancia, oposición, incompatibilidad, antagonismo, choque. → *Conformidad.*

DISCONTINUO Interrumpido, intermitente, desigual, esporádico, irregular. → *Continuo.*

DISCORDANCIA Discrepancia, desacuerdo. → *Concordancia.*

DISCORDANTE Opuesto, contrario, disonante, incoherente, inarmónico. → *Acorde, conforme.*

DISCORDIA Desacuerdo, disensión, división, cizaña, querella. → *Concordia.*

DISCRECIÓN Moderación, reserva, sensatez, prudencia, tacto, mesura, cordura. → *Indiscreción, insensatez.*

DISCREPANCIA Divergencia, desacuerdo. → *Coincidencia.*

DISCREPAR Disentir, discordar, diverger, oponerse, contradecirse, discutir, pugnar. → *Coincidir.*

DISCRETO Reservado, moderado, sensato, prudente, circunspecto, cuerdo, razonable. → *Indiscreto, imprudente.*

DISCRIMINAR Diferenciar, distinguir, separar, segregar, discernir, especificar. → *Confundir, integrar.*

DISCULPA Excusa, pretexto, justificación, defensa, descargo, evasiva, subterfugio. → *Inculpación.*

DISCULPAR Defender, excusar, perdonar, justificar, dispensar, apoyar. → *Acusar, inculpar.*

DISCURRIR Pensar, reflexionar, meditar, cavilar, juzgar, inventar. || Avanzar, transitar, pasear, deambular, marchar. → *Detenerse.* || Calcular, inferir, inventar, conjeturar, suponer.

DISCURSIVO Didáctico, reflexivo.

DISCURSO Arenga, peroración, alocución, parlamento, perorata, prédica, sermón.

DISCUSIÓN Controversia, estudio, polémica, examen, debate, altercado, disputa, pleito, diferencia. → *Acuerdo.*

DISCUTIBLE Dudoso, impugnable, cuestionable, controvertible, rebatible. → *Indiscutible.*

DISCUTIR Debatir, deliberar, ventilar, tratar, polemizar, impugnar, insistir, argumentar, razonar. → *Acordar.*

DISEMINACIÓN Siembra, dispersión, propagación.

DISEMINAR Dispersar, esparcir, desparramar, desperdigar, sembrar, disgregar, derramar. → *Agrupar, reunir.*

DISENSIÓN Desacuerdo, diferencia, oposición, división, riña, disputa, contienda, divergencia, desavenencia, cizaña, discordia. → *Acuerdo, concordia.*

DISENTIR Divergir, discordar. → *Asentir.*

DISEÑAR Trazar, delinear, dibujar.

DISEÑO Esbozo, bosquejo, boceto, croquis, dibujo, gráfico, plano.

DISERTAR Explicar, discursear, exponer, argumentar, razonar, tratar, perorar, hablar.

DISFRAZ Máscara, traje, atuendo, velo, fingimiento, embozo, simulación, tapujo. → *Verdad.*

DISFRAZAR Simular, embozar, enmascarar, disimular, ocultar, fingir, velar, tapar, ataviar. → *Descubrir.*

DISFRUTAR Gozar, divertirse, regocijarse, complacerse, alegrarse, poseer, saborear, gustar, deleitarse, recrearse. → *Sufrir.*

DISFRUTE Aprovechamiento, posesión, utilización, goce, usufructo.

DISGREGACIÓN Segregación, separación. → *Unión.*

DISGREGAR Desintegrar, desmenuzar, pulverizar, separar, disociar, dispersar. → *Asociar, unir.*

DISGUSTAR Molestar, contrariar, engañar, enojar, repugnar. || Complacer. || Contristar, apenar, amargar, apesadumbrar, afligir. → *Alegrar.*

DISGUSTO Pena, pesadumbre, desencanto, amargura, desconsuelo, aflicción, pesar. → *Alegría.* || Riña, disputa, disensión, altercado, contrariedad, molestia, enojo, fastidio, enfado. → *Gusto, avenencia.*

DISIDENTE Separado, discorde, cismático, oponente, contrario, discrepante. → *Partidario.*

DISÍMIL Diferente, distinto. → *Parecido.*

DISIMULADO Furtivo, fingido, hipócrita, falso, solapado, taimado, ladino, subrepticio. → *Franco, directo.*

DISIMULAR Callar, esconder, encubrir, desfigurar, tolerar, disfrazar, tapar, ocultar, fingir. → *Sincerarse, revelar.* || Permitir, tolerar, perdonar. → *Reprender.*

DISIMULO Fingimiento, doblez, malicia, engaño, hipocresía, argucia. → *Franqueza.*

DISIPACIÓN Depravación, libertinaje, vicio, licencia, desenfreno, disolución, inmoralidad, liviandad. → *Honestidad, morigeración.* || Desaparición, evaporación, difuminación, desvanecimiento. → *Materialización.*

DISIPAR Despilfarrar, prodigar, dilapidar, derrochar, malgastar. → *Ahorrar.* || Borrarse, evaporarse, esfumarse, desaparecer, desvanecerse. → *Aparecer.*

DISLATE Barbaridad, desatino, absurdo, disparate, despropósito, necedad, insensatez. → *Acierto, sensatez.*

DISLOCAR Descoyuntar, luxar, desencajar, desarticular, torcer. → *Articular, encajar.*

DISMINUCIÓN Merma, descenso, mengua, baja, reducción. → *Aumento.*

DISMINUIR Decrecer, rebajar, aminorar, abreviar, reducir, bajar, mermar, menguar, degradar, desvalorizar, restar, empobrecer, baldar. → *Aumentar, mejorar.*

DISOCIAR Separar, disgregar. → *Asociar.*

DISOLUCIÓN Dilución, solución, disgregación, mezcla. || Libertinaje, depravación, vicio, licencia.

DISOLUTO Libertino, vicioso, disipado, liviano, licencioso, libidinoso, corrompido, depravado. → *Casto, morigerado.*

DISOLVER Deshacer, diluir, desleír, descomponer, aguar, separar, disgregar, destruir, aniquilar. → *Concentrar, solidificar, constituir.*

DISONANCIA Desacuerdo, discrepancia, inarmonía, destemplanza. → *Acorde.*

DISONANTE Discordante, desentonado, destemplado, inarmónico, desafinado, desentonado. → *Armonioso, consonante.*

DISPAR Disparejo, disímil, desigual, diferente, heterogéneo, diverso, opuesto. → *Similar, coincidente.*

DISPARAR Tirar, lanzar, arrojar, descargar, proyectar, hacer fuego.

DISPARARSE Desbocarse, desmandarse, perder el control. → *Refrenar, contener.*

DISPARATE Barbaridad, absurdo, atrocidad, dislate, estravagancia, insensatez, necedad, desvarío, delirio. → *Acierto, sensatez.*

DISPARIDAD Desigualdad, diferencia, desemejanza, desproporción. → *Igualdad.*

DISPARO Tiro, detonación, estampido, descarga, andanada, balazo, salva.

DISPENDIO Desembolso, derroche, gasto, dilapidación, despilfarro. → *Economía, ahorro.*

DISPENDIOSO Caro, costoso, valioso, excesivo, exagerado, lujoso. → *Económico, barato.*

DISPENSA Exoneración, privilegio, exención.

DISPENSAR Otorgar, conceder, dar, ofrecer, agraciar, adjudicar. → *Denegar.* || Eximir, perdonar, disculpar, excusar, absolver, librar, exceptuar. → *Obligar, condenar.*

DISPENSARIO Clínica, consultorio, servicio.

DISPERSAR Esparcir, desperdigar, diseminar, desparramar, extender, separar. → *Agrupar, reunir.* || Vencer, aniquilar, desbaratar, ahuyentar, derrotar. → *Proteger.*

DISPERSO Separado, desparramado, ralo, diseminado. → *Amazacotado.*

DISPLICENCIA Indolencia, indiferencia, apatía, rudeza. → *Complacencia.*

DISPLICENTE Apático, indiferente, impasible, desdeñoso, despreciativo, áspero. → *Complaciente, interesado, afable.*

DISPONER Colocar, ordenar, arreglar, situar, acomodar, instalar, prevenir, aderezar. → *Desordenar, quitar.* || Mandar, ordenar, resolver, prescribir, determinar, decretar, establecer, decidir. → *Revocar.*

DISPONERSE Aprestarse, prepararse, iniciar. → *Detener, estancar.*

DISPONIBLE Vacante, libre, desocupado, apto, utilizable, aprovechable. → *Ocupado, inútil.*

DISPOSICIÓN Orden, mandato, decreto, decisión, edicto, precepto, bando, determinación, resolución. → *Revocación.* || Vocación, propensión, facilidad, aptitud, destreza, idoneidad, talento, capacidad. → *Ineptitud*. || Colocación, arreglo, distribución, ordenación, instalación, orden. → *Desorden*. || Prevención, medio, preparativo, medida.

DISPOSITIVO Mecanismo, instalación, ingenio, aparato, artefacto.

DISPUESTO Servicial, propicio, capaz, idóneo, competente, apto, suficiente, hábil. → *Reacio, incompetente*. || Prevenido, preparado, listo, a punto. → *Desprevenido, desapercibido*.

DISPUTA Pelea, querella, polémica, altercado, contienda, controversia, riña, discusión, disensión, discrepancia, desavenencia, debate. → *Acuerdo, reconciliación*.

DISTANCIA Intervalo, medida, longitud, anchura, altura, separación, alejamiento. → *Proximidad*. || Recorrido, trecho, camino, jornada, viaje.

DISTANCIAR Alejar, apartar, separar, repeler, enemistar, desunir. → *Acercar, unir*.

DISTANTE Remoto, lejano, alejado, apartado, lejos, separado. → *Próximo, cercano*.

DISTAR Diferir, discrepar, diferenciarse. → *Parecerse*.

DISTINCIÓN Elegancia, finura, gallardía, estilo, donaire, clase. → *Chabacanería*. || Deferencia, honor, honra, privilegio, prerrogativa. → *Desaire*. || Exactitud, precisión, claridad. → *Indistinción*.

DISTINGO Sutileza, distinción, reparo.

DISTINGUIDO Noble, elegante, fino, señorial, garboso, ilustre, esclarecido, señalado. → *Vulgar, burdo*. || Destacado, brillante, sobresaliente, descollante. → *Anónimo*.

DISTINGUIR Diferenciar, separar, apreciar, discernir, discriminar, especificar, distanciar, diversificar. → *Confundir*. || Honrar, destacar, reconocer, premiar, preferir. → *Castigar, humillar*. || Divisar, percibir, vislumbrar, descubrir.

DISTINGUIRSE Sobresalir, destacarse, caracterizarse, resaltar, descollar, despuntar, predominar. → *Estancarse, hundirse*.

DISTINTIVO Característica, señal, particularidad, rasgo, diferencia. || Insignia, divisa, marca, señal, símbolo, botón, emblema.

DISTINTO Diferente, diverso, propio, peculiar, particular, característico, contrario, opuesto, discrepante, vario, especial. → *Igual*.

DISTRACCIÓN Descuido, olvido, omisión, ligereza, error, falta, desliz. → *Atención*. || Entretenimiento, diversión, recreo, pasatiempo, esparcimiento.

DISTRAER Entretener, divertir, solazar, recrear, amenizar, animar, interesar. → *Aburrir*. || Engañar, apartar, desviar, entretener, quitar.

DISTRAERSE Olvidarse, descuidarse, despreocuparse, abandonar, desatender. → *Atender, cuidar*.

DISTRAÍDO Descuidado, olvidadizo, atolondrado, desatento, abstraído, desprevenido. → *Atento.* || Divertido, entretenido, agradable, animado. → *Aburrido.*

DISTRIBUCIÓN Repartición, reparto, partición, división. → *Recogida.*

DISTRIBUIR Repartir, dividir, partir, adjudicar, donar, asignar, entregar. → *Retener.* || Ordenar, colocar, disponer, ubicar. → *Desordenar.*

DISTRITO Jurisdicción, circunscripción, división, demarcación, comarca, territorio, partido, término, municipio, zona.

DISTURBIO Revuelta, tumulto, alboroto, desorden, trastorno, algarada, motín, asonada. → *Orden, paz.*

DISUADIR Desanimar, persuadir, inducir, desviar, descorazonar, desalentar. → *Persuadir.*

DISYUNCIÓN Dislocación, separación, división, alejamiento. || Dilema, alternativa.

DISYUNTIVA Dilema, alternativa, opción, dificultad, problema, opción. → *Solución.*

DISYUNTIVO Opuesto, antagónico, contrario, antitético. → *Coincidente.*

DITIRAMBO Elogio, encomio, alabanza, panegírico, apología. → *Diatriba.* || Florilegio.

DIVAGACIÓN Vaguedad, digresión, confusión, rodeo, imprecisión, ambigüedad. → *Precisión.*

DIVAGAR Desviarse, desorientarse, enredarse, confundir, perderse, andarse por las ramas. → *Concretar.*

DIVÁN Sofá, canapé, sillón, asiento.

DIVERGENCIA Diferencia, discrepancia, disentimiento, disconformidad, oposición, separación, bifurcación. → *Acuerdo, convergencia.*

DIVERGIR Bifurcarse, apartarse, separarse. → *Converger.* || Discrepar, discordar, oponerse, diferir, disentir. → *Coincidir.*

DIVERSIÓN Distracción, esparcimiento, recreo, entretenimiento, pasatiempo, juego, afición. → *Fastidio, aburrimiento.*

DIVERSO Variado, distinto, diferente, ameno, múltiple, dispar, heterogéneo. → *Uniforme, igual.*

DIVERSOS Muchos, varios.

DIVERTIDO Entretenido, distraído, placentero, agradable, animado, variado, recreativo. → *Aburrido.* || Cómico, alegre, chistoso, ocurrente, jocoso, jovial, festivo. → *Triste.*

DIVERTIR Distraer, solazar, recrear, entretener. → *Aburrir.*

DIVIDENDO Interés, renta, porción, cuota, rédito, lucro, ganancia.

DIVIDIR Fraccionar, separar, partir, desmenuzar, fragmentar, cortar. → *Unir, pegar.* || Distribuir, repartir, asignar. || Enemistar, malquistar, desunir, separar, indisponer. → *Amigar, reconciliar.*

DIVIESO Forúnculo, tumor, golondrino, grano, inflamación, bulto.

DIVINIDAD Dios, deidad, superhombre, semidiós, héroe. || Primor, preciosidad, belleza, galanura. → *Fealdad.*

DIVINO Sublime, celestial, adorable, perfecto, admirable, paradisiaco, etéreo, sobrehumano, puro, delicioso. → *Infernal.*

DIVISA Insignia, señal, marca, distintivo, emblema, enseña, lema, mote.

DIVISAR Percibir, vislumbrar, entrever, distinguir, columbrar, ver, observar, atisbar.

DIVISIÓN Cálculo, operación, cuenta, razón, cómputo. → *Multiplicación.* || Partición, fraccionamiento, rotura, separación, parcelación, distribución. → *Reunión, concentración.* || Discordia, desavenencia, escisión, desunión, separación. → *Unión.* || Casilla, compartimiento, estante, sección, apartado. || Parte, fracción, porción, sección, grupo, clase. → *Conjunto.*

DIVISORIO Lindante, colindante, contiguo, limítrofe, medianero, fronterizo, tangente, marginal. → *Separado, central.*

DIVORCIAR Separarse, romper, repudiar. → *Casar.*

DIVORCIO Separación, ruptura, alejamiento, desacuerdo, disolución, desunión, repudio. → *Casamiento.*

DIVULGAR Difundir, propagar, esparcir, pregonar, propalar, generalizar, publicar, revelar. → *Silenciar, callar.*

DOBLADILLO Doblez, repulgo.

DOBLAR Plegar, torcer, arquear, encorvar, flexionar, combar, doblegar. → *Enderezar.* || Duplicar. || Tañer, repicar, tocar, voltear, redoblar, campanear.

DOBLE Duplo. || Pareja, par. || Facsímil, duplicata, copia.

DOBLEGAR Someter, reducir, obligar, domar, dominar, vencer, sojuzgar, contener. → *Liberar.*

DOBLEGARSE Ceder, allanarse, someterse, ablandarse, acceder, acatar, resignarse, transigir, rendirse. → *Resistir, rebelar.*

DOBLEZ Pliegue, repliegue, dobladillo, bastilla, alforza, frunce. || Disimulo, engaño, hipocresía, simulación, fingimiento, falacia, farsa, artificio. → *Franqueza, sinceridad.*

DOCENTE Pedagógico, didáctico, educativo, instructivo. || Profesor, maestro, catedrático. || Profesorado, claustro.

DÓCIL Manso, sumiso, apacible, obediente, suave, fácil, fiel, disciplinado, borrego. → *Revoltoso.*

DOCILIDAD Disciplina, sumisión, subordinación, obediencia. → *Indocilidad.*

DOCTO Entendido, instruido, erudito, ilustrado, esciente, sabio, culto, estudioso, experto. → *Indocto, ignorante.*

DOCTORARSE Graduarse, diplomarse, revalidar, estudiar, titularse, examinarse.

DOCTRINA Creencia, religión, credo, fe, dogma, evangelio, teoría, sistema, opinión, enseñanza, materia, ciencia, disciplina.

DOCUMENTACIÓN Documentos, credenciales, papeles.

DOCUMENTAR Aducir, probar, patentizar, justificar, evidenciar. || Informar.

DOCUMENTO Manucristo, original, pergamino, registro, legajo, comprobante, título, prueba, testimonio. || Carnet, credencial, cédula, tarjeta de identidad.

DOGMA Doctrina, verdad, credo, misterio, base, fundamento, verdad. → *Hipótesis.*

DOGMÁTICO Decisivo, tajante, imperioso, imperativo.

DOLENCIA Afección, padecimiento, achaque, indisposición, enfermedad, morbo, malestar. → *Salud, mejoría.*

DOLER Sufrir, padecer, quejarse, lamentarse. → *Sanar.*

DOLERSE Compadecerse, condolerse, conmoverse, ablandarse. → *Endurecerse.*

DOLIENTE Enfermo, indispuesto, malo, afectado, enfermizo, delicado, paciente, achacoso. → *Sano.* || Quejumbroso, lloroso, gemebundo, lastimero, abatido, afligido, apenado, contristado, dolorido. → *Contento, animado.*

DOLO Simulación, fraude, tergiversación, engaño.

DOLOR Daño, sufrimiento, tristeza, pesar, angustia, aflicción, padecimiento, tormento, suplicio, pena, arrepentimiento, queja, lamento. → *Gozo, bienestar.*

DOLORIDO Molido, maltratado, descoyuntado, agobiado, lacerado, herido, sensible, contristado, triste, apenado, apesarado. → *Contento, descansado, insensible.*

DOLOROSO Lastimoso, angustioso, lamentable, penoso, aflictivo, deplorable, desesperante. → *Alegre, gozoso.* || Punzante, penetrante, agudo, torturante. → *Placentero.*

DOLOSO Engañoso, fraudulento, falso. → *Verdadero.*

DOMADOR Desbravador, adiestrador, picador.

DOMAR Domesticar, amaestrar, amansar, someter, desbravar, aplacar, vencer. → *Enardecer.*

DOMÉSTICA Doncella, ama, muchacha, niñera.

DOMESTICAR Domar, amaestrar, amansar, desembravecer.

DOMÉSTICO Criado, servidor, sirviente, fámulo, mozo, camarero, ayudante, chico. || Hogareño, casero, familiar.

DOMICILIO Morada, casa, habitación, mansión, residencia, hogar. || Señas, dirección, destinatario.

DOMINACIÓN Poder, señorío, imperio, potencia, autoridad.

DOMINANTE Dictatorial, tiránico, imperioso, severo, intransigente, intolerante, descollante, preponderante, absoluto, avasallador. → *Benévolo, dócil, sumiso.*

DOMINAR Sojuzgar, someter, avasallar, vencer, oprimir, abusar, sujetar, contener, reprimir. → *Obedecer, respetar.* || Sobresalir, destacar, descollar, distinguirse, predominar. → *Decaer.*

DOMINARSE Contenerse, refrenarse, sobreponerse. → *Desahogarse.*

DOMINGO Festividad, asueto, fiesta, descanso, disanto.

DOMINIO Mando, poderío, despotismo, señorío, soberanía, pertenencia, propiedad, imperio, sujeción, servidumbre, esclavitud, yugo. || Colonia, mandato, territorio, posesión, propiedad, hacienda.

DON Presente, regalo, dádiva, ofrenda, obsequio, merced, sesión. || Cualidad, prenda, facultad, aptitud, capacidad, virtud, poder, talento, carisma, gracia, dotes. → *Defecto.*

DONACIÓN Legado, regalo, dádiva, donativo, sesión, obsequio.

DONAIRE Gentileza, gracia, donosura, gallardía, galanura, garbo, arrogancia, elegancia. → *Sosería, torpeza, fealdad.*

DONAR Legar, ofrendar, entregar, ceder, traspasar, dar, regalar, transmitir. → *Arrebatar, quitar.*

DONATIVO Donación, dádiva, ofrenda, regalo, óbolo, sesión. → *Petición.*

DONCEL Adolescente, paje, efebo, mancebo, joven, muchacho, chico, imberbe. → *Adulto.*

DONCELLA Virgen, damisela, muchacha, moza, criada, camarera. || Pura, casta, intacta, entera.

DONDEQUIERA Doquiera, doquier.

DONJUAN Tenorio, conquistador, burlador, mujeriego, galán, seductor. → *Misógino.*

DONOSO Gallardo, chistoso, gracioso, ocurrente. → *Patoso.*

DONOSURA Gracia, donosidad, lindeza, donaire, gracejo.

DORADO Chapado, bruñido, áureo, brillante, refulgente. → *Opaco.* || Feliz, venturoso, floreciente, radiante, esplendoroso. → *Infausto.*

DORMILÓN Perezoso, gandul, lirón, poltrón, tumbón, haragán. → *Insomne, activo.*

DORMIR Adormecerse, dormitar, descansar, soñar, reposar, pernoctar, yacer, acostarse, entumecerse, amodorrarse, aletargarse, adormilarse. → *Velar, despertarse.*

DORMITAR Cabecear, adormecerse, dormir.

DORMITORIO Alcoba, pieza, cuarto, aposento, habitación, cámara.

DORSO Reverso, revés, espalda, envés, respaldo, trasera, cruz, lomo, zaga, retaguardia. → *Anverso, cara.*

DOSEL Palio, toldo, baldaquino, colgadura.

DOSIFICAR Graduar, medir, administrar, repartir, determinar, distribuir, partir.

DOSIS Medida, cantidad, toma, porción, parte.

DOSSIER Expediente, legajo, carpeta, documentos.

DOTACIÓN Tripulación, personal, oficialidad, marinería, equipo, servicio. || Salario, asignación, sueldo.

DOTAR Conceder, asignar, dar, ofrecer, proporcionar, proveer, legar, donar, ceder. → *Quitar, despojar, negar.*

DOTE Caudal, prenda, patrimonio, bienes, fondos, asignación, prebenda.

DOTES Cualidades, talento, don, virtudes, prendas, ventajas. → *Defectos.*

DRAMA Tragedia, melodrama, desgracia, calamidad, fatalidad. → *Comedia.*

DRAMÁTICO Patético, emocionante, conmovedor, impresionante. → *Ridículo.*

DRAMATISMO Emoción, emotividad, impresión, garra, sensibilidad. → *Apatía, calma.*

DRÁSTICO Enérgico, radical, decisivo, eficaz, concluyente, contundente, violento, rápido, fuerte, activo, eficacísimo. → *Suave.*

DROGA Ingrediente, medicamento, sustancia, medicina, especialidad, preparado, remedio, narcótico, estupefaciente, estimulante.

DROGADICTO Toxicómano, drogado, morfinómano, vicioso.

DUBITATIVO Vacilante, indeciso, irresoluto, titubeante, confuso. → *Decidido, resuelto.*

DÚCTIL Flexible, maleable, blando, dócil, condescendiente, adaptable, transigente, acomodaticio. → *Duro, rígido, intransigente.*

DUCHA Chorro, lluvia, riego, aspersión, llovizna, irrigación. || Baño.

DUCHO Experto, experimentado, capaz, competente, avezado, baqueteado, fogueado, hábil, entendido, versado, perito. → *Inexperto.*

DUDA Vacilación, perplejidad, indecisión, titubeo, dilema, incertidumbre. → *Certeza, seguridad.* || Recelo, sospecha, barrunto, prevención, suspicacia, recelo, escrúpulo. → *Confianza.*

DUDAR Titubear, fluctuar, vacilar.

DUDOSO Inseguro, incierto, hipotético, problemático, precario, vago, discutible, sospechoso, cuestionable, ambiguo, equívoco, receloso, vacilante, indeciso. → *Cierto, seguro, decidido.*

DUELO Combate, desafío, encuentro, reto, lance, justa, enfrentamiento. → *Reconciliación.* || Luto, dolor, pena, aflicción, compasión, sentimiento. → *Gozo.*

DUENDE Genio, espectro, gnomo, espíritu, fantasma, visión, trasgo.

DUEÑA Acompañante, carabina, celestina, dama de compañía. || Ama, señora, propietaria.

DUEÑO Propietario, empresario, señor, patrón, amo, jefe, poseedor, titular.

DULCE Dulzón, exquisito, delicioso, sabroso, suave, grato, rico, azucarado, placentero. → *Amargo.* || Golosina, confite, caramelo, bombón. || Dócil, complaciente, indulgente, bondadoso, afable. → *Amargado.*

DULCIFICAR Suavizar, apaciguar, calmar, mitigar, amansar, sosegar. → *Exacerbar.*

DULZURA Suavidad, ternura, bondad, afecto, benevolencia, sencillez, mansedumbre, afabilidad, docilidad. → *Aspereza, amargura.*

DUPLICAR Copiar, reproducir, calcar, transcribir, plagiar, multiplicar.

DUPLICIDAD Falsedad, engaño, doblez, hipocresía, fingimiento, disimulo, astucia. → *Franqueza.*

DURABLE Constante, estable, duradero.

DURACIÓN Permanencia, persistencia, subsistencia, estabilidad, aguante, firmeza, continuidad, perpetuidad, durabilidad, perennidad. → *Fugacidad, brevedad.* || Tiempo, lapso, espacio, plazo.

DURADERO Permanente, estable, persistente, constante, durable, firme, inmutable, inalterable, eterno. → *Efímero, pasajero.*

DURANTE Mientras.

DURAR Resistir, perdurar, permanecer, eternizarse, mantenerse. → *Caducar, pasar, cesar.*

DUREZA Resistencia, consistencia, solidez. → *Blandura.* || Rigor, rudeza, aspereza, violencia, severidad. || *Callo, callosidad.*

DURO Firme, tenaz, recio, sólido, compacto, consistente, resistente, irrompible, rígido. → *Blando, endeble.* || Severo, inflexible, insensible, rígido. → *Benévolo.* || Terco, porfiado, sufrido, estoico. → *Razonable, blando.*

E e

EBRIO Embriagado, borracho, bebido, beodo, dipsómano, temulento, alegre. → *Sobrio.*

EBULLICIÓN Hervor, cocción, burbujeo, efervescencia, hervidero, borbotón. → *Solidificación, congelación.*

ECLESIÁSTICO Cura, sacerdote, presbítero, clérigo.

ECLIPSAR Ocultar, tapar, oscurecer, interceptar, interponerse, esconder, cubrir. → *Mostrar, revelar.* || Superar, exceder, desmerecer, deslucir. → *Realzar.*

ECLIPSARSE Desaparecer, desvanecerse, escabullirse, esfumarse, ocultarse, ausentarse, huir, evadirse. → *Aparecer, presentarse.*

ECLIPSE Ocultación, oscurecimiento, desaparición, decadencia, ausencia, evasión, interceptación, privación. → *Auge.*

ECLOSIÓN Manifestación, comienzo, nacimiento, aparición, producción. → *Cerramiento.*

ECO Repetición, resonancia, repercusión, sonido, retumbo, sonoridad. → *Silencio.*

ECONOMÍA Ahorro, reserva. || Parsimonia, parquedad, escasez, miseria. → *Derroche.*

ECONÓMICO Módico, barato, rebajado, conveniente, ventajoso. → *Caro.* || Monetario, pecuniario, crematístico, ahorrativo, provisor, frugal, prudente, sobrio, administrador, sensato. → *Imprudente.* || Avaro, mezquino, roñoso, tacaño. → *Pródigo, derrochador.*

ECONOMIZAR Guardar, ahorrar, reservar. → *Prodigar.*

ECUÁNIME Equitativo, ponderado, imparcial, equilibrado, sereno, justo, objetivo, recto, neutral, razonable. → *Versátil, injusto.*

ECUESTRE Caballar, equino, hípico.

ECUMÉNICO Universal, mundial, general, total. → *Local.*

ECZEMA Sarpullido, erupción, eccema, irritación, descamación.

ECHAR Arrojar, repeler, expulsar, separar, excluir, despedir, rechazar, volcar, tirar. → *Admitir, atraer.*

ECHARSE Tumbarse, tenderse, acostarse, tirarse, yacer, dormirse, escamarse. → *Levantarse.*

EDAD Años, vida, longevidad, existencia. || Época, tiempo, era, lapso, periodo.

EDÉN Paraíso, empíreo, cielo, nirvana, elíseo, vergel. → *Infierno, desierto.*

EDICIÓN Publicación, impresión, estampación, tirada, ejemplares.

EDICTO Bando, ley, decreto, ordenanza, mandato, orden, disposición, decisión.

EDIFICACIÓN Obra, construcción, edificio.

EDIFICAR Erigir, alzar, construir, levantar, elevar, urbanizar. → *Derruir, tirar.*

EDIFICIO Obra, construcción, inmueble, fábrica, casa, vivienda.

EDITAR Publicar, imprimir, tirar, lanzar, estampar.

EDITOR Impresor, publicador, librero, empresario, publicista.

EDITORIAL Librería, empresa, imprenta, casa editora. || Artículo de fondo, suelto, gaceta.

EDREDÓN Colcha, cobertor, almohadón, cobija, manta.

EDUCACIÓN Enseñanza, instrucción, formación, cultura, método, adiestramiento, lección. → *Ignorancia.* || Cortesía, crianza, urbanidad, delicadeza, corrección. → *Vulgaridad, descortesía.*

EDUCADO Cortés, urbano, delicado, correcto, amable, considerado, fino, atento. → *Grosero.* || Culto, instruido, erudito, ilustrado, documentado. → *Ignorante.*

EDUCAR Adiestrar, instruir, enseñar, formar, dirigir, encaminar, aleccionar, ilustrar, preparar, explicar, desarrollar, encaminar, afinar. → *Embrutecer.*

EDUCATIVO Formativo, pedagógico.

EFECTIVO Seguro, verdadero, real. → *Imaginario.* || Dinero, metálico, moneda, billete.

EFECTO Consecuencia, producto, resultado, secuela, producto, acción, fruto. → *Causa.* || Sensación, emoción, impresión, sentimiento. → *Indiferencia.*

EFECTUAR Ejecutar, hacer, realizar, cumplir, celebrar, cometer, verificar. → *Abstenerse.*

EFEMÉRIDES Crónica, calendario, sucesos, hechos, diales.

EFERVESCENCIA Exaltación, excitación, agitación, hervor, ardor. → *Frialdad.*

EFICACIA Eficiencia, energía, actividad, validez, virtud. → *Ineficacia.*

EFICAZ Eficiente, efectivo, capaz, activo, dispuesto, enérgico, seguro, duradero, drástico. → *Ineficaz, inútil.*

EFICIENCIA Eficacia, vigencia, validez. → *Ineficacia.*

EFIGIE Imagen, figura, retrato, representación, modelo, apariencia, copia.

EFÍMERO Fugaz, transitorio, pasajero, perecedero, breve, corto, precario, temporal. → *Duradero, eterno, perenne.*

EFUSIÓN Derramamiento. || Desahogo, expansión, cordialidad. → *Indiferencia.*

EFUSIVO Cariñoso, afectuoso, cordial, expresivo, entusiasta, amistoso, locuaz, afable. → *Adusto, hosco, circunspecto.*

EGOÍSMO Personalismo, egotismo, egolatría, codicia.

EGOÍSTA Codicioso, materialista, interesado, ambicioso, avaro, sórdido, ruin, mezquino, ególatra, personalista. → *Generoso, altruista.*

EGREGIO Ilustre, notable, eminente, preclaro, excelso, ínclito, glorioso, famoso, conspicuo. → *Oscuro, anónimo, ruin.*

EJE Vara, barra, barrote, palanca, cigüeñal, árbol.

EJECUCIÓN Realización, consumación, cumplimiento, factura, práctica.

EJECUTAR Efectuar, hacer, realizar, cumplir, establecer, celebrar, formalizar, verificar. → *Deshacer, detener.* || Ajusticiar, matar, eliminar, sacrificar, inmolar, suprimir. → *Perdonar, indultar.*

EJECUTORIA Despacho, título, diploma. || Hecho, acción, timbre.

EJEMPLAR Espécimen, prototipo, modelo, muestra, patrón. || Intachable, íntegro, irreprochable, perfecto, cabal. → *Imperfecto, reprochable.*

EJEMPLO Anécdota, caso, cita, muestra, prueba, alusión, parábola. || Modelo, muestra, norma, tipo, prototipo.

EJERCER Practicar, cultivar, desempeñar, actuar, ejercitar, llenar, efectuar, dedicarse, cumplir. → *Abandonar, cesar.*

EJERCICIO Gimnasia, adiestramiento, deporte, movimiento, entrenamiento, caminata. → *Inactividad.* || Desempeño, ocupación, función, práctica, ejecución, trabajo. → *Abandono, reposo, inactividad.*

EJERCITAR Desempeñar, ocupar, ejecutar, realizar, practicar, ejercer, entrenar, adiestrar, formar, amaestrar. → *Cesar, abandonar.*

EJÉRCITO Tropa, milicia, hueste, áscar, guardia, mesnada, falange, banda, multitud.

ELABORACIÓN Fabricación, producción, transformación, confección, preparación, industria.

ELABORAR Confeccionar, preparar, hacer, producir, fabricar.

ELÁSTICO Flexible, dúctil, blando, compresible, correoso. → *Rígido.* || Ajustable, acomodaticio. || Resorte, muelle, ballesta, fleje.

ELECCIÓN Opción, alternativa, decisión, preferencia. || Votación, comicios, voto, referéndum, sufragio, plebiscito, junta, asamblea.

ELECTO Nombrado, seleccionado, escogido, elegido. → *Destituido.*

ELECTRICIDAD Fluido, corriente, energía, fluido eléctrico.

ELECTRIZANTE Apasionante, arrebatador, embriagador, asombroso, excitante, enardecedor. → *Aburrido.*

ELEGANCIA Distinción, donaire, gusto, delicadeza, gracia, finura, garbo, apostura, nobleza, esbeltez, gallardía. → *Tosquedad, vulgaridad.*

ELEGANTE Distinguido, galano, airoso, gallardo, esbelto. → *Desastrado.*

ELEGÍACO Luctuoso, melancólico, triste, lastimero. → *Festivo.*

ELEGIDO Preferido, predilecto, electo, predestinado. → *Condenado.*

ELEGIR Seleccionar, designar, optar, preferir, escoger, distinguir, nombrar, designar, destacar. → *Relegar, descartar.*

ELEMENTAL Simple, sencillo, básico, fundamental, primario, primordial, rudimentario, evidente, fácil, conocido, sencillo. → *Complejo, abstruso.*

ELEMENTO Fundamento, base, componente, pieza, parte, principio, integrante. → *Totalidad.*

ELEMENTOS Nociones, rudimentos, principios. || Recursos, medios.

ELENCO Catálogo, lista, índice, repertorio.

ELEVACIÓN Altitud, prominencia, eminencia, altura. → *Depresión.* || Enaltecimiento, encumbramiento, exaltación. → *Humillación.* || Incremento, subida, aumento, encarecimiento, mejora, progreso. → *Descenso.*

ELEVADO Eminente, encumbrado, prominente, alto. → *Bajo.* || Sublime, noble. → *Ruin.* || Señalado, crecido, subido, singular.

ELEVAR Aumentar, acrecentar, subir, alzar, construir, edificar. → *Bajar, derruir.* || Ennoblecer, enaltecer, perfeccionar. → *Envilecer.*

ELIMINAR Quitar, excluir, descartar, suprimir, anular, liquidar, abolir, expulsar, matar, aniquilar, destruir, exterminar. → *Admitir, perdonar.*

ELIPSE Óvalo, sinusoide, parábola, curva cerrada.

ÉLITE Lo mejor, lo escogido, minoría selecta. → *Gentuza, chusma.*

ELIXIR Brebaje, licor, pócima, bálsamo, poción, brebaje curalotodo, remedio, medicamento.

ELOCUCIÓN Dicción, expresión.

ELOCUENCIA Oratoria, persuasión, facundia, retórica, fogosidad, convicción, palabra. → *Apatía, silencio.*

ELOCUENTE Conmovedor, persuasivo, convincente, fogoso, locuaz, arrebatador, orador. → *Apático, silencioso.* || Gráfico, expresivo, plástico, significativo. → *Enigmático.*

ELOGIAR Ensalzar, loar, enaltecer, celebrar, aclamar, adular, alabar, ponderar, exaltar, honrar, glorificar, aplaudir. → *Criticar, recriminar, vituperar.*

ELOGIO Loa, alabanza, apología, panegírico, exaltación, adulación. → *Vituperio.*

ELUDIR Soslayar, esquivar, evadir, rehuir, evitar, sortear, rehusar, salvar, → *Encarar, afrontar.*

EMANACIÓN Irradiación, efluvio.

EMANAR Exhalar, fluir, irradiar, emitir, dimanar. || Derivar, resultar, proceder, nacer, provenir, originarse.

EMANCIPACIÓN Independencia, autonomía, libertad. → *Opresión.*

EMANCIPAR Independizar, liberar, manumitir, redimir, separar, proteger, desvincular, libertar. → *Someter, dominar.*

EMBABUCAR Engañar.

EMBADURNAR Untar, pringar, ensuciar, pintarrajear, engrasar, recubrir, → *Limpiar, desengrasar.*

EMBAJADA Representación, misión, legación, delegación, consulado, comisión.

EMBAJADOR Diplomático, ministro, plenipotenciario, delegado, representante, enviado.

EMBALAJE Caja, envoltorio, paquete, envase, estuche, bulto, fardo, lío.

EMBALAR Empaquetar, envasar, enfardar, encajonar, envolver, atar, proteger. → *Desembalar.*

EMBALDOSAR Enlosar, pavimentar, enladrillar.

EMBALSAMAR Preservar, sahumar, preparar, conservar, momificar.

EMBALSAR Detener, estancar, encharcar, rebalsar, represar, recoger, acumular.

EMBALSE Presa, represa, dique, pantano, rebalsa.

EMBANDERAR Engalanar, decorar, empavesar, adornar.

EMBARAZADA Preñada, encinta, gestante, grávida, fecundada, parturienta.

EMBARAZO Gestación, preñez, gravidez, maternidad, fecundación. || Turbación, perplejidad, confusión, desconcierto. → *Seguridad.* || Molestia, dificultad, estorbo, impedimento, obstáculo. → *Facilidad.*

EMBARAZOSO Turbador, difícil, agobiante, estorboso, delicado, desconcertante, serio, molesto, incómodo. → *Soportable, simple, llevadero.*

EMBARCACIÓN Nave, barco, nao, buque, bajel.

EMBARCADERO Muelle, dársena, dique, malecón, escollera, atracadero.

EMBARCAR Subir, entrar, llegar, ingresar, introducir, meter, cargar, estibar. → *Desembarcar.*

EMBARCARSE Aventurarse, arriesgarse, lanzarse, exponerse, comprometerse, atreverse. → *Abstenerse, eludir.*

EMBARGAR Confiscar, retener, suspender, impedir, paralizar, detener, incautarse, requisar, decomisar, quitar. → *Devolver.*

EMBARRANCAR Encallar, varar, atascarse, atollar, zozobrar. → *Salir a flote, desembarrancar.*

EMBARRAR Enfangar, manchar, entarquinar, embadurnar.

EMBARULLAR Enredar, confundir, revolver, azorar, ofuscar, desorientar, aturdir, embrollar. → *Aclarar, orientar, desenredar.*

EMBATE Acometida, ataque, arremetida, embestida.

EMBAUCADOR Impostor, engañador, embaidor.

EMBAUCAR Timar, engañar, estafar, enredar, engatusar, chantajear, embrollar, seducir.

EMBEBECER Divertir, entretener, embelesar.

EMBEBER Empapar, absorber, humedecer, impregnar, rezumar, saturar. → *Exprimir, secar.*

EMBEBERSE Tupirse, apretarse. || Pasmarse, embelesarse, absorberse. || Capacitarse, instruirse.

EMBELESAR Arrobar, suspender, embriagar, extasiar, cautivar, hechizar, seducir, maravillar, pasmar. → *Repeler.*

EMBELESO Éxtasis, ilusión, seducción, estupefacción, embaimiento.

EMBELLECER Hermosear, acicalar, componer, adornar, decorar, preparar, maquillar. → *Afear.*

EMBESTIDA Acometida, embate, arremetida, ataque, asalto, choque. → *Retroceso, huida.*

EMBESTIR Acometer, atacar, arremeter, abalanzarse. → *Huir.*

EMBLEMA Lema, escudo, símbolo, alegoría, divisa, insignia, enseña, figura.

EMBOBADO Atónito, admirado, absorto, pasmado, maravillado.

EMBOBAR Pasmar, maravillar, fascinar, encandilar, deslumbrar, asombrar, suspender, enajenar, embelesar, sorprender.

EMBOCADURA Abertura, embocadero, boca. || Boquilla. || Bocado.

EMBOLSAR Introducir, guardar, recibir, envalijar, meter, ensacar, embalar, empacar. → *Sacar.*

EMBOLSARSE Guardarse, percibir, cobrar, recaudar, apañar. → *Pagar, ceder.*

EMBORRACHARSE Embriagarse, beber, marearse, alegrarse, alumbrarse, mamarse, alcoholizarse, empinar el codo, ajumarse, achisparse, intoxicarse. → *Abstenerse.*

EMBORRONAR Garrapatear, rasguear, chafarrinar, garabatear, dibujar. → *Borrar.*

EMBOSCADA Trampa, asechanza, encerrona, celada, engaño, lazo, estratagema, ardid, añagaza.

EMBOTAR Entorpecer, debilitar, enervar, amortiguar, entumecer, adormecer. → *Avivar.* || Mellar, despuntar, desgastar, engrosar. → *Afilar.*

EMBOTELLAMIENTO Obstrucción, atasco, detención, atolladero. → *Fluidez.*

EMBOTELLAR Envasar, dosificar, fraccionar, llenar. → *Vaciar.* || Atascar, obstruir, detener, inmovilizar, acorralar. → Circular.

EMBOZADO Tapado, oculto, cubierto, arrebujado. → *Descubierto.* || Obstruido, atrancado, atascado, cegado, atorado. → Desatascado.

EMBRAVECER Irritar, encolerizar, enfurecer, encrespar. → *Amanzar.*

EMBRAVECIDO Tormentoso, proceloso, agitado, enfurecido, excitado. → *Sereno.*

EMBRIAGADO Beodo, ebrio, bebido, borracho, alcoholizado, mamado, temulento, achispado, alumbrado, curda, dipsómano. || *Sobrio.* || Embelezado, enajenado, maravillado, fascinado. → *Indiferente.*

EMBRIAGARSE Emborracharse, beber, ajumarse, chispearse. → *Desembriagarse.*

EMBRIAGUEZ Ebriedad, borrachera, curda, tajada, mona, alcoholismo, dipsomanía, tranca. → *Sobriedad.* || Arrobamiento, enajenación.

EMBRIÓN Rudimento, principio, germen.

EMBRIONARIO Inicial, rudimentario, tosco, primario, rudo, elemental. → *Perfeccionado, maduro.*

EMBROLLADO Desorientado, confundido, trastornado, turbado, confuso. → *Seguro.* || Desordenado, caótico, revuelto, mezclado, enmarañado, confuso. → *Claro.*

EMBROLLO Confusión, maraña, lío, enredo, desorientación, caos, desorden, jaleo, problema, mezcla, confusión. → *Orden.* || Mentira, embuste, embeleco, invención. → *Verdad.*

EMBRUJAR Conjurar, hechizar, encantar, evocar, endemoniar. → *Exorcizar.* || Cautivar, atraer, seducir, fascinar, extasiar. → *Repeler.*

EMBRUJO Hechizo, encantamiento, maleficio, conjuro, ensalmo. → *Desencantamiento.* || Atractivo, encanto, fascinación, embeleso, seducción. → *Repulsión.*

EMBRUTECER Atontar, entorpecer, atolondrar, embrutar, degradar, idiotizar, encallecer. → *Educar.*

EMBRUTECIDO Imbécil, estúpido, tonto.

EMBUCHAR Engullir, embaular, devorar, tragar, zampar, manducar, atracarse. → *Devolver.*

EMBUSTE Engaño, invención, mentira, enredo, patraña, infundio, cuento, falsedad, calumnia. → *Verdad.*

EMBUSTERO Mentiroso, enredador, cuentista, farsante, falso, lioso. → *Veraz.*

EMBUTIDO Embuchado. || Marquetería, taracea. || Encaje, bordado.

EMBUTIR Introducir, meter, incrustar, atiborrar, rellenar, acoplar, empalmar. → *Sacar, separar.*

EMERGENCIA Urgencia, incidente, peripecia, accidente, suceso, aprieto, apremio, ocurrencia, eventualidad. → *Normalidad.*

EMERGER Surgir, sobresalir, brotar, aparecer. → *Sumergirse.*

EMIGRACIÓN Éxodo, transmigración, expatriación, migración, marcha, partida, abandono. → *Inmigración.*

EMINENCIA Sabio, personalidad, lumbrera, personaje. → *Medianía.* || Excelencia, superioridad, sublimidad, grandeza, distinción. → *Insignificancia.*

EMINENTE Prominente, encumbrado, alto, elevado. || Egregio, excelente, notable, distinguido, ilustre. → *Insignificante.*

EMISARIO Delegado, enviado, representante, embajador, mensajero, parlamentario.

EMISIÓN Transmisión, difusión, programa, audición, espacio, producción. || Proyección, lanzamiento.

EMITIR Transmitir, difundir, propalar. || Exhalar, arrojar, despedir, expulsar, proyectar, lanzar, irradiar, emanar. → *Atraer, absorber.*

EMOCIÓN Conmoción, agitación, turbación, enternecimiento, impresión, exaltación, alteración, angustia. → *Tranquilidad, calma.* || Ternura, piedad, humanidad, sensiblería. → *Crueldad.*

EMOCIONANTE Conmovedor, enternecedor, emotivo, interesante, inquietante. → *Indiferente.*

EMOCIONAR Enternecer, conmover, alterar, turbar, agitar.

EMOLIENTE Ablandador, demulciente.

EMPACAR Encajonar, enfardar, embalar, empaquetar.

EMPACHAR Saciar, estragar, empalagar, hartar, indigestar, estomagar.

EMPACHO Indigestión. || Embarazo, encogimiento, timidez, turbación, vergüenza. → *Desvergüenza.*

EMPADRONAR Censar, inscribir, registrar, relacionar, matricular.

EMPALAGAR Hastiar, aburrir, cansar, fastidiar, empachar. → *Deleitar.*

EMPALAGOSO Irritante, fastidioso, cargante, dulzón, pesado, pegajoso. → *Sobrio, indiferente.*

EMPALIZADA Valla, cerca, estacada, cerco, verja, seto, cercado.

EMPALMAR Acoplar, ensamblar, reunir, ligar, conectar, ajustar, enlazar, entroncar. → *Soltar, separar.*

EMPANTANAR Estancar, encharcar, inundar. → *Desecar.*

EMPAÑADO Pálido, desteñido, descolorido, deslustrado, amorti-
guado. → *Limpio.*
EMPAÑAR Enturbiar, oscurecer, opacar, deslustrar, ensuciar,
manchar. → *Aclarar, clarificar.* || Deslucir, estropear, arruinar, de-
sacreditar. → *Realzar.*
EMPAPADO Húmedo, mojado, liento. → *Seco.*
EMPAPAR Calar, mojar, humedecer, remojar, impregnar, duchar,
inundar. → *Secar, exprimir.*
EMPAPARSE Embeberse, penetrarse, imbuirse.
EMPAPELAR Forrar, cubrir, revestir, tapizar, guarnecer, envolver.
EMPAQUE Catadura, porte, figura, traza, presencia, facha, conti-
nente. || Gravedad, seriedad, afectación, prosopopeya. → *Sencillez.*
EMPAQUETAR Empacar, envolver, enfardar, encajonar, liar, em-
balar. → *Desempaquetar.*
EMPAREDADO bocadillo, canapé, panecillo, tentempié.
|| Encerrado, preso, recluso.
EMPAREJAR Igualar, allanar, nivelar, alisar, reunir, aparear, juntar,
conformar. → *Desigualar, separar.*
EMPARENTADO Relacionado, connotado.
EMPARENTAR Vincularse, relacionarse, unirse, atarse, contraer
lazos. → *Desvincularse.*
EMPATAR Igualar, emparejar, nivelar, equilibrar, compensar. →
Desempatar.
EMPECINADO Obstinado, terco, tozudo, porfiado, testarudo, inco-
rregible. → *Razonable.*
EMPEDERNIDO Implacable, insensible, endurecido, recalcitrante,
contumaz, impenitente, cruel, desalmado, brutal, riguroso. → *Com-
pasivo.*
EMPEDRAR Adoquinar, pavimentar, cubrir, engravar, enlosar. →
Desempedrar.
EMPEINE Pubis.
EMPELLÓN Empujón, choque, topetazo, golpe, atropello, codazo, brus-
quedad, rempujón.
EMPEÑADO Disputado, reñido, acalorado.
EMPEÑAR Pignorar, entramparse, adeudar, comprometerse, en-
deudarse. → *Desempeñar.*
EMPEÑARSE Obstinarse, encapricharse, porfiar, insistir. → *Aban-
donar, ceder.*
EMPEÑO Deseo, vehemencia, ansia, pasión, obstinación, tesón,
apetencia, ardor, capricho, perseverancia, porfía. → *Indiferencia,
abulia.*
EMPEORAR Agravarse, desmejorar, perder, disminuir, deteriorar-
se, decaer. → *Mejorar.* || Nublarse, encapotarse, cerrarse, cubrirse.
→ *Despejarse.*

EMPEQUEÑECER Disminuir, reducir, menguar, aminorar, mermar, decaer, minimizar. → *Agrandar.*

EMPERADOR Soberano, monarca, rey.

EMPERIFOLLAR Emperejilar, engalanar, ataviar, acicalar, adornar, endomingar, hermosear, componer, aderezar. → *Afear, desarreglar.*

EMPERO Mas, pero, sin embargo.

EMPERRARSE Encapricharse, obstinarse, empeñarse, porfiar, encastillarse. → *Razonar, allanarse, ceder.*

EMPEZAR Principiar, iniciarse, comenzar, incoar, emprender, estrenar, principiar, surgir, crear, fundar. → *Terminar.*

EMPINADO Pino, inclinado, encaramado, desnivelado, caído, elevado, encumbrado, alto. → *Llano, bajo.*

EMPINARSE Alzarse, auparse, encaramarse, estirarse, erguirse, elevarse, levantarse. → *Bajarse.*

EMPINGOROTADO Engreído, encumbrado, encopetado, presuntuoso, prosopopéyico, opulento. → *Sencillo, humilde.*

EMPÍREO Edén, paraíso, cielo, gloria, nirvana. → *Infierno.* || Paradisiaco, excelso, supremo. → *Infernal.*

EMPÍRICO Práctico, experimental, rutinario, positivo, real. → *Teórico, especulativo.*

EMPLASTO Cataplasma, pegote, parche, sinapismo, fomento, bizma, ungüento. → *Arreglo, componenda.*

EMPLAZADO Situado, colocado, ubicado, orientado, dispuesto. || Citado, convocado, requerido, llamado.

EMPLAZAR Situar, colocar, instalar, ubicar, orientar. → *Quitar.* || Convocar, llamar, ordenar, citar, requerir.

EMPLEADO Oficinista, dependiente, funcionario, productor, subalterno, burócrata, escribiente. → *Jefe.*

EMPLEAR Colocar, destinar, ocupar, contratar, asalariar, aceptar. → *Despedir.* || Utilizar, valerse, usar, servirse, aplicar, disfrutar, aprovechar, obtener, valerse, consumir, gastar. → *Dejar.*

EMPLEO Ocupación, colocación, cargo, puesto, destino, trabajo, oficio, acomodo, destino, plaza, menester, vacante. → *Desocupación.* || Uso, utilización, aplicación, usufructo, aprovechamiento, función, utilidad. → *Desuso.* || Jerarquía, grado, categoría, título, escalafón.

EMPOBRECER Depauperar, arruinar, perjudicar, dañar, endeudar, decaer. → *Enriquecer.*

EMPOLLAR Criar, incubar, cuidar. || Estudiar, memorizar, reflexionar, meditar.

EMPONZOÑAR Envenenar, pervertir, corromper, inficionar.

EMPORCAR Manchar, ensuciar. → *Limpiar.*

EMPORIO Centro, núcleo, foco, base, sede, almacén, establecimiento, mercado.

EMPOTRAR Encajar, embutir, hincar, meter, incrustar, enchufar, empalmar, alojar. → *Extraer.*

EMPRENDEDOR Activo, decidido, resuelto, osado, dinámico, diligente, afanoso, ambicioso, hábil. → *Abúlico, irresoluto.*

EMPRENDER Acometer, iniciar, comenzar, principiar, empezar, abordar. → *Abandonar, cesar, finalizar.*

EMPRESA Ocupación, tarea, trabajo, obra, labor, cometido, tentativa, proyecto, designio. || Sociedad, compañía, firma, casa, industria, razón social, institución.

EMPRESARIO Patrono, patrón, amo, dueño, propietario, jefe, cabeza, gerente. → *Empleado, subordinado.*

EMPRÉSTITO Préstamo, adelanto, anticipo, ayuda, hipoteca, garantía.

EMPUJAR Impeler, impulsar, estimular, excitar, incitar, arrastrar, forzar, propulsar, lanzar, chocar, atropellar. → *Detener, frenar.*

EMPUJE Brío, osadía, ímpetu, resolución, arranque, energía, vigor, coraje. → *Indolencia.*

EMPUJÓN Empellón.

EMPUÑADURA Mango, manubrio, asa, puño, guarnición, asidero, manija.

EMPUÑAR Aferrar, asir, coger, aprisionar, tomar, blandir, apretar. → *Soltar.* || Lograr, conseguir, alcanzar.

EMULAR Imitar, remedar, copiar, reproducir, competir, rivalizar, oponerse.

ENAJENACIÓN Distracción, éxtasis, embobamiento, ensimismamiento. || Locura, demencia, desvarío, arrebato, acceso. → *Cordura.* || Venta, pignoración, cesión, traspaso, adjudicación. → *Recuperación, devolución.*

ENAJENAR Traspasar, vender, alienar. → *Adquirir.*

ENAJENARSE Enloquecer, desvariar, trastornarse, disparatar, desatinar. → *Razonar.* || Extasiarse, abstraerse, embelesarse, pasmarse, encantarse, arrebatarse, suspenderse. → *Repugnar.*

ENALTECER Ensalzar, realzar, elogiar, honrar, encomiar, encumbrar, alabar, glorificar, destacar. → *Criticar, rebajar.*

ENALTECIMIENTO Elogio, exaltación, encomio, elevación, alabanza. → *Vituperio.*

ENAMORADIZO Mujeriego, faldero.

ENAMORADO Adorador, galán, galanteador, pretendiente, tórtolo. || Encariñado, apasionado, prendado, chalado, seducido, conquistado, tierno. → *Indiferente.*

ENAMORAR Conquistar, cortejar, seducir, galantear, requebrar, flechar.

ENAMORARSE Prendarse, encariñarse, adorar, idolatrar, derretirse, apasionarse, aficionarse. → *Olvidar.*

ENANO Pigmeo, liliputiense, minúsculo, diminuto, escaso, menudo, raquítico. → *Gigante.*

ENARBOLAR Levantar, arbolar, izar, alzar, colocar, ondear, blandir, empuñar. → *Arrear, bajar, soltar.*

ENARDECER Arrebatar, acalorar, apasionar, entusiasmar, estimular, inflamar, avivar, excitar, animar. → *Aplacar, calmar.* || Irritar, exasperar, encolerizar, provocar. → *Calmar.*

ENCABALGAMIENTO Montante, armazón.

ENCABEZAMIENTO Prefacio, exordio, principio, comienzo. → *Final.* || Registro, censo, padrón, empadronamiento.

ENCABEZAR Dirigir, capitanear, acaudillar, organizar. → *Seguir.* || Empezar, principiar, iniciar, titular, escribir. → *Terminar, acabar.* || Empadronar, matricular, registrar.

ENCABRITARSE Engrifarse, erguirse, empinarse, alzar, enarmonarse.

ENCADENAMIENTO Engranaje, conexión, concatenación, eslabonamiento, gravazón.

ENCADENAR Esposar, aherrojar, ligar, maniatar, esclavizar, sujetar, atar, amarrar, aprisionar, trabar, unir, relacionar, enlazar. → *Soltar, desligar.*

ENCAJAR Encrustar, embutir, introducir, acoplar, embeber. → *Desencajar.*

ENCAJE Puntilla, blonda, bolillo, bordado, calado, labor, marquetería, taracea. || Ajuste, articulación, unión, enganche, enlace, acoplamiento, enchufe.

ENCAJONAR Embalar, envolver, empacar, empaquetar, embanastar, envasar, encerrar. → *Desembalar.*

ENCALADURA Enyesadura, enjalbegado, revoco, enfoscado, javielgo.

ENCALAR Enlucir, blanquear, enjalbegar, pintar, enfoscar.

ENCALLAR Varar, embarrancar, atascarse, abordar, zozobrar, naufragar, atollarse, empantanarse. → *Salir a flote, flotar.*

ENCAMINARSE Trasladarse, dirigirse, marchar, ir, converger, caminar, conducir, guiar, orientar. → *Desencaminar.*

ENCANDILADO Tieso, erguido, envarado.

ENCANDILAR Segar, ofuscar, deslumbrar, alucinar, enceguecer, maravillar, impresionar, fascinar, pasmar. → *Desencantar, indisponer.*

ENCANECER Avejentarse, envejecer.

ENCANTADO Extático, absorto, ensimismado, distraído.

ENCANTADOR Mago, hechicero, brujo, nigromante, taumaturgo. || Maravilloso, cautivador, fascinador, sugestivo, atrayente, seductor. → *Repugnante.*

ENCANTAMIENTO Conjuro, sortilegio, magia, hechizo, brujería, ensalmo, aojo, cábala, filtro. || Fascinación, encanto, maravilla.

ENCANTAR Maravillar, fascinar, seducir, embelesar, impresionar, cautivar, sugestionar. → *Repeler.* || Hechizar, embrujar, invocar, conjurar, hipnotizar, dominar. → *Liberar, desencantar.*

ENCANTO Embeleso, fascinación, maravilla, magia, sortilegio, hechizo. → *Horror.*

ENCAPOTARSE Nublarse, aborrascarse, oscurecerse, cubrirse, cargarse, entoldarse. → *Aclararse.*

ENCAPRICHARSE Empecinarse, empeñarse, obstinarse, aficionarse, emperrarse, machacar, insistir. → *Despegarse, olvidar.* || Prendarse, enamorarse, pirrarse, derretirse. → *Odiar.*

ENCARAMARSE Subirse, trepar, ascender, elevarse, colocarse, empinarse, escalar. → *Descolgarse, bajar.*

ENCARAR Enfrentar, arrostrar, plantarse, resistir, hacer frente. → *Ceder.*

ENCARCELAR Recluir, encerrar, aprisionar, enrejar, detener, prender, apresar, confinar, aislar. → *Soltar, liberar.*

ENCARECER Aumentar, elevar, valorizar, subir, especular, gravar. → *Abaratar, rebajar.* || Encomendar, encargar, recomendar, suplicar, insistir.

ENCARECIMIENTO Carestía, subida, alza. → *Abaratamiento.* || Insistencia, empeño, porfía. || Exageración, ponderación.

ENCARGADO Delegado, gestor, agente, representante, responsable, sulbalterno, comisionado, apoderado, sustituto.

ENCARGAR Pedir, ordenar, solicitar, mandar, requerir, encomendar. → *Servir.* || Delegar, comisionar, facultar, autorizar, apoderar. → *Desestimar.*

ENCARGO Mandato, orden, requerimiento, solicitud, gestión, favor, petición, encomienda, mandado, misión, cometido, recomendación.

ENCARIÑARSE Simpatizar, aficionarse, interesarse, encapricharse, enamorarse, prendarse. → *Desinteresarse.*

ENCARNACIÓN Personificación, materialización, representación, símbolo, imagen.

ENCARNADO Colorado, rojo, purpúreo, escarlata, granate, rubí, carmesí, carmín.

ENCARNAR Personificar, representar, simbolizar.

ENCARNIZADO Sangriento, reñido, duro, porfiado, sañudo, implacable, cruel, feroz, enconado, salvaje. → *Benévolo.*

ENCARRILAR Encauzar, guiar, dirigir, encaminar, enderezar. → *Descarriar.*

ENCASILLAR Encuadrar, catalogar, clasificar, archivar, circunscribir, calificar, separar.

ENCASQUETARSE Encajarse, ponerse, calarse, meterse, colocarse, enjaretarse. → *Descubrirse, quitarse.*

ENCAUZAR Guiar, encarrilar, encaminar, dirigir, enfocar, inspirar, gobernar. → *Desorientar.*

ENCELAR Amorecer.

ENCENAGAR Embarrar, enlodar, enfangar, ensuciar, pervertir, encanallar.

ENCENDER Prender, iluminar, conectar, accionar, pulsar, incendiar, avivar, inflamar, quemar. → *Apagar.* || Enardecer, excitar, entusiasmar.

ENCENDIDO Incandescente, candente. → *Apagado.*

ENCERRAR Recluir, aprisionar, encarcelar, internar, incomunicar, confinar, aislar. → *Soltar, libertar.* || Abarcar, contener, comprender, incluir. → *Excluir.*

ENCERRONA Trampa, celada, emboscada, acechanza, añagaza, ardid, treta, artificio.

ENCICLOPEDIA Léxico, diccionario, vocabulario, repertorio, compendio, texto.

ENCIERRO Reclusión, clausura, aislamiento, retiro, prisión, claustro, mazmorra, cárcel, celda, calabozo. → *Liberación.*

ENCIMA Sobre. → *Debajo.* || Además.

ENCIMAR Alzar, levantar, encaramar.

ENCINTA Embarazada, grávida.

ENCLAUSTRAR Recluir, enceldar, encerrar.

ENCLAVADO Localizado, situado, emplazado, ubicado, instalado, establecido, plantado. → *Trasladado.* || Dentro, encerrado.

ENCLAVE Territorio, zona, comarca, emplazamiento.

ENCLENQUE Endeble, débil, achacoso, enfermizo, entenco, raquítico, esmirriado. → *Robusto, fornido.*

ENCOGER Contraer, menguar, reducir, disminuir, mermar, acortar, abreviar, estrechar. → *Estirar.* || Plegar, fruncir, recoger, retraer.

ENCOGERSE Acortarse, contraerse, acobardarse, amilanarse, arredrarse. → *Dilatarse, envalentonarse.*

ENCOGIMIENTO Pusilanimidad, timidez, apocamiento. → *Desenvoltura.*

ENCOLAR Pegar, adherir, unir, fijar, aglutinar, soldar, engrudar. → *Despegar.*

ENCOLERIZAR Irritar, exasperar, enfurecer, enojar, exacerbar, desafiar, excitar, molestar, fastidiar, alterar. → *Aplacar, calmar.*

ENCOMENDAR Encargar, pedir, recomendar, encarecer, mandar, solicitar, suplicar, confiar.

ENCOMENDARSE Fiarse, confiarse, entregarse, abandonarse. → *Desconfiar.*

ENCOMIAR Celebrar, ensalzar, loar, alabar, elogiar, aplaudir, enaltecer, adular. → *Criticar, vituperar.*

ENCOMIENDA Comisión, encargo. || Elogio. || Merced, renta. || Custodia, amparo, protección. || Paquete postal.

ENCOMIO Alabanza, elogio, apología.

ENCONARSE Infectarse, inflamarse, congestionarse, supurar, envenenar, ensañar, exacerbar, irritar. → *Sanar, desinfectar, aplacar.*

ENCONO Saña, rencor, inquina, fobia, tirria, odio, animadversión, enemistad, resentimiento. → *Afecto.*

ENCONTRAR Hallar, descubrir, tropezar, dar con, acertar, descubrir, topar. → *Perder.*

ENCONTRARSE Coincidir, reunirse, concurrir, converger, hallarse. → *Separarse.* || Oponerse, contraponerse, discordar, chocar. → *Avenirse.* || Estar.

ENCONTRONAZO Tropezón, topetazo, golpe, tropiezo, colisión, encuentro, empellón, choque.

ENCOPETADO Linajudo, aristocrático, distinguido, señorial, ilustre. → *Humilde.* || Engreído, vanidoso, soberbio, presumido, vano, ostentoso. → *Sencillo, modesto.*

ENCORAJINARSE Enfadarse, irritarse, alterarse.

ENCORSETAR Ceñir, fajar, oprimir, estrechar.

ENCORVAR Arquear, combar, torcer, curvar, inclinar, doblar, flexionar. → *Enderezar.*

ENCRESPADO Enfurecido, encolerizado, enbravecido.

ENCRESPAR Engrifar, rizar, ensortijar, enmarañar, escarolar, erizar. → *Alisar.*

ENCRESPARSE Irritarse, encorajinarse, sulfurarse, encolerizarse, embravecerse, alborotarse, desgreñarse. → *Calmarse.*

ENCRUCIJADA Intersección, cruce, bifurcación, confluencia, empalme, reunión.

ENCUADERNAR Empastar, componer, arreglar.

ENCUADRAR Encasillar, insertar, delimitar, circunscribir, calificar, asignar, encerrar, incluir, inserir.

ENCUBIERTA Ocultación, fraude, dolo.

ENCUBRIDOR Cómplice, ocultador, protector, colaborador, compinche, partidario. → *Denunciante, soplón.*

ENCUBRIR Ocultar, esconder, disimular, proteger, amparar, colaborar, participar, callar, fingir. → *Revelar, denunciar.*

ENCUENTRO Hallazgo, descubrimiento, coincidencia, reunión, cruce. → *Pérdida.* || Combate, lucha, enfrentamiento, rivalidad, competición, refriega. → *Pacto, amistad.* || Colisión, estrellón, choque. || Contradicción, oposición, pugna.

ENCUESTA Averiguación, indagación, pesquisa, información, investigación, examen, informe, sondeo, opinión, estudio.

ENCUMBRADO Destacado, prominente, eminente, elevado. || Orgulloso, ensoberbecido.

ENCUMBRARSE Elevarse, sobresalir, destacar, progresar, descollar, engreírse, envanecerse, ensoberbecerse, subir. → *Declinar, humillarse.*

ENCHARCAR Estancar, empantanar, inundar, enlodar, enfangar, anegar, mojar. → *Secar.*

ENCHUFAR Acoplar, conectar, unir, vincular, encajar, ajustar, ensamblar, introducir. → *Desenchufar, desconectar.* || Recomendar, acomodar, ayudar, proteger, favorecer. → *Desdeñar.*

ENCHUFE Clavija, unión, empalme, placa. || Recomendación, sinecura, momio, canongía, breva, ventaja, destino, empleo, cargo, prebenda.

ENDEBLE Débil, enclenque, flojo, canijo, delgado, esmirriado, frágil. → *Fuerte, robusto, resistente.*

ENDÉMICO Habitual, permanente.

ENDEMONIADO Endiablado, embrujado, poseído, poseso, satánico, perverso, arrepticio, energúmeno. → *Bendito, exorcizado, calmado.*

ENDEREZAR Erguir, levantar, alzar, elevar. → *Bajar.* || Rectificar, corregir, encauzar, rehabilitar, encarrilar, dirigir, guiar. → *Desviar, descarriar.*

ENDEUDARSE Entramparse, empeñarse, comprometerse. → *Pagar.*

ENDIABLADO Dificilísimo, enrevesado, endemoniado. → *Fácil.*

ENDILGAR Endosar, arrojar, lanzar, encajar.

ENDIOSAMIENTO Orgullo, engreimiento.

ENDOMINGADO Arreglado, acicalado, emperifollado, adornado, compuesto. → *Desarreglado.*

ENDOSAR Endilgar, encargar, transmitir, trasladar, transferir, enjaretar, encasquetar, espetar, cargar, culpar. → *Quitar, retirar.*

ENDOSO Endorso, contenta, provisión, endose.

ENDULZAR Azucarar, dulcificar, mitigar, deleitar, aplacar, calmar, suavizar. → *Amargar, exacerbar.*

ENDURECER Robustecer, fortalecer, fortificar, vigorizar, acerar. → *Debilitar.*

ENDURECERSE Acostumbrarse, avezarse, curtirse. || Embrutecerse, encallecerse, insensibilizarse. → *Apiadarse, ablandarse.*

ENDURECIMIENTO Dureza, tenacidad, obstinación, terquedad. → *Transigencia.*

ENEMIGO Adversario, hostil, contrario, opuesto, contrincante, competidor, oponente, antagonista. → *Amigo.*

ENEMISTAD Rivalidad, antagonismo, hostilidad, competencia, antipatía, riña, aversión, odio. → *Amistad.*

ENERGÍA Poder, potencia, fuerza, vigor. → *Flaqueza.* || Voluntad, entereza, tesón, fortaleza, dinamismo. → *Debilidad.*

ENÉRGICO Poderoso, potente, vigoroso, pujante, brioso, resuelto, firme, autoritario, tenaz, eficaz, activo. → *Débil.*

ENERGÚMENO Violento, bárbaro, brutal, frenético, furioso, exaltado, enloquecido, fiera, bestia, endemoniado, alborotado. → *Apacible, benévolo.*

ENERVAR Embotar, debilitar, exasperar. → *Excitar.*

ENFADAR Disgustar, molestar, enojar, incomodar, irritar. → *Complacer.*

ENFADO Enojo, cólera, furia, arrebato, ira. → *Calma, pacificación.* || Hastío, disgusto, fastidio, contrariedad, mortificación, resentimiento. → *Satisfacción.*

ENFANGAR Encenegar, enlodar, embarrar, manchar, ensuciar.

ÉNFASIS Ampulosidad, ceremonia, prosopopeya, afectación, intensidad, vehemencia, viveza, vigor, intención, pomposidad, pedantería. → *Debilidad, sencillez.*

ENFÁTICO Solemne, ampuloso, prosopopéyico, hondo, profundo, intencionado, agudo. → *Sencillo, claro.*

ENFERMEDAD Achaque, afección, padecimiento, mal, dolencia, trastorno, complicación, desarreglo, indisposición, malestar, morbo. → *Salud.*

ENFERMIZO Achacoso, débil, valetudinario, enteco. → *Sano.* || Malsano, morboso. → *Moral.*

ENFERMO Doliente, paciente, indispuesto, aquejado, afectado, molesto. → *Sano.*

ENFILAR Enhebrar, ensartar, enhilar. → *Desenhebrar.*

ENFLAQUECER Adelgazar, desmejorar, demacrarse, secarse, chuparse, depauperarse, reducir, consumirse, disminuir de peso. → *Engordar.*

ENFLAQUECIMIENTO Delgadez, adelgazamiento, magrura, consunción, emaciación.

ENFOCAR Apuntar, dirigir, orientar, encauzar, acertar, encarar, considerar, realizar, ejecutar. → *Desviar.*

ENFRASCADO Ocupado, alterado, concentrado, engolfado, absorbido. → *Distraído.*

ENFRASCARSE Ensimismarse, embeberse, absorberse, abstraerse, engolfarse. → *Distraerse.*

ENFRENAR Reprimir, dominar, contener, domar, sujetar. → *Soltar.*

ENFRENTAR Resistir, oponer, carear, arrostrar, encarar, desafiar. → *Ceder, rehuir.*

ENFRENTARSE Luchar, contender, chocar, guerrear, afrontar, oponerse, contraponerse. → *Rehuir.*

ENFRIAR Refrescar, helar, congelar, refrigerar. → *Calentar.* || Entibiar, amortiguar, moderar, mitigar. → *Enardecer.*

ENFRIARSE Resfriarse, constiparse, acatarrarse, indisponerse. → *Sanarse.*

ENFUNDAR Cubrir, tapar, revestir, forrar, meter, encamisar. → *Sacar.*

ENFURECER Irritar, enojar, sulfurar, encolerizar, exasperar, arrebatar, provocar, excitar, crispar, encorajinar, alterar, sublevar. → *Calmar, aplacar.*

ENFURRUÑARSE Acalorarse, molestarse, arrebatarse, irritarse.

ENGALANAR Atildar, hermosear, acicalar, adornar, ornar, ataviar, emperejilar, componer, arreglar, empavesar, embanderar. → *Afear.*

ENGANCHAR Prender, empalmar, ensamblar, acoplar, trincar, ligar, asegurar, colgar, asir, agarrar, enlazar. → *Desenganchar.*

ENGAÑAR Mentir, embelecar, embaucar, burlar. || Divertir, distraer, entretener.

ENGAÑARSE Equivocarse, resbalar, ilusionarse.

ENGAÑO Mentira, chasco, falsedad, timo, embaucamiento, embeleco, disimulo, embrollo, invención, pretexto, truco, fraude, ardid, dolo, embuste, burla. → *Verdad.*

ENGAÑOSO Falaz, ilusorio, irreal, fraudulento, capcioso. → *Real.*

ENGARZAR Encajar, engastar, enlazar, eslabonar, embutir, incrustar, alojar, ajustar, acoplar. → *Soltar, aflojar, desengarzar.*

ENGATUSAR Embelecar, embaucar, engañar, camelar, envolver.

ENGENDRAR Producir, originar, procrear, generar, reproducir, crear, fecundar, poblar. → *Abortar.* || Originar, causar, provocar, motivar, crear, suscitar. → *Terminar.*

ENGENDRO Aborto, feto, monstruo, espantajo, fenómeno. || Aberración, disparate, barbaridad. → *Perfección.*

ENGLOBAR Comprender, reunir, encerrar, incluir, abarcar, rodear, abrazar, envolver.

ENGOLADO Inflado, vano, pomposo, hinchado, ampuloso, pretensioso, pedante, fatuo. → *Sencillo, modesto.*

ENGOLFARSE Enfrascarse, atarearse, aplicarse.

ENGOLOSINAR Tentar, incitar, estimular, atraer, seducir, engañar, ofuscar, sugestionar, fascinar, encandilar. → *Repeler.*

ENGOMAR Pegar, encolar, engrudar, adherir, fijar, unir, untar, impregnar, sujetar. → *Despegar.*

ENGORDAR Engrosar, robustecer, aumentar, ensanchar, abultar, cebar, hinchar, abotagarse. → *Enflaquecer.*

ENGORRO Molestia, embarazo, dificultad, obstáculo, estorbo, embrollo, complicación, enredo, problema, apuro. → *Facilidad.*

ENGORROSO Molesto, difícil, estorboso, embrolloso.

ENGRANAJE Trabazón, enlace, encadenamiento.

ENGRANAR Encajar, ajustar, ensamblar, coincidir, embragar, empalmar. → *Desengranar, soltar.*

ENGRANDECER Agrandar, acrecentar, desarrollar, aumentar, ampliar, extender, dilatar, elevar, incrementar, crecer, fomentar, ennoblecer, realzar, enaltecer. → *Empequeñecer, rebajar.*

ENGRASAR Pringar, lubricar, untar, embadurnar, aceitar, recubrir, suavizar. → *Limpiar, secar.*

ENGREÍDO Vanidoso, soberbio, fatuo, fanfarrón, altanero. → *Humilde.*

ENGREIMIENTO Jactancia, envanecimiento, fanfarronería, vanidad, soberbia, fatuidad, arrogancia, petulancia, suficiencia, desdén. → *Modestia.*

ENGRUDO Goma, cola, pasta, adhesivo, mucílago.

ENGULLIR Tragar, devorar, embaular, zampar, deglutir, manducar, atiborrarse, ingerir, ingurgitar. → *Devolver, vomitar.*

ENHEBRAR Ensartar, enhilar, engarzar, introducir, pasar. → *Soltar.*

ENHIESTO Tieso, erguido, erecto, derecho, vertical, rígido, levantado. → *Lacio, caído.*

ENHORABUENA Felicitación, pláceme, parabién, congratulación, brindis, aplauso. → *Pésame, crítica.*

ENIGMA Misterio, arcano, secreto, incógnita, interrogante. → *Clave, solución.* || Rompecabezas, charada, acertijo, adivinanza, jeroglífico, pasatiempo. → *Solución.*

ENIGMÁTICO Secreto, arcano, oculto, misterioso, sibilino, oscuro, inexplicable, abstruso, turbio. → *Claro, evidente.*

ENJABONAR Jabonar. || Adular. || Increpar, reprender.

ENJAMBRE Profusión, cantidad, abundancia, hervidero, hormiguero, cúmulo, infinidad. → *Falta, carencia.* || Multitud, muchedumbre, banda, tropa, grupo.

ENJARETAR Soltar, espetar, endilgar.

ENJAULAR Encarcelar, encerrar. → *Liberar.*

ENJOYADO Recamado, recubierto, adornado, engastado, rico, opulento. → *Pobre, sobrio.*

ENJUAGAR Aclarar, lavar, humedecer, bañar, sumergir, limpiar, rociar. → *Secar, enjugar.*

ENJUAGUE Lavado, aclarado. || Enredo.

ENJUGAR Secar, limpiar, escurrir, recoger. → *Humedecer.* || Liquidar, cancelar, extinguir. → *Crear.*

ENJUICIAR Valorar, calificar, evaluar, justipreciar, juzgar, apreciar, sentenciar, procesar. → *Ignorar.*

ENJUNDIA Fuerza, vigor, arrestos, coraje, brío, pujanza, esencia, quid. → *Debilidad.*

ENJUTO Flaco, entenco, nervudo, magro, seco, cenceño, delgado, chupado, demacrado, consumido. → *Rollizo.*

ENLACE Vínculo, relación, ligazón, atadura, sutura, enchufe, articulación, acoplamiento, nexo, engarce, lazo. → *Separación.* || Matrimonio, casamiento, nupcias, unión, vínculo, esponsales. → *Divorcio.*

ENLAZADO Coherente, conmisto, conexo.

ENLAZAR Ligar, trabar, empalmar, relacionar, unir. || Emparentar, casar.

ENLODAR Embarrar, enfangar, encenagar, manchar, ensuciar. → *Limpiar.* || Envilecer, infamar, mancillar.

ENLOQUECEDOR Espeluznante, espantoso. || Arrebatador.

ENLOQUECER Trastornarse, chalarse, chiflarse, delirar, enajenarse, extraviarse, desvariar, chochear, desbarrar. → *Razonar.*

ENMARAÑADO Revuelto, erizado, enredado, desordenado, hirsuto. → *Suelto, ordenado.* || Confuso, embrollado, enredado, desordenado, caótico, complicado. → *Claro, simple.*

ENMARAÑAR Revolver, confundir. → *Desenmarañar.*

ENMASCARAR Disfrazar, ocultar, disimular, encubrir, desfigurar, tapar, cubrir. → *Descubrir, revelar.*

ENMENDAR Corregir, rectificar, enderezar, encarrilar, reparar, subsanar, remediar, rectificar. → *Reincidir.*

ENMIENDA Corrección, remiendo, retoque, rectificación. || Recompensa, premio. || Compensación, indemnización, reparación.

ENMOHECERSE Oxidarse, estropearse, arruinarse, herrumbarse, anquilosarse.

ENMUDECER Callar, guardar silencio, silenciar, desconcertarse, turbarse. → *Hablar, parlotear.*

ENNEGRECER Oscurecer, sombrear, teñir, atezar, pintar, ensuciar. → *Blanquear.* || Nublarse, encapotarse. → *Aclarar.*

ENNOBLECER Enaltecer, encumbrar, elevar, realzar, honrar, glorificar. → *Denigrar, envilecer.*

ENOJAR Molestar, exasperar, irritar, enfurecer, sulfurar. → *Contentar.*

ENOJO Irritación, cólera, enfado, rabia, ira, acaloramiento, furia, exasperación, furor. → *Júbilo, alegría, serenidad.*

ENOJOSO Pesado, molesto, fastidioso. → *Agradable.*

ENORGULLECERSE Ufanarse, alegrarse, jactarse, presumir, alardear, blasonar, envanecerse. → *Avergonzarse.*

ENORME Colosal, gigantesco, desmesurado, titánico, ciclópeo, descomunal, monumental, voluminoso, monstruoso, desmedido, inmenso. → *Minúsculo, diminuto.*

ENORMIDAD Barbaridad, desatino, disparate, atrocidad.

ENQUISTADO Encajado, embutido.

ENRAIZAR Arraigar, prender, agarrar, aclimatar, fijar, acostumbrar, establecer. → *Desarraigar.*

ENRAMADA Follaje, emparrado.

ENRARECIDO Rarificado, disperso, escaso. → *Condensado.* || Viciado, contaminado. → *Puro.*

ENRARECER Rarificar, rarefacer.

ENREDADO Complicado, revuelto, liado, mezclado, confuso. || Difícil, sibilino, difuso. → *Fácil.*

ENREDAR Enmarañar, mezclar, desordenar, revolver. → *Desenredar.* || Embrollar, liar, confundir, complicar, entorpecer. → *Simplificar.*

ENREDO Lío, embrollo, maraña, trampa, intriga, confusión, complicación, cuento, fraude, embuste. → *Verdad.*

ENREVESADO Confuso, intrincado, complicado, difícil, embrollado, oscuro, complejo, indescifrable, incomprensible. → *Sencillo, fácil.*

ENRIQUECER Mejorar, fomentar, ayudar, vigorizar, impulsar. → *Empobrecer.*

ENRIQUECERSE Prosperar, progresar, ascender, lucrar, embolsar, beneficiarse, especular, explotar, cosechar. → *Empobrecerse.*

ENRISCADO Abrupto, escabroso, peñascoso. → *Llano.*

ENROJECER Avergonzarse, sonrojarse, ruborizarse, abochornarse. → *Palidecer.* || Pintar, teñir, embermejecer, empurpurarse.

ENROLAR Alistar, reclutar, enganchar, inscribir, incorporar. → *Licenciar.*

ENROLLAR Arrollar, liar, envolver, enroscar, plegar, retorcer. → *Desenrollar.*

ENRONQUECER Ajordar, desgañitarse, vociferar, rugir, quedarse afónico.

ENROSCAR Atornillar, enrollar, retorcer.

ENSALADA Barullo, embrollo, lío, mezcolanza, revoltijo, amasijo, confusión, maraña. → *Claridad.*

ENSALMO Exorcismo, brujería, conjuro, hechizo, superstición.

ENSALSAR Loar, alabar, elogiar, ponderar, celebrar, encomiar, encarecer, aplaudir, glorificar. → *Denigrar, vituperar.*

ENSAMBLAR Embutir, unir, acoplar, juntar.

ENSANCHAR Dilatar, ampliar, extender, agrandar, engrandecer, aumentar, estirar, distender, abultar. → *Estrechar, disminuir.*

ENSANGRENTAR Salpicar, empapar, manchar, teñir, bañar, matar, liquidar, sanguificar.

ENSAÑAMIENTO Brutalidad, encarnizamiento, saña, crueldad, ferocidad, sevicia. → *Misericordia.*

ENSAÑARSE Cebarse, encarnizarse.

ENSARTAR Traspasar, atravesar, espetar, horadar, cruzar, enristrar, unir. || Enhebrar, enhilar, enfilar.

ENSAYAR Experimentar, tantear, investigar, examinar, probar, sondear, reconocer, tratar, procurar, intentar. || Ejercitar, adiestrar, entrenar, amaestrar.

ENSAYO Experiencia, experimento, prueba, reconocimiento, examen. || Entreno, ejercicio, adiestramiento. || Tentativa, intento, prueba. || Estudio.

ENSENADA Cala, rada, abra, bahía, caleta, abrigo, fondeadero.
ENSEÑA Insignia, estandarte, pendón, pabellón, bandera, emblema, divisa, guión, guía.
ENSEÑANZA Educación, instrucción, doctrina, ilustración, iniciación, cultura. → *Ignorancia.* || Cátedra, método, clase, programa, escuela. || Consejo, advertencia, ejemplo.
ENSEÑAR Educar, instruir, adiestrar, iniciar, adoctrinar, ilustrar, divulgar, aleccionar. → *Embrutecer.* || Exponer, indicar, exhibir, mostrar, revelar, destapar, sacar, lucir. → *Ocultar.*
ENSEÑARSE Habituarse, acostumbrarse.
ENSEÑOREARSE Apoderarse, posesionarse, adueñarse, ocupar, apropiarse, dominar, usurpar. → *Entregar, desposeerse, devolver.*
ENSERES Utensilios, aparatos, muebles, efectos, bártulos, útiles, bienes, artefactos, aperos, avíos.
ENSIMISMADO Abstraído, absorto, pensativo, meditabundo, embebido, abismado, enfrascado. → *Alerta.*
ENSOBERBECERSE Envanecerse, presumir, endiosarse, engreírse. → *Humillarse.*
ENSOBERBECIDO Vanidoso, fatuo, presumido, altanero, altivo. → *Modesto.*
ENSOMBRECERSE Oscurecerse, nublarse, encapotarse, cerrarse, ennegrecerse. → *Aclarar.* || Entristecerse, apenarse, preocuparse, afligirse, contristarse. → *Alegrarse.*
ENSORDECEDOR Estrepitoso, estruendoso, atronador, sonoro, retumbante, estridente, ruidoso, estentóreo. → *Inaudible, apagado.*
ENSORDECER Aturdir, asordar. || Callar, enmudecer.
ENSORTIJADO Crespo, rizado, encrespado, encarrujado, ondulado. → *Liso, lacio.*
ENSUCIAR Manchar, embadurnar, percudir, pringar, tiznar, afear, deslucir, enmugrar. → *Limpiar.* || Mancillar, degradar, deshonrar, empañar, afrentar. → *Honrar.*
ENSUEÑO Fantasía, ilusión, sueño, imaginación, quimera, esperanza, ficción, utopía, visión, imagen, irrealidad, espejismo. → *Realidad.*
ENTABLADO Entarimado, estrado.
ENTABLAR Preparar, disponer, iniciar, comenzar, emprender, causar, pleitear. → *Concluir, terminar.*
ENTABLILLAR Enyesar, entablar, sujetar, inmovilizar, asegurar, vendar.
ENTALEGAR Amontonar, ahorrar, atesorar.
ENTALLAR Gravar, esculpir, cortar, tallar.
ENTARIMADO Estrado, tillado, entablado.
ENTE Entidad, ser, sujeto, esencia, cosa, enteliquia, sustancia, criatura.

ENTECO Enclenque, flaco, débil, enfermizo. → *Robusto.*

ENTENDEDERAS Entendimiento.

ENTENDER Percibir, comprender, creer, inferir, alcanzar, intuir, pensar, concebir, penetrar, calar, juzgar. → *Ignorar.*

ENTENDIDO Experto, perito, docto. → *Lego.*

ENTENDIMIENTO Inteligencia, talento, intelecto, alcance, agudeza, perspicacia, penetración, entendederas, capacidad, cacumen, razón, lucidez, cabeza. → *Torpeza.*

ENTERAR Informar, comunicar, avisar, revelar, contar, imponer, instruir. → *Ocultar.*

ENTERARSE Oír, saber, conocer, descubrir, notar, averiguar. → *Ignorar.*

ENTEREZA Carácter, energía, fortaleza, firmeza, ánimo, aguante. → *Debilidad.* || Integridad, rectitud, perfección, honradez, honestidad, probidad. → *Imperfección.*

ENTERNECER Conmover, ablandar, emocionar, impresionar, inquietar, turbar, afectar, compadecerse. → *Endurecer.*

ENTERO Completo, íntegro, cabal, total, intacto, absoluto, indiviso, uno. → *Fragmentario.* || Recto, honrado, firme, íntegro, justo, cabal, leal. → *Desleal, inmoral.* || Fuerte, sano, robusto. → *Débil.*

ENTERRADOR Sepulturero, excavador.

ENTERRAR Inhumar, sepultar, soterrar, ocultar. → *Desenterrar.* || Conducir, acompañar. || Arrinconar, olvidar, desechar, *Revivir.*

ENTIBIAR Moderar, mitigar, amortiguar, enfriar, templar. → *Enardecer.*

ENTIDAD Esencia, ente, ser. || Institución, firma, corporación, empresa, asociación, sociedad, consorcio, compañía. || Forma. || Sustancia, consideración, magnitud, importancia, valor. → *Insignificancia.*

ENTIERRO Sepelio, inhumación, ceremonia, acto, comitiva, cortejo. → *Exhumación.*

ENTONACIÓN Tono, modulación, afinación, entono, acento, armonía, dejo, acentuación, tonillo.

ENTONADO Adecuado, moderado, apropiado, conveniente, oportuno, correcto, mesurado. → *Exagerado.* || Fortalecido, animado. → *Débil.*

ENTONAR Vocalizar, cantar, modular, corear, tararear, canturrear, salmodear, concertar, acordar. → *Desentonar.*

ENTONARSE Animarse, fortalecerse, vigorizarse, tonificarse, robustecerse. → *Debilitarse.*

ENTORPECER Dificultar, estorbar, embarazar, obstruir, dificultar, impedir, paralizar, entumecer, abrumar, turbar, embotar, ofuscar. → *Facilitar, estimular.*

ENTORPECIMIENTO Dificultad, obstáculo, impedimento, estorbo. → *Ayuda.*

ENTRADA Acceso, paso, ingreso, puerta, pórtico, embocadura, abertura. → *Salida.* || Llegada, irrupción, invasión, admisión. → *Marcha, abandono.* || Billete, boleto, papeleta, comprobante, vale, cupón.

ENTRAÑA Órgano, víscera, bofe. || Corazón, alma, esencia, fondo, entresijo, carácter, genio, intimidad, profundidad, interior, centro. → *Superficie.*

ENTRAÑABLE Cordial, íntimo, cariñoso, hondo, profundo, dilecto, estimado, caro, amado, bienquisto, predilecto. → *Odiado, superficial.*

ENTRAR Penetrar, meterse, introducirse, ingresar, acceder, pasar, irrumpir, presentarse, invadir, escalar. → *Salir.* || Afiliarse, inscribirse, ingresar.

ENTREABRIR Entornar, entrecerrar, adosar, separar.

ENTREACTO Intervalo, intermedio, descanso, interludio.

ENTRECEJO Ceño, sobrecejo, arruga.

ENTRECORTADO Irregular, vacilante, intermitente, tartamudeante, balbuceante. → *Seguro, continuo.*

ENTRECHOCAR Castañetear, percutir, golpear, trompicar.

ENTREDICHO Censura, prohibición, interdicto, sospecha, prevención, desconfianza, recelo. → *Confianza.*

ENTREGA Fascículo. || Capitulación, rendición. || Aplicación, consagración, dedicación.

ENTREGAR Ceder, trasferir, transmitir, dar, traspasar, facilitar, prodigar, distribuir, suministrar, ofrecer. → *Recibir.*

ENTREGARSE Rendirse, capitular, humillarse, abandonarse, someterse. → *Luchar, resistir.*

ENTRELAZAR Entrecruzar, entretejer, cruzar. → *Separar.*

ENTRELÍNEA Interpolación, intercalación.

ENTREMÉS Platillo, tapa, aperitivo. || Sainete, pieza breve.

ENTREMETIDO Indiscreto, fisgón, curioso, incauto, descarado, oficioso. → *Serio, dioscreto.*

ENTRENAR Preparar, adiestrar, ejercitar, instruir, aleccionar, guiar, practicar, habituarse. → *Desentrenar.*

ENTRESACAR Escoger, elegir, extraer, seleccionar, espigar, aligerar.

ENTRESIJO Interioridad, entretelas, entrañas, alma, corazón, intimidad, enigma, reserva, secreto. → *Exterior.*

ENTRETALLARSE Ajustar, trabarse, encajarse.

ENTRETANTO Mientras, ínterin.

ENTRETEJER Entrelazar, urdir, entreverar, trenzar, enredar, trabar, entrecruzar, intercalar, mezclar, incluir. → *Soltar, destejer.*

ENTRETELA Forro, holandilla, guata, relleno, refuerzo.

ENTRETELAS Entrañas. || Alma, entresijo.

ENTRETENER Recrear, divertir, solazar, distraer, amenizar, animar, interesar. → *Aburrir.* || Retrasar, demorar, retardar, entorpecer, distraer. → *Urgir.* || Conservar, preservar, cuidar, mantener. → *Descuidar.*

ENTRETENIDO Gracioso, divertido, chistoso. → *Aburrido.*

ENTRETENIMIENTO Diversión, pasatiempo, esparcimiento, recreo, solaz, distracción. → *Aburrimiento.*

ENTREVER Percibir, vislumbrar, columbrar, divisar, otear, distinguir. → *Cegarse, descuidar.* || Sospechar, prever, presumir. → *Ignorar.*

ENTREVISTA Audiencia, conferencia, conversación, reunión, cita, encuentro.

ENTREVISTAR Interrogar, interviuar, reunirse, conferenciarse.

ENTRISTECER Afligir, acongojar, apenar, contristar, desconsolar, atribular, consternar, angustiar, atormentar, apesadumbrar. → *Alegrar.*

ENTROMETERSE Intervenir, mezclarse, inmiscuirse, meterse, entremeterse.

ENTRONCAR Concatenar, vincular, enlazar.

ENTRONIZAR Implantar, instalar, asentar, colocar, fundar, coronar, ungir, entronar. → *Destronar.*

ENTRONQUE Lazo, vínculo, parentesco, relación, afinidad, alianza, empalme. → *Desvinculación.*

ENTUERTO Agravio, ofensa, injuria, perjuicio, daño, baldón, insulto. → *Favor, beneficio.*

ENTUMECERSE Entorpecerse, impedirse, paralizarse, adormecerse, envararse, entumirse. → *Agilizarse, desentumecerse.*

ENTUMECIDO Gélido, helado, yierto, congelado. → *Ágil.*

ENTURBIAR Ensuciar, empañar, oscurecer, revolver, agitar, ensombrecerse. → *Clarificar, aclarar.*

ENTUSIASMAR Apasionar, arrebatar, enardecer.

ENTUSIASMO Fervor, exaltación, admiración, frenesí, pasión, emoción, arrebato, ardor. → *Indiferencia.*

ENTUSIASTA Devoto, admirador, partidiario, fanático, adorador, incondicional, apasionado. → *Indiferente.*

ENUMERACIÓN Cómputo, cuenta, lista. || Detalle, expresión. || Inventario, catalogación, enunciación.

ENUMERAR Relacionar, detallar, especificar, exponer, declarar, contar, especificar, inventariar. → *Omitir.*

ENUNCIACIÓN Declaración, explicación, enunciado, mención, exposición.

ENUNCIAR Enumerar, manifestar, exponer, expresar, formular.

ENVAINAR Enfundar, guardar, meter, introducir, colocar, envolver, enfundar. → *Desenvainar, sacar.*

ENVALENTONARSE Atreverse, resolverse, animarse, fanfarronear, bravuconear, bravear. → *Acobardarse.*

ENVANECERSE Vanagloriarse, alabarse, pavonearse, ufanarse, jactarse, engreírse, inflarse, presumir, ensoberbecerse. → *Disculparse, avergonzarse.*

ENVARARSE Entumirse, entumecerse, entorpecerse. → *Desentumecerse.*

ENVASAR Embotellar, enlatar, embarrilar, enfrascar, llenar, encajonar, empaquetar, fraccionar. → *Extraer, sacar, desembalar.*

ENVASE Recipiente, frasco, bote, vaso, lata, botella, embalaje, continente, vasija, embotellado.

ENVEJECER Marchitarse, avejentarse, aviejarse, encanecer, caducar, gastarse, estropearse, ajarse, declinar, degenerar. → *Rejuvenecer.*

ENVEJECIDO Viejo, avejentado, vetusto, decrépito, provecto, caduco. → *Rejuvenecido.* || Estropeado, enmohecido.

ENVENENAR Intoxicar, emponzoñar, corromper, infisionar, contaminar, inocular, contagiar, enviciar, pervertir. → *Desintoxicar.*

ENVERGADURA Amplitud, extensión, anchura, dilatación, largo, distancia, magnitud, trascendencia.

ENVÉS Dorso, reverso, revés. → *Anverso.*

ENVIADO Emisario, delegado, mensajero, embajador, ordenanza.

ENVIAR Despachar, expedir, mandar, remitir, dirigir, consignar, facturar, delegar. → *Recibir.*

ENVICIAR Corromper, pervertir, viciar, depravar, habituar, contaminar, extraviar, seducir. → *Corregir, regenerar.*

ENVIDIA Celos, rivalidad, resentimiento, pelusa, rencor, rabia, livor, dentera. → *Afecto, nobleza.*

ENVIDIABLE Apetecible, deseable. → *Aborrecible.*

ENVIDIAR Codiciar, ansiar, querer, anhelar, ambicionar, resentirse, reconcomerse, desear, apetecer.

ENVIDIOSO Ávido, ambicioso, deseoso, acucioso, resentido, suspicaz, codicioso, egoísta, reconcomido. → *Noble.*

ENVILECER Degradar, rebajar, mancillar, humillar, enlodar, corromper, deshonrar, descarriar, contaminar. → *Corregir, ennoblecer.*

ENVILECERSE Encanallarse, abellacarse. → *Regenerarse.*

ENVÍO Remesa, expedición, encargo, mercancía, paquete, bulto, carga.

ENVITE Jugada, apuesta, posta. || Empujón, envión.

ENVOLTORIO Paquete, bulto, fardo, lío, embalaje, atadijo, envoltura.

ENVOLTURA Cubierta, cobertura, corteza, recubrimiento, embalaje, capa, funda, forro, envoltorio.

ENVOLVER Cubrir, enrollar, liar, tapar, empaquetar. → *Destapar, desenvolver.* || Comprometer, involucrar, mezclar, enredar.

ENYESAR Blanquear, jarrar, jabelgar, jahorrar. || Entablar, entablillar.

ENZARZARSE Reñir, pelearse, liar, pleitear. → *Amigarse.* || Comprometerse, arriesgarse, enredarse. → *Desentenderse.*

ÉPICO Heroico, glorioso, grandioso, legendario.

EPICÚREO Sensual, sibarita, hedonista. → *Asceta.*

EPIDEMIA Peste, plaga, endemia, pandemia, morbo, azote, calamidad, enfermedad infecciosa. → *Salubridad.*

EPIDERMIS Piel, cutícula, cutis, dermis, pellejo, capa.

EPÍGRAFE Inscripción, letrero, título, rótulo, encabezamiento, lema. || Sentencia, pensamiento, cita.

EPIGRAMA Pensamiento, agudeza, sátira, epígrafe.

EPÍLOGO Desenlace, resumen, remate, conclusión, recapitulación, colofón, coronamiento, final. → *Prólogo.*

EPISÓDICO Circunstancial, incidencial, irregular, variable. → *Regular, fijo.*

EPISODIO Hecho, suceso, incidente, caso, peripecia, lance, acontecimiento, aventura. || Capítulo, división, jornada, sección, aparte.

EPÍSTOLA Carta, misiva, mensaje, esquela, escrito, despacho, comunicación.

EPITAFIO Inscripción, título, leyenda, exergo.

EPITETO Calificativo, adjetivo, título, nombre, apodo.

EPÍTOME Compendio, resumen, sinopsis, prontuario, recopilación, extracto, sumario, esquema, compilación. → *Texto.*

ÉPOCA Tiempo, periodo, era, etapa, fase, fecha, temporada, lapso, ciclo, división, estación.

EPOPEYA Gesta, hazaña, proeza, aventura, heroicidad, leyenda, épica, relato.

EQUIDAD Objetividad, imparcialidad, igualdad, justicia, rectitud, ecuanimidad, honradez. → *Injusticia.*

EQUILIBRADO Ponderado, prudente, ecuánime, sensato. || Igualado, armónico.

EQUILIBRIO Estabilidad, nivelación, contrapeso, proporción, medida, mesura, igualdad, armonía, ecuanimidad. → *Desequilibrio.*

EQUILIBRISTA Funámbulo, acróbata, volatinero, trapecista, gimnasta.

EQUIMOSIS Moretón, cardenal, magulladura, morado, roncha.

EQUINO Hípico, caballar, ecuestre, caballuno.

EQUIPADO Provisto. || Tripulado, marinerado.

EQUIPAJE Equipo, bultos, maletas, bagaje, impedimenta.

EQUIPAR Proveer, suministrar, dotar, aprovisionar, habituallar, surtir, pertrechar, guarnecer. → *Desposeer.*

EQUIPARAR Comparar, cotejar, confrontar, igualar, parangonar. → *Diferenciar.*

EQUIPO Conjunto, bando, grupo, agrupación, combinación, cuadrilla, banda. || Indumentaria, ajuar, avíos, ropa, vestuario, instrumental, pertrechos.

EQUITATIVO Ecuánime, imparcial, recto, justo, moderado. → *Injusto.*

EQUIVALENCIA Paridad, igualdad. → *Desigualdad.*

EQUIVALENTE Similar, parecido, semejante, paralelo, igual, gemelo, armónico, parejo. → *Desigual.*

EQUIVOCACIÓN Error, falta, errata, yerro, omisión, desliz, disparate, desatino, culpa, inadvertencia, inexactitud, gazapo. → *Acierto.*

EQUIVOCADO Incorrecto, defectuoso, erróneo, inexacto, falso, errado, disparatado. → *Acertado.*

EQUIVOCARSE Errar, confundirse, engañarse. → *Acertar.*

EQUÍVOCO Ambigüedad, tergiversación, vaguedad, imprecisión. → *Claridad, precisión.* || Dudoso, ambiguo, sospechoso, anfibológico.

ERA Periodo, época, tiempo, temporada, fase, etapa, momento, espacio, ciclo, lapso.

ERARIO Fisco, tesoro.

ERECCIÓN Fundación, edificación, establecimiento, construcción, institución.

ERECTO Erguido, alzado, levantado, derecho, vertical, empinado, tieso, rígido. → *Doblado.*

ERGUIDO Derecho, tieso, erecto. → *Abatido.*

ERGUIR Enderezar, levantar, alzar, empinar, subir. → *Inclinar, bajar.*

ERIAL Yermo, baldío, páramo, lleco, eriazo, descampado, planicie, estepa, llanura. → *Pradera.*

ERIGIR Alzar, levantar, elevar, edificar, construir, montar, cimentar, establecer, instituir. → *Derribar.*

ERIZADO Espinoso, punzante, puntiagudo, híspido, hirsuto. → *Romo, ondulado.* || Difícil, duro, arduo. → *Fácil.* || Lleno, plagado, cubierto.

ERMITA Capilla, santuario, templo, iglesia, oratorio.

ERMITAÑO Monge, anacoreta, eremita, solitario, asceta, cenobita, penitente.

EROSIÓN Desgaste, corrosión, roce, frotamiento, uso, merma, consunción, fricción.

ERÓTICO Voluptuoso, lúbrico, libidinoso, carnal, amatorio, sensual, mórbido, lascivo, lujurioso, obsceno, pornográfico. → *Casto.*

EROTISMO Sensualidad.

ERRADO Mendoso, equivocado. → *Cierto.*

ERRANTE Ambulante, errátil, nómada, errabundo, vagabundo. → *Sedentario.*

ERRAR Vagar, deambular, vagabundear, callejear, apartarse, desviarse. → *Pararse.* || Equivocarse, fallar, fracasar, malograr, pifiar, confundirse. → *Acertar.*

ERRATA Error, equivocación.

ERRÓNEO Falso, errado, inexacto, equivocado. → *Acertado.*

ERROR Confusión, equivocación, falta, yerro, gazapo, desliz, incorrección, distracción, inexactitud, omisión, descuido, defecto, pifia, mentira. → *Acierto, corrección.*

ERUCTAR Regoldar. || Pavonearse, jactarse.

ERUDICIÓN Conocimiento, cultura, saber, sabiduría, instrucción.

ERUDITO Docto, ilustrado, instruido, sabio, culto, sapiente, experto, conocedor, estudioso. → *Ignorante.*

ERUPCIÓN Estallido, explosión, emisión, expulsión. || Inflamación, eritema, irritación.

ESBELTEZ Gallardía, garbo, donaire, gentileza, elegancia.

ESBELTO Delgado, fino, ligero, delicado, gallardo, grácil, arrogante, espigado, alto, airoso. → *Rechoncho, achaparrado.*

ESBIRRO Secuaz, paniaguado, segundón, partidario, seguidor, sicario. → *Jefe.*

ESBOZO Apunte, diseño, boceto, croquis, bosquejo, dibujo, delineación, esquema.

ESCABECHAR Aderezar, adobar. || Destripar, matar. || Calabacear, suspender.

ESCABROSO Abrupto, áspero, escarpado, tortuoso, anfractuoso, desigual, quebrado, salvaje, dificultoso, fragoso. → *Llano.* || Obsceno, erótico, turbio, peligroso, inconveniente.

ESCABULLIRSE Esfumarse, huir, escurrirse, desaparecer, escaparse, eludir, esquivar, desligarse. → *Comparecer, presentarse.*

ESCACHARRAR Estropear, despanzurrar, malograr, romper, maltratar, destrozar. → *Componer.*

ESCALA Gradación, grado, serie, sucesión, progresión, nivel. || Escalerilla, flechaste, tablazón.

ESCALAFÓN Orden, categoría, lista, escala, grado, progresión, clasificación, jerarquía, rango.

ESCALAR Ascender, subir, trepar, montar, progresar, encaramarse, acometer. → *Bajar.*

ESCALDAR Abrasar, quemar, cocer, caldear, escalfar, bañar, hervir. → *Helar, enfriar.*

ESCALERA Escala, escalinata, gradería, gradas, escalones, peldaños.

ESCALINATA Gradería, escalera.

ESCALOFRIANTE Impresionante, estremecedor, espeluznante, horrible, aterrador. → *Cómico.*

ESCALOFRÍO Estremecimiento, temblor, espasmo, indisposición, repeluzno, miedo, espeluzno. → *Calma, valor.*

ESCALÓN Peldaño, viga, madera, grada, piedra.

ESCAMADO Desconfiado, receloso, temeroso, malicioso, mosqueado. → *Confiado.*

ESCAMARSE Sospechar, maliciar, desconfiar, recelar. → *Confiar.*

ESCAMOTEAR Birlar, quitar, robar, hurtar, apañar, sustraer, manipular, disimular, ocultar. → *Mostrar.*

ESCAMOTEO Truco, prestidigitación, engaño, juego de manos. || Robo, hurto, apaño. → *Devolución.*

ESCAMPAR Mejorar, abonanzar, serenar, aclarar, abrir, calmar, despejar. → *Encapotarse, nublarse.*

ESCANDALIZAR Alborotar, vocear, molestar, gritar, chillar, reñir, pelear. → *Sosegar, silenciar.*

ESCANDALIZARSE Ofenderse, horrorizarse, espantarse, mosquearse, incomodarse, avergonzarse, irritarse, enojarse, excandecerse. → *Despreocuparse.*

ESCÁNDALO Alboroto, bulla, jarana, algazara, bullicio, gresca, estrépito, batahola, desorden, griterío, algarabía. → *Silencio, calma.* || Disputa, pelea, tremolina, altercado, riña, zapatiesta. → *Paz.* || Impudicia, inmoralidad, suceso.

ESCANDALOSO Perturbador, revoltoso, ruidoso, bullicioso, bullanguero. → *Quieto.* || Escabroso, libertino, depravado, repugnante, vergonzoso. → *Morigerado.* || Exorbitante, inaudito, extraordinario.

ESCAPAR Huir, evadirse, fugarse, dispersarse, esfumarse, desaparecer, escabullirse. → *Permanecer, volver, entregarse.*

ESCAPARATE Vitrina, vidriera, aparador, armario, estante, muestra, exposición, mostrador. || Parada.

ESCAPATORIA Fuga, huida, evasiva, evasión, desaparición, escapada. → *Rendición, permanencia, regreso.* || Subterfugio, excusa, disculpa, pretexto, recurso, salida, evasiva. → *Realidad, argumento.*

ESCAPE Pérdida, fuga, salida, derrame, escapada, regate. → *Taponamiento, obstrucción.*

ESCARAMUZA Contienda, refriega, acción, encuentro, riña, reyerta, pelea, choque. → *Paz, concordia.*

ESCARBAR Hurgar, arañar, rascar, remover, raspar, cavar, desenterrar. → *Enterrar.*

ESCARCEO Amago, simulacro, fuego, devaneo, divagación, rodeo, ambigüedad.

ESCARCHAR Cristalizar. || Congelarse. || Salpicar.

ESCAREAR Perforar, agujerar, horadar.

ESCARLATA Colorado, rojo, carmesí, grana.

ESCARMENTAR Castigar, corregir, disciplinar, sancionar, penar. → *Indultar, perdonar.* || Doler, escocer, desengañarse, recelar. → *Reincidir.*

ESCARMIENTO Corrección, pena, castigo. || Desengaño.

ESCARNECER Afrentar, vilipendiar, humillar, ultrajar, agraviar, vejar, mofarse, burlarse, befar, zaherir. → *Halagar, respetar.*

ESCARNIO Mofa, afrenta, burla, befa, ludibrio. → *Halago.*

ESCARPADO Escabroso, abrupto, vertical, acantilado.

ESCASEAR Faltar, carecer, bajar, disminuir, desaparecer, reducir, limitar, escatimar. → *Abundar, prodigar.*

ESCASEZ Pobreza, miseria, mezquindad, tacañería. || Carestía, insuficiencia, falta, penuria, necesidad. → *Abundancia.*

ESCASO Insuficiente, falto, exiguo, limitado, pobre, carente, mezquino, roñoso, tacaño, poco. → *Abundante.*

ESCATIMAR Tasar, ahorrar, economizar, regatear, reservar, escasear. → *Derrochar, prodigar.*

ESCENA Cuadro, acto, parte. || Panorama, ambiente, cuadro, escenario, paisaje, vista, perspectiva, espectáculo. || Teatro, farándula, drama.

ESCÉPTICO Incrédulo, dudoso, desconfiado, indiferente, descreído, insensible, frío, apático, suspicaz. → *Crédulo.*

ESCISIÓN Cisma, separación, ruptura, disensión, rompimiento. → *Unión.*

ESCLARECER Aclarar, evidenciar, puntualizar, descubrir, desenredar, dilucidar, explicar, iluminar, ilustrar. → *Confundir.*

ESCLARECIDO Preclaro, insigne, ilustre, afamado, famoso, ínclito, eximio, célebre. → *Ignorado, oscuro.*

ESCLAVITUD Sujeción, yugo, opresión, servidumbre, sumisión, tiranía, despotismo. → *Libertad.*

ESCLAVO Siervo, cautivo, sometido, subyugado, prisionero, servidor. → *Libre.*

ESCLUSA Barrera, presa, obstrucción.

ESCOCER Quemar, picar, arder, resquemar, punzar, cosquillear, enrojecerse, irritarse. → *Calmar, suavizar.*

ESCOGER Elegir, seleccionar, preferir, apartar, optar, tomar, separar, destacar. → *Mezclar, confundir.*

ESCOGIDO Selecto, notable, elegido, excelente, sobresaliente, granado, destacado, superior, exquisito. → *Común.*

ESCOLAR Alumno, estudiante, educando, discípulo, colegial, becario, párvulo. → *Maestro.*

ESCOLTA Séquito, cortejo, acompañamiento, custodia, comparsa, corte.

ESCOLTAR Acompañar, guardar, custodiar, convoyar.

ESCOLLO Arrecife, roca, peñasco, banco, bajío, rompiente, farallón. || Peligro, tropiezo, dificultad, riesgo, obstáculo.

ESCOMBROS Residuos, ruinas, restos, cascotes, piedras, desechos, derribos.

ESCONDER Ocultar, disimular, encubrir, tapar, guardar, desfigurar, fingir, callar, encerrar. → *Exhibir, mostrar.*

ESCONDERSE Agazaparse, agacharse, desaparecer, esfumarse. → *Presentarse, mostrarse.*

ESCONDIDO Furtivo, incógnito, velado, misterioso, oculto. → *Visible.*

ESCONDITE Refugio, escondrijo, guarida, madriguera, abrigo, asilo, cobijo, cueva.

ESCOPETA Rifle, carabina, fusil, mosquete, trabuco.

ESCOPLO Cuchilla, formón, gubia, cincel, buril, cortafrío.

ESCORAR Inclinarse, ladearse, torcerse, desviarse, zozobrar. → *Nivelarse.*

ESCORIA Desecho, hez, residuo, detrito, sobra, despojo, impureza, ceniza.

ESCOTADURA Muesca, corte, mella, rebajo, entalladura, cisura, incisión.

ESCOTE Descote, descotadura, abertura, endedura, busto, seno.

ESCOZOR Ardor, picazón, comezón, picor, cosquillas, punzada, quemazón, desazón, prurito. → *Alivio.* || Disgusto, resentimiento, inquietud. → *Contento.*

ESCRIBANO Notario, actuario, escribiente, funcionario, amanuense, secretario, tagarote.

ESCRIBIENTE Amanuense, escribano, mecanógrafo, secretario, copista, pasante, empleado, oficinista, chupatintas, cagatintas.

ESCRIBIR Caligrafiar, garabatear, trazar, subrayar, copiar, transcribir, expresar, redactar, publicar, editar, firmar, anotar, apuntar, componer. → *Borrar, tachar.*

ESCRITO Documento, manuscrito, carta, nota, acta, texto, inscripción, apunte, escritura, obra, pedimento, alegato, solicitación.

ESCRITOR Autor, literato, prosista, publicista, novelista, comediógrafo, dramaturgo, ensayista, comediante, creador.

ESCRITORIO Despacho, oficina, bufete, estudio. || Pupitre, mesa, escribanía, canterano.

ESCRITURA Manuscrito, escrito, copia, documento, contrato, protocolo, original, olografía, obra, documento público, instrumento público.

ESCRÚPULO Miramiento, consideración, circunspección, conciencia. → *Desfachatez.* || Recelo, reparo, cautela, temor, duda, aprensión, remilgos, melindres, aspavientos. → *Audacia.* || Esmero, exactitud, precisión, escrupulosidad. → *Incuria.*

ESCRUPULOSO Puntilloso, nimio, melindroso, minucioso, esmerado, cuidadoso, preciso, concienzudo, meticuloso, aprensivo, remilgado, receloso, delicado. → *Desidioso, despreocupado.*

ESCRUTAR Otear, observar, examinar, estudiar, verificar, indagar, escudriñar, averiguar, investigar. → *Ignorar.*

ESCUADRA Flota, armada, unidad, escuadrilla, marina, buques, flotilla. || Horma. || Baivel, cartabón. || Escuadría.

ESCUADRÓN Batallón, unidad táctica.

ESCUÁLIDO Enjuto, esmirriado, macilento, flaco, extenuado, delgado, esquelético, demacrado, enclenque, consumido. → *Rollizo.*

ESCUCHAR Oír, atender, percibir, enterarse, presentir, prestar atención. → *Desoír.*

ESCUDAR Resguardar, defender, cubrir, proteger, amparar.

ESCUDERO Asistente, paje, sirviente, ayudante, acompañante.

ESCUDO Broquel, rodela, adarga, pavés, égida, pelta. || Defensa, amparo, protección, abrigo. → *Desamparo.*

ESCUDRIÑAR Examinar, rebuscar, investigar, escrutar, otear, avizorar, observar, mirar, reconocer, explorar. → *Ignorar.*

ESCUELA Colegio, academia, instituto, institución, liceo, facultad.

ESCUETO Conciso, breve, sucinto, preciso, parco, corto, estricto, despejado, seco. → *Detallado, extenso.*

ESCULPIR Tallar, labrar, entallar, grabar, modelar, cincelar, repujar, crear, formar.

ESCULTOR Artista, imaginero, tallista, estatuario, artífice, creador.

ESCUPIDERA Salivera. || Bacín, orinal.

ESCUPIDO Semejante, parecido, igual. || Escupo, escupidera, esputo.

ESCUPIR Salivar, expectorar, esputar. || Arrojar, expeler, lanzar, echar.

ESCURRIDIZO Resbaladizo, resbaloso, deslizante, deslizable, deslizadizo. → *Áspero.* || Ligero, ágil, veloz, hábil, diestro, taimado, astuto. → *Torpe, lento.*

ESCURRIR Chorrear, deslizar, gotear, destilar.

ESCURRIRSE Resbalar, deslizarse, desplazarse, correrse, huir. → *Permanecer, inmovilizar.*

ESENCIA Espíritu, naturaleza, sustancia, ser, principio, materia, propiedad. || Extracto, perfume, aroma, bálsamo, fragancia.

ESENCIAL Principal, fundamental, obligatorio, básico, necesario, primordial, cardinal, natural. → *Secundario.*

ESFERA Bola, globo, pelota, balón, abalorio, canica, píldora, pella. || Zona, campo, actividad, círculo, nivel, clase, categoría.

ESFORZADO Animoso, valeroso, valiente, denodado, arriesgado, decidido, afanoso, arrojado. → *Pusilánime, apático, cobarde.*

ESFORZARSE Perseverar, luchar, batallar, afanarse, pugnar. → *Desistir.*

ESFUERZO Afán, trabajo, empeño, lucha, pugna, impulso, empuje, vigor, denuedo, brío, ánimo, valor, aliento.

ESFUMARSE Desaparecer, desvanecerse, disiparse, escabullirse, evaporarse, diluirse, huir. → *Presentarse, aparecer.*

ESGRIMIR Recurrir, utilizar, manejar, servirse.

ESGUINCE Distensión, torcedura, esquive, escape.

ESLABONAR Empalmar, encadenar, relacionar, enlazar.

ESMALTAR Ornar, pintar, vitrificar, guarnecer, adornar.

ESMALTE Barniz, recubrimiento, baño, lustre, adorno, esplendor, porcelana, vidriado.

ESMERARSE Afanarse, desvivirse, desvelarse, extremarse, aplicarse, dedicarse, consagrarse, esforzarse. → *Descuidar.*

ESMERO Celo, solicitud, escrupulosidad, pulcritud, cuidado. → *Descuido.*

ESMIRRIADO Desmedrado, extenuado, escuálido, enclenque, canijo, enteco, débil, raquítico. → *Vigoroso, fornido.*

ESOTÉRICO Enigmático, secreto, oculto, reservado. → *Claro.*

ESPABILADO Listo, ligero, despierto, ladino, astuto, avispado, vivaz. → *Tonto, tardo.*

ESPABILAR Avivar, espolear, adiestrar, aprender, apañárselas, componérselas. → *Atontar.*

ESPACIADO Separado, ralo, claro. → *Junto.*

ESPACIO Distancia, claro, intervalo, capacidad, dimensión, medida, sitio, puesto, lapso. || Anchura, amplitud, holgura, desahogo. → *Estrechez.* || Cielo, cosmos, universo, vacío, firmamento, infinito, creación.

ESPACIOSO Dilatado, amplio, extenso, basto. → *Reducido.*

ESPADA Estoque, arma, hoja, garrancha, tizona, mandoble, sable, alfanje, colada, acero, hierro.

ESPALDA Lomo, dorso, espinazo, reverso, posterior, envés, trasera, retaguardia, costilla. → *Frente, cara.*

ESPANTADIZO Miedoso, asustadizo, cobarde, pusilánime. → *Intrépido.*

ESPANTAJO Adefesio, esperpento, mamarracho, estafermo, coco, estantigua, espantapájaros. → *Hermoso.*

ESPANTAR Asustar, aterrar, atemorizar, amilanar, amedrentar, acobardar, horrorizar, impresionar. → *Envalentonar.* || Ahuyentar, rechazar, alejar, echar, expulsar. → *Atraer.*

ESPANTARSE Pasmarse, asombrarse, admirarse.

ESPANTO Miedo, temor, susto, horror, pavor.

ESPANTOSO Horrible, pavoroso, terrible, impresionante, terrorífico, horroso, aterrador, alucinante. → *Atractivo, cómico, grato.*

ESPARCIMIENTO Distracción, diversión, entretenimiento, recreo, solaz, pasatiempo. → *Aburrimiento.*

ESPARCIR Desparramar, diseminar, derramar, desperdigar, extender, sembrar, tirar. → *Concentrar, reunir.* || Difundir, propagar, publicar, divulgar. → *Ocultar.*

ESPASMO Contracción, convulsión, contorsión, pasmo, sacudida, crispación, temblor, agitación. → *Relajación.*

ESPECIA Condimento, aderezo, sustancia, droga.

ESPECIAL Particular, específico, singular, peculiar, adecuado, propio, característico, típico. → *General, común.*

ESPECIALIDAD Peculiaridad, particularidad, singularidad. || Rama.

ESPECIALISTA Perito, experto, versado, entendido, técnico, diestro.

ESPECIE Familia, variedad, género, tipo, clase, grupo, orden, raza, serie.

ESPECIFICAR Explicar, enumerar, precisar, pormenorizar, detallar, inventariar, definir, establecer.

ESPECÍFICO Distinto, típico, especial. || Medicamento.

ESPÉCIMEN Señal, muestra, modelo.

ESPECTACULAR Teatral, aparatoso, pomposo, dramático, grandioso. → *Insignificante.*

ESPECTÁCULO Representación, función, exhibición, gala, acto, ceremonia. || Paisaje, panorama, contemplación, visión, escena.

ESPECTADOR Asistente, concurrente, oyente, presente, público, auditorio, multitud.

ESPECTRO Aparecido, visión, fantasma, aparición, espíritu, trasgo, duende, ánima, espantajo. → *Realidad.*

ESPECULACIÓN Reflexión, meditación, teoría, indagación, estudio. || Lucro, comercio, negocio.

ESPECULADOR Negociante, agiotador, estraperlista, agiotista.

ESPECULAR Traficar, lucrarse, negociar, monopolizar, encarecer, comerciar, negociar. → *Beneficiar, abaratar.* || Pensar, reflexionar, meditar, madurar, contemplar.

ESPECULATIVO Racional, teórico. → *Empírico.*

ESPEJISMO Visión, ilusión, quimera, engaño, delirio, apariencia. → *Realidad.*

ESPEJO Luna, cristal.

ESPELUZNANTE Espantoso, horripilante, horrendo, horroso, horrible. → *Fascinante.*

ESPERA Expectativa, demora, permanencia, retraso, prórroga, aplazamiento, acecho, calma, paciencia, flema. → *Acción, impaciencia.*

ESPERANZA Confianza, fe, seguridad, certeza, certidumbre, ilusión, paciencia, creencia. → *Desesperanza.*

ESPERANZAR Animar, consolar, alentar, confortar.

ESPERAR Anhelar, querer, desear, confiar, animarse, creer, pensar, imaginar. || Aguardar, atender, permanecer, prorrogar, diferir. → *Adelantar, desesperar.*

ESPERPENTO Espantajo, adefesio, mamarracho.

ESPESAR Concentrar, condensar. → *Diluir.* || Cerrar, tupir, apretar. → *Aclarar.*

ESPESO Denso, compacto, macizo, concentrado, condensado, apelmazado, sólido, aglomerado, tupido, cerrado, apretado. → *Flojo, ralo.*

ESPESOR Grosor, anchura, densidad, volumen, amplitud, solidez, fortaleza, reciedumbre, grueso, condensación. → *Estrechez, debilidad.*

ESPESURA Fronda, ramaje, follaje, boscaje, selva, bosque, hojarasca, frondas. → *Claro, desierto.*

ESPETAR Endosar, enjaretar, sorprender, ensartar, decir. || Clavar, atravesar, encajar, meterse.

ESPÍA Agente, observador, informador, investigador, confidente, delator, soplón.

ESPIAR Observar, atisbar, acechar, investigar, vigilar, informar, delatar.

ESPIGADO Alto, crecido, desarrollado, esbelto, gallardo, medrado. → *Rechoncho, bajo.*

ESPIGAR Escoger, elegir, separar, seleccionar, apartar, cribar. → *Mezclar.*

ESPIGÓN Rompeolas, escollera, malecón, muelle, dique, desembarcadero, tajamar, espolón.

ESPINA Púa, pincho, aguijón, punta, pulla, pico. || Resquemor, pena, pesar. → *Consuelo.* || Escrúpulo, recelo, sospecha.

ESPINAZO Raquis, esquena, columna vertebral, espina dorsal, lomo, espalda.

ESPINO Zarza, cardo, abrojo, mata, matorral.

ESPINOSO Agudo, puntiagudo, punzante, aguzado, fino. → *Romo.* || Difícil, intrincado, arduo, complicado, dificultoso, peliagudo, apurado, penoso, embarazoso, embrollado, laborioso. → *Simple, sencillo.*

ESPIONAJE Investigación, información, averiguación, pesquisa, acecho, vigilancia.

ESPIRACIÓN Exhalación.

ESPIRAL Espira, vuelta, hélice, curva, rosca, rizo, bucle.

ESPIRAR Exhalar, expulsar, echar, soplar, respirar, alentar, animar, excitar, mover. → *Inspirar.*

ESPIRITISTA Médium, ocultista, pitonisa, charlatán.

ESPÍRITU Alma, esencia, ánima, mente, sustancia, principio, ánimo, interior, corazón, psiquis. → *Materia.* || Energía, brío, viveza, esfuerzo, valor, carácter. → *Debilidad.* || Fantasma, trasgo, duende, demonio, espectro.

ESPIRITUAL Anímico, íntimo, emocional, interior, místico, platónico, delicado, sensible, fino, inteligente, psíquico. → *Material.*

ESPLENDIDEZ Generosidad, abundancia, ostentación, magnificencia. → *Mezquindad.*

ESPLÉNDIDO Soberbio, magnífico, maravilloso, estupendo, regio, noble, suntuoso. → *Modesto, insignificante.* || Generoso, filantrópico, altruista, desprendido, liberal, dadivoso, derrochador. → *Avaro.*

ESPLENDOR Magnificencia, riqueza, lustre, brillo, auge, apogeo, progreso. → *Decadencia, modestia.*

ESPLENDOROSO Brillante, luminoso, esplendente, resplandeciente, fúlgido.

ESPLÍN Tristeza, hastío, melancolía, tedio, hipocondría. → *Alegría.*

ESPOLEAR Incitar, estimular, acuciar, animar, excitar, avivar, pinchar, punzar, aguijonear, fustigar. → *Desanimar, calmar.*

ESPOLVOREAR Despolvorear, espolvorizar.

ESPONJADO Bolado, azucarillo.

ESPONJARSE Ufanarse, infatuarse, envanecerse. → *Avergonzarse.*

ESPONJOSO Hueco, poroso, inconsistente, fláccido, bofo, blando, fonje. → *Duro, macizo.*

ESPONSALES Compromiso, promesa, juramento. → *Casamiento.*

ESPONTÁNEO Natural, sencillo, franco, llano, abierto, campechano, ingenuo. → *Afectado, hipócrita.* || Maquinal, involuntario, automático, inconsciente, instintivo. → *Deliberado.*

ESPORÁDICO Eventual, ocasional, circunstancial, casual, fortuito, excepcional, aislado, discontinuo, raro, suelto. → *Fijo, habitual, frecuente.*

ESPOSA Cónyuge, mujer, señora, pareja, compañera, consorte, desposada, casada. → *Soltera, divorciada.*

ESPOSAR Aherrojar, aprisionar, sujetar, inmovilizar, encadenar. → *Soltar.*

ESPOSAS Manilla, grillete, cadenas, ligaduras, hierros.

ESPOSO Cónyuge, compañero, marido, consorte, casado, pareja, contrayente. → *Soltero, divorciado.*

ESPUELA Aguijón, acicate, estímulo, incentivo. → *Desánimo, freno.* || Punta, pincho, rodaja, espiga, saliente.

ESPUERTA Capacho, capazo, cesta, cuévano, sera, esportilla.

ESPUMA Hervor, efervescencia, burbujeo, borbollón, espumarajo, baba.

ESPUMOSO Espumante, efervescente, hirviente, burbujeante.

ESPURIO Fraudulento, falso, bastardo, corrompido, adulterado, falsificado, ilegítimo. → *Auténtico, legítimo.*

ESPUTO Salivazo, gargajo, espectoración, escupitajo.

ESQUELA Misiva, tarjeta, nota, carta, billete, comunicación.

ESQUELÉTICO Demacrado, flaco, seco, delgado, escuálido, consumido, enjuto, descarnado. → *Rollizo.*

ESQUELETO Osamenta, armadura, armazón, montura, bastidor, soporte.

ESQUEMA Esbozo, croquis, sinopsis, guión.

ESQUEMATIZAR Extractar, sintetizar, sustanciar, compendiar.

ESQUILMAR Arruinar, empobrecer, agotar, explotar, arrasar, estafar, robar, dañar. → *Enriquecer.*

ESQUINA Arista, ángulo, cantón, cornijal, recodo, chaflán, saliente, canto, costado. → *Centro.*

ESQUIVAR Eludir, soslayar, evadir, evitar, rehuir, sortear, rechazar, escapar. → *Afrontar.*

ESQUIVO Arisco, hosco, huraño, desdeñoso, huidizo, áspero, montaraz, rudo. → *Sociable.*

ESTABILIDAD Equilibrio, permanencia, inmovilidad, duración, firmeza. → *Inestabilidad.*

ESTABILIZAR Afianzar, fijar, garantizar.

ESTABLE Firme, duradero, permanente, fijo, inmóvil, inalterable, arraigado, seguro. → *Inestable, inseguro.*

ESTABLECER Instalar, implantar, instituir, fundar, erigir, crear, organizar, situar, asentar, colocar. → *Desmontar, quitar.* || Determinar, averiguar, comprobar, mandar, estatuir, decretar, ordenar.

ESTABLECIMIENTO Empresa, sociedad, entidad, firma, corporación, comercio, tienda, oficina, institución, almacén. || Ordenanza, estatuto, ley.

ESTABLO Caballeriza, cuadra, corral, cobertizo, pocilga.

ESTACA Palo, tranca, garrote, madero, rama, porra, cayado, bastón, vara.

ESTACADA Empalizada.

ESTACIÓN Época, temporada, tiempo, periodo, etapa, fase, ciclo. || Apeadero, terminal, parada.

ESTACIONADO Quieto, fijo, inmóvil, parado, firme. → *Móvil.*

ESTACIONAR Aparcar, colocar, situar, parar, detener, inmovilizar. → *Mover, marchar, desplazar.*

ESTADÍA Estancia, detención.

ESTADIO Coliseo, campo, cancha, pista, recinto, circuito.

ESTADISTA Político, gobernante, dirigente, guía, rector, jefe, presidente, autoridad.

ESTADÍSTICA Censo, recuento, lista, padrón, registro.

ESTADO Nación, país, territorio, pueblo. || Gobierno, administración, poder. || Disposición, situación, circunstancia, actitud, postura, aspecto.

ESTAFA Fraude, engaño, timo, trampa, chantaje, robo. → *Honradez.*

ESTAFADOR Tramposo, timador, embaucador, bribón, ladrón, chantajista. → *Honrado.*

ESTAFETA Enviado, mensajero, postillón, correo. || Oficina, puesto, despacho.

ESTALLAR Reventar, explotar, detonar, saltar, volar, resonar.

ESTALLIDO Reventón, explosión.

ESTAMENTO Brazo, estado, cuerpo, clase.

ESTAMPA Efigie, grabado, lámina, figura, ilustración, cromo. || Vestigio, señal, impresión, huella.

ESTAMPADO Dibujado, coloreado. || Estampación.

ESTAMPAR Grabar, imprimir, impresionar, marcar, reproducir.

ESTAMPIDA Desbandada, carrera.

ESTAMPIDO Explosión, detonación, estallido, descarga. || Estruendo, tiro.

ESTAMPILLA Sello, huella, cajetín, marca.

ESTANCADO Detenido, lento, inmóvil, parado, estacionario. → *Móvil.*

ESTANCAMIENTO Parada, detención, estagnación, rebalse, restaño.

ESTANCAR Atascar, detener, empantanar, rebalsar, paralizar, obstruir, entorpecer. → *Movilizar.*

ESTANCIA Cuarto, habitación, aposento, pieza, cámara, alcoba. || Permanencia, estadía, residencia, detención, morada, alojamiento. → *Marcha, salida.*

ESTANCO Prohibición, restricción, embargo. || Expendeduría. || Archivo, depósito.

ESTANDARTE Enseña, bandera, pendón, insignia.

ESTANQUE Charca, pantano, lago, laguna, alberca, depósito, marjal, embalse.

ESTANTE Repisa, anaquel, ménsula, aparador, armario.

ESTANTERÍA Escaparate, anaquel, estante, armario, repisa.

ESTAR Permanecer, hallarse, encontrarse, ser, detenerse, existir, vivir, andar. → *Desaparecer, faltar.*

ESTÁTICO Inmóvil, fijo, parado, quieto, inmutable, inalterable. → *Dinámico, móvil.* || Atónito, pasmado, suspendido.

ESTATUA Escultura, figura, imagen, talla, efigie, ídolo.

ESTATURA Altura, talla, alzada, corpulencia, alto.

ESTATUTO Ordenanza, decreto, precepto, reglamento, código, ordenación, norma, ley, reglas.

ESTE Levante, oriente, naciente. → *Oeste, accidente.*

ESTELA Rastro, paso, señal, marca, huella, pista, aguaje. || Monumento, pedestal, cipo.

ESTENTÓREO Retumbante, potente, ruidoso, fuerte, estruendoso. → *Débil, callado.*

ESTEPA Páramo, erial, yermo, llanura, planicie, gándara. → *Vergel.*

ESTERA Alfombra, tapete, tapiz, felpudo, moqueta.

ESTÉRIL Infecundo, improductivo, yermo, árido, pobre, desértico, ineficaz, inútil, vano. → *Fecundo, eficaz.*

ESTERILIDAD Atocia, aridez. || Improductividad, infecundidad, ineficacia. → *Fecundidad.* || Asepsia.

ESTERILIZAR Capar, castrar, estirpar. || Desinfectar, purificar, pasteurizar, neutralizar. → *Contaminar.*

ESTERTOR Agonía, jadeo, ronquido, opresión, sarrillo.

ESTÉTICO Bello, artístico, hermoso, decorativo, gracioso. → *Antiestético.*

ESTIBADOR Cargador, esportillero, mozo, costalero, peón.

ESTIBAR Cargar, colocar, disponer, distribuir. → *Descargar.* || Apretar.

ESTIÉRCOL Abono, excremento, bosta, fiemo, freza, boñiga.

ESTIGMA Mancha, mácula, señal, llaga, marca. || Baldón, afrenta, deshonra, vergüenza, infamia, tacha, mancha.

ESTILETE Daga, puñal, cuchillo, navaja, faca, hoja, sonda.

ESTILIZADO Esbelto, armonioso, airoso, fino. → *Tosco.*

ESTILIZAR Caracterizar, simplificar.

ESTILO Manera, modo, forma, peculiaridad, carácter, uso, costumbre, moda, práctica.

ESTIMA Aprecio, respeto, consideración, estimación, predicamento, afecto, cariño. → *Odio.*

ESTIMABLE Considerado, apreciable. → *Despreciable.*

ESTIMACIÓN Afecto, respeto, aprecio, cariño, consideración, estima. || Apreciación, evaluación, tasación, valoración.

ESTIMADO Apreciado, querido, bienquisto.

ESTIMAR Evaluar, tasar, valorar, apreciar, calcular, presumir, juzgar. || Querer, amar, honrar, apreciar, respetar, considerar. → *Despreciar.* || Conceptuar, juzgar, reputar.

ESTIMULANTE Incitativo, aperitivo, aguijatorio.

ESTIMULAR Animar, incitar, excitar, atizar, alentar, espolear, provocar, inspirar. → *Desanimar, contener.*

ESTÍMULO Aliciente, incitación, acicate, incentivo. → *Freno.*

ESTIPENDIO Remuneración, sueldo, paga, haberes, emolumentos, honorarios, comisión.

ESTIPULACIÓN Tratado, acuerdo, convenio, pacto.

ESTIPULAR Convenir, acordar, pactar, especificar, concretar, concertar, contratar.

ESTIRADO Altanero, entonado, orgulloso. → *Llano.*

ESTIRAR Alargar, extender, dilatar, ensanchar, desplegar, prolongar. → *Encoger.*

ESTIRARSE Bostezar, desperezarse, desentumecerse, extender. → *Encogerse.*

ESTIRPE Abolengo, alcurnia, progenie, linaje, origen, ascendencia, prosapia, cuna.

ESTOCADA Cuchillada, herida, punzada, hurgonada, cintarazo, tajo, corte, pinchazo, golpe, chirlo.

ESTOFADO Guiso, aderezo, adobo, guisado, cocido, vianda. || Aderezado, aliñado, ataviado, engalanado.

ESTOICO Sereno, inmutable, insensible, imperturbable, indiferente, impasible, inalterable, firme, fuerte. → *Impresionable, débil.*

ESTÓMAGO Víscera, buche, vientre, órgano, papo.

ESTOQUE Espada, florete, espetón, espadín.

ESTORBAR Impedir, dificultar, entorpecer, embarazar. → *Ayudar.*

ESTORBO Obstáculo, freno, barrera, engorro, dificultad, traba, molestia, embarazo, interrupción, impedimento, rémora. → *Facilidad, ayuda.*

ESTRÁBICO Bisojo, bizco.

ESTRADO Tarima, tablado, grada, peana, pedestal, plataforma.

ESTRAFALARIO Extravagante, estrambótico, raro, excéntrico, ridículo, grotesco, cómico. → *Normal, estético.*

ESTRAGAR Hastiar, importunar, corromper, viciar, arruinar, dañar, estropear. → *Corregir, incitar.*

ESTRAGO Ruina, destrucción, daño, trastorno, desgracia, desolación, catástrofe, devastación. → *Beneficio, fortuna, reconstrucción.*

ESTRAMBÓTICO Raro, extravagante, excéntrico, irregular. → *Corriente.*

ESTRANGULAR Ahogar, agarrotar, ahorcar, acogotar, sofocar, asfixiar.

ESTRAPERLO Tráfico, chanchullo, especulación, contrabando.

ESTRATAGEMA Celada, engaño, treta, astucia, ardid, artificio, artimaña. || Maniobra, táctica.

ESTRATO Sedimento, capa, faja.

ESTRECHAR Seriñir, oprimir, apretar, ajustar, abrazar, rodear, angostar, reducir, encoger. → *Aflojar, ensanchar.* || Compeler, apurar, forzar, apremiar, obligar.

ESTRECHEZ Angostura, estrechura. → *Anchura.* || Indigencia, pobreza, privación, escasez, miseria. → *Holgura.* || Apuro, dificultad, aprieto.

ESTRECHO Angosto, apretado, contraído, justo, ceñido, reducido, ajustado. → *Holgado, ancho.* || Canal, paso, embocadura, angostura.

ESTREGAR Frotar, fregar, restregar, friccionar.

ESTRELLA Lucero, astro, luminaria. || Sino, hado, destino, fortuna, suerte.

ESTRELLAR Romper, arrojar, despedazar.

ESTRELLARSE Chocar, golpear, precipitarse, colisionar. → *Eludir.*

ESTREMECER Sacudir, mover, temblar, menear, agitar. → *Inmovilizar.*

ESTREMECERSE Conmoverse, turbarse, impresionarse, alarmarse, inquietarse, alterarse, temblar, trepidar. → *Tranquilizarse.*

ESTREMECIMIENTO Temblor, sacudimiento, conmoción, sobresalto.

ESTRENAR Inaugurar, comenzar, iniciar, abrir, acometer, debutar, representar. → *Cerrar.*

ESTRENO Apertura, inauguración, debut.

ESTREÑIDO Apretado, estíptico. || Miserable, avaro, mezquino.

ESTRÉPITO Estruendo, ruido, alboroto, fragor, tumulto. → *Sigilo, silencio.*

ESTREPITOSO Ruidoso, estruendoso, fragoso. || Espléndido, ostentoso, magnífico.

ESTRÍA Surco, ranura, muesca, canal, hueco, raya, acanaladura.

ESTRIBAR Apoyarse, gravitar, descansar, fundarse.

ESTRIBILLO Muletilla, repetición, bordón, reiteración, ritornelo.

ESTRIBO Codillo, estafa. || Fundamento, sostén, apoyo, supedáneo.

ESTRICTO Riguroso, severo, ceñido, ajustado, estrecho, recto, justo, preciso. → *Benévolo, amplio.*

ESTRIDENTE Rechinante, chirriante, destemplado, ruidoso, desentonado, discordante, estruendoso, chillón. → *Armonioso.*

ESTROPEADO Tronado, inservible, inútil. → *Apto.*

ESTROPEAR Deteriorar, dañar, averiar, malograr, escacharrar, arruinar. → *Reparar, arreglar.* || Lesionar, maltratar, lisiar, lastimar. → *Curar.*

ESTRUCTURA Armazón, montura, esqueleto, soporte, base, sostén. || Orden, composición, contextura, distribución, organización.

ESTRUENDO Ruido, fragor, estrépito. → *Silencio.* || Ostentación, aparato, pompa. → *Discreción.*

ESTRUENDOSO Estrepitoso, ruidoso, fragoroso. → *Silencioso.*

ESTRUJAR Apretar, prensar, comprimir, exprimir, ceñir. → *Soltar, aflojar.*

ESTUCO Enyesado, enlucido, escayola, marmoración.

ESTUCHE Cofrecillo, caja, joyero, envase, cajita, arqueta, funda.

ESTUDIANTE Alumno, escolar, colegial, discípulo.

ESTUDIAR Educarse, instruirse, aprender, cursar, aplicarse, ejercitarse, ilustrarse, practicar. → *Embrutecerse.* || Investigar, examinar, buscar, proyectar, considerar, pensar, meditar. → *Descuidar.*

ESTUDIO Observación, análisis, examen, investigación. || Tesis, monografía, ensayo, trabajo, tratado. || Despacho, taller. || Educación, instrucción, curso, práctica.

ESTUDIOSO Aplicado, trabajador, laborioso, investigador, aprovechado, empollón. → *Haragán, vago.*

ESTUFA Calentador, hogar, horno, brasero, radiador, calorífero, brasero, chimenea.

ESTUPEFACCIÓN Asombro, aturdimiento, pasmo, estupor, maravilla, sorpresa, extrañeza, fascinación. → *Indiferencia, impasibilidad.*

ESTUPEFACIENTE Narcótico, soporífero, hipnótico, alcaloide, anestésico, droga, aletargante, estupefactivo.

ESTUPEFACTO Asombrado, admirado, suspenso, atónito, pasmado. → *Impasible.*

ESTUPENDO Soberbio, sorprendente, grandioso, fabuloso, admirable, pasmoso, asombroso, magnífico, maravilloso, prodigioso, increíble. → *Desastroso, horrible.*

ESTUPIDEZ Necedad, tontería, torpeza, estolidez, estulticia, simpleza, sandez, bobada, disparate, majadería, idiotez. → *Genialidad, inteligencia.*

ESTÚPIDO Tonto, bobo, necio, memo, mentecato, simple, obtuso, zopenco, pasmado, estulto, estólido. → *Listo.*

ESTUPOR Sopor, embotamiento, insensibilidad, letargo, modorra. → *Actividad.* || Estupefacción.

ESTUPRO Violación, abuso, desfloración, acceso, profanación, violencia, rapto.

ETAPA Fase, periodo, parte, ciclo, peldaño, estado. || Parada, descanso, alto, detención.

ÉTER Firmamento, cielo, espacio.

ETÉREO Sutil, vaporoso, impalpable, incorpóreo, volátil, irreal, grácil, puro, celeste, sublime. → *Corpóreo, basto, material, recio.*

ETERNIDAD Perpetuidad, inmortalidad, perdurabilidad, perennidad, permanencia, eterno. → *Precariedad.*

ETERNIZARSE Demorarse, retrasarse, aplazar, diferir, prorrogar, inmortalizar, perpetuar.

ETERNO Perpetuo, imperecedero, sempiterno, inmortal, perdurable, eternal, permanente, prolongado. → *Fugaz, efímero, pasajero, breve.*

ÉTICA Norma, moral, conducta, proceder, práctica. → *Inmoralidad.*

ETIMOLOGÍA Origen, procedencia, raíz, cuna, fuente, génesis (de las palabras).

ETIQUETA Rótulo, marbete, sello, precinto. || Protocolo, ceremonial, rito, culto, solemnidad, pompa, gala. → *Sencillez.*

ÉTNICO Racial, etnográfico, familiar, peculiar, nacional, característico. → *Universal.*

EUCARISTÍA Sacramento, comunión, hostia, viático.

EUFEMISMO Rodeo, perífrasis, alusión, ambigüedad, indirecta, tapujo, paliación, embozo, sugerencia, sugestión. → *Rudeza, brusquedad.*

EUFÓNICO Armonioso, melodioso, agradable. → *Discordante.*

EUFORIA Bienestar, animación, entusiasmo, ardor, exaltación, optimismo. → *Pesimismo, postración, tristeza.*

EUNUCO Castrado, emasculado, impotente, espadón. → *Viril.*

EURITMIA Equilibrio, proporción, mesura, armonía, relación, correspondencia. → *Desproporción.*

EUROPEO Occidental, ario, blanco, caucásico. → *Oriental.*

EVACUACIÓN Defecación, deposición, deyección, excremento, heces, detrito, expulsión. → Abandono, salida, desocupación, desocupo.

EVACUAR Defecar, obrar, cagar, orinar. || Abandonar, mudarse, desocupar, retirarse, huir, desalojar, dejar. → *Ocupar, permanecer, resistir.*

EVADIR Eludir, esquivar, evitar, rehuir, soslayar. → *Enfrentar.*

EVADIRSE Fugarse, escaparse, huir, escabullirse, esfumarse, desaparecer. → *Permanecer, comparecer.*

EVALUACIÓN Valoración, apreciación, tasación, cálculo, valuación.

EVALUAR Tasar, valorar, calcular, estimar, justipreciar, ajustar, concretar, apreciar.

EVANGELIZAR Convertir, catequizar, predicar, divulgar, difundir, cristianizar. → *Corromper, renegar.*

EVAPORAR Volatilizar, disipar, gasificar, vaporizar, vaporar, desavahar. → *Solidificar.*

EVAPORARSE Desaparecer, desvanecerse, fugarse, esfumarse, disiparse, huir. → *Aparecer.*

EVASIÓN Huida, fuga, escapada, salida, marcha, desaparición, abandono, deserción. → *Permanencia, regreso, comparecencia.*

EVASIVA Excusa, salida, efugio, disculpa, pretexto, justificación, coartada, recurso. → *Exigencia.*

EVENTO Suceso, acontecimiento, circunstancia, caso, acaecimiento.

EVENTUAL Accidental, fortuito, incierto, provisional, inseguro, circunstancial, casual, interino. → *Seguro, deliberado, preparado.*

EVENTUALIDAD Circunstancia, casualidad, coyuntura, contingencia, emergencia, hecho, incidente, suceso. → *Realidad.*

EVIDENCIA Certidumbre, certeza, convicción.

EVIDENCIAR Afirmar, probar, patentizar, demostrar, asegurar.

EVIDENTE Claro, palmario, palpable, patente, manifiesto, obvio, cierto, innegable, auténtico. → *Dudoso, impreciso.*

EVITAR   Eludir, esquivar, rehuir, sortear, evadir, rehusar, soslayar, sortear. → *Afrontar, enfrentar.* || Prevenir, impedir, precaver, obviar, prever. → *Favorecer, provocar, causar.*

EVOCACIÓN   Recuerdo, remembranza, memoria, reminiscencia.

EVOCAR   Rememorar, recordar, repasar, insinuar, revivir, reanimar. → *Olvidar, silenciar.*

EVOLUCIÓN   Transformación, cambio, variación, metamorfosis. → *Inmutabilidad.* || Progreso, avance, desarrollo, adelanto, progresión. → *Regresión.*

EVOLUCIONAR   Progresar, desenvolverse, adelantar, deshilvanarse, desarrollarse. → Mudar, trastocarse, transformarse, cambiar. || Desplegar, moverse, agitarse, maniobrar.

EXABRUPTO   Desbarro, salida de tono, inconveniencia, grosería. → *Fineza.*

EXACERBAR   Ensañar, exasperar, irritar, enconar, agravar, excitar. → *Mitigar.*

EXACTITUD   Regularidad, veracidad, precisión, puntualidad, fidelidad. → *Inexactitud.*

EXACTO   Puntual, preciso, minucioso, fiel, correcto, estricto, cumplidor, cabal. → *Inexacto, impreciso.*

EXAGERACIÓN   Exceso, ponderancia, abundancia, fantasía, ilusión, quimera, utopía, colmo, encarecimiento, hipérbole. → *Atenuación, ponderancia, equidad.*

EXAGERADO   Desmedido, excesivo, inmoderado, colosal, descomunal, imaginario, utópico. → *Real, minúsculo.* || Charlatán, cuentista. → *Veraz.*

EXAGERAR   Aumentar, agrandar, abultar, desarrollar, recargar, ponderar, extremar, encarecer, exorbitar. → *Minimizar, atenuar.*

EXALTACIÓN   Frenesí, fervor, entusiasmo, excitación, pasión. → *Indiferencia.*

EXALTADO   Entusiasta, vehemente, fogoso, ardiente, impetuoso, violento, exagerado, fanático, rabioso. → *Moderado, indiferente.*

EXALTAR   Enaltecer, honrar, encumbrar, elevar, ensalzar. → *Denigrar.* || Excitar, entusiasmar, enardecer, acalorar, exasperar. → *Calmar.*

EXAMEN   Ejercicio, prueba, repaso, oposición, convocatoria, concurso, selección. || Investigación, observación, pesquisa, comparación, vigilancia, análisis, reconocimiento.

EXAMINAR   Investigar, analizar, considerar, observar, estudiar, indagar. || Tantear, probar.

EXANGÜE   Debilitado, extenuado, exánime, exhausto, aniquilado, agotado, débil, anémico, desmayado. → *Fuerte, pletórico.*

EXÁNIME   Desfallecido, exangüe, desmayado, inanimado. → *Vivaz.*

EXASPERAR Enojar, enfurecer, irritar, encolerizar, excitar, trastornar, indignar, enardecerse. → *Calmar.*

EXCAVACIÓN Hoyo, socavón, zanja, agujero, cuneta, pozo, foso, hueco, cauce, perforación, cárcava. → *Relleno, montículo.* || Dragado, vaciado, socavación, extracción, descalce.

EXCAVAR Cavar, zapar, socavar, dragar, penetrar, ahondar, perforar, minar, escarbar, desenterrar. → *Enterrar.*

EXCEDENTE Sobrante, residuo, resto, innecesario, superabundante, exceso, superávit. → *Carente.*

EXCEDER Superar, rebasar, adelantar, aventajar, traspasar. → *Rezagarse.*

EXCEDERSE Extralimitarse, propasarse, abusar, desmandarse. → *Contenerse.*

EXCELENCIA Superioridad, importancia, sublimidad, eminencia, grandiosidad. → *Inferioridad.*

EXCELENTE Eminente, excelso, magnífico, soberano, insuperable, colosal, soberbio, óptimo, relevante. → *Pésimo, mísero.* || Bondadoso, benévolo, bueno, magnánimo, generoso. → *Malvado.*

EXCELSO Eximio, eminente, sublime, egregio, altísimo. → *Ínfimo.*

EXCENTRICIDAD Manía, extravagancia, rareza, particularidad. → *Normalidad.*

EXCÉNTRICO Extravagante, raro, paradójico, ridículo, loco, chalado, estrafalario, original. → *Normal, sensato.*

EXCEPCIÓN Anomalía, irregularidad, singularidad, exclusión, omisión, salvedad, paradoja, anormalidad, rareza, particularidad. → *Normalidad.* || Privilegio, prerrogativa, distinción, preferencia, indulgencia, merced. → *Castigo.*

EXCEPCIONAL Excelente, raro, insólito, desusado, extraordinario. → *Corriente.*

EXCEPTO Aparte, menos, salvo, descontado. → *Además de.*

EXCEPTUAR Prescindir, salvar, quitar, excluir. → *Incluir.*

EXCESIVO Exagerado, desmedido, enorme, desmesurado, fabuloso, colosal, exorbitante, sobrado, demasiado, desmedido. → *Escaso, insuficiente.*

EXCESO Demasía, abundancia, exageración, sobra, sobrante, excedente. → *Falta.* || Abuso, desorden, intemperancia, desarreglo, libertinaje, vicio, desmán, atropello. → *Temperancia, sobriedad.*

EXCITACIÓN Estímulo, instigación, provocación, incitación. || Frenesí, exaltación, nerviosismo, agitación. → *Calma.*

EXCITAR Agitar, entusiasmar, estimular, exasperar, enardecer, enloquecer, incitar, mover, instigar, provocar. → *Aplacar.*

EXCITARSE Apasionarse, exaltarse, acalorarse, agitarse. → *Moderarse.*

EXCLAMACIÓN Interjección, imprecación, grito, juramento, apóstrofe, voz, ovación. → *Silencio.*

EXCLAMAR Gritar, vocear, apostrofar, proferir, lamentarse, vitorear, emitir, imprecar, protestar, quejarse. → *Callar, silenciar.*

EXCLUIR Eliminar, separar, exceptuar, descartar, rechazar, negar, apartar, excomulgar, desechar, omitir. → *Incluir.*

EXCLUSIÓN Omisión, exención, excepción, supresión, eliminación. → *Inclusión.*

EXCLUSIVA Preferencia, privilegio, monopolio, autorización, prerrogativa, concesión, distinción, ventaja, parcialidad, franquicia, patente. → *Igualdad.*

EXCLUSIVO Privilegiado, preferente. → *Equiparado.* || Peculiar, característico, distintivo, típico. → *General.*

EXCOMULGAR Repudiar, anatematizar, excluir, castigar, condenar, maldecir, fulminar. → *Aprobar, perdonar.*

EXCOMUNIÓN Anatema, descomunión.

EXCORIACIÓN Erosión, escocedura, sahorno.

EXCRECENCIA Lobanillo, bulto, carnosidad, verruga.

EXCREMENTO Deyección, detrito, inmundicia, heces, mierda, defecación.

EXCULPAR Perdonar, excusar, justificar, absolver. → *Inculpar.*

EXCURSIÓN Paseo, viaje, caminata, recreo, gira, marcha, esparcimiento.

EXCUSA Pretexto, efugio, disculpa, subterfugio, descargo, evasiva, motivo, coartada. → *Realidad.*

EXCUSADO Reservado, retrete. || Privilegiado, libre, exento. || Inútil, superfluo.

EXCUSAR Perdonar, disculpar, probar, justificar, defender, eludir, rehuir, eximir. → *Acusar.*

EXECRABLE Abominable, detestable, aborrecible, condenable, repugnante, odioso. → *Admirable, apreciable.*

EXECRACIÓN Condenación, maldición, abominación, imprecación, aborrecimiento. → *Bendición.*

EXÉGESIS Glosa, explicación, comentario, interpretación.

EXENCIÓN Exoneración, privilegio, liberación, franquicia. → *Obligación.*

EXENTO Libre, inmune, dispensado, favorecido, excluido, perdonado, franco, desembarazado. → *Obligado, incluido.*

EXEQUIAS Funerales, honras fúnebres, homenaje, réquiem, ofrenda, ceremonia.

EXHALAR Emanar, despedir, desprender, emitir, lanzar. → *Retener, contener.*

EXHAUSTO Extenuado, agotado, fatigado, debilitado, enflaquecido, consumido, apurado. → *Vigoroso, pletórico.*

EXHIBICIÓN Presentación, revelación, publicación, divulgación, ostentación, manifestación. → *Ocultación.* || Feria, muestra, exposición, certamen.

EXHIBIR Ostentar, presentar, mostrar, exponer, manifestar. → *Esconder.*

EXHORTACIÓN Incitación, admonición, consejo, invitación, amonestación.

EXHORTAR Animar, incitar, estimular, impulsar, exigir, persuadir, suplicar, obligar, alentar, invitar, amonestar, rogar. → *Desanimar, desaconsejar.*

EXHUMAR Desenterrar. → *Inhumar.*

EXIGENTE Severo, escrupuloso, rígido, recto, duro, riguroso, estricto, intolerante, inflexible. → *Benévolo, tolerante.*

EXIGIR Ordenar, reclamar, mandar, pedir, invitar. → *Renunciar.* || Pedir, exhortar, requerir, precisar, necesitar.

EXIGUO Escaso, insuficiente, falto, carente, insignificante, reducido, corto, pequeño, mezquino. → *Abundante.*

EXILIAR Desterrar, alejar, expulsar, deportar, confinar, proscribir, echar. → *Acoger, repatriar.*

EXILIO Proscripción, deportación, destierro, extrañamiento, ostracismo. → *Repatriación.*

EXIMIO Excelente, óptimo, excelso, sobresaliente, eminente. → *Pésimo.*

EXIMIR Exceptuar, excluir, librar, indultar, redimir, perdonar, excusar, exonerar, relevar, dispensar. → *Obligar, imponer.*

EXISTENCIA Vida, supervivencia, presencia, realidad, esencia, ser. → *Muerte, inexistencia.*

EXISTENCIAS Mercancías, víveres, vituallas.

EXISTIR Vivir, ser, subsistir, estar, hallarse, durar, conservarse, mantenerse. → *Morir.*

ÉXITO Victoria, auge, triunfo, gloria, honor, renombre, notoriedad, laurel, trofeo, premio, resultado, fin , suceso, conclusión, logro. → *Fracaso.*

ÉXODO Emigración, huida, marcha, ausencia, peregrinación, abandono, migración, expatriación. → *Permanencia, arraigo.*

EXONERAR Destituir, degradar, relevar, expulsar, echar, suspender, aliviar, liberar, eximir. → *Rehabilitar, gravar.*

EXORBITANTE Excesivo, enorme, exagerado. → *Limitado.*

EXORBITAR Extremar, exagerar, desorbitar. → *Moderar.*

EXORCISMO Sortilegio, conjuro, embrujo, encantamiento, hechizo, magia. → *Bendición.*

EXORDIO Prólogo, prefacio, preámbulo, introducción. → *Epílogo.*

EXORNAR Embellecer, ornamentar, ornar, hermosear, adornar.

EXÓTICO Desusado, raro, insólito, curioso, extravagante, excéntrico. → *Común.* || Extranjero, foráneo, lejano, remoto, bárbaro. → *Nacional.*

EXPANSIÓN Extensión, dilatación, agrandamiento, desarrollo, aumento, difusión, propagación, crecimiento. → *Reducción.*

EXPANSIVO Comunicativo, sociable, tratable, efusivo, cariñoso, parlanchín, cordial, locuaz, franco. → *Reservado, huraño.*

EXPATRIACIÓN Éxodo, destierro, extrañamiento, emigración, exilio.

EXPECTACIÓN Curiosidad, atención, afán, expectativa.

EXPECTATIVA Esperanza, ilusión, perspectiva, expectación, aliento, posibilidad, interés, curiosidad, atención. → *Desinterés.*

EXPECTORAR Escupir, esputar, salivar, gargajear, toser, expulsar, lanzar, echar.

EXPEDICIÓN Excursión, gira, viaje, exploración, invasión. || Partida, caravana, grupo, tropa. || Remesa, envío, facturación. || Presteza, prontitud, diligencia, velocidad, facilidad. || Despacho, bula, breve.

EXPEDIENTE Sumario, documento, legajo, registro, escrito, auto, pliego, papeleo, negocio.

EXPEDIR Enviar, remitir, cursar, remesar, extender.

EXPEDITIVO Dinámico, pronto, activo, decidido, diligente. → *Lento.*

EXPEDITO Libre, desembarazado, despejado, holgado, amplio, desahogado. → *Obstruido.*

EXPELER Expulsar, arrojar, despedir, lanzar, echar. → *Atraer.*

EXPENDER Vender, despachar. → *Comprar.*

EXPENSAS Costas, gastos, dispendio.

EXPERIENCIA Práctica, costumbre, conocimiento, pericia, habilidad, hábito. → *Inexperiencia.* || Experimento, ensayo, prueba, tentativa, investigación.

EXPERIMENTADO Ducho, experto, práctico, diestro, hábil, mañoso, fogueado, curtido, versado, adiestrado, avezado. → *Inexperto.*

EXPERIMENTAL Práctico, empírico. → *Teórico.*

EXPERIMENTAR Ensayar, probar, intentar, estudiar, tantear. → *Abandonar.* || Soportar, sufrir, padecer, recibir, notar, advertir, sentir, observar.

EXPERIMENTO Ensayo, tentativa, experiencia, prueba.

EXPERTO Perito, conocedor, práctico, experimentado, entendido, hábil, diestro, idóneo. → *Inexperto.*

EXPIACIÓN Satisfacción, pena, reparación, purificación, castigo.

EXPIAR Purgar, penar, reparar, pagar, purificarse, padecer, sacrificarse. → *Eludir.*

EXPIRAR Fallecer, perecer, morir, fenecer. → *Nacer.*

EXPLANADA Llano, plano, explanación, llanura, extensión, descampado, plaza, superficie.

EXPLAYARSE Expansionarse, desahogarse, relatar. → *Contenerse.* || Divertirse, recrearse, solazarse, entretenerse, gozar, esparcirse, distraerse. → *Aburrirse.*

EXPLICACIÓN Exposición, justificación, glosa, aclaración, exégesis. || Satisfacción, exculpación, justificación.

EXPLICAR Aclarar, describir, esclarecer, contar, narrar, afirmar, exponer, interpretar, desarrollar, justificar, enseñar, profesar. → *Callar, embrollar.*

EXPLICARSE Entender, comprender, concebir. || Justificarse, exculparse.

EXPLÍCITO Manifiesto, claro, formal, expreso, terminante, rotundo, franco, sincero, meridiano. → *Implícito, dudoso.*

EXPLORADOR Expedicionario, excursionista, viajero, rastreador, guía, batidor, descubridor, investigador, avanzadilla.

EXPLORAR Investigar, sondear, examinar, reconocer, viajar, rastrear, aventurarse, estudiar, indagar.

EXPLOSIÓN Estallido, descarga, voladura, reventón, detonación, estampido, disparo.

EXPLOTACIÓN Industria, empresa, fabricación, factoría.

EXPLOTAR Estallar, volar, descargar, reventar, detonar. || Engañar, abusar, aprovecharse, timar, estafar. || Emplear, aprovechar, utilizar. → *Desaprovechar*

EXPONER Mostrar, exhibir, presentar, ostentar, enseñar. → *Esconder.* || Arriesgar, aventurar, atreverse, osar. → *Conservar.* || Declarar, explicar, manifestar, expresar. → *Callar.*

EXPORTAR Sacar, enviar.

EXPOSICIÓN Certamen, exhibición, muestra, feria, presentación, salón. || Explicación, declaración.

EXPÓSITO Inclusero, hospiciano, huérfano, abandonado, borde, enechado, echadizo, peño.

EXPRESADO Mencionado, susodicho, indicado, antedicho, sobredicho.

EXPRESAMENTE Adrede, expreso.

EXPRESAR Explicar, decir, exponer, interpretar, manifestar, declarar, hablar.

EXPRESIÓN Palabra, término, locución, vocablo, voz, modismo. || Gesto, aspecto, actitud, mueca, mímica, visaje.

EXPRESIVO Efusivo, vehemente, comunicativo, cariñoso, parlanchín, significativo, plástico, elocuente, gráfico. → *Inexpresivo.*

EXPRESO Rápido, directo, terminante, claro, explícito, manifiesto, especificado. → *Tácito.* || Tren, ferrocarril.

EXPRIMIR Comprimir, prensar, estrujar, apretar, esquilmar, abusar. → *Impregnar, aflojar.*

EX PROFESO Intencionadamente, deliberadamente, premeditado, adrede. → *Casualmente, inocentemente.*

EXPROPIAR Privar, confiscar, incautarse.

EXPUESTO Arriesgado, aventurado, peligroso, comprometido, apurado, inseguro. → *Seguro.*

EXPULSAR Echar, arrojar, lanzar, despedir, expeler, eliminar, destituir, exonerar, degradar, desterrar, eliminar. → *Atraer, admitir.*

EXPULSIÓN Evacuación, lanzamiento, exclusión. || Destierro, extrañamiento.

EXPURGAR Limpiar, purificar, censurar.

EXQUISITO Delicado, refinado, excelente, selecto, finísimo. → *Basto.* || Delicioso, excelente, sabroso, apetitoso, rico, primoroso. → *Tosco, rústico.*

EXTASIARSE Enajenarse, embelesarse, arrobarse, elevarse, encantarse.

ÉXTASIS Embeleso, arrobo, hechizo, embobamiento, pasmo, embriaguez, maravilla, suspensión, rapto, arrobamiento, embelesamiento. → *Indiferencia, repugnancia.*

EXTEMPORÁNEO Impropio, inconveniente, intempestivo, inoportuno. → *Oportuno.*

EXTENDER Desplegar, desenvolver, desarrollar, desdoblar, tender, estirar, ensanchar, dispersar, ampliar, aumentar. → *Recoger, reducir.* || Divulgar, difundir, propagar, propalar, esparcir. → *Reservar.*

EXTENSIÓN Vastedad, amplitud, inmensidad, llanura. || Dispersión, difusión, expansión, dilatación, amplificación, ramificación, desarrollo, propagación. → *Limitación.*

EXTENSO Basto, espacioso, prolongado, amplio, dilatado, inmenso, desarrollado, anchuroso. → *Reducido, limitado.*

EXTENUADO Debilitado, agotado, exhausto, fatigado, cansado, anémico, enflaquecido, débil, escuálido, desmirriado. → *Vigoroso, recuperado.*

EXTERIOR Externo, superficial, visible, manifiesto, extrínseco. || Interno. || Aspecto, apariencia, figura, superficie, fachada, frente. → *Interior.* || Extranjero, foráneo. → *Nacional.*

EXTERIORIZAR Descubrir, sacar, manifestar, revelar.

EXTERMINAR Eliminar, aniquilar, suprimir, extinguir, matar, liquidar, destruir, extirpar. → *Proteger.*

EXTERMINIO Extinción, extirpación, aniquilamiento, destrucción. || Carnicería, matanza.

EXTINGUIR Apagar, sofocar, ahogar, exterminar, acabar, matar. → *Encender, avivar.*

EXTINGUIRSE Decaer, degenerar, desaparecer, fenecer, expirar, acabar, morir, cesar. → *Surgir, nacer.*

EXTINTO Finado, muerto, fallecido.

EXTIRPAR Extraer, quitar, arrancar, erradicar, amputar, cercenar, desarraigar, suprimir, acabar. → *Injertar, iniciar.*

EXTORSIÓN Chantaje. || Perjuicio, menoscabo, daño, inconveniente, abuso. || Usurpación, despojamiento, desposeimiento, expoliación.

EXTRA Excelente, superior, óptimo, relevante, extraordinario. → *Inferior.* || Complemento, suplemento, aditamento, añadido, sobresueldo. || Comparsa, figurante, partiquino.

EXTRACTO Concentrado, jugo, sumo, esencia. || Compendio, resumen, sumario, abreviación. → *Texto.*

EXTRAER Quitar, sacar, despojar, arrancar, separar, apartar, extirpar. → *Introducir, meter.*

EXTRALIMITARSE Excederse, propasarse, abusar, desorganizarse, descomedirse. → *Contener, limitarse.*

EXTRAMUROS Afueras, alrededores, contornos, inmediaciones, periferia. → *Centro.*

EXTRANJERO Forastero, foráneo, extraño, desconocido, advenedizo, exótico. → *Nativo, indígena.*

EXTRAÑAMIENTO Exilio, deportación destierro, expatriación, proscripción. → *Repatriación.*

EXTRAÑAR Proscribir, desterrar, deportar. → *Repatriar.* || Anhelar, suspirar, asombrar, sorprender, chocar, admirar.

EXTRAÑEZA Asombro, admiración, sorpresa, duda, pasmo, desconcierto, maravilla, confusión, preocupación. → *Certeza.* || Rareza, irregularidad, novedad, originalidad. → *Normalidad.*

EXTRAÑO Raro, insólito, extravagante, chocante, singular, original, exótico, irregular, peregrino, inverosímil, absurdo, impropio, ajeno. → *Normal, propio.* || Extranjero.

EXTRAORDINARIO Asombroso, excepcional, maravilloso, extraño, insólito, inusitado, sorprendente. → *Ordinario.*

EXTRAVAGANCIA Excentricidad, manía, rareza, originalidad, ridiculez.

EXTRAVAGANTE Original, singular, caprichoso, raro, curioso, ridículo, incongruente, excéntrico, estrafalario, extra, extraordinario. → *Normal, ordinario.*

EXTRAVIAR Perder, confundir, traspapelar, descuidar, dejar. → *Encontrar.*

EXTRAVIARSE Perderse, descaminarse, apartarse, errar, corromperse, pervertirse, desviarse. → *Encarrilarse, hallar, encontrar.*

EXTRAVÍO Desvío, receso, virada, descarriamiento, circunvalación. || Perdición, descarrío, desorden, relajación. || Abandono, pérdida. || Perjuicio, daño, molestia, menoscabo.

EXTREMADO   Excesivo, extremo, exagerado, radical. → *Moderado.*

EXTREMAR   Acabar, rematar, terminar, concluir. || Recargar, exagerar. || Desvelarse, esmerarse, desvivirse.

EXTREMAUNCIÓN   Unción, sacramentación, santos óleos.

EXTREMIDAD   Miembro, apéndice, pierna, brazo, rabo, cola. || Cabo, extremo, remate, punto, fin.

EXTREMISTA   Fanático, agitador, revolucionario, exaltado, ferviente, radical. → *Moderado.*

EXTREMO   Extremidad, límite, término, cabo, remate, orilla, borde, frontera, separación, costado. → *Centro.* || Intenso, elevado, extremado, excesivo, sumo, exagerado. || Asunto, particular, cuestión, materia, punto.

EXTRÍNSECO   Accesorio, superfluo, accidental, circunstancial, externo, exterior. → *Intrínseco.*

EXUBERANCIA   Plenitud, fertilidad, profusión, frondosidad, abundancia, exceso, plétora. → *Falta, escasez.*

EXUBERANTE   Pletórico, pródigo, frondoso, abundante, fértil, profuso, copioso, rico, desbordante. → *Escaso.*

EXUDAR   Extravasarse, salirse, perder, sudar, rezumar. → *Absorber.*

EXULTANTE   Eufórico, regocijado, alborozado, jubiloso, exaltado, triunfante. → *Triste.*

EXVOTO   Ofrenda, ofrecimiento, presente, gratitud, agradecimiento.

EYACULACIÓN   Emisión, expulsión, excreción, polución, espasmo, convulsión, crispación, orgasmo, eretismo. → *Impotencia.*

EYACULAR   Expeler, secretar, emitir, segregar, arrojar.

FÁBRICA Manufactura, industria, taller, instalación, nave, empresa, explotación. || Construcción, edificio.

FABRICACIÓN Elaboración, producción, obtención, industria.

FABRICAR Elaborar, manufacturar, producir, construir, explotar, realizar, industrializar, levantar, edificar, obrar.

FÁBULA Leyenda, mito, cuento, quimera, narración, invención, cuento, apólogo, ficción. → *Realidad.* || Bulo, chisme, rumor, mentira, hablilla.

FABULOSO Maravilloso, fantástico, ilusorio, fingido, imaginario, ficticio, inventado. → *Real.* || Increíble, inverosímil, fantástico, prodigioso, quimérico. → *Común.*

FACCIÓN Bando, partido, grupo, camarilla, pandilla, secta.

FACCIONES Rasgos, líneas, fisonomía, perfil, apariencia, aspecto.

FACETA Lado, cara, canto, fase, aspecto, apariencia, circunstancia.

FÁCIL Sencillo, factible, realizable, posible, claro, obvio, comprensible, cómodo, elemental, hacedero, probable. → *Difícil.* || Manejable, acomodadizo, dócil, tratable. → *Incontrolable.* || Liviana, ligera, frágil. → *Recatada.*

FACILIDAD Posibilidad, expedición, disposición, comodidad, simplicidad. → *Dificultad.* || Condescendencia, debilidad, afabilidad, complacencia.

FACILITAR Simplificar, allanar, solucionar, posibilitar, favorecer. → *Dificultar.* || Entregar, proporcionar, proveer, procurar, suministrar.

FACINEROSO Delincuente, forajido, bandido, malhechor, malandrín, canalla, malvado, criminal. → *Honrado.*

FACSÍMIL Reproducción, copia, imitación.

FACTIBLE Hacedero, posible, realizable, practicable, viable, sencillo. → *Irrealizable, imposible.*

FACTOR   Agente, causa, elemento, principio, autor. || Multiplicador, divisor, coeficiente, submúltiplo, número, cifra. || Delegado, negociador, ejecutor, procurador, síndico.

FACTORÍA   Fábrica. || Comercio, emporio, almacén, depósito.

FACTURA   Nota, cuenta, resumen, extracto, detalle, suma, cargo.

FACULTAD   Capacidad, aptitud, potencia, permiso, autorización, licencia, exención, poder, concesión, potestad, atribuciones, derecho. → *Prohibición*. || Universidad, colegio, escuela, cátedra, seminario.

FACULTAR   Delegar, permitir, autorizar, habilitar. → *Desautorizar.*

FACULTATIVO   Voluntario, potestativo, prudencial, discrecional. → *Obligatorio.*

FACUNDIA   Labia, verbosidad, verborrea, charlatanería, facilidad, locuacidad. → *Reserva, parquedad.*

FACHA   Catadura, apariencia, aspecto, pinta, traza, estampa, figura, porte. || Esperpento, espantajo, mamarracho, adefesio. → *Hermosura.*

FACHADA   Frente, frontispicio, exterior, portada.

FAENA   Labor, tarea, trajín, trabajo, obra, ocupación, quehacer. → *Ocio.* || Trastada, jugarreta, judiada. → *Ayuda.*

FAJA   Ceñidor, justillo, corsé, apretador, alezo. || Franja, zona, sector, borde.

FAJO   Manojo, haz, puñado, atado, montón, fajina, mazo.

FALACIA   Engaño, falsedad, fraude, mentira. → *Verdad.*

FALANGE   Legión, tropa, batallón, cuerpo, cohorte.

FALAZ   Falso, artero, engañador, embustero. → *Veraz.* || Mentido, aparente, engañoso, fingido, ilusorio. → *Cierto.*

FALIBLE   Equívoco, engañoso, mendoso, erróneo. → *Infalible.* || Defectuoso.

FALSEAR   Adulterar, corromper, falsificar, desnaturalizar. || Flojear, flaquear, ceder. → *Resistir.*

FALSEDAD   Mentira, embrollo, calumnia, engaño, enredo, chanchullo, falacia, impostura, falsía. → *Verdad.*

FALSIFICAR   Falsear, corromper, adulterar, mistificar.

FALSO   Ficticio, espurio, artificial, copiado, imitado, aparente, falaz, engañoso, fingido. → *Genuino, verdadero.* || Traicionero, mentiroso, falsario, hipócrita, impostor, infiel, traidor, felón, desleal. → *Sincero, fiel.*

FALTA   Carencia, ausencia, carestía, escasez, insuficiencia, penuria. → *Abundancia.* || Defecto, deterioro, daño, avería, falla, fallo, tacha, imperfección, error, deficiencia, culpa, pecado. → *Perfección.*

FALTAR   Fallar, eludir, evitar, ausentarse, no asistir. → *Presentarse.* || Escasear, carecer, acabarse, consumirse, necesitar. → *Abundar.* || Ofender, insultar, injuriar, humillar. → *Disculparse, elogiar.*

FALLA Falta, defecto. || Hendidura, rotura.

FALLAR Marrar, errar, pifiar, fracasar, malograr, frustrar. → *Resultar, acertar.* || Sentenciar, dictaminar, decidir, resolver, decretar, zanjar, condenar.

FALLECER Morir, fenecer, perecer, expirar, agonizar, sucumbir. → *Nacer.*

FALLECIMIENTO Defunción, expiración, muerte, óbito, tránsito.

FALLIDO Fracasado, frustrado, malogrado. || Suspenso, quebrado.

FALLO Veredicto, sentencia, resolución, decisión, dictamen, condena, laudo. || Defecto, falta.

FAMA Renombre, popularidad, reputación, celebridad, notoriedad, nombradía, triunfo, auge, éxito. → *Oscuridad, modestia.*

FAMÉLICO Hambriento, ávido, ansioso, necesitado, flaco. → *Hastiado, harto.*

FAMILIA Parentela, parientes, familiares, ascendientes, descendientes, casta, linaje, progenie, dinastía, parentesco. || Hogar, casa, solar, domicilio, morada.

FAMILIAR Sencillo, corriente, íntimo, casero, hogareño. → *Protocolario.* || Conocido, ordinario, habitual, acostumbrado. → *Extraordinario.* || Pariente, allegado, deudo, ascendiente, descendiente, relativo, emparentado. → *Extraño.*

FAMILIARIDAD Confianza, libertad, llaneza, intimidad, franqueza, amistad, compañerismo. → *Protocolo, desconfianza.*

FAMILIARIZAR Acostumbrar, avezar, adaptar, habituar, intimar.

FAMOSO Célebre, renombrado, afamado, señalado, reputado, popular, notorio, conocido, distinguido, insigne. → *Ignorado.*

FÁMULA Doméstica, sirvienta, criada, servidora, asistente, chica, camarera, lacaya. → *Ama.*

FANÁTICO Intransigente, intolerante, exaltado, obcecado, ferviente, recalcitrante, apasionado. → *Equilibrado, razonable.*

FANATISMO Exaltación, intolerancia, celo, apasionamiento, obcecación. → *Mesura.*

FANDANGO Bullicio, jolgorio, bulla.

FANFARRÓN Jactancioso, ostentoso, vanidoso, orgulloso, presumido, bravucón, valentón. → *Tímido, humilde.*

FANGO Barro, cieno, lodo, légamo, limo. || Degradación, suciedad, abyección, vilipendio, vicio. → *Pureza.*

FANTASEAR Imaginar, soñar, crear.

FANTASÍA Ficción, imaginación, ilusión, fábula, invención, leyenda, quimera. → *Realidad.* || Capricho, antojo, excentricidad. → *Normalidad.*

FANTASIOSO Presuntuoso, ostentoso, vanidoso, vano, presumido, fanfarrón. → *Realista.*

FANTASMA Aparición, espectro, quimera, visión, espíritu, espantajo, aparecido, trasgo, coco, genio.

FANTÁSTICO Sobrenatural, fabuloso, fantasmagórico, utópico, inexistente, prodigioso, irreal, inverosímil, imaginario, quimérico, fantasmal. → *Real.* || Soberbio, maravilloso, magnífico, extraordinario.

FANTOCHE Títere, marioneta, pelele, muñeco, polichinela. || Fanfarrón, presumido, vanidoso, presuntuoso.

FARAMALLA Palabrería, vaniloquio, cháchara.

FARÁNDULA Compañía, teatro, cómicos, actores.

FARDO Bulto, paca, farda, lío, atavijo, paquete, bala, saco, talego, bolsa, envoltorio.

FARFULLAR Balbucir, tartamudear, tartajear, barbotear, murmurar, susurrar, musitar, enredar. → *Articular.*

FARISEO Hipócrita, astuto, simulador, malicioso, solapado, socarrón. → *Sincero.*

FARMACIA Botica, droguería, laboratorio, apoteca.

FAROL Fanal, linterna, lámpara, foco, farola, reflector. || Lance, jugada, trampa, truco.

FAROLEAR Presumir, fachendear, jactarse.

FARRA Jarana, juerga, parranda.

FARRAGOSO Confuso, mezclado, desordenado, enmarañado, inconexo, aburrido, fastidioso, tedioso, pesado, cargante, minucioso. →*Ordenado, ameno.*

FARSA Comedia, parodia, sainete, drama, pantomima, pieza, obra, ficción. →*Realidad.* || Engaño, simulación, disimulo, enredo, ficción, fingimiento, patraña. →*Sinceridad.*

FARSANTE Comediante, cómico, histrión. || Mentiroso, embaucador, hipócrita, embustero, tramposo, engañoso, simulador. → *Cabal.*

FASCÍCULO Cuaderno, entrega.

FASCINACIÓN Embrujo, hechizo, aojamiento, aojo. || Alucinación, seducción, embeleco, engaño. → *Desilusión.*

FASCINADOR Atractivo, deslumbrador, encantador, atrayente, hechicero. →*Repulsivo.*

FASCINAR Seducir, embelesar, encantar, hechizar, atraer, deslumbrar. → *Repeler.*

FASE Periodo, faceta, apariencia, estado, aspecto, parte, ciclo, espacio, curso.

FASTIDIAR Molestar, disgustar, aburrir, hastiar, hartar. → *Divertir.*

FASTIDIO Molestia, enfado, incomodidad, enojo, cansacio, disgusto, hastío, asco. →*Agrado.*

FASTIDIOSO Molesto, latoso, aburrido, enfadoso, cansado. → *Ameno.*

FASTUOSO Ostentoso, pomposo, suntuoso, aparatoso, lujoso, regio, magnífico, espléndido. → *Sencillo.*

FATAL Inevitable, irremediable, forzoso, seguro, ineludible, predestinado. → *Inseguro.* || Mortal, nefasto, funesto, aciago, desgraciado, sombrío, fatídico, infeliz, adverso. →*Providencial.*

FATALIDAD Destino, hado, sino, fortuna, suerte. → *Voluntad.* || Desgracia, desdicha, calamidad, infortunio, adversidad. → *Fortuna.*

FATALISMO Pesimismo, desesperanza, desilusión, melancolía, tristeza, desánimo. → *Ánimo.*

FATÍDICO Nefasto, funesto, sombrío, negro, fatal, adverso. → *Propicio.*

FATIGA Desfallecimiento, agotamiento, cansacio, extenuación, agobio, debilitamiento. → *Recuperación, descanso.* || Ahogo, sofoco, sofocación, asma. || Penuria, molestia, trabajo, pena, pesadumbre, penalidad, sufrimiento. → *Alegría.*

FATIGAR Agotar, extenuar, cansar, rendir, desfallecer, postrar, debilitar, agobiar, abatir, hastiar, hartar. → *Reposar, descansar.* || Jadear, ahogarse, asfixiarse, sudar.

FATIGOSO Penoso, extenuante, agotador, duro, difícil, cansador, cansado, trabajoso, cansino. → *Descansado.*

FATUO Presuntuoso, presumido, engreído, vacuo, vano, vanidoso, jactancioso, altanero. → *Sencillo, modesto.*

FAUSTO Boato, pompa, aparato, fasto, derroche, ostentación, rumbo, bambolla, fastuosidad, gala, magnificencia. → *Modestia.* || Venturoso, feliz, dichoso, afortunado, próvido. → *Aciago.*

FAVOR Ayuda, socorro, auxilio, protección, amparo. → *Obstáculo.* || Beneficio, servicio, honra, gracia, merced, distinción, atención. → *Desaire.*

FAVORABLE Propicio, dispuesto, inclinado, benévolo, conveniente, oportuno, favorecedor, adecuado, apto, acogedor, benigno. → *Desfavorable.*

FAVORECEDOR Defensor, beneficiador, protector, fautor, bienhechor, benefactor, compasivo, benévolo, generoso, favorable, humanitario, espléndido. → *Tacaño, perjudicial, cruel.*

FAVORECER Amparar, socorrer, apoyar, ayudar, auxiliar, defender, donar, dispensar. → *Perjudicar.* || Servir, beneficiar, otorgar. → *Negar.*

FAVORITISMO Preferencia, predilección, parcialidad, propensión, favor. → *Igualdad, equidad.*

FAVORITO Predilecto, protegido, preferido, privilegiado, estimado, distinguido, válido, privado. → *Desdeñado, igualado.*

FAZ Rostro, fisonomía, cara, semblante, efigie, rasgos, facciones, figura. || Anverso. → *Reverso.*

FE Certeza, confianza, seguridad, convicción. || Desconfianza, religión, dogma, creencia, ideología, fanatismo. → *Incredulidad*. || Prueba, testimonio, evidencia, juramento. → *Duda*.

FEALDAD Deformidad, imperfección, irregularidad, afeamiento, monstruosidad, desproporción, defecto. → *Belleza*.

FEBRÍFUGO Antipirético, antitérmico, quitafiebre.

FEBRIL Ardoroso, calenturiento, enfebrecido, ardiente, afiebrado, consumido, encendido. → *Álgido*. || Nervioso, ansioso, inquieto, impaciente, angustiado, intranquilo, turbado, atormentado, agitado. → *Tranquilo, calmado*.

FÉCULA Almidón, harina, albumen, hidrato de carbono.

FECUNDAR Fertilizar, fecundizar, preñar, engendrar, cubrir, reproducir, procrear, unirse, copular. → *Esterilizar*.

FECUNDIDAD Feracidad, riqueza, fertilidad, abundancia. → *Aridez*.

FECUNDO Prolífico, fértil, feraz, productivo, fructuoso, abundante, rico, ubérrimo. → *Infecundo, improductivo*.

FECHA Día, data, momento, plazo, vencimiento, término, jornada.

FECHAR Datar, registrar, numerar, encabezar.

FECHORÍA Trastada, felonía, faena, jugarreta, infamia, traición, atentado, crimen, maldad, travesura, picardía.

FEDERACIÓN Confederación, coalición, liga, mancomunidad, agrupación, sindicato, grupo, unión. || Alianza, pacto, convenio, tratado.

FEDERAR Asociar, agrupar, coligar, mancomunar, unir, sindicar. → *Disgregar, separar*.

FEHACIENTE Fidedigno, evidente, indiscutible, cierto, palmario, manifiesto. → *Dudoso*.

FELICIDAD Dicha, bienestar, fortuna, ventura, bonanza, prosperidad, contento, satisfacción, goce, delicia, gusto, júbilo. → *Desdicha, tristeza, desventura*.

FELICITACIÓN Congratulación, pláceme, enhorabuena, cumplido, parabién, elogio. → *Pésame*.

FELICITAR Congratular, saludar, elogiar, cumplimentar, agasajar, cumplir. → *Compadecer*.

FELIGRÉS Devoto, fiel, piadoso, congregante, parroquiano.

FELIZ Dichoso, alegre, radiante, venturoso, bienandante, propicio, afortunado, satisfecho, risueño. → *Desdichado, desventurado*.

FELÓN Desleal, alevoso, indigno, perverso, traidor, fementido. → *Leal*.

FELONÍA Traición, perfidia, alevosía, perjurio, infamia.

FEMENINO Mujeril, delicado, suave, gracioso, débil, afeminado, endeble. → *Masculino, viril*.

FENECER Fallecer, morir.

FENOMENAL Descomunal, enorme, monstruoso, tremendo, extraordinario, estupendo, colosal, portentoso, asombroso, sorprendente. → *Minúsculo, desagradable.*

FENÓMENO Engendro, monstruo, aborto, espantajo, feo. || Rareza, prodigio, maravilla, manifestación, coloso, portento. → *Perfección.*

FEO Antiestético, repulsivo, desagradable, deforme, fenómeno, ridículo, malcarado, disforme, horrible, asqueroso. → *Bello.* || Reprobable, vergonzoso, torpe. || Desaire, afrenta, grosería.

FÉRETRO Caja, ataúd, cajón, sarcófago.

FERIA Certamen, concurso, exposición, mercado. || Asueto, fiesta, festejo, descanso, vacación.

FERMENTAR Agrietarse, alterarse, descomponerse, corromperse, leudarse, agriarse, venirse.

FERMENTO Ludia, levadura, diastasa.

FEROCIDAD Crueldad, fiereza, encarnizamiento, violencia, salvajismo.

FEROZ Cruel, brutal, despiadado, bárbaro, violento, fiero, montaraz, sádico, atroz, inhumano. → *Bondadoso.*

FÉRREO Tenaz, resistente, fuerte, constante, duro, inflexible, implacable, feroz. → *Blando, benévolo.*

FÉRTIL Feraz, fructuoso, fructífero, fecundo, productivo, ubérrico, rico, generoso. → *Estéril, infecundo.*

FERTILIDAD Feracidad, riqueza, fecundidad, abundancia, producción. → *Esterilidad.*

FERTILIZAR Abonar, fecundizar, estercolar, encrasar, nitratar, tratar, enriquecer. → *Esterilizar.*

FERVIENTE Fervoroso, devoto, piadoso, apasionado, místico, impetuoso, ardoroso, arrebatado, fanático, acalorado, efusivo, ardiente, vehemente, fogoso. → *Indiferente, frío.*

FERVOR Devoción, piedad, unción, exaltación. → *Impiedad.* || Calor, pasión, excitación, ardor, fogosidad. → *Frialdad.*

FESTEJAR Homenajear, agasajar, lisonjear, halagar, regalar, obsequiar. → *Ofender.* || Cortejar, galantear, enamorar, rondar, camelar, requerir. → *Desdeñar.*

FESTEJO Halago, obsequio, agasajo, cortejo, galanteo. || Festividad, solemnidad, fiesta, regocijo, diversión.

FESTÍN Festejo, convite, banquete, comilona, bacanal, hartazgo, orgía, gaudeamus.

FESTIVAL Festejo, función, velada, espectáculo, certamen, fiesta.

FESTIVIDAD Solemnidad, dedicación, celebración, fiesta, conmemoración. || Donaire, agudeza, chiste.

FESTIVO Jovial, alegre, jocoso, entretenido, gozoso. → *Triste.* || Agudo, divertido, chistoso, ocurrente. || Domingo, vacación, fiesta.

FESTÓN Ribete, orla, borde, bordado, orilla, franja, faja, tira, cenefa.

FETICHE Amuleto, ídolo, talismán, tótem, estatuilla, efigie, deidad.

FETICHISMO Idolatría, totemismo.

FETIDEZ Hedor, peste, fetor, hediondez, pestilencia. → *Perfume.*

FÉTIDO Maloliente, apestoso, hediondo, pestilente, nauseabundo, inmundo. → *Aromático, perfumado.*

FETO Aborto, engendro, germen, rudimento, embrión.

FEUDAL Solariego, señorial, medieval, tiránico, dominante. → *Plebeyo, democrático.*

FEUDO Heredad, dominio, territorio, comarca. || Vasallaje, tributo, sujeción. → *Libertad.*

FIADOR Garantizador, avalador, garante. || Seguro, pasador, pestillo.

FIANZA Depósito, garantía, aval, prenda, precinto, resguardo, gravamen.

FIAR Prestar, ceder, dejar, confiar, entregar. → *Quitar.*

FIARSE Confiar, tener fe, tener confianza. → *Desconfiar.*

FIASCO Chasco, fracaso, decepción. → *Éxito.*

FIBRA Hebra, filamento, hilo, brizna, hilacha, veta. || Vigor, energía, fortaleza, resistencia, robustez, nervio. → *Debilidad.*

FICCIÓN Fantasía, invención, quimera, fábula, cuento. || Simulación, fingimiento, apariencia, disimulo.

FICTICIO Falso, inventado, fabuloso, fingido, supuesto, imaginado, engañoso, quimérico. → *Auténtico, real.*

FICHA Papeleta, cédula. || Señas, filiación, datos. || Tanto, pieza.

FICHAR Señalar, filiar, anotar. || Recelar, calar.

FIDEDIGNO Auténtico, verdadero, cierto, fehaciente, indiscutible. → *Incierto, inseguro.*

FIDELIDAD Lealtad, constancia, honradez, nobleza, devoción, amistad, apego. → *Deslealtad.* || Exactitud, puntualidad, probidad, constancia, veracidad. → *Irregularidad.*

FIEBRE Temperatura, calentura, destemplanza, hipertermia. || Agitación, actividad, ardor, excitación.

FIEL Devoto, leal, apegado, noble, cumplidor, puntual, exacto, perseverante, firme, constante. → *Desleal.* || Creyente, feligrés, cristiano, religioso. → *Pagano, infiel.*

FIERA Alimaña, bestia, bicho, rapaz. → *Animal doméstico.* || Bruto, salvaje, cruel, violento, bestial, inhumano. → *Bondadoso.*

FIEREZA Crueldad, saña, salvajismo, ferocidad, braveza.

FIERO Brutal, salvaje, violento, cruel, feroz, inhumano, sañudo, rudo, montaraz, agreste. → *Tranquilo.* || Horroroso, airado, feo, torvo.

FIESTA Feria, festividad, regocijo, alegría, diversión, conmemoración, solemnidad, gala, alegría, asueto, domingo, holganza, kermesse. → *Jornada laboral.*

FIGURA   255   FILOSOFAR

FIGURA Imagen, silueta, efigie, retrato, modelo, aspecto, símbolo, estampa, fisonomía, rostro, cara, faz, configuración, apariencia, continente, forma. || Persona, personaje. || Figuración. || Tropo, metáfora.

FIGURACIÓN Emblema, representación, figura, símbolo, facsímil.

FIGURAR Concurrir, estar, asistir, participar, hallarse. → *Ausentarse.* || Fingir, simular, aparentar, suponer, parecer. || Destacarse, distinguir, representar. || Imaginar, fantasear, suponer, creer, sospechar. || Delinear, representar, dibujar.

FIGURATIVO Simbólico, emblemático, representativo.

FIGURÍN Patrón, modelo, diseño. || Dandi, petimetre.

FIJAR Sujetar, asegurar, afianzar, afirmar, pegar, encolar, incrustar. → *Soltar, separar.* || Establecer, determinar, resolver, precisar, señalar.

FIJARSE Observar, atender, contemplar, notar. → *Omitir.* || Afincarse, establecerse, residir. → *Mudarse, marcharse.*

FIJO Sujeto, asegurado, permanente, firme, asentado, seguro. → *Móvil.*

FILA Línea, hilera, columna, serie, ristra, desfile, sucesión, cola.

FILANTROPÍA Generosidad, altruismo, liberalidad. → *Misantropía.*

FILÁNTROPO Benefactor, protector, magnánimo, altruista, caritativo, generoso. → *Egoísta.*

FILARMÓNICO Músico, melómano, diletante.

FILETE Tajada, solomillo, bistec, chuleta. || Franja, cinta, listón, cimbria, tenia, listel.

FILIACIÓN Progenie, procedencia, parentesco. || Enlace, dependencia. || Señas, ficha, datos. || Descripción, designación.

FILIAL Agencia, sucursal, delegación, anexo, dependencia. → *Central.* || Familiar, consanguíneo, intenso, allegado, acendrado. → *Extraño.*

FILIBUSTERO Corsario, bucanero, pirata, contrabandista, aventurero.

FILIGRANA Adorno, decorado, exquisitez, sutileza, delicadeza, calado, primor, ribete, cenefa. || Señal, marca, corondeles.

FILÍPICA Sermón, reprimenda, diatriba, censura, catilinaria, regaño, amonestación. → *Elogio.*

FILMAR Fotografiar, captar, reproducir, tomar, impresionar.

FILME Película, cinta, rollo.

FILO Tajo, corte, borde, hoja, lámina, arista.

FILOLOGÍA Lexicología, lingüística, lenguaje.

FILÓN Veta, mina, venero, masa, yacimiento. || Gaje, negocio, breva, ganga, provecho. → *Ruina.*

FILOSOFAR Discurrir, analizar, especular, meditar, razonar, rumiar, reflexionar.

FILÓSOFO Pensador, sabio, prudente, filosófico, paciente, manso, virtuoso, austero.

FILTRAR Pasar, refinar, colar, purificar, destilar, resumar, recalar, exudar, transpirar.

FILTRO Colador, manga, pasador, tamiz, destilador. || Brebaje, bebedizo.

FIN Conclusión, término, desenlace, solución, final, remate, cese, ocaso. → *Comienzo.* || Extremidad, punta, límite, orilla, margen, cabo, cola, colofón, extremo. → *Principio, centro.* || Objetivo, propósito, finalidad, meta.

FINADO Difunto, muerto.

FINAL Término, fin.

FINALIDAD Intención, fin, objetivo, motivo, razón, propósito, intención, mira, plan.

FINALISTA Contendiente, rival, participante, oponente, ganador. → *Perdedor.*

FINALIZAR Terminar, concluir, rematar, cesar, solucionar, extinguir, cumplir, completar, prescribir, fallecer. → *Empezar, nacer.*

FINANCIERO Negociante, economista, banquero, capitalista, especulador, potentado.

FINAR Morir, expirar, fallecer, perecer. → *Nacer.*

FINCA Inmueble, propiedad, heredad, posesión, hacienda, predio, fundo. || Vivienda, casa, edificio, solar.

FINEZA Delicadeza, atención, cumplido, miramiento, exquisitez, suavidad, regalo, dádiva, obsequio, presente. → *Grosería, tosquedad.*

FINGIDO Simulado, supuesto, hipócrita, solapado, disfrazado, desleal, falseado, ilusivo, aparente, supositicio. → *Auténtico, real.*

FINGIMIENTO Engaño, hipocresía, simulación, ficción, doblez.

FINGIR Aparentar, disfrazar, encubrir, simular, disimular, suponer, imaginar, inventar.

FINIQUITAR Cancelar, saldar, rematar. || Concluir, acabar, terminar. → *Empezar.*

FINO Delicado, refinado, sutil, exquisito, tenue, suave, gracioso. → *Tosco.* || Esbelto, delgado, estrecho, aguzado, ligero. → *Grueso.* || Amable, cordial, cortés, educado, servicial, atento, considerado. → *Grosero.*

FINURA Primor, sutilidad, elegancia, delicadeza, fineza. → *Grosería.* || Urbanidad, atención, amabilidad, cortesía, comedimiento.

FIRMA Rúbrica, sello, nombre, signatura, apellido, autógrafo. || Comercial, razón social, nombre, marca, empresa, sociedad, corporación, industria, compañía.

FIRMAMENTO Cielo, espacio, cosmos, vacío, infinito, bóveda celeste, éter.

FIRMAR Rubricar, suscribir, signar, visar, certificar, escribir, estampar, aprobar, sancionar.

FIRME Resistente, fuerte, estable, consistente, duro, sólido, fijo. → *Inestable.* || Tieso, rígido, erguido, derecho. → *Torcido, fláccido.* || Imperturbable, sereno, inflexible. → *Bonachón.*

FISCALIZAR Inspeccionar, indagar, inquirir, criticar, calificar.

FISCO Fiscalía, erario, hacienda.

FISGAR Curiosear, cotillear, husmear, indagar, espiar, entremeterse, atisbar.

FISGÓN Curioso, husmeador, entremetido.

FÍSICO Concreto, real, material, corporal, orgánico, natural. → *Psíquico, anímico.* || Cuerpo, apariencia, exterior, presencia, forma, aspecto, naturaleza, faz. → *Alma, mente.*

FISONOMÍA Rostro, semblante, figura, expresión, cara, faz, rasgos, facciones.

FISURA Fractura, fisuración, grieta, hendidura, hendedura.

FLÁCCIDO Lacio, flojo, laxo, decaído, blando, inconsistente, relajado, fofo. → *Rígido, recio.*

FLACO Delgado, enjuto, demacrado, consumido, chupado, larguirucho, endeble, esquelético, maciento, enteco, magro. → *Rollizo, gordo.*

FLAGELAR Fustigar, azotar, disciplinar. || Maltratar, vituperar.

FLAGELO Látigo, azote, vergajo, vara, disciplinas, fusta, castigo. || Plaga, epidemia, peste, calamidad, catástrofe, tragedia. → *Bonanza, fortuna.*

FLAGRANTE Claro, evidente, manifiesto, actual. || Resplandeciente, ardiente.

FLAMA Resplandor, llama, reflejo, reverberación.

FLAMANTE Brillante, centelleante, reluciente, lúcido, rutilante, fresco, nuevo, reciente, inmaculado, lozano, pulcro. → *Apagado, usado, viejo.*

FLAMEAR Ondear, flotar, tremolar, undular, llamear.

FLANCO Extremo, costado, lado, borde, orilla, límite, ala. → *Centro.* || Anca, cadera, grupa, cuadril.

FLAQUEAR Aflojar, debilitarse, ceder, claudicar, recular, desistir, cejar, decaer. → *Insistir, perseverar.*

FLAQUEZA Debilidad, fragilidad, tentación, claudicación, desaliento, apatía, mengua, delgadez, pecado, desliz. → *Energía, vigor.*

FLECO Hilo, cordón, adorno, galoncillo, flequillo, trenzilla, cordoncillo, rapacejo.

FLECHA Saeta, dardo, venablo, jara, sagita.

FLECHAR Enamorar, seducir, cautivar.

FLECHAZO Herida, golpe. || Cautivamiento, enamoramiento.

FLEMA Pachorra, cachaza, parsimonia, cuajo, tranquilidad, lentitud, apatía, calma, remanso. → *Nerviosidad, excitación.* || Esputo, mucosidad, expectoración, escupitajo, gargajo.

FLEMÁTICO Tranquilo, apático, tardo, reposado, lento. → *Impaciente.*

FLEQUILLO Rizo, tupé, vellón, cerneja, guedeja, mechón.

FLETE Precio, suma, importe, costo, mercancía, cargamento, carga.

FLEXIBLE Elástico, cimbreante, dúctil, resistente, vibrante, movible, manejable, dócil, plástico, maleable. → *Rígido.* || Tolerante, benévolo, acomodaticio, complaciente, blando. → *Severo, inflexible.*

FLIRTEAR Coquetear, galantear, cortejar, camelar, conquistar.

FLIRTEO Devaneo, amorío.

FLOJO Suelto, libre, laxo, fláccido, blando, fofo. → *Firme.* || Negligente, indolente, perezoso, tardo, feble, desanimado, desalentado, agotado, apático. → *Activo.*

FLOR Capullo, pimpollo, brote, yema. || Piropo, requiebro, ternura, galantería, donosura. || Selección, élite.

FLORECER Abrirse, brotar, echar, romper. || Progresar, prosperar, aumentar, avanzar, adelantar, medrar, desarrollarse. || Decaer, languidecer.

FLORECIENTE Brillante, progresivo, próspero, boyante. → *Lánguido.*

FLORERO Jarrón, búcaro, vaso, vasija, cántaro, tiesto, maceta, ramilletero, canéfora.

FLORESTA Fronda, selva, bosque, arboleda.

FLORIDO Elegante, floreciente, poblado, lúcido, hermoso, profuso, adornado, ameno, escogido, galano, retórico. → *Parco, sobrio.*

FLORILEGIO Antología, repertorio, selección, crestomatía, excerpta.

FLOTA Escuadra, marina, armada, flotilla, convoy, expedición.

FLOTAR Nadar, sobrenadar, sostenerse, emerger. → *Hundirse.* || Flamear, ondear, ondular, undular.

FLUCTUAR Alternar, variar, cambiar, oscilar, dudar, titubear, mudar, vacilar. → *Perseverar, inmovilizarse.*

FLUIDO Gas, líquido, vapor, agente. → *Gaseoso, líquido, natural, sencillo, fácil.* → *Difícil, sólido.*

FLUIR Manar, derramarse, correr, escaparse, circular, salir, brotar, rezumar, gotear, chorrear. → *Estancarse.*

FLUJO Corriente, circulación, marea, creciente, montante, oleada, estuación. → *Excreción, evacuación, supuración.*

FLUORESCENTE Luminiscente, luminoso, fosforescente, brillante, refulgente. → *Incandescente.*

FOBIA Aversión, antipatía, aborrecimiento, odio, repugnancia, temor. → *Simpatía, afición.*

FOCO Farol, luz. || Centro, núcleo, meollo, eje, fondo, base, medio. → *Extremo, periferia.*

FOFO Blando, muelle, esponjoso, fláccido, inconsistente, obeso. → *Duro, consistente.*

FOGATA Hoguera, fogarata.

FOGÓN Hogar, hornilla, cocinilla, cocina, horno, brasero, estufa, chimenea.

FOGONAZO Chispazo, llamarada, chisporroteo, resplandor, fulgor. → *Oscuridad.*

FOGOSO Ardoroso, violento, vehemente, ardiente, impetuoso, apasionado, acalorado, exaltado, efusivo. → *Apático.*

FOGUEADO Ducho, avezado, experimentado, veterano, curtido, acostumbrado, encallecido, ajetreado. → *Inexperto.*

FOLCLÓRICO Típico, tradicional, característico, popular, pintoresco, costumbrista. → *Cosmopolita.*

FOLIO Página, hoja.

FOLLAJE Espesura, fronda, hojarasca, borrajo, broza, boscaje, ramaje, selva. → *Claro, páramo.*

FOLLETÍN Serial, drama, novela.

FOLLETO Impreso, opúsculo, librillo, cuaderno, fascículo, panfleto, prospecto.

FOMENTAR Promover, vivificar, provocar, proteger, excitar, respaldar, desarrollar, apoyar, impulsar, avivar. → *Descuidar, calmar.*

FOMENTO Cataplasma, paño, sinapismo, emplasto. || Alimento, auxilio, pábulo, estímulo, desarrollo.

FONACIÓN Voz, sonido.

FONDA Posada, mesón, venta, bodegón, figón, albergue, hostal, hotel, parador.

FONDEADERO Ensenada, cala, abra, rada, dársena, anclaje, surgidero, ancladero.

FONDO Base, apoyo, fundamento, extremo, asiento, raíz, término. → *Superficie.* || Esencia, interior, intimidad, entrañas, manera. || Hondura, profundidad, calado. || Capital, caudal, inversión. || Acervo, existencia, tesoro. || Obra viva. || Trasfondo, campo, telón.

FONÉTICA Fonología, voz.

FONÓGRAFO Tocadiscos, gramófono, gramola.

FORAJIDO Malhechor, facineroso, bandido, bandolero, salteador, delincuente, malvado, proscrito.

FORASTERO Extranjero, extraño, foráneo, desconocido, inmigrante, naturalizado, ajeno, alienígeno. → *Ciudadano, natural, indígena.*

FORCEJEAR Pugnar, bregar, luchar, debatirse, retorcerse, resistir, forcejar, resistir. → *Someterse.*

FORJAR Fraguar, moldear, formar, percutir, cinglar. || Crear, inventar, tramar, urdir, concebir, fabricar.

FORMA Figura, imagen, silueta, perfil, efigie, conformación, aspecto, diseño, apariencia, configuración, hechura, estampa. || Manera, modo, medio, sistema, método, proceso, formación, conducta. || Horma, molde, modelo. || Conveniencia, modales, urbanidad. || Tamaño, formato.

FORMACIÓN Elaboración, creación, forma, constitución, producción. || Disposición, alineación, organización, cuadre, orden.

FORMAL Juicioso, sensato, prudente, tranquilo, callado, severo, puntual, serio, veraz, exacto. → *Informal.* || Explícito, determinado, expreso, preciso, terminante. → *Indeterminado.*

FORMALIDAD Requisito, formulismo, exigencia, condición, obligación, fórmula, ceremonia, procedimiento, regla. || Sensatez, compostura, seriedad. → *Ligereza.* || Puntualidad, fidelidad, exactitud, asiduidad.

FORMALIZAR Concretar, determinar, señalar, precisar, establecer, fijar. || Legalizar, legitimar.

FORMAR Plasmar, moldear, trabajar, modelar, labrar, configurar, crear, fabricar. → *Destruir, deformar.* || Establecer, constituir, organizar, fundar, componer, juntar, integrar, congregar. → *Disolver.* || Educar, adiestrar, iniciar, aleccionar, crear, instruir. → *Descarriar.*

FORMIDABLE Enorme, imponente, descomunal, colosal, monstruoso, excesivo. → *Minúsculo.* || Espantoso, temible, tremendo, pavoroso. →*Inofensivo.* || Magnífico, estupendo, admirable, pasmoso. →*Desagradable, corriente.*

FÓRMULA Enunciado, ley, término, expresión, representación, norma, canon, modo, método, pauta, proceder, prescripción, receta.

FORMULAR Prescribir, recetar. || Proponer, enunciar, cristalizar, manifestar, exponer.

FORMULARIO Fórmula. || Estatutario, ritual, reglamentario. || Recetario, vademécum, prontuario.

FORMULISMO Rutina, régimen, formalismo, costumbrismo.

FORNICACIÓN Coito, cópula, ayuntamiento, concúbito, cohabitación. → *Abstinencia, castidad.*

FORNIDO Membrudo, forzudo, robusto, fuerte, corpulento, hercúleo, macizo, musculoso. → *Débil, enclenque.*

FORRAJE Herrén, heno, pasto, herbaje.

FORRAR Revestir, entapizar, tapizar, cubrir, aforrar.

FORRO Funda, revestimiento, cubierta, tapizado, envoltura, protección, retobo, entretela.

FORTALECER Vigorizar, robustecer, tonificar, reanimar, vivificar, remozar, fortificar. → *Debilitar.*

FORTALEZA Fortín, castillo, fuerte, torreón, fortificación, reducto, ciudadela, baluarte, alcázar. || Vigor, poder, fuerza, robustez, pujanza, corpulencia, nervio, ánimo, potencia, firmeza. → *Debilidad*.

FORTIFICACIÓN Fortaleza. || Reducto, fortín, defensa, baluarte.

FORTIFICAR Amurallar, proteger, reforzar, parapetar, defender, erigir, consolidar, arreciar, afianzar, trincherar, fortalecer. → *Debilitar*.

FORTUITO Casual, eventual, accidental, imprevisto, ocasional, esporádico, impensado, incidental. → *Premeditado, deliberado*.

FORTUNA Azar, destino, sino, hado, estrella, vicisitud. || Suerte, chiripa, ventura, éxito, estrella. → *Desdicha*. || Riqueza, patrimonio, capital, bienes, fondos, heredad, dinero, valores. → *Pobreza*.

FORZAR Apremiar, obligar, imponer, dominar, invadir, asaltar. → *Suplicar, abandonar*. || Raptar, violar, desflorar, desvirgar, profanar, abusar, deshonrar, estuprar. → *Respetar*.

FORZOSO Ineludible, obligatorio, inexcusable, obligado, imprescindible, necesario, preciso, inevitable. → *Voluntario, facultativo*.

FORZUDO Fornido, hercúleo, musculoso, robusto, macizo, vigoroso, membrudo, corpulento, musculoso. → *Débil*.

FOSA Sepultura, tumba, sepulcro, túmulo, cripta. || Hoyo, hueco, cavidad, pozo, socavón, barranco.

FOSFORESCENTE Luminiscente, fluorescente, fulgurante, luminoso, reluciente, brillante. → *Oscuro*.

FÓSFORO Cerillo, mixto.

FÓSIL Petrificado. || Anticuado, vetusto, prehistórico, viejo, arcaico.

FOSO Hoyo, caba, zanja, sopeña, excavación, fosa.

FOTOGRAFÍA Retrato, foto, efigie, imagen, instantánea, reproducción, clisé.

FRACASAR Fallar, frustrarse, malograrse, hundirse, acabarse, estropearse, arruinarse. → *Triunfar, vencer*.

FRACASO Frustración, fiasco, revés, ruina, malogro. → *Triunfo*. || Estruendo, fragor.

FRACCIÓN Quebrado, decimal, cociente, expresión. → *Entero*. || Fragmento, trozo, porción, pieza, pedazo, parte. → *Conjunto*.

FRACCIONAR Partir, fragmentar, dividir, quebrantar, romper.

FRACTURA Efracción, quebradura, rotura, ruptura, cisura.

FRACTURAR Fragmentar, quebrar, romper, partir, tronchar, destrozar. → *Soldar, rehabilitar*.

FRAGANCIA Perfume, aromaticidad, aroma, olor. → *Hedor*.

FRAGANTE Aromático, oloroso, perfumado, balsámico, agradable. → *Hediondo, maloliente, pestilente*.

FRÁGIL Endeble, quebradizo, inconsistente, fino, sutil, tenue, enfermizo, rompible, frangible, delicado, endeble. → *Fuerte, robusto*.

FRAGILIDAD Debilidad, inconsistencia. → *Resistencia*.

FRAGMENTO Trozo, pieza, corte, pedazo, sección, fracción, partícula. → *Totalidad.*

FRAGOR Rumor, estrépito, estruendo, retumbo, sonoridad, clamor. → *Silencio.*

FRAGOSO Áspero, escarpado, quebrado, breñoso, abrupto. → *Liso.*

FRAGUA Forja, horno, fogón, hornilla, brasero.

FRAGUAR Planear, proyectar, urdir, tramar, maquinar. || Forjar, formar, moldear, trabajar, idear, proyectar, concebir, imaginar.

FRAILE Religioso, hermano, monje, cenobita, cartujo, ermitaño, asceta.

FRANCACHELA Parranda, jarana, juerga, jolgorio, cuchipanda, bacanal.

FRANCO Sincero, llano, veraz, abierto, leal, espontáneo, ingenuo, cándido. → *Hipócrita.*

FRANJA Tira, faja, lista, banda, cinta, ribete, borde. || Sector, zona, área, línea.

FRANQUEAR Desembarazar, abrir, desatascar, limpiar. → *Atascar.* || Atravesar, cruzar, salvar, vadear, traspasar. → *Rodear.* || Exonerar, eximir, liberar.

FRANQUEZA Sinceridad, naturalidad, llaneza. → *Hipocresía.* || Exención, libertad, franquicia. → *Obligación.*

FRANQUICIA Exención, franqueza.

FRASCO Botella, casco, envase, vasija, recipiente, pomo.

FRASE Expresión, locución, enunciado, párrafo, oración, parágrafo, dicho, decir.

FRATERNIDAD Igualdad, hermandad, unión, solidaridad, armonía, adhesión, concordia. →*Enemistad.*

FRATERNO Amistoso, solidario, compenetrado, entrañable, cariñoso, fraternal. → *Enemigo.*

FRAUDE Estafa, timo, engaño, robo, dolo, escamoteo, desfalco, malversación, imitación, falsificación, mentira.

FRAUDULENTO Engañoso, falaz, falso, frauduloso, mentiroso.

FRECUENCIA Asiduidad, repetición, sucesión, periodicidad, frecuentación. →*Interrupción.*

FRECUENTAR Asistir, concurrir, acostumbrar, menudear, relacionarse, alternar, soler, visitar, tratar.

FRECUENTE Asiduo, reiterado, repetido, periódico, insistente, continuo, acostumbrado. → *Irregular.* || Común, corriente, natural, habitual, ordinario. → *Insólito.*

FREGAR Limpiar, enjabonar, lavar, bañar, enjuagar, baldear. → *Ensuciar.* || Restregar, frotar, rascar, friccionar, raer, gastar. || Molestar, fastidiar.

FREÍR Cocinar, cocer, dorar, calentar, pasar, asar, quemar, fritar, sofreír.

FRENAR Detener, sujetar, parar, inmovilizar, dominar, aquietar, estorbar, enfrenar, reprimir, moderar. → *Soltar, acelerar, ayudar, fomentar.*

FRENESÍ Exaltación, enardecimiento, extravío, locura, apasionamiento, violencia, ímpetu, ardor, furia, arrebato, delirio, excitación. → *Calma, serenidad.*

FRENÉTICO Exaltado, arrebatado. → *Plácido.* || Enajenado, loco, delirante. → *Pacífico.*

FRENO Pedal, palanca, mando, mecanismo. || Sujeción, contención, moderación, obstáculo, estorbo, impedimento. → *Libertad, acicate.*

FRENTE Testa, testuz, bóveda, faz, testero, testera. || Delantera, anverso, fachada, faz, cara. → *Trasera.* || Vanguardia, avanzada, primera línea. →*Retaguardia.*

FRESCO Nuevo, flamante, reciente, puro, verde, lozano, moderno, joven. → *Marchito, viejo.* || Sinvergüenza, descarado, desfachatado, atrevido. → *Tímido, honrado.* || Frío, helado, moderado, agradable. → *Cálido.*

FRESCURA Lozanía, pureza, juventud. →*Vejez.* || Descaro, atrevimiento, desfachatez, desvergüenza, insolencia, desenfado. → *Timidez, respeto.* || Fresco, frescor.

FRIALDAD Despego, indiferencia, flojedad. → *Afición.* || Frigidez, frío.

FRICCIÓN Friega, frote, frotación, estregadura.

FRIGIDEZ Impotencia, infecundidad, agotamiento, esterilidad, frialdad. → *Fogosidad, ardor.*

FRIGORÍFICO Cámara, nevera, congeladora.

FRÍO Frigidez, fresco, frialdad, congelación, enfriamiento. → *Calor.* || Congelado, helado, gélido, glacial, crudo, fresco. → *Caliente.* || Impasible, apático, indiferente, desdeñoso. → *Interesado.*

FRISO Moldura, franja, faja, banda, cornisamento, orla, ribete.

FRITO Fritanga, fritada, fritura. || Dorado, cocinado, pasado, asado, guisado. → *Crudo.*

FRÍVOLO Voluble, trivial, veleidoso, liviano, insustancial, baladí, huero, fútil, vano, ligero. → *Sensato, serio.*

FRONDA Espesura, floresta, ramaje, follaje, broza, boscaje.

FRONDOSO Denso, espeso, impenetrable, selvático, agreste, tupido, exuberante, cerrado. → *Ralo, desértico.*

FRONTERA Confín, linde, raya, límite, borde, línea divisoria, término.

FRONTERIZO Frontero, colindante, lindante, divisorio, rayano, confinante. → *Opuesto.*

FROTACIÓN Frote, roce, fricción, ludimiento, estregadura.

FROTAR Restregar, friccionar, fregar, refregar, masajear, rozar, acariciar, raspar, pulir.

FRUCTÍFERO Fructuoso, provechoso, fértil, fecundo, productivo, lucrativo, feraz, valioso, beneficioso. → *Improductivo.*

FRUCTIFICAR Madurar, producir, dar, ganar, rendir, redituar, beneficiar, ofrecer.

FRUGAL Sobrio, parco, moderado, sencillo, mesurado, económico, modesto. → *Derrochador, glotón.*

FRUICIÓN Regodeo, deleite, gozo, placer, delicia, satisfacción, gusto, complacencia, disfrute, goce. → *Disgusto.*

FRUNCE Arruga, pliegue, plisado.

FRUNCIR Plegar, gandujar, doblar, arrugar. → *Alisar.* || Reducir, estrechar, recoger. || Velar, oscurecer, alterar.

FRUSLERÍA Nimiedad, menudencia, bagatela, insignificancia, baratija, bicoca, nadería. → *Excelencia.*

FRUSTRAR Malograr, fracasar, resentirse, desengañar, chasquear, dificultar, desaprobar, estropear. → *Lograr, vencer.*

FRUSTRARSE Fracasar, fallar, abortar. → *Triunfar.*

FRUTO Fruta, producto, cosecha, recolección, artículo, pieza. || Provecho, rendimiento, beneficio, lucro, ganancia, interés, renta. → *Pérdida.*

FUEGO Fogata, hoguera, pira, lumbre, quema, incendio, llamarada. || Pasión, ardor, delirio, ímpetu, vehemencia. → *Indiferencia, apatía.*

FUENTE Manantial, hontanar, venero, oasis, caño, surtidor, artesa, pila, arroyo. || Origen, principio, base, germen, semillero. || Bandeja, plato, dulcera, patena, vasera.

FUERA Externamente, superficialmente, exteriormente, frontalmente, afuera. → *Dentro, interiormente.*

FUERO Privilegio, concesión, prerrogativa, poder, jurisdicción, gobierno. || Exención, franquicia. || Presunción, arrogancia, jactancia.

FUERTE Fornido, robusto, corpulento, membrudo, hercúleo, vigoroso, recio. → *Débil.* || Enérgico, animoso, tenaz, varonil. → *Tímido.* || Tónico, acentuado, agudo. → *Átono.* || Fortaleza, fortificación.

FUERZA Potencia, vigor, vitalidad, pujanza, firmeza, energía, vitalidad, fortaleza, potencia. → *Debilidad.* || Empuje, tirón, forcejeo, pugna, lucha, brega, presión, ímpetu, violencia, intensidad. || Poder, autoridad, coacción.

FUGA Evasión, escapatoria, huida, salida, escape, desaparición, retirada, deserción. → *Detención.* || Derrame, pérdida, escape, salida, filtración.

FUGARSE Escaparse, huir, evadirse. → *Presentarse.*

FUGAZ Efímero, transitorio, rápido, breve, pasajero, fugitivo. → *Prolongado, eterno.*

FUGITIVO Prófugo, desertor, evadido, escapado, tránsfuga.

FULANO Mengano, perengano, zutano. || Tipo, individuo, sujeto, prójimo.

FULGENTE Brillante, fúlgido, resplandeciente, esplendente. → *Apagado*.

FULGOR Brillo, resplandor, claridad, centelleo, fosforescencia, luz, destello, brillantez. → *Oscuridad, tinieblas.*

FULGURAR Resplandecer, chispear, brillar, centellear, fulgir.

FULMINANTE Rapidísimo, vertiginoso, explosivo.

FULMINAR Exterminar, eliminar, liquidar, aniquilar, excomulgar, arrojar, lanzar, tronar.

FUMADA Bocanada, vaharada.

FUMAR Humear, arrojar humo.

FUNCIÓN Fiesta, gala, velada, espectáculo, representación, reunión. || Misión, puesto, cargo, ocupación, actividad, cometido, empleo, ejercicio, ministerio, oficio.

FUNCIONAMIENTO Articulación, marcha, juego, movimiento.

FUNCIONAR Trabajar, activar, mover, maniobrar, actuar, realizar, ejecutar, andar, desarrollar. → *Pararse.*

FUNCIONARIO Empleado, oficinista, burócrata, oficial, agente, subalterno, autoridad.

FUNDA Cubierta, envoltura, vaina, bolsa, forro, capa, recubrimiento, estuche.

FUNDACIÓN Erección, establecimiento, creación, institución, instauración. || Legado, donación.

FUNDADOR Creador, patrono, autor.

FUNDAMENTAL Primordial, principal, esencial, sustancial, básico, cardinal. → *Secundario, accidental.*

FUNDAMENTAR Establecer, razonar, cimentar, asegurar, afirmar.

FUNDAMENTO Base, apoyo, motivo, prueba, antecedente, cimiento, sostén. || Principio, origen, raíz. || Formalidad, sensatez, seriedad, juicio.

FUNDAR Crear, establecer, asentar, instalar, colocar, erigir, instaurar, instituir, implantar, construir, cimentar, edificar, basar. → *Quitar, derruir.*

FUNDIR Licuar, derretir, fusionar, disolver, deshelar, copelar, liquidar. → *Solidificar, congelar.* || Vaciar, moldear. || Mezclar, reunir, amalgamar, unir, fusionar, juntar. → *Dividir, separar.*

FÚNEBRE Tétrico, lúgubre, mortuorio, triste, tenebroso, aciago, sepulcral, funesto. → *Alegre, divertido.* || Funerario, mortuorio, funeral.

FUNERALES Exequias, honras, homenaje, ceremonia, sepelio, réquiem.

FUNESTO Nefasto, aciago, luctuoso, sombrío, triste, desafortunado, fúnebre, infausto. → *Afortunado.* || Desgraciado, desastroso, doloroso. → *Alegre.*

FURIA Ira, cólera, furor, rabia, violencia, arrebato, frenesí, berrinche, saña, impetuosidad. → *Serenidad, placidez.*

FURIBUNDO Airado, rabioso, cólerico, furioso, arrebatado. → *Plácido.*

FURIOSO Iracundo, furente, arrojado, furibundo, irritado, terrible, impetuoso, violento, loco. → *Plácido, sereno.*

FUROR Furia. || Delirio, exaltación, arrebato. → *Parsimonia.*

FURTIVAMENTE Ocultamente, secretamente.

FURTIVO Cauteloso, disimulado, sigiloso, huidizo, taimado, solapado, escondido, oculto. → *Abierto, manifiesto.*

FUSIL Rifle, carabina, escopeta, máuser, mosquete, trabuco, arcabuz.

FUSILAR Ejecutar, ajusticiar, acribillar, ametrallar, disparar, descerrajar. || Copiar, plagiar.

FUSIÓN Licuación, derretimiento, liquidación, disolución, fundición. → *Solidificación.* || Unión, agrupación, unificación, combinación, mezcla, conciliación, reunión. → *Disgregación, separación.*

FUSIONAR Liquidar, fundir, licuar. || Juntar, conciliar, unir, reunir, unificar. → *Separar.*

FUSTA Vara, látigo, vergajo, tralla, correa, azote, flagelo, zurriago.

FUSTE Palo, madera, vara, asta. || Entidad, nervio, importancia, sustancia, fundamento. || Escapo, caña.

FUSTIGAR Azotar, flagelar, pegar, sacudir, vapulear. || Censurar, criticar, recriminar. → *Elogiar.*

FUTBOLISTA Jugador, deportista, participante, profesional, componente de un equipo.

FÚTIL Pueril, trivial, frívolo, nimio, superficial, insignificante, vacío, vano, insustancial. → *Trascendental, importante.*

FUTURO Porvenir, mañana, azar, destino, suerte, eventualidad, perspectiva. → *Pasado.* || Eventual, venidero, pendiente, en cierne, acaecedero. → *Pasado, antiguo.*

GABÁN Abrigo, sobretodo, trinchera, gabardina, capote, prenda, levitón, paletó.

GABARDINA Barragán, impermeable, trinchera.

GABINETE Estancia, cuarto, alcoba, aposento, sala, camarín. || Gobierno, junta, administración, poder, cartera, ministerio.

GACELA Antílope, venado, corzo, gamo, ciervo.

GACETA Boletín, diario, publicación, noticiero, rotativo, órgano, periódico.

GAFAS Lentes, anteojos, quevedos, espejuelos, antiparras.

GAFE Aguafiestas, mala sombra, cenizo, infortunado. → *Afortunado.*

GAJES Haberes, sueldo, paga, salario. || Beneficio, lucro, provecho. → *Pérdida.*

GAJO Racimo, carpa. || Lóbulo. || Gancho, rama, garrancho.

GALA Ceremonia, fiesta, velada, festejo, solemnidad. || Alarde, gracia, gallardía, bizarría.

GALAS Vestimenta, atavíos, ropaje, atuendo, adornos, aderezos.

GALÁN Gallardo, apuesto, hermoso, adonis. → *Feo.* || Actor, estrella, intérprete, artista, personaje. || Pretendiente, novio, festejante, galante.

GALANTE Amable, cortés, educado, atento, considerado, urbano, caballeroso, fino, obsequioso. → *Grosero, descortés.* || Disoluta, frívola, liviana, sensual.

GALANTEAR Festejar, cortejar, rondar, coquetear, castigar, enamorar, solicitar, flirtear. || Piropear, requebrar, adular. → *Ofender, desairar.*

GALANTEO Enamoramiento, requiebro, coqueteo, cortejo, flirteo.

GALANTERÍA Amabilidad, cortesía, gentileza, delicadeza, atención. → *Grosería.* || Piropo, requiebro, flor, arrumaco, arrullo. → *Ofensa, desaire.* || Galanura, donosura, gallardía, bizarría, gracia.

GALARDÓN Distinción, recompensa, premio, merced, medalla, lauro, remuneración. → *Insulto.*

GALARDONAR Laurear, recompensar, premiar. → *Castigar.*

GALEÓN Galera, carabela, bajel, nao, velero.

GALEOTE Penado, forzado, condenado, encadenado.

GALERA Carromato, carro, camión. || Cárcel. || Nave.

GALERÍA Pasillo, corredor, pasaje, crujía, arcada, pasadizo. || Exposición, muestra, museo, pinacoteca.

GALERNA Borrasca, tromba, tormenta, vendabal, temporal, turbión, aguacero. → *Calma.*

GALIMATÍAS Jerigonza, fárrago, embrollo, algarabía, desorden, confusión. → *Orden.*

GALO Francés, franco, gabacho.

GALÓN Trenzilla, alamar, cinta, entorchado, orla, bordado, insignia.

GALOPAR Trotar, correr, cabalgar, volar.

GALLARDÍA Garbo, donaire, desenfadado, gracia, galanura. || Ánimo, brío, arrojo, bizarría, valor. → *Pusilanimidad.*

GALLARDO Apuesto, donoso, bizarro, hermoso, brioso, airoso, gentil, arrogante, elegante, galán, esbelto, lúcido. → *Desgarbado.* || Valiente, aguerrido, osado, audaz, noble. → *Mezquino.*

GALLETA Bizcocho, pasta, barquillo, golosina, bollo. || Bofetón, tortazo, cachete, sopapo, bofetada.

GALLINA Volátil, ave, polla, pita. || Cobarde, miedoso, timorato, cagueta. → *Valiente.*

GALLINERO Corral, ponedero, nido, gallera, criadero.

GALLO Gallinácea, volátil, pollo. || Gallito, fanfarrón, mandón, jactancioso. → *Tímido, apocado.* || Desafinación, destemple, nota falsa.

GAMA Escala, gradación, serie, progresión, grado.

GAMBA Langostino, camarón, quisquilla, crustáceo, marisco.

GAMBERRADA Salvajada, barbaridad, necedad, ganzada, torpeza, incultura.

GAMO Gacela, paleto, dama.

GAMUZA Paño, bayeta, trapo, rebeco, rupicapra.

GANA Afán, ansia, deseo, avidez, voluntad, anhelo, capricho, apetito, hambre, voracidad. → *Desgana.*

GANADERO Hacendado, terrateniente, propietario, ranchero, criador.

GANADO Rebaño, grey, hatajo, haverío, hato, manada, tropilla, vacada, reses, caballerías.

GANANCIA Utilidad, rendimiento, fruto, ingreso, producto, lucro, beneficio, provecho, negocio, especulación, ganga. → *Pérdida.*

GANAR Cobrar, beneficiarse, lucrar, especular, enriquecerse, embolsar, obtener. → *Perder.* || Vencer, triunfar, conquistar, aventajar, adelantar, prosperar, conseguir, dominar, tomar, captar, adquirir. → *Perder, retroceder.* || Llegar, alcanzar.

GANCHO Garfio, uña, punta, pincho, arpón. || Habilidad, don, gracia, atractivo.

GANDUL Holgazán, vago, haragán, poltrón, ocioso, indolente, perezoso, remolón, vagabundo. → *Trabajador, dinámico.*

GANGA Breva, momio, ventaja, negocio, oportunidad, beneficio, ganancia, prebenda. → *Pérdida.*

GANGOSO Nasal, defectuoso, ininteligible, confuso. → *Claro.*

GÁNGSTER Bandolero, atracador, malhechor, salteador, forajido, criminal, pandillero.

GANSO Pato, ánade, oca, ánsar, palmípeda. || Necio, patoso, lerdo, bobo, memo, zote, rústico, grosero. → *Gracioso, sensato.*

GAÑAN Patán. || Labriego, bracero, jornalero, labrador, rústico, paleto, cateto. → *Refinado.*

GAÑIR Aullar, quejarse, bramar, mugir, ladrar, resollar.

GAÑOTE Gaznate, garganta.

GARABATO Chafarrinón, borrón, trazo, dibujo, escarabajo, rasgo, palote.

GARAJE Cochera, nave, depósito, cobertizo.

GARANTÍA Fianza, depósito, aval, gravamen, carga, hipoteca, obligación, caución, prenda. || Protección, seguridad, afianzamiento.

GARANTIZAR Asegurar, probar, certificar, avalar, obligarse, comprometerse, responder. → *Desentenderse.*

GARATUSA Arrumaco, carantoña.

GARBO Donosura, donaire, bizarría, gentileza, arrogancia, galanura, desenvoltura, empaque, rumbo, gracia, salero, distinción, elegancia, porte, gallardía.

GARFIO Gancho, arpón, arrejaque.

GARGAJO Expectoración, escupitajo, esputo, flema, salivazo, mucosidad.

GARGANTA Gañote, gaznate, tragadero, cuello, faringe, laringe, pescuezo, gola, gorja. || Desfiladero, paso, angostura, quebrada, baguada, cañada, barranco, precipicio. → *Llano.*

GÁRGOLA Canalón, vertedor, caño, canalera.

GARITO Timba, antro, cubil, burdel.

GARRA Mano, zarpa, uñas, gancho, garfio.

GARRAFA Damajuana, bombona, botellón, redoma, castaña, recipiente, vasija.

GARRAFAL Descomunal, disparatado, descabellado, colosal, tremendo, excesivo, exorbitante, enorme. → *Mínimo.*

GARRIDO Garboso, galano, gallardo.

GARROTAZO Trancazo, porrada, leñazo.

GARROTE Estaca, palo, tranca, bastón, vara, cayado, porra, cachiporra, macana.

GÁRRULO Charlatán, facundo, locuaz, parlanchín, cotorra, lenguaraz, indiscreto, hablador. → *Parco.*

GAS Fluido, vapor, vaho, emanación, efluvio, éter, hálito.

GASA Tul, crespón, cendal, seda, velo, muselina. || Venda, apósito, compresa.

GASOLINA Carburante, combustible, bencina, esencia, nafta.

GASTAR Desembolsar, comprar, adquirir, pagar, abonar, sufragar, invertir, dar, entregar, derrochar, despilfarrar. → *Ahorrar.* || Desgastar, raer, rozar, ajar, usar, carcomer. || Ponerse, llevar, usar, vestir, utilizar.

GASTO Dispendio, consumo, expendio, costa, expensas. → *Ahorro.*

GASTRONOMÍA Cocina, culinaria.

GATEAR Arrastrarse, reptar, deslizarse, trepar.

GATO Minino, micifuz, morrongo, michino, mizo.

GAVETA Cajón, compartimiento, estante, división.

GAVILÁN Halcón, águila, gerifalte, azor, ave de presa.

GAVILLA Haz, brazada. || Fajo, manojo, atado, hacina. || Atajo, cuadrilla, caterva, tropel, pandilla, grupo, banda.

GAZAPO Cría, conejo. || Desliz, error, descuido, omisión, pifia, traspiés, yerro. → *Acierto.* || Embuste, mentira, patraña. → *Verdad.*

GAZMOÑO Santurrón, hipócrita, mojigato, melindroso, cursi, ñoño. → *Franco, abierto.*

GAZNATE Garganta, garguero.

GELATINA Jalea, mucilago, jugo, sustancia.

GELATINOSO Biscoso, blando, mucilaginoso, pegajoso, resbaladizo. → *Seco, áspero.*

GÉLIDO Helado, frío, frígido, glacial, fresco, yerto, congelado, álgido, entumecido. → *Cálido.*

GEMA Piedra preciosa, piedrería, joya, alhaja. || Renuevo, yema, botón.

GEMEBUNDO Plañidero, lastimero, quejumbroso, gemidor, lloroso, quejoso, lamentoso, quejica. → *Valeroso, sufrido.*

GEMELO Mellizo, hermano, igual, par, equivalente, melgo, mielgo.

GEMELOS Anteojos, lentes, prismáticos, binoculares. || Botones, sujetadores, broche.

GEMIDO Lamento, queja, clamor.

GEMIR Lamentarse, sollozar, quejarse, llorar, gimotear, chillar, suspirar, plañir, clamar. → *Alegrarse.*

GENEALOGÍA || Estirpe, linaje, casta, cuna, alcurnia, prosapia, dinastía.

GENERACIÓN Progenie, prole, genealogía, descendencia, progenitura, sucesión. || Creación, concepción.

GENERADOR Productor, engendrador. || Alternador.

GENERAL Corriente, frecuente, común, usual, universal, vulgar, popular, total, ordinario. → *Particular*. || Estratega, oficial, militar.

GENERALIDAD Totalidad, mayoría. || Imprecisión, vaguedad.

GENERALIZAR Pluralizar, extender, popularizar, divulgar, difundir, publicar, compendiar, sintetizar, abstraer. → *Particularizar*. || Ampliar, extender.

GENERAR Procrear, engendrar, producir, propagar, difundir, generalizar.

GÉNERO Especie, clase, grupo, orden, familia, variedad, tipo. || Condición, naturaleza, índole, clase, manera. || Mercancías, mercaderías, artículos, productos. || Tela, paño, trapo, tejido, lienzo.

GENEROSO Espléndido, desinteresado, dadivoso, altruista, filantrópico, caritativo, humano, derrochador, noble, pródigo, magnánimo, desprendido. → *Avaro, mezquino*.

GÉNESIS Origen, creación, principio, base, fundamento, naturaleza, fuente. → *Fin, término*.

GENIAL Excelente, relevante, sobresaliente, distinguido. → *Común*. || Divertido, festoso, placentero, animado. → *Aburrido*.

GENIO Carácter, índole, disposición, talante, temperamento, naturaleza, condición. || Sabio, lumbrera, fénix, genial, talentoso, agudo, eminente, descollante. → *Imbécil, torpe*. || Ira, cólera, irritación, rabia, humor, inclinación, tendencia. → *Mansedumbre*. || Elfo, duende.

GENTE Personas, individuos, sujetos, muchedumbre, multitud, aglomeración, turba, gentuza.

GENTIL Apuesto, bizarro, gallardo, elegante, agradable. → *Desagradable*. || Idólatra, pagano, infiel, hereje. → *Creyente*. || Cortés, educado, atento, amable. → *Descortés*.

GENTILEZA Cortesía, urbanidad, distinción. || Garbo, nobleza, bizarría, gracia, hidalguía. → *Rudeza*. || Ostentación, gala, aparato.

GENTÍO Multitud, concurrencia, gente, muchedumbre, aglomeración.

GENTUZA Chusma, masa, vulgo, plebe, turba, caterva, gentío, gente.

GENUFLEXIÓN Prosternación, reverencia, arrodillamiento.

GENUINO Auténtico, natural, legítimo, innegable, acreditado, probado, puro. → *Adulterado, falso*.

GERENTE Director, administrador, jefe, responsable, gestor, apoderado, consejero.

GERMEN Embrión, feto, huevo, semilla. || Principio, origen, rudimento, raíz, fundamento, génesis. → *Final*.

GERMINAR Brotar, nacer, crecer, desarrollarse, formarse, gestarse, originarse, surgir, florecer. → *Marchitarse*.

GESTA Hazaña, heroicidad, hombrada, acción, aventura, zaga, hecho. → *Cobardía.*

GESTACIÓN Engendramiento, germinación, preñez. ‖ Maduración, preparación, elaboración.

GESTICULACIÓN Mueca, mímica, paragismo, visaje.

GESTICULAR Guiñar, accionar, bracear, agitar, expresar, señalar, hacer visajes o muecas.

GESTIÓN Trámite, encargo, diligencia, cometido, misión, servicio, tarea, solicitación, demanda, paso.

GESTIONAR Intentar, resolver, tratar, diligenciar, procurar.

GESTO Mueca, visaje, aspaviento, mímica, acción, mohín, guiño, tic, seña. ‖ Aire, expresión, semblante, aspecto, apariencia.

GESTOR Administrador, apoderado, mandatario, representante, delegado, gerente, procurador.

GIBA Corcova, joroba, protuberancia, chepa, deformidad.

GIGANTE Titán, coloso, cíclope, hércules, goliat, superhombre, gigantesco. → *Enano.*

GIGANTESCO Enorme, descomunal, desmesurado, formidable, monumental, titánico, gigante, colosal. → *Minúsculo.*

GIMNASIA Deporte, atletismo, ejercicio, práctica, entrenamiento, gimnástica.

GIMOTEAR Gemir, sollozar, lloriquear.

GIRA Excursión, viaje, vuelta, expedición.

GIRAR Oscilar, rodear, virar, circular, rotar, revolotear, voltear, rodar, menear, mover, agitar, circular. → *Seguir.*

GIRARSE Torcerse, desviarse.

GIRATORIO Circulatorio, volvible, rotatorio.

GIRO Oscilación, movimiento, volteo, meneo, circulación. → *Inmovilidad.* ‖ Cariz, matiz, aspecto, dirección, sentido. ‖ Locución, modismo. ‖ Letra, libranza, envío, remesa, pago.

GITANO Calé, cañí, cíngaro, trashumante.

GLACIAL Helado, gélido, frígido, congelado. → *Tropical, caliente.* ‖ Indiferente, frío, imperturbable, apático, duro, cruel. → *Apasionado.*

GLOBAL Total, completo, universal, general. → *Parcial.*

GLOBO Bola, esfera, balón, pelota. ‖ Aeróstato, dirigible. ‖ Orbe, planeta, Tierra, astro.

GLORIA Beatitud, bienaventuranza, salvación, dicha, paraíso, edén, empíreo, cielo. → *Infierno.* ‖ Fama, nombradía, popularidad, honor, triunfo, majestad, deleite, gusto, satisfacción, celebridad, reputación, notoriedad, esplendor, grandeza, magnificiencia, brillo. → *Anonimato, vergüenza.*

GLORIARSE Jactarse, vanagloriarse, alabarse, preciarse. ‖ Alegrarse, complacerse.

GLORIETA Plazoleta. || Quiosco, cenador.

GLORIFICAR Alabar, honrar, gloriar, ensalzar, exaltar. → *Abominar.*

GLORIOSO Famoso, ilustre, eminente, honroso, célebre, insigne, victorioso, maravilloso, estupendo. → *Anónimo, vergonzoso.*

GLOSA Comentario, interpolación, explicación.

GLOSARIO Diccionario, vocabulario, léxico.

GLOTÓN Voraz, epulón, comilón, hambrón, tragón, goloso, ávido, tragaldabas. → *Inapetente.*

GLOTONERÍA Adefagia, gula, voracidad, intemperancia, avidez.

GLUTINOSO Viscoso, aglutinante, pegadizo, emplástico, adherente.

GNOMO Genio, elfo, enano, duende.

GOBERNADOR Gobernante, dirigente, representante, mandatario, autoridad, superior, funcionario. → *Gobernado, súbdito.*

GOBERNAR Dirigir, mandar, presidir, regir, representar, guiar, conducir, manejar, administrar. → *Obedecer.*

GOBIERNO Dirección, guía, regencia, tutela, gobernación, administración, mandato, régimen, mando. || Estado, administración, gabinete, autoridad, ministerio, poder. → *Anarquía.*

GOCE Placer, fruición, regodeo, deleite, gusto, satisfacción, solaz, agrado, sensualidad, delicia. → *Repugnancia, sufrimiento.* || Uso, usufructo, disfrute, posesión. → *Carencia.*

GOL Punto, tanto, diana, centro, acierto.

GOLFO Pillo, truhán, pícaro, bribón, granuja, vagabundo, perillán. → *Honrado.* || Bahía, cala, ensenada, rada, refugio, caleta, seno.

GOLOSINA Dulce, confite, caramelo, bombón, manjar, delicia, gollería, exquisitez, delicadeza. →*Bazofia, bodrio.*

GOLOSO Voraz, glotón, delicado, laminero, lamerón. → *Esquilimoso.*

GOLPE Porrazo, choque, caída, encontronazo, trompicón, topetazo, empujón. || Puñetazo, soplamocos, cachete, guantazo, tortazo. || Moretón, cardenal, señal, verdugón, contusión, magulladura. || Chiste, salida, ocurrencia, agudeza. → *Gansada.* || Colosión, percusión, choque, topada, encuentro.

GOLPEAR Percutir, pegar, chocar, topar, tropezar, caer. || Apalear, castigar, tundir, zurrar, cascar, atizar, magullar, azotar, maltratar.

GOMA Cola, adhesivo, pegamento, mucilago, engrudo, pasta, pez, gelatina. || Caucho, banda elástica.

GONG Batintín, gongo, tantán, platillo.

GORDO Obeso, rollizo, carnoso, grueso, corpulento, ceporro, pesado, voluminoso, rechoncho, abultado, adiposo. → *Delgado, flaco.* || Manteca, grasa, tocino, sebo, gordura.

GORJEAR Trinar, modular, cantar, piar, silbar.

GORRA   Birrete, boina, chapelete, montera, cachucha.

GORRO   Cofia, capillo, gorra, casquete, tocado.

GORRÓN   Vividor, gorrista, parásito, sablista, pedigüeño, abusador, pegote, pegadizo. → *Honrado.*

GOTA   Partícula, pizca, lágrima, chispa, migaja.

GOTEAR   Escurrir, destilar, chorrear, filtrarse, perder, fluir, salir, calar, pingar. || Chispear, lloviznar.

GOURMET   Gastrónomo, catador, sibarita, entendido, conocedor, refinado.

GOZAR   Disfrutar, deleitarse, regodearse, complacerse, solazarse, regocijarse, recrearse. → *Sufrir, padecer.* || Poseer, utilizar, disfrutar, tener, usufructuar. → *Carecer.*

GOZNE   Bisagra, juego, charnela, pernio, articulación, charneta.

GOZO   Júbilo, alborozo, contento, diversión, animación, alegría, gusto, regocijo, satisfacción, delicia, complacencia, deleite. → *Sufrimiento, tristeza, disgusto.*

GOZOSO   Contento, complacido, jubiloso, feliz, deleitoso. → *Triste.*

GRABADO   Ilustración, lámina, estampa, imagen, dibujo, pintura, cromo, santo, clisé, fotograbado, litografía.

GRABAR   Tallar, esculpir, cortar, cincelar, rebajar, imprimir. || Inculcar, enseñar, aprender, evocar.

GRACIA   Garbo, gallardía, donaire, apostura, elegancia, encanto, salero, hechizo. →*Tosquedad.* || Merced, don, favor, beneficio, dádiva. →*Castigo.* || Indulto, perdón, amnistía, absolución, misericordia. → *Condena.* || Chiste, ocurrencia, pulla, agudeza. → *Sosería.*

GRACIAS   Reconocimiento, agradecimiento, gratitud. → *Ingratitud.*

GRÁCIL   Fino, gracioso, sutil, delicado, tenue. → *Tosco.*

GRACIOSO   Chistoso, saleroso, ocurrente, bromista, agudo, divertido, alegre, jocoso, festivo. → *Aburrido, soso, triste.* || Bonito, encantador, primoroso, elegante, grácil, atractivo, agradable. → *Desgarbado, desagradable.*

GRADA   Tarima, estrado, podio, pedestal, peana, plataforma, tribuna, peldaño, escalón.

GRADACIÓN   Escala, progresión, sucesión, serie, gama. → *Interrupción.* || Clímax.

GRADO   Graduación, rango, jerarquía, título, empleo, cargo. || Nivel, límite, margen, altura, punto, valor, estado, calidad.

GRADUAL   Paulatino, progresivo, escalonado, continuo, creciente, sucesivo. → *Discontinuo, brusco.*

GRADUAR   Regular, medir, nivelar, ajustar, acomodar, tantear, fragmentar, matizar, clasificar, dividir, escalonar, valorizar.

GRADUARSE   Diplomarse, licenciarse, titularse, doctorarse.

GRAFÍA   Descripción, rasgo, escritura, representación, signo.

GRÁFICO Descriptivo, explícito, expresivo, manifiesto, claro, meridiano. → *Confuso.* || Esquema, plano, bosquejo, dibujo, estadística, representación, plan.

GRAFITO Plomo, lápiz, plumbagina.

GRAGEA Píldora, comprimido, pastilla, tableta, medicamento, oblea.

GRAMÓFONO Fonógrafo, tocadiscos, gramola, aparato.

GRANADA Proyectil, bomba, obús, bala, munición.

GRANATE Colorado, rojo, carmín.

GRANDE Amplio, vasto, enorme, considerable, mayúsculo, espacioso, grandioso, colosal, gigantesco, crecido, voluminoso, magno. → *Pequeño, reducido, enano.* || Notable, egregio, insigne, excelso, sobresaliente. → *Anónimo, humilde.* || Magnate, jerarca, noble, prócer.

GRANDEZA Magnitud, corpulencia, importancia, grandor, grosor. → *Pequeñez.* || Magnificencia, esplendidez, superioridad. → *Insignificancia.* || Nobleza, generosidad, magnanimidad. || Gloria, dignidad, majestad, esplendor, honor.

GRANDILOCUENCIA Altisonancia, elocuencia, facundia, fogosidad, ímpetu, persuasión, rimbombancia.

GRANDIOSIDAD Grandeza.

GRANDIOSO Grande.

GRANERO Pajar, silo, almacén, depósito, cobertizo.

GRANIZO Pedrisco, piedra, tormenta, borrasca.

GRANJA Finca, quinta, alquería, hacienda, cortijo, cultivo, huerto, rancho.

GRANJEARSE Lograr, captarse, atraerse.

GRANJERO Cultivador, labrador, agricultor, hacendado, colono.

GRANO Semilla, cereal, fruto, gránulo. || Tumor, bulto, hinchazón, inflamación, forúnculo, flemón, divieso. || Ápice, brizna, porción, pizca, parte.

GRANUJA Bribón, tunante, bellaco, pillo, golfo, perillán, pícaro.

GRAPA Arpón, gancho, laña, fiador, zuncho.

GRASA Sebo, gordo, unto, tocino, manteca, lardo, gordura. || Obesidad, gordura, carnes, volumen, adiposidad. → *Delgadez.* || Lubricante, lubrificante. || Pringue, suciedad, mugre.

GRASIENTO Untado, graso, pringado, lubricado.

GRASO Seboso, pingüe, grasiento, lardoso, aceitoso, gordo, pringoso. → *Seco, magro.*

GRATIFICACIÓN Recompensa, galardón, remuneración, aguinaldo, prima.

GRATIFICAR Retribuir, recompensar, remunerar, premiar, indemnizar, regalar, premiar, galardonar. → *Escatimar.* || Agradar, complacer, satisfacer.

GRATIS Gratuitamente, sin cargo, de balde, ventajoso. → *Caro.*

GRATITUD Agradecimiento, reconocimiento, premio, complacencia, recompensa, obligación, correspondencia. → *Ingratitud.*

GRATO Amable, placentero, agradable, atractivo, delicioso, simpático, bueno, gustoso, lisonjero. → *Desagradable.*

GRATUITO Gratis, de balde, beneficioso, regalado, tirado. → *Caro.* || Infundado, arbitrario, injusto, caprichoso, pueril. → *Justo.*

GRATULARSE Alegrarse, brindar, congratularse, complacerse.

GRAVA Guijo, cascajo, balasto, piedrecillas, recebo.

GRAVAMEN Tributo, arbitrio, impuesto, carga, canon, derecho, obligación, hipoteca.

GRAVE Importante, delicado, espinoso, difícil, penoso, peligroso, arduo, molesto. → *Nimio, fácil.* || Enfermo, delicado, malo, pachucho, débil. → *Sano.* || Considerable, trascendental, importante, capital. → *Baladí.*

GRAVEDAD Enfermedad, dolencia, ataque, acceso, trastorno, recaída. → *Salud.* || Peligro, dificultad, obstáculo, amenaza, riesgo. → *Facilidad.* || Seriedad, formalidad, juicio, severidad, sensatez. → *Informalidad.*

GRAVIDEZ Embarazo, preñez, gestación.

GRÁVIDO Repleto, abundante, cargado, lleno, copioso. → *Vacío.*

GRAVITACIÓN Gravedad. || Atracción.

GRAVITAR Apoyarse, pesar, descansar, basarse, afectar, sustentarse, gravear, cargar.

GRAVOSO Molesto, enfadoso, pesado, fastidioso, aburrido. → *Grato, divertido.* || Caro, honeroso, costoso, excesivo, dispendioso. → *Barato.*

GRAZNAR Voznar, gaznar, chillar, gritar, vantar, chirriar, crasitar.

GREDA Marga, arcilla, tierra, caliza.

GREGARIO Impersonal, dócil, incoloro, adocenado. → *Personal.*

GREMIO Corporación, sindicato, asociación, agrupación, cofradía, junta, grupo, reunión.

GREÑUDO Despeinado, melenudo, revuelto, encrespado. → *Pulcro.*

GRESCA Pelea, reyerta, riña, trifulca, pelotera, alboroto, tumulto. → *Calma, paz.*

GREY Hermandad, congregación, grupo, comunidad, condición, raza, especie. || Rebaño, manada, hato, hatajo.

GRIETA Fisura, hendidura, raja, ranura, rendija, resquicio, intersticio.

GRIFO Espita, canilla, válvula, escape, llave. || Enmarañado, envendijado, crespo, ensortijado, rufo. → *Liso.*

GRILLETES Cadenas, grillos, esposas, hierros, cepo.

GRINGO Norteamericano, inglés, anglosajón, yanqui.

GRIPE Catarro, influenza, resfriado, constipado, infección.

GRIS Plomizo, pardo, ceniciento. || Monótono, aburrido, anodino, triste, soso, apagado, lánguido. → *Animado, vivo.*

GRITAR Vociferar, vocear, chillar, bramar, ulular, aullar, increpar, exclamar, alborotar, abuchear. → *Callar.*

GRITO Clamor, baladro, vociferación, exclamación, chillido.

GROSERÍA Tosquedad, descaro, incorrección, exabrupto, incultura, insolencia, rudeza, ordinariez, descortesía, desatención. → *Delicadeza, atención, educación.*

GROSERO Tosco, rudo, vulgar, descarado, ordinario, burdo. → *Educado.* || Insolente, desatento, descortés. → *Respetuoso.*

GROSOR Espesor, grueso, anchura, calibre, dimensión, densidad, consistencia, volumen, cuerpo, bulto.

GROTESCO Extravagante, ridículo, irrisorio, cómico, estrafalario, tosco, caricaturesco, raro, chocante. → *Elegante, serio.* || Desmesurado, tosco, irregular, desproporcionado.

GRÚA Cabria, cabrestante, torno, molinete, máquina, brazo, puntal, aguilón.

GRUESO Gordo, corpulento, abultado. → *Flaco.* || Volumen, grosor, cuerpo.

GRUMO Coágulo, cuajo, cuajarón, apelotonamiento, masa, apelmazamiento, mazacote.

GRUÑIR Mugir, gañir, rugir, bufar, roncar, berrear, murmurar, rezongar, refunfuñar, chillar, protestar. → *Callar.*

GRUÑÓN Rezongón, murmurador, regañón, protestón.

GRUPA Anca, cuadril, pernil, flanco, cadera.

GRUPO Reunión, conjunto, masa, unión, asociación, congregación, agrupación, camarilla, clan, pandilla, caterva, colección, hato, corrillo. → *Individuo.*

GRUTA Caverna, cueva, sima, galería, oquedad, fosa, espelunca, antro.

GUANO Estiércol, abono, fiemo, humus, excremento.

GUANTADA Bofetón, tortaso, moquete, cachete, mamporro, trompada, chuleta, revés. → *Caricia.*

GUANTE Manopla, mitón, manguito, funda, quiroteca.

GUAPO Apuesto, hermoso, gallardo, airoso, arrogante, bello, galán, lúcido, perfecto, bonito, grato. → *Feo, desagradable.* || Valentón, fanfarrón, pendenciero, chulo, matasiete. → *Sensato, tímido.*

GUARDA Tutela, tutoría, curatela, curaduría. || Vigilante, guardian, encargado, custodio, cuidador, conservador, escolta.

GUARDAESPALDAS Escolta, esbirro, sicario, acompañante.

GUARDAPOLVO Delantal, bata, mandil, prenda. || Sobradillo.

GUARDAR Atesorar, almacenar, retener, ahorrar, meter, esconder, ocultar, custodiar, defender, cuidar. → *Extraer, exhibir, desam-*

parar. || Cumplir, respetar, acatar, obedecer, seguir. → *Omitir, infringir*

GUARDARSE Eludir, evitar, prevenirse, defenderse, recelarse. → *Exponerse.*

GUARDARROPA Armario, ropero, cómoda, mueble. || Vestuario, vestidos, atuendos, guardarropía.

GUARDERÍA Parvulario, jardín de infantes.

GUARDIA Vigilante, agente, policía, guarda, urbano, número, guardián, defensor, escoltar, cancerbero. || Vigilancia, escolta, defensa, resguardo, salvaguardia, amparo, asistencia. → *Desamparo.* || Patrulla, escolta, destacamento, atalaya, ronda, centinela.

GUARDIÁN Guardia, custodio, guarda, vigilante, alcaide. || Monje, ordinario.

GUARECERSE Cobijarse, protegerse, aislarse, defenderse, albergarse, resguardarse. → *Exponerse, arriesgarse.*

GUARIDA Covacha, cubil, cado, madriguera, cueva. || Refugio, albergue, amparo, abrigo, reparo.

GUARNECER Adornar, revestir, decorar, ornar, embellecer, amueblar, acicalar. || Proveer, dotar, equipar, conceder, aprovisionar, reforzar, defender. → *Desposeer.*

GUARNICIÓN Destacamento, tropa, cuartel, fuerte, avanzada, guarda, defensa, presidio. || Aderezo, defensa, adorno, empuñadura, arnés, apero, aparejo, paramento, ornato, accesorio.

GUARRO Cerdo, cochino, marrano, puerco, lechón, sucio, deseado, inmundo, vil. → *Aseado, decente.*

GUASA Burla, chanza, zumba, befa, chacota, mofa, broma, cuchufleta, chunga, sandez, sosería, insulsez. → *Seriedad.*

GUBERNATIVO Oficial, gubernamental, estatal, público, administrativo. → *Privado.*

GUERRA Contienda, lucha, conflicto, choque, combate, batalla, refriega, escaramuza, hostilidades, encuentro, campaña, pelea. → *Paz.* || Pugna, discordia, pleito, violencia, desavenencia, hostilidad, rivalidad. → *Concordia.*

GUERRERO Combatiente, soldado, militar, beligerante, caudillo, adalid. → *Civil.* || Belicoso, batallador, marcial, aguerrido, conquistador. → *Pacífico.*

GUERRILLERO Montonero, partidario, partisano, maquis.

GUÍA Tutela, consejo, orientación, supervisión, enseñanza. → *Desasistencia.* || Consejero, director, tutor, maestro, mentor, asesor, monitor. || Práctico, conductor, batidor, rastreador, experto, piloto. || Rumbo, jalón, indicador, índice, mira, hito, derrotero. || Manual, breviario, prontuario, índice, callejero, folleto.

GUIAR Indicar, orientar, conducir, encaminar, encauzar, enviar. → *Desorientar.* || Educar, adiestrar, asesorar, entrenar, instruir, aconsejar. → *Descarriar*. || Pilotear, manejar, conducir, gobernar, llevar. || Dirigir, mandar, gobernar, regir, ordenar. → *Obedecer*.

GUIJARRO Piedrecilla, canto, guija, peladilla, china, pedrusco, fragmento.

GUILLADO Chiflado, tocado, maniático, loco, ido. → *Sensato*.

GUILLOTINA Degolladero, cadalso.

GUIÑAPO Jirón, harapo, andrajo, pingo, remiendo, piltrafa, colgajo, desgarrón.

GUIÑAR Bizcar, cucar. || Avisar, advertir.

GUIÑO Gesto, visaje, seña, advertencia, contracción, expresión, aviso, ojeada.

GUIÓN Argumento, sinopsis, libreto, asunto, tema. || Raya, línea, signo, trazo. || Bandera, pendón, enseña, estandarte, confalón.

GUIRNALDA Aureola, corona, diadema, tiara, festón, ribete.

GUISA Manera, modalidad, modo, forma, suerte.

GUISADO Estofado, cocido, guiso, potaje, olla, vianda, condumio.

GUISAR Cocinar, aderezar, cocer, estofar, sazonar, freír, preparar, adobar, rehogar.

GUISO Guisado, estofado, condumio. || Comida, condimento, manjar, plato.

GULA Glotonería, voracidad, ansia, hambre, avidez, desenfreno, tragonería, intemperancia. → *Frugalidad*.

GURRUMINA Contemplación, condescendencia, transigencia. → *Fruslería, pequeñez*. || Molestia, cansera.

GUSANO Oruga, lombriz, verme, larva, gusarapo, helminto.

GUSTAR Catar, probar, saborear, paladear, libar, tomar, comer, ingerir. || Agradar, deleitar, cautivar, atraer, entusiasmar. → *Desagradar*. || Desear, apetecer, ambicionar, codiciar. → *Desdeñar*.

GUSTO Sabor, gustillo, regusto, paladar, boca. || Delicadeza, finura, gracia, estilo, elegancia, distinción, sentido estético. → *Chabacanería*. || Deleite, placer, satisfacción, fruición, gozo. → *Disgusto*. || Arbitrio, capricho, voluntad. || Apreciación, discernimiento, sentimiento.

GUSTOSO Apetecible, apetitoso, sabroso, deleitable. → *Repugnante*. || Divertido, entretenido, agradable, grato, ameno. → *Aburrido*.

H h

HABANO Puro, cigarro, veguero, tagarnina.

HABER Poseer, tener, conservar, gozar, disponer, disfrutar, usufructuar. → *Carecer.* || Alcanzar, coger. || Ocurrir, acaecer, sobrevenir. || Ser, existir, estar. || Realizar, verificar, hacer, efectuar.

HABERES Ingresos, honorarios, paga, emolumentos, salario, retribución, gratificación. || Bienes, posesiones, fondos, recursos, capital, peculio, caudal, fortuna, hacienda.

HÁBIL Competente, experto, diestro, ducho, perito, entendido, fogueado, mañoso, competente, idóneo, inteligente, ingenioso. → *Inepto, inhábil.* || Ladino, astuto, pillo, taimado. → *Ingenuo, tonto.*

HABILIDAD Aptitud, capacidad, destreza, maestría, ingenio, maña, competencia. → *Incompetencia.* || Astucia, sagacidad, sutileza, diplomacia, tacto. → *Torpeza, necedad.*

HABILITAR Permitir, disponer, facultar, capacitar, licenciar, acreditar, autorizar, investir. → *Cancelar, prohibir.*

HABITACIÓN Cuarto, estancia, alcoba, recinto, pieza, cámara, aposento, salón, piso, apartamento.

HABITANTE Poblador, residente, natural, vecino, ciudadano, nativo, compatriota, paisano, morador.

HABITAR Vivir, residir, ocupar, estar, alojarse, aposentarse, avecindarse, establecerse, morar. → *Mudarse.*

HÁBITO Uso, usanza, costumbre, práctica, moda, conducta, rutina, manía, capricho. || Atavío, vestido, vestimenta, traje. || Destreza, facilidad, habilidad.

HABITUADO Familiarizado, hecho, avezado, acostumbrado. → *Inexperto.*

HABITUAL Corriente, usual, común, familiar, vulgar, repetido, reiterado, incesante, tradicional, maquinal, ordinario. → *Extraordinario, desusado.*

HABITUAR Acostumbrar, familiarizar, aclimatar, curtir, amoldar, adiestrar, avezar. → *Descarriar.*

HABLA Lengua, dialecto, lenguaje, idioma. || Discurso, arenga, oración, razonamiento, sermón.

HABLADOR Chismoso, parlanchín, cotilla, charlatán, locuaz, palabrero, verboso, farfantón, indiscreto. → *Callado, taciturno.*

HABLADURÍA Charlatanería, rumor, picotería, hablilla, chisme.

HABLAR Decir, comunicar, manifestar, explicar, declarar, expresar, pronunciar. || *Callar.* || Conferenciar, platicar, conversar, tratar, departir. || Arengar, declamar, perorar, discursear. || Criticar. || Interceder, rogar, suplicar. || Razonar, proponer. || Tratarse, entrevistarse, comunicarse, entretenerse.

HACEDERO Realizable, asequible, factible, posible. → *Irrealizable.*

HACENDADO Terrateniente, latifundista, granjero, ranchero, agricultor, cultivador, plantador. || Rico, potentado, acaudalado.

HACENDOSO Trabajador, diligente, laborioso, aplicado, activo, atento, afanoso, solícito, cuidadoso. → *Haragán, indolente.*

HACER Crear, formar, engendrar, producir, originar, componer, organizar, innovar, armar, construir, arreglar, actuar, obrar, causar, confeccionar, fabricar, realizar, operar, ejecutar, consumar. → *Deshacer.* || Ocasionar, motivar, causar, determinar. || Perfeccionar, mejorar.

HACERSE Acostumbrarse, curtirse, habituarse, aclimatarse, fingirse, trasformarse, volverse, aumentarse, crecer.

HACIENDA Propiedad, heredad, posesión, terreno, dominio, tierra, granja, campo. || Bienes, posesiones, fondos, caudales, dinero, fortuna, capital. || Erario, fisco, tesoro.

HACINA Montón, rimero, acervo.

HACINAR Amontonar, apilar, acumular, aglomerar, juntar, reunir, guardar. → *Despilfarrar, desperdigar.*

HADA Maga, hechicera, encantadora.

HADO Sino, azar, fatalidad, suerte, destino, albur, ventura, estrella, fortuna.

HALAGAR Adular, agasajar, loar, lisonjear, elogiar, mimar, engatusar, complacer, cortejar. || *Desdeñar.* || Gustar, agradar, deleitar.

HALAGO Adulación, fiesta, agasajo, caricia, lisonja. → *Insulto.*

HALAGÜEÑO Propicio, satisfactorio, grato, prometedor, lisonjero, halagador, encomiástico, complaciente. → *Desfavorable.*

HÁLITO Soplo, aliento, resuello, respiración, emanación, aura, vaho, vapor.

HALO Corona, cerco, aureola, nimbo, anillo, fulgor, resplandor.

HALL Vestíbulo, salón, sala, recibimiento, zaguán, entrada, acceso.

HALLAR Descubrir, encontrar, topar, tropezar, sacar, acertar, atinar, imaginar, idear, observar, notar, averiguar, inventar. → *Perder.*

HALLARSE Estar, encontrarse, concurrir, coincidir, reunirse, acertar, ubicar. → *Ausentarse.*

HALLAZGO Descubrimiento, encuentro, creación, invento, producto, obra, solución, respuesta hallada, invención. → *Pérdida.*

HAMACA Catre, lona, red, coy.

HAMBRE Apetito, apetencia, gana, ansia, avidez, necesidad, deseo, afán, codicia, carpanta, gazuza, anhelo. → *Inapetencia, desinterés.*

HAMBRIENTO Famélico, necesitado, ávido, ansioso, hambrón, tragón, insaciable, deseoso, glotón. → *Desganado, harto.*

HAMPA Chusma, hez, canalla, morralla, gentuza, delincuencia, golfería, pillería, bahorrina. → *Élite.*

HAMPÓN Bravucón, haragán, valentón, bravo, bribón.

HANGAR Tinglado, cobertizo, barracón, almacén, nave, depósito.

HARAGÁN Holgazán, gandul, hampón, perezoso, atorrante.

HARAPIENTO Desharrapado, desaliñado, astroso, roto, andrajoso, haraposo, guiñaposo. → *Atildado, elegante.*

HARAPO Guiñapo, andrajo, jirón, pingajo, piltrafa, pingo, descosido, colgajo, calandrajo.

HARÉN Serrallo, gineceo, encierro.

HARNERO Criba, zaranda, arel, cedazo.

HARTAR Saciar, atiborrar, ahitar, estragar, empachar, saturar, empalagar, cebar, llenar, satisfacer. || Cansar, molestar, importunar, enojar, fastidiar. → *Agradar.*

HARTO Saciado, ahíto, atiborrado, estregado, empachado, repleto, saciado, satisfecho, cebado, lleno. → *Hambriento.* || Cansado, fastidiado, molesto, enojado, hastiado. → *Ávido, contento.* || Sobrado, bastante, asaz.

HARTURA Hartazgo, saciedad, saturación, empalago, empacho, exceso, hastío, enfado, copia, repleción, abundancia. → *Hambre, interés.*

HASTIADO Aburrido, tedioso, fastidiado, harto, fastidioso. → *Satisfecho.*

HASTIAR Cansar, empalagar, aburrir, fastidiar, hartar. → *Agradar.*

HASTÍO Aburrimiento, fastidio, molestia, irritación, enfado, disgusto, empalago, hartura, aversión, tedio, cansancio. → *Agrado, goce, entretenimiento.*

HATAJO Cúmulo, abundancia, masa, montón, horda, pandilla.

HATO Hatillo, fardel, bulto, lío, hatería, equipo, corrillo, cuadrilla, junta, hatajo, pandilla. || Manada, rebaño, tropel, ganado.

HAZ Fajo, brazada, manojo, atado, legajo, gavilla, paquete. || Cara, rostro, faz.

HAZAÑA Gesta, proeza, hombrada, faena, labor, aventura, valentía, hecho, heroicidad. → *Cobardía.*

HAZMERREÍR Mamarracho, esperpento, bufón, adefesio, ente.
HEBILLA Broche, pasador, fíbula, prendedor, imperdible.
HEBRA Filamento, hilo, fibra, brizna, hilacha.
HEBREO Judío, israelita, semita, sionista.
HECATOMBE Cataclismo, desastre, catástrofe, siniestro, carnicería, sacrificio, inmolación, degollina, matanza, mortandad, carnaje.
HECHICERÍA Brujería, magia, jorguinería, hechizo, encanto, encantamiento, maleficio, conjuro, bebedizo, filtro.
HECHICERO Brujo, encantador, nigromante, mago, agorero, ocultista, taumaturgo, adivino, médium. || Cautivador, seductor, atrayente, fascinador. → *Repelente.*
HECHIZAR Embrujar, encantar, ensalmar, subyugar, aojar, enartar, ojear. || Maravillar, fascinar, embelesar, seducir, deleitar, cautivar, atraer. → *Repeler.*
HECHIZO Embrujo, encantamiento, ensalmo, embeleso, atractivo, seducción, deleite, fascinación, maravilla, hechicería.
HECHO Acto, acción, suceso, obra, incidente, aventura, faena, labor, peripecia. || Formado, avezado, habituado, ducho, experto, veterano, maduro, cabal, perfecto, zorollo, acabado, acostumbrado, constituido, dispuesto. || Suceso, hazaña, acontecimiento, lance, caso.
HECHURA Forma, conformación, configuración, disposición, distribución, imagen, contextura, forma, composición, formación, complexión. || Confección, corte.
HEDER Apestar, atufar, emanar, expeler (mal olor), oliscar.
HEDIONDO Pestilente, pestífero, maloliente, fétido, nauseabundo, repugnante. → *Perfumado, aromático.* || Sucio, repugnante, asqueroso, torpe, obsceno. → *Limpio.*
HEDOR Fetidez, pestilencia, tufo, emanación, hediondez, peste, fetor. → *Aroma, perfume.*
HEGEMONÍA Superioridad, supremacía, preponderancia, predominio, preferencia, potestad. → *Sometimiento.*
HELADO Gélido, glacial, frío. → *Tórrido.* || Atónito, estupefacto, suspenso, pasmado, sobrecogido.
HELAR Congelar, enfriar, cuajar, escarchar, refrescar. || Sobrecoger, pasmar, paralizar.
HELARSE Amoratarse, aterirse, inmovilizarse, solidificarse, coagularse, cuajarse. → *Calentarse.*
HELENO Griego.
HÉLICE Voluta. || Espira, espiral.
HEMATOMA Moretón, chichón, cardenal, contusión, equimosis, golpazo, golpe, magulladura, morete, verdugón.
HEMBRA Mujer, fémina, señora, dama, doncella, matrona.
HEMICICLO Anfiteatro, semicírculo.

HEMORRAGIA Hemoptisis, efusión, pérdida, flujo, salida, vómito de sangre.

HEMORROIDE Almorrana.

HENCHIDURA Hinchazón, repleción, henchimiento, plenitud, preñez. → *Vaciedad.*

HENCHIR Hinchar, inflar, abultar, agrandar, congestionar, inflamarse.

HENDEDURA Rendija, grieta, abertura, resquicio, intersticio, fisura, surco, ranura.

HENDER Rajar, cortar, cascar, agrietar, cuartear, partir, resquebrajar, abrir, hendir, atravesar, separar, acuchillar.

HENDIDURA Grieta, raja, hendedura, abertura, fisura. → *Saliente.*

HENO Hierba, pasto, forraje, paja, pienso, verde.

HERALDO Mensajero, enviado, correo, embajador, faraute.

HERCÚLEO Forzudo, fornido, musculoso, titánico, corpulento, poderoso, vigoroso, fuerte. →*Endeble.*

HEREDAD Predio, propiedad, hacienda, posesión, bienes.

HEREDAR Recibir, obtener, percibir, beneficiarse, disfrutar, suceder, entrar en posesión, adquirir. || Parecerse, recibir, manifestar.

HEREDERO Beneficiario, sucesor, legatario, primogénito, descendiente, legitimario, fiduciario.

HEREDITARIO Atávico, patrimonial.

HEREJE Apóstata, cismático, renegado, disidente, impío, incrédulo, infiel, separado, heterodoxo, iconoclasta, herético. → *Fiel, ortodoxo, creyente.*

HEREJÍA Apostasía, heterodoxia, sacrilegio, error, impiedad.

HERENCIA Legado, sucesión, trasmisión. || Patrimonio, fortuna, bienes. || Atavismo, afinidad, inclinación, consanguinidad.

HERIDA Lesión, traumatismo, contusión, equimosis, erosión, magulladura, golpe, corte, vulneración, llaga. → Agravio, ofensa, dolor.

HERIR Lesionar, vulnerar, lisiar, dar. || Pulsar, tocar. || Conmover, mover, impresionar, zaherir, pungir. || Agraviar, lacerar, insultar, ofender, lastimar. || Acertar.

HERMAFRODITA Bisexual, andrógino, bisexuado.

HERMANAR Equiparar, igualar, armonizar, compenetrar, confraternizar, unir, uniformar, juntar. → *Diferenciar.*

HERMANDAD Cofradía, comunidad, congregación, fraternidad, gremio, sociedad, hermanazgo. || Armonía, amistad, compenetración, benevolencia, fraternidad, unión. → *Discordia.*

HERMÉTICO Impenetrable, estanco, impermeable, sellado, cerrado. → *Abierto, permeable.* || Callado, reservado, circunspecto, hosco. → *Parlanchín.*

HERMOSO Bello, apuesto, bonito, pulcro, lindo, agraciado. → *Feo.* || Sereno, resplandeciente, apacible, despejado. → *Encapotado.*

HERMOSURA Belleza, apostura, beldad, lindura, preciosura, encanto, atractivo, perfección, guapura, galanura, gracia, gallardía, sublimidad. → *Fealdad.*

HERNIA Potra, quebradura, relajación.

HÉROE Campeón, paladín, adalid, semidiós, titán, invicto, vencedor, ídolo, figura, heroico, hepónimo, cid. → *Cobarde.* || Protagonista, autor, actor, estrella.

HEROICIDAD Proeza, heroísmo, hazaña, gesta, valentía. → *Cobardía.*

HEROICO Arrojado, audaz, valeroso, bravo, intrépido, osado, épico, valiente, bizarro, perínclito. → *Cobarde.*

HERRAMIENTA Aparato, instrumento, utensilio, útil, artefacto, trasto, máquina, trebejo.

HERRERÍA Fragua, forja, ferrería, taller.

HERRUMBRE Óxido, orín, moho, cardenillo, pátina, oxidación, herrín, robín. || Alheña, sarro, roya, pimiento, añublo.

HERVIDERO Hervor. || Copia, remolino, muchedumbre, cantidad, agolpamiento.

BULLIR Burbujear, borbollar, fermentar, coser, escaldar. || Alborotarse, agitarse, encresparse, picarse, levantarse. → *Calmarse.*

HERVOR Efervescencia, hervidero, ebullición. || Inquietud, viveza, fogosidad, impetuosidad, animosidad. → *Sosiego.*

HETERODOXO Disconforme, hereje, disidente. → *Ortodoxo.*

HETEROGÉNEO Mezclado, surtido, diverso, híbrido, múltiple, variado, complejo, plural, distinto, variopinto. → *Homogéneo, uniforme.*

HECES Inmundicias, desperdicios, excrementos, desechos, escoria.

HEZ Chusma, vulgo, plebe, gentuza, canalla, populacho. || Sedimento, poso, depósito, lía, precipitación.

HÍBRIDO Mixto, mestizo, impuro, combinado, mezclado, cruzado, heterogéneo. → *Puro.*

HIDALGO Señor, noble, caballero, distinguido, ilustre, godo, prócer, linajudo, justo, generoso, magnánimo. → *Plebeyo, mezquino.*

HIDALGUÍA Caballerosidad, nobleza, quijotismo, generosidad. → *Ruindad.*

HIDROFOBIA Rabia.

HIDROPESÍA Hidrocefalia, opilación, hidrotórax.

HIDRÓPICO Insaciable, sediento.

HIEL Bilis, humor, secreción, amargura, irritación, desabrimiento, aspereza, amargor. → *Miel, afecto, alegría.*

HIELO Pasmo, suspensión, enajenamiento. || Indiferencia, desabrimiento, frialdad. → *Ardor.* || Carámbano.

HIERÁTICO Religioso, sacerdotal.

HIERBA Pasto, forraje, heno, verde, pación, pienso, paja. || Cesped, prado, pastizal, campo.

HIERRO Marca, ferrete, estigma. || Acero, arma.

HIGIENE Profilaxis, sanidad, desinfección, limpieza, aseo, pureza, precaución, profiláctica. → *Suciedad, infección.*

HIGIÉNICO Puro, sano, limpio, desinfectado, aséptico. → *Antihigiénico, sucio.*

HIJO Vástago, retoño, sucesor, heredero, descendiente, primogénito. || Originario, nacido, natural, oriundo, nativo.

HILAR Trazar, inferir, discurrir, tejer.

HILARANTE Festivo, cómico, jocoso, gracioso, regocijante. → *Triste, lacrimoso.*

HILARIDAD Gracia, jarana, jocosidad, alegría, regocijo, jaleo, risotada, carcajada, risa, risibilidad, algazara. → *Tristeza.*

HILERA Línea, columna, fila, cola, orden, serie, formación, cadena, ristra, ala.

HILO Hebra, filamento, fibra, hilacha, hilván, brizna, hilaza. || Continuidad, secuencia, encadenamiento, trama, prosecución.

HILVÁN Baste, basta, embaste.

HILVANAR Coser, surcir, pespuntar, embastar. || Bosquejar, idear, esbozar, pergeñar, forjar, proyectar, preparar.

HIMENEO Boda, esponsales, casamiento, nupcias, epitalamio.

HIMNO Canción, cántico, balada, poema, melodía, romanza, aire, marcha, peán, loor.

HINCAR Clavar, plantar, introducir, empotrar, enterrar. → *Extraer.*

HINCARSE Arrodillarse, prosternarse, venerar, homenajear. → *Incorporarse.*

HINCHA Odio, hostilidad, ojeriza, antipatía, tirria, encono, enemistad. → *Simpatía.* || Partidario, fanático, seguidor, apasionado, exaltado. → *Neutral.*

HINCHADO Vanidoso, presumido, fatuo, presuntuoso, vano. → *Humilde.* || Redundante, afectado, ampuloso, hiperbólico. → *Conciso.* || Abotagado, edematoso, mórbido, tumescente.

HINCHAR Inflar, abultar, agrandar, congestionar, inflamarse, soplar, ahuecar. → *Deshinchar.*

HINCHARSE Engreírse, envanecerse, ensoberbecerse. → *Humillarse.* || Abotagarse, entumecerse. → *Deshincharse.*

HINCHAZÓN Bulto, tumor, inflamación, grano, chichón, absceso, tumefacción, abultamiento, edema.

HINDÚ Indio, oriental, indostánico.

HÍPICO Ecuestre, caballar, equino.

HIPNOSIS Insensibilidad, sueño.

HIPNÓTICO Sedante, somnífero, soporífero.

HIPNOTIZAR Sugestionar, magnetizar, dormir, dominar, seducir, fascinar, hechizar, adormecer.

HIPOCONDRÍACO Lúgubre, melancólico, neurasténico, sombrío, triste, enfermo imaginario.

HIPOCRESÍA Simulación, falsedad, doblez, fingimiento, engaño, comedia, farsa, disfraz. → *Sinceridad, franqueza.*

HIPÓCRITA Impostor, fingidor, falso, fariseo, farsante, santurrón, simulador, artificioso, desleal, engañoso. → *Sincero, franco.*

HIPOTECA Gravamen, carga, obligación, compromiso, fianza, deuda, garantía, caución.

HIPOTECAR Empeñar, gravar, cargar.

HIPÓTESIS Conjetura, suposición, presunción, creencia, deducción, teoría, figuración, supuesto. → *Certidumbre.*

HIPOTÉTICO Teórico, dudoso, gratuito, supuesto. → *Cierto.*

HIRIENTE Ofensivo, ultrajante, injurioso, vejatorio, sarcástico, cínico. → *Amable.*

HIRSUTO Enmarañado, erizado, despeinado, peludo, tieso, áspero, duro, rufo, híspido, intratable. → *Suave, dócil, fino.*

HIRVIENTE Efervescente, espumoso, burbujeante, agitado.

HISPANO Hispánico, peninsular, español, ibérico, godo.

HISTÉRICO Uterino. || Encendido, excitable.

HISTERISMO Histeria, excitación, agitación, perturbación, convulsión, nerviosidad. → *Calma.*

HISTORIA Gesta, leyenda, crónica, epopeya, anales, memorias, relato, narración, cuento, reseña, novela, anécdota, episodio, suceso. || Patraña, chisme, cotilleo, hablilla, enredo, bulo, habladuría. → *Verdad.*

HISTORIADOR Cronista, historiógrafo, analista.

HISTORIAL Reseña, antecedentes, informes, referencias, datos, hoja de servicio.

HISTÓRICO Fidedigno, real, verdadero, comprobado, auténtico, tradicional, positivo, seguro, averiguado. → *Incierto, fabuloso.*

HISTORIETA Fábula, anécdota, chisme, historia.

HISTRIÓN Comediante, bufón, cómico, pícaro, representante, actor, farsante.

HITO Señal, mojón, jalón, marca, peldaño, objetivo, testigo, pilar, cipo. || Inmediato, junto, unido, contiguo. || Firme, fijo, estable. → *Inestable.* || Objetivo, blanco.

HOCICO Morro, jeta, boca, labios, belfos, rostro, cara.

HOGAR Morada, casa, domicilio, vivienda, techo, cobijo, albergue, lar. || Familia, parentela, prole, intimidad. || Chimenea, estufa, fogón, lumbre, fuego, llama, fogata, falla, pira, alcandora, candelada.

HOGAREÑO Familiar, íntimo, casero, sencillo, doméstico, natural, llano. → *Artificial, protocolario.*

HOGAZA Pieza, libreta, barra, pan.

HOGUERA Lumbre, fuego, fogata, pira, llama, falla, alcandora, candelada.

HOJA Página, papel, pliego, plana, folio, cuartilla, impreso. || Hojuela, pétalo, fronda, follaje. || Cuchilla, acero, hierro, filo, espada. || Plancha, lámina, placa.

HOJARASCA Broza, maleza, zarza, espesura, matorral, fronda, follaje, seroja, encendaja.

HOJEAR Repasar, revisar, observar, leer, examinar, mirar, trashojar.

HOJUELA Hoja, lámina. || Cascarilla, hollejo.

HOLGADO Amplio, ancho, abierto, abundante, dilatado, espacioso, extenso. → *Estrecho, falto.*

HOLGANZA Ociosidad, indolencia, apatía, inactividad, gandulería, indiferencia, descanso, descuido, ocio, inacción, quietud. → *Actividad, dinamismo, diligencia.*

HOLGARSE Entretenerse, regocijarse, divertirse, alegrarse, recrearse.

HOLGAZÁN Perezoso, vago, indolente, negligente, haragán, atorrante, gandul, remolón, apático. → *Trabajador, diligente.*

HOLGAZANERÍA Holganza, pereza, desidia, haraganería, ociosidad.

HOLGORIO Regocijo, diversión, bullicio, algazara, jarana, juerga. → *Silencio, quietud.*

HOLGURA Amplitud, anchura, espacio, extensión, desahogo, libertad, comodidad. → *Estrechez.*

HOLOCAUSTO Ofrenda, abnegación, sacrificio, dedicación, renunciamiento.

HOLLAR Marcar, pisar, señalar, imprimir. || Manchar, mancillar, agraviar. → *Enaltecer.*

HOLLEJO Cascarilla, hojuela, pellejo.

HOLLÍN Tizne.

HOMBRE Varón, macho, persona, individuo, criatura, mortal, semejante, sujeto, ser.

HOMBRECILLO Chiquilicuatro, hominicaco, chisgarabís.

HOMBRÍA Energía, fortaleza, valor, integridad, honor, decoro. → *Ruindad.*

HOMENAJE Ofrenda, testimonio, demostración, dedicatoria, recompensa, estímulo, exaltación, celebración, don, veneración, respeto, ofrenda. → *Olvido.* || Respeto, obediencia, sumisión. → *Enfrentamiento.*

HOMÉRICO Heroico, épico.

HOMICIDA Asesino, criminal, culpable, reo, delincuente, bandido.

HOMICIDIO Muerte, asesinato, crimen.

HOMILÍA Conferencia, discurso, sermón, exégesis.

HOMOGÉNEO Uniforme, parejo, suave, terso. → *Disparejo.* || Similar, semejante, parecido, equilibrado, homólogo. → *Heterogéneo.*

HOMÓLOGO Igual, análogo, equivalente, parecido, paralelo, concordante, comparable, conforme. → *Distinto.* || Sinónimo.

HOMOSEXUAL Invertido, pederasta, pervertido, marica, sodomita. || Tríbada, lesbiana.

HONDO Profundo, insondable, abismal, inmenso, bajo. → *Superficial.* || Abismo, hondura, hondonada. || Intenso, misterioso, recóndito, extremado. → *Superficial.*

HONDONADA Barranco, depresión, valle, quebrada, cañón, angostura, hondura. → *Meseta.*

HONDURA Profundidad, altura, amplitud, calado. || Abismo, sima, precipicio, pozo, hoya, fosa, cuenca, oquedad, hondonada.

HONESTIDAD Decoro, pureza, decencia, virtud, pudor, castidad, recato, pudicia. → *Desvergüenza, lujuria.* || Integridad, honradez, lealtad, moralidad, austeridad. → *Deshonestidad.*

HONESTO Decoroso, honroso, honrado, decente. || Casto, pudoroso, modesto, recatado, púdico. → *Libertino.* || Equitativo, recto, justo, razonable. → *Arbitrario.*

HONGO Seta, champiñón.

HONOR Honra, dignidad, conciencia, prez, pundonor, estima. *Deshonra.* || Pudor, recato, decoro, decencia, castidad, pudicia, honestidad. → *Indecencia.* || Fama, renombre, celebridad. → *Anonimato.*

HONORES Prerrogativa, distinción, homenaje, ofrenda, testimonio, premio, recompensa. →*Desaire.*

HONORARIO Honorífico, simbólico, figurado, imaginario, honroso. →*Efectivo.*

HONORARIOS Sueldo, emolumentos, paga, salario, remuneración, estipendio, devengo, retribución.

HONORÍFICO Honorable, preeminente, honorario, honroso, decoroso. → *Ignominioso.*

HONRA Honor, reputación. || Decencia, honestidad.

HONRADEZ Probidad, honorabilidad, honra, integridad, moralidad. → *Indignidad.*

HONRADO Decente, íntegro, probo, digno, incorruptible, leal, virtuoso, desinteresado, justo, recto. → *Corrompido, deshonesto.* || Venerado, respetado, ennoblecido, enaltecido, afamado, distinguido, honorable, apreciado, estimado. → *Deshonrado, vilipendiado.*

HONRAR Respetar, ennoblecer, ensalzar, alabar, venerar, reverenciar. → *Deshonrar.*

HONROSO Honrado, decoroso, decente, honesto. → *Deshonroso.* || Preciado, señalado, honorífico, preeminente, singular. → *Ignominioso.*

HORA Lapso, tiempo, momento, periodo, intervalo, transcurso, circunstancia. || Ahora.

HORADAR Taladrar, escariar, agujerar, perforar, atravesar, calar, excavar, ahondar. → *Rellenar.*

HORARIO Guía, lista, programa, cuadro, itinerario, indicador. || Reloj.

HORCA Cadalso, patíbulo, dogal, soga, tablado, pena, ejecución.

HORDA Turba, tropel, caterva, cáfila, cuadrilla, tropa, pandilla, populacho, tribu, clan, chusma.

HORIZONTAL Extendido, tendido, acostado, apaisado, plano, yacente, recto, dilatado, supino. → *Vertical.*

HORIZONTE Línea, límite, confín, lejanía, distancia.

HORMA Plantilla, molde, módulo, diseño, forma.

HORMIGÓN Mortero, mezcla, argamasa, cascajo, cemento, mazacote, calcina, granujo, nuégado.

HORMIGUEO Cosquilla, sensibilidad, prurito, picazón, comezón, picor, molestia.

HORMIGUERO Muchedumbre, diversidad, hervidero, afluencia, enjambre.

HORNAZO Regaifa, torta, mona.

HORNILLO Infiernillo, cocinilla, calentador, fogón, estufa, horno.

HORNO Cocina, cocinilla, chimenea, fogón, parrilla, hornillo.

HORÓSCOPO Predicción, pronóstico, augurio, adivinación, profecía, oráculo, vaticinio. || Agorero.

HORQUILLA Horca, horcajo, horcón, horqueta.

HORRENDO Horripilante, horrífico, pavoroso, espeluznante, siniestro. → *Espléndido.*

HORRIBLE Horroroso, horripilante, pavoroso, espantoso, apocalíptico, espeluznante, siniestro, terrible, feo, repulsivo. → *Agradable.*

HORRIPILAR Espantar, aterrar, espeluznar, estremecer, asustar, impresionar, repugnar, horrorizar. → *Agradar.*

HORROR Espanto, susto, terror, miedo, estremecimiento, angustia, repulsión, aprensión, alarma, pánico, odio, fobia, consternación, temblor. → *Simpatía, atracción, agrado.* || Monstruosidad, crueldad, atrocidad, enormidad.

HORRORIZAR Acobardar, achicar, amedrentar, amilanar, arredrar, asustar, atemorizar, aterrar, aterrorizar, espantar, horripilar, intimidar. → *Animar, envalentonar.*

HORROROSO Horrible, horrendo. || Deforme, feísimo, repulsivo.

HORTALIZA Verdura, legumbre, vegetal, hierba, verde, hojas, planta.

HORTELANO Granjero, horticultor, agricultor, campesino, cultivador, labriego, plantador, vergelero.

HOSCO Torvo, ceñudo, adusto, huraño, arisco, áspero, antipático, intratable, seco. → *Ameno, tratable, simpático.*

HOSPEDAJE Alojamiento, albergue, posada, hospedería, fonda, hotel.

HOSPEDAR Albergar, acoger, aposentar, alojar, cobijar, recibir, asilar.

HOSPEDARSE Guarecerse, pernoctar, parar, refugiarse, pasar la noche.

HOSPICIANO Expósito, inclusero, asilado, huérfano, desamparado, abandonado.

HOSPICIO Asilo, refugio, cobijo, albergue, orfanato, inclusa, casa cuna.

HOSPITAL Clínica, policlínica, sanatorio, dispensario, enfermería, ambulatorio, lazareto, nosocomio.

HOSPITALARIO Acogedor, generoso, espléndido, caritativo, protector, amable, agasajador. → *Inhumano.*

HOSPITALIDAD Amparo, asilo, acogida, protección, alojamiento, cobijo, generosidad, bienvenida, abrigo, refugio, albergue. → *Crueldad, egoísmo.*

HOSQUEDAD Antipatía, aspereza, rudeza, grosería, seriedad, desabrimiento. → *Simpatía.*

HOSTAL Hotel.

HOSTERÍA Posada, parador, hospedaje, mesón, hostal, hotel.

HOSTIA Sagrada Forma, Sacramento, Forma, Pan Eucarístico, Cuerpo de Cristo.

HOSTIGAR Acosar, atosigar, vejar, molestar, importunar, fustigar, hostilizar, acorralar, aguijonear, fastidiar. → *Ayudar.*

HOSTIL Adverso, contrario, desfavorable, discrepante, adversario, enemigo, antagonista, incompatible, opuesto. → *Amistoso, propicio.*

HOSTILIDAD Enemiga, enemistad, oposición. || Agresión, ataque, contienda, acometida.

HOSTILIZAR Molestar, agredir, acometer, hostigar, mortificar, agobiar, acosar, perseguir, → *Ayudar.*

HOTEL Hospedaje, hostería, alojamiento, albergue, posada, hostal, fonda, parador, mesón, figón, refugio, techo, aposento.

HOTELERO Hospedero, anfitrión, hospedador, aposentador, propietario, posadero.

HOY Actualmente, ahora, hogaño, en la actualidad, en estos tiempos. → *Ayer, mañana.*

HOYO Agujero, depresión, concavidad, excavación, socavón, hueco, foso, zanja, pozo, cavidad, sima. || Sepultura, fosa, tumba, cripta, túmulo, huesa.

HOZ Segur, falce, segadera, hoja, guadaña, hocino, honcejo.

HUCHA Alcancía, caja, arca, receptáculo, cofre, ciega, olla, ladronera, vidriola.

HUECO Hoyo, oquedad, depresión, abertura, entrada, vano, hendedura. || Ahuecado, hundido, cóncavo, vacío, abultado, socavado, agujereado. → *Relleno.* || Pomposo, vanidoso, rimbombante. → *Sencillo.*

HUELGA Paro, alto, suspensión, interrupción, detención, cese (de actividades), inacción, inactividad.

HUELGO Respiración, aliento, resuello. || Huelga, vacío, holgura, anchura.

HUELLA Marca, señal, paso, pisada, impresión, rastro, jacilla, holladura, traza. || Recuerdo, memoria, reminiscencia.

HUÉRFANO Solo, abandonado, desamparado, expósito, incluseruro. || Carente, falto, privado, desprovisto. → *Provisto.*

HUERO Vacío, hueco. || Soso, insustancial, vano.

HUERTA Cultivo, regadío, tierra, campo, granja, plantación, prado, vega, vergel, sembrado, plantío, parcela, huerto. → *Páramo, desierto.*

HUÉSPED Invitado, visita, convidado, visitante, comensal, pupilo, pensionista. → *Anfitrión.*

HUESTE Banda, grupo, partida, orda, tropel, tribu, turba, cáfila, tropa, ejército, facción.

HUESUDO Esquelético, flaco, enjuto, escuálido, descarnado, demacrado, delgado, osudo. → *Rollizo.*

HUEVERA Overa, madrecilla.

HUEVO Óvulo, germen, embrión, célula, bola, feto.

HUIDA Evasión, abandono, fuga, escapatoria, éxodo. → *Invasión.*

HUIR Escapar, evadirse, fugarse, desaparecer, salir, marcharse, eclipsarse, evaporarse, escabullirse, abandonar, eludir, obviar, sortear, evitar, esquivar, pasar, transcurrir, alejarse, perderse. → *Permanecer, afrontar.*

HUMANIDAD Bondad, compasión, caridad, piedad, sensibilidad, misericordia, humanitarismo. → *Crueldad.* || Género humano, sociedad, razas, individuos, seres, semejantes. || Corpulencia, cuerpo, organismo, mole, obesidad. || Flaqueza, carne, sensualidad, carnalidad, fragilidad.

HUMANIDADES Literatura, humanismo.

HUMANITARIO Bondadoso, caritativo, sensible, compasivo, benigno, misericordioso, bueno. → *Inhumano, cruel.*

HUMANITARISMO Sensibilidad, humanidad.

HUMANIZARSE Suavizarse, aplacarse, ablandarse, dulcificarse.

HUMANO Humanitario. || Terrenal, perecedero, mortal, efímero. → *Celestial.* || Hombre.

HUMAREDA Humo, fumarada, humazo, humarazo.

HUMEAR Ahumar, fumigar, fumar, ahomear, sahumar. || Bafear, abahar.

HUMECTANTE Humedeciente, humectativo.

HUMEDAD Vapor, rocío, agua, sereno, relente, vaho, impregnación, remojo. → *Sequedad.*

HUMEDECER Mojar, impregnar, rociar, empapar, bañar, chorrear, pringar, regar, embeber, humectar. → *Secar.*

HÚMEDO Húmido, empapado, mojado, ácueo, rociado. → *Seco.*

HUMILDAD Encogimiento, reserva, modestia, timidez, docilidad. → *Orgullo.* || Pobreza, oscuridad, bajeza, plebeyez, vulgaridad. → *Nobleza.*

HUMILDE Modesto, sencillo, manso, dulce, obediente, fiel, tímido, dócil. → *Engreído, vanidoso.*

HUMILLACIÓN Sumisión, degradación, vergüenza, abatimiento, vileza. → *Exaltación.*

HUMILLANTE Degradante, depresivo, injurioso, denigrante, vergonzoso. → *Enaltecedor.*

HUMILLAR Avergonzar, ofender, deshonrar, afrentar, mortificar, insultar, herir, postrar, rebajar, apocar, abatir, doblegar. → *Ensalzar, enaltecer.*

HUMILLARSE Postrarse, anularse, arrastrarse, prosternarse.

HUMO Humareda, nube, vaho, vapor, niebla, gas, tufo, bocanada, exhalación, fumarola, emanación, humada.

HUMOR Gracia, ingenio, gracejo, agudeza, humorismo, chispa, ocurrencia, chiste, salero. → *Sosería.* || Índole, carácter, temperamento, genio, condición.

HUMORADA Extravagancia, fantasía, capricho, antojo, rareza. || Jocosidad, chocarrería, arranque, chascarrillo.

HUMORISMO Ironía, causticidad, humor, aticismo, sátira. → *Gravedad.*

HUMORÍSTICO Gracioso, cáustico, jocoso, irónico, mordaz, satirizante. → *Grave.*

HUMOS Soberbia, vanidad, altanería, arrogancia. → *Sencillez, modestia.*

HUNDIMIENTO Caída, ruina, desplome, cataclismo, desmoronamiento. || Declinación, descenso, baja, declive. || Debilitamiento, postración, decaimiento. || Inmersión, naufragio.

HUNDIR Caer, derrumbar, desmoronar, enterrar, desplomar, destruir, aplastar, sumergir, afondar, sumir, abismar, abatir, deprimir, abrumar, oprimir, derribar, consumir, arruinar, barrenar. → *Levantar, alegrar.*

HUNDIRSE Naufragar, zozobrar, tragar, desaparecer, irse a pique, desplomarse, caer, arruinarse, desmoronarse, derrumbarse. → *Flotar.*

HURACÁN Ciclón, tornado, tromba, tifón, borrasca, tormenta, vendaval, galerna, torbellino. → *Calma, bonanza.*

HURAÑO Hosco, esquivo, insociable, áspero, arisco. → *Sociable.*

HURGAR Escarbar, resolver, menear, cavar, rascar, arañar, manosear, sobar, palpar, sobajar, tocar, tentar, mover, hurgonear, remover.

HURTADILLAS (A) Sigilosamente, secretamente, furtivamente, a escondidas. → *Abiertamente.*

HURTAR Robar, quitar, sisar, sustraer, limpiar, despojar, saquear. → *Devolver, restituir.*

HURTO Robo, latrocinio, ratería, despojo, fraude, sustracción, sisa, saqueo. → *Devolución, restitución.*

HUSMEADOR Fisgoneador, indagador, curioso, inquiridor, fisgón. → *Discreto.*

HUSMEAR Fisgonear, curiosear, escudriñar, indagar, investigar. || Olfatear, oler, percibir, rastrear, sospechar, barruntar, presentir.

HUSMEO Olfateo, husma. || Perquisición, investigación, sondeo, rastreo, escudriñamiento.

I i

IBÉRICO Ibero, celtíbero, hispano, hispánico, godo, visigodo, peninsular, latino, europeo.

IBEROAMERICANO Hispanoamericano, sudamericano, hispánico.

ICEBERG Témpano, hielo, banco, masa flotante.

ICONOCLASTA Vandálico, vándalo, destructor.

IDA Marcha, viaje, desplazamiento, traslado, visita, asistencia. → *Venida, llegada.*

IDEA Representación, imagen, percepción, pensamiento, juicio, concepto, noción, reflexión, fantasía, quimera. || Plan, proyecto, esbozo, bosquejo, diseño, designio, trazo. || Opinión, concepción, noción, pensamiento, conocimiento.

IDEAL Modelo, prototipo, molde, patrón, tipo, dechado, ejemplo. || Único, perfecto, ejemplar, inimitable, insuperable. → *Corriente.* || Imaginario, irreal, inmaterial, fantástico, incorpóreo. → *Material.* || Ilusión, aspiración, esperanza, anhelo, ambición, sueño. → *Realidad.*

IDEALISTA Altruista, noble, espiritual, elevado, desinteresado, puro, generoso. → *Materialista.*

IDEAR Representar, imaginar, pensar, concebir, maquinar, discurrir. || Inventar, disponer, trazar, ingeniar, proyectar.

IDÉNTICO Igual, exacto, gemelo, homónimo, análogo, similar, equivalente, conforme. → *Diferente, distinto.*

IDENTIDAD Igualdad, equivalencia. → *Autenticidad.*

IDENTIFICAR Reconocer, establecer, determinar, detallar, describir. → *Ignorar.* || Asemejar, igualar, hermanar, equiparar. → *Diferenciar.*

IDEOLOGÍA Ideal, creencia, convicción, doctrina, fe, credo, partido.

IDILIO Noviazgo, amorío, devaneo, festejo, galanteo, relaciones, coqueteo, flirteo.

IDIOMA Lengua, habla, lenguaje, dialecto, variedad, jerga, germanía.

IDIOSINCRASIA Individualidad, índole, carácter, temperamento, personalidad.

IDIOTA Retrasado, imbécil, anormal, subnormal, deficiente. || Necio, tonto, lelo, bobo, zoquete, mentecato, majadero, papanatas. → *Inteligente, listo.*

IDIOTEZ Tontería, imbecilidad, necedad.

IDIOTISMO Incultura, ignorancia. || Modismo.

IDOLATRAR Reverenciar, adorar, amar. → *Abominar.*

IDOLATRÍA Fetichismo, paganismo, superstición, adoración, politeísmo. → *Cristianismo, monoteísmo.* || Veneración, amor, adoración, culto, pasión. → *Repulsión.*

ÍDOLO Fetiche, efigie, tótem, amuleto, símbolo, deidad, reliquia, tabú.

IDONEIDAD Capacidad, disposición, aptitud, competencia. → *Ineptitud.*

IDÓNEO Apropiado, adecuado, conforme, útil, conveniente. → *Inoportuno, inadecuado.* || Competente, hábil, capacitado, diestro, suficiente, apto, capaz, dispuesto. → *Incapaz.*

IGLESIA Templo, parroquia, catedral, oratorio, capilla, ermita, abadía, convento, monasterio, cenobio, cartuja. || Congregación, comunidad, grey, culto.

ÍGNEO Ardiente, llameante, fulgurante, incandescente, inflamado, luminoso, pírico, abrazador. → *Oscuro, apagado.*

IGNOMINIA Abyección, deshonor, deshonra, ultraje, infamia, mancilla, oprobio. → *Honra.*

IGNOMINIOSO Abyecto, infamante, odioso, vil, oprobioso. → *Honroso.*

IGNORADO Desconocido, incógnito, ignoto, anónimo, secreto, inexplorado, lejano. → *Conocido, sabido.*

IGNORANCIA Atraso, incultura, analfabetismo, barbarie, desconocimiento, insapiencia. → *Conocimiento, cultura.* || Omisión, olvido, duda, inexperiencia.

IGNORANTE Lego, profano, iletrado, inculto. → *Instruido.*

IGNORAR Desconocer, no saber, no comprender. → *Saber, conocer.* || Repudiar, desconocer, desdeñar, desentenderse, rechazar. → *Reconocer.*

IGNOTO Inexplorado, ignorado. → *Conocido.*

IGUAL Idéntico, exacto, mismo, gemelo, equivalente, análogo, homónimo, parecido, semejante. → *Distinto.* || Liso, parejo, uniforme, terso, llano, homogéneo, plano. → *Desigual.*

IGUALACIÓN Emparejadura, nivelación, igualamiento, equilibrio, equiparación. || Pacto, concordia, convenio, transacción, ajuste.

IGUALAR Allanar, nivelar, aplanar, explanar, emparejar, rellenar. || *Desigualar.* || Equiparar, hermanar, empatar, unificar, asimilar, asemejar. → *Diferenciar.*

IGUALDAD Identidad, equivalencia, similitud, analogía, parecido, exactitud, proporción. → *Desigualdad.* || Justicia, equidad, ecuanimidad, imparcialidad, integridad, objetividad. → *Injusticia.*

IGUALMENTE Asimismo, también.

ILACIÓN Deducción, inferencia, consecuencia.

ILEGAL Injusto, parcial, ilícito, ilegítimo, clandestino, prohibido, delictivo. → *Legal, lícito.*

ILEGALIDAD Arbitrariedad, clandestinidad, ilegitimidad, tropelía, prevaricación.

ILEGIBLE Incomprensible, indescifrable, confuso, oscuro, embrollado, ininteligible. → *Legible, claro.*

ILEGÍTIMO Bastardo, natural, adulterino, falsificado, espurio, fraudulento, falso. → *Legítimo.* || Ilegal.

ILESO Incólume, indemne, intacto, seguro, saludable, entero, íntegro, salvo, zafo. → *Lesionado, leso.*

ILETRADO Indocto, ignorante, inculto.

ILÍCITO Ilegal, ilegítimo, indebido. → *Legal.*

ILIMITADO Infinito, indefinido, indeterminado, inconmensurable, inextinguible. → *Limitado.*

ILÓGICO Absurdo, disparatado, desatinado, descabellado, irracional, incongruente, contradictorio, irrazonable, paradójico. → *Lógico.*

ILOTA Siervo, esclavo, paria.

ILUMINACIÓN Luz, alumbramiento, alumbrado, luminaria, irradiación. || Visión, alucinación, inspiración, sueño.

ILUMINAR Alumbrar, encender, aclarar, relucir, esplender. → *Oscurecer.* || Esclarecer, ilustrar, aclarar, detallar. → *Embrollar.* || Pintar, colorear. || Infundir, inspirar, revelar.

ILUSIÓN Esperanza, anhelo, afán, aliento, confianza, deseo, capricho. → *Desinterés.* || Imaginación, espejismo, quimera, fantasía, mito, ficción. → *Realidad.*

ILUSIONAR Animar, entusiasmar, esperanzar, convencer. → *Desanimar.*

ILUSIONARSE Creer, esperar, confiar, soñar, anhelar, desear, alimentar, acariciar. → *Desanimarse.*

ILUSIONISTA Prestidigitador, mago, animador, artista, escamoteador.

ILUSIVO Engañoso, fingido, falso, aparente, ilusorio. → *Cierto.*

ILUSO Idealista, visionario, soñador, ingenuo, candoroso, crédulo, utopista, engañado, encandilado, embaucado, seducido. → *Realista.*

ILUSORIO Engañoso, ilusivo. || Inexistente, nulo.

ILUSTRACIÓN Cultura, preparación, saber, civilización, erudición. || Educación, esclarecimiento, instrucción, aleccionamiento, aclaración.

ILUSTRADO Erudito, culto, instruido, sabio, educado, documentado, docto. → *Ignorante.*

ILUSTRAR Educar, instruir, enseñar, preparar, cultivar, guiar. → *Descarriar.* || Explicar, aclarar, vulgarizar, informar. → *Embrollar.* || Dibujar, pintar, grabar, iluminar.

ILUSTRE Insigne, glorioso, egregio, famoso, renombrado, afamado, eminente, prestigioso, esclarecido, célebre. → *Oscuro, desconocido.*

IMAGEN Representación, figuración, noción, concepto, idea. || Figura, efigie, símbolo, emblema, modelo. || Lámina, dibujo, grabado, figura. || Copia, modelo, reproducción, imitación, representación. || Tropo, semejanza, metáfora, comparación.

IMAGINACIÓN Intuición, clarividencia, agudeza, talento, fantasía, inventiva. → *Cortedad, torpeza.* || Idea, sensación, representación, ilusión, ficción, alucinación, quimera, visión. → *Realidad.*

IMAGINAR Idear, enjuiciar, comprender, sentir, figurarse. || Inventar, proyectar, esbozar, calcular, hallar, descubrir, crear, forjar, concebir.

IMAGINARIO Utópico, supuesto, ficticio, fantástico, fabuloso, quimérico, ideal, falso, irreal. → *Real.*

IMÁN Calamita, caramida, magnetita. || Embeleso, atractivo, seducción.

IMANAR Magnetizar, atraer, imantar.

IMBÉCIL Idiota, retrasado, deficiente, anormal, lelo, bobo, tonto, necio. → *Genio.* || Zoquete, necio, memo, majadero, mentecato, torpe. → *Listo, avispado.*

IMBECILIDAD Estupidez, necedad, tontería, idiotez, bobería.

IMBERBE Carilampiño, lampiño, rapagón, barbilampiño.

IMBORRABLE Imperecedero, indestructible, permanente, fijo, maravilloso. → *Perecedero, efímero.*

IMBUIR Inculcar, inspirar, infiltrar, contagiar, persuadir, infundir, inducir.

IMITACIÓN Copia, reproducción, simulacro, duplicado, parodia, remedo, facsímil, plagio.

IMITADOR Émulo, rival, competidor, falsificador, adulterador. → *Mimo, cómico, bufón.*

IMITAR Copiar, calcar, remedar, plagiar, emular.

IMITATIVO Imitatorio, mimético.

IMPACIENCIA Ansiedad, inquietud, ansia, nerviosidad, prisa, expectación, desasosiego, zozobra. → *Impasibilidad, indiferencia.*

IMPACIENTAR Enrabiar, exasperar, irritar, exacerbar. → *Calmar.*

IMPACIENTARSE Desesperarse, quemarse, reconcomerse.

IMPACIENTE Ansioso, agitado, nervioso, inquieto, excitado. → *Tranquilo.*

IMPACTO Choque, golpe, percusión, proyección, colisión, encontronazo, impresión, balazo, impacción, bombazo.

IMPALPABLE Sutil, fino, intangible, imperceptible, etéreo, incorpóreo, tenue. → *Material.*

IMPAR Non, desigual, dispar, excepcional, único, maravilloso. → *Par, común.*

IMPARCIAL Ecuánime, justo, equitativo, recto, neutral, objetivo, justiciero, sereno. → *Parcial, injusto.*

IMPARCIALIDAD Rectitud, equidad, justicia, igualdad, ecuanimidad. → *Parcialidad.*

IMPARTIR Comunicar, distribuir, repartir, dar, compartir.

IMPASIBILIDAD Serenidad, tranquilidad, calma, impavidez, imperturbabilidad. || Insensibilidad, indiferencia. → *Impaciencia.*

IMPASIBLE Imperturbable, inalterable, impávido, flemático, apático, tranquilo, indiferente, sereno. → *Impaciente, sensible.*

IMPAVIDEZ Denuedo, valor, serenidad, impasibilidad. → *Aturrullamiento.*

IMPÁVIDO Valeroso, imperturbable, impasible, sereno. → *Aturdido.*

IMPECABLE Irreprochable, intachable, perfecto, pulcro, correcto, cabal. → *Defectuoso, desaliñado.*

IMPEDIDO Tullido, inválido, imposibilitado, paralítico, baldado, defectuoso, lisiado, inútil, atrofiado. → *Normal, sano.*

IMPEDIMENTO Estorbo, obstáculo, freno, escollo, tropiezo, veto, traba, apuro. → *Facilidad.*

IMPEDIR Obstaculizar, estorbar, frenar, interrumpir, entorpecer, negar, prohibir, retrasar, dificultar, obstruir, vedar. → *Facilitar.*

IMPELER Empujar, propulsar, impulsar, empellar, arrojar. → *Frenar.* || Estimular, incitar, animar, instigar. → *Desanimar.*

IMPENETRABLE Fuerte, duro, recio, pétreo. → *Blando.* || Hermético, reservado, insoluble, cerrado, misterioso, clausurado, inaccesible. → *Evidente, accesible.*

IMPENITENTE Recalcitrante, terco, obstinado, contumaz. → *Razonable, contrito.*

IMPENSADO Inesperado, inadvertido, imprevisto, repentino, súbito. → *Previsto, imaginado.*

IMPERANTE Reinante, dominante, propagado. → *Carente.*

IMPERAR Dominar, reinar, mandar, descollar, sobresalir, vencer, prevalecer, predominar. → *Obedecer.*

IMPERATIVO Obligado, categórico, necesario, indispensable, perentorio, dominante, preceptivo, imperioso. → *Prescindible.* || Exigencia, necesidad, obligación. → *Libertad.*

IMPERCEPTIBLE Microscópico, minúsculo, impalpable, gradual, insensible, paulatino, indiscernible, inapreciable. → *Tangible, brusco.*

IMPERDIBLE Broche, prendedor, hebilla, aguja, alfiler, fíbula. || Inadmisible. → *Olvidadizo.*

IMPERDONABLE Injustificable, inexcusable, inaceptable, enorme, garrafal. → *Excusable, nimio.*

IMPERECEDERO Inmortal, perpetuo, eterno, perdurable, fijo, inmutable, perenne. → *Perecedero, efímero.*

IMPERFECCIÓN Defecto, deformidad, fealdad, deficiencia, deterioro, daño, anomalía, torpeza, grosería, descuido, falta, vicio, falla. → *Perfección.*

IMPERFECTO Defectuoso, falto, tosco, rústico. → *Perfecto.*

IMPERIAL Real, soberano, regio, palaciego, fastuoso, majestuoso, poderoso, pomposo, augusto. → *Humilde.*

IMPERIALISMO Yugo, dominación, colonización, despotismo, abuso. → *Libertad, democracia.*

IMPERICIA Incompetencia, desmaña, torpeza, ineptitud. → *Destreza.*

IMPERIO Reino, monarquía, potencia, estado, liga. || Dominio, autoridad, despotismo, poderío, señorío, poder, mando. → *Debilidad.* || Soberbia, altanería, altivez, orgullo. → *Humildad.*

IMPERIOSO Dominante, autoritario, altanero, imperativo, soberbio, dominador, despótico, arrogante, orgulloso. → *Humilde, sumiso.*

IMPERMEABILIZAR Embrear, calafatear, hidrofugar, alquitranar. → *Permeabilizar.*

IMPERMEABLE Impenetrable, estanco, aislado, seco, hermético, encerado, alquitranado. → *Permeable.* || Gabardina, trinchera, chubasquero, gabán.

IMPERTÉRRITO Sereno, imperturbable. → *Turbado.*

IMPERTINENCIA Disparate, despropósito, necedad. → *Cortesía.*

IMPERTINENTE Inoportuno, inconveniente. || Molesto, cargante, pesado, fastidioso, descarado, insolente, fresco, sarcástico, desfachatado. → *Educado, respetuoso.*

IMPERTURBABLE Impávido, inalterable, impasible, inmutable, sereno, frío, flemático, intrépido, denodado, estoico, templado, calmado. → *Inquieto, cobarde.*

ÍMPETU Vehemencia, energía, fuerza, impulso, arranque, brusquedad, violencia, ardor. → *Calma, flema.*

IMPETUOSO Enérgico, vehemente, brusco, impulsivo, fogoso, frenético. → *Plácido.*

IMPIEDAD Laicismo, ateísmo. → *Piedad.*

IMPÍO Laico, ateo, sacrílego, incrédulo, descreído, irreverente, hereje, pagano, apóstata. → *Devoto, creyente.*

IMPLACABLE Inexorable, intolerante, tiránico, brutal, cruel, despótico, severo, duro, riguroso, exigente. → *Razonable, clemente.*

IMPLANTAR Instituir, fundar, establecer, crear, instaurar. → *Abolir, destruir.* || Insertar, colocar, incrustar. → *Quitar.*

IMPLICACIÓN Oposición, contradicción, discrepancia.

IMPLICAR Complicar, comprometer, enzarzar, liar, impedir, obstar, contradecirse, enredar, enlazar, envolver, encerrar, incluir. → *Eludir.* || Significar, contener, figurar.

IMPLÍCITO Tácito, manifiesto, expreso, sobreentendido, virtual, incluido, incluso, callado. → *Explícito, evidente.*

IMPLORAR Suplicar, clamar, rogar, lamentarse, llorar, apelar, solicitar, impetrar, pedir. → *Exigir.*

IMPONDERABLE Inestimable, perfecto, excelente, impar, relevante, soberbio. → *Incalificable.* || Contingencia, azar, imprevisto, riesgo, eventualidad. → *Previsión.*

IMPONENTE Sobrecogedor, impresionante, formidable, temible, descomunal, espantoso, terrorífico, aterrador. → *Ridículo, insignificante.* || Respetable, inmenso, grandioso, descomunal, formidable. → *Mezquino.*

IMPONER Cargar, dar, gravar, colocar, asignar. || Enseñar, iniciar, instruir, educar, enterar. || Sojuzgar, dominar. || Incriminar, calumniar, imputar, acusar. || Amedrentar, aterrar, asustar, acobardar.

IMPOPULAR Desagradable, desprestigiado, antipático, enojoso, odiado, malmirado, malquisto, desacreditado. → *Popular, querido.*

IMPOPULARIDAD Descrédito, desprestigio. → *Popularidad.*

IMPORTACIÓN Introducción, transacción, intercambio, negocio, compra. → *Exportación.*

IMPORTANCIA Trascendencia, magnitud, alcance, valor, significación, categoría, interés, poder, estimación. → *Insignificancia, intrascendencia.* || Vanidad, fatuidad, orgullo, presunción, suficiencia. → *Sencillez.*

IMPORTANTE Fundamental, principal, trascendental, poderoso, valioso, esencial, famoso, influyente, destacado, notable. → *Insignificante, desconocido.*

IMPORTAR Atañer, interesar, convenir, concernir, afectar, competer. → *Desinteresar.* || Costar, montar, valer, subir, elevarse. || Entrar, introducir. → *Exportar.*

IMPORTE Cuantía, precio, monto, total, cuenta, valor, coste, valía, costo.

IMPORTUNAR Fastidiar, incomodar, molestar, cargar, irritar, acosar, insistir, asediar, aburrir. → *Agradar, ayudar.*

IMPORTUNO Inoportuno. || Enfadoso, fastidioso, molesto, latoso, cargante. → *Simpático.*

IMPOSIBILIDAD Dificultad, improcedencia, oposición, contradicción, quimera. → *Posibilidad.*

IMPOSIBILITADO Impedido, anquilosado, tullido, atrofiado, paralítico. → *Sano.*

IMPOSIBILITAR Impedir, estorbar, dificultar, obstruir, embarazar, entorpecer. → *Facilitar.*

IMPOSIBLE Irrealizable, impracticable, inaccesible, difícil, quimérico, inútil, absurdo, ficticio, utópico, improbable, dudoso. → *Factible, posible, fácil.*

IMPOSICIÓN Obligación, orden, mandato, coacción, exigencia, coerción. → *Libertad, albedrío.* || Impuesto, obligación, carga, tributo, gravamen.

IMPOSTOR Embaucador, farsante, simulador, tramposo, falsario, comediante, charlatán, mentiroso. → *Auténtico.* || Calumniador, maldiciente, difamador, infamador, murmurador. → *Adulador.*

IMPOSTURA Calumnia, murmuración, imputación, cargo, engaño. || Falacia, mentira, artificio, fingimiento, doblez. → *Verdad.*

IMPOTENCIA Imposibilidad, incapacidad, insuficiencia. → *Capacidad.* || Debilidad, agotamiento, inanición. → *Vigor.* || Esterilidad, senilidad. → *Virilidad.*

IMPOTENTE Estéril, incapaz, infecundo, debilitado, agotado. → *Potente, fecundo, enérgico.* || Inerme, débil, incapaz, desvalido, inútil. → *Poderoso.*

IMPRACTICABLE Imposible, irrealizable. → *Posible.* || Inaccesible, intransitable. → *Cómodo.*

IMPRECACIÓN Anatema, maldición, condenación, juramento, insulto, invectiva, denuesto, execración, apóstrofe. → *Elogio, bendición.*

IMPRECAR Condenar, abominar, execrar, maldecir, detestar. → *Elogiar.*

IMPRECISO Vago, confuso, indefinido, incierto, ambiguo, inseguro, embrollado, equívoco, neutro. → *Preciso, claro.*

IMPREGNAR Humedecer, empapar, embeber, saturar, rociar, remojar, bañar, pringar, calar, mojar. → *Secar.*

IMPRENTA Estampa, tipografía. || Impresión.

IMPRESCINDIBLE Ineludible, esencial, indispensable, forzoso, obligatorio, vital, preciso. → *Innecesario.*

IMPRESIÓN Sensación, emoción, reminiscencia, recuerdo. → *Insensibilidad.* || Marca, huella, rastro, señal, vestigio, estampa. || Edición, tirada, reimpresión, estampación.

IMPRESIONABLE Sensible, excitable, emotivo, tierno, delicado, nervioso, susceptible. → *Insensible, indiferente.*

IMPRESIONANTE Emocionante, conmovedor, enternecedor, interesante, maravilloso, sobrecogedor, aterrador.

IMPRESIONAR Conmover, emocionar, excitar, alterar, turbar, enternecer, interesar, maravillar, inquietar, asustar, sobrecoger, aterrar. → *Desinteresar.*

IMPRESO Folleto, panfleto, fascículo, volante, hoja, cuartilla, pasquín, libro, escrito, prospecto, papel.

IMPREVISIÓN Descuido, omisión, inadvertencia, despreocupación, distracción, negligencia, ligereza. → *Previsión.*

IMPREVISTO Inesperado, repentino, inadvertido, sorprendente, súbito, casual, fortuito. → *Previsto.*

IMPRIMIR Tirar, estampar, editar, grabar, marcar, fijar, publicar. || Retener, guardar, fijar, conservar. → *Olvidar.*

IMPROBABLE Incierto, impracticable, dudoso, inverosímil, imposible, raro, extravagante, sorprendente, inaudito. → *Probable, realizable.*

ÍMPROBO Abrumador, pesado, fatigoso, agotador, difícil, rudo, ingrato, costoso, trabajoso, malvado, infame, malo, perverso, inicuo. → *Fácil, bueno.*

IMPROCEDENTE Extemporáneo, impropio, incongruo. → *Procedente.*

IMPRODUCTIVO Infecundo, yermo, estéril, baldío, inútil. → *Feraz.*

IMPROPERIO Injuria, insulto, invectiva, grosería, afrenta, dicterio, denuesto. → *Cumplimiento, alabanza.*

IMPROPIO Inadecuado, indebido, improcedente, chocante, inoportuno, incorrecto, extemporáneo. → *Adecuado, propio.*

IMPRORROGABLE Inaplazable, definitivo, consumado, listo. → *Diferible.*

IMPROVISACIÓN Iniciativa, in promptu.

IMPROVISADO Repentino, imprevisto, natural, espontáneo. → *Previsto.*

IMPROVISAR Crear, acelerar, inventar, organizar, reformar, innovar, versificar, componer, tocar, interpretar. → *Madurar, elaborar.*

IMPRUDENCIA Descuido, ligereza, precipitación, temeridad. → *Prudencia.*

IMPRUDENTE Arriesgado, temerario, precipitado, alocado, despreocupado, incauto, atolondrado, osado, aturdido. → *Sensato, prudente.*

IMPÚDICO Libertino, deshonesto, obsceno, inmundo, licencioso, lujurioso, indecente, procaz, lúbrico. → *Pudoroso.*

IMPUDOR Lujuria, libertinaje, procacidad. → *Honestidad.* || Cinismo, descaro. → *Delicadeza.*

IMPUESTO Contribución, gravamen, tributo, arbitrio, carga, derechos, gabela. → *Exoneración.*

IMPUGNACIÓN Negación, redargución, mentís.

IMPUGNAR Oponerse, rechazar, combatir, refutar, contradecir, rebatir, replicar, discutir, objetar. → *Aprobar, respaldar.*

IMPULSAR Empujar, propulsar, rechazar, forzar, arrastrar, deslizar, lanzar, arrojar, impeler. → *Inmovilizar, frenar.* || Fomentar, desarrollar, organizar, estimular, incitar. → *Descuidar, desanimar.*

IMPULSIVO Vehemente, impetuoso, brusco, fogoso, atolondrado, precipitado, arrebatado, efusivo, ardiente. → *Sereno, flemático.* || Propulsor, impelente, propelente. → *Retardador.*

IMPULSO Empujón, impulsión, propulsión, envión, ímpetu. → *Desaliento.*

IMPUNE Inulto, impúnido.

IMPUNIDAD Indemnidad, inmunidad, privilegio, favoritismo, arbitrariedad, injusticia. → *Justicia, castigo.*

IMPUREZA Mancha, mezcla, residuo, sedimento, adulteración, turbiedad, corrupción, suciedad. → *Pureza.* || Indecencia, deshonestidad, impudicia. → *Castidad.*

IMPURO Manchado, turbio, adulterado, mezclado, bastardo, mixto, sucio, revuelto. → *Puro.* || Impúdico, desvergonzado, vicioso, deshonesto. → *Casto.*

IMPUTAR Achacar, cargar, atribuir, tachar, inculpar, reprochar. → *Disculpar, excusar.*

INACABABLE Interminable, infinito, inagotable, inextinguible. → *Finito.* || Latoso, fastidioso, aburrido, molesto. → *Ameno.*

INACCESIBLE Escarpado, áspero, escabroso, fragoso, abrupto, quebrado, solitario, aislado. → *Comunicado.* || Ininteligible, difícil, imposible. → *Comprensible.*

INACCIÓN Sosiego, tregua, descanso, paro, pausa. → *Movimiento.*

INACEPTABLE Inadmisible, rebatible, ilógico, injusto, reprobable. → *Admisible.*

INACTIVIDAD Inacción. || Desidia, ocio, pereza, apatía, ociosidad. → *Diligencia.*

INACTIVO Inmóvil, quieto, inerte, parado, interrumpido, detenido, inútil, aletargado, parado, estático. → *Activo, dinámico.* || Cesante, parado, jubilado. || Holgazán, perezoso, vago, pasmado, tumbado, ocioso. → *Trabajador, diligente.*

INADECUADO Impropio, inconveniente, indebido, incorrecto, inoportuno, anacrónico. → *Apropiado.*

INADMISIBLE Inadecuado, inaceptable, falso, repelente. → *Conveniente.*

INADVERTIDO Inesperado, impensado, descuidado, negligente. → *Atento, alerta.* || Ignorado, omitido, oculto, anónimo, olvidado. → *Notorio.*

INAGOTABLE Interminable, inacabable, eterno, perpetuo, infinito, abundante, rico, continuo. → *Finito, pobre, breve.*

INAGUANTABLE Intolerable, insufrible, cargante, pelmazo, latoso, impertinente, pesado, fastidioso. → *Tolerable, grato.*

INALCANZABLE Impracticable, imposible, inaccesible, inasequible. → *Fácil.*

INALTERABLE Invariable, estable, fijo, permanente. → *Tornadizo.*

INAMOVIBLE Fijo, quieto, estático. → *Móvil.*

INANICIÓN Desfallecimiento, debilidad, extenuación, inedia, depauperación. → *Energía, fortaleza.*

INAPELABLE Inevitable, indiscutible, inexorable, irrecusable.

INAPETENCIA Saciedad, desgana, anorexia, disorexia. → *Hambre.*

INAPETENTE Desganado, hastiado, indiferente, asqueado. → *Hambriento.*

INAPLAZABLE Impostergable, improrrogable, fijo, ineludible, señalado, perentorio, definitivo, urgente. → *Prorrogable, diferible.*

INAPRECIABLE Trivial, insignificante, mínimo, minúsculo, superficial, estropeado, inservible, inútil. → *Importante, útil.* || Valioso, precioso, inestimable, insustituible. → *Desdeñable.*

INARMÓNICO Discordante, disonante, destemplado, discorde. → *Armónico.*

INARTICULADO Desarticulado. || Confuso, inconexo.

INASEQUIBLE Inalcanzable, inaccesible, inabordable. || Difícil, abstruso. → *Fácil.*

INAUDITO Insólito, increíble, inconcebible, atroz, censurable, monstruoso, escandaloso, vituperable, raro, sorprendente, inverosímil, nuevo, extraño. → *Común, corriente.*

INAUGURACIÓN Abertura, principio, comienzo, estreno, apertura. → *Clausura.*

INAUGURAR Estrenar, iniciar, abrir, principiar, lanzar, promover, abrir, fundar, empezar. → *Clausurar.*

INCALCULABLE Innumerable, considerable, infinito, incontable, indefinido, enorme. → *Limitado.* || Incierto, imprevisto, sorpresivo, repentino. → *Previsto.*

INCALIFICABLE Vituperable, reprobable, vergonzoso, indigno, condenable, tremendo, monstruoso, censurable. → *Encomiable, loable.*

INCANDESCENTE Encendido, candente, ígneo, inflamado, llameante, fulgurante, brillante. → *Apagado.*

INCANSABLE Infatigable, tenaz, persistente, obstinado, resistente, laborioso. → *Cansado.*

INCAPACIDAD Torpeza, nulidad, ignorancia. → *Aptitud.* || Insuficiencia.

INCAPACITADO Carente, inepto, falto. → *Apto.*

INCAPACITAR Inhabilitar, exonerar, descalificar, invalidar, retirar, prohibir, eliminar. → *Habilitar.*

INCAPAZ Torpe, inepto, nulo, inhábil, inexperto, negado, ignorante. → *Competente, hábil.*

INCAUTO Ingenuo, simple, crédulo, cándido, memo, inocente. → *Suspicaz, prudente.*

INCENDIAR Inflamar, quemar, encender, achicharrar, abrasar, carbonizar, prender, incinerar. → *Apagar.*

INCENDIARIO Quemador, piromaniaco. ‖ Arrebatado, agresivo, violento, subversivo, sedicioso. → *Pacífico.*

INCENDIO Fuego, quema, abrasamiento, calcinación, ustión, ignición. → *Extinción.* ‖ Desastre, percance, siniestro, accidente, daño.

INCENTIVO Aliciente, acicate, estímulo, ánimo, señuelo, incitación. → *Paliativo, desánimo.*

INCERTIDUMBRE Inseguridad, duda, vacilación, perplejidad, volubilidad, fragilidad. → *Certitud.*

INCESANTE Persistente, continuo, perenne, eterno, interminable, inacabable, perpetuo, repetido, constante. → *Efímero, breve.*

INCIDENTE Trance, suceso, acaecimiento, hecho, discusión, riña, percance, peripecia, litigio, disputa, cuestión.

INCIDIR Contravenir, incurrir, caer, faltar, resbalar. → *Eludir.*

INCIERTO Inseguro, dudoso, confuso, mudable, vago, impreciso, variable, fortuito, nebuloso, vacilante. → *Seguro, cierto.*

INCINERAR Calcinar, consumir, abrasar, incendiar, quemar, cenizar. → *Apagar.*

INCIPIENTE Primitivo, rudimentario, naciente, inicial, novicio, primerizo, novato. → *Consumado, desarrollado.*

INCISIÓN Tajo, corte, hendidura, sección, cuchillada, herida, cesura, punción, cisura, puntura.

INCISIVO Tajante, penetrante, cortante, agudo, mordaz. → *Benevolente.*

INCISO Separado, dividido, cortado, sesgado, partido. → *Unido.* ‖ Paréntesis, coma.

INCISURA Hendidura, escotadura, fisura.

INCITACIÓN Acicate, excitación, estímulo, inducción, aliciente. → *Desaliento.*

INCITAR Estimular, excitar, tentar, interesar, instigar, inducir, provocar, azuzar. → *Desalentar.*

INCIVIL Descortés, inculto, rudo, incorrecto, gamberro, salvaje, irresponsable, grosero, malcriado, insolente. → *Cortés, culto.*

INCLEMENCIA Rigor, frío, aspereza, destemplanza, crudeza, dureza. → *Suavidad, benignidad.* ‖ Crueldad, severidad.

INCLEMENTE Severo, rígido, riguroso, duro. → *Benigno.*

INCLINACIÓN Caída, sesgo, ángulo, oblicuidad, desplome, desvío, ladeo, pendiente, torcimiento, cuesta, declive. → *Horizontalidad.* ‖ Predisposición, propensión, tendencia, predilección, afecto. → *Repulsión.* ‖ Saludo, ademán, reverencia, señal.

INCLINAR Desviar, torcer, doblar, bajar, ladear, tumbar, acostar, sesgar. → *Enderezar, nivelar.* || Convencer, incitar, persuadir. → *Disuadir.*

INCLINARSE Agacharse, arrodillarse, doblarse, reverenciar, saludar, homenajear. → *Enderezarse.*

ÍNCLITO Esclarecido, célebre, ilustre, famoso, preclaro. → *Vulgar.*

INCLUIR Comprender, englobar, contener, abarcar, meter, acompañar, encerrar, implicar, reunir. → *Separar, apartar.*

INCLUSERO Expósito, huérfano, hospiciano, asilado, desamparado, abandonado.

INCLUSIÓN Colocación, introducción, instalación, añadido, agregado. → *Omisión, separación.*

INCLUSO Inclusive. || Hasta.

INCOERCIBLE Irrefrenable, irreductible, incontenible. → *Manso.*

INCÓGNITA Misterio, enigma, secreto, ocultación, encubrimiento, rompecabezas, solución, equis. → *Revelación.*

INCÓGNITO Misterio, anónimo, secreto, ignorado, oculto. → *Conocido.*

INCOGNOSCIBLE Abstruso, oscuro, recóndito, escondido, inescrutable.

INCOHERENTE Inconexo, incomprensible, ilógico, confuso, absurdo, raro, ininteligible, embrollado. → *Coherente, lógico.*

INCOLORO Desteñido, apagado, descolorido, desvainado, claro, blanco, deslucido. → *Coloreado, multicolor.*

INCÓLUME Ileso, indemne, intacto. → *Dañado.*

INCOMIBLE Desabrido, incomestible, repugnante, insípido, indigesto. → *Sabroso, comestible.*

INCOMODAR Molestar, fastidiar, irritar, enfadar, enojar. → *Agradar.*

INCOMODIDAD Molestia, enfado, enojo, fastidio, irritación. → *Agrado.*

INCÓMODO Molesto, desagradable, estrecho, duro, fatigoso, irritante, enojado, pesado, difícil. → *Cómodo, confortable.*

INCOMPARABLE Insuperable, insalvable, magnífico, soberbio, espléndido, inmejorable. → *Pésimo.*

INCOMPATIBILIDAD Oposición, disconformidad, repugnancia. → *Avenencia.* || Obstáculo, vicio, impedimento. → *Facilidad.*

INCOMPATIBLE Opuesto, discordante, contrario, discrepante, inconciliable, diferente. → *Competente.*

INCOMPLETO Imperfecto, insuficiente, falto, carente, fragmentario, defectuoso, escaso. → *Completo, acabado.*

INCOMPRENSIBLE Ininteligible, indescifrable, embrollado, nebuloso, oscuro, impenetrable, difícil, enigmático. → *Comprensible, claro.*

INCOMPRENSIÓN Indiferencia, ruindad, egoísmo, mezquindad, desinterés, desunión, desacuerdo, desavenencia. → *Comprensión, interés.*

INCOMUNICAR Separar, aislar, apartar, excluir, relegar, encerrar, confinar, retraer. → *Relacionar, unir.*

INCONCEBIBLE Inexplicable, incomprensible. || Extravagante, extraño, sorprendente, fenomenal. → *Normal.*

INCONCIENCIA Abstracción, distracción, ensimismamiento, embaucamiento.

INCONCILIABLE Disconforme, incompatible, desacorde. → *Armónico.*

INCONCLUSO Inacabado, incompleto, fragmentario. → *Completo.*

INCONDICIONAL Adicto, leal, seguidor, partidario, fanático, adepto, devoto, prosélito, afiliado. → *Adversario, disidente.* || Ilimitado, absoluto. →*Condicionado.*

INCONEXO Discordante, incomprensible, discontinuo, incoherente. → *Unido.*

INCONFESABLE Abominable, indigno, reprensible, deshonesto. → *Honorable.*

INCONFUNDIBLE Característico, peculiar, distintivo, típico, específico, singular, diferente, claro, distinto, personal. → *Genérico.*

INCONGRUENTE Incoherente, impropio, incongruo, inconexo, inconveniente. → *Oportuno.*

INCONMENSURABLE Infinito, inmensurable, inmenso, ilimitado. →*Finito.*

INCONMOVIBLE Impasible, perenne, estable, firme, permanente, fijo. → *Móvil.*

INCONQUISTABLE Inexpugnable, inasequible, inaccesible, incontrastable. → *Fácil.*

INCONSCIENTE Irresponsable, atolondrado, aturdido, irreflexivo, ligero, ingenuo, necio. → *Sensato.* || Maquinal, involuntario, automático, mecánico, espontáneo. → *Deliberado.* || Desmayado, desvanecido, insensible, desfallecido. → *Consciente.*

INCONSECUENTE Ilógico, fortuito, casual. → *Ilativo.* || Ligero, irreflexivo, voluble. → *Firme.*

INCONSIDERADO Desconsiderado, irreflexivo, precipitado, imprudente, atolondrado, aturdido. → *Reflexivo.*

INCONSISTENTE Frágil, flojo, blando, débil, endeble, ligero, sutil, maleable, dúctil. → *Duro, fuerte.*

INCONSOLABLE Apenado, afligido, desconsolado, acongojado, dolorido, abrumado, abatido. → *Regocijado, contento.*

INCONSTANCIA Volubilidad, ligereza, versatilidad, levedad. → *Firmeza.*

INCONSTANTE Voluble, frívolo, inestable, veleidoso, informal, caprichoso, variable, mudable, versátil, tornadizo. → *Estable, seguro, firme.*

INCONTABLE Innumerable, numerosísimo, inmenso, infinito, incalculable, inconmensurable. → *Finito.*

INCONTENIBLE Irresistible, indomable, indómito.

INCONTESTABLE Seguro, palmario, demostrado, probado, axiomático. → *Discutible.*

INCONVENIENCIA Disconformidad. → *Acuerdo.* || Grosería, falta, despropósito, descortesía. → *Respeto.*

INCONVENIENTE Molestia, problema, trastorno, obstáculo, dificultad, complicación, impedimento, conflicto, estorbo. → *Facilidad.* || Perjudicial, incómodo, molesto, inoportuno, descortés, grosero. → *Apropiado.*

INCORPORACIÓN Añadidura, juntura, anexión, aditamento. → *Separación.*

INCORPORAR Añadir, agregar, asociar, unir, juntar, mezclar, integrar, englobar. → *Separar.*

INCORPORARSE Levantarse, enderezarse, erguirse, alzarse. → *Tenderse, acostarse, agacharse.*

INCORPÓREO Etéreo, intangible, impalpable, incorporal, insensible. → *Material.*

INCORRECCIÓN Error, defecto, deficiencia, falta. → *Perfección.* || Grosería, despropósito, desatención. → *Cortesía.*

INCORRECTO Inexacto, errado, equivocado, defectuoso, desatinado, erróneo, anormal, defectuoso. → *Correcto, acertado.* || Grosero, descortés, descarado, insolente, inoportuno, inconveniente. → *Atento, educado, cortés.*

INCORREGIBLE Recalcitrante, impenitente, contumaz, testarudo, terco, pertinaz. → *Dócil, razonable.*

INCORRUPTIBLE Incorrupto, invariable, inalterable. || Casto, firme, recto, puro, íntegro. → *Deshonesto.*

INCREDULIDAD Descreimiento, descreencia. → *Duda.* || Ateísmo. → *Fe.* || Recelo, suspicacia. → *Confianza.*

INCRÉDULO Suspicaz, desconfiado, malicioso, receloso, escéptico. → *Confiado, crédulo.* || Impío, irreligioso, ateo, infiel, pagano. → *Piadoso, creyente.*

INCREÍBLE Inaudito, extraño, raro, absurdo, sorprendente, asombroso. → *Verosímil.*

INCREMENTAR Aumentar, intensificar, añadir, agrandar, reforzar, extender, adicionar, acrecentar. → *Disminuir.*

INCREMENTO Aumento, crecimiento, ampliación, desarrollo, dilatación. → *Disminución.*

INCREPAR Amonestar, sermonear, reprender, reñir, corregir, regañar. → *Alabar.*

INCRIMINAR Acusar, inculpar.

INCRUSTAR Embutir, encajar, empotrar, enchufar, meter, acoplar, recubrir, cubrir. → *Extraer.*

INCUBAR Empollar, enclocar, encobar. || Desarrollarse, extenderse, prepararse, fomentarse. → *Concluir.*

INCUESTIONABLE Evidente, axiomático. → *Dudoso.*

INCULCAR Infundir, imbuir, persuadir, inspirar, aleccionar, infiltrar, repetir, introducir. → *Disuadir, desanimar.*

INCULPABILIDAD Exención, inocencia. → *Culpa.*

INCULPAR Acusar, culpar, imputar, atribuir, tachar. → *Disculpar.*

INCULTO Ignorante, analfabeto, iletrado, inepto, tosco, zafio, rústico, bruto, grosero. → *Culto, educado.*

INCULTURA Ignorancia, atraso, analfabetismo, tosquedad, rusticidad, ineducación, grosería. → *Cultura, progreso.*

INCUMBENCIA Obligación, jurisdicción, cargo. → *Desentendimiento.*

INCUMBIR Atañer, competer, concernir, pertenecer, interesar, corresponder, atribuir. → *Desinteresar.*

INCUMPLIR Infringir, quebrantar, descuidar, contravenir, vulnerar, desobedecer, omitir, violar. → *Cumplir, satisfacer.*

INCURABLE Irremediable, desahuciado, gravísimo, desesperado, condenado, inmedicable, insanable. → *Curable.*

INCURIA Negligencia, descuido, desidia, desaliño, apatía, indiferencia, abandono, dejadez, pereza. → *Diligencia, interés.*

INCURRIR Incidir, cometer, pecar, infringir, caer, tropezar, resbalar. → *Eludir, salvar, esquivar.*

INCURSIÓN Invasión, correría, irrupción, ataque, penetración, ocupación, batida, exploración, irrupción. → *Huida.*

INDAGACIÓN Inquisición, indagatoria, investigación, perquisición, información.

INDAGAR Investigar, buscar, explorar, escudriñar, rastraer, preguntar, sondear, inquirir, averiguar, perquirir.

INDEBIDO Ilegal, vedado, prohibido, negado. → *Permitido.*

INDECENCIA Liviandad, grosería, obscenidad. → *Decencia.*

INDECENTE Impúdico, deshonesto, sucio, obsceno, incorrecto, indigno, liviano. → *Decoroso, honesto.*

INDECIBLE Inefable, inexpresable. → *Corriente.*

INDECISIÓN Vacilación, titubeo, incertidumbre, duda, inseguridad, hesitación, perplejidad. → *Seguridad.*

INDECISO Vacilante, cambiante, perplejo, confuso, variable. → *Resoluto.*

INDECOROSO Indecente, indigno, vil. → *Decoroso.*

INDEFENSO Desvalido, desamparado, impotente, débil, abandonado, solo, inerme. → *Amparado, protegido.*

INDEFINIBLE Difícil, complicado. → *Comprensible.* || Indefinido.

INDEFINIDO Indeterminado, vago, confuso. → *Concreto.*

INDELEBLE Durable, permanente, fijo, eterno, definitivo. → *Efímero.*

INDEMNE Intacto, ileso, incólume, inmune, íntegro, entero, exento, sano, libre. → *Dañado, herido, afectado.*

INDEMNIZAR   Retribuir, compensar, reparar, resarcir, satisfacer, devolver, subsanar. → *Dañar, perjudicar.*

INDEPENDENCIA   Autonomía, emancipación, libertad, manumisión. → *Sujeción.* || Entereza, resolución, integridad, firmeza. → *Vacilación.*

INDEPENDIENTE   Imparcial, neutral, autónomo, libre, justo, íntegro, emancipado, franco, exento. → *Sometido.*

INDEPENDIZAR   Eximir, manumitir, libertar, emancipar, liberar. → *Oprimir.*

INDESCIFRABLE   Incomprensible, misterioso, criptográfico, embrollado, oscuro, sibilino. → *Claro.*

INDESCRIPTIBLE   Inenarrable, maravilloso, fabuloso, extraordinario, colosal, indecible, inexpresable. → *Corriente, explicable.*

INDESEABLE   Maleante, truhán, tunante, villano, golfo, pícaro, malquisto, perjudicial, indigno, peligroso, antipático. → *Honrado, honesto.*

INDESTRUCTIBLE   Inalterable, invulnerable, inmune, inquebrantable, fuerte, permanente, fijo, eterno. → *Perecedero, frágil.*

INDETERMINADO   Incierto, impreciso, dudoso, confuso, aproximado, indefinido, desconcertante, vago, equívoco, versátil, vacilante, abstracto. → *Definido, seguro.*

INDICACIÓN   Advertencia, señal, citación, convocatoria, llamamiento, llamada.

INDICADOR   Anuncio, señal, cuadro, tablero.

INDICAR   Advertir, aconsejar, señalar, avisar, exhortar, sugerir, insinuar, guiar, mostrar, anunciar, apuntar. → *Omitir, esconder.*

ÍNDICE   Catálogo, relación, lista, tabla, inventario, registro, guía, repertorio, índex, señal, indicio, muestra, sagita, manecilla, indicador. || Radical, raíz.

INDICIO   Signo, muestra, manifestación, prueba, señal, vestigio, marca, rastro, pista, pisada.

INDIFERENCIA   Despreocupación, apatía, displicencia, frialdad, olvido, distancia. → *Aprecio.*

INDIFERENTE   Despreocupado, desinteresado, displicente, insensible, abandonado, frío, escéptico, neutral, apático, indolente. → *Apasionado, vehemente.*

INDÍGENA   Originario, natural, nativo, autóctono, vernáculo, aborigen, oriundo. → *Forastero.* || Salvaje, nativo, aborigen, antropófago.

INDIGENCIA   Penuria, pobreza, hambre, miseria, necesidad, estrechez. → *Opulencia.*

INDIGENTE   Menesteroso, necesitado, pobre, desvalido. → *Pudiente.*

INDIGESTIÓN   Empacho, hartura, saciedad, asco, estragamiento, haíto, cargazón, atafea, embargo. → *Digestivo.*

INDIGESTO Incomible, pesado, empalagoso, nocivo, dañino, nocivo. → *Saludable, digestivo.* || Hosco, áspero. → *Amable.*

INDIGNACIÓN Irritación, ira, enojo, enfado, cólera. → *Complacencia.*

INDIGNANTE Enfadoso, enojoso, irritante, ultrajante, injusto, ofensivo. → *Satisfactorio.*

INDIGNAR Irritar, enfadar, encolerizar, enfurecer, enojar, ofender, excitar, exasperar. → *Complacer, agradar.*

INDIGNIDAD Ruindad, vileza, ultraje, bajeza, abyección, ofensa, infamia, injusticia, desmerecimiento, humillación. → *Honra, favor, equidad.*

INDIGNO Abyecto, ruin, vil, ultrajante, mezquino, inicuo, oprobioso, bajo, infame, injusto, inmerecido. → *Honroso, noble, justo.*

INDIO Indígena, aborigen, nativo, salvaje, antropófago, primitivo. || Hindú.

INDIRECTA Alusión, eufemismo, insinuación, evasiva, reticencia, ambigüedad, puntada, vareta. → *Exabrupto, verdad.*

INDIRECTO Desviado, separado, apartado, alejado, secundario, ambiguo, disimulado, oblicuado. → *Recto, directo.*

INDISCERNIBLE Oscuro, confuso, diluido. → *Claro.*

INDISCIPLINA Desobediencia, rebeldía, subversión, desorden, alboroto, caos, resistencia, desafío, rebelión. → *Disciplina, orden.*

INDISCIPLINADO Reacio, sedicioso, díscolo, rebelde. → *Disciplinado.*

INDISCRECIÓN Curiosidad, intromisión, fisgoneo.

INDISCRETO Imprudente, curioso, cotilla, entrometido, fisgón, hablador, impertinente, necio, intruso, husmeador. → *Reservado, formal.*

INDISCUTIBLE Indudable, evidente, incuestionable, innegable, irrebatible, cierto, palmario, axiomático. → *Dudoso.*

INDISOLUBLE Fijo, firme, estable, perdurable, sólido, invariable. → *Inestable.*

INDISPENSABLE Imprescindible, forzoso, obligatorio, necesario, fundamental, preciso. → *Accidental.*

INDISPONER Enemistar, desunir, enzarzar, liar, azuzar, malquistar, cizañar. → *Amigar.*

INDISPONERSE Enfermarse, padecer, sufrir, contraer, desmejorar. → *Curar.*

INDISPOSICIÓN Achaque, dolencia, padecimiento, afección, trastorno, enfermedad, quebranto, mal, malestar. → *Curación, bienestar.*

INDISPUESTO Enfermo, malo, doliente, afectado, desmejorado, achacoso, delicado. → *Sano.*

INDISTINTO Equivalente, parecido, similar. → *Diferente.* || Confuso, borroso, imperceptible, esfumado, diluido, nuboso. → *Claro.*

INDIVIDUAL Personal, particular, propio, característico, singular, privado. → *General.*

INDIVIDUALIDAD Personalidad, particularidad, idiosincrasia, carácter. → *Despersonalización.*

INDIVIDUALISMO Egolatría, egoísmo, egocentrismo, particularismo. → *Generosidad.*

INDIVIDUO Sujeto, tipo, persona, fulano, prójimo, socio.

INDIVISIBLE Entero. → *Fraccionable.*

INDÓCIL Indómito, díscolo, rebelde. → *Dócil.*

ÍNDOLE Condición, naturaleza, carácter, propensión, personalidad, temperamento, genio, jaez.

INDOLENCIA Negligencia, pereza, apatía, flojera, calma. → *Diligencia.*

INDOLENTE Flojo, negligente, apático, desidioso, perezoso, desganado, haragán. → *Dinámico, activo.*

INDOMABLE Indómito, arisco, bravío, salvaje, cerril. → *Dócil.*

INDÓMITO Indomable, rebelde, indisciplinado, reacio, terco, indócil, fiero, bravo, cerril, arisco. → *Manso, obediente.*

INDUCCIÓN Instigación, incitación, inducimiento.

INDUCIR Instigar, azuzar, alentar, animar, incitar, empujar, estimular, enzarzar, mover, llevar, persuadir. → *Disuadir, desanimar.*

INDUDABLE Indiscutible, seguro, evidente, lógico, positivo, manifiesto. → *Dudoso.*

INDULGENCIA Benignidad, tolerancia, compasión, misericordia, lenidad. → *Inflexibilidad.*

INDULGENTE Tolerante, benévolo, paciente, transigente, clemente, bonachón. → *Severo, inflexible.*

INDULTAR Dispensar, condonar, absolver, perdonar, amnistiar. → *Condenar.*

INDULTO Perdón, gracia, merced, absolución, conmutación, amnistía, libertad, remisión. → *Condena.*

INDUMENTARIA Atavío, vestimenta, ropaje, vestidura, prenda, traje, vestuario, indumento.

INDUSTRIA Elaboración, manufactura, fabricación, explotación, montaje, técnica, confección. ‖ Fábrica, empresa, taller, factoría, firma, sociedad. ‖ Habilidad, maña, destreza, pericia, picardía. → *Incapacidad.*

INDUSTRIALISMO Mercantilismo, mecanicismo.

INÉDITO Original, desconocido, flamante, ignorado, nuevo, reciente, fresco. → *Divulgado, conocido.*

INEFABLE Maravilloso, inexpresable. → *Infando.*

INEFICAZ Inservible, insuficiente, inútil, estéril, incompetente, inepto, vano, nulo. → *Eficaz, provechoso.*

INELUDIBLE   Forzoso, inevitable, obligatorio, necesario, fatal. → *Azaroso.*

INEPTITUD   Torpeza, desmaña. → *Aptitud.*

INEPTO   Incompetente, ineficaz, incapaz, inexperto, torpe, nulo, inoperante, desmañado, improductivo, ignorante. → *Competente, apto.*

INEQUÍVOCO   Indiscutible, evidente, cierto, manifiesto, seguro, palpable. → *Dudoso.*

INERCIA   Desidia, indolencia, pereza, letargo, flema, pasividad, indiferencia, flojedad, apatía. → *Actividad.*

INERTE   Estéril, apático, inútil, pasivo. → *Activo.* || Desidioso, lento, flojo, perezoso, diligente.

INEXCRUTABLE   Oscuro, arcano, misterioso. → *Cognoscible.*

INESPERADO   Repentino, insospechado, impensado, súbito, inadvertido, espontáneo, fortuito, casual, brusco. → *Previsto, esperado.*

INESTABLE   Desequilibrado, inseguro, precario, inconstante, mudable, frágil, voluble, débil. → *Seguro, estable.*

INESTIMABLE   Inapreciable, precioso, valioso. → *Baladí.*

INEVITABLE   Irremediable, ineludible, obligatorio, forzoso, inexcusable, infalible. → *Remediable, inseguro.*

INEXACTITUD   Error, equivocación, falta, mentira, anacronismo. → *Estrictez.*

INEXACTO   Incorrecto, erróneo, desacertado, disparatado, defectuoso, imperfecto, anacrónico, falso, equívoco, mentiroso. → *Correcto, exacto, fiel.*

INEXCUSABLE   Imperdonable, inaceptable, indebido, inadmisible, inevitable, requiridor, apremiante. → *Admisible, justificado.*

INEXISTENTE   Ficticio, aparente, ilusorio, imaginario, quimérico, engañoso, vano, hipotético, falaz, utópico. → *Real, verdadero.*

INEXORABLE   Infalible, cruel, duro, despiadado. → *Evitable.*

INEXPERIENCIA   Impericia, ignorancia, novatada, incompetencia, ineptitud. → *Experiencia, aptitud.*

INEXPERTO   Principiante, neófito, bisoño, novato, novicio, torpe, aprendiz. → *Experto, hábil.*

INEXPLICABLE   Inconcebible, incomprensible, increíble, extraño, misterioso, raro, oscuro. → *Lógico, explicable.*

INEXPLORADO   Ignoto, lejano, remoto, desconocido, deshabitado, aislado, solitario, yermo, virgen, desierto. → *Explorado, conocido.*

INEXPRESIVO   Seco, inmutable, imperturbable, frío, flemático, indiferente, expletivo, enigmático, adusto, reservado. → *Comunicativo, elocuente.*

INEXPUGNABLE   Inconquistable, inabordable, invulnerable, fuerte, invicto, insuperable, tenaz, firme. → *Débil.*

INEXTINGUIBLE   Inacabable, insaciable, inagotable, prolongado, eterno. → *Breve.*

INEXTRICABLE   Complejo, confuso, arduo. → *Claro.*

INFALIBLE   Seguro, inexorable, firme, cierto, forzoso, clarividente, acertado, matemático, verdadero, positivo. → *Inseguro, dudoso.*

INFAMANTE   Infamativo, infamatorio, envilecedor, ofensivo, oprobioso. → *Honorable.*

INFAMAR   Deshonrar, injuriar, calumniar, afrentar, manchar, ultrajar, ofender, denigrar. → *Honrar.*

INFAME   Maligno, vil, perverso, ruin, siniestro, maldito, depravado, abyecto, despreciable. → *Bondadoso, honorable.*

INFAMIA   Iniquidad, ofensa, estigma, monstruosidad, traición, vilipendio, afrenta, maldad, perversidad, oprobio, vileza. → *Honra, bondad.*

INFANCIA   Niñez, inocencia, pequeñez, minoría, nacimiento, puericia, precocidad. → *Vejez.*

INFANTE   Niño. || Príncipe. || Soldado, áscari.

INFANTIL   Candoroso, pueril, impúber, necio, aniñado, ingenuo, inofensivo, inocente, cándido. → *Senil, malicioso.*

INFARTO   Inflamación, dilatación, ataque.

INFATIGABLE   Laborioso, resistente, trabajador, activo. → *Cansino, cansado.*

INFAUSTO   Infortunado, triste, nefasto, funesto, doloroso, aciago. → *Feliz.*

INFECCIÓN   Contagio, contaminación, inoculación, peste, propagación, epidemia, perversión, corrupción. → *Desinfección.*

INFECCIOSO   Contagioso, contagiable, pegadizo.

INFECUNDIDAD   Esterilidad, aridez, atosia, aciesis. → *Fertilidad.*

INFECUNDO   Improductivo, agotado, árido, desolado, impotente, castrado, pobre. → *Fértil.*

INFELICIDAD   Desdicha, desventura, tristeza, tribulación, ruina, cuita, aflicción, revés, infortunio, adversidad. → *Dicha, felicidad.*

INFELIZ   Desdichado, mísero, miserable, víctima, pobre, malaventurado. → *Dichoso.*

INFERENCIA   Consecuencia, ilación.

INFERIOR   Peor, malo, defectuoso, irregular, menor, bajo. → *Mejor.* || Sulbalterno, auxiliar, dependiente, sometido, subordinado, sujeto, accesorio, servidor. → *Superior.*

INFERIORIDAD   Subordinación, dependencia. → *Superioridad.* || Imperfección, insignificancia, bajura, medianía. → *Perfección* || Mengua, desventaja, minoría, menoscabo. → *Ventaja.*

INFERIR   Colegir, educir, deducir, suponer, obtener. || Ocasionar, producir, hacer, causar.

INFERNAL Demoniaco, maléfico, satánico, diabólico, mefistofélico, maligno, dañino, perjudicial. → *Angelical, celestial.*

INFESTAR Infisionar, infectar, apestar, contagiar, viciar. → *Purificar.* || Saquear, hostilizar, devastar, pillar, estragar.

INFIDELIDAD Ingratitud, indignidad, deslealtad, vileza, engaño, doblez. → *Lealtad, fidelidad.* || Adulterio, amancebamiento, lío, traición. → *Castidad, fidelidad.*

INFIEL Impío, ateo, descreído, pagano, hereje, idólatra, irreligioso. → *Religioso, fiel.* || Ingrato, adúltero, traidor, felón, aleve, pérfido, alevoso. → *Leal.*

INFIERNO Averno, tártaro, abismo, perdición, tormento, condenación, hoguera, pira. → *Cielo, edén.*

INFILTRAR Impregnar, embeber, penetrar, escurrirse, escabullirse, imbuir, infundir, introducir, inculcar, inspirar. → *Estancar, disuadir.*

ÍNFIMO Mínimo, bajo, último, peor, insignificante, ruin, despreciable, miserable. → *Máximo, noble.*

INFINIDAD Inmensidad, montón, infinitud, cúmulo, multitud. → *Escasez.*

INFINITO Ilimitado, inmenso, inagotable, inacabable, extenso, basto, eterno, excesivo, incalculable, extraordinario. → *Breve, limitado.*

INFLACIÓN Hinchazón, intumefacción, inflamiento, intumescencia. || Infatuación, engreimiento, vanidad. → *Humildad.* || Desvalorización. → *Deflación.*

INFLAMACIÓN Enconamiento, congestión, hinchazón, flegmacía. → *Descongestión.*

INFLAMAR Incendiar, quemar, arder, encender, abrasar, incinerar. → *Apagar, sofocar.* || Excitar, enardecer, irritar, entusiasmar. → *Calmar.*

INFLAMARSE Hincharse, congestionarse, infectarse, enrojecerse. → *Deshincharse.*

INFLAR Hinchar, soplar, abultar, ahuecar, levantar. → *Reducir.*

INFLARSE Engreírse, infatuarse, hincharse, ensoberbecerse. → *Humillarse.*

INFLEXIBLE Rígido, tenaz, duro, firme, inexorable, impasible, implacable. → *Tolerante, débil, benévolo.*

INFLEXIÓN Alabeo, comba, torcimiento, desviación, inclinación. → *Rectitud.* || Tono, modulación. || Desinencia, terminación.

INFLIGIR Imponer, aplicar, causar, originar, producir, ocasionar, inferir. → *Aliviar.* || Castigar, condenar, penar. → *Remitir.*

INFLUENCIA Influjo, autoridad, poder, predominio, peso, afecto, prestigio. → *Descrédito.* || Confianza, valimiento, favor, mano, amistad. → *Enemistad.*

INFLUIR Ejercer, actuar, afectar, obrar, contribuir, ayudar, respaldar, accionar, intervenir, apoyar, contribuir, pesar. → *Abstenerse, desamparar.*

INFLUJO Influencia. || Flujo.

INFLUYENTE Poderoso, prestigioso, respetado, importante, acreditado, activo, eficaz. → *Humilde, insignificante.*

INFORMACIÓN Averiguación, revelación, indagación, pesquisa, investigación, encuesta.

INFORMAL Irresponsable, inconstante, tornadizo, negligente, descuidado, inconvencional, irregular. → *Cumplidor.*

INFORMAR Averiguar, investigar, indigar, buscar, sondear, documentarse. || Declarar, manifestar, reseñar, detallar, testimoniar, comunicar, anunciar, notificar. → *Callar, omitir.*

INFORME Averiguación, declaración, testimonio, referencia, noticia, dato, razón. || Certificado, dictamen, exposición, discurso.

INFORTUNADO Desdichado, desventurado, infeliz, mísero, desgraciado, pobre. → *Dichoso.*

INFORTUNIO Fatalidad, adversidad, desgracia, revés. → *Suerte.*

INFRACCIÓN Transgresión, violación, incumplimiento, falta, culpa, delito, vulneración. → *Cumplimiento, acatamiento.*

INFRACTOR Malhechor, transgresor.

INFRANQUEABLE Insalvable, intransitable, escarpado, quebrado, imposible, abrupto, difícil, intrincado. → *Practicable, expedito, accesible.*

INFRASCRITO Suscrito, firmante.

INFRECUENTE Desusado, insólito, raro, excepcional, extraño, sorprendente. → *Habitual.*

INFRINGIR Transgredir, atentar, quebrantar, vulnerar, delinquir, violar, contravenir. → *Cumplir, obedecer.*

INFRUCTUOSO Inútil, improductivo, ineficaz, estéril, nulo, negativo, vano. → *Eficaz, positivo, fecundo.*

ÍNFULAS Vanidad, orgullo, presunción, fatuidad, engreimiento. → *Modestia.*

INFUNDADO Injustificado, inaceptable, ilógico, absurdo, insostenible, pueril, falso. → *Fundado, real.*

INFUNDIO Engaño, patraña, calumnia, embuste, falsedad, mentira. → *Verdad.*

INFUNDIR Inculcar, inspirar, causar, originar, infiltrar, suscitar, inducir, imbuir, introducir. → *Anular, librar.*

INFUSIÓN Tisana, brebaje, cocción, bebida, extracto.

INGENIAR Idear, discurrir, imaginar, inventar, maquinar.

INGENIARSE Arreglarse, apañarse, aplicarse, componérselas, bandearse.

INGENIO Inteligencia, sensatez, agudeza, cacumen, discernimiento, entendederas, lucidez, imaginación, intelecto, talento, inventiva, iniciativa, habilidad. → *Estupidez, torpeza.* || Artefacto, máquina, aparato, artilugio, utensilio, instrumento, artificio.

INGENIOSO Mañoso, habilidoso, diestro, hábil, sagaz. → *Torpe.*

INGENUIDAD Candidez, inocencia, naturalidad, candor, pureza. → *Astucia.*

INGENUO Cándido, inocente, crédulo, simple, sencillo, candoroso, inocente. → *Desconfiado, astuto.*

INGERIR Comer, meter, tragar, introducir. → *Arrojar.*

INGLÉS Británico, britano, anglo.

INGRATITUD Olvido, desagradecimiento. → *Reconocimiento.*

INGRATO Desagradecido, infiel, insensible, desleal, apático, egoísta. → *Agradecido.*

INGRÁVIDO Suelto, liviano, ligero, tenue, leve. → *Pesado.*

INGREDIENTE Componente, constituyente, sustancia, elemento, materia, compuesto, droga, material, fármaco.

INGRESAR Infiltrar, internarse, entrar, asociarse, afiliarse, incorporarse, adherirse, inscribirse. → *Renunciar.*

INGRESO Entrada. || Ganancia, caudal, beneficio. || Alta. → *Baja.*

INHÁBIL Novato, torpe, novicio, inepto. → *Experto.*

INHABILITAR Incapacitar. → *Capacitar.*

INHABITABLE Destartalado, ruinoso, inhóspito, insano, desolado, incómodo. → *Grato, acogedor.*

INHALAR Aspirar, absorber. → *Soplar.*

INHIBICIÓN Retraimiento, abstención, separación, alejamiento, exención. → *Intromisión.*

INHIBIR Vedar, estorbar, prohibir, privar, celar.

INHIBIRSE Abstenerse, retraerse, alejarse, apartarse, eximirse. → *Inmiscuirse.*

INHOSPITALARIO Salvaje, duro, bárbaro, rudo, basto. → *Protector.* || Agreste, desierto, salvaje, selvático, feroz. → *Acogedor.*

INHÓSPITO Yermo, frío, áspero, rudo, agreste, desértico, desolado, incómodo. → *Grato, acogedor.*

INHUMANO Feroz, inclemente, salvaje, bárbaro, duro, brutal, cruel, perverso. → *Benévolo, humanitario.*

INHUMAR Enterrar, sepultar, dejar, soterrar. → *Exhumar.*

INICIACIÓN Principio, instrucción, aprendizaje, comienzo, preparación. → *Terminación.*

INICIADO Afiliado, adepto, partidario, catecúmeno, neófito. → *Profano.*

INICIADOR Introductor, creador, innovador, promotor.

INICIAL Naciente, inaugural, originario, original, preliminar. → *Terminal.*

INICIAR Empezar, comenzar, principiar, emprender, inaugurar, surgir, originar. → *Terminar.* || Catequizar, enseñar, educar, aleccionar. → *Descuidar.*

INICIATIVA Diligencia, aptitud, decisión, actividad, dinamismo, capacidad, idea, proposición, delantera, anticipación. → *Cortedad, pereza, resultado.*

INICIO Principio, fundamento, comienzo, origen, base. → *Final.* || Iniciación.

INICUO Ignominioso, vil, malo, perverso, injusto, inaudito, ultrajante, infame, arbitrario. → *Noble, bueno, justo.*

INIMAGINABLE Raro, extraordinario, extraño, sorprendente, inconcebible. → *Representable.*

INIMITABLE Inconfundible, característico, peculiar, distintivo, típico, específico, singular, diferente. → *Genérico.*

ININTELIGIBLE Incomprensible, confuso, ambiguo, oscuro, difícil, misterioso. → *Comprensible.*

ININTERRUMPIDO Constante, continuado, contiguo, junto. → *Separado.*

INIQUIDAD Ignominia, perversidad, infamia, maldad, arbitrariedad. → *Justicia.*

INJERENCIA Entrometimiento, indiscreción, intrusión, mangoneo, curiosidad, intervención, intromisión, fisgonería. → *Discreción.*

INJERIRSE Entrometerse, intervenir, mezclarse, mangonear, mediar, meterse, inmiscuirse, interponerse. → *Abstenerse.*

INJERTAR Aplicar, meter, introducir, agregar, vincular, injerir.

INJERTO Brote, yema, agregado, postizo, empalme.

INJURIA Insulto, ofensa, ultraje, vejación, agravio, vilipendio, improperio. → *Alabanza.* || Perjuicio, menoscabo, daño. → *Bien.*

INJURIAR Ultrajar, agraviar, afrentar. → *Honrar.* || Perjudicar, dañar, vulnerar. → *Beneficiar.*

INJUSTICIA Abuso, arbitrariedad, sinrazón, ilegalidad, improcedencia, atropello, iniquidad. → *Justicia, equidad.*

INJUSTIFICABLE Culpable, vergonzoso, inexcusable. → *Evidente.*

INJUSTO Arbitrario, ilegal, ilícito, abusivo, improcedente, inmoral, caprichoso, odioso. → *Justo, lícito, equitativo.*

INMACULADA Concepción, purísima.

INMACULADO Limpio, puro, límpido. → *Poluto.*

INMANENTE Permanente, unido, inherente, inseparable. → *Separado.*

INMADURO Tierno, incipiente, precoz, verde, prematuro, bisoño. → *Maduro.*

INMATERIAL Irreal, incorpóreo, intangible, abstracto, etéreo, ideal, aparente, alado, incorporal. → *Material, real.*

INMEDIACIONES Proximidades, cercanías, alrededores, vecindad, aledaños, contornos, afueras. → *Lejanías.*

INMEDIATAMENTE Prontamente, luego, seguidamente.

INMEDIATO Inminente, urgente, rápido, raudo, presto. → *Lento.* || Vecino, cercano, próximo, lindante, contiguo, junto. → *Alejado.*

INMEJORABLE Insuperable, perfecto, óptimo, notable, superior, excelente. → *Pésimo.*

INMEMORIAL Remoto, arcaico, histórico, vetusto, antiguo. → *Reciente.*

INMENSIDAD Vastedad, enormidad, magnitud, grandiosidad, muchedumbre. → *Limitación.*

INMENSO Infinito, enorme, vasto, extenso, grandioso, monstruoso, descomunal, crecido, colosal, gigante, exorbitante. → *Minúsculo, exiguo.*

INMERECIDO Injusto, inmérito, arbitrario. → *Justo.*

INMERSIÓN Zambullida, descenso, buceo, bajada, mojadura, calada, sumersión, chapuzón. → *Salida, ascenso.*

INMERSO Sumergido, sumido, anegado, abismado, hundido. → *Despejado.*

INMIGRACIÓN Afluencia, llegada, migración, traslado, éxodo, desplazamiento. → *Emigración.*

INMINENTE Próximo, cercano, perentorio, pronto, imperioso, urgente, contiguo, apremiante. → *Remoto, lejano.*

INMISCUIRSE Injerirse, mezclarse, meterse, entremeterse. → *Desinteresarse.*

INMODERADO Desenfrenado, exagerado, excesivo, intemperante. → *Mesurado.*

INMODESTO Engreído, fatuo, vano, altanero, petulante, presuntuoso, arrogante, altivo. → *Modesto.*

INMOLAR Sacrificar, degollar, ofrecer, matar, eliminar, ofrendar. → *Perdonar.*

INMORAL Indecoroso, indecente, impúdico, escandaloso, perdido, desvergonzado, disoluto, obsceno, liviano, lujurioso. → *Casto, decoroso.*

INMORALIDAD Obscenidad, liviandad, depravación, lujuria, escándalo.

INMORTAL Perpetuo, perenne, eterno, sempiterno, perdurable, constante, renovado. → *Mortal, efímero, perecedero.*

INMORTALIZAR Eternizar, perpetuar, recordar.

INMÓVIL Quieto, inerte, inactivo, invariable, fijo, firme, estático, pasivo, estable. → *Movible.*

INMOVILIDAD Pasividad, estabilidad, reposo, tranquilidad, quietud. → *Movimiento.*

INMOVILIZAR Detener, parar, sujetar, retener, obstaculizar, dominar, paralizar, atajar. → *Mover, empujar.* || Asegurar, afirmar, fijar, afianzar, clavar. → *Disparar.*

INMOVILIZARSE Sosegarse, detenerse, tranquilizarse. → *Lanzarse.* || Permanecer, estancarse, anquilosarse, calmar. → *Moverse.*

INMUEBLES Fincas, casas, bienes raíces.

INMUNDICIA Basura, bascosidad, suciedad, mugre, ascosidad. → *Limpieza.* || Vicio. → *Impudicia.*

INMUNDO Asqueroso, puerco, mugriento, repugnante, libertino, lascivo, sucio. → *Decente, limpio.*

INMUNE Exento, exceptuado, libre, protegido. → *Débil.*

INMUNIDAD Invulnerabilidad, resistencia, fortaleza, vigor. → *Debilidad.* || Privilegio, exención, prerrogativa, exoneración, dispensa, libertad. → *Igualdad, vulnerabilidad.*

INMUNIZAR Eximir, preservar, proteger, librar, exceptuar. → *Vulnerabilizar.*

INMUTABLE Invariable, constante, permanente, fijo, quieto, sereno. → *Agitado.*

INMUTARSE Conmoverse, emocionarse, turbarse, alterarse, conturbarse. → *Sosegarse.*

INNATO Congénito, personal, individuall, peculiar, característico, propio, natural, connatural. → *Adquirido.*

INNECESARIO Fútil, superfluo, inútil, infundado, excesivo, prolijo, sobrado. → *Útil, necesario.*

INNEGABLE Indiscutible, evidente, real, cierto, seguro, positivo. → *Dudoso.*

INNOBLE Despreciable, abyecto, ruin, infame, bajo, vil, indigno, rastrero. → *Noble, caballeroso.*

INNOCUO Anodino, inocente, inerte. → *Dañino.*

INNOVACIÓN Creación, descubrimiento, idea, invento, transformación, cambio, novedad, invención. → *Estabilización.*

INNOVAR Alterar, cambiar, mudar, variar, modificar. → *Conservar.*

INNUMERABLE Incalculable, ilimitado, incontable, numeroso, copioso, inmenso, enorme, infinito. → *Escaso, finito.*

INOCENCIA Sencillez, simpleza, ingenuidad, candor, simplicidad. → *Malicia.* || Virginidad, pureza. → *Impureza.* || Salva, justificación. → *Culpa.*

INOCENTE Ingenuo, candoroso, inofensivo, honesto, honrado, cándido, simple, sencillo. → *Astuto, desconfiado.* || Exento, indultado, rehabilitado, absuelto. → *Culpable.* || Puro, virginal, virgen, casto. → *Impuro.*

INOCULAR Inmunizar, inyectar, transmitir, comunicar, infectar, contaminar, vacunar, infundir.

INODORO Excusado, comuna, water, w.c.

INOFENSIVO Inerme, desarmado, inocente, pacífico, tranquilo. → *Peligroso.*

INOLVIDABLE Imborrable, persistente, eterno, indeleble, permanente, famoso, inmortal. → *Pasajero.*

INOPERANTE Ineficaz, inservible, insuficiente, inútil, incompetente, inepto. → *Eficaz, útil.*

INOPIA Miseria, estrechez, pobreza, indigencia. → *Riqueza.*

INOPORTUNO Inesperado, intempestivo, imprevisto, inadecuado, incorrecto, tardío, temprano, incómodo, improcedente, extemporáneo. → *Oportuno, adecuado.*

INQUEBRANTABLE Invariable, firme, resuelto, tenaz, constante. → *Débil.*

INQUIETANTE Amenazador, conmovedor, alarmante, turbador, grave. → *Tranquilizador.*

INQUIETAR Amenazar, estremecer, alarmar, preocupar, molestar, atormentar, fastidiar, turbar. → *Sosegar, tranquilizar.*

INQUIETO Activo, dinámico, alterado, turbulento, agitado. → *Sosegado.*

INQUIETUD Intranquilidad, impaciencia, nerviosidad, angustia, preocupación, desvelo, ansiedad, ambición, dinamismo, actividad, turbación, agitación. → *Tranquilidad.*

INQUILINO Vecino, alquilador, arrendatario, ocupante, habitante. → *Casero.*

INQUINA Aversión, ojeriza, odio, tirria, enemistad, aborrecimiento, antipatía. → *Simpatía.*

INQUIRIR Indagar, averiguar, pesquisar, investigar, examinar. → *Desentenderse.*

INQUISIDOR Investigador, averiguador, indagador, descubridor.

INSACIABLE Inagotable, inextinguible, constante, prolongado. → *Breve.* || Ávido, ansioso, insatisfecho, avaro, hambriento, glotón, tragón. → *Generoso, satisfecho.*

INSALUBRE Malsano, dañino, nocivo, perjudicial, pernicioso, enfermizo, malo. → *Saludable.*

INSANO Loco, demente, vesánico, alienado, maniaco. → *Cuerdo.*

INSATISFECHO Descontento, ambicioso, ávido, insaciable. → *Rozagante.*

INSCRIBIR Apuntar, anotar, escribir, grabar, trazar, registrar. || Delimitar, circunscribir, limitar, ajustar, ceñir. → *Extender.*

INSCRIBIRSE Alistarse, afiliarse, apuntarse, asociarse, agremiarse. → *Renunciar.*

INSCRIPCIÓN Cartel, rótulo, letrero, leyenda, nota, epitafio, epígrafe, escrito. || Asociación, agremiación, afiliación. → *Renuncia.*

INSCRITO Suscrito, anotado, abonado, apuntado, afiliado.

INSEGURIDAD Incertidumbre, desequilibrio, alternativa, inestabilidad, altibajo, vacilación, titubeo, peligro, riesgo, duda, perplejidad. → *Firmeza, seguridad, estabilidad.*

INSEGURO Vacilante, perplejo, dudoso, voluble, mudable. → *Resoluto.* || Peligroso. → *Seguro.*

INSENSATEZ Necedad, simpleza, sandez, estolidez, nesciencia. → *Sesudez, juicio.*

INSENSATO Disparatado, desatinado, descabellado. → *Lógico.* || Necio, zoquete, loco, majadero, mentecato, tonto. → *Juicioso, cuerdo.*

INSENSIBLE Inanimado, inconsciente, inerte, exánime, yerto, embotado, entorpecido. → *Sensible.* || Cruel, empedernido, encallecido, riguroso, brutal, duro, apático, frío. → *Deferente, piadoso.*

INSEPARABLE Ligado, junto, indivisible, unido, fiel, entrañable, íntimo, inherente. → *Separado, desunido.*

INSERTAR Implantar, introducir, engastar, embutir, encajar, meter, fijar, publicar, anunciar, ingerir, incluir, inserir, intercalar. → *Extraer, excluir.*

INSERVIBLE Inútil, deteriorado, estropeado, infructífero, ineficaz, descompuesto, averiado. → *Útil, arreglado.*

INSIDIA Intriga, perfidia, traición, estratagema, engaño, maquinación, celada. → *Franqueza.*

INSIDIOSO Astuto, capcioso, cauteloso, pérfido, insidiador. → *Leal.*

INSIGNE Ilustre, célebre, famoso, preclaro, distinguido. → *Vulgar.*

INSIGNIA Distintivo, emblema, divisa, escudo, lema, imagen, enseña, bandera, pendón, estandarte, medalla.

INSIGNIFICANCIA Nulidad, pequeñez, futilidad, fruslería, menudencia. → *Importancia.*

INSIGNIFICANTE Minúsculo, irrisorio, baladí, exiguo, corto, escaso, pequeño, pueril, trivial. → *Trascendental, importante.*

INSINUANTE Sugeridor, insinuador, reticente, insinuativo, alusivo. → *Manifestante.*

INSINUAR Sugerir, aludir, mencionar, referirse, esbozar, indicar, aludir, apuntar, señalar. → *Ordenar.*

INSÍPIDO Desabrido, insulso, soso, insustancial, frío, inexpresivo. → *Sabroso, expresivo.*

INSIPIENTE Neciente, ignorante, torpe. → *Docto.* || Inepto, necio, insensato. → *Sensato.*

INSISTENCIA Obstinación, testarudez, porfía, pertinacia, instancia. → *Negligencia.*

INSISTENTE Obstinado, terco, porfiado, pertinaz, testarudo. → *Negligente.*

INSISTIR Repetir, reiterar, perseverar, solicitar, machacar, porfiar, reincidir. → *Abstenerse.*

INSOBORNABLE Íntegro, justo, honrado, recto, probo. → *Sobornado.*

INSOCIABLE Intratable, huraño, misántropo, retraído, esquivo, hosco, huidizo, arisco. → *Afable, sociable, comunicativo.*

INSOLENCIA Atrevimiento, audacia, temeridad. → *Respeto.*

INSOLENTE Atrevido, descarado, desfachatado, irreverente, ofensivo, altanero, insultante, grosero, arrogante. → *Respetuoso.*

INSÓLITO Desusado, desacostumbrado, inaudito, inusitado, extraordinario, asombroso, raro, extraño, extravagante, nuevo. → *Común, normal.*

INSOLUBLE Indisoluble. || Indeterminable, irresoluble.

INSOMNIO Desvelo, vigilia, vela, preocupación. → *Sueño.*

INSOPORTABLE Inaguantable, enojoso, enfadoso, fastidioso, irritante, molesto. → *Agradable.*

INSOSTENIBLE Ilógico, contestable, refutable, impugnable, rebatible.

INSPECCIÓN Examen, verificación, investigación, registro, reconocimiento. → *Admisión.*

INSPECCIONAR Vigilar, verificar, examinar, investigar, observar, revisar, controlar, comprobar, reconocer. → *Descuidar, omitir.*

INSPECTOR Vigilante, interventor, prefecto, intendente, verificador.

INSPIRACIÓN Idea, sugerencia, sugestión, arrebato, intuición, entusiasmo, iluminación, vocación. || Aspiración, respiración, inhalación. → *Espiración, exhalación.*

INSPIRAR Aspirar. || Expirar. || Inculcar, sugerir, iluminar, infundir, imbuir.

INSTALACIÓN Disposición, situación, colocación, emplazamiento, alojamiento.

INSTALAR Montar, colocar, situar, alzar, erigir, poner, establecer, disponer, localizar. → *Desmontar.*

INSTANCIA Petitoria, solicitud, petición, apelación, solicitación.

INSTANTÁNEO Breve, rápido, momentáneo, repentino, precipitado, fugaz, imprevisto, súbito. → *Duradero, lento.*

INSTANTE Segundo, momento, santiamén, periquete, minuto, relámpago, soplo, tris. → *Eternidad.*

INSTAURAR Restaurar, reponer, renovar, restablecer. → *Deponer.* || Implantar, fundar, establecer, erigir, estatuir. → *Abolir.*

INSTIGAR Incitar, provocar, hostigar, animar, impulsar, inspirar, aguijonear, inducir, impeler, estimular. → *Disuadir, frenar, contener.*

INSTINTIVO Inconsciente, intuitivo, reflejo, maquinal, automático. → *Deliberado.*

INSTINTO Inconciencia, intuición, inspiración, atavismo, automatismo, naturaleza, reflejo, impulsión, inclinación. → *Reflexión.*

INSTITUCIÓN Establecimiento, fundación, patronato, organismo, centro, corporación, instituto, creación, organización.

INSTITUIR Establecer, principiar, crear, estatuir, fundar. → *Abolir.*

INSTITUTO Colegio, escuela, academia, liceo, facultad, conservatorio, institución.

INSTITUTRIZ Educadora, maestra, aya, monitora, preceptora, tutora, guía, instructora. → *Alumna.*

INSTRUCCIÓN Enseñanza, educación, ilustración, ciencia, conocimiento. → *Ignorancia.*

INSTRUCCIONES Normas, ordenanzas, reglas, preceptos, advertencias.

INSTRUCTIVO Ilustrativo, cultural, educativo, científico, edificante.

INSTRUIDO Culto, ilustrado, erudito, educado, cultivado, capacitado, preparado. → *Inculto.*

INSTRUIR Enseñar, divulgar, educar, adiestrar, cultivar, iniciar, aleccionar, difundir, adoctrinar, enterar, advertir. → *Descarriar, descuidar.*

INSTRUMENTO Aparato, utensilio, herramienta, artefacto, útil, trasto, enser, bártulo.

INSUBORDINACIÓN Rebeldía, insurrección, rebelión. → *Docilidad.*

INSUBORDINARSE Rebelarse, desafiar, desobedecer, sublevarse, resistir, amotinarse, alzarse. → *Obedecer, rendirse.*

INSUSTANCIAL Insípido, soso, vacuo, vano, frívolo. → *Sustancioso.*

INSUFICIENCIA Ignorancia, torpeza, incapacidad. → *Capacidad.* || Poquedad, deficiencia, cortedad, penuria, falta. → *Abundancia.*

INSUFICIENTE Carente, escaso, privado, falto, vacío, defectuoso, raro, deficiente, corto, pequeño. → *Suficiente.*

INSUFRIBLE Inaguantable, enojoso, cargante, enfadoso, molesto, irritante. → *Tolerable.*

INSULSO Insípido, estúpido, soso, simple, zonzo, necio. → *Sustancioso.*

INSULTANTE Insolente, humillante, afrentoso, vejatorio, injurioso. → *Elogioso.*

INSULTAR Ofender, injuriar, afrentar, ultrajar, humillar, vilipendiar, escarnecer, herir, enfrentarse, insolentarse. → *Honrar, alabar.*

INSULTO Ofensa, afrenta, agravio, ultraje, injuria. → *Elogio.*

INSUMISO Rebelde, díscolo, insurgente, sedicioso. → *Obediente.*

INSUPERABLE Insalvable, invencible, infranqueable, difícil, imposible, arduo, incómodo. → *Fácil.* || Magnífico, soberbio, espléndido, inmejorable. → *Pésimo.*

INSURRECCIÓN Sublevación, sedición, rebeldía, insubordinación, motín, amotinamiento, tumulto, disturbio, revolución, asonada, algarada. → *Sumisión.*

INSURRECTO Sublevado, sedicioso, amotinado, faccioso, rebelde. → *Leal.*

INSUSTITUIBLE Imprescindible, fundamental, necesario. → *Superfluo.*

INTACTO Entero, completo, íntegro, indemne, incólume, ileso, sano, salvo. → *Carente, dañado.* || Virgen, puro. → *Mancillado.*

INTACHABLE Irreprochable, íntegro, probo, honorable, recto, honrado. → *Censurable.*

INTANGIBLE Inmaterial, impalpable, incorpóreo, intocable, incorporal.

INTEGRANTE Constituyente, componente, parte, pieza, ingrediente.

INTEGRAR Componer, constituir, completar, formar, totalizar, añadir, incluir, totalizar, reponer, reintegrar. →*Separar, deshacer.*

INTEGRIDAD Probidad, rectitud, honradez, equidad. → *Deshonestidad.* || Pureza, castidad, virginidad. || Perfección, plenitud. → *Imperfección.*

ÍNTEGRO Honrado, cabal, recto, probo, irreprochable, decente, virtuoso, intachable, justo. → *Deshonesto, truhán.* || Total, completo, sano, salvo, intacto, incólume, indemne. → *Incompleto, afectado.*

INTELECTUAL Erudito, estudioso, ilustrado, instruido, docto. → *Ignorante, inculto.* || Mental, espiritual, psicológico, cerebral. → *Material, corporal.* || Razonado, especulativo, intelectivo, teorético. → *Práctico.*

INTELIGENCIA Intelecto, talento, perspicacia, penetración, lucidez, capacidad, ingenio, sagacidad, clarividencia, entendimiento, mente, destreza, habilidad, experiencia. → *Torpeza, idiotez.*

INTELIGENTE Esclarecido, lúcido, clarividente, sagaz, perspicaz. → *Limitado.*

INTELIGIBLE Comprensible, asequible, legible, claro, lúcido. → *Difícil.*

INTEMPERANCIA Exceso, libertinaje, incontinencia. → *Templanza.*

INTEMPERANTE Desenfrenado, apasionado. → *Moderado.*

INTEMPESTIVO Imprevisto, extemporáneo. → *Oportuno.*

INTENCIÓN Propósito, determinación, designio, mira, idea, resolución, proyecto, intento. → *Renuncia, abstención.*

INTENCIONAL Premeditado, deliberado, pensado, preconcebido, voluntario, adrede. → *Inconsciente, involuntario.*

INTENDENCIA Dirección, gobierno, cuidado, administración. || Servicios, abastecimiento, abasto, suministros.

INTENSIDAD Tensión, fuerza, vehemencia, vigor, energía. || Viveza, violencia, virulencia.

INTENSIFICAR Reforzar, fortalecer, intensar, vigorizar. → *Debilitar.*

INTENSO Fuerte, enérgico, vigoroso, vehemente, poderoso, potente, firme, persistente, vivo, agudo. → *Débil, corto, endeble.*

INTENTAR Ensayar, probar, proyectar, tantear, emprender, sondear, experimentar, pretender, procurar. → *Desistir, renunciar.*

INTENTO Propósito, designio, intención, fin, proyecto. → *Renuncia.*

INTERCALAR Interponer, insertar, introducir, alternar, superponer, agregar, introducir. → *Quitar, extraer, entresacar.*

INTERCAMBIO Permuta, canje, trueque, cambio.

INTERCEDER Mediar, intervenir, defender, abogar, respaldar, rogar, suplicar. → *Culpar, desentenderse.*

INTERCEPTAR Detener, interrumpir, aislar, cortar, entorpecer, obstruir, parar, estorbar. → *Permitir, facilitar, despejar.*

INTERCESIÓN Mediación, arbitraje, arreglo.

INTERDICTO Prohibición, suspensión, privación, veto, oposición. → *Permiso.*

INTERÉS Propensión, afecto, inclinación, curiosidad, apego. || *Desinterés.* || Encanto, atractivo, aliciente, fascinación. → *Repulsión.* || Beneficio, ganancia, lucro, producto, dividendo. → *Pérdida.*

INTERESADO Egoísta, ambicioso, materialista, codicioso, utilitario, avaro. → *Generoso.*

INTERESANTE Cautivador, encantador, cautivante, atrayente, atractivo. → *Indiferente.*

INTERESAR Cautivar, atraer, fascinar, encantar, maravillar, seducir, llamar. → *Aburrir.* || Concernir, atañer, competer, corresponder. → *Abandonar.*

INTERESES Hacienda, capital, bienes, fortuna.

INTERFERIR Interceptar, detener, interrumpir, aislar, cortar, entorpecer. → *Facilitar.*

INTERINO Provisorio, suplente, accidental, transitorio, pasajero, provisional, momentáneo. → *Permanente, efectivo, titular.*

INTERIOR Interno, íntimo, central, profundo, céntrico, anímico, mental, espiritual, interioridad, secreto, recóndito. → *Exterior, corporal.*

INTERIORIDAD Intimidad, alma, interior, entrañas, ánima. → *Exterior.*

INTERJECCIÓN Grito, exclamación, imprecación.

INTERLOCUCIÓN Plática, coloquio, diálogo, controversia.

INTERLOCUTOR Dialogador, internuncio, dialoguista, protagonista.

INTERLUDIO Entremés, intermedio.

INTERMEDIARIO Mediador, intercesor, tercero, comerciante, comisionista, delegado, negociador, negociante, proveedor, traficante. → *Comprador.*

INTERMEDIO Entreacto, descanso, intervalo, pausa, interludio. → *Acto.* || Espera, tregua. → *Inicial.*

INTERMINABLE Inacabable, inagotable, continuo, perpetuo, eterno, lento, largo, tedioso, infinito. → *Limitado, breve.*

INTERMITENTE Irregular, discontinuo, interrupido, alterno, esporádico, entrecortado. → *Regular, seguido, continuo.*

INTERNACIONAL Universal, mundial, abigarrado, cosmopolita, general. → *Local, nacional.*

INTERNADO Pensionado, pupilaje, escuela, colegio, seminario.

INTERNAR Encerrar, aislar, recluir, apartar, aprisionar, introducir, penetrar. → *Liberar, sacar.*

INTERNARSE Introducirse, adentrarse, penetrar, aventurarse, entrar, enzarzarse, enfrascarse, meterse. → *Salir.*

INTERNO Interior, central, íntimo, profundo, recóndito. → *Externo.* || Pensionista, pupilo, colegial, becario.

INTERPELACIÓN Petición, encuesta, demanda, pregunta, solicitación. → *Respuesta.*

INTERPELAR Demandar, requerir, preguntar, solicitar, exigir, exhortar, interrogar, pedir, instar. → *Omitir, responder.*

INTERPLANETARIO Celeste, cósmico, universal, galáctico, espacial, sideral, interestelar. → *Terrenal.*

INTERPOLACIÓN Escolio, intercalación.

INTERPONER Intercalar, injertar, mezclar, acoplar, entreverar, obstruir. → *Sacar.*

INTERPONERSE Mediar, atravesarse. → *Apartarse.*

INTERPRETACIÓN Exégesis, comentario, traducción, explicación, paráfrasis.

INTERPRETAR Explicar, analizar, deducir, describir, demostrar, descifrar, glosar. → *Ignorar.* || Actuar, representar, declamar.

INTÉRPRETE Guía, traductor, cicerone, lingüista. || Comentarista, demostrador, glosador. || Músico, ejecutante, solista, cantante.

INTERROGACIÓN Cuestión, demanda, pregunta, erotema, propuesta. → *Respuesta.*

INTERROGAR Inquirir, preguntar, indagar, investigar, averiguar, informarse, solicitar, sondear, pedir, examinar. → *Responder, contestar.*

INTERROGATORIO Sondeo, cuestionario, inquisitoria, examen, informe. → *Respuesta.*

INTERRUMPIR Atajar, suspender, romper, obstaculizar, impedir, estorbar, romper, frenar, complicar, evitar, entorpecer, cortar. → *Proseguir, continuar.*

INTERSECCIÓN Cruce, encrucijada, empalme, unión, reunión, encuentro. → *Desviación, separación, bifurcación.*

INTERSTICIO Grieta, rendija, raja, resquicio, fisura, muesca, surco, corte, hendidura. || Intervalo.

INTERVALO Lapso, espacio, distancia, medida, tiempo, duración, ínterin, extensión. || Intermedio, descanso, pausa, tregua, inducia, dilación.

INTERVENCIÓN Mediación, intromisión. → *Ausencia.* || Fiscalización, control, investigación, arbitraje. → *Abstención.* || Operación.

INTERVENIR Mediar, entrometerse, interponerse, actuar, maniobrar, inspeccionar, participar, mezclar, terciar. → *Abstenerse.* || Operar.

INTERVENTOR Fiscalizador, comisario, inspector, mediador.

INTIMAR Avenirse, amigar, fraternizar, congeniar. → *Enemistarse.* || Conminar, reclamar, requerir, advertir, exigir. → *Obedecer.*

INTIMIDAD Adhesión, confianza, amistad, apego, familiaridad. → *Desconfianza.*

INTIMIDAR Atemorizar, asustar, amenazar, retar, desafiar, amedrentar, acobardar, amilanar. → *Envalentonarse, incitar.*

ÍNTIMO Interior, recóndito, personal, espiritual, subjetivo, secreto, profundo. → *Externo, público, general.*

INTITULAR Nombrar, designar, titular, llamar, decir.

INTOLERABLE Inadmisible, injusto, abusivo, ilegal, insufrible, inaceptable, fastidioso, fatigoso, excesivo, doloroso. → *Apropiado, justo, llevadero.*

INTOLERANCIA Intransigencia, incompatibilidad, fanatismo, obstinación, rigidez, severidad, terquedad. → *Indulgencia.*

INTOXICAR Envenenar, emponzoñar, ingerir, pervertir, enviciar, corromper, infectar, inocular, inficionar. → *Desintoxicar.*

INTRANQUILIDAD Ansiedad, cuidado, agitación, zozobra, alarma. → *Serenidad.*

INTRANQUILIZAR Angustiar, atormentar, inquietar, excitar, impacientar, desasosegar, mortificar, perturbar, conmocionar, agitar, alarmar, turbar. → *Serenar, calmar.*

INTRANQUILO Angustiado, perturbado, agitado, turbado, alarmado. → *Sereno.*

INTRANSIGENCIA Intolerancia, oposición, obstinación, terquedad, obcecación, ceguera, fanatismo, pertinacia. → *Tolerancia.*

INTRANSIGENTE Obstinado, testarudo, terco, pertinaz, obcecado. → *Tolerante.*

INTRANSITADO Desierto, solitario, aislado. → *Concurrido.*

INTRATABLE Insociable, huraño, hosco, arisco, esquivo, retraído. → *Cortés.*

INTREPIDEZ Valentía, denuedo, valor, arrojo, esfuerzo. → *Cobardía.*

INTRÉPIDO Temerario, osado, audaz, valiente, resuelto, denodado, atrevido, arrojado. → *Cobarde, prudente.*

INTRIGA Trampa, enredo, maniobra, maquinación, traición, complot, confabulación, cautela. || Interés, incertidumbre, misterio. → *Desinterés.*

INTRIGAR Urdir, maquinar, tramar, conspirar, complotar.

INTRINCADO Enredado, embrollado, difícil, complicado, enmarañado, arduo, espinoso, confuso. → *Sencillo, despejado.*

INTRÍNSECO Esencial, constitutivo, íntimo, interior, propio. → *Extrínseco.*

INTRODUCCIÓN Inserción, colocación, penetración, inclusión, implantación, sujeción, admisión, infiltración, entrada. → *Extracción, salida.* || Preámbulo, prólogo, introito, preliminar, prefacio, preludio, exordio. → *Epílogo.* || Disposición, preparativo, preparación. → *Remate.*

INTRODUCIR Meter, insertar, colocar, entrar, incluir, encajar, embutir, clavar, hundir, embutir. → *Extraer, sacar.* || Pasar, entrar.

INTROMISIÓN Curiosidad, injerencia, indiscreción. → *Desentendimiento.*

INTROSPECCIÓN Meditación, reflexión, introversión. → *Divagación.*

INTRUSO Entrometido, fisgón, indiscreto, curioso, cotilla. → *Discreto.* || Advenedizo, forastero, impostor, charlatán, competidor. → *Conocedor, competente.*

INTUICIÓN Clarividencia, discernimiento, penetración, perspicacia, visión, concepción, visión, percepción, aprehensión. → *Ceguera, reflexión.*

INTUIR Vislumbrar, distinguir, percibir, aprehender, entrever. → *Reflexionar.*

INUNDACIÓN Desbordamiento, anegamiento, diluvio, crecida, subida, torrente, riada, corriente. → *Sequía.* || Abundancia, plétora, exceso. → *Falta.*

INUNDAR Alargar, aplayar, anegar, arriar. → *Secar.* || Abrumar, llenar, colmar.

INUSITADO Insólito, raro, extravagante, extraño, nuevo. → *Corriente.*

INÚTIL Lisiado, tullido, inválido, imposibilitado, impedido. → *Apto, útil.* || Incompetente, inexperto, inepto, torpe. → *Competente.* || Inservible, nulo, vano, estéril, fútil, inane. → *Capaz.*

INUTILIZAR Anular, incapacitar, invalidar, estropear, descomponer, averiar. → *Arreglar.* || Lisiar.

INVADIR Conquistar, irrumpir, penetrar, ocupar, acometer, apresar, capturar, asaltar, entrar, violentar. → *Abandonar, defender, retirarse.*

INVALIDAR Abolir, anular, abrogar. → *Convalidar.*

INVÁLIDO Lisiado, inútil, tullido, mutilado, impedido. → *Sano.*

INVARIABLE Inalterable, inmutable, constante, estable, indestructible, permanente, eterno, firme. → *Variable, inconstante, mudable.*

INVASIÓN Conquista, irrupción, correría, entrada, incursión, algarada. → *Retirada*

INVASOR Conquistador, atacador, atacante, dominador, usurpador, saqueador, ocupante. → *Defensor.*

INVECTIVA Sátira, mordacidad, diatriba, sarcasmo. → *Elogio.*

INVENCIBLE Invicto, indomable, insuperable. → *Vencido.*

INVENCIÓN Hallazgo, descubrimiento, creación, innovación. → *Imitación.* || Ficción, fábula, engaño, mentira. → *Hecho.*

INVENTAR Descubrir, crear, hallar, perfeccionar, innovar, combinar, ensayar, proyectar, idear. → *Plagiar, copiar.* || Urdir, fingir, engañar, mentir, tramar, improvisar. → *Revelar, descubrir.*

INVENTARIO Catálogo, repertorio, lista, registro, catastro.

INVENTIVA Genio, perspicacia, talento, inteligencia, ingenio. → *Vaciedad.*

INVENTO Descubrimiento, invención, hallazgo.

INVENTOR Descubridor, innovador, creador, proyectista, autor, genio, fabricador, productor. → *Copista.*

INVERNAL Riguroso, duro, helado, frío, crudo, frígido, desapacible, inclemente. → *Templado.*

INVEROSÍMIL Increíble, dudoso, improbable, extraño, imposible, absurdo, sorprendente, fantástico, raro. → *Real, verosímil.*

INVERSIÓN Transformación, cambio, trasposición, trastocación, alteración, hipérbaton. → *Ordenación.* || Colocación, adquisición, compra.

INVERSO Trastornado, cambiado, alterado, trastocado. → *Ordenado.* || Opuesto, contradictorio, contrario, contrapuesto. → *Recto.*

INVERTIR Cambiar, transformar, alterar, trastornar, mudar, transponer, variar, trocar, voltear. → *Mantener, restablecer.* || Financiar, colocar, gastar, destinar, negociar, especular. → *Ahorrar, escatimar.*

INVESTIDURA Título, dignidad, cargo.

INVESTIGACIÓN Averiguación, búsqueda, curiosidad, ensayo, experimento, fisgoneo, indagación, intento, prueba, tanteo, tentativa, tesis.

INVESTIGAR Averiguar, indagar, preguntar, escudriñar, examinar, explorar, estudiar, vigilar, supervisar, ensayar, inspeccionar, buscar. → *Descubrir, encontrar.*

INVESTIR Conferir, ungir, envestir, conceder.

INVICTO Victorioso, triunfante, campeón, glorioso, vencedor, invencible, triunfador. → *Vencido.*

INVIOLABLE Invulnerable, respetable, sagrado, intangible, venerable. → *Abominable.*

INVISIBLE Inapreciable, imperceptible, impalpable, microscópico, inmaterial, minúsculo, incorpóreo, oculto, secreto, encubierto. → *Visible, aparente.*

INVITACIÓN Convocatoria, convite, llamada. || Boleto, pase, billete, entrada. || Conminación, incitación, inducción. → *Disuasión.*

INVITAR Convidar, agasajar, homenajear, reunir, ofrecer, hospedar, rogar. → *Desdeñar.*

INVOCACIÓN Deprecación, súplica, imploración, conjuro, ruego. → *Maldición.*

INVOCAR Impetrar, rogar, solicitar, suplicar, rezar, pedir, conjurar, implorar, llamar, apelar. → *Maldecir, exigir.*

INVOLUCRAR Mezclar, complicar, envolver, comprender, confundir.

INVOLUNTARIO Instintivo, maquinal, automático, inconsciente, espontáneo, reflejo. → *Consciente, voluntario.*

INVULNERABLE Inviolable, invencible, resistente, indestructible, inexpugnable, fuerte, invicto, protegido. → *Endeble, débil.*

INYECTAR Aplicar, administrar, poner, pinchar, dosificar, introducir, irrigar, jeringar, inocular. → *Extraer.*

IR Encaminarse, dirigirse, acudir, marchar, partir, trasladarse, desplazarse, salir, recorrer. → *Venir.*

IRA Furia, cólera, enojo, irritación, arrebato, rabia, frenesí, rabieta, furor. → *Serenidad, calma.*

IRACUNDO Irritable, bilioso, irascible, colérico, furioso. → *Pacífico.*

IRASCIBLE Irritable, nervioso, excitable, arrebatado, bilioso. → *Tranquilo.*

IRONÍA Mofa, sarcasmo, burla, escarnio, mordacidad. → *Adulación.*

IRÓNICO Sarcástico, mordaz, cínico, satírico, cáustico, socarrón, chancero, zumbón, punzante. → *Bondadoso, sincero, virulento.*

IRRACIONAL Bruto, animal, bestia. → *Racional.* || Insensato, absurdo, ilógico. → *Lógico.* || Radical, inconmensurable.

IRRADIAR Difundir, emitir, proyectar, despedir, emanar, fulgurar, centellar, divergir.

IRREAL Engañoso, ilusorio, inexistente, aparente, artificial, ficticio, fantástico. → *Verdadero.*

IRREALIZABLE Imposible, quimérico, utópico. → *Positivo.*

IRREBATIBLE Lógico, categórico, seguro, demostrado. → *Dudoso.*

IRRECONCILIABLE Opuesto, enemigo, enemistado, dividido.

IRREEMPLAZABLE Imprescindible, insustituible.

IRREFLEXIÓN Aturdimiento, precipitación, atolondramiento, ligereza, atropello. → *Ponderación.*

IRREFLEXIVO Precipitado, atolondrado, ofuscado, aturdido, irresponsable. → *Sensato, juicioso.* || Inconsciente, impensado, involuntario, automático. → *Pensado.*

IRREFUTABLE Irrebatible.

IRREGULAR Desusado, anormal, desacostumbrado, raro, especial, arbitrario, desigual, variable, ilógico, anómalo, caprichoso. → *Común, normal, regular.*

IRREGULARIDAD Anormalidad, anomalía, paradoja, excepción, ilegalidad, rareza, capricho, falta, error. → *Normalidad, regularidad.*

IRRELIGIOSO Descreído, ateo, irreverente, hereje, anticlerical, impío, escéptico. → *Creyente.*

IRREMEDIABLE Irremisible, irreparable, insalvable, imposible, inexorable, indefectible, fatal. → *Reparable, posible.*

IRREPARABLE Irremediable, perdido.

IRREPROCHABLE Intachable, incorruptible, perfecto, inmaculado, impecable. → *Criticable, imperfecto.*

IRRESISTIBLE Indomable, pujante, excesivo, violento, fuerte, invicto, invencible, poderoso, dominante, inexorable. → *Suave, débil.*

IRRESOLUCIÓN Vacilación, perplejidad, duda, indecisión, fluctuación. → *Firmeza.*

IRRESOLUTO Indeciso, vacilante, inseguro, titubeante, vago, flotante. → *Resuelto, decidido.*

IRRESPETUOSO Desconsiderado, desatento, descarado, atrevido, desvergonzado, audaz, lujurioso. → *Deferente, respetuoso.*

IRRESPIRABLE Denso, asfixiante, viciado, cargado. → *Limpio.*

IRRESPONSABLE Inepto, insensato.

IRREVERENCIA Grosería, acato, profanación, ultraje.

IRREVERENTE Sacrílego, blasfemo, irrespetuoso. → *Respetuoso.*

IRREVOCABLE Irremediable, decidido, fijo, determinado, resuelto, necesario. → *Anulable.*

IRRIGAR Rociar, bañar, regar, canalizar.

IRRISORIO Risible, ridículo, grotesco, absurdo, insignificante, cómico. → *Relevante.*

IRRITABLE Colérico, irascible, bilioso. → *Tranquilo.*

IRRITACIÓN Cólera, ira, violencia, excitación, enojo, furia, rabia, enfado, furor. → *Serenidad, tranquilidad.* || Picazón, comezón, picor, hinchazón, congestión, prurito, sarpullido. → *Mitigación.*

IRRITAR Indignar, enfurecer, exasperar, encolerizar, encorajinar, enojar, enfadar, alterar. → *Calmar, serenar.*

IRROGAR Ocasionar, acarrear, causar, producir. → *Evitar.*

IRROMPIBLE Resistente, fuerte, robusto, duro, inquebrantable, indestructible. → *Endeble.*

IRRUMPIR Penetrar, entrar, introducirse, asaltar, invadir, violentar, meterse. → *Salir, huir.*

ITINERARIO Camino, recorrido, trayecto, ruta, marcha, dirección, tránsito, guía.

IZAR Alzar, subir, elevar, levantar, enarbolar. → *Arrear, bajar.*

IZQUIERDO Siniestro, zurdo, torcido, zocato. → *Diestro, derecho.*

JABALINA   Venablo, lanza, alabarda, pica, arma arrojadiza.

JACA   Yegua, caballo, potro, corcel, montura, cuartago, haca, asturión.

JACAL   Cabaña, choza.

JACARANDOSO   Alegre, airoso, donairoso, gallardo, garboso. → Mohíno.

JACTANCIA   Fanfarronería, presunción, ostentación, vanidad, petulancia, orgullo, pedantería, altanería, arrogancia, fatuidad, vanidad. → Humildad.

JACTARSE   Gloriarse, alabarse, preciarse, alardear, presumir. → Humillarse.

JADEAR   Resollar, ahogarse, bufar, sofocarse, fatigarse, cansarse.

JADEO   Resoplido, cansacio, acezo.

JALAR   Alargar, estirar, prolongar, tirar.

JALEA   Gelatina, emulsión, sustancia.

JALEO   Bullicio, bulla, algazara, juerga, jarana, algarabía, desorden, fiesta, alegría. → Quietud, silencio, orden.

JAMÁS   Nunca.

JAMELGO   Penco, jaco, matalón, caballería, rocín.

JAQUECA   Migraña, neuralgia, hemicránea, cefalalgia.

JARABE   Jarope, lamedor, sirope, almíbar.

JARANA   Bullicio, holgorio, fiesta, alegría, diversión. || Tumulto, pendencia, alboroto, confusión, desorden. || Burla, trampa, engaño.

JARCIA   Cordaje, aparejo, cordelería.

JARDÍN   Parque, prado, vergel, parterre, huerto, fronda, pensil.

JARRA   Vasija, recipiente, jarro, jarrón, vaso, taza, cacharro, cántaro, florero, búcaro, aguamanil.

JARRÓN   Búcaro, vaso, florero, vasija.

JASPEADO   Salpicado, pintorreado, veteado, irisado, marmoleado.

JAUJA Abundancia, riqueza, opulencia, ganga, momio. → *Pobreza.*

JAULA Cávea, gavía, gayola, pajarera. || Prisión, cárcel.

JAURÍA Traílla, perrería, muta.

JEFATURA Regencia, presidencia, dirección, superintendencia. || Autoridad, gobierno, mando.

JEFE Director, dirigente, gobernante, guía, gobernador, dominador, autoridad, superior, patrón, dueño, amo. → *Subordinado.*

JEHOVÁ Dios, Hacedor, Señor, Creador.

JERARCA Principal, régulo, superior, director.

JERARQUÍA Rango, grado, orden, escalafón, graduación, escala. → *Subordinación.*

JERGA Jerigonza, germanía, dialecto, habla, galimatías, jacarandana, argot.

JERINGA Inyector, jeringuilla. || Importunación, molestia.

JERINGAR Molestar, fastidiar, mortificar, jacarear. → *Agradar.*

JEROGLÍFICO Signo, grafía, representación, charada, acertijo, rompecabezas, pasatiempo, complicación, traba, dificultad, vacilación, problema.

JESUCRISTO Cristo, Jesús, Mesías, Nazareno, Redentor, Crucificado, Señor, Eccehomo.

JETA Morro, hocico, boca. || Cara, rostro.

JIBIA Sepia.

JÍCARA Pocillo, tacita.

JINETE Caballista, caballero, centauro, vaquero, yóquey.

JIRA Excursión, viaje, vuelta, ronda, paseo, merienda, diversión, juerga.

JIRÓN Harapo, guiñapo, andrajo, pingo, remiendo, piltrafa, colgajo, desgarrón. || Guión, pendón, gallardete.

JOCKEY Yóquey, jinete, caballista.

JOCOSIDAD Donaire, gracia, chiste, humorismo, agudeza. → *Sandez.*

JOCOSO Humorístico, festivo, gracioso, jovial, cómico, divertido, chistoso, donoso. → *Triste, trágico, mustio.*

JOLGORIO Jarana, juerga, holgorio, bulla.

JOLITO Suspensión, apaciguamiento, calma, tranquilidad, sosiego. → *Intranquilidad.*

JORNADA Día, lapso, fecha, tiempo, jornal, obrada. || Camino, viaje, recorrido, marcha, trayecto, excursión, trecho, ruta. || Ocasión, caso, lance, circunstancia, oportunidad. || Marcha, expedición.

JORNAL Salario, sueldo, paga, estipendio, retribución, remuneración, ganancia.

JORNALERO Obrero, menestral, peón, operario, artesano, asalariado, labriego, labrador, trabajador.

JOROBA Corcova, giba, chepa, gibosidad, deformidad.

JOROBADO Giboso, deforme, contrahecho, corcovado, jorobeta.

JOROBAR Molestar, irritar, marear, jacarear, fastidiar, mortificar. → *Agradar.*

JOVEN Mozo, muchacho, adolescente, chico, jovenzuelo, polo, efebo, mozalbete, zagal, mancebo. → *Anciano, viejo.* || Novato, imberbe, inexperto, novicio, bisoño. → *Experimentado, ducho.*

JOVIAL Alegre, divertido, bromista, jaranero, bullicioso, jocundo, ufano, animado, risueño, festivo. → *Triste.*

JOYA Alhaja, aderezo, presea, gema, perifollo, alcorcí, brocamantón.

JOYERÍA Bisutería, orfebrería.

JOYERO Guardajoyas, escriño, joyelero, estuche, cofrecillo, alhajero.

JUBILADO Retirado, pensionado, subvencionado, licenciado, pensionista, pasivo, arrinconado. → *Activo.*

JUBILAR Retirar, eximir, pensionar, licenciar. || Apartar, relegar, arrinconar. → *Usar.*

JUBILEO Dispensa. || Concurrencia, movimiento, muchedumbre.

JÚBILO Alborozo, exultación, alegría, regocijo, contento. → *Tristeza.*

JUBILOSO Ledo, ufano, alegre, jovial. → *Triste.*

JUDAS Hipócrita, falso, traidor, alevoso. → *Fiel.*

JUDÍA Habichuela, alubia, fréjol, legumbre, fríjol, fásol.

JUDÍO Hebreo, israelita, israelí, semita, sionista, mosaico, judaico. || Usurero, explotador, avaro, cicatero, mohatrero.

JUEGO Diversión, distracción, entretenimiento, esparcimiento, pasatiempo, solaz, deporte, recreo, chanza, travesura. → *Aburrimiento.* || Colección, surtido, serie, repertorio, equipo. → *Unidad.* || Articulación, coyuntura, gozne, junta.

JUERGA Jarana, diversión, parranda, escándalo, bullicio, jolgorio, francachela, cuchipanda, orgía, bacanal. → *Tristeza.*

JUEZ Magistrado, togado, consejero, árbitro, mediador.

JUGADA Tirada, lance, mano, tanda, turno, pasada, partida. || Trastada, jugarreta, ardid.

JUGADOR Garitero, tahúr, fullero.

JUGAR Divertirse, esparcirse, recrearse, entretenerse. → *Aburrirse.* || Triscar, travesear, juguetear, retozar. || Arriesgar, apostar, aventurar.

JUGARRETA Trastada, bribonada, travesura, truhanería, picardía, vileza, artimaña, treta, ardid, picardía. → *Seriedad.*

JUGLAR Rapsoda, coplero, bardo, vate. || Chistoso, gracioso, picante, picaresco, jocoso.

JUGO Sustancia, caldo, zumo, extracto, néctar, líquido, esencia, suco, jugosidad. || Provecho, ventaja, utilidad, ganancia.

JUGOSO Aguanoso, zumoso. → *Seco.* || Sustancioso, fructífero, suculento, provechoso. → *Pobre.*

JUGUETE Muñeco, trebejo, trástulo. → Chanza, burla.

JUGUETEAR Triscar, jugar, retozar.

JUGUETÓN Travieso, retozón, inquieto, bullicioso, revoltoso, enredador, alocado. → *Tranquilo, quieto.*

JUICIO Proceso, pleito, litigio, caso, querella. → *Avenencia.* || Sensatez, prudencia, discreción, sentido, tino, cordura. → *Insensatez.* || Inteligencia, comprensión, razonamiento, razón. → *Torpeza.* || Dictamen, opinión, parecer, veredicto.

JUICIOSO Sensato, cabal, derecho, lógico, recto, consecuente. → *Atolondrado.*

JUMENTO Burro, rucio, asno, pollino, borrico.

JUNTA Asamblea, reunión, comité, congreso, comisión, consejo, asociación, peña, sesión, mitin, tertulia, conclave. || Unión, coyuntura, juntura, articulación.

JUNTAR Aproximar, acoplar, enlazar, unir, ligar, empalmar, pegar, atar, hermanar, emparejar, fusionar, combinar, añadir, agrupar, congregar, anexar, asociar, agrupar, aliar, reunir. → *Separar.*

JUNTARSE Acercarse, llegarse, arrimarse, aproximarse, coserse. → *Alejarse.* || Amigarse, acompañarse. → *Enemistarse.*

JUNTO Cercano, adyacente, unido, contiguo, vecino, aproximado, acoplado. || A la vez. || Cerca de.

JUNTURA Articulación, gozne, coyuntura, enlace, acoplamiento, unión, empalme, juego, enchufe, ensambladura.

JURA Juramento, promesa, compromiso, obtestación, salva.

JURADO Cuerpo, junta, tribunal, grupo, comité, comisión.

JURAMENTARSE Confabularse, conspirar, maquinar, complotar, tramar, rebelarse, unirse. → *Desligarse.*

JURAMENTO Promesa, compromiso, palabra, fe, voto, testimonio, jura. → *Excusa.* || Denuesto, imprecación, taco, voto, blasfemia, insulto, maldición, reniego. → *Bendición.*

JURAR Prometer, asegurar, afirmar, certificar, negar. || Denostar, insultar, renegar, votar, blasfemar.

JURÍDICO Legal.

JURISCONSULTO Legista, abogado, jurista.

JURISDICCIÓN Distrito, circunscripción, partido, territorio, término, demarcación, zona. || Poder, competencia, autoridad, facultad, atribución. → *Incompetencia.*

JURISPRUDENCIA Legislación, derecho, jurispericia.

JUSTA Torneo, combate, competencia, desafío, certamen, pugna, pelea.

JUSTICIA Derecho, ley, razón, igualdad, imparcialidad, equidad, neutralidad, ecuanimidad, rectitud, probidad. → *Injusticia, parcialidad.* || Castigo, pena, condena.

JUSTIFICACIÓN Testimonio, comprobación, defensa, excusa, coartada, argumento, motivo, razón, demostración, alegato, prueba, apología. → *Acusación.*

JUSTIFICANTE Comprobante, recibo, documento, resguardo, talón, cupón.

JUSTIFICAR Demostrar, acreditar, probar, evidenciar, testificar, aducir. → *Inculpar.* || Enmendar, reformar, rectificar, corregir. → *Mantener.* || Arreglar, ajustar. || Excusar, disculpar, defender. → *Acusar.*

JUSTO Imparcial, recto, neutral, ecuánime, objetivo, íntegro, insobornable, equitativo, justiciero. → *Parcial, injusto.* || Justificable, fundado, racional. → *Dudoso.* || Cabal, exacto, preciso. → *Equivocado.* || Legítimo, procedente, lícito, legal. → *Ilícito.* || Estrecho, apretado, ajustado. →*Holgado.*

JUVENIL Joven, muchachil, mocil, insenescente.

JUVENTUD Adolescencia, mocedad, pubertad, lozanía, abriles, inexperiencia, nubilidad. → *Senectud, vejez, ancianidad.*

JUZGADO Magistratura, tribunal, audiencia, sala, corte.

JUZGAR Sentenciar, fallar, dictaminar, enjuiciar, resolver, decretar, condenar, deliberar, decidir. → *Abstenerse.* || Conceptuar, opinar, considerar, creer, sugerir, calificar, criticar, reputar, estimar, apreciar, valorar. → *Abstenerse.*

K k

KERMESSE   Verbena, feria, fiesta, tómbola, beneficio, velada, rifa.

KILO   Kilogramo.

KILOMÉTRICO   Interminable, quilométrico, inacabable, enorme, eterno, extenso, larguísimo. → *Breve, corto*.

KIMONO   Bata, quimono, delantal, batín, camisón.

KINDERGARTEN   Parvulario, jardín de infantes, escuela de párvulos, guardería.

KIOSCO   Quiosco, casilla, puesto, tenderete, cabina, caseta, barraca.

KIRIE   Funeral, entierro.

L l

LÁBARO   Enseña, estandarte, guión. || Cruz, crismón.

LABERINTO   Dédalo, maraña, embrollo, caos, lío, dificultad, confusión. → *Sencillez, simplicidad.*

LABIA   Verbosidad, verborrea, facundia, elocuencia, oratoria, palique, verba, parla. →*Circunspección, silencio.*

LABOR   Trabajo, faena, laborío, actividad, cometido, misión, función, ocupación, quehacer, trajín, obra, tarea. → *Ocio.* || Cosido, costura, calado, bordado, encaje, adorno, artesanía.

LABORABLE   Hábil, no festivo, lectivo, arijo.

LABORAR   Labrar. || Intrigar, urdir, gestionar, tramar.

LABORIOSO   Trabajador, activo, afanoso, hacendoso, diligente, dinámico, asiduo, aplicado. → *Haragán, perezoso.* || Difícil, complicado, arduo, espinoso, peliagudo, quejicoso, trabajoso, azacanoso. → *Fácil.*

LABRADO   Trabajo, adorno, labra, trabajado. → *Sencillo.*

LABRADOR   Labriego, campesino, agricultor, cultivador, paisano, granjero, rústico.

LABRAR   Arar, cultivar, plantar, sembrar, faenar, trabajar, cavar, surcar, barbechar, remover, laborear, laborar. || Grabar, repujar, esculpir, cincelar, tallar.

LABRIEGO   Labrador, campesino, agricultor.

LACAYO   Criado, sirviente, doméstico, servidor, paje, mayordomo, mozo.

LACERADO   Desventurado, desdichado, infeliz. || Leproso, lazarino.

LACERAR   Magullar, lesionar, herir, lastimar, traumatizar, excoriar, golpear, desollar, llagar, rozar, arañar, despedazar, vulnerar, mancillar, dañar, perjudicar. → *Curar, suavizar, mitigar.*

LACIO   Marchito, ajado, mustio, decaído, laxo, suelto, flojo, liso, débil, blando. → *Vivaz, flamante, lozano, recio.*

LACÓNICO Escueto, sucinto, breve, resumido, sumario, conciso, abreviado, compendiado, corto. → *Detallado, prolijo, florido.* || Taciturno, callado, silencioso, reservado. → *Parlanchín, locuaz.*

LACONISMO Concisión, sobriedad, brevedad, compendio, sequedad. → *Exuberancia.*

LACRA Vicio, defecto, mancha, deficiencia, borrón, perjuicio, achaque. → *Cualidad, perfección.*

LACRAR Pegar, dañar, contagiar. || Enganchar, sellar. → *Abrir.*

LACRIMOSO Lloroso, lastimero, lagrimoso, lastimoso, afligido. → *Alegre.*

LACTAR Amamantar, criar. || Alimentar, nutrir.

LÁCTEO Láctico, lechoso, lacticíneo.

LADEADO Soslayo, soslayado, oblicuo, inclinado, sesgado. → *Derecho.*

LADEAR Torcer, terciar, sesgar, inclinar, esquinar, desplazar, cambiar, soslayar. → *Enderezar.*

LADERA Falda, vertiente, talud, rampa, desnivel, inclinación, cuesta, declive, depresión, ribazo, balate. → *Llano.*

LADINO Taimado, astuto, marrullero, pillo, malicioso, artero, pérfido, sagaz, zorro, hábil. → *Incauto, sincero, noble.*

LADO Costado, borde, flanco, cara, margen, extremo, canto, arista. → *Centro.* || Sitio, lugar, parte, medio, situación, punto, posición.

LADRAR Aullar, gruñir, gañir, rugir, gritar, alborotar, amenazar, avisar, latir, chillar, vociferar. → *Enmudecer, callar.*

LADRIDO Aúllo, gruñido, gañido, aullido. || Calumnia, censura, murmuración, crítica, dicterio.

LADRILLO Briqueta, resilla, baldosín, azulejo, teja, pieza, rasilla.

LADRÓN Ratero, carterista, caco, descuidero, cortabolsas, timador, desvalijador, salteador, cuatrero, bandido, bandolero, atracador, delincuente, cleptómano. → *Bienhechor, policía.* || Abusador, especulador, usurero, estafador. → *Honrado.*

LAGARTO Lagarta, fardacho, lagartijo. || Taimado, tuno, pícaro, escurridizo. → *Tolondro.*

LAGO Estanque, laguna, pantano, marisma, depósito, embalse, charca, albufera.

LÁGRIMAS Sollozo, llanto, lloro, lloriqueo, gimoteo, lamento, queja, gotas, humor, suspiro. → *Risa, alegría.*

LAGRIMEAR Gimotear, lagrimar, lloriquear, lagrimacer.

LAGUNA Lago, balsa, alberca, charca, estanque, albufera. || Olvido, lapso, omisión, hueco, falta, defecto, vacío, supresión. → *Recuerdo.*

LAICO Lego, seglar, secular, civil, temporal, terrenal, mundano, profano, separado. → *Clerical, religioso.*

LAMA Lodo, verdín, cieno, fango, musgo. || Ova. || Monje.

LAMENTABLE Penoso, calamitoso, lastimoso, triste, deplorable, angustioso, terrible, sensible, doloroso. → *Alegre.*

LAMENTACIÓN Gemido, llanto, lamento, queja, clamor. → *Loanza.*

LAMENTAR Arrepentirse, deplorar, afligirse, sentir, retractarse, añorar, extrañar. → *Persistir, reincidir.*

LAMENTARSE Gemir, quejarse, dolerse, llorar, plañir, sollozar, gimotear, suplicar. → *Alegrarse, reír.*

LAMENTO Queja, gemido, quejido, lamentación, lloro, plañido, sollozo, suspiro, gimoteo, súplica. → *Risa.*

LAMER Lengüetear, relamer, chupar, lamiscar. || Fregar, rozar.

LAMIDO Delgado, cenceño, flaco, escurrido. → *Gordo.*

LÁMINA Estampa, ilustración, grabado, dibujo, efigie, imagen, figura, pintura. || Placa, plancha, chapa, película, hoja, capa, hojilla, tajada, loncha.

LAMINILLA Lengüeta, plaquita.

LÁMPARA Foco, farol, candil, fanal, linterna, luz, quinqué, araña, bombilla, lamparilla, candelero.

LAMPARÓN Lámpara, mancha, chafarrinada.

LAMPIÑO Imberbe, barbilampiño, impúber, adolescente, glabro, calvo. → *Peludo, barbudo.*

LANA Borra, vellón.

LANCE Suceso, hecho, incidente, episodio, aventura, caso, asunto, trance, suerte, percance, ocurrencia, acontecimiento. || Riña, contienda, encuentro, querella.

LANCHA Bote, barca, chinchorro, canoa, piragua, falúa, barcaza, chalupa, esquife, motora, embarcación.

LANGUIDECER Enflaquecer, anonadarse, debilitarse, abandonarse, adormecerse. → *Robustecerse.*

LANGUIDEZ Debilidad, langor, flaqueza, desmayo, postración, extenuación. → *Aliento.*

LÁNGUIDO Decaído, extenuado, debilitado, abatido, desanimado, postrado, afectado, amanerado, fatigado, flaco. → *Activo, enérgico.*

LANUDO Lanígero, velloso, lanoso, velludo, lanero.

LANZA Venablo, pica, alabarda, rejón, chuzo, palo, pértiga, vara, asta, alaveza.

LANZAMIENTO Botadura, salida, botamiento, proyección, eyección.

LANZAR Despedir, arrojar, tirar, proyectar, impeler, precipitar, echar, disparar, empujar. → *Atraer, retener.* || Desahuciar, desalojar, expulsar. → *Consentir, perdonar.*

LAPICERO Portaminas, lápiz.

LÁPIDA Losa, piedra, mármol, inscripción, tumba, laude, estela.

LAPIDACIÓN Laceración, apedreamiento.

LAPIDAR Apedrear.

LAPSO Periodo, intervalo, tiempo, espacio, momento, etapa, tracto. → *Continuidad.*

LAPSUS Error, desliz, falta, descuido, lapso, traspié, errata, gazapo. → *Acierto, corrección.*

LARDEAR Pingar, engrasar, lardar, untar, enlardar.

LARES Penates. || Casa, hogar.

LARGAR Soltar, aflojar, desplegar. → *Arriar.*

LARGARSE Irse, marcharse, desaparecer, partir, abandonar, ausentarse, escabullirse. → *Quedarse, volver.*

LARGAS Retardación, aplazamiento, dilación, prolongación. → *Apremio.*

LARGO Prolongado, extenso, alargado, amplio, dilatado, interminable, gigantesco, apaisado, espacioso, grande, continuo, abundante. → *Corto, pequeño.* || Longitud, extensión, amplitud, medida, largura, envergadura. → *Ancho, espesor.* || Lento, interminable, inacable, eterno, infinito, fastidioso, aburrido. → *Breve, entretenido.*

LARGUEZA Generosidad, liberalidad, largura, esplendidez, desprendimiento. →*Estrechez.*

LASCIVIA Lujuria, sensualidad, liviandad, obscenidad, libídine. → *Templanza.*

LASCIVO Lujurioso, libidinoso, sensual, lúbrico, obsceno. → *Casto.*

LASITUD Cansancio, postración, languidez, agotamiento. → *Vigor.*

LASO Abatido, exhausto, cansado, fatigado, derrengado. → *Fuerte.* || Macilento, flojo, deprimido. → *Sano.*

LÁSTIMA Piedad, compasión, misericordia, caridad, enternecimiento, pena, sensibilidad, conmiseración. → *Inflexibilidad, insensibilidad, crueldad.* || Quejido, lamento.

LASTIMADO Dañado, perjudicado, leso, agraviado. → *Ileso.*

LASTIMAR Lesionar, herir, dañar, magullar, deslomar, golpear, contusionar. → *Curar.* || Ofender, ultrajar, humillar, escarnecer, perjudicar, ofender, injuriar, agraviar, despreciar. → *Elogiar, honrar.*

LASTIMOSO Lamentable, desgarrador, doloroso, deplorable, sensible. → *Placentero.*

LASTRE Contrapeso, peso, sobrecarga, rémora, obstáculo, impedimento, estorbo, freno, plomo. → *Facilidad.* || Madurez, juicio, sensatez.

LATA Chapa, hojalata, lámina, plancha, bote, tarro, envase, recipiente. || Tabarra, monserga, pesadez, rollo, fastidio, pejiguera. → *Entretenimiento.*

LATENTE Potencial, dormido, encubierto, disimulado, solapado, silencioso, furtivo, velado, escondido, secreto, oculto, recóndito, oscuro. → *Manifiesto.*

LATERAL Limítrofe, adyacente, contiguo, pegado, anexo, confinante, secundario, ladero, tangente. → *Central, medio.*

LÁTEX Jugo, leche. || Cauchú.

LATIDO Palpitación, pulsación.

LATIGAZO Vergajazo, lampreazo, trallazo, zurriaqazo. || Censura, sermón, reprensión, corrección. → *Alabanza.*

LÁTIGO Tralla, fusta, azote, vergajo, flagelo, zurriago, correa, cinto, vara, rebenque.

LATIR Palpitar, pulsar, percutir, golpear, dilatarse, contraerse, funcionar. → *Cesar, detenerse.*

LATITUD Extensión, anchura, amplitud, ancho, vastitud. → *Extrechez.*

LATO Extenso, amplio, dilatado, extendido, vasto. → *Extrecho.*

LATOSO Pesado, cargante, fastidioso, molesto, tedioso, aburrido. → *Divertido, entretenido.* || Pelma, chinche.

LATROCINIO Hurto, rapiña, robo, fraude, estafa.

LAUDABLE Digno, plausible, loable, meritorio. → *Abominable.*

LAUDATORIO Encomiástico, alabador, laudativo, lisonjero, apologético. → *Censurable.*

LAUDO Sentencia, fallo, decisión.

LAUREAR Enaltecer, coronar, premiar, graduar, honrar.

LAUREL Triunfo, premio, corona, honor, honra.

LAVABO Palanganero, tocador, aguamanil. || Aseo, water.

LAVADERO Tina, artesa, estregadero.

LAVAR Limpiar, fregar, bañar, higienizar, purificar, enjuagar, aclarar, duchar, baldear, mojar, humedecer, regar, empapar, aclarar, lavotear. → *Ensuciar, secar, manchar.*

LAVATIVA Ayuda, clistel, lavamiento, clíster. || Incomodidad, joroba, molestia, pejiguera. → *Comodidad.*

LAXANTE Purgante, depurativo, purga, solutivo, laxativo, catártico, relajante. → *Astringente, constipante.*

LAXAR Aflojar, disminuir, relajar, ablandar, suavizar. → *Mantener.* || Exonerar, purgar, evacuar. → *Constipar.*

LAXITUD Flojedad, atonía, laxidad, flojera, distensión. → *Tensión.*

LAXO Flojo, distendido, relajado, desmadejado. → *Tenso, rígido.*

LAYA Calidad, género, linaje, especie, clase.

LAZADA Atadura, lazo, nudo.

LAZARINO Lacerado, elefanciaco, lazaroso, leproso.

LAZO Cuerda, cordón, traílla, lazada, vuelta, nudo, ligadura. || Trampa, emboscada, ardid, celada, ratonera, estratagema. || Vínculo, amistad, parentesco, unión, alianza. → *Alejamiento, desunión.*

LEAL Recto, honrado, fiel, veraz, franco, sincero, seguro, devoto, noble. → *Traidor, desleal.* || Verídico, verdadero, fidedigno, cierto, legal. → *Engañoso.*

LEALTAD Adhesión, rectitud, fidelidad, nobleza, acatamiento. → *Traición.* || Verdad, legalidad, veracidad, realidad, seguridad. → *Engaño.*

LECCIÓN Clase, conferencia, disertación, lectura, instrucción, enseñanza, explicación, iniciación. → *Ignorancia.* || Escarmiento, ejemplo, advertencia, aviso, amonestación, experiencia.

LECTOR Leyente, leedor.

LECTURA Leída, ojeada, lección, leyenda, recitación.

LECHE Jugo, licor, látex, sanguaza.

LECHO Cama, tálamo, catre, camastro, litera, yacija, jergón. || Cauce, álveo, madre, conducto, cuenca.

LECHÓN Guarín, cochinillo. || Sucio, desaseado. → *Limpio.*

LECHOSO Láctico, lácteo. || Blanquecino, blanco.

LECHUZA Mochuelo, búho, ave rapaz, curuja.

LEER Estudiar, examinar, repasar, descifrar, hojear, contar, explicar, deletrear, releer. || Interpretar, adivinar, penetrar, observar, comprender, profundizar, calar. → *Ignorar, confundir.*

LEGADO Herencia, dejación, allegado, manda. || Comisionado, embajador, enviado, representante, nuncio.

LEGAJO Atado, mamotreto, pliego, lío.

LEGAL Reglamentario, lícito, constitucional, legítimo, permitido, autorizado, admitido, exacto, verídico, legislativo, legalizado, estatutario, justo. → *Ilegal, ilegítimo, injusto.*

LEGALIDAD Justicia, legitimidad, ley, derecho.

LEGALIZAR Legitimar, sancionar, promulgar, certificar, firmar, autenticar, visar, atestar, autorizar. → *Desautorizar.*

LÉGAMO Lodo, cieno, limo, fango, barro.

LEGAR Ceder, donar, testar, dejar, transmitir, transferir, traspasar, dar. → *Quitar, desheredar.*

LEGENDARIO Fabuloso, quimérico, fantástico, utópico, proverbial, maravilloso, épico. → *Histórico, real.* || Tradicional, antiguo, proverbial, vetusto. → *Reciente.*

LEGIBLE Claro, explícito, descifrable, comprensible, fácil, leíble. → *Ilegible.*

LEGIÓN Falange, cohorte, ejército, cuerpo, tropa, batallón. || Muchedumbre, caterva, tropel, multitud, profusión, cáfila, cantidad, exceso. → *Carencia, falta.*

LEGISLACIÓN Ley, régimen, código.

LEGISLADOR Codificador, licurgo, alfaquí.

LEGISLAR Reglamentar, estatuir, decretar, codificar, ordenar, dictar, regular, promulgar, sancionar.

LEGITIMAR Certificar, autentificar, legalizar, atestar. || Habilitar.

LEGÍTIMO Legal, lícito. → *Ilícito.* || Fidedigno, probado, auténtico, cierto, verdadero. → *Falso.*

LEGO Seglar, laico, secular, civil. → *Clerical, regular.* || Inculto, iletrado, ignorante, profano, analfabeto, incompetente, indocto. → *Leído, culto.*

LEGUMBRE Hortaliza, verdura, planta, vegetal, fruto.

LEÍBLE Comprensible, legible. → *Difícil.*

LEÍDO Docto, letrado, sabio, instruido, erudito. → *Lego.*

LEJANÍA Distancia, alejamiento. → *Proximidad.* || Pasado. → *Hoy.*

LEJANO Distante, alejado, apartado, separado, remoto, solitario, pasado, extremo, retirado. → *Cercano.*

LEJOS Remoto, acullá.

LELO Simple, necio, zafio, bobo. → *Listo.*

LEMA Divisa, mote, título, consigna, contraseña, frase, letra, encabezamiento, tema.

LENGUA Idioma, lenguaje, habla, dialecto, expresión, jerga, caló, jerigonza.

LENGUAJE Idioma, dialecto, lengua, habla, parla. || Expresión, estilo, elocución, frasis, sermón.

LENGUARAZ Insolente, atrevido, dicaz, deslenguado. → *Tímido.*

LENIDAD Suavidad, blandura, benevolencia, benignidad, apacibilidad. → *Severidad.*

LENITIVO Calmante, emoliente. → *Excitante.* || Consuelo, alivio, bálsamo. → *Arrebato.*

LENTAMENTE Despacio, gradual, piano. → *Aprisa.*

LENTE Cristal, vidrio, ocular, objetivo, lupa, menisco.

LENTES Anteojos, gafas, quevedos, antiparras, impertinentes.

LENTO Moroso, tardo, calmoso, torpe, premioso, cachazudo, pausado, parsimonioso, reacio, despacioso, indolente, perezoso. → *Rápido, activo.*

LEÑO Madero, tronco, tabla, tablón, palo, poste, tarugo, listón, traviesa.

LERDO Tardo, cansino, lento, torpe, pesado. → *Listo.*

LESBIANA Homosexual, tríbada, sáfica.

LESIÓN Herida, daño, magulladura, golpe, erosión, desolladura, traumatismo, equimosis, contusión. || Perjuicio, pérdida, daño, detrimento, menoscabo. → *Bien.*

LESIONAR Vulnerar, herir, lastimar, dañar, perjudicar. → *Favorecer.*

LETAL Mortal, deletéreo, letífero, mortífero. → *Vivificador.*

LETANÍA Sarta, retahíla, recua, ristra, serie, súplica, invocación, procesión, lista, sucesión.

LETARGO Modorra, torpeza, entorpecimiento, entumecimiento, pesadez, sopor, sueño, soñolencia, insensibilidad. → *Desvelo, actividad.*

LETRA Signo, símbolo, grafía, carácter, tipo, rasgo, garabato. || Composición, argumento, verso, poema. || Giro, documento, pagaré.

LETRADO Ilustrado, docto, sabio, instruido, leído. || Abogado.

LETRERO Rótulo, anuncio, aviso, inscripción, pancarta, leyenda, cartel, lema.

LETRINA Retrete, excusado, servicio, baño, wáter.

LEVA Reclutamiento, recluta, enganche. → *Licenciamiento.* || Palanca, espeque.

LEVADURA Fermento, diastasa.

LEVANTADO Elevado, eminente, alto, encumbrado, excelso, sublime. → *Bajo.*

LEVANTAMIENTO Insurrección, revolución.

LEVANTAR Elevar, alzar, subir, izar, aupar, encaramar, empinar, destacar, enarbolar. → *Bajar.* || Arrancar, quitar, despegar, desprender. → *Pegar, adherir.* || Construir, alzar, edificar, erigir, asentar, fundar. → *Derruir.* || Sublevar, rebelar, revolucionar, amotinar, soliviantar, perturbar, agitar, alborotar. → *Aplacar, reprimir.*

LEVANTARSE Destacar, remontarse, sobresalir, resaltar. → *Desaparecer.* || Despertarse. → *Acostarse.*

LEVANTE Oriente, este, naciente, saliente. → *Poniente, occidente.*

LEVE Ligero, liviano, tenue, sutil, suave, fino, vaporoso, etéreo. → *Pesado, tosco.* || Intrascendente, venial, insignificante, irrisorio, trivial, fútil, frívolo. → *Grave, importante.*

LEVEDAD Liviandad, ingravidez, ligereza, tenuidad. → *Pesadez.* || Volubilidad, mudanza, versatilidad. → *Firmeza.*

LEVITA Frac, casaca, chaqueta.

LEVÍTICO Clerical, beato, eclesiástico, sacerdotal. → *Anticlerical.*

LÉXICO Vocabulario, terminología, glosario, repertorio, voces, giros, diccionario.

LEY Decreto, reglamento, estatuto, precepto, mandato, disposición, bando, orden, edicto, carta, regla, costumbre, uso, norma. || Derecho, justicia, magistratura, tribunales. || Proporción, cantidad. || Clase, casta, calidad, índole, raza.

LEYENDA Gesta, epopeya, mito, historia, tradición, relato, narración, quimera, invención. → *Realidad.* || Rótulo, inscripción, lema, epígrafe, letrero, mote, divisa.

LIAR ligar, trabar, atar, encordelar, apiolar, lazar. → *Desliar, desatar.* → Embaucar, enredar, embrollar, confundir, engatusar. → *Aconsejar, explicar.*

LIBAR Probar, catar, saborear, sorber, chupar, gustar, beber. || Sacrificar.

LIBELO Baldón, difamación, panfleto.

LIBERAL Demócrata, democrático, socialista, progresista, independiente, libre. → *Reaccionario.* || Generoso, pródigo, dadivoso, noble, desprendido. → *Generoso.* || Pronto, dispuesto, expedito. → *Tardo.*

LIBERAR Libertar, librar, salvar, soltar, redimir, rescatar, emancipar, independizar, manumitir. → *Condenar, encarcelar.* || Descargar, dispensar, relevar, eximir, disculpar. → *Cargar, culpar, comprometer.*

LIBERTAD Independencia, autonomía, emancipación, rescate, salvación, redención, remisión, manumisión, autodeterminación. → *Dependencia, tiranía.* || Permiso, privilegio, licencia, poder, facultad. → *Prohibición.* || Descaro, familiaridad, confianza, desenfreno, libertinaje, caos. → *Respeto, orden.*

LIBERTADOR Protector, salvador, emancipador, redentor, campeón, paladín. → *Opresor, tirano.*

LIBERTAR Librar, eximir, emancipar, liberar, licenciar. → *Oprimir.*

LIBERTINAJE Atrevimiento, licencia, liviandad, corrupción. → *Virtud.*

LIBERTINO Inmoral, desvergonzado, impúdico, indecente, licencioso, depravado, sensual, lujurioso, disipado, lúbrico, lascivo, vicioso. → *Casto, virtuoso.*

LIBIDINOSO Lujurioso, libertino, salaz. → *Virtuoso.*

LIBRAR Libertar. || Dar, ceder, entregar, abandonar, depositar. → *Quitar.* || Girar, enviar, expedir, despachar. → *Aceptar.*

LIBRE Independiente, emancipado, autónomo, soberano, autárquico, liberto, liberado, suelto, separado, rescatado, evadido, huido, fugado, escapado. → *Prisionero, dependiente, sojuzgado.* || Desocupado, vacante, disponible, vacío. → *Ocupado.* || Abierto, expedito, exento. → *Cerrado.* || Dispensado, permitido, privilegiado. → *Limitado.* || Salvaje, silvestre, cerril, montaraz. → *Doméstico.* || Libertino. || Absuelto, inocente. → *Convicto.*

LIBRERÍA Estante, biblioteca, estantería, armario, repisa, anaquel. || Tienda, local, editorial, imprenta, impresores.

LIBRETA Cuaderno, librillo, cartilla, bloque, cartapacio. || Pan, pieza, hogaza, barra.

LIBRETISTA Guionista, autor, escritor, argumentista, comediógrafo.

LIBRO Volumen, tomo, ejemplar, obra, texto, tratado, cuerpo, manual, compendio, vademécum.

LICENCIA Permiso, autorización, aprobación, venia, asentimiento, concesión, anuencia. → *Prohibición.* || Patente, título, documento, privilegio, derecho, cédula, diploma, certificado, pase, poder.

LICENCIADO Graduado, titulado, diplomado, universitario, abogado, doctor, sabelotodo, sabihondo.

LICENCIAR Aprobar, autorizar, permitir, consentir, facultar, titular, graduar, diplomar. → *Prohibir, suspender.* || Excluir, despachar, descargar, relevar, eximir. → *Admitir, reclutar.*

LICENCIOSO Libertino, inmoral, desvergonzado, impúdico.

LICEO Ateneo, asociación, sociedad, casino, círculo, centro, agrupación. || Escuela, colegio, instituto, gimnasio, academia.

LÍCITO Legítimo, permitido, legal, justo, autorizado. → *Ilícito.*

LICOR Bebida, brebaje, poción, agua, elixir, extracto, néctar, zumo.

LICUAR Diluir, disolver, liquidar, fundir, derretir, desleír, deshacer. → *Solidificar.*

LICURGO Legislador. || Astuto, hábil, inteligente.

LID Lucha, contienda, combate, pelea, batalla. → *Paz.* || Controversia, debate, disputa, altercado, discusión. → *Acuerdo.*

LIDIA Lucha, combate, lid. || Corrida, novillada, becerrada, capeo, tienta, encierro.

LIDIAR Pelear, combatir, luchar, contender, pugnar. || Oponerse, disputar, debatir. || Sortear, torear, capotear.

LIENZO Paño, tela, trapo, tejido, pañuelo, sábana. || Cuadro, pintura. || Pared, paramento, fachada, panel.

LIGA Asociación, alianza, federación coalición, confederación, pacto, convenio. → *Secesión, separación, enemistad.* || Aleación, mezcla, combinación, unión, ligazón. → *Separación.*

LIGADURA Ligamento, atadura, trenzadura. || Traba, acoplamiento, ensamblaje. → *Desunión.*

LIGAR Atar, anudar, amarrar, sujetar, trabar, unir, aprisionar, inmovilizar. → *Desatar, soltar.* || Alear, mezclar.

LIGEREZA Agilidad, celeridad, velocidad, presteza. → *Lentitud.* || Tenuidad, levedad, liviandad. → *Pesadez.* || Versatilidad. || volubilidad. → *Constancia.* || Irreflexión. → *Madurez.*

LIGERO Rápido, pronto, presuroso, veloz, raudo, vivaz, activo, ágil. → *Lento.* || Liviano, leve, etéreo, grácil, tenue, ingrávido, sutil, delgado, manejable. → *Pesado.* || Frívolo, trivial, fútil, impúdico. → *Sensato.*

LIJAR Limar.

LIMAR Raspar, rascar, raer, alisar, pulir, suavizar, limar, igualar, esmerilar, frotar, rallar, desgastar. || Corregir, retocar, mejorar, completar, perfeccionar.

LIMITACIÓN Restricción, prohibición, tasa, condición, cortapisa. → *Indeterminación.* || Circunscripción, distrito, término.

LIMITADO Definido, circunscrito, finito, restricto. → *Infinito.*

LIMITAR Restringir, localizar, acotar, deslindar, obstaculizar, demarcar, circunscribir, condicionar, trabar, prohibir, definir, ceñir. → *Extender, ampliar.* || Acortar, cercenar, abreviar, reducir, cortar, lindar. → *Amplificar.*

LÍMITE Frontera, borde, línea, confín, separación, orilla, meta, fin, término, culminación, final. → *Origen, comienzo, centro.*

LIMÍTROFE Lindante, colindante, confinante, contiguo, frontero. → *Lejano.*

LIMO Cieno, fango, lodo, barro, légamo.

LIMONADA Gaseosa, refresco.

LIMOSNA   Caridad, socorro, donativo, dádiva, ayuda, óbolo, auxilio, regalo, beneficencia, providencia. → *Ahorro, tacañería, crueldad.*

LIMOSNEAR   Mendigar, bordonear, pordiosear, hambrear, gallofear.

LIMPIAR   Lavar, acicalar, fregar, bañar, asear, higienizar, mojar, barrera, lustrar, frotar, purificar. → *Ensuciar.* || Eliminar, suprimir, extirpar, expulsar, ahuyentar, echar. → *Consentir.*

LÍMPIDO   Inmaculado, nítido, transparente, limpio, impoluto. → *Poluto.*

LIMPIEZA   Aseo, higiene, pulcritud, lavado, cuidado, fregado, barrido, cepillado, ablusión, baño, ducha, riego, purificación, enjuague, jabonado. → *Suciedad.* || Exactitud, precisión, habilidad, perfección. → *Torpeza.*

LIMPIO   Pulcro, límpido, aseado. → *Sucio.* || Intacto, casto, puro, acendrado, virginal. → *Impúdico.* || Exento, libre, neto. → *Gravado.*

LINAJE   Estirpe, casta, familia, abolengo, genealogía, cepa, prosapia, alcurnia, nobleza.

LINCE   Águila, sagaz, rayo, genio, agudo. → *Torpe.*

LINDANTE   Rayano, contiguo, limítrofe, colindante, aledaño. → *Lejano.*

LINDAR   Limitar, confinar, tocarse, confrontar.

LINDE   Confín, lindero, límite, término, borde.

LINDERO   Contorno, frontera, linde, extremo, marco. → *Lejanía.*

LINDO   Hermoso, bonito, gracioso, bello, delicado, mono, atractivo, fino, primoroso. → *Feo.*

LÍNEA   Raya, trazo, lista, rasgo, surco, tilde, marca, guión. || Horizontal, vertical, paralela, perpendicular, diagonal, eje. || Confín, límite, linde. || Servicio, vía, itinerario.

LINEAL   Listado, rayado. || Delgado, largo, linear.

LINTERNA   Lámpara, farol, faro.

LÍO   Desorden, confusión, enredo, maraña, dificultad, complicación, embrollo, caos, tumulto, jaleo. → *Orden, paz.* || Mentira, trapisonda, embuste, cuento, chisme, enredo. → *Verdad.* || Amancebamiento, concubinato, apaño, amontonamiento. → *Casamiento, legitimidad.*

LIOSO   Enredador, embrollador, quisquilloso, desordenado, mentiroso. → *Ordenado.*

LIQUIDAR   Destruir, anular, extirpar, suprimir, eliminar, exterminar, aniquilar, matar, rematar. → *Conservar, perdonar.* || Rebajar, saldar, vender, realizar, abaratar. → *Encarecer.* || Pagar, saldar, ajustar, abonar, arreglar, cumplir. → *Deber.*

LÍQUIDO   Fluido, humor, licor, acuosidad, zumo, néctar, caldo, bebida. → *Sólido, gas.*

LÍRICO   Poético, elegiaco, idílico, bucólico, épico, romántico. → *Prosaico.*

LIRÓN   Perezoso, dormilón, gandul. → *Diligente.*

LISIADO   Mutilado, impedido, lesionado, baldado, tullido. → *Sano.*

LISIAR Tullir, baldar, impedir, paralizar, estropear, mutilar, inutilizar, lesionar. → *Rehabilitar, curar.*

LISO Terso, fino, suave, parejo, igual, llano, plano, raso, romo, chato, recto, uniforme. → *Áspero, disparejo, escabroso.*

LISONJA Adulación, elogio, zalamería, coba, requiebro, loa, piropo, aplauso, halago, alabanza, exaltación. → *Insulto, crítica.*

LISONJERO Alabancero, halagador, halagüeño, adulador. → *Altanero.* || Deleitable, simpático, agradable, grato, satisfactorio. → *Antipático.*

LISTA Franja, banda, faja, raya, tira, zona, sector, ribete, cinta. || Índice, relación, catálogo, repertorio, tabla, cuadro, detalle, registro, inventario, numeración.

LISTO Despabilado, perspicaz, despierto, agudo, astuto, sagaz, avispado, inteligente, dinámico. → *Tonto, lento.* || Dispuesto, preparado, atento, alerta, maduro. → *Desprevenido.*

LISTÓN Lista, cinta, faja. || Barrote, tapajuntas, larguero, moldura, madero.

LISURA Tersura, pulimento, igualdad, finura, suavidad. → *Arruga.* || Sinceridad, llaneza, ingenuidad, sencillez, afabilidad. → *Engreimiento.*

LITERA Hamaca, camastro, cama, catre. || Palanquín, angarillas, andas, camilla, parihuelas, silla de mano.

LITERAL Textual, exacto, fiel, preciso, calcado, recto, propio. → *Inexacto, impreciso.*

LITERARIO Retórico, poético, intelectual, culto, rebuscado, afectado. → *Inculto, literal.*

LITERATO Autor, escritor, novelista, dramaturgo, ensayista, poeta, comediógrafo, prosista, estilista, polígrafo, publicista.

LITERATURA Letras, lenguaje, humanidades, escritos, obras, textos, bibliografía, publicaciones, ficción. → *Analfabetismo.*

LITIGANTE Pleiteante, parte.

LITIGAR Querellarse, pleitear. || Contender, discutir, disputar, altercar, debatir. → *Avenirse.*

LITIGIO Pleito, querella, juicio, denuncia, demanda, procedimiento, proceso, actuación, causa, caso, sumario, contienda, debate, polémica.

LITORAL Ribera, costa, margen, orilla, playa, riba, ribereño, costero, marina. → *Interior, mediterráneo, continental.*

LIVIANO Ligero, leve, lene. → *Pesado.* || Versátil, voluble, fácil. → *Constante.* || Fútil, anodino, trivial. → *Importante.* || Libertino, lascivo, impúdico. → *Virtuoso.*

LÍVIDO Amoratado, azulado, congestionado, violáceo, cárdeno, morado. → *Pálido.* || Pálido, descolorido, cadavérico, blanquecino, demacrado, apagado, marchito. → *Violáceo, sano.*

LIZA Lucha, combate, lid, lidia, contienda.

LLAGA Pústula, grieta, úlcera, herida, postilla, fístula, chancro, supuración, lesión. → *Cicatriz.*

LLAGAR Ulcerar.

LLAGARSE Encorecer, encentarse, encorar.

LLAMA Llamarada, lumbre, fuego, brasa, ascua, chispa, fogata, hogar, fogonazo, chispazo, fulgor, luz, resplandor. → *Oscuridad.* || Ardor, pasión, vehemencia, entusiasmo, fogosidad. → *Indiferencia.*

LLAMADA Llamamiento, llamado. || Advertencia, nota, aviso.

LLAMAMIENTO Llamada, reclamo, llamado, apelación, aviso.

LLAMAR Gritar, vocear, clamar, vociferar, nombrar, señalar, exclamar. → *Callar, guardar silencio.* || Designar, nombrar, calificar, distinguir, titular, apodar. → *Desdeñar, omitir.* || Golpear, tocar, picar, percutir, aporrear, pulsar.

LLAMARADA Llama.

LLAMATIVO Chillón, recargado, exagerado, barroco, charro, sobrecargado, estridente, vulgar. → *Sobrio.* || Atrayente, interesante, sugestivo, desusado, raro, original, espectacular. → *Insignificante.*

LLAMEANTE Chispeante, rutilante, ardiente, centelleante, brillante. → *Apagado.*

LLAMEAR Arder, incendiarse, inflamarse, chispear, abrasar, centellear, relucir. → *Apagarse, extinguirse.*

LLANEZA Naturalidad, franqueza, sencillez, familiaridad, confianza. → *Protocolo.* || Modestia, moderación. → *Engreimiento.* || Ingenuidad, sinceridad, lisura. → *Cautela.*

LLANO Plano, liso, raso, uniforme, parejo, suave, igual, recto, chato. → *Escarpado, sinuoso.* || Llanada, llanura. || Campechano, sencillo, familiar, sincero, franco, natural, espontáneo, tratable. → *Protocolario, afectado.*

LLANTO Lloro, lloriqueo, plañido, sollozo, gemido, gimoteo, lágrimas, rabieta, lamento, queja, aflicción, pena, dolor. → *Risa, alegría.*

LLANURA Llano, planicie, explanada, meseta, estepa, sabana, páramo, erial, vastedad, pradera, landa. → *Sierra, monte.*

LLAVE Picaporte, llavín. || Grifo. || Corchete. || Apretador. || Tienta, tranquila, pala, pasador, cuña. || Información, clave, dato. || Zancadilla.

LLEGADA Venida, aparición, arribo, advenimiento, acceso. → *Ida.*

LLEGAR Venir, aparecer, arribar, presentarse, comparecer, asistir, mostrarse, acceder, ir, volver, alcanzar, conseguir, aproximarse. → *Partir, salir, fracasar.*

LLENAR Henchir, colmar, ocupar, rellenar, tapar. → *Vaciar.* || Fecundar, preñar. || Ejecutar, desempeñar, hacer, cumplir. → *Faltar.* || Satisfacer, agradar, contentar, cuajar. → *Desagradar.*

LLENARSE Saciarse, atiparse, hartarse, henchirse, atiborrarse. → *Ayunar.* || Irritarse, arrebatarse, atufarse, encresparse. → *Calmarse.*

LLENO Colmado, atiborrado, atestado, ocupado, completo, abarrotado, saturado, cargado, henchido, tapado, obstruido. → *Vacío.* || Harto, ahíto, satisfecho. → *Hambriento.*

LLEVADERO Soportable, aguantable, tolerable, sufrible, pasadero. → *Insoportable.*

LLEVAR Trasladar, transportar, guiar, conducir, acarrear, enviar, mandar, despachar, acompañar. → *Traer.*

LLEVARSE Apoderarse, apropiarse, robar, lograr, obtener. → *Devolver.*

LLORAR Gimotear, plañir, sollozar, gemir, lamentarse, suspirar, implorar, dolerse, lagrimear. → *Reír, alegrarse.* || Lamentar. añorar, sentir, deplorar. → *Alegrarse, olvidar.*

LLORIQUEAR Llorar.

LLORO Llanto.

LLORÓN Quejica, plañidero, sollozante, gemebundo, cobarde, caprichoso, lacrimoso, lloroso. →*Reidor, alegre.*

LLOVER Gotear, diluviar, descargar, caer, abrirse, lloviznar, mojar, calar. → *Escampar, despejar.*

LLOVIZNA Lluvia. → Orvallo, mollizna, rocío.

LLOVIZNAR Llover.

LLUVIA Chubasco, chaparrón, aguacero, temporal, borrasca, tromba, diluvio, tormenta, llovizna, rocío. → *Sequía.* || Abundancia, profusión, plaga. → *Escasez.*

LLUVIOSO Tormentoso, encapotado, oscuro, borrascoso, inclemente, triste, gris. → *Despejado.*

LOA Loor, elogio, loanza, alabanza, encomio. → *Crítica.*

LOAR Elogiar, aplaudir, alabar, glorificar, exaltar, enaltecer, aclamar, encomiar, ensalzar. → *Criticar.*

LÓBREGO Oscuro, lúgubre, tenebroso, sombrío. → *Claro.* || Melancólico, mustio, triste, mohíno. → *Alegre.*

LOCACIÓN Arriendo, arrendamiento.

LOCAL Sala, recinto, nave, espacio, aposento, tienda, comercio. || Regional, comarcal, departamental, municipal, particular, territorial, limitado. → *Nacional, general.*

LOCALIDAD Butaca, asiento, entrada, sitio, plaza, billete, puesto, luneta. || Comarca, región, lugar, paraje, punto, sitio, municipio, departamento, territorio, pueblo, población, aldea.

LOCALIZAR Situar, ubicar, colocar, emplazar, instalar, disponer, orientar, determinar, fijar. || Circunscribir, limitar, encerrar, confinar, restringir, ceñir. → *Ampliar, extender.*

LOCATARIO Inquilino, arrendatario. → *Arrendador.*

LOCO Demente, insano, enajenado, delirante, chiflado, maniático, orate, chalado, insensato, perturbado, psicópata, lunático. → *Cuerdo.* || Aturdido, irreflexivo, insensato, absurdo, ridículo, disparatado. →*Sensato.*

LOCOMOCIÓN Transporte, traslación, traslado.

LOCOMOTOR Locomotora, locomóvil, locomotriz, máquina.

LOCUAZ Charlatán, facundo, gárrulo, verboso, palabrero, parlero, hablador, parlanchín. → *Callado, huraño.*

LOCUCIÓN Expresión, colocución, frase.

LOCURA Demencia, alienación, insania, enajenación, perturbación. → *Juicio.* || Disparate, extravagancia, sinrazón, aberración, absurdo. → *Sensatez.*

LODAZAL Cenagal, barrizal, fangal, charca, pantano, ciénaga. → *Yermo.*

LODO Légamo, cieno, barro, fango, limo, gango.

LÓGICA Razonamiento, dialéctica, razón.

LÓGICO Evidente, natural, indudable, indiscutible, sensato, correcto, racional, deductivo, justo, legítimo. → *Ilógico, absurdo.*

LOGRAR Conseguir, alcanzar, obtener, recibir, sacar, ganar, adjudicarse, conquistar, apoderarse, beneficiarse, disfrutar, gozar. → *Perder, ceder.*

LOGRO Lucro, granjería, usura, especulación, ganancia. || Goce, consecución, obtención.

LOMA Cerro, colina, eminencia, cuesta, altura, altozano, collado. → *Llano.*

LOMBRIZ Gusano, oruga, larva, gusarapo, bicho, miñosa, verme.

LOMO Espinazo, dorso, espalda, respaldo, joroba, bulto, caderas.

LONA Tela, lienzo, toldo, saco, cubierta, vela, loneta. || Carpa.

LONCHA Tajada, lonja, hoja, corte, raja, rebanada, radaja. || Laja, lancha, lastra.

LONGEVIDAD Supervivencia, duración, conservación, vitalidad, perennidad. →*Mortalidad, extinción.*

LONGEVO Viejo, provecto, anciano, cano, antañón. → *Joven.*

LONGITUD Largo, amplitud, extensión, espacio, envergadura, distancia, largura, eslora. →*Anchura.*

LONJA Rodada, tajada, sección, loncha. || Galería, atrio.

LOOR Elogio, alabanza, loa. → *Crítica.*

LOQUEAR Chillar, trastornar, alborotar, regocijarse.

LORO Papagayo, cacatúa, guacamayo, perico, cotorra.

LOSA Lápida, piedra, placa, plancha, estela, mármol, tumba, sepulcro, osera, hoya.

LOTE Parte, porción, serie, grupo, conjunto, terreno, solar, división, partición.

LOTERÍA Rifa, juego, tómbola, azar.

LOZA Porcelana, cerámica, mayólica, caolín, terracota.

LOZANÍA Frondosidad, verdor. → *Agostamiento.* || Gallardía, robustez, viveza, proceridad, jovialidad. → *Decaecimiento.* || Altivez, envanecimiento, orgullo, altanería, engreimiento. → *Humildad.*

LOZANO Vivaz, fresco, vigoroso, sano, joven, nuevo, flamante, frondoso, verde. → *Marchito, viejo.*

LUBRICAR Engrasar, lubrificar, aceitar.
LÚBRICO Lujurioso, obsceno, libidinoso, lascivo, salaz. → *Púdico.* || Resbaloso, resbaladizo, escurridizo. →*Áspero.*
LUCERO Astro, estrella. || Brillo, lustre, esplendor. → *Opacidad.* || Venus.
LUCES Cultura, ilustración, conocimientos.
LUCIDEZ Claridad, inteligencia, clarividencia, perspicacia. → *Ofuscación.* || Limpidez, claridad.
LÚCIDO Sagaz, sutil, penetrante, clarividente, perspicaz, claro, inteligente, penetrante. → *Torpe, negado.* || Lucio, brillante, luciente, luminoso, claro. → *Turbio.*
LUCIDO Lozano, espléndido, generoso, garboso, rumboso, elegante. → *Deslucido.*
LUCIFER Diablo, Satán, Satanás.
LUCIR Exhibir, mostrar, ostentar, enseñar, desplegar, revelar. → *Esconder.* || Brillar, relucir, fulgurar, resplandecer. → *Apagarse.*
LUCIRSE Pavonearse, alardear, presumir, descollar, sobresalir, triunfar, adornarse, aderezarse, vestirse, embellecerse, acicalarse. → *Esconderse.*
LUCRAR Lograr, obtener, conseguir, alcanzar. → *Perder.*
LUCRATIVO Fructífero, productivo, fructuoso, beneficioso, provechoso. → *Perjudicial.*
LUCRO Beneficio, provecho, ganancia, utilidad, usura, negocio, especulación, ventaja, logro. → *Pérdida.*
LUCTUOSO Fúnebre, lamentable, funesto, triste. → *Alegre.*
LUCUBRACIÓN Vigilia, vela. || Estudio.
LUCUBRAR Velar. || Trabajar, estudiar, pensar.
LUCHA Batalla, combate, pelea, competición, riña, disputa, lidia, rivalidad, contienda, querella, debate, guerra, lid, conflicto. → *Paz, concordia.* || Brega, trabajo, tenacidad, afán, perseverancia. → *Pereza.*
LUCHADOR Rival, adversario, oponente, contendiente, contrario, combatiente, púgil, atleta. → *Amigo.* || Trabajador, perseverante, tenaz, emprendedor, batallador, enérgico. → *Desidioso, débil.*
LUCHAR Justar, altercar, pelear, reñir, pugnar. || Combatir, batallar, hostigar, lidiar, guerrear, contender. || Disputar, debatir, discutir, rivalizar, querellarse. → *Coincidir.*
LUDIMIENTO Estregamiento, restregamiento, frotamiento, estregadura, rozamiento.
LUEGO Pronto. || Después. || Pues, ergo, por tanto.
LUGAR Parte, punto, sitio, puesto, espacio, zona, situación, comarca, paraje, terreno, localidad. || Pueblo, aldea, villa, distrito, ciudad, población. || Motivo, causa, ocasión. || Ocasión, situación, tiempo, oportunidad. || Cargo, oficio, empleo, dignidad.

LUGAREÑO Pueblerino, campesino, aldeano, paisano, rústico.

LÚGUBRE Tétrico, sombrío, triste, funesto, tenebroso, fúnebre, luctuoso, aciago. → *Alegre.*

LUJO Ostentación, aparato, suntuosidad, pompa, esplendor, opulencia, fastuosidad, fasto, boato, esplendidez, magnificencia, alarde, exceso. → *Humildad, mezquindad, pobreza.*

LUJOSO Ostentoso, pomposo, rico, magnífico, suntuoso. → *Sobrio.*

LUJURIA Lascivia, liviandad, lubricidad, libídine, carnalidad. → *Temperancia.*

LUJURIOSO Lascivo, sensual, voluptuoso, erótico, concupiscente, impúdico, libidinoso, obsceno, desvergonzado, vicioso. → *Casto.*

LUMBRE Fogota, fuego, hoguera, ascua, rescoldo, llama, claridad, fulgor, luz, lumbrera. → *Oscuridad.*

LUMBRERA Claraboya, tragaluz, lucerna, ventanal. || Genio, eminencia, sabio, notabilidad. → *Bruto, analfabeto.*

LUMINARIA Alcandora, luz, iluminaria.

LUMINOSO Fulgurante, resplandeciente, refulgente, llameante, brillante, radiante, centelleante, lumínico, esplendoroso, rutilante. → *Oscuro, opaco.*

LUNA Satélite. || Lunación. || Luneta. || Espejo.

LUNAR Mancha, verruga, carnosidad, tumorcillo, peca. || Defecto, tacha, lacra, falla, borrón. → *Perfección.*

LUNÁTICO Loco, maniático, caprichoso, maníaco, raro, alunado. → *Sensato.*

LUSTRAR Pulir, frotar, abrillantar, restregar, limpiar, acicalar, sacar brillo, atezar. → *Deslucir, empañar.*

LUSTRE Tersura, esplendor, brillo, resplandor. → *Opacidad.* || Fama, honor, gloria, realce, reputación. → *Descrédito.*

LUSTRINA Percalina, forro.

LUSTRO Quinquenio.

LUSTROSO Brillante, liso, suave, fulgurante, terso, resplandeciente, pulido, luminoso, reluciente, fúlgido. → *Opaco, mate.*

LUTO Duelo, pena, aflicción, dolor, tristeza, oscuridad. → *Gozo, alegría.*

LUXACIÓN Distorsión, dislocación, torcedura.

LUZ Resplandor, claridad, fulgor, luminosidad, esplendor, destello, refulgencia, iluminación, día, aureola, fosforescencia. → *Tinieblas.* || Bombilla, farol, foco, faro, candil, vela, fuego, lumbre.

LUZBEL Diablo, Satanás, Lucifer, Satán, Belcebú.

M m

MACABRO Tétrico, lóbrego, lúgubre, fúnebre, espectral, mortuorio, espeluznante, horrendo. → *Alegre, grato.*

MACACO Feo, deforme, repugnante, grotesco, repulsivo. → *Bello.*

MACANA Porra, palo, garrote. || Saldo. || Camelo, broma, disparate. || Mentira.

MACANUDO Bueno, excelente, estupendo, portentoso, chocante, extraordinario. → *Común.*

MACERAR Machacar, aplastar, ablandar, estrujar, exprimir. → *Endurecer.* || Sumergir, calar, diluir, sumir. || Maltratar, afligir, mortificar, humillar. → *Confortar.*

MACIZO Robusto, sólido, denso, compacto, recio, pesado, duro, tupido, apretado, resistente, relleno, tenaz, lleno, grueso. → *Hueco, endeble.*

MÁCULA Mancha, tacha, tizne. || Trampa, mentira, engaño, embuste. → *Verdad.*

MACULADO Moteado, poluto, mancillado, salpicado, embarrado. → *Inmaculado.*

MACUTO Morral, mochila, zurrón, bolsa, saco, costal.

MACHACAR Estrujar, triturar, moler, desmenuzar, quebrantar, aplastar, desintegrar, pulverizar, partir. → *Apelmazar.* || Insistir, porfiar, repetir, reiterar. → *Ceder.*

MACHACÓN Insistente, pesado, tozudo, latoso, cargante, reiterativo, fastidioso, tenaz. → *Comedido, discreto.*

MACHETE Cuchillo, charrasca, hoja, bayoneta.

MACHO Varón, hombre, semental, padrote, garañón, verraco. → *Hembra.* || Viril, varonil, masculino, robusto, valiente, enérgico. → *Afeminado.*

MACHUCAR Golpear, herir, magullar.

MADEJA Ovillo, rollo, vuelta, carrete, bobina.

MADERA Leña, astillas, madero.

MADERO Tabla, tablón, puntal, viga, tronco, leño, palo, percha, poste, tirante, durmiente, traviesa, tarugo, listón, astilla, leña, plancha, tablero. || Buque, nave.

MADRE Progenitora, ascendiente, mamá, matrona, señora, dama, hembra, mujer. → *Padre.* || Monja, religiosa, hermana, sor, superiora. → *Cura.* || Cauce, lecho, cuenca, curso.

MADRIGUERA Cubil, guarida, cueva, covacha, huronera, ratonera, refugio, escondrijo, cado, reparo.

MADRUGADA Alborada, aurora, amanecer, alba, amanecida, mañana, temprano, pronto, crepúsculo. → *Atardecer, ocaso.*

MADRUGAR Anticiparse, prever, adelantarse, despertar, amanecer, trabajar. → *Tardar, remolonear, dormirse.*

MADURAR Florecer, fructificar, sazonar, medrar, desarrollarse, colorearse. → *Verdear.* || Curtirse, endurecerse, avezarse, encallecerse, experimentar. → *Empeorar.* || Reflexionar, meditar, pensar. → *Desdeñar, omitir, despreocuparse.*

MADUREZ Punto, sazón, envero. → *Precocidad.* || Prudencia, seso, sensatez, juicio, reflexión. → *Irreflexión.* || Virilidad.

MADURO Desarrollado, formado, pletórico, lleno, rico, henchido, floreciente, sazonado, madurado. → *Verde.* || Prudente, sensato, juicioso, veterano, avezado, curtido, reflexivo, provecto. → *Imprudente, novato.*

MAESTRÍA Arte, ingenio, destreza, maña, industria, habilidad. → *Impericia.*

MAESTRO Profesor, educador, preceptor, tutor, ayo, mentor, pedagogo, catedrático. → *Alumno.* || Diestro, hábil, experto, ducho, curtido. → *Inexperto.* || Músico, ejecutante, compositor, intérprete.

MAGAÑA Ardid, artificio, mangancería, astucia, engaño.

MAGIA Brujería, hechicería, sortilegio, cábala, ocultismo, ensalmo, encantamiento, maleficio, adivinación, hechizo, atractivo, encanto, embeleso.

MÁGICO Maléfico, misterioso, oculto, cabalístico, embrujado, encantado, sobrenatural, ultraterreno. → *Normal, natural, benéfico.* || Maravilloso, asombroso, sorpredente, pasmoso, fantástico, milagroso. → *Corriente, normal.*

MAGISTRADO Juez, togado, consejero, censor, tribuno, justicia, funcionario.

MAGISTRAL Soberbio, magnífico, perfecto, superior, importante, sobresaliente, notable, colosal. → *Pésimo, defectuoso, deficiente.*

MAGNANIMIDAD Generosidad, nobleza, longanimidad. → *Pusilanimidad.*

MAGNÁNIMO Noble, grande, generoso, liberal, espléndido, magnífico. → *Mezquino, ruin.*

MAGNATE Grande, ilustre, prócer, poderoso, principal.

MAGNETIZAR Imantar, imanar. || Fascinar, hipnotizar. → *Repeler.*

MAGNIFICAR Engrandecer, ensalzar, alabar. → *Empequeñecer.*

MAGNIFICENCIA Generosidad, liberalidad, esplendidez. → *Avaricia.* || Grandeza, ostentación, esplendor, pompa, suntuosidad. → *Penuria.*

MAGNÍFICO Soberbio, estupendo, espléndido, maravilloso, colosal, admirable, esplendoroso, vistoso, brillante, suntuoso, regio, magistral, excelente, notable, excelso, grandioso, fastuoso, pomposo. → *Lamentable, pobre, insignificante.*

MAGNITUD Medida, dimensión, tamaño, extensión, capacidad, grandor, volumen. || Alcance, trascendencia, importancia, influencia, grandeza, excelencia. → *Inoperancia, nadería.*

MAGNO Vasto, extraordinario, grande, extenso, superior, magnífico. → *Inferior.*

MAGO Brujo, hechicero, nigromante, adivino, encantador, médium, taumaturgo, vidente.

MAGRO Enjuto, delgado, nervudo, flaco, descarnado, seco, consumido. → *Rollizo.*

MAGULLADURA Moretón, cardenal, contusión, verdugón, equimosis, golpe, lesión, magullamiento.

MAGULLAR Lastimar, señalar, amoratar, marcar, moler, aporrear, zurrar, herir, machucar, golpear, pegar. → *Curar.*

MAHOMETANO Musulmán, islamita, sarraceno, islámico.

MAJADA Aprisco, apero, cubil, hato. || Bosta, estiércol.

MAJADERÍA Sandez, patochada. → *Sensatez.*

MAJADERO Porfiado, molesto, necio, mentecato, fastidioso. → *Sensato.*

MAJESTAD Grandeza, esplendor, señorío, solemnidad, pompa, majestuosidad, magnificencia, soberanía, sublimidad. → *Modestia, vulgaridad, sencillez.*

MAJESTUOSO Esplendoroso, augusto, mayestático, imponente. → *Modesto.*

MAJO Bonito, lindo, guapo, hermoso, agradable, vistoso, adornado. → *Feo.* || Curro, chulo, valentón, chulapo, fanfarrón. → *Modesto, cobarde.*

MAL Daño, perjuicio, ofensa, deterioro, destrucción, ruina, pérdida. → *Beneficio.* || Enfermedad, achaque, dolencia, padecimiento, trastorno, molestia. →*Salud.* || Desolación, aflicción, dolor, amargura, tristeza. → *Alegría.*

MALABARISTA Prestidigitador, ilusionista, funámbulo, equilibrista, escamoteador.

MALACOSTUMBRADO Consentido, malcriado, mimado. → *Sufrido.*

MALAGRADECIDO Ingrato. → *Agradecido.*

MALANDRÍN   Ruin, bellaco, perverso. → *Bueno.*

MALAVENTURA   Percance, desgracia, desdicha. → *Suerte.*

MALBARATAR   Dilapidar, derrochar, malgastar. → *Ahorrar.*

MALCARADO   Torvo, repulsivo, desagradable, hosco, feo. → *Bello.*

MALCRIADO   Consentido, mimado, caprichoso, descortés, grosero, incorrecto. → *Educado, cortés.*

MALCRIAR   Mimar, consentir, viciar. → *Educar.*

MALDAD   Villanía, perversidad, crueldad, ruindad, malignidad, vileza, inmoralidad, perfidia, daño, iniquidad, maleficio. → *Bondad.*

MALDECIR   Blasfemar, renegar, jurar, abominar, execrar, imprecar, pestar, condenar, reprobar. → *Bendecir.* || Denigrar, calumniar, ofender, murmurar. → *Adular, alabar.*

MALDICIÓN   Blasfemia, condenación, execración, anatema, maleficio.

MALDITO   Condenado, réprobo, excomulgado, endemoniado, maligno, perverso, embrujado, malvado. → *Bendito.* || Miserable, ruin, aborrecible. → *Estimable.*

MALEABLE   Flexible, suave, manejable, dócil, plástico. → *Resistente.*

MALEANTE   Malhechor, burlador, perverso, maligno, maleador.

MALEAR   Perjudicar, maliciar, dañar, amalar, deteriorar. → *Beneficiar.* || Pervertir, enviciar, viciar, corromper, depravar. → *Aleccionar.*

MALEDICENCIA   Denigración, murmuración, detracción. → *Adulación.*

MALEFICIO   Hechizo, encantamiento, magia, sortilegio, embrujo, ensalmo, maldición, brujería, nigromancia, agüero, encanto. → *Bendición, exorcismo.*

MALÉFICO   Maligno, perjudicial, dañino, maldito, embrujado, perverso, hechizado, pernicioso, nocivo, dañoso. → *Benéfico.*

MALENTENDIDO   Confusión, equivocación, tergiversación, error, mala interpretación. → *Razón, acierto, certeza.*

MALESTAR   Inquietud, desasosiego, pesadumbre, ansiedad, angustia, intranquilidad, irritación, disgusto, fastidio. → *Bienestar.*

MALETA   Valija, maletín, bulto, bártulo, bolso, cofre.

MALEVOLENCIA   Animosidad, rencor, odio, resentimiento. → *Simpatía.*

MALEZA   Hojarasca, fronda, espesura, zarzal, matorral, escabrosidad, broza. → *Claro, calvero.*

MALGASTAR   Derrochar, despilfarrar, disipar, dilapidar, tirar. → *Ahorrar, escatimar.*

MALHABLADO   Deslenguado, lenguaraz. → *Bienhablado.*

MALHADADO   Infortunado, infeliz. → *Afortunado.*

MALHECHOR   Delincuente, maleante, forajido, bandolero, facineroso, salteador, criminal. → *Bienhechor.*

MALHUMOR Enojo, enfado, irritación, desazón, molestia, impaciencia, hastío. → *Contento.*

MALICIA Astucia, picardía, hipocresía, socarronería, desconfianza, recelo, zorrería, disimulo, perfidia, sospecha, maldad, perversidad, malignidad, ardid. → *Confianza.*

MALICIOSO Astuto, receloso, artero, sagaz. → *Cándido.*

MALIGNO Malo, perverso, dañino, virulento, vicioso. → *Beneficioso.*

MALO Malvado, maligno, malévolo, vil, perverso, pérfido, inicuo, detestable, depravado, maldito, diabólico, cruel. → *Bondadoso.* || Peligroso, aciago, nocivo, perjudicial, dañino, nefasto, difícil. → *Bueno.* || Enfermo, indispuesto, doliente, aquejado, delicado, afectado, abatido, paciente. → *Sano.* || Travieso, revoltoso, inquieto, enredador, malcriado. → *Educado, sosegado.*

MALOGRAR Frustrar, fallar, fracasar, deslucir, estropear, desairar, perder. → *Ganar, aprovechar.*

MALOLIENTE Fétido, hediondo, pestilente, nauseabundo, mefítico, enrarecido, repugnante, apestoso. → *Aromático.*

MALQUERENCIA Enemistad, tirria, antipatía, ojeriza, odio. → *Cariño.*

MALQUISTAR Enemistar, encizañar, indisponer. → *Bienquistar.*

MALSANO Insalubre, insano, nocivo, pernicioso, infecto, contagioso, dañino. → *Saludable.*

MALTRATAR Castigar, malograr, estropear, pegar, zurrar, deteriorar, derrengar, moler, tundir, brutalizar, pisotear. → *Curar, proteger.* || Ofender, agraviar, vejar, injuriar, dañar, menoscabar. → *Alabar.*

MALTRECHO Dañado, perjudicado, estropeado, zurrado, deslomado, víctima. → *Sano, indemne.*

MALVADO Perverso, bribón, malo, criminal, malandrín. → *Bueno.*

MALVERSACIÓN Fraude, exacción, robo, concusión, hurto.

MALLA Red, tejido, cota, elástico, punto.

MAMA Seno, pecho, busto, teta, glándula, ubre, pezón.

MAMÁ Madre, progenitora.

MAMAR Chupar, succionar, sorber, chupetear, lengüetear, lamer, ingerir. → *Devolver, vomitar.*

MAMARRACHO Espantajo, esperpento, adefesio, birria, hazmerreír. → *Galán, elegante.* || Ridículo, grotesco, raro, extravagante, estrafalario, estrambótico. → *Elegante, apuesto.*

MAMOTRETO Memorial, legajo.

MAMPARA Pantalla, cancel.

MAMPORRO Bofetón, bofetada, golpe, puñetazo, guantazo, coscorrón. → *Caricia.*

MANADA Rebaño, hato, tropa, vacada, piara, hacienda. || Caterva, cáfila, cuadrilla, hatajo, banda.

MANANTIAL Fuente, hontanar, fontana, chorro, surtidor, venero. || Origen, nacimiento, comienzo, principio, semillero, germen. → *Final, acabamiento.*

MANAR Brotar, fluir, gotear, chorrear, rezumar, nacer, surtir, surgir, salir. → *Estancarse.*

MANCEBO Mozo, muchacho, joven, efebo, adolescente, zagal, imberbe, chico, pollo. → *Anciano, adulto.*

MANCILLA Deshonra, desdoro, tilde, mancha, tacha, baldón.

MANCILLAR Deshonrar, ultrajar, afrentar, agraviar, ofender, manchar, infamar, deslucir, empañar, funestar. → *Enaltecer, honrar, ponderar.*

MANCO Mutilado, lisiado, incompleto, defectuoso. → *Completo.*

MANCOMUNAR Aunar, federar, unir, asociar. → *Desunir.*

MANCHA Pringue, borrón, sombra, tizne, churrete, lámpara, marca, huella, señal, suciedad, pinta, lunar, tizne, mácula. → *Limpieza.* || Deshonra, mancilla, desdoro, tilde, tacha, estigma. → *Honra.*

MANCHAR Ensuciar, tiznar, señalar, pintar, marcar, churretear, pringar, embarronar, emporcar, enlodar, salpicar, engrasar. → *Limpiar.* || Deshonrar, mancillar, desdorar. → *Ponderar.*

MANDA Donación, legado.

MANDAMIENTO Precepto, ordenanza, decreto, prescripción, consejo, orden, mandato, regla, instrucción, ley. → *Licencia, inmunidad.*

MANDAR Ordenar, disponer, dictar, imponer, obligar, decretar, intimar, encomendar, preceptuar, prescribir. → *Obedecer.* || Enviar, remitir, expedir, despachar, dirigir, facturar, remesar. → *Recibir.* || Gobernar, conducir, dirigir, administrar, presidir, encabezar, guiar, acaudillar, regir, regentar. → *Seguir, obedecer.*

MANDATO Precepto, disposición, orden, prescripción, mandamiento. || Procuración, comisión, poder, delegación, encargo.

MANDÍBULA Quijada, maxilar, hueso.

MANDO Orden, mandato. || Envío. || Autoridad, gobierno, poder, dominio, dirección.

MANDÓN Imperioso, despótico, autoritario, dominante, abusón, amo, mangoneador, cabecilla, mandamás. → *Obediente.*

MANECILLA Abrazadera, broche. || Saetilla, aguja, mano.

MANEJABLE Manual, manuable.

MANEJAR Emplear, operar, manipular, tocar, empuñar, coger, utilizar, usar, asir, blandir, esgrimir. → *Soltar.* || Maniobrar, gobernar, guiar, conducir, mangonear, dominar, regir, dirigir. → *Obedecer.*

MANEJO Empleo, maniobra, uso, práctica, manipulación. || Dirección, gobierno, administración.

MANERA Forma, modo, procedimiento, método, medio, proceder, estilo, actitud, costumbre, técnica, sistema.

MANERAS Modales, educación, porte, ademanes.

MANGO Empuñadura, asa, puño, asidero, manija, tirador, agarradero, astil, manubrio, cogedero, cabo.

MANGONEAR Mandar, maniobrar, gobernar, entremeterse, obligar, disponer, dictar, fiscalizar, mandonear, manipular. → *Obedecer, desentenderse.*

MANGUERA Tubo, manga, goma, conducto. || Tromba, turbión, tifón.

MANÍA Rareza, extravagancia, capricho, antojo, chifladura, guilladura, ridiculez. → *Cordura.*

MANIATAR Ligar, aferrar, atar, inmovilizar, trabar, asegurar, aherrojar. → *Soltar.*

MANIÁTICO Chiflado, guillado, tocado, raro, extravagante, ido, maníaco, lunático, enajenado, perturbado, caprichoso. → *Cuerdo.*

MANIDO Sobado, usado, ajado, manoseado, trivial. → *Original.*

MANIFESTAR Revelar, expresar, exponer, declarar, divulgar, decir, afirmar, asegurar, opinar, exponer. → *Callar.*

MANIFIESTO Evidente, claro, indudable, palmario, notorio, ostensible, cierto, patente. →*Dudoso, oculto.* || Proclama, declaración, convocatoria, documento, alocución, proclamación.

MANIJA Mango, puño, empuñadura, manubrio. || Abrazadera.

MANIOBRA Evolución, operación, ejercicio, marcha, instrucción, entrenamiento, adiestramiento. || Manejo, uso, empleo, operación, procedimiento, tarea, labor, proceso. || Treta, artimaña, añagaza, ardid, trampa. → *Ayuda.*

MANIPULAR Manejar, operar, usar, emplear, proceder, utilizar, manosear, forcejear, manotear. → *Abandonar.* || Mangonear, gobernar, mandonear.

MANIVELA Manubrio, manija, empuñadura, eje.

MANJAR Exquisitez, golosina, delicia, delicadeza, gollería, pitanza, vianda, sustento.

MANO Extremidad, miembro, palma, pata. || Lado, banda, costado, ala, dirección. || Baño, capa, recubrimiento, pintura. || Poder, influencia, confianza, amistad. || Juego, lance, tirada, jugada, turno.

MANOJO Fajo, haz, atado, gavilla, puñado, brazada, hatajo, ramo, ramillete, mazo.

MANOSEAR Sobar, tocar, palpar, tentar, manipular, acariciar, usar, ajar, deslucir, manejar. → *Evitar, eludir.*

MANOTEO Manejo, ademán, manoseo, gesto.

MANSEDUMBRE Docilidad, apacibilidad, benignidad, suavidad, dulzura, tranquilidad. → *Intemperancia.*

MANSIÓN Residencia, morada, edificio, palacio, casa, hogar, vivienda, palacete, caserón. → *Choza.* || Estada, estancia, detención, estadía, permanencia. → *Prosecución.*

MANSO Dócil, apacible, suave, dulce, bondadoso, sumiso, obediente, tranquilo. → *Rebelde, indomable.* || Doméstico, amaestrado, desbravado, domado, mansurrón. → *Cerril, salvaje.*

MANTA Frazada, cobertor, abrigo, edredón, colcha, cubrecama.

MANTECA Grasa, cebo, tocino, gordo, mantequilla, margarina, adiposidad, gordura.

MANTENER Alimentar, nutrir, proteger, cuidar, proveer. → *Abandonar.* || Apoyar, sustentar, sostener, apuntalar, amparar. → *Derribar, descuidar.* || Conservar, resistir, defender, prolongar, alargar, vigilar, salvaguardar, perseverar. → *Ceder, abandonar.*

MANTENIMIENTO Sustentación, sustento. || Alimento, manjar.

MANTILLA Velo, rebozo, manto, toca, pañuelo, mantón.

MANTO Túnica, clámide, veste, toga, hábito, capa, bata, mantilla, chal, rebozo, abrigo.

MANUAL Compendio, sumario, resumen, texto, breviario, prontuario, apuntes, epítome. → *Tratado.* || Manejable, manuable, artístico, artesano, obrero, casero. → *Mecánico, en serie.*

MANUBRIO Manija, cigüeña, empuñadura, manivela.

MANUFACTURA Fabricación, elaboración, confección, construcción, montaje, hechura, ejecución. || Fábrica, taller, industria, factoría, empresa.

MANUSCRITO Documento, códice, pergamino, escrito, original, apunte. → *Copia, reproducción.*

MANUTENCIÓN Sostén, alimentación, sostenimiento, mantenimiento, alimento. || Entretenimiento, conservación. → *Abandono.*

MAÑA Habilidad, pericia, maestría, destreza, arte, práctica, experiencia, aptitud. → *Torpeza.* || Astucia, marrullería, picardía, vicio, capricho, treta, sagacidad.

MAÑANA Alba, aurora, madrugada, amanecida, amanecer. → *Tarde.* || Al día siguiente, después, más tarde, temprano, pronto, en lo futuro. → *Ayer, antes.*

MAÑOSO Hábil, capaz, diestro, industrioso, habilidoso. → *Inhábil.*

MAPA Plano, carta, planisferio, atlas, mapamundi.

MAQUETA Diseño, modelo, bosquejo.

MAQUIAVÉLICO Astuto, falaz, taimado, pérfido, falso. → *Noble.*

MAQUILLAR Acicalar, afeitar, hermosear, pintar, retocar, embellecer, caracterizarse. → *Afear.*

MÁQUINA Aparato, artificio, mecanismo, artefacto, artilugio, utensilio, instrumento, armatoste, herramienta. || Proyecto, combinación, traza, invención. || Locomotora.

MAQUINACIÓN Confabulación, conspiración, complot, conjura, maniobra, treta, engaño, ardid, astucia, amaño. → *Ayuda.*

MAQUINAL Involuntario, automático, instintivo, reflejo, espontáneo, natural, inconsciente. → *Deliberado, consciente.*

MAQUINAR Urdir, forjar, tramar, fraguar, conspirar.

MAQUINISTA Operario, técnico, mecánico, perito.

MAR Océano, piélago, vastedad, abismo, charco, inmensidad, cima, ponto. || Plétora, abundancia, cantidad. → *Escasez.*

MARAÑA Maleza, broza, breña, espesura, zarzal, hojarasca, matorral. → *Claro, calvero.* || Embrollo, lío, confusión, enredo, caos, desorden. → *Orden.*

MARASMO Delgadez, enflaquecimiento, debilitamiento. → *Obesidad.* || Paralización, apatía, suspensión, inmovilidad. → *Actividad.*

MARAVILLA Portento, prodigio, asombro, pasmo, grandeza, milagro, magia, admiración, extrañeza, entusiasmo. → *Espanto, esperpento, horror.*

MARAVILLAR Pasmar, asombrar, admirar, sorprender, fascinar. → *Horrorizar.*

MARAVILLOSO Admirable, prodigioso, sorprendente, asombroso, portentoso. → *Corriente.*

MARCA Lema, nombre, rúbrica, vitola, etiqueta, rótulo, timbre. || Señal, huella, rastro, cicatriz, lunar, mancha, traza, pisada. || Contraseña, distintivo, señal, marbete.

MARCAR Señalar, trazar, imprimir, estampar, acuñar, precintar, rotular, dominar, caracterizar, notar, sellar, distinguir, bordar, indicar. → *Borrar.*

MARCIAL Militar, bélico, castrense, guerrero, soldadesco, aguerrido, varonil, apuesto, arrojado, bizarro, valiente, intrépido. → *Civil, pacífico, cobarde.*

MARCO Cuadro, recuadro, moldura, cerco, guarnición. || Cartabón.

MARCHA Paso, andadura, avance, tren, movimiento, camino, jornada, traslación, tránsito, recorrido. → *Inmovilidad.* || Salida, partida, abandono, despedida, huida, evacuación, éxodo, traslado. → *Venida, llegada.* || Velocidad, movimiento, celeridad. || Procedimiento, método, funcionamiento, sistema, proceso.

MARCHAR Moverse, recorrer, avanzar, pasear, caminar, andar, desplazarse, trasladarse, circular, transitar, ir, venir. → *Detenerse.* || Partir, salir, abandonar, fugarse, trasladarse, emigrar. → *Venir, llegar.*

MARCHARSE Largarse, partir, irse. → *Regresar.*

MARCHITAR Deslucir, enlaciar, ajar, agostar, enmustiar. → *Lozanear.*

MARCHITARSE Mustiarse, aborrajarse, secarse, alheñarse, anublarse. → *Enlozanarse.* || Arrugarse, envejecer, apergaminarse. → *Rejuvenecerse.* || Debilitarse, enflaquecerse, adelgazarse. → *Recobrarse.*

MARCHITO Agostado, ajado, seco, deslucido, mustio, apergaminado, viejo, consumido, arrugado, gastado. → *Lozano, nuevo.*

MAREAR Importunar, insistir, irritar, agobiar, fastidiar, hostigar. → *Distraer.*

MAREARSE Indisponerse, afectarse, aturdirse, desfallecer. → *Reponerse.*

MAREO Vértigo, vahído, desmayo, desfallecimiento, ataque, síncope, congoja. → *Restablecimiento.*

MARGEN Borde, canto, lado, orilla, filo, arista, costado, extremo, esquina. → *Centro.* || Ganancia, beneficio, rendimiento, dividendo. → *Pérdida.* || Diferencia, permiso, tolerancia. || Oportunidad, coyuntura, ocasión, motivo, pretexto. || Nota, apostilla, escolio.

MARICA Afeminado, mariquita, amanerado. → *Varonil.* || Homosexual.

MARIDO Cónyuge, esposo, consorte, compañero, novio, contrayente.

MARINA Armada, flota, escuadra, unidad, flotilla, buques, navíos. || Navegación, náutica.

MARINO Tripulante, navegante, marinero, piloto, oficial, lobo de mar, pelágico, naval. → *Marítimo.*

MARIONETA Títere, fantoche, muñeco, pelele, monigote, polichinela.

MARISCO Molusco, crustáceo.

MARISMA Ciénega, pantano, marjal, charca, laguna.

MARÍTIMO Náutico, naval, marino, marinero, oceánico, litoral, costero, ribereño. → *Continental, interior.*

MARMITA Pote, puchero, olla, cacerola, cazo, tartera, perol, recipiente.

MAROMA Cuerda, cabo, cordel, cable, calabrote, amarra, cordón.

MARQUETERÍA Incrustación, ataujía, taracea, embutido.

MARRANO Puerco, tocino, cebón, lechón, guarro, cochino, sucio, desaseado, asqueroso. → *Limpio.*

MARRÓN Castaño, pardo, rojizo, cobrizo.

MARRULLERÍA Zalamería, astucia, ardid, treta, marrulla. → *Lealtad.*

MARRULLERO Tramposo, astuto, ladino, pícaro, truhán. → *Sincero, noble.*

MARTILLO Mazo, maza, macillo, porra, herramienta.

MÁRTIR Víctima, sacrificado, inmolado, caído, abnegado, santificado. → *Renegado, apóstata.*

MARTIRIO Suplicio, tortura, padecimiento, tormento, sacrificio, sufrimiento. → *Apostasía.* || Agobio, molestia, angustia, irritación, fatiga, pena, aflicción, ajetreo. → *Placer, diversión.*

MARTIRIZAR Matar, torturar, sacrificar. || Apesadumbrar, afligir, atormentar. → *Agradar.*

MASA Volumen, materia, compuesto, cuerpo, principio. || Pasta, mezcla, papilla, mazacote, masilla, magma. || Pueblo, multitud.

MASACRE Matanza, degollina, exterminio, carnicería, escabechina, aniquilación. → *Perdón.*

MASAJE Fricción, friega, forte, amasamiento.

MASCAR Masticar, machacar, rumiar, mamullar, mascujar. || Mascullar.

MÁSCARA Antifaz, careta, carátula, mascarón, mascarilla, disfraz, disimulo, pretexto, excusa. → *Verdad.*

MASCOTA Fetiche, amuleto, talisman, idolillo, figura.

MASCULINO Varonil, viril, macho, fuerte, hombruno, vigoroso. → *Femenino.*

MASCULLAR Murmurar, musitar, susurrar, farfullar, cuchichear.

MASTICAR Mascar, rumiar, triturar, desmenuzar, comer, roer, tascar, morder, mordisquear.

MÁSTIL Palo, asta, arboladura, percha, vara, verga, poste, pértiga.

MASTURBACIÓN Onanismo, vicio, placer solitario.

MATA Arbusto, matojo, seto, espino, maleza, matorral, zarza, planta.

MATADERO Degolladero, macelo, rastro. || Ajetreo, trote, reventadero. →*Diversión.*

MATADOR Torero, espada.

MATAFUEGO Extintor, artefacto, aparato contra incendios.

MATANZA Degollina, carnicería, masacre, destrozo, exterminio, mortandad.

MATAR Eliminar, suprimir, inmolar, liquidar, despachar, destruir, asesinar, exterminar, ejecutar, sacrificar. → *Revivir, resucitar, salvar.*

MATE Apagado, opaco, deslucido, borroso, atenuado, empañado, pálido, amortiguado. → *Vivo, brillante.*

MATEMÁTICAS Cálculo, cómputo, cuenta, operación, ciencias exactas.

MATEMÁTICO Preciso, riguroso, exacto, detallado, puntual, cronométrico, justo. →*Informal, aproximado.*

MATERIA Sustancia, elemento, principio, sustrato, ingrediente, componente, material, masa, cuerpo, parte. || Asunto, motivo, sujeto, tema, causa, razón. || Asignatura, disciplina, curso, campo, estudio, tratado.

MATERIAL Elemento, materia. || Sensible, tangible, corpóreo, palpable, físico, orgánico. → *Metafísico, inmaterial.*

MATERIALES Instrumentos, herramientas, implementos, enseres, instrumental, equipo.

MATERIALISTA Práctico, utilitario, egoísta, ávido, codicioso, prosaico. → *Idealista.*

MATERNAL Materno, solícito, afectuoso, cuidadoso. → *Paterno, filial.*

MATERNO Matronal, maternal. → *Filial.*

MATINAL Matutino, temprano, mañanero, adelantado, temprane-ro. → *Vespertino.*

MATIZ Tinte, tono, gradación, juego, viso, tornasol, gama, escala, tintura, cambiante.

MATIZAR Graduar, variar, diversificar, combinar, regular, escalo-nar. → *Uniformar, unificar.*

MATÓN Bravucón, fanfarrón, valentón, matasiete, jactancioso, cu-rro, perdonavidas, camorrista. →*Humilde, modesto.*

MATORRAL Maraña, maleza, barzal, mato, breñal, soto.

MATRÍCULA Registro, padrón, censo, relación, lista, estadística. || Documento, patente, permiso, licencia, privilegio. || Inscripción, registro, alistamiento, enrolamiento. → *Baja.*

MATRIMONIAL Marital, conyugal, nupcial, hogareño, familiar, ínti-mo, connubial.

MATRIMONIO Boda, casamiento, unión, enlace, nupcias, espon-sales, alianza, desposorio. → *Separación, divorcio.*

MATRIZ Molde, cuño, troquel, punzón, hembra. || Útero, víscera, órgano. || Generadora, principal. → *Subalterna, sucursal.*

MATRONA Dama, señora, ama, mujer, madre, madraza. || Partera, comadrona.

MATUTE Fraude, contrabando, alijo. || Leonera, garito, timba.

MATUTINO Matinal, temprano, tempranero, mañanero. → *Vesper-tino.*

MAULLAR Miar, mayar.

MAULLIDO Miau, mayido, maúllo, maído.

MAUSOLEO Sepulcro, túmulo, tumba, panteón, monumento, se-pultura, cenotafio.

MÁXIMA Aforismo, sentencia, refrán, dicho, proverbio, adagio, pre-cepto, apotegma, regla, axioma.

MÁXIMO Mayúsculo, colosal, inmenso, grande, enorme, fenome-nal, superlativo. → *Mínimo.* || Extremo, tope, límite, fin. → *Principio.*

MAYESTÁTICO Augusto, solemne, majestuoso, áulico. → *Modesto.*

MAYOR Grande, vasto, extenso, desmesurado, descomunal, enor-me, superior, importante, principal, esencial. → *Menor, insignifican-te.* || Viejo, anciano, añoso, longevo, veterano, maduro. → *Menor, joven.*

MAYORES Antecesores, progenitores, ascendientes, antepasa-dos, abuelos. → *Descendientes.*

MAYORÍA Generalidad, totalidad, colectividad, multiplicidad. → *Mi-noría.* || Ventaja, superioridad, diferencia. → *Desventaja.*

MAYÚSCULA Inicial, capital, versal.

MAYÚSCULO Considerable, morrocotudo, enorme, intenso, colo-sal, inmenso, máximo. → *Minúsculo, mínimo.*

MAZA Porra, clava, cachiporra, garrote, mazo. || Martinete.

MAZACOTE Pegote, masa, pasta, potingue. || Esperpento, chapucería, pesadez.

MAZMORRA Calabozo, ergástula, chirona, celda, trena, prisión, cárcel.

MAZO Martillo, mallo, martinete, maza. || Manojo, gavilla, haz.

MAZORCA Panocha, panoja, panícula, espiga, majorca.

MEAR Orinar, evacuar, excretar, hacer aguas menores.

MECÁNICO Maquinal, automático, instintivo, inconsciente, involuntario. → *Consciente.* || Operario, obrero, técnico, experto.

MECANISMO Aparato, dispositivo, maquinaria, artefacto, engranaje, artificio, artilugio.

MECANÓGRAFA Dactilógrafa, auxiliar, secretaria, oficinista, taquimecanógrafa.

MECENAS Filántropo, protector, tutor, defensor, bienhechor, patrocinador, patrono, benefactor, favorecedor.

MECER Acunar, balancear, oscilar, mover, columpiar, agitar, hamaquear, cunear. → *Parar, detener.*

MECHA Pabilo, matula, mechón, torcido.

MECHERO Encendedor, chisquero. || Piquera, boquilla.

MECHÓN Guedeja, bucle, mecha, greña, cerneja, rizo, tirabuzón, flequillo, vellón, pulsera, hopa, verneja.

MEDALLA Moneda, placa, medallón, ficha, emblema, distintivo, insignia, joya colgante. || Condecoración, cruz, distinción, honor, galardón, premio.

MEDALLÓN Guardapelo, medalla.

MÉDANO Montículo, duna, arenal, colina, médaño, mégano.

MEDIA Calcetín, escarpín, calceta, prenda.

MEDIADOR Intermediario, conciliador, medianero, intercesor, negociador, árbitro.

MEDIANÍA Vulgaridad, mediocridad. → *Excelencia.* || Medianería.

MEDIANO Intermedio, moderado, limitado, mediocre, módico, regular, vulgar, pasable, equilibrado. → *Excelente, superior, inferior.*

MEDIAR Arbitrar, interceder, conciliar, negociar, componer, participar, reconciliar. → *Enzarzar.* || Interponerse. → *Desentenderse.*

MEDICAMENTO Remedio, poción, medicina, droga, pócima.

MEDICINA Medicamento, remedio, específico, fármaco, droga, preparado, ingrediente, potingue, mejunje, elixir, brebaje, pócima.

MÉDICO Doctor, facultativo, galeno, clínico, especialista, cirujano, matasanos. → *Curandero.*

MEDIDA Dimensión, extensión, longitud, anchura, grosor, tamaño, volumen, calibre, capacidad, magnitud, envergadura. || Disposición, decisión, orden, resolución. → *Abstención.* || Mesura, moderación, cordura, prudencia, sensatez, regla, tasa. → *Exceso.*

MEDIO Mitad, mediano, centro, núcleo, médula, corazón, interior, yema. → *Periferia, borde exterior.* ‖ Método, manera, procedimiento, forma, técnica, recurso, expediente. ‖ Ambiente, ámbito, espacio, zona, nivel, lugar.

MEDIOCRE Común, mediano, ramplón, vulgar, regular, ordinario, escaso, deficiente, limitado, mezquino. → *Superior, excelente.*

MEDIOCRIDAD Insuficiencia, medianía, pequeñez. → *Excelencia.*

MEDIOS Recursos, caudal, bienes, dinero, fortuna, hacienda, posibilidades, capital, patrimonio. → *Carencia, pobreza, indigencia.*

MEDIR Calcular, calibrar, marcar, evaluar, apreciar, determinar, comprobar, comparar, estimar, mensurar, juzgar.

MEDITABUNDO Absorto, pensativo, reflexivo, caviloso, abstraído, cavilante, ensimismado, enfrascado. → *Distraído, activo.*

MEDITAR Cavilar, pensar, rumiar, discurrir, reflexionar, madurar, abstraerse, enfrascarse, proyectar, considerar. → *Omitir, distraerse.*

MEDROSO Miedoso, pusilánime, temeroso, apocado, cobarde. → *Decidido.*

MÉDULA Meollo, sustancia, centro, base, esencia, caña, tuétano, pulpa, núcleo. → *Complemento.*

MEJILLA Moflete, carrillo, cachete, pómulo, cara.

MEJOR Perfeccionado, superior, preferible, excelente, supremo, alto, sumo, principal, preeminente, perfecto. → *Peor.*

MEJORA Progreso, mejoría, mejoramiento, aumento, adelanto. → *Retroceso.* ‖ Puja. → *Pérdida.*

MEJORAR Progresar, adelantar, perfeccionar, desarrollar, crecer, prosperar, ampliar, aventajar, acrecentar, aumentar. → *Empeorar, perder.* ‖ Despejar, aclarar, escampar, abonanzar. → *Nublarse, empeorar.*

MEJORARSE Sanarse, aliviarse, curarse, restablecerse, recuperarse, robustecerse. → *Desmejorar.*

MEJORÍA Alivio, restablecimiento. ‖ Progreso, adelanto, desarrollo, perfeccionamiento, prosperidad, florecimiento.

MEJUNJE Potingue, pócima, poción, mezcla, droga.

MELANCOLÍA Tristeza, pesadumbre, cuita, aflicción, nostalgia, añoranza, pena, decaimiento, languidez, abatimiento. → *Vivacidad, alegría.*

MELANCÓLICO Triste, afligido, mustio, apesarado, mohíno. → *Alegre.*

MELENA Cabellera, pelambrera, mechas, guedejas, cabello, pelo. → *Calva.* ‖ Crin.

MELINDRE Remilgo, escrúpulo, ñoñez, cursilería, amaneramiento, ridiculez, dengue, afectación, ambage.

MELINDROSO Dengoso, afectado, remilgado, melindrero. → *Desenvuelto.*

MELODÍA Armonía, cadencia, ritmo, musicalidad, dulzura, suavidad. → *Discordancia.*

MELODIOSO Armonioso, musical, melódico, arpado. → *Cacofónico.*

MELODRAMA Tragicomedia, tragedia, drama, farsa, sainete, pantomima, bufonada. → *Realidad.*

MELOSO Empalagoso, remilgado, melindroso, dulce, almibarado. → *Áspero.* || Suave, tierno, blando, afectado. → *Hosco.*

MELLADO Hendido, dentado, deteriorado, desgastado, romo, embotado, chato, desafilado. → *Afilado, puntiagudo.*

MELLIZO Gemelo, hermano, equivalente, semejante, común. → *Desigual.*

MEMBRANA Túnica, tegumento, capa, cápsula, telilla, piel, película, pellejo.

MEMBRETE Rótulo, encabezamiento, nombre, título, sello, epígrafe. || Memoria, brevete, anotación.

MEMO Estúpido, sandio, lelo, tonto, bobo, mentecato, necio, fatuo, simple. → *Listo.*

MEMORABLE Renombrado, famoso, ilustre, destacado, celebrado, inolvidable, glorioso. → *Oscuro, insignificante.*

MEMORÁNDUM Nota, comunicación, memoria, circular, aviso, parte, despacho.

MEMORIA Recuerdo, reminiscencia, evocación, rememoración, remembranza. → *Olvido.* || Retentiva, capacidad, aptitud. || Escrito, relación, estudio, memorándum, exposición.

MEMORIAS Recados, expresiones, saludos, recuerdos. || Anales.

MEMORIAL Demanda, solicitación, memoria, ruego, instancia.

MENCIÓN Cita, indicación, referencia, citación, recuerdo.

MENCIONAR Aludir, citar, referirse, recordar, insinuar, indicar, evocar, nombrar, contar. → *Omitir.*

MENDICIDAD Mendiguez, pordiosería, indigencia. → *Riqueza.*

MENDIGAR Suplicar, pedir, solicitar, requerir, dolerse, pordiosear, limosnear. → *Dar.*

MENDIGO Pobre, pordiosero, mendicante, necesitado, mísero, indigente, menesteroso, mangante. → *Potentado, rico.*

MENDRUGO Pedazo, cacho, trozo de pan. || Tonto, rudo. → *Listo.*

MENEAR Agitar, sacudir, mover, accionar, revolver, batir, blandir, oscilar, balancear, remover. → *Inmovilizar.*

MENEARSE Debatirse, procurar, agitarse, diligenciar.

MENEO Agitación, sacudimiento, temblor, movimiento. → *Quietud.* || Contoneo.

MENESTER Carencia, falta, carestía, escasez, necesidad, apuro. → *Abundancia, sobra.* || Tarea, trabajo, función, ejercicio, desempeño, ocupación, cargo, empleo, profesión. → *Ocio.*

MENESTEROSO Necesitado, indigente, pobre, falto, mísero, mendigo. → *Opulento.*

MENGANO Fulano, zutano, perengano, cualquiera.

MENGUA Merma, disminución, menoscabo. → *Aumento.* || Carencia, falta, defecto. → *Perfección.* || Escasez, pobreza. → *Riqueza.* || Perjuicio, descrédito, desdoro. → *Honra.*

MENGUAR Disminuir, decrecer, mermar, acortarse, aminorar, achicar, empequeñecer, reducir, bajar, contraerse, debilitarse, consumirse. → *Aumentar.*

MENOR Reducido, exiguo, pequeño, mínimo, menos, ruin, menudo, corto, escaso, minúsculo. → *Mayor.* || Criatura, niño, pequeño, impúber, adolescente. → *Adulto.*

MENOS Falta, escasez, carencia, ausencia, baja, descenso, salvo, excepto. → *Más, abundancia.*

MENOSCABO Mengua, merma, disminución. → *Aumento.* || Deterioro, daño, perjuicio. → *Relevación.* || Desdoro, quebranto. → *Honra.*

MENOSPRECIAR Despreciar, rebajar, desdeñar, desestimar, degradar.

MENOSPRECIO Desaire, desprecio, desdén, humillación, ultraje, ofensa. → *Aprecio, rehabilitación.*

MENSAJE Misiva, recado, aviso, nota, comunicación, encargo, anuncio, escrito, comisión.

MENSAJERO Enviado, correo, recadero, heraldo.

MENSTRUACIÓN Periodo, regla, mes, menstruo.

MENSUAL Periódico, regular, fijo. → *Irregular.*

MENSUALIDAD Mesada, salario, mes, sueldo, paga, honorarios, haberes, pago, emolumentos.

MENTAL Intelectual, imaginativo, especulativo, espiritual. → *Corporal.*

MENTALIDAD Razón, conocimiento. → *Incapacidad.* || Concepción, pensamiento, cultura.

MENTAR Mencionar, recordar, nombrar, citar. → *Omitir.*

MENTE Inteligencia, imaginación, cerebro, cabeza, intelecto, instinto, entendimiento. → *Cuerpo.*

MENTECATO Majadero, simple, necio, estúpido, idiota, sandio, memo, bobo, menguado. → *Sensato, inteligente.*

MENTIR Falsear, engañar, aparentar, fingir, exagerar, desvirtuar, calumniar, disfrazar, esconder, embustir. → *Confesar, decir verdad.*

MENTIRA Engaño, embuste, falsedad, disimulo, artificio, chisme, lío, trola, bola, fábula, exageración, embrollo, infundio, calumnia, patraña, farsa. → *Verdad.*

MENTIROSO Engañador, falso, embustero, engañoso, falaz. → *Verdadero.*

MENTÓN Barbilla, perilla, barba.

MENÚ Carta, lista, minuta.

MENUDENCIA Minucia, insignificancia, bagatela, pequeñez, nadería. → *Enormidad.*

MENUDO Chico, minúsculo, pequeño, diminuto, baladí, despreciable. → *Importante, enorme.*

MEOLLO Sustancia, base, núcleo, centro, fundamento, médula, jugo, fondo. → *Exterior.* || Entendimiento, caletre, juicio, sensatez, cordura. → *Necedad, torpeza.*

MEQUETREFE Títere, muñeco, chiquilicuatro, zascandil, tarambana, estúpido, idiota. → *Aplomado, cabal.*

MERCADER Comerciante, negociante, traficante, especulador, vendedor, mercachifle, mercante.

MERCADERÍA Mercancía, género, artículo, mercaduría.

MERCADO Feria, plaza, zoco, lonja, emporio, contratación, alhóndiga.

MERCANTIL Comercial, mercante.

MERCED Gracia, concesión, dádiva, favor, privilegio, beneficio, regalo, misericordia, recompensa, don, regalo, servicio. → *Injusticia.* || Piedad, conmiseración, misericordia, indulgencia. → *Impiedad.*

MERCENARIO Soldado, asalariado.

MERECER Lograr, obtener, ganar, cosechar, beneficiarse, meritar. → *Desmerecer.*

MERECIDO Justo, meritorio, debido, apropiado. → *Indebido, inmerecido.*

MERECIMIENTO Virtud, mérito, derecho. → *Culpa.*

MERENDAR Almorzar, comer. || Acechar, registrar.

MERETRIZ Prostituta, ramera.

MERIDIANO Luminosísimo, clarísimo, diáfano. → *Oscuro.*

MERIDIONAL Austral, antártico, del sur. → *Septentrional.*

MERIENDA Refrigerio, tentempié, merendola, comida ligera, piscolabis.

MÉRITO Provecho, interés, incentivo, utilizado, atractivo. → *Perjuicio.* || Alabanza, loa, reconocimiento, derecho, virtud, estimación, merecimiento. → *Descrédito, demérito.*

MERITORIO Loable, encomiable, plausible, elogiable, digno, alabable. → *Reprensible, criticable.* || Auxiliar, administrativo, aprendiente, aprendiz. → *Oficial.*

MERMA Disminución, pérdida, desgaste, quebranto, reducción, deterioro, menoscabo, decrecimiento. → *Incremento, aumento.*

MERMAR Disminuir, reducir, menguar, minorar, bajar. → *Aumentar.*

MERMELADA Compota, confitura, dulce, jalea, letuario.

MERODIAR Vagar, deambular, recorrer, vigilar, escrutar, acechar, reconocer, explorar, vagabundear, hurtar. → *Alejarse.*

MES Mensualidad, periodo, lapso, plazo. || Menstruación, menstruo, regla, periodo.

MESA Consola, ménsula, mesilla, escritorio, mueble.

MESETA Altiplanicie, altiplano, llano, llanura, estepa. → *Serranía.*

MESÓN Posada, fonda, figón, hostal, hospedaje, albergue, parador, venta, taberna, hostería.

MESTIZO Híbrido, cruzado, mezclado, bastardo. → *Puro.*

MESURA Moderación, compostura, gravedad, seriedad, circunspección, cordura, prudencia, juicio. → *Descomedimiento, ineducación.* || Reverencia, cortesía, respeto. → *Irreverencia.*

MESURADO Moderado, circunspecto, comedido, sensato, prudente, juicioso, cuerdo. → *Tarambana, imprudente.*

META Fin, final, término, objetivo, remate, culminación, objeto. → *Principio, origen.*

METAFÍSICO Difícil, oscuro, abstruso. → *Fácil.*

METÁFORA Alegoría, imagen, figura, símbolo, representación, tropo, traslación. → *Realidad.*

METAMORFOSIS Alteración, transformación, cambio, modificación, reforma, trasmutación, mudanza, metempsicosis.

METEORITO Bólido, aerolito, astrolito, estrella fugaz.

METER Introducir, insertar, penetrar, empotrar, encajar, embutir, poner, ensartar, clavar, envasar, incluir. → *Extraer, sacar, arrancar.* || Encaminar, inducir, ingerir. → *Disuadir.* || Propinar, dar. → *Encajar.*

METICULOSO Minucioso, detallista, escrupuloso, puntilloso, quisquilloso, metódico, concienzudo. → *Negligente, despreocupado, desordenado.*

MÉTODO Modo, forma, uso, hábito, práctica, usanza, maña, procedimiento, sistema, régimen, manera, costumbre. || Orden, esmero, cuidado, prolijidad, ordenación, norma, sistema, regla. → *Desorden.*

METRÓPOLI Urbe, ciudad, capital, población.

METROPOLITANO Urbano, de la ciudad, de la capital.

MEZCLA Combinación, unión, amalgama, composición, mistura, mejunje, aleación, amasijo, mezcolanza. → *Separación.*

MEZCLAR Juntar, agregar, unir, incorporar, barajar. → *Separar.* || Embrollar, embarullar. → *Desembrollar.*

MEZCLARSE Inmiscuirse, entremeterse, meterse, introducirse, ingerirse. → *Apartarse.*

MEZCOLANZA Amasijo, mezcla, revoltijo, frangollo, miscelánea, fárrago, potingue. → *Separación.*

MEZQUINDAD Pobreza, miseria, estrechez. → *Riqueza.* || Ruindad, avaricia, cicatería. → *Generosidad.*

MEZQUINO Ruin, sórdido, miserable, cicatero, roñoso, ahorrativo, avaro, tacaño, egoísta. → *Generoso, derrochador.*

MICROBIO Bacteria, protozoario, germen, virus, microorganismo, bacilo.

MICROSCÓPICO Minúsculo, diminuto, invisible, pequeñísimo. → *Gigantesco.*

MIEDO Pavor, temor, susto, alarma, horror, terror, aprensión, cobardía, recelo, inquietud, ansiedad. → *Valor, valentía.*

MIEDOSO Medroso, pusilánime, cobarde, temeroso, asustadizo, aterrado, apocado, receloso. → *Valiente.*

MIEMBRO Órgano, parte, extremidad, porción, componente, sección. → *Totalidad.* || Asociado, socio, afiliado, adepto, colega. → *Extraño.* || Falo, pene, verga, méntula, pudendo. → *Vulva.*

MIENTRAS Durante.

MIERDA Defecación, excremento, deyección, deposición, evacuación, detrito, cagada.

MIES Cereal, grano, espiga, trigo, siega, cosecha, recolección.

MIGA Migaja, sobra, resto, desecho, menudencia. → *Hogaza, pan.* || Sustancia, entidad, gravedad, meollo. → *Superficialidad.*

MIGAJA Migajón, miga. || Sobra, pedazo, trozo, resto, partícula.

MIGRAÑA Jaqueca, hemicránea.

MILAGRO Prodigio, portento, fenómeno, pasmo, maravilla, fascinación. → *Realidad.*

MILAGROSO Prodigioso, pasmoso, sobrenatural, portentoso, maravilloso. → *Natural.*

MILICIA Tropa, hueste, ejército, guardia, banda.

MILITAR Guerrero, combatiente, soldado, mercenario, estratega. → *Civil.* || Marcial, castrense, belicoso, soldadesco. → *Civil, pacífico.*

MILLONARIO Potentado, creso, acaudalado, opulento, magnate, poderoso, fúcar, multimillonario, nabab. → *Indigente, pobre.*

MIMAR Malcriar, consentir, condescender, acariciar, halagar, acostumbrar, enviciar. → *Disciplinar, educar.*

MÍMICA Gesto, expresión, ademán, remedo, pantomima, caricatura, gesticulación.

MIMO Carantoña, caricia, arrumaco, halago, ternura, demostración, regalo, condescendencia. → *Desdén, desprecio, brusquedad.* || Consentimiento, vicio, malcrianza. → *Severidad.*

MIMOSO Malcriado, consentido, viciado, melindroso, delicado. → *Ingrato, indiferente.*

MINA Túnel, excavación, galería, yacimiento, vena, perforación, explotación, almadén, filón.

MINAR Horadar, perforar, excavar, socavar. →*Rellenar.* || Debilitar, desgastar, consumir, agotar, arruinar, abatir. → *Reforzar, vigorizar.*

MINIATURA Menudencia, pequeñez, reducción, medallón. → *Enormidad.*

MÍNIMO Chico, diminuto, escaso, exiguo, menor, minúsculo, pequeño, reducido. → *Máximo, mayor.*

MINISTERIO Departamento, cartera, dirección, gabinete, servicio, gobierno. || Función, cargo, ocupación, actividad, ejercicio, empleo.

MINISTRO Consejero, secretario, funcionario, gobernante. || Agente, embajador, enviado, delegado, legado, representante. || Sacerdote.

MINORÍA Minoridad, menoría. → *Mayoría.* || Oposición.

MINUCIA Nimiedad, futilidad, menudencia, insignificancia, nadería. → *Importancia.*

MINUCIOSO Meticuloso, escrupuloso, puntilloso, exacto, nimio, exagerado, quisquilloso, detallista. → *Despreocupado, negligente.*

MINÚSCULO Diminuto, microscópico, pequeñísimo, ínfimo, imperceptible, menudo, mínimo, enano. → *Mayúsculo, gigantesco.*

MINUTA Nota, relación, factura, extracto, lista, catálogo. || Honorarios, cuenta.

MINUTERO Manecilla, aguja, saeta.

MIOPE Cegato, corto de vista. → *Lince, agudo.*

MIRA Propósito, idea, intención, designio, fin. → *Realización.*

MIRADA Ojeada, vistazo, visión, atisbo, contemplación visual, repaso.

MIRADOR Balcón, galería, corredor, balconada, cristalera, terraza, terrado, pabellón, corredor. || Observatorio, miradero.

MIRAMIENTO Consideración, atención, cuidado, respeto, cortesía, circunspección, cautela. → *Desconsideración.*

MIRAR Observar, escrutar, ver, contemplar, ojear, vislumbrar, advertir, divisar, examinar, inquirir. → *Omitir.*

MIRARSE Reparar, esmerarse, cuidar.

MIRÍADA Legión, multitud, inmensidad. → *Finitud.*

MIRÓN Fisgón, curioso, cotilla, espectador. → *Recatado.*

MISÁNTROPO Retraído, misógino, insociable, ascético, arisco, amargado, sombrío, atrabiliario. → *Expansivo, sociable.*

MISCELÁNEA Revoltillo, mezcla, combinación, amasidad, variedad, reunión. → *Homogeneidad.*

MISERABLE Ruin, vil, malvado, perverso, abyecto, canalla, granuja, rufián, infame, criminal. → *Honrado, ejemplar.* || Mísero, infeliz, desdichado. → *Feliz.* || Tacaño, avaro, mezquino. → *Generoso.* || Derrotado, necesitado, abatido, pobre, indigente. → *Rico.*

MISERIA Indigencia, necesidad, escasez, pobreza, infortunio, desdicha, desnudez, carencia, estrechez. → *Opulencia, riqueza.* || Tacañería, avaricia, mezquindad.

MISERICORDIA Humanidad, compasión, piedad, ternura, sensibilidad, lástima, caridad, altruismo. → *Crueldad.* || Perdón, gracia, clemencia. → *Inflexibilidad.*

MISERICORDIOSO Humanitario, bondadoso, clemente, indulgente, generoso, piadoso. → *Inclemente.*

MÍSERO Miserable, indigente, pobre.

MISIÓN Cometido, gestión, encargo, trabajo, tarea. || Embajada, comisión, delegación, poder, facultad. || Apostolado, predicación.

MISIONERO Predicador, divulgador, evangelizador, propagador, apóstol.

MISIVA Nota, carta, billete, esquela, mensaje, aviso, escrito.

MISMO Idéntico, semejante, igual, equivalente, exacto, propio. → *Distinto, otro.*

MISTERIO Incógnita, enigma, secreto, sigilo, reserva, arcano. → *Revelación.*

MISTERIOSO Incógnito, enigmático, secreto, reservado, sigiloso, recóndito, oculto, arcano, místico. → *Evidente.*

MÍSTICO Espiritual, contemplativo, religioso, piadoso, devoto, misterioso. → *Prosaico.*

MITAD Medio, parte, fragmento, porción. → *Todo.* || Centro, medio, promedio. → *Lado.*

MÍTICO Legendario, fabuloso, ficticio. → *Verdadero.*

MITIGAR Dulcificar, suavizar, moderar, disminuir, calmar, sedar, aplacar, minorar. → *Exacerbar.*

MITÍN Asamblea, reunión, junta, conferencia, congreso, concentración.

MITO Leyenda, fábula, quimera, tradición, relato, ficción. → *Realidad.*

MITRA Obispado, diócesis, sede.

MIXTO Misceláneo, combinado, heterogéneo, híbrido, incorporado, mezclado, complejo, compuesto. → *Simple.*

MOBILIARIO Moblaje, enseres, bártulos, ajuar.

MOCEDAD Juventud, muchachez, adolescencia.

MOCIÓN Impulso, movimiento. → *Quietud.* || Propensión, inclinación. → *Reparo.* || Propuesta, proposición.

MOCO Flema, mucosidad.

MOCHILA Morral, zurrón, macuto, saco, bolsa, barjuleta.

MOCHO Mondado, romo, afeitado. →*Puntiagudo.* || Esquilado, pelado. → *Peludo.*

MODA Usanza, actualidad, uso, boga, novedad. → *Desuso.*

MODALES Educación, maneras, crianza, conducta, ademanes, gestos, acciones, formas, principios, modos.

MODALIDAD Característica, peculiaridad, modo, forma, manera, tipo, clase, circunstancia, particularidad.

MODELAR Crear, formar, tallar, esculpir, cincelar, ajustar, educar. → *Destruir.*

MODELO Prototipo, tipo, ejemplar, dechado, ejemplo, muestra, espécimen, molde, regla, pauta, medida, ejemplo. → *Reproducción, copia.*

MODERACIÓN Mesura, sobriedad, templanza, frugalidad, cordura, sensatez, tolerancia, discreción, virtud, dulzura, comedimiento, temperancia, juicio. → *Exageración, intemperancia, exceso, insensatez.*

MODERADO Comedido, parco, mesurado, sobrio, templado. → *Inmoderado.*

MODERAR Calmar, refrenar, tranquilizar, mitigar, frenar, aplacar, suavizar, corregir, templar, atemperar, atenuar. → *Exarcerbar, exagerar, excitar.*

MODERNIZAR Renovar, rejuvenecer, actualizar. → *Envejecer.*

MODERNO Actual, renovado, nuevo, flamante, remozado, fresco, juvenil, reciente, último. → *Antiguo.*

MODESTIA Humildad, comedimiento, recato, moderación, sencillez. → *Inmodestia.* || Decencia, decoro, honestidad, pudor. → *Indecencia.*

MODESTO Sencillo, humilde, recatado, reservado, comedido, tímido, moderado, templado. → *Altivo, orgulloso.* || Decente, pudibundo, honesto, recatado, púdico. → *Indecente.*

MÓDICO Escaso, reducido, moderado, limitado, parco. → *Exagerado.* || Barato, económico. → *Caro.*

MODIFICAR Transformar, reformar, cambiar, rectificar, renovar, variar, revolucionar, limitar, mudar, alterar. → *Mantener, conservar.*

MODISMO Locución, giro, expresión, dicho, modo, idiotismo.

MODISTA Costurera, modistilla, diseñadora, sastra.

MODO Manera, forma, guisa, método, procedimiento, proceder, uso, práctica, género, técnica, fórmula, carácter, orden, regla, medio, aire.

MODOS Cortesía, decencia, urbanidad, educación. → *Descortesía.*

MODORRA Letargo, soñolencia, torpeza, pesadez, sopor, insensibilidad, somnolencia, flojera. → *Vigilia, actividad.*

MODOSO Educado, cortés, mirado, amable, atento, considerado, fino. → *Grosero.*

MODULACIÓN Entonación, inflexión, módulo.

MÓDULO Regla, tipo, canon, medida. || Divisor, factor. || Modulación.

MOFA Escarnio, bufa, burla, befa, guasa.

MOFARSE Burlarse, agraviar, ofender, escarnecer, guasearse, chunguearse. → *Considerar, respetar.*

MOFLETE Carrillo, mejilla, cachete, pómulo.

MOHÍN Gesto, mueca, monería, ademán, aspaviento, visaje.

MOHÍNO Triste, disgustado, descontento, cabizbajo, sombrío, enfadado, melancólico. → *Alegre.*

MOHO Hongo, descomposición. || Herrumbre, orín, verdín, cardenillo, verdete, robín.

MOHOSO Oxidado, herrumbroso, roñoso, rancio, descompuesto, orniento, ruginoso, enmohecido. → *Fresco, perfecto, inoxidable.*

MOJAR Humedecer, calar, empapar, remojar, duchar, chapuzar, bañar, impregnar, salpicar, regar, embebecer. → *Secar.*

MOJIGATO Gazmoño, timorato, hazañero, hipócrita. → *Sincero.*

MOJÓN Hito, poste, jalón, marca, indicación, cipo, muga. || Catador, catavinos.

MOLDE Matriz, troquel, horma, cuño. || Tipo, muestra, ejemplo, base, modelo.

MOLE Bulto, forma, masa, cuerpo, volumen, mazacote, montón, corpulencia. → *Pequeñez.*

MOLER Triturar, desmenuzar, machacar, aplastar, pulverizar, romper, picar, cascar, quebrantar, molturar. → *Comprimir.* || Derrengar, maltratar, tundir, molestar, fastidiar.

MOLESTAR Fastidiar, irritar, incomodar, disgustar, insistir, marear, agobiar, aburrir, mortificar, amargar, estorbar, enfadar, enojar. → *Deleitar, divertir.*

MOLESTIA Enfado, estorbo, contrariedad, fastidio, dificultad. → *Agrado.*

MOLESTO Enojoso, fastidioso, dificultoso, embarazoso. → *Agradable.*

MOLICIE Blandicia, blandura. || Deleite, ocio, regalo, comodidad. → *Sacrificio.*

MOLIDO Triturado, molturado, pulverizado. || Cansado, fatigado, deshecho. → *Reposado.*

MOLLERA Seso, cabeza, caletre, cacumen.

MOMENTÁNEO Rápido, efímero, transitorio, fugaz, pasajero, provisorio, breve, instantáneo. → *Prolongado, eterno.*

MOMENTO Instante, minuto, segundo, santiamén, tris, soplo, tiempo, plazo, periodo. → *Eternidad.* || Circunstancia, ocasión, oportunidad, coyuntura, actualidad.

MOMIFICAR Disecar, desecar, embalsamar.

MONAGUILLO Monago, acólito, monacillo, escolano.

MONARCA Soberano, rey, príncipe.

MONASTERIO Convento, cenobio, claustro, abadía, cartuja, priorato, noviciado, iglesia.

MONDADIENTES Palillo, limpiadientes, escarbadientes.

MONDADURA Cáscara, piel, monda, corteza, peladura. → *Fruto.*

MONDAR Pelar, descortezar, descascarar, despellejar, limpiar, podar, quitar.

MONEDA Numerario, dinero, caudal, metálico, divisas, cuartos, efectivo, cambio, peculio, fondos, plata. || Pieza, disco, sello.

MONETARIO Crematístico, pecuniario.

MONERÍA Gracia, melindre, monada. || Fruslería, bagatela, nadería.

MONIGOTE Pelele, fantoche, muñeco, títere, polichinela, marioneta, bufón, tímido, calzonazos. → Enérgico.

MONITOR Celador, guardián, instructor, cuidador, custodio, tutor. → Educando. || Subalterno, auxiliar, ayudante.

MONJA Religiosa, hermana, sor, profesa, madre, superiora, novicia, priora.

MONJE Solitario, anacoreta, ermitaño. || Religioso, fraile, cenobita, hermano.

MONO Simio, macaco, mico, cuadrumano, antropoide, primate, chimpancé, orangután, gorila. || Bonito, lindo, primoroso, bello, fino, airoso, proporcionado, delicado, gracioso, pulido. → Feo.

MONÓLOGO Soliloqio, razonamiento. → Coloqio, conversación.

MONOMANÍA Manía, capricho, extravagancia, paranoia, antojo.

MONOPOLIO Consorcio, sindicato, grupo, exclusiva, privilegio, agrupación, concesión, estanco, acaparamiento. → Comercio libre.

MONOPOLIZAR Centralizar, acaparar, estancar.

MONOTONÍA Regularidad, invariabilidad, uniformidad, igualdad, pesadez. → Variedad.

MONÓTONO Uniforme, regular, insistente, invariable, continuo, fastidioso, aburrido, igual. → Variado.

MONSERGA Embrollo, galimatías.

MONSTRUO Engendro, feto, aborto, espantajo, fenómeno, prodigio. || Anormalidad, monstruosidad, deformidad. → Perfeccción, belleza.

MONSTRUOSO Deforme, anómalo, aberrante, irregular, gigantesco, grotesco, contrahecho. → Perfecto, bello. || Cruel, infame, inhumano, perverso, antinatural, teratológico. → Humanitario, humano. || Prodigioso, espantoso, extraordinario, colosal. → Natural.

MONTA Calidad, estimación, valor, importancia, categoría. || Acaballadero.

MONTACARGAS Ascensor.

MONTADURA Montaje, engaste, acoplamiento, montura, engarce.

MONTAJE Acoplamiento, ensamblaje.

MONTAÑA Monte, cordillera, sierra, cerro, pico, macizo, serranía, loma, altura, cumbre, cresta, cima, volcán, ladera, falda, montículo. → Llano, depresión.

MONTAÑERO Alpinista, excursionista, explorador, deportista.

MONTAÑÉS Lugareño, rústico, nativo, natural. → *Llanero.*

MONTAÑOSO Escarpado, accidentado, empinado, áspero, abrupto, escabroso, fragoso, montuoso. → *Llano, uniforme.*

MONTAR Cabalgar, jinetear, subirse, ascender, auparse, encaramarse. → *Descabalgar, descender.* || Acoplar, ensamblar, armar, ajustar, empalmar, erigir, construir, engastar. → *Derribar, quitar.*

MONTARAZ Arisco, montés, agreste, rústico. → *Domado.*

MONTE Montaña, cima, volcán, falda, cerro, cumbre, serranía. || Fronda, soto, zarzal, espesura, bosque, boscosidad. → *Calvero, claro, desierto.*

MONTEPÍO Cooperativa, mutualidad, entidad, asociación, agrupación, organismo.

MONTÍCULO Altozano, otero, eminencia, elevación, cerro, altura, loma, montaña, mogote, terromontero. → *Llano, hoyo.*

MONTÓN Pila, cúmulo, rimero, acumulación, aglomeración, masa, exceso, tropel, legión, porrada, sinnúmero, multitud, infinidad. → *Escasez.*

MONTURA Cabalgadura, corcel, animal, cuadrúpedo, bruto, bestia, caballería. || Arnés, silla, arreos, aperos, guarniciones, bridas. || Montaje, acoplamiento, montadura, engaste, estructura.

MONUMENTAL Grandioso, colosal, enorme, gigantesco, fenomenal, ciclópeo, estatuario, magnífico, magno, grande. → *Insignificante, minúsculo.*

MONUMENTO Monolito, estatua, obra, construcción, inscripción, sepulcro, documento.

MOÑO Rodete, rosca, penacho, adorno, tocado, peinado, copete.

MOQUETE Remoquete, coscorrón, puñada.

MORA Tardanza, demora, dilación, retraso. → *Puntualidad.* || Zarzamora.

MORADA Vivienda, residencia, habitación, casa, domicilio, hogar, mansión, finca, techo, albergue, permanencia, estadía, estada.

MORADO Violáceo, cárdeno, violeta, amoratado, purpúreo, azulado.

MORADOR Habitante, residente, domiciliado, poblador, vecino, inquilino. → *Transeúnte.*

MORAL Espiritual, ético, anímico, decente, decoroso, pudoroso, honorable, moralista. → *Inmoral.* || Deontología, ética, escrúpulo, delicadeza, reparo. → *Inmoralidad.*

MORALEJA Enseñanza, lección, máxima, consejo, prueba, demostración, moralidad.

MORALIDAD Espiritualidad, ética, escrúpulo, reparo, moral.

MORALIZAR Aleccionar, predicar, reformar, catequizar, evangelizar. → *Corromper.*

MORAR Habitar, vivir, residir.

MORATORIA Demora, plazo, espera, prórroga.

MÓRBIDO Suave, blando, fláccido, fofo, muelle, flojo, maleable, laxo, lene. → *Duro, macizo.* || Morboso.

MORBO Afección, enfermedad, epidemia.

MORBOSO Malsano, insalubre, nocivo. → *Saludable.* || Retorcido, torvo, perverso, enfermizo. → *Puro.*

MORDACIDAD Virulencia, causticismo, dicacidad, sarcasmo, causticidad.

MORDAZ Irónico, cáustico, virulento, ácido, burlón, satírico, cínico, incisivo, acre, mordiscante, corrosivo, punzante, murmurador. → *Franco, directo.*

MORDEDURA Mordisco, bocado, dentellada, tarascada, señal, lesión, mordida.

MORDER Dentellear, masticar, mordisquear, roer, apresar, lacerar, desgarrar, triturar, mordiscar, mascar, gastar, corroer. || Difamar, desacreditar, murmurar, criticar, satirizar. → *Alabar.*

MORENO Trigueño, bronceado, tostado, quemado, atezado, cetrino, cobrizo, oliváceo, terroso, oscuro, aceitunado, pardo, carinegro. → *Rubio, claro.*

MORETÓN Cardenal, magulladura, moradura, equimosis, contusión, verdugón, mancha.

MORIBUNDO Agónico, agonizante, expirante, semidifunto, desahuciado, incurable, mortecino. → *Resucitado, sano.*

MORIGERADO Sobrio, comedido, templado, moderado, mesurado. → *Descomedido.*

MORIR Fenecer, expirar, fallecer, perecer, extinguirse, finar, agonizar, sucumbir, matarse, palmar. → *Resucitar, nacer, revivir.*

MORISQUETA Engaño, treta, burla, trufa, mueca.

MORO Marroquí, mauritano, rifeño, muslime, sarraceno, mahometano, musulmán, agareno, morisco.

MOROSIDAD Dilación, tardanza, demora, lentitud.

MOROSO Lento, premioso, remiso, atrasado, retrasado, tardo, tardío. → *Activo.* || Deudor, informal. → *Pagador, cumplidor.*

MORRAL Mochila, bolsa, talego, macuto.

MORRIÓN Casco, yelmo, almete, casquete, capacete, celada, chacó, gorro.

MORRO Jeta, hocico, boca, belfos, labios.

MORROCOTUDO Importante, grave, monumental, formidable. → *Insignificante.*

MORTAJA Sudario, lienzo.

MORTAL Hombre, humano, ser, terrenal, terreno, mundanal, persona, individuo, ente. → *Deidad.* || Efímero, perecedero, frágil, breve, transitorio, temporal. →*Inmortal.* || Funesto, mortífero, fatal, letal. → *Vital.*

MORTANDAD Matanza, hecatombe, mortalidad.

MORTECINO Apagado, tenue, débil, amortiguado, vacilante, borroso, bajo, moribundo. → *Intenso, vivo.*

MORTÍFERO Mortal, funesto, peligroso, letal, deletéreo, exterminador, tóxico. → *Saludable.*

MORTIFICAR Atormentar, torturar, dañar, herir, ultrajar, ofender, irritar, vejar, afligir, doler, molestar, humillar. → *Ayudar, halagar, complacer.*

MORUSA Dinero, moneda, mosca, monís.

MOSAICO Baldosín, azulejo, mayólica, baldosa, cerámica, ladrillo, alicatado.

MOSQUEAR Vapulear, picar, azotar, zurrar.

MOSQUEARSE Escamarse, picarse, amostazarse, ofenderse, resentirse, recelar, desconfiar. → *Confiar.*

MOSQUETE Mosquetón, espingarda, trabuco, rifle, fusil, carabina.

MOSTO Jugo, zumo, extracto, néctar, concentrado, caldo.

MOSTRAR Exhibir, enseñar, exponer, presentar, sacar, abrir, desenvolver, descubrir, extender, destapar, extraer. → *Ocultar.* ‖ Señalar, indicar, advertir, encaminar, explicar, apuntar, marcar.

MOTA Pelusa, partícula, pizca, pinta, hilacha, nudo.

MOTE Alias, sobrenombre, apodo, seudónimo. → *Lema, emblema, divisa.*

MOTEAR Vetear, salpicar, manchar.

MOTEJAR Tildar, tachar, criticar, desaprobar, mortificar, calificar, zaherir, censurar. →*Alabar.*

MOTÍN Sublevación, insurrección, rebelión, levantamiento, algarada, insubordinación, alboroto, sedición, asonada, bullanga. → *Disciplina, orden.*

MOTIVAR Originar, causar. ‖ Explicar, justificar.

MOTIVO Causa, fundamento, razón, móvil, impulso, fondo, génesis, raíz, principio, ocasión. → *Consecuencia.* ‖ Materia, asunto, cuestión, argumento, trama, tema.

MOTOR Máquina, mecanismo, aparato, maquinaria, dispositivo, artefacto.

MOTORIZAR Mecanizar.

MOVEDIZO Movible. ‖ Instable, inseguro. → *Firme.* ‖ Versátil, tornadizo, voluble. → *Fiel.*

MOVER Desplazar, correr, deslizar, cambiar, trasladar, transportar, apartar, quitar, empujar, mudar, remover. → *Parar, inmovilizar.* ‖ Menear, agitar, sacudir, zarandear, blandir, estremecer. → *Parar.* ‖ Incitar, empujar, persuadir, inducir, excitar. → *Disuadir.* ‖ Originar, motivar, causar, ocasionar. →*Detener.*

MOVIBLE Móvil, moviente, movedizo. →*Inmóvil.* ‖ Voluble, variable, tornadizo. → *Fiel.*

MÓVIL Movedizo, movible, portátil. → *Inmóvil.* || Motivo, causa, razón, impulso, precedente, pretexto. → *Efecto.*

MOVILIDAD Actividad, agilidad, desplazamiento. → *Inmovilidad.*

MOVILIZAR Reclutar, llamar, reunir, congregar, levantar, armar, militarizar. →*Desmovilizar, licenciar.*

MOVIMIENTO Desplazamiento, actividad, meneo, velocidad, traslación, marcha, evolución, ritmo, temblor, conmoción, circulación, traslado, agitación, alteración. → *Inmovilidad.* || Revolución, levantamiento, insurrección, motín, maniobra, marcha, elusión. → *Tranquilidad, sosiego.* || Juego, variedad, animación, alternación. → *Rutina.*

MOZA Muchacha, azafata, chica, criada, camarera.

MOZALBETE Mocito, chico, muchacho, mozuelo, mozo.

MOZO Joven, chico, muchacho, chiquillo, mozuelo, zagal, mancebo, efebo, adolescente. →*Núbil, casto, adulto.* || Criado, camarero, doméstico, sirviente. → *Amo.* || Recluta, quinto, soldado.

MUCOSIDAD Flema, moco.

MUCHACHA Criada, moza, chica.

MUCHACHADA Rapazada, chiquillería, niñería.

MUCHACHO Chico, rapaz, niño, chiquillo, zagal.

MUCHEDUMBRE Gentío, multitud, gente, horda, turba, pandilla, aglomeración, abundancia, infinidad, copia. →*Escasez, individuo.*

MUCHO Demasiado, bastante, exceso, profusión, cantidad, demasía, raudal, plétora, montón. → *Falta, poco.* || Numeroso, exagerado, abundante, bastante, extremado. → *Poco.*

MUDA Remuda, cambio, mudanza. || Tránsito, paso. → *Fijación.*

MUDABLE Tornadizo, voluble, variable, versátil, movedizo. → *Firme.*

MUDANZA Traslado, muda, cambio. || Variación, mutación, alteración, transformación. → *Inalterabilidad.*

MUDAR Cambiar, transformar, reformar, enmendar, corregir, invertir, variar, modificar, trocar, alterar, trasladar, remover, transportar. →*Mantener, conservar.*

MUDARSE Marcharse, irse, trasladarse, cambiarse, salir, instalarse. → *Permanecer.*

MUDO Silencioso, afónico, ronco, sordomudo, incapacitado. || Callado, reservado, sigiloso, taciturno, hosco. → *Parlanchín, hablador.*

MUEBLE Enser, mobiliario, bártulo, cachivache, chisme, trasto, trebejo.

MUECA Visaje, gesto, contorsión, aspaviento, guiño, ademán, arrumaco, mohín, monería.

MUELLE Resorte, ballesta, fleje, espiral, suspensión. || Embarcadero, dique, malecón, rompeolas, andén. || Mórbido, blando, delicado, cómodo. → *Rudo, áspero.*

MUERTE Fallecimiento, defunción, fin, extinción, expiración, fenecimiento, agonía, tránsito, óbito, partida, trance. → *Resurrección.* || Parca, hado, sino, destino. || Asesinato, crimen, matanza, liquidación, degollina. || Destrucción, ruina, estrago, desolación. → *Reconstrucción.*

MUERTO Finado, difunto, cadáver, fallecido, interfecto, occiso, víctima, restos, despojos, fiambre. → *Vivo, resucitado.* || Desolado, arruinado, deshabitado, marchito, apagado, liquidado, terminado, acabado. → *Vivo, activo, nuevo.*

MUESCA Escotadura, corte, mella, incisión, rebajo, hendedura, rendija, surco, ranura, entalladura, entalla. → *Relleno.*

MUESTRA Ejemplar, modelo, protipo, ejemplo, espécimen, tipo. → *Copia.* || Prueba, señal, evidencia, testimonio, demostración, indicio. || Rótulo. || Ademán, porte, postura.

MUESTRARIO Repertorio, catálogo, colección, selección, surtido, serie.

MUGIDO Berrido, rugido, barrito, bramido.

MUGIR Bramar, berrear, rugir, bruñir, aullar, bufar, gritar, tronar, resonar. → *Callar.*

MUGRE Suciedad, roña, grasa, pringue, inmundicia, porquería, guarrería, cochambre. → *Limpieza, higiene.*

MUGRIENTO Sucio, roñoso, pringo, puerco.

MUJER Hembra, señora, dama, dueña, matrona, ama, señorita, doncella, Eva, moza, joven. → *Varón.* || Criada. || Esposa, compañera, consorte, pareja, desposada, casada, novia, costilla. → *Soltera.*

MUJERIEGO Faldero, tenorio, donjuán, conquistador, calavera, libertino. → *Casto, misógino.* || Femenino. → *Masculino.*

MULA Mulo.

MULADAR Basurero, estercolero.

MULATO Mestizo, híbrido, cruzado, mezclado, impuro, moreno, oscuro. →*Puro.*

MULERO Arriero, yegüero, acemilero, chalán, carretero.

MULETA Sostén, bastón, apoyo, muletilla.

MULETILLA Estribillo, repetición, tranquillo, insistencia, bordón, bordoncillo. || Muleta.

MULO Burdégano, mula, cuadrúpedo, acémila, caballería, montura, bestia de carga.

MULTA Sanción, pena, castigo, punición, recargo, gravamen, correctivo. → *Indulto, perdón.*

MULTICOLOR Policromo, coloreado, cromático, matizado, irisado, variado, abigarrado, vario. → *Pardo, monocolor.*

MULTIFORME Variado, polimorfo, heterogéneo, desigual, disímil, diverso. → *Uniforme.*

MULTIMILLONARIO Potentado, creso, magnate, acaudalado, pudiente, riquísimo, archimillonario. → *Mísero, pobre.*

MÚLTIPLE Variado, diverso, compuesto. || Combinado, mezclado, numeroso, heterogéneo, complejo. → *Solo, único.* || Múltiplo.

MULTIPLICAR Contar, operar, reproducir, propagar, difundir, proliferar, procrear, aumentar, acrecentar. → *Dividir, disminuir.*

MULTIPLICIDAD Infinidad, copia, multitud, muchedumbre, abundancia. → *Escasez.*

MÚLTIPLO Multíplice, múltiple.

MULTITUD Gentío, muchedumbre, horda, turba, masa, bandada, tropel, enjambre, gentío, aluvión, vulgo, afluencia, miríada, abundancia. → *Individuo, pocos, escasez.*

MULLIDO Blando, fofo, muelle, suave, comódo, esponjoso, ahuecado, elástico, mórbido. → *Duro.*

MUNDANO Fogueado, experimentado, cosmopolita, galante, elegante, frívolo, terrenal, mundanal, profano, fútil. → *Inexperto, espiritual.*

MUNDIAL Universal, internacional, general, global, común. || *Nacional.*

MUNDO Tierra, orbe, planeta, globo, astro, universo, cosmos, orbe, creación, humanidad, género humano.

MUNICIÓN Balas, proyectiles, carga, metralla, armamento, perdigones, balería. || Pertrechos, provisiones, vituallas.

MUNICIPAL Edificio, consistorial, corporativo, comunal, administrativo, urbano.

MUNICIPIO Municipalidad, ayuntamiento, concejo, cabildo, mancomunidad, consistorio. || Habitantes, ciudad, vecindad, villa, ayuntamiento.

MUÑECO Muñeca, figurilla, monigote, juguete, títere, fantoche, pelele, maniquí.

MURALLA Pared, muro, murallón, defensa, paramento, parapeto, baluarte, barrera, tapia, fortificación, paredón, fortificación.

MURGA Banda, comparsa, charanga, orquestina. → *Orquesta.* || Lata, tabarra, fastidio. → *Entretenimiento.*

MURMULLO Susurro, rumor, bisbiseo.

MURMURACIÓN Cotilleo, rumor, susurro, bisbiseo, cuchicheo, chisme, calumnia, crítica.

MURMURAR Susurrar, rumorear, bisbisear, balbucear, musitar, cuchichear, farfullar, rezongar, refunfuñar. → *Gritar.* || Cotillear, chismorrear, comadrear, intrigar, calumniar, criticar, morder, despellejar. → *Alabar.*

MURO Tapia, tabique, medianera, lienzo, pared, paredón, contrafuerte, valla, muralla, defensa.

MURRIA Tedio, morriña, tristeza, melancolía, malhumor. → *Alegría.*

MUSA Inspiración, numen, poesía, soplo, estímulo, ingenio.

MUSARAÑA Sabandija, animalejo, insecto.

MUSCULATURA Encarnadura, carnadura.

MUSCULOSO Fornido, robusto, membrudo, vigoroso, corpulento, atlético, recio, lacertoso. →*Enclenque, débil.*

MUSEO Galería, exposición, pinacoteca, colección, salón, muestra, exhibición, gliptoteca.

MÚSICA Armonía, melodía, ritmo, modulación, canto, cadencia, arte, sonido. → *Estridencia.* || Composición, obra, pieza, partitura, concierto.

MUSICAL Melodioso, armonioso, ritmado. → *Cacofónico.*

MÚSICO Compositor, musicólogo, maestro, autor, ejecutante, artista, intérprete, concertista, solista.

MUSITAR Mascullar, cuchichear, susurrar, murmurar, mascujar. → *Gritar.*

MUSLO Anca, pata, pernil, pierna, pieza, zanca, jamón.

MUSTIO Marchito, ajado, lacio. → *Lozano.* || Melancólico, decaído, triste, mohíno, lánguido. → *Alegre.*

MUSULMÁN Mahometano, muslime, moro, sarraceno, islámico, agareno, morisco, rifeño, beréber, mongrebí, berberisco. → *Cristiano.*

MUTACIÓN Transformación, cambio, muda, vaivén, variación, perturbación, metamorfosis, mudanza, alteración. → *Persistencia, permanencia.*

MUTILACIÓN Amputación, ablación, corte. → *Conservación.*

MUTILADO Lisiado, tullido, incapacitado, impedido, inválido, disminuido, minusválido, cortado, trunco. → *Indemne, entero.*

MUTILAR Quitar, cercenar, cortar, truncar, amputar. || Romper, estropear, deteriorar, fragmentar. → *Conservar.*

MUTIS Retirada, salida, marcha. → *Entrada.* || Callar.

MUTISMO Silencio, pausa, reserva, mutis, discreción, sigilo, mudez, sequedad.

MUTUALIDAD Cooperativa, mutua, montepío, asociación, entidad, agrupación.

MUTUO Recíproco, correlativo, solidario, bilateral, alterno, equitativo. → *Unilateral.*

MUY Mucho, bastante, demasiado, abundante, excesivo, harto, sobrado.

N n

NACARADO Irisado, tornasolado, brillante, liso, nacarino, anacarado. → *Opaco.*

NACER Salir, originarse, surgir, empezar, brotar, aparecer, germinar, venir al mundo, despuntar, proceder, emanar, provenir. → *Morir, finar.*

NACIDO Oriundo, nato. || Idóneo, apto, propio. → *Inepto.* || Nacencia.

NACIENTE Levante, oriente, este. → *Poniente.* || Incipiente, inicial, reciente. → *Moribundo.*

NACIMIENTO Natalicio, natividad. || Principio, fuente, origen. → *Consecuencia.* || Casta, nacionalidad, linaje.

NACIÓN País, pueblo, estado, reino, tierra, región, comarca, patria. || Raza, pueblo, familia, clan, tribu, ciudadanos.

NACIONAL Patrio, territorial, regional, local, peculiar. → *Foráneo, internacional.* || Estatal, oficial, gubernativo, administrativo, público. → *Local.*

NACIONALIDAD Ciudadanía, procedencia, origen, nacionalización, raza, país, patria, estirpe, cuna, naturaleza.

NACIONALISMO Patriotismo, tradicionalismo. || Patriotería, fanatismo, xenofobia.

NACIONALIZAR Confiscar, incautarse, apropiarse. → *Liberalizar.*

NACIONALIZARSE Naturalizarse.

NADA Carencia, ausencia, cero, falta, nulo, poco, mínimo, nadie, poquísimo. → *Todo.* || De ningún modo.

NADAR Flotar, bracear, bucear, zambullirse, sobrenadar, avanzar, bañarse, emerger. → *Hundirse, sumergirse.* || Holgar, abundar, exceder. → *Carecer.*

NADERÍA Nonada, fruslería, bagatela. → *Categoría.*

NADIE Ninguno.

NAIPES Cartas, barajas, juego.

NALGAS Trasero, posaderas, asentaderas, culo, posterior, pompis, cachas, asiento.

NAO Barco, navío, bajel.

NARCISO Presumido, ninfo, ególatra.

NARCÓTICO Estupefaciente, soporífero, hipnótico, dormitivo, droga, somnífero, sedante. → *Estimulante.*

NARCOTIZAR Adormecer, aletargar, hipnotizar.

NARIZ Naso, narices, napias, apéndice nasal, protuberancia, morro. → *Olfato.*

NARRACIÓN Cuento, relato, descripción, historia, relación, reseña, pormenor, detalle, referencia, informe, novela, leyenda, exposición.

NARRAR Contar, relatar, explicar, referir, exponer. → *Callar.*

NATAL Nativo. || Natalicio, nacimiento.

NATALICIO Cumpleaños, nacimiento, aniversario natal, celebración, fiesta, festejo.

NATIVO Natural, oriundo, originario, propio, hijo, habitante, aborigen, indígena. → *Extranjero.* || Salvaje, indígena, aborigen. → *Civilizado.*

NATURAL Nativo. || Normal, frecuente, habitual, corriente, común, ordinario, regular, vulgar. → *Desusado.* || Puro, auténtico, original, legítimo, verdadero. → *Falsificado.* || Sincero, sencillo, espontáneo, llano, abierto. → *Artificioso.* || Carácter, naturaleza.

NATURALEZA Temperamento, genio, índole, condición, humor, temple, fondo, dotes, personalidad, disposición. || Principio, cualidad, propiedad, materia. || Universo, creación, cosmos, elementos. || Género, clase, especie. || Sexo. || Virtud, disposición, calidad.

NATURALIDAD Sencillez, sinceridad, espontaneidad, llaneza, pureza, familiaridad, ingenuidad, simplicidad, franqueza. → *Afectación.*

NATURALIZARSE Nacionalizarse, establecerse, asentarse, aclimatarse.

NAUFRAGAR Zozobrar, hundirse, desaparecer, sumergirse, irse a pique, perderse. → *Salir a flote, flotar.* || Fallar, fracasar, malograrse. → *Lograr.*

NAUFRAGIO Hundimiento, desastre, siniestro, desgracia, fracaso.

NÁUSEA Arcada, basca, ansia, vómito, vértigo, vahído, espasmo, asco. || Disgusto, asco, fastidio. → *Atracción.*

NAUSEABUNDO Repugnante, asqueroso, inmundo, repulsivo, fétido. → *Agradable.*

NÁUTICO Marítimo, naval, oceánico, trasatlántico, marinero. → *Terrestre.*

NAVAJA Cuchillo, cuchilla, hoja, faca, cortaplumas, daga, arma blanca, charrasca.

NAVAJAZO Tajo, corte, cuchillada, herida, puñalada.

NAVAL Náutico.

NAVE Navío, nao, buque, embarcación. || Salón, crujía, recinto, espacio, tinglado, almacén, pabellón.

NAVEGAR Surcar, hender, viajar, pilotar, cruzar, atravesar, conducir, bojear, singlar. → *Anclar, fondear.*

NAVIDAD Nacimiento, natividad.

NAVÍO Buque, barco, embarcación, bajel, nao, carabela, galeón, trasatlántico, lancha, barca.

NEBLINA Niebla, celaje, bruma.

NEBULOSO Nublado, brumoso, caliginoso, neblinoso. → *Despejado.* || Vago, impreciso, borroso, confuso, oscuro, incomprensible, difícil, problemático. → *Comprensible.*

NECEDAD Majadería, disparate, desatino, dislate, absurdo, sandez, idiotez, estupidez, inepcia, bobada. → *Razón, sensatez, acierto.*

NECESARIO Esencial, indispensable, imperioso, forzoso, obligatorio, ineludible, fatal, primordial, importante, útil, provechoso, inevitable, imprescindible, preciso. → *Inútil, voluntario.*

NECESIDAD Obligación, exigencia, menester, precisión, requisito, condición, apuro. → *Libertad, facultad.* || Falta, penuria, carencia, pobreza, déficit, indigencia, aprieto. → *Abundancia, desahogo.*

NECESIDADES Evacuación, excreción, deposición, defecación, deyección.

NECESITADO Falto, mísero, escaso. → *Rico.*

NECESITAR Precisar, carecer, faltar, escasear, requerir, hacer, menester. → *Sobrar.*

NECIO Tonto, bobo, majadero, mentecato, estúpido, torpe, zoquete, simple, ganso, memo, asno, botarate, obtuso, pasmado, incapaz, inepto. → *Sensato, listo.*

NECRÓPOLIS Camposanto, cementerio.

NÉCTAR Elixir, licor, zumo, jugo, líquido.

NEFASTO Funesto, aciago, fatídico, luctuoso, ominoso, sombrío, triste, catastrófico. → *Benéfico, alegre.*

NEGADO Torpe, inhábil, inepto. → *Hábil.*

NEGAR Desmentir, impugnar, oponerse, contradecir, rebatir, refutar, rechazar, rehusar, discutir, denegar, refutar. → *Afirmar.* || Privar, prohibir, impedir, obstaculizar, condenar, evitar, vedar. → *Conceder, permitir.*

NEGATIVA Denegación, negación, repulsa. → *Afirmación.*

NEGATIVO Nocivo, perjudicial, dañino, pernicioso, desventajoso, maligno, lesivo, pesimista. → *Positivo.* || Placa, imagen, película.

NEGLIGENCIA Indolencia, desidia, descuido, despreocupación, distracción, olvido, desliz, omisión. → *Atención, diligencia.*

NEGLIGENTE Dejado, omiso, indolente. → *Atento.*

NEGOCIACIÓN Concierto, convenio, trato. → *Desacuerdo.*

NEGOCIANTE Mercader, traficante, comerciante.

NEGOCIAR Comerciar, traficar, intercambiar, comprar, vender, especular, regatear, mercar, financiar. || Pactar, convenir, tratar, firmar, concertar, acordar, comprometerse. → *Romper.*

NEGOCIO Comercio, asunto, negociación. || Pretensión, agencia, dependencia. || Interés, utilidad, provecho.

NEGRO Oscuro, atezado, moreno, endrino, azabache, quemado, retinto, renegrido. → *Blanco.* || Africano, moreno, indígena, nativo, mulato. → *Blanco.* || Aciago, infausto, desventurado, melancólico, sombrío. → *Dichoso, alegre.*

NEGRURA Oscuridad, tinieblas, negror. → *Claridad.*

NEÓFITO Novicio, converso, prosélito, novato, profeso. || Ignorante.

NERVIO Energía, ímpetu, vigor, dinamismo, empuje, arranque, brío, eficacia. → *Indolencia.* || Tendón, aponeurosis.

NERVIOSO Agitado, excitado, frenético, inquieto, exaltado, angustiado, alterado, intranquilo, histérico, perturbado, irritable, sensible. → *Tranquilo, sereno.*

NETO Puro, limpio, terso, claro, sano, nítido, inmaculado. → *Sucio, borroso.* || Líquido, deducido, exacto, saldo. → *Bruto.*

NEUMÁTICO Cámara, llanta, goma, rueda, cubierta.

NEURASTENIA Neurosis, manía, perturbación, histeria, excitación, depresión, rareza, nerviosidad, trastorno. → *Equilibrio.*

NEUROSIS Neurastenia.

NEUTRAL Imparcial, equitativo, justo, ecuánime, indiferente, frío, objetivo, pacifista. → *Parcial, beligerante.*

NEUTRALIZAR Contrarrestar, compensar, equilibrar, igualar, anular, contener, oponer. → *Fomentar.*

NEUTRO Ambiguo, indefinido, impreciso, indeterminado, indeciso, neutral. → *Definido.*

NEVERA Frigorífico, refrigerador, congeladora, fresquera.

NEXO Vínculo, lazo, relación, afinidad, enlace, parentesco, familiaridad, nudo. → *Desvinculación.*

NICHO Hornacina, cavidad, bóveda, hueco, celda, sepultura, cripta, oquedad, alveolo, fosa.

NIDO Hueco, agujero, guarida, celdilla, madriguera, cubil. || Ponedero, nidal. || Hogar, morada, cobijo, techo.

NIEBLA Bruma, neblina, celaje, vaho, vapor, nube, oscuridad, sombra, cerrazón, confusión. → *Claridad.*

NIEVE Nevada, temporal, tormenta.

NIGROMANTE Brujo, mago, hechicero, adivino, taumaturgo, agorero, augur, médium.

NIMBO Corona, halo, aureola, cerco, resplandor, fulgor, diadema.

NIMIEDAD Amplitud, prolijidad, filatería. → *Concisión.* || Cortedad, poquedad, pequeñez. → *Importancia.*

NIMIO Insignificante, pequeño, menudo, frívolo, minucioso, detallista, baladí, prolijo, difuso, ocioso, banal, mezquino. → *Importante, conciso.*

NINFA Nereida, náyade, sirena, ondina, deidad, sílfide.

NIÑERA Nodriza, ama, aya, chacha, nana, criada, doncella, institutriz.

NIÑERÍA Niñada, puerilidad, chiquillada. || Poquedad, nimiedad, cortedad. → *Importancia.*

NIÑEZ Puericia, infancia, inocencia. → *Vejez.*

NIÑO Nene, pequeño, criatura, rorro, infante, párvulo, crío, mocoso, arrapiezo. → *Adulto.*

NITIDEZ Limpidez, diafanidad, claridad. → *Nebulosidad.*

NÍTIDO Puro, inmaculado, limpio, neto. → *Impreciso.*

NIVEL Línea, cota, elevación, altura, raya, marca, señal, horizonte, valor, cantidad, plano, superficie, ras, elevación, altitud. → *Desnivel.*

NIVELAR Compensar, equiparar, igualar, contrarrestar, emparejar. → *Diferenciar.* || Allanar, aplanar, alisar, explanar, rellenar. → *Desnivelar.*

NÍVEO Claro, blanco, impoluto, inmaculado, puro, cano, nevado, lechoso. → *Negro, oscuro.*

NO Quia, ca, nones, nunca, jamás, de ningún modo, ni mucho menos. → *Sí.*

NOBLE Ilustre, preclaro, aristocrático, linajudo, distinguido, señorial, encopetado, godo, gótico, patricio, esclarecido, aristócrata, caballero, hidalgo, señor. → *Plebeyo, villano.* || Magnánimo, generoso, altruista, desinteresado, elevado, sincero, abierto, grande. → *Mezquino, perverso.*

NOBLEZA Condición, calidad, superioridad. → *Inferioridad.* || Distinción, caballerosidad, generosidad. → *Vulgaridad.* || Hidalguía, aristocracia. → *Plebeyez.*

NOCIÓN Idea, rudimento, fundamento, conocimiento, noticia. → *Ignorancia.*

NOCIVO Perjudicial, pernicioso, dañino, lesivo, desfavorable, desventajoso, tóxico. → *Beneficioso, favorable.*

NOCTÁMBULO Trasnochador, noctívago, nocherniego.

NOCTURNO Nocturnal. → *Diurno.* || Triste, melancólico, retraído. → *Alegre.*

NOCHE Oscuridad, tinieblas, sombras, vigilia, anochecer, crepúsculo, anochecida. → *Día.* || Tenebrosidad, oscuridad, confusión. → *Claridad.*

NODRIZA Ama, aya, chacha, nana, criada, doncella, nutriz.

NÓMADA Errante, ambulante, vagabundo, trashumante, trotamundos. → *Estable.*

NOMBRAMIENTO Designación, nominación, elección. → *Destitución.* || Título, despacho, cédula.

NOMBRAR Mencionar, aludir, designar, calificar, especificar, motejar, apodar, bautizar, apellidar. → *Omitir, ignorar.* || Elegir, ascender, designar, investir, proclamar, escoger, asignar. → *Destituir.*

NOMBRE Patronímico, denominación, apellido, designación, apelativo, apodo, alias, mote, sobrenombre, seudónimo, título.

NÓMINA Plantilla, lista, relación, registro, enumeración, detalle. || Sueldos, emolumentos, haberes, pagas.

NOMINAL Nominativo, denominativo. || Representativo, simbólico, figurado, irreal. → *Real.*

NON Impar, desigual, dispar, disparejo. → *Par.*

NONATO Irreal, inexistente. → *Existente.*

NÓRDICO Septentrional, ártico, escandinavo, boreal, hiperbóreo. → *Meridional.*

NORMA Patrón, medida, regla, pauta, modelo, guía, principio, sistema. → *Caos, irregularidad.*

NORMAL Común, corriente, habitual, frecuente, vulgar, ordinario, conocido, acostumbrado, usual, regular, continuo, natural. → *Desusado, insólito.* || Equilibrado, sensato, juicioso, cuerdo, cabal. → *Desequilibrado.*

NORMALIDAD Tranquilidad, equilibrio, calma, paz, regularidad, cordura. → *Anormalidad.*

NORMALIZAR Regularizar, ordenar, metodizar. → *Desordenar.*

NORTE Septentrión, ártico, boreal. → *Sur.* || Meta, objetivo, rumbo, fin, propósito. → *Indecisión.*

NORTEAMERICANO Yanqui, americano, gringo, estadounidense.

NOSOCOMIO Clínica, hospital.

NOSTALGIA Melancolía, tristeza, pesadumbre, cuita, aflicción, recuerdo, añoranza, pena, evocación. → *Indiferencia, olvido.*

NOTA Anotación, apunte, registro, acotación, aclaración, asiento, glosa, minuta, comentario. || Aviso, anuncio, noticia, advertencia. || Calificación, evaluación, valoración, estima. || Marca, señal, característica. || Concepto, crédito, fama.

NOTABILIDAD Personalidad, personaje, figura, lumbrera, genio, eminencia, héroe. → *Nulidad.* || Fama, notoriedad.

NOTABLE Extraordinario, importante, sobresaliente, trascendental, trascendente, capital, cardinal, grande. → *Insignificante.* || Personaje, notabilidad.

NOTAR Apreciar, advertir, reparar, comprobar, percibir, distinguir, observar, señalar, ver, establecer, marcar, anotar, apuntar, acotar. → *Omitir, ignorar.*

NOTARIO Escribano, actuario, funcionario, amanuense.

NOTICIA Reseña, parte, nueva, informe, aviso, comunicación, acaecimiento, rumor, chisme, bulo, hablilla. || Fama, nombradía. → *Desconocimiento.* || Novedad, suceso, anuncio.

NOTICIERO Informador, notificativo, reportero. → *Callado.*

NOTICIOSO Sabedor, conocedor, instruido. → *Ignorante.*

NOTIFICACIÓN Comunicación, aviso, participación.

NOTIFICAR Reseñar, informar, avisar, declarar, anunciar, ordenar, revelar, comunicar. → *Omitir.*

NOTORIEDAD Fama, reputación, celebridad, nombradía, prestigio. → *Anonimato.*

NOTORIO Evidente, claro, palmario, conocido, manifiesto, público, famoso, palpable, comprobado. → *Desconocido.*

NOVATO Novel, novicio, principiante, aprendiz, neófito, iniciado, bisoño. → *Veterano, experto.*

NOVEDAD Reseña, noticia, nueva. || Primicia, creación, invención, innovación, perfeccionamiento, mejora. → *Tradición.* || Modificación, cambio, alteración, variación, trueque. → *Uniformidad, persistencia.* || Originalidad, extrañeza, singularidad. → *Familiaridad.*

NOVEL Novato.

NOVELA Narración, relato, cuento, folletín, descripción, fábula, ficción, romance, leyenda, gesta, historia. || Mentira, farsa, comedia, cuento, fábula. → *Verdad.*

NOVELESCO Fabuloso, sorprendente, folletinesco, fantástico, romántico, soñador. → *Realista.*

NOVELISTA Literato, escritor, autor, cuentista.

NOVIAZGO Idilio, amorío, flirteo, devaneo, festejo, relaciones, cortejo. → *Separación, rompimiento.*

NOVICIADO Preparación, educación, tirocinio. → *Profesión.*

NOVICIO Principiante, novato. → *Veterano.*

NOVIO Pretendiente, prometido, desposado, festejante, enamorado, cortejador, comprometido, recién casado. → *Separado.*

NUBE Celaje, velo, capa, vapor, nubarrón, nublado, humo, niebla. → *Claro.*

NUBLADO Cerrado, cubierto, encapotado, oscuro, nebuloso, velado, plomizo, gris. → *Despejado.*

NUBLARSE Enfoscarse, emborrascarse, oscurecerse. → *Despejarse.*

NUCA Cerviz, cogote, testuz, cuello, morrillo.

NÚCLEO Centro, foco, meollo, corazón, masa, interior, médula, miga. → *Periferia.*

NUDO Atadura, lazo, vínculo, unión, ligadura, trabazón, lazada. || Tumor, bulto. || Intriga, enredo, trama.

NUEVA Novedad, noticia.

NUEVO Reciente, fresco, inédito, moderno, flamante, actual, loza-
no, virgen. → *Usado, antiguo.* || Desconocido, ignorado, distinto,
extraño. → *Conocido.*

NULIDAD Invalidez, caducidad, impotencia. → *Validez.* || Torpeza,
ineptitud. → *Habilidad.*

NULO Inepto, inútil, torpe, incapaz, ignorante, inservible. → *Com-
petente.* || Anulado, revocado, cancelado, abolido, suprimido. →
Válido, confirmado. || Ninguno.

NUMEN Inspiración, estro, musa.

NUMERACIÓN Foliación, algoritmia.

NUMERAL Numerario, numérico.

NUMERAR Contar, ordenar, marcar, enumerar, inscribir, disponer,
clasificar, foliar, cifrar. → *Confundir.*

NÚMERO Guarismo, cifra, símbolo, signo, expresión, repre-
sentación, notación. || Cantidad, conjunto, cuantía, total, proporción,
cuota. → *Unidad, carencia, falta.*

NUMEROSO Abundante, innumerable, múltiple, inagotable, infinito, nutrido, rico, excesivo. → *Escaso.*

NUNCA Jamás, no, en la vida, de ningún modo, alguna vez. →
Siempre.

NUPCIAL Conyugal, matrimonial, marital, íntimo, esponsalicio, ca-
samentero.

NUPCIAS Boda, casamiento, matrimonio. → *Separación.*

NUTRICIÓN Alimentación, manutención, nutrimento. → *Desnutri-
ción.*

NUTRIR Alimentar, sostener, mantener, sustentar, suministrar, rellenar, atestar, robustecer, sobrealimentar. → *Debilitar, escatimar.*

NUTRITIVO Sustancioso, suculento, alimenticio, fortificante, apetitoso, vigorizante, completo, reconstituyente. → *Insustancial.*

ÑATO   Romo, chato. → *Aguzado.*

ÑOÑERÍA   Remilgo, pusilanimidad, apocamiento, cobardía, ñoñez.
→ *Decisión.*

ÑOÑO   Remilgado, melindroso, tonto, cursi, afectado, escrupuloso,
puntilloso, apocado, insustancial, soso, delicado, necio, indeciso.
→ *Decidido, sensato.*

OASIS Alivio, descanso, consuelo.

OBCECADO Tozudo, terco, testarudo, ofuscado, obstinado, emperrado. → *Comprensivo.*

OBCECARSE Obstinarse, empeñarse, emperrarse. → *Liberarse.*

OBEDECER Acatar, subordinarse, ceder, transigir, someterse, observar, adherirse, cumplir, ceder, prestarse. → *Desobedecer.*

OBEDIENCIA Sumisión, docilidad, disciplina. → *Rebelión.*

OBEDIENTE Sumiso, dócil, disciplinado, manso, suave, manejable, servil, pasivo, respetuoso. → *Desobediente.*

OBELISCO Pilar, obelo, aguja.

OBERTURA Preludio, sinfonía, introducción.

OBESIDAD Corpulencia, adiposidad, gordura. → *Delgadez.*

OBESO Rollizo, corpulento, grueso, adiposo, carnoso, abultado, rechoncho, pesado, gordo. → *Flaco, delgado.*

ÓBICE Inconveniente, obstáculo, rémora, dificultad, entorpecimiento, impedimento. → *Facilidad.*

OBISPADO Diócesis, mitra, sede.

OBISPO Prelado, arzobispo, patriarca.

ÓBITO Defunción, muerte, fallecimiento.

OBJECIÓN Reparo, observación, pero, censura, crítica, dificultad, tacha, réplica. → *Aprobación.*

OBJETAR Reparar, censurar, oponer, replicar, refutar. → *Confirmar.*

OBJETIVO Meta, fin, objeto, finalidad, mira, designio, aspiración. || Imparcial, desapasionado, neutral, desinteresado, recto, justo. → *Parcial, apasionado.* || Material, sustantivo. → *Imaginativo.*

OBJETO Cosa, ente, entidad, sujeto, elemento, factor, masa, sustancia. || Asunto, tema, materia, cuestión. || Finalidad, objetivo, propósito, intención.

OBLICUO Sesgado, diagonal, torcido, inclinado, desviado, desnivelado, caído, transversal, soslayado. → *Recto, perpendicular.*

OBLIGACIÓN Deber, imposición, carga, responsabilidad, cometi-do, exigencia, necesidad. → *Facultad.* || Convenio, contrato, título, desuda, documento. || Dependencia, compromiso, vínculo. → *Des-conexión.*

OBLIGAR Apremiar, imponer, forzar, violentar, exigir, abrumar, sujetar, estipular, coaccionar, constreñir. → *Consentir.* || Favorecer, obsequiar, servir. → *Desdeñar.*

OBLIGATORIO Forzoso, necesario, imprescindible, violento, apre-miante, comprometido, obligado, preciso, ineludible. → *Voluntario.*

ÓBOLO Donativo, dádiva, limosna, ayuda.

OBRA Tarea, trabajo, labor, faena, misión, ocupación, trajín. → *Ocio.* || Producto, resultado, producción, fruto, creación, obtención. || Libro, tratado, texto, escrito, volumen, tomo. || Edificación, edificio, construcción, cimentación.

OBRAR Actuar, ejecutar, ejercer, proceder, hacer, realizar, operar, maniobrar. → *Abstenerse, parar.* || Defecar, deponer, evacuar, cagar, hacer de cuerpo, exonerar. → *Estreñir.*

OBRERO Artesano, operario, productor, menestral, trabajador, asalariado, proletario, peón.

OBSCENO Deshonesto, indecente, libertino, lujurioso, lascivo, por-nográfico, sensual, lúbrico, licencioso. → *Casto, decente.*

OBSEQUIO Regalo, donativo, dádiva, ofrenda, legado, donación, entrega, cesión, gratificación, subvención, concesión, propina.

OBSEQUIOSO Amable, servicial, cortés, complaciente, adulador, servil, zalamero. → *Grosero, descortés.*

OBSERVACIÓN Opinión, indicación, advertencia, consejo, aclara-ción, amonestación, regañina, rectificación, reparo, atención. || Examen, investigación, vigilancia, comparación, inspección, escru-tinio, análisis. → *Omisión, descuido.*

OBSERVADOR Espectador, asistente, presente. || Curioso, minu-cioso, agudo. → *Torpe.* || Enviado, delegado, consejero, repre-sentante.

OBSERVANCIA Acatamiento, respeto, cumplimiento. → *Desacato.*

OBSERVAR Indicar, opinar, respetar, cumplir, obedecer. → *Rebe-larse.* || Examinar, investigar, contemplar, mirar. → *Desatender.* || Atisbar, espiar, acechar.

OBSERVATORIO Mirador, galería, balcón, cristalera, depen-dencia, laboratorio.

OBSESIÓN Ofuscación, perturbación, prejuicio, manía, obstina-ción, preocupación, neurosis, tema. → *Despreocupación, ecuani-midad.*

OBSTÁCULO Barrera, escollo, atasco, freno, traba, molestia, com-plicación, dificultad, estorbo, impedimento, traba. → *Facilidad.* || Trinchera, barrera, alambrada.

OBSTINACIÓN Tozudez, terquedad, pertinencia, porfía, obcecación, insistencia, empeño, testarudez, tenacidad. → *Comprensión, docilidad.*
OBSTINADO Tenaz, testarudo, terco, porfiado. → *Dócil.*
OBSTINARSE Empeñarse, porfiar, encapricharse. → *Ceder.*
OBSTRUCCIÓN Oclusión, cierre. || Impedimento, dificultad. → *Facilidad.*
OBSTRUIR Atascar, taponar, tapar, ocluir, trabar, atrancar, cerrar, impedir, dificultar, estorbar. → *Destapar, liberar.*
OBTENCIÓN Logro, adquisición, alcance.
OBTENER Conseguir, lograr, alcanzar, llegar, agenciar, ganar, conquistar. → *Perder, ceder.*
OBTUSO Boto, romo, despuntado. → *Agudo.* || Rudo, lerdo, tardo. → *Listo.*
OBÚS Cañón, mortero, bombarda. || Proyectil, granada, bala.
OBVIO Evidente, claro, innegable, palmario, aparente, elemental, manifiesto, patente, visible. → *Inexplicable, oscuro.*
OCASIÓN Oportunidad, coyuntura, lance, circunstancia, casualidad, situación. || Ganga, breva, momio, oportunidad, ventaja, provecho. → *Perjuicio.* || Motivo, causa.
OCASIONAL Fortuito, eventual, azaroso, accidental. → *Determinado.*
OCASIONAR Provocar, originar, producir, motivar, causar, determinar, influir, promover. → *Impedir.*
OCASO Crepúsculo, oscurecer, anochecer, atardecer, postura, puesta. → *Alba, amanecer.* || Decadencia, declinación, postrimería. → *Auge.* || Oeste, poniente, occidente. → *Este.*
OCCIDENTAL Ponentisco, ponentino, hespérido. → *Oriental.*
OCEÁNICO Marítimo, náutico, marino, abisal, naval.
OCÉANO Mar, inmensidad, piélago, abismo, vastedad.
OCIO Inactividad, asueto, holganza, desocupación, apatía, pereza, reposo, descanso. → *Actividad.*
OCIOSIDAD Pereza, ocio, holgazanería, indolencia. → *Diligencia.*
OCIOSO Perezoso, gandul, desocupado, indolente, holgazán, apático, vago, inactivo, haragán, parado. → *Trabajador, activo, diligente.*
OCLUSIÓN Obstrucción, cierre, obturación. → *Abrimiento.*
OCULTAMENTE Furtivamente.
OCULTAR Esconder, disimular, encubrir, guardar, tapar, disfrazar, cubrir, omitir. → *Mostrar, descubrir.*
OCULTISMO Espiritismo, hechicería, magia.
OCULTO Escondido, velado, tapado. → *Visible.*
OCUPACIÓN Tarea, labor, trabajo, quehacer, actividad, función, obligación, deber, cometido, faena. → *Desempleo.* || Posesión,

apoderamiento, toma. → *Renuncia.* || Cargo, oficio, empleo, profesión.

OCUPADO Atareado, agobiado, activo, abrumado, trabajador. → *Desocupado.* || Completo, lleno, rebosante, conquistado, tomado, vencido. → *Vacío, abandonado.*

OCUPAR Adueñarse, apoderarse, tomar, apropiarse, invadir, asaltar, vencer. → *Ceder, abandonar.* || Instalarse, acomodarse, situarse, estorbar. → *Abandonar, dejar.* || Habitar, vivir, poseer. → *Desocupar.* || Emplear, responsabilizar, encargar. → *Aliviar.*

OCURRENCIA Gracia, agudeza, chiste, ingenio, sutileza, salero, salida, chispa. → *Necedad.*

OCURRENTE Gracioso, agudo, chistoso. → *Ganso.*

OCURRIR Suceder, acontecer, sobrevenir, pasar, producirse, verificarse, acaecer. → *Fallar, ocasionar.* || Acudir, concurrir.

ODA Cántico, verso, poema, loa, glorificación, apología, panegírico. → *Crítica.*

ODIAR Abominar, aborrecer, execrar, desdeñar, condenar, detestar. → *Amar, querer.*

ODIO Aborrecimiento, antipatía, desprecio, resentimiento, tirria, desafecto, repugnancia, encono, aversión, enemistad, rencor. → *Amor, simpatía.*

ODIOSO Aborrecible, execrable, abominable. → *Simpático.*

ODISEA Gesta, hazaña, aventura, riesgo, drama, tragedia, sacrificio, éxodo, fuga. → *Dicha, paz.*

OESTE Poniente, occidente, ocaso. → *Este.*

OFENDER Agraviar, afrentar, injuriar, burlarse, escarnecer, ultrajar, despreciar, insultar, herir, dañar. → *Alabar, elogiar.*

OFENDERSE Resentirse, picarse, enojarse. → *Soportar.*

OFENSA Herida, insulto, ultraje, agravio. → *Elogio.*

OFENSIVA Ataque, embestida, arremetida, avance, asalto, empuje. → *Retirada, fuga.*

OFENSIVO Afrentoso, injurioso, ultrajante. → *Inicuo.*

OFERTA Proposición, propuesta, ofrecimiento, promesa, sugerencia. → *Negativa, petición, demanda.*

OFICIAL Gubernativo, estatal, gubernamental, nacional, público, administrativo. → *Privado.* || Militar, jefe, superior, comandante. → *Soldado, tropa.* || Funcionario, empleado, secretario, encargado. || Artesano, menestral, trabajador. || Legal, público, solemne. → *Oficioso.*

OFICIAR Celebrar, actuar, ejercer, terciar, arbitrar, intervenir. → *Abstenerse.*

OFICINA Despacho, bufete, estudio, escritorio, notaría, delegación, negociado.

OFICINISTA Empleado, funcionario, escribiente, burócrata, oficial, auxiliar.

OFICIO Profesión, cargo, ocupación, actividad, empleo, menester, plaza, faena, arte, función, tarea. → *Desocupación.* || Documento, escrito, instancia, nota, expediente, comunicado. || Gestión, acción.

OFRECER Ofrendar, prometer, proponer, dedicar, presentar, brindar. → *Rechazar, pedir, retractarse.* || Dar, entregar, donar. → *Pedir.* || Enseñar, manifestar, mostrar. → *Esconder.*

OFRENDA Promesa, don, dádiva, ofrecimiento. → *Repudio.*

OFUSCACIÓN Ofuscamiento, trastorno, turbación, obcecación. → *Discernimiento.*

OFUSCADO Obstinado, obsesionado, terco, ciego, confundido, equivocado, tozudo. → *Razonable.*

OFUSCAR Cegar, perturbar, deslumbrar. → *Iluminar.* || Confundir, trastornar, obcecar. → *Esclarecer.*

OGRO Monstruo, gigante, coco, espantajo, bárbaro, irascible. → *Bondadoso.*

OÍDO Oreja, sentido, percepción, audición, escucha, atención. → *Sordera.*

OÍR Escuchar, percibir, notar, sentir, advertir, atender, obedecer, enterarse. → *Desoír, ignorar.*

OJEADA Vistazo, mirada, atisbo, repaso.

OJEAR Examinar, mirar, observar.

OJERIZA Odio, inquina, rencor, aversión. → *Simpatía.*

OJO Abertura, agujero, boca, orificio, ojete. || Fuente, manantial, hontanar. || Aviso, alerta, atención.

OLA Onda, oleaje, embate.

OLEADA Ola. || Tropel, muchedumbre, gentío. → *Escasez.*

OLEAGINOSO Grasiento, aceitoso, oleoso. → *Seco.*

OLEAJE Marejada, oleada, rompiente, cabrilleo, resaca, ondulación. → *Calma.*

ÓLEOS Unción, extremaunción.

OLER Husmear, olfatear, oliscar, percibir, notar, advertir, indagar, inquirir, averiguar.

OLFATEAR Oler, husmear, oliscar.

OLFATO Tufo. || Instinto, sagacidad, perspicacia.

OLIMPO Edén, cielo, paraíso.

OLOR Fragancia, aroma, efluvio, perfume, emanación, tufo, vaho, fetidez, pestilencia, exhalación.

OLOROSO Aromático, perfumado, odorífero. → *Apestoso.*

OLVIDADIZO Distraído, desmemoriado, despistado, aturdido, atolondrado, descuidado, negligente. → *Atento, cuidadoso.*

OLVIDAR Omitir, descuidar, desatender, negar, postergar, relegar. → *Recordar, considerar.*

OLVIDO Pérdida, omisión, descuido, aturdimiento, negligencia, amnesia. → *Recuerdo.* || Ingratitud. → *Gratitud.*

OLLA Pote, cazo, tartera, puchero, perol, marmita, cazuela. || Guiso, cocido, vianda.

OMISIÓN Supresión, falta, olvido. → *Recuerdo*. || Desidia, dejadez, indolencia. → *Atención*.

OMISO Remiso, flojo, negligente. → *Atento*. || Olvidado, omitido, elíptico. → *Explícito*.

OMITIR Abandonar, excluir, relegar, saltar, pasar, olvidar, dejar, desatender, prescindir. → *Considerar*. || Suprimir, silenciar, callar. → *Recordar*.

ÓMNIBUS Autobús, camioneta, carruaje, vehículo.

OMNIPOTENTE Todopoderoso, el que todo lo puede.

ONANISMO Masturbación, vicio solitario.

ONDA Ola. || Tirabuzón, bucle, rizo, sortija. || Oscilación, ondulación, sinuosidad. || Radiación, vibración.

ONDEAR Ondular, flamear, tremolar, flotar, oscilar, mecerse, agitarse, fluctuar, flamear, columpiarse, mecerse. → *Pender*.

ONDULADO Rizado, ensortijado, encrespado, ondeado, serpenteado, sinuoso, flexuoso. → *Lacio, liso, recto*.

ONDULAR Ondear. || Ensortijar, rizar.

ONEROSO Molesto, gravoso, enojoso. → *Cómodo*. || Costoso, caro, dispendioso. → *Barato*.

ONOMÁSTICO Patronímico. || Cumpleaños.

OPACO Mate, velado, oscuro, sombrío, gris, nebuloso, turbio, lúgubre, triste, melancólico. → *Brillante, transparente, alegre*.

OPCIÓN Selección, disyuntiva, alternativa. → *Coacción*.

OPERACIÓN Ejecución, realización, manipulación, negocio, contrato, maniobra, ejercicio, trabajo. || Intervención quirúrgica, extirpación.

OPERADOR Cirujano. || Obrador, manipulador, ejecutor.

OPERANTE Eficaz, activo. || Operador.

OPERAR Ejecutar, realizar. || Intervenir, extirpar, rajar, cortar, disecar, erradicar, amputar, curar.

OPERARIO Obrero, trabajador, artesano, productor, mecánico, asalariado, menestral. → *Intelectual*.

OPERATIVO Agente, obrante, activo. → *Inoperante*.

OPINAR Suponer, creer, valorar, estimar, juzgar, pensar, declarar, manifestar, revelar. → *Callar*.

OPINIÓN Parecer, juicio, creencia, manifestación, declaración, pensamiento, dictamen, concepto.

OPÍPARO Abundante, suculento, espléndido, sustancioso, copioso, apetitoso. → *Escaso, repugnante*.

OPONENTE Contrincante, rival, competidor, émulo, contendiente, antagonista. → *Partidario*.

OPONER Enfrentar, encarar, resistir, obstruir, rechazar, objetar, contraponer, opugnar, afrontar. → *Facilitar, favorecer, aceptar*.

OPONERSE Impugnar, rechazar, contradecir. → *Admitir*.

OPORTUNIDAD Ocasión, conveniencia, conformidad, casualidad, eventualidad, coyuntura, sazón, circunstancia. → *Inconveniencia.* || Ganga, breva, momio, provecho. → *Pérdida.*

OPORTUNISTA Aprovechado, sagaz, astuto, especulador, positivista, práctico, utilitario, aprovechador. → *Ingenuo, altruista.*

OPORTUNO Adecuado, apropiado, conveniente, propio, conforme, exacto, debido. → *Inoportuno.*

OPOSICIÓN Antagonismo, antítesis, contrariedad, disparidad, disconformidad, contraste, contradicción, competencia, obstáculo, dificultad, impedimento. → *Acuerdo, conformidad, facilidad.* || Examen, concurso, prueba.

OPRESIÓN Dominio, despotismo, absolutismo, autocracia, intolerancia, tiranía, abuso, subyugación, avasallamiento. → *Libertad.* || Asfixia, angustia, ahogo, sofocación. → *Alivio.*

OPRESOR Tirano, dictador, déspota.

OPRIMIR Dominar, tiranizar, sujetar, esclavizar, abusar, humillar, vejar, imperar, sojuzgar, subyugar, avasallar. → *Liberar, libertar.* || Comprimir, aplastar, apretar. → *Soltar.*

OPROBIO Afrenta, deshonra, ignominia, humillación, deshonor, baldón, degradación, infamia. → *Honra, honor.*

OPTAR Seleccionar, escoger, elegir, preferir, decidir. → *Rechazar, renunciar.*

OPTIMISMO Ánimo, esperanza, confianza, brío, entusiasmo, seguridad, tranquilidad, aliento, fe, ilusión. → *Pesimismo.*

OPTIMISTA Animoso, confiado, seguro, feliz. → *Pesimista.*

ÓPTIMO Excelente, superior, perfecto, bonísimo. → *Pésimo.*

OPUESTO Contrario, divergente, adverso, antagónico, enemigo, adversario. → *Favorable, coincidente.*

OPULENCIA Fortuna, riqueza, hacienda. → *Pobreza.* || Copiosidad, abundancia, exuberancia. → *Escasez.*

OPULENTO Abundante, profuso, pródigo, desbordante, exuberante, considerable, pletórico, generoso. → *Escaso.* || Adinerado, rico, acaudalado, pudiente, creso. → *Pobre.*

OPÚSCULO Folleto, ensayo, monografía.

OQUEDAD Hueco, depresión, hoyo, concavidad, seno, agujero, orificio, cavidad, hendedura. →*Saliente.* || Insustancialidad, vaciedad. → *Enjundia.*

ORACIÓN Rezo, súplica, plegaria, preces, invocación, ruego, rogativa. → *Imprecación.* || Frase, locución, expresión, enunciado, proposición. || Razonamiento, discurso, sermón.

ORÁCULO Augurio, vaticinio, auspicio, predicción, pronóstico, profecía, agüero, adivinación.

ORADOR Conferenciante, tribuno, disertador, disertante, charlatán, predicador.

ORAL Verbal, bucal.

ORAR Rezar, implorar, suplicar, rogar, pedir, invocar, impetrar. → *Blasfemar, renegar, execrar.*

ORATE Loco, demente, alienado. → *Cuerdo.*

ORATORIA Dialéctica, retórica, elocuencia, facundia, verborrea, razón, persuasión, convicción, labia, prédica, discurso.

ORBE Esfera, mundo, globo, tierra, planeta, universo, creación. || Redondez, círculo, periferia.

ÓRBITA Curva, trayectoria, recorrido, elipse, circunferencia. || Cuenca, concavidad, hueco. || Ámbito, área, zona, esfera, dominio.

ORDEN Exigencia, mandato, obligación, imposición, precepto, decreto, ley. → *Libertad, albedrío.* || Colocación, distribución, disposición, arreglo, situación, alineación. → *Descolocación.* || Paz, armonía, tranquilidad, disciplina, método. → *Desorden, indisciplina.* || Cofradía, institución, comunidad, hermandad.

ORDENANZA Mandato, orden, régimen, reglamento, estatuto. || Subalterno, mozo, asistente.

ORDENAR Exigir, decretar, mandar, preceptuar. → *Revocar.* || Preparar, arreglar, organizar, colocar. → *Desarreglar.*

ORDINARIO Común, corriente, usual, habitual, acostumbrado, frecuente, conocido, regular. → *Desusado.* || Tosco, basto, vulgar, grosero, zafio, ramplón, soez. → *Elegante, fino.*

OREAR Ventilar, secar, airear.

ORFANDAD Desamparo, abandono. → *Favor.*

ORFANATO Asilo, hospicio, inclusa, hogar.

ORFEBRE Orive, joyero, orífice.

ORFEBRERÍA Joyería, orificia.

ORFEÓN Coro, coral, ronda, conjunto, grupo, masa coral. → *Solista.*

ORGANISMO Ser, criatura, espécimen, ente, individuo, cuerpo, animal. || Sociedad, organización, corporación, institución, entidad.

ORGANIZACIÓN Ordenación, disposición, colocación, distribución, estructura, orden, coordinación. → *Desorden.* || Sociedad, organismo, entidad, institución, establecimiento, representación, asociación.

ORGANIZAR Ordenar, arreglar, preparar. → *Desordenar.* || Establecer, constituir, fundar. → *Disolver.*

ÓRGANO Víscera, entraña, parte, porción. → *Conjunto, totalidad, cuerpo.* || Medio, instrumento, conducto. || Portavoz.

ORGASMO Clímax, eyaculación, polución, espasmo. → *Impotencia.*

ORGÍA Bacanal, saturnal, juerga, festín, jolgorio, desenfreno, escándalo, banquete. → *Recato, castidad.*

ORGULLO Soberbia, vanidad, arrogancia, altivez, engreimiento, impertinencia, jactancia. → *Humildad.* || Honor, dignidad, honra, prez, satisfacción, contento. → *Deshonor.*

ORGULLOSO Altivo, presumido, jactancioso. → *Modesto.*

ORIENTAR Disponer, colocar, situar, poner, emplazar, acomodar, dirigir. → *Descolocar.* || Encaminar, guiar, aconsejar, dirigir, instruir, informar. → *Desorientar, desencaminar.*

ORIENTE Levante, este, naciente, orto. → *Poniente.*

ORIFICIO Agujero, boquete, ojo, abertura, boca, hoyo, hueco, brecha, foramen. → *Cierre, tapón, taponadura.*

ORIGEN Comienzo, principio, fuente, germen, derivación, génesis, raíz, causa, nacimiento. → *Término, fin.* || Procedencia, estirpe, linaje. || País, patria, naturaleza. || Pedigree.

ORIGINAL Insólito, desusado, infrecuente, nuevo, singular, extraño, curioso, peculiar. → *Corriente* || Inicial, primitivo, nuevo, inédito, básico. → *Derivado.* || Manuscrito, folio, hoja, apunte. → *Copia.*

ORIGINALIDAD Novedad, innovación, autenticidad.

ORIGINAR Provocar, producir, engendrar, causar, motivar, ocasionar, determinar. → *Impedir.* || Iniciar, empezar, comenzar. → *Concluir, terminar.*

ORIGINARSE Resultar, seguirse, nacer. → *Extinguirse.*

ORIGINARIO Natural, primigenio, oriundo.

ORILLA Litoral, costa, márgenes, riba, playa, ribazo. → *Interior.* || Borde, canto, orla, esquina, límite, término, franja, costado. → *Centro.*

ORILLAR Concluir, solventar, terminar. → *Enredar.* || Cantear, orlar, bordear.

ORÍN Herrumbre, moho, óxido.

ORINES Orina, excreción, evacuación, meados, pis, necesidad, aguas menores.

ORIUNDO Originario, procedente, nativo. → *Extranjero.*

ORLA Borde, ribete, filete, franja, faja, contorno, cenefa, tira, adorno, ornamento.

ORNAMENTO Adorno, decoración, aderezo, gala, atavío, ornato, decorado. → *Sencillez.*

ORNAR Exornar, decorar, adornar. → *Despojar.*

ORONDO Satisfecho, presumido, ufano, engreído. → *Modesto.* || Esponjoso, hinchado, fofo. → *Macizo.*

OROPEL Baratija, bicoca, quincalla.

ORQUESTA Agrupación, conjunto, grupo musical. → *Solista.*

ORTODOXO Acertado, adecuado, dogmático, fiel, conforme, leal, íntegro. → *Heterodoxo.*

ORTOGRAFÍA Corrección.

ORTOLOGÍA Fonética, fonología, prosodia.

ORUGA Larva, gusano, lombriz, bicho.

OSADÍA Atrevimiento, intrepidez, audacia, ánimo, brío, coraje, imprudencia, arrojo. → *Temor, timidez.*

OSADO Audaz, temerario, resuelto. → *Miedoso.*

OSAMENTA Armazón, esqueleto.

OSAR Atreverse, arriesgarse, animarse, decidirse, lanzarse, aventurarse, emprender. → *Vacilar, temer.*

OSARIO Sepultura, cárcava, cavernario.

OSCILACIÓN Balanceo, vibración, fluctuación. → *Inmovilidad.*

OSCILANTE Móvil, ondulante, cambiante. → *Inmóvil.*

OSCILAR Balancearse, fluctuar, mecerse, columpiarse, bambolearse, flamear, ondular. → *Fijarse, inmovilizarse.*

ÓSCULO Buz, beso.

OSCURECER Atardecer, anochecer, ensombrecer, nublar, ocultar, encapotarse, eclipsarse, entenebrecerse, sombrear, teñir, ennegrecer. → *Aclarar, despejar.*

OSCURIDAD Sombras, tinieblas, noche, negrura, lobreguez, cerrazón, tenebrosidad. → *Claridad.* || Confusión, ambigüedad, embrollo, incertidumbre, lío. → *Precisión, claridad.*

OSCURO Tenebroso, sombrío, negro, gris, renegrido, cetrino, cerrado, nublado, encapotado. → *Claro, despejado.* || Ininteligible, incomprensible, confuso, incierto, dudoso, indescifrable, difícil. → *Claro, fácil.* || Humilde, modesto, sencillo, insignificante. → *Ilustre, destacado, pomposo.*

OSTENSIBLE Palpable, manifiesto, patente. → *Secreto.*

OSTENSIÓN Exposición, manifestación. → *Ocultación.*

OSTENTACIÓN Boato, fausto, fasto, pompa, suntuosidad, lujo, magnificencia. → *Sencillez, modestia.* || Vanagloria, jactancia, vanidad. → *Humildad.*

OSTENTAR Exhibir, mostrar, enseñar, manifestar, revelar, exteriorizar. → *Esconder, ocultar.*

OSTENTOSO Aparatoso, suntuoso, fastuoso, magnífico, espectacular, grandioso, espléndido. → *Modesto, humilde.*

OSTRA Concha, ostia.

OSTRACISMO Destierro, relegación, proscripción. → *Acogimiento.*

OTEAR Avizorar, columbrar, percibir, vislumbrar, distinguir, descubrir, atalayar, registrar, escudriñar, observar.

OTERO Cerro, loma, altozano, colina, eminencia, altura, collado, montículo. → *Llano, cordillera.*

OTORGAMIENTO Permiso, licencia, concesión. || Testamento. || Rúbrica.

OTORGAR Conceder, entregar, conferir, condescender, permitir, consentir, dar, ofrecer, disponer, estipular, prometer. → *Impedir, recibir.*

OTRO Diferente, diverso, distinto, nuevo, tercero.

OVACIÓN Aclamación, aplauso, vítor, loa, vivas, palmoteo, delirio, alabanza, homenaje, triunfo, felicitación. → *Pita, abucheo.*

OVAL Ovalado, ovado.

OVEJA Ovino, cordero, borrego, carnero, ternasco.

OVIL Aprisco, redil.

OVILLARSE Contraerse, encogerse, recogerse. → *Dilatarse.*

OVILLO Rollo, lío, bola, madeja, vuelta, bobina.

OVINO Lanar, ovejuno. || Óvido.

ÓVULO Huevo.

OXIDAR Enmohecer, herrumbrar, estropear, inutilizar, dañar, enroñar, orinecer. → *Limpiar, acondicionar.*

ÓXIDO Orín, verdín, herrumbre, cardenillo, moho.

OXIGENAR Airear.

OYENTES Asistencia, asistentes, auditorio, circunstantes, concurrencia, concurso, espectadores, presentes, público.

P p

PABELLÓN Nave, edificio, cobertizo, ala, local, tinglado, alfaneque, tienda. || Bandera, enseña, insignia. || Nación. || Protección, patrocinio. || Palio, baldaquín, dosel. || Templete, glorieta, quiosco. || Chalet, quinta, torre. || Marquesina.

PÁBILO Torcida, pabilo, mecha.

PÁBULO Alimento, pasto, comida. || Victo, sustento, motivo.

PACER Pastar, tascar, ramonear, rumiar, apacentar, alimentarse, comer.

PACIENCIA Conformidad, tolerancia, aguante, resignación, docilidad, transigencia, condescendencia, pasividad, sufrimiento, mansedumbre. → *Impaciencia.* || Espera, sosiego. || Tardanza, lentitud.

PACIENTE Tolerante, resignado, manso. → *Impaciente.* || Enfermo, doliente, convaleciente, afectado. → *Sano.*

PACIFICACIÓN Paz, tranquilidad, sosiego. → *Intranquilidad.*

PACIFICAR Apaciguar, tranquilizar, aquietar, reconciliar, calmar, sosegar. → *Tranquilizar, soliviantar.*

PACÍFICO Tranquilo, sosegado, plácido, manso, reposado, dócil, afable, quieto. → *Irritable, belicoso.*

PACOTILLA Mercancía, buhonería, mercadería. || Zupia, desecho, bazofia.

PACTAR Tratar, convenir, estipular. || Armonizar, transigir, contemporizar.

PACTO Convenio, avenencia, compromiso, acuerdo, alianza, unión, entendimiento, tratado, concierto, arreglo. → *Desacuerdo.*

PACHORRA Calma. → *Actividad.*

PADECER Aguantar, tolerar, sufrir, resistir, sobrellevar, resignarse, penar, soportar. → *Rebelarse.* || Sentir, experimentar, notar, pasar. → *Ignorar.*

PADECIMIENTO Sufrimiento, dolencia, enfermedad, angustia, daño, pena, dolor, mal. → *Alegría, gozo.*

PADRE Progenitor, papá, ascendiente, cabeza, procreador, autor de los días. → *Madre.*

PADRES Antepasados, progenitores, ascendientes.

PADRINAZGO Apadrinamiento. || Protección, apoyo, patrocinio.

PADRINO Protector, favorecedor, valedor.

PADRÓN Modelo, patrón. || Nómina, lista.

PAGA Haberes, honorarios, sueldo, remuneración, mensualidad, gratificación, salario, jornal. → *Exacción.* || Satisfacción. || Recompensa, correspondencia.

PAGANO Incrédulo, infiel, gentil, idólatra, fetichista, escéptico, supersticioso. → *Creyente.*

PAGAR Desembolsar, abonar, remunerar, entregar, retribuir, saldar, satisfacer, cancelar, cubrir, liquidar, recompensar, indemnizar. → *Cobrar.* || Expiar.

PÁGINA Carilla, anverso, reverso, hoja, folio, plana. || Suceso, episodio, lance.

PAGO Desembolso, paga, reintegro. || Premio, satisfacción, recompensa. || Distrito, región, comarca.

PAÍS Comarca, territorrio, zona, región, lugar, contorno, tierra, jurisdicción, demarcación, pueblo, gente, provincia, reino.

PAISAJE Panorama, espectáculo, vista, campiña, cuadro, pintura, dibujo.

PAISANO Coterráneo, compatriota, conciudadano. → *Extranjero.* || Aldeano, campesino, lugareño, paleto. → *Ciudadano.* || Civil, no militar. → *Militar, castrense.*

PAJA Brizna, hierba, forraje, rastrojo, desecho, broza, inutilidad, hojarasca.

PAJAREAR Gandulear, holgazanear.

PÁJARO Ave, vólatil, alado. → *Perdigón.*

PAJARRACO Pajarruco, pájaro, pajarote.

PAJE Criado, escudero, fámulo.

PALA Zapa, laya, badila. || Raqueta. || Sonsacamiento, sondeo. || Chapa, penca. || Empella.

PALABRA Vocablo, voz, término, expresión, dicho, representación, locución, vocabulario, terminología, léxico. || Promesa, juramento, ofrecimiento, compromiso, obligación, pacto. → *Incumplimiento.* || Discurso, elocuencia, facundia. || Pasaje, texto.

PALABRERÍA Cháchara, verborrea, charla, palique, labia, locuacidad. → *Mutismo, taciturnidad.*

PALABROTA Blasfemia, insulto, grosería, barbaridad, juramento, maldición, terminajo. → *Terneza.*

PALACIEGO Palatino, cortesano.

PALACIO Mansión, caserón, heredad, residencia, castillo, edificio, alcázar. → *Choza.*

PALADAR Gusto, sabor.

PALADEAR Saborear, gustar, catar, probar, relamerse. → *Rechazar, repugnar.*

PALADÍN Caballero, defensor, héroe, guerrero, adalid, sostenedor, campeón. → *Difamador, atacante.*

PALADINO Público, manifiesto, patente. → *Escondido.*

PALAFRÉN Corcel, cabalgadura, caballo, montura, bridón, trotón, jaca. → *Jamelgo.*

PALANCA Barra, alzaprima, barrote, eje, tranca, varilla, pértiga, palo, viga. || Valimiento, influencia.

PALANGANA Lavamanos, jofaina, aguamanil, lavabo, recipiente, cubeta, palancana.

PALANQUÍN Litera, andas, angarillas, parihuelas, camilla, silla de manos.

PALATINO Cortesano, palaciano.

PALCO División, compartimiento, localidad, sector, sección, tabladillo. || Aposento.

PALESTRA Liza, coso, arena, campo, lucha, duelo, lidia, combate.

PALETO Cateto, palurdo, aldeano, rústico, lugareño, pueblerino, tosco, zafio, cerril. → *Ciudadano, mundano, educado.*

PALIAR Mitigar, suavizar, calmar, moderar, aliviar, dulcificar, aminorar, atemperar. → *Exacerbar.* || Disimular, excusar, disculpar. → *Evidenciar.*

PALIATIVO Atenuante, suavizante, calmante. → *Excitante.* || Paliatorio.

PALIDEZ Amarillez, palor.

PÁLIDO Descolorido, blanquecino, incoloro, desvaído, amarillento, macilento. →*Coloreado.* || Desencajado, alterado, turbado, angustiado. → *Sereno.*

PALINGENESIA Regeneración, renacimiento.

PALINODIA Recantación, retractación.

PALIZA Soba, tunda, vapuleo, zurra, castigo, azotaina, somanta. → *Caricias.*

PALMA Mano. || Gloria, recompensa, triunfo. || Datilera, palmera.

PALMAS Aplausos, palmadas, vítores, ovación, aclamación. → *Abucheo.*

PALMOTEAR Aplaudir, palmear.

PALO Estaca, poste, madero, vara, cayado, bastón, báculo, porra, barra, viga, tranca. || Golpe, trancazo, estacazo, garrotazo, bastonazo. || Poste, mástil, asta.

PALOMA Pichón, tórtola, torcaz, zurita.

PALPABLE Evidente, tangible, real, material, concreto, perceptible, manifiesto, sensible, palmario. → *Escondido, inmaterial.*

PALPAR Tocar, sobar, tentar, tantear, manosear, acariciar, frotar.

PALPITACIÓN Latido, pulsación, contracción, dilatación, estremecimiento, angustia, ahogo.

PALPITANTE Anhelante, jadeante. → *Sosegado.* || Interesante, emocionante, penetrante. → *Indiferente.*

PALPITAR Latir. || Estremecer.

PALÚDICO Pantanoso, lacustre, cenagoso. || Febril.

PALURDO Cerril, rústico, aldeano, paleto. → *Urbano.*

PAMPA Sabana, llanura, pradera.

PAMPLINA Melindre, remilgo, tontería, necedad, capricho, futilidad, nadería, bagatela, payasada. → *Cordura.*

PAN Pieza, hogaza, libreta, barra, panecillo, bollo, chusco, bodigo, marraqueta.

PANACEA Droga, remedio, medicamento.

PANCARTA Cartel. || Pergamino.

PANDEMÓNIUM Algazara, confusión, griterío.

PANDILLA Liga, unión, reunión. || Gavilla, caterva, cuadrilla.

PANEGÍRICO Loa, exaltación, encomio, elogio, glorificación, apología, homenaje. → *Censura, diatriba, ofensa.*

PÁNICO Horror, pavor, espanto, miedo, susto, terror, estremecimiento. → *Valor.*

PANORAMA Paisaje, vista, espectáculo. || Horizonte.

PANTALÓN Calzas, bragas.

PANTALLA Reflector, mampara, visera. || Biombo. || Tapadera, encubridor, nube. || Cine, cinematógrafo.

PANTANO Ciénaga, fangal, tremedal, marisma, lodazal, estero, marjal, laguna, aguazal.

PANTANOSO Lacustre, uliginoso, palúdico.

PANTEÓN Mausoleo, sepulcro, tumba, túmulo, monumento, sepultura, cripta.

PANTOMIMA Mímica, imitación, remedo, gesto, expresión, ademán, representación.

PANTUFLA Chinela, chancleta, babucha, zapatilla, sandalia, calzado.

PANZA Barriga, vientre, tripa, abdomen, mondongo, baúl, estómago, grasa, abultamiento.

PAÑO Lienzo, tela, género, casimir, tejido, albero. || Tapiz, colgadura.

PAPA Sumo Pontífice, Santo Padre, Vicario de Cristo, Obispo de Roma. → *Antipapa.*

PAPÁ Padre, progenitor.

PAPANATAS Mentecato, bobo, memo, simple, ingenuo, tontaina, bobalicón, crédulo. → *Listo, despierto.*

PAPEL Pliego, hoja, cuartilla, octavilla, impreso, folleto, documento, escrito, periódico, papiro. || Trabajo, labor, actuación, personaje, representación. || Credencial, carta, título.

PAPELETA Talón, cupón, recibo, cédula, comprobante, resguardo, tarjeta, ficha. || Engorro, obstáculo, dificultad, brete. → *Facilidad.*

PAQUETE Bulto, envoltorio, atado, lío, fardo, bala, paca, saco, envío.

PAR Pareja, yunta, duplo, dos. || Semejante, igual, parejo.

PARA A, hacia.

PARABIÉN Pláceme, felicitación, enhorabuena, cumplido, elogio, congratulación. → *Injuria.*

PARÁBOLA Metáfora, alegoría, moraleja, narración, enseñanza, fábula.

PARACHOQUES Resguardo, defensa, protección, tope.

PARADA Detención, alto, conclusión, fin, descanso, interrupción, pausa, cese. → *Continuación.* || Parador, estación.

PARADERO Destino, localización, situación, lugar, término, refugio, escondite.

PARADISÍACO Feliz, dichoso, celestial. → *Infernal.*

PARADO Detenido, inmóvil, estacionado, aparcado, suspendido, quieto, estático. → *Móvil.* || Desocupado, cesante, ocioso. → *Activo.* || Tímido, timorato, corto, indeciso, corito. → *Osado.*

PARADOJA Contradicción, contrasentido, singularidad, absurdo, rareza, extravagancia. → *Lógica.*

PARADÓJICO Exagerado, contradictorio, absurdo. → *Racional.*

PARAFRASEAR Explicar, comentar, glosar.

PARÁFRASIS Comentario, amplificación, glosa.

PARAGUAS Sombrilla, quitaguas, quitasol.

PARAÍSO Edén, cielo, empíreo, gloria, elíseo, bienaventuranza. → *Infierno.*

PARAJE Lugar, sitio, punto, parte, espacio, zona, situación, territorio, comarca, región. || Ocasión, estado, disposición.

PARALELISMO Semejanza, comparación, correlación. → *Divergencia.*

PARALELO Equidistante, semejante, correspondiente, comparable, afín. → *Diferente.* || Analogía, semejanza, similitud, comparación. → *Diferencia.*

PARÁLISIS Inmovilización, agarrotamiento, atrofia, embotamiento, entorpecimiento. → *Movimiento.*

PARALÍTICO Lisiado, tullido, inmovilizado, atrofiado, impedido, baldado, anquilosado. → *Hábil, ágil.*

PARALIZACIÓN Inmovilidad, marasmo, suspensión.

PARALIZAR Lisiar, tullir, atrofiar. || Detener, obstaculizar, suspender, inmovilizar, cesar, parar. → *Continuar, favorecer.*

PARAMENTO Ornato, adorno, decorar. || Mantillas, sobrecubiertas. || Vestidura.

PÁRAMO Erial, landa, estepa, desierto, sabana, altiplano, pedregal, meseta. → *Vergel.*

PARANGÓN Paralelo, comparación, cotejo.

PARANOIA Locura, manía, monomanía.

PARAPETO Protección, resguardo, barrera, trinchera, defensa, muro, barricada. || Baranda, antepecho, balaustrada, pretil, brocal.

PARAR Frenar, detener, atajar, contener, impedir, obstaculizar, interrumpir, estorbar, suspender, acabar, concluir, terminar. → *Facilitar, proseguir.* || Cesar, demorar, retrasar, concluir, terminar. → *Reanudar.*

PARARSE Enderezarse, levantarse.

PARCELA Terreno, solar, tierra, propiedad, zona, lote, superficie, porción.

PARCIAL Fragmentario, incompleto, falto, segmentario, residual, escaso, fraccionario, truncado. → *Completo, total.* || Injusto, arbitrario, apasionado. → *Justo.*

PARCIALIDAD Bando, partido, bandería. || Inclinación, preferencia. → *Imparcialidad.*

PARCO Frugal, sobrio, moderado, sencillo, escueto. → *Exagerado.* || Serio, reservado, circunspecto, taciturno. → *Parlanchín.*

PARCHE Remiendo, trozo, pieza, emplasto, pegote.

PARDO Grisáceo, terroso, sombrío, ceniciento, oscuro, plomizo, sucio. → *Vivaz, claro.*

PARECER Opinión, dictamen, consejo, sugerencia, juicio, afirmación, concepto. || Creer, considerar, pensar, intuir. → *Ignorar.*

PARECERSE Semejarse, parangonarse, equipararse, igualarse, recordar a. → *Diferenciarse, distinguirse.*

PARECIDO Similitud, semejanza, aire, parentesco, analogía, relación, identidad. → *Diferencia, discrepancia.* || Similar, semejante, análogo, idéntico, afín, aproximado, comparable, homólogo, paralelo. → *Diferente, disímil.*

PARED Tapia, muro, tabique, medianera, muralla, parapeto, obra, paredón.

PAREJA Par, yunta, duplo, doble, dúo, anexo, apareamiento. → *Unidad.* || Compañero, compañía, acompañamiento, amigo. → *Rival.*

PAREJO Similar, parecido, semejante, llano, liso. → *Dispar.*

PARENTESCO Afinidad, familiaridad, vinculación, herencia, consanguinidad, atavismo, conexión, relación, apellido. → *Diferencia.*

PARÉNTESIS Digresión, interrupción, inciso.

PARIA Rufián, golfo, canalla.

PARIDA Parturienta, puérpera.

PARIDAD Igualdad, parejura, similitud. → *Disparidad.* || Equiparación, comparación.

PARIENTE Allegado, familiar, consanguíneo, deudo, ascendiente, descendiente, heredero. → *Extraño.*

PARIHUELA Angarillas, camilla, bayarte.

PARIR Alumbrar, engendrar, procrear, dar a luz, traer al mundo. → *Abortar.*

PARLAMENTAR Dialogar, conferenciar, pactar, concertar, estipular, consultar, debatir, negociar. → *Discrepar.*

PARLAMENTARIO Embajador, conciliador, emisario.

PARLAMENTO Congreso, legislación, senado, asamblea, cámara, diputación, cortes. || Oración, discurso, arenga.

PARLANCHÍN Locuaz, facundo, hablador, lenguaraz, cotorra, parlero, palabrero, verboso, charlatán. → *Silencioso, callado, taciturno.*

PARLANTE Elocuente, hablante, expresivo.

PARLAR Hablar, charlar, parlotear. → *Callar.*

PARO Detención, suspensión, freno, interrupción, atasco, dificultad, complicación. → *Continuación, acción.* || Desocupación, desempleo, censatía.

PARODIA Remedo, imitación, simulacro, caricatura, fingimiento, copia, repetición. → *Realidad.*

PAROXISMO Síncope, accidente, acceso. || Enconamiento, exacerbación. || Irritación, exaltación, fogosidad.

PARQUE Jardín, vergel, campo, arboleda, coto, vedado, fronda, edén, dehesa.

PARQUEDAD Frugalidad, circunspección, parsimonia, templanza. → *Exceso.*

PÁRRAFO Parágrafo, división, pasaje, frase, oración, enunciado, apartado, artículo, aparte.

PARRANDA Juerga, jarana, jaleo, jolgorio, festín, diversión, francachela, bacanal.

PARRANDEAR Esparcirse, farrear, divertirse.

PARRILLA Broqueta, azador, barbacoa.

PARROQUIA Feligresía, congregación, demarcación, fieles, iglesia. || Clientela, público, consumidores, compradores.

PARROQUIANO Feligrés. || Consumidor, cliente, comprador.

PARSIMONIA Pachorra, lentitud, calma, cachaza, tranquilidad, cuajo. → *Dinamismo.* || Frugalidad, moderación, templanza, circunspección, prudencia, parquedad, parsidad. → *Exceso, inmoderación.*

PARTE Fragmento, trozo, porción, partícula, migaja, cacho, corte, segmento, sección, parcela, lote, ración, división, resto, cantidad. → *Totalidad, todo.* || Lugar, sitio, paraje, punto, emplazamiento, zona. || Noticia, aviso, despacho, comunicado.

PARTERA Matrona, comadrona, especialista.

PARTICIÓN Reparto, fraccionamiento, división, repartición. → *Acumulación.*

PARTICIPACIÓN Adhesión, intervención, colaboración. → *Oposición.* || Aviso, anuncio, notificación.

PARTICIPANTE Colaborador, partícipe, interesado.

PARTICIPAR Colaborar, cooperar, asociarse, solidarizarse, concurrir, contribuir, intervenir, competir. → *Abstenerse.* || Informar, notificar, avisar, comunicar. → *Callar.*

PARTÍCIPE Fautor, porcionero, particionero. → *Extraño.*

PARTÍCULA Pizca, triza, átomo, molécula, corpúsculo, parte. → *Cantidad, totalidad.*

PARTICULAR Peculiar, característico, propio, especial, personal, típico, original, distinto, único, raro, esencial, singular, privativo, exclusivo, individual. → *General, habitual, corriente.*

PARTICULARIDAD Originalidad, especialidad, peculiaridad.

PARTICULARIZAR Especializar, singularizar, definir.

PARTIDA Salida, marcha, retirada, traslado, ida, viaje, alejamiento, despedida. → *Llegada, vuelta.* || Pandilla, cuadrilla, facción, horda, banda. || Remesa, envío, expedición, artículos. || Juego, mano, partido, competición, jugada, pugna. || Defunción, muerte.

PARTIDARIO Adepto, adicto, seguidor, incondicional, esbirro, prosélito, simpatizante, afiliado. → *Rival, enemigo.*

PARTIDO Agrupación, asociación, secta, grupo, liga, camarilla, bando. || Juego, partida, competición, jugada, desafío, pugna, liza, porfía. || Beneficio, provecho, ventaja, utilidad, lucro, fruto. → *Pérdida.* || Distrito, jurisdicción, término, zona. || Procedimiento, medio, sistema. || Resolución, disposición, determinación. || Roto.

PARTIR Cortar, romper, dividir, fragmentar, quebrar, fracturar, separar, abrir. → *Juntar, abrir.* || Marcharse, irse, ausentarse, alejarse, largarse. → *Volver, venir.* || Distribuir, repartir, compartir. || Anonadar, desbaratar, desconcertar.

PARTO Alumbramiento, nacimiento, salida, expulsión.

PÁRVULO Niño, chiquillo, nene, pequeño, bebé, infante, criatura, crío, mocoso. → *Adulto.* || Cuitado, humilde, sencillo.

PASADERO Aceptable, tolerable, mediano, llevadero, soportable. → *Insoportable.*

PASADIZO Pasaje, pasillo, corredor. || Angostura, callejón, cañón.

PASADO Remoto, antiguo, pretérito, lejano. → *Actual.* || Antigüedad, tradición, leyenda, historia. → *Presente.* || Rancio, maduro, ajado, estropeado. → *Sano, en sazón.*

PASADOR Pestillo, cerrojo, sujetador, fiador. || Broche, imperdible, aguja. || Colador, filtro, coladero.

PASAJE Pasadizo, paso, calleja, pasillo, corredor, subterráneo, travesía, comunicación, portillo, estrecho, angostura. || Fragmento, parte, trozo. || Antífona, texto. || Impuesto, peaje.

PASAJERO Viajero, turista, excursionista, emigrante, transeúnte. || Fugaz, efímero, breve, momentáneo. → *Eterno, duradero.*

PASAMANO Barandilla, barandal, listón, balaustrada, asidero.

PASANTE Auxiliar, ayudante, asistente. || Viajante, pasajero.

PASAPORTE Permiso, salvoconducto, pase, licencia, visado, documento.

PASAR Acontecer, ocurrir, suceder, sobrevenir, acaecer, verificarse. → *Faltar.* || Transitar, recorrer, desfilar, cruzar. → *Detenerse.* || Llevar, conducir, transportar, cargar. → *Dejar.* || Rebasar, superar, exceder, aventajar. → *Perder.* || Colar, filtrar, refinar, tamizar. || Aprobar, admitir, desimular, tolerar, callar. → *Rechazar.*

PASARSE Excederse, extralimitarse, exagerar. → *Comedirse.* || Pudrirse, marchitarse, estropearse, ajarse, madurar, consumirse, agotarse.

PASARELA Planchada, puente, escala, tabla.

PASATIEMPO Diversión, distracción, entretenimiento, esparcimiento, juego, solaz. → *Aburrimiento.*

PASE Salvoconducto, pasaporte, paso, permiso, autorización.

PASEANTE Trotacalles, vagante, errante.

PASEAR Caminar, callejear, errar, deambular, andar, recorrer, rondar, salir. → *Encerrarse.*

PASEO Caminata, salida, callejeo, excursión, itinerario, viaje. || Avenida, ronda, calle, vía, alameda, camino. → *Calleja.*

PASILLO Corredor, galería, pasadizo, pasaje.

PASIÓN Emoción, frenesí, ímpetu, fiebre, vehemencia, amor, delirio, entusiasmo. → *Indiferencia, aversión.*

PASIVIDAD Paciencia, pasión, padecimiento. → *Acción.* || Inmovilidad, inacción, calma. → *Actividad.*

PASIVO Indiferente, inactivo, insensible, neutral, inerte, inmóvil, paciente, susceptible. → *Activo.*

PASMADO Atribulado, aturdido, confuso. || Papanatas.

PASMAR Asombrar, embelesar, suspender, extasiar, atontar, embobar, alelar, atolondrar, confundir, aturdir. → *Repugar, serenar.* || Enfriar, helar, congelar.

PASMARSE Encanarse, desfallecerse, embeberse. || Aterirse.

PASMO Hielo, enfriamiento, resfriado. || Aturdimiento, admiración, estupefacción, asombro.

PASMOSO Prodigioso, sorprendente, maravilloso, admirable, estupendo, formidable, asombroso. → *Corriente, común.*

PASO Tranco, zancada, movimiento, marcha. || Pisada, huella, marca, señal. || Vereda, senda, camino, desfiladero. || Salida, acceso, entrada, comunicación, abertura. → *Interrupción, obstáculo.* || Diligencia, gestión, empresa.

PASTA Masa, mezcla, mazacote, crema, empaste, argamasa. || Encuadernación.

PASTAR Pacer, ramonear, apacentar, tascar, rumiar, herbajar.

PASTEL Dulce, golosina, masa, bollo, pasta, torta, empanada.

PASTILLA Gragea, tableta, píldora, comprimido, medicamento, oblea, golosina.

PASTO Hierba, forraje, pación, campo, prado, campiña, pastizal. || Pábulo, alimento, sustento.

PASTOR Cabrero, ovejero, cabrerizo, apacentador. || Prelado, cura, obispo.

PASTORAL Pastoril, pastoricio. || Idílico, bucólico.

PASTOSO Viscoso, espeso, denso, grumoso, cremoso, blando. → *Líquido, sólido, seco.* || Gangoso.

PATA Pierna, miembro, remo, zanca, extremidad, cuartos, apoyo, gamba.

PATADA Puntapié, golpe, coz, coceadura, sacudida, pateo, pataleo.

PATALEAR Patear.

PATALETA Rabieta, pasmarota, convulsión.

PATÁN Zafio, tosco, burdo, rudo, rústico, pueblerino, grosero, tosco. → *Refinado, educado.* || Palurdo, gañán.

PATANERÍA Grosería, vulgaridad, tosquedad. → *Urbanidad.*

PATATÚS Soponcio, síncope, desmayo, accidente.

PATEAR Cocear, golpear, sacudir, pegar, patalear, aporrear, agredir.

PATENTE Licencia, cédula, registro, título, invento, certificado, documento, permiso, concesión. || Visible, evidente, notorio, palpable, claro, manifiesto, palmario. → *Dudoso.*

PATENTIZAR Demostrar, revelar, evidenciar. → *Esconder.*

PATEO Silba, pataleo, abucheo.

PATERNAL Afectuoso, solícito, cuidadoso, familiar, indulgente, benévolo, benigno, bondadoso, bueno. → *Intransigente, severo.*

PATÉTICO Dramático, conmovedor, enternecedor, impresionante, trágico, tierno, apasionante, emocionante. → *Alegre, gozoso.*

PATÍBULO Horca, cadalso, suplicio.

PATINAR Deslizarse, escurrirse, resbalar, evolucionar, esquiar. || Equivocarse, colocarse, errar. → *Acertar,*

PATIO Cercado, ballado, huerto, corral, claustro, exedra, impluvio.

PATO Ganso, palmípeda, ánade, ánsar, oca, cisne, ave.

PATOSO Enfadoso, pesado, molesto. → *Ocurrente.*

PATRAÑA Embuste, mentira, infundio, engaño, enredo, calumnia, falacia, bulo. → *Verdad.*

PATRIA Nación, país, cuna, pueblo, nacionalidad, origen, procedencia.

PATRIARCA   Jefe, cabeza, anciano, sabio. || Venerable, honrado, respetado, patriarcal.

PATRICIO   Prócer, aristócrata, noble, personaje, personalidad, señor. → *Plebeyo.*

PATRIMONIAL   Hereditario.

PATRIMONIO   Bienes, hacienda, fortuna, capital, riqueza, herencia, sucesión, dinero, alodio. → *Indigencia.*

PATRIO   Nacional, propio, autóctono, oriundo, fervoroso, patriota.

PATRIOTA   Leal, fiel, nacionalista, tradicionalista, patriotero, xenófobo.

PATRIOTISMO   Civismo.

PATROCINADOR   Padrino, patrono, valedor.

PATROCINAR   Proteger, defender, amparar, auspiciar, respaldar, favorecer. → *Desamparar, rechazar.*

PATROCINIO   Favor, protección, defensa. → *Acusación.*

PATRÓN   Amo, jefe, señor, dueño, patrono. || Molde, horma, muestra, modelo, original. → *Copia, reproducción.* || Titular, santo.

PATRONO   Patrón, amo, dueño, señor, empleador, jefe, director, administrador, defensor, valedor, abogado.

PATRULLA   Destacamento, partida, cuadrilla, pelotón, piquete, ronda.

PAULATINO   Gradual, progresivo, acompasado, lento, cachazudo, lerdo, espacioso, pausado. → *Rápido, irregular.*

PAUPÉRRIMO   Misérrimo, pobrísimo.

PAUSA   Interrupción, alto, detención, intervalo, tregua, espera, cese. → *Continuación, ininterrupción.* || Calma, flema, lentitud. → *Rapidez.*

PAUSADO   Espacioso, paulatino, lento. → *Rápido.*

PAUTA   Patrón, muestra, falsilla.

PÁVIDO   Pusilánime, cobarde, miedoso. → *Valiente.*

PAVIMENTAR   Embaldosar, solar, empedrar.

PAVIMENTO   Piso, suelo, asfalto, firme, adoquinado, enladrillado, empedrado, calzada.

PAVONEARSE   Jactarse, ufanarse, blasonar, cacarear, presumir, fanfarronear. → *Menospreciar, humillarse.*

PAVOR   Terror, miedo, espanto, horror, pánico, susto, alarma, canguelo. → *Valentía, ánimo.*

PAVOROSO   Terrorífico, espeluznante, espantoso. → *Atractivo.*

PAVURA   Pavidez, pavor, miedo. → *Valentía.*

PAYASADA   Ridiculez, bufonada, farsa.

PAYASO   Bufón, caricato, mimo, cómico, gracioso, clown. || Ganso, mamarracho, necio, ridículo. → *Austero.*

PAZ   Concordia, amistad, neutralidad, pacifismo, armonía, avenencia, acuerdo. → *Guerra.* || Calma, sosiego, tranquilidad, silencio, descanso, serenidad. → *Agitación, discordia.*

PEANA Basamento, fundamento, base.
PEATÓN Transeúnte, caminante, paseante, viandante, andarín. → *Automovilista.* || Correo, cartero, estafeta.
PECA Lunar, efélide.
PECADO Culpa, falta, caída, tentación, vicio, desliz, infracción. → *Penitencia, virtud.*
PECADOR Culpable, infractor, violador, miserable, penitente, condenado, nefandario, relapso. → *Virtuoso.*
PECAR Caer, errar, faltar, tropezar, corromperse, degradarse, maliciar, propender, ofender. → *Arrepentirse, expiar.*
PÉCORA Animal, bestia, res. || Ladino, astuto.
PECULIAR Característico, especial, propio, distintivo, típico, singular, especial, particular. → *General, corriente, vulgar.*
PECULIARIDAD Singularidad, particularidad, especialidad. → *Generalidad.*
PECULIO Dinero, pecunia, caudal, fondos, capital.
PECHO Torso, tórax, busto, caja torácica. → *Espalda.*
PECHOS Tetas, mamas, senos, ubres, busto, escote.
PEDADOGÍA Educación, instrucción, didáctica.
PEDAGOGO Instructor, educador, profesor.
PEDALEAR Correr, acelerar.
PEDANTE Fatuo, encopetado, engolado, enfático, afectado, vano, cargante, vanidoso, presumido. → *Sencillo, elegante.* || Sabihondo, redicho.
PEDAZO Fragmento, trozo, porción, parte, pizca, gajo, gota, cacho, añico. → *Totalidad, todo.*
PEDESTAL Base, peana, zócalo, cimiento, soporte, plataforma, pie, fundamento. → *Cornisa, capitel.*
PEDIDO Ruego, solicitación, encargo, comisión.
PEDIGÜEÑO Sablista, gorrón, sacadineros, parásito, vividor, mangante, pidiente, pedidor, pordiosero. → *Serio, pundonoroso.*
PEDIR Rogar, solicitar, requerir, sugerir, instar, suplicar, insistir, rezar, orar, obligar, exigir, ordenar, mendigar, pordiosear, mangar. → *Dar, ofrecer.*
PEDRADA Golpe, cantazo, guijarrazo.
PEDREGOSO Pedrizo, petroso, rocoso. → *Terroso.*
PEDRUSCO Canto, china, piedra, guijarro.
PEGA Dificultad, obstáculo, obstrucción. → *Facilidad.* || Burla, broma, pegata.
PEGADIZO Artificial, falso, añadido. || Contagioso, pegajoso.
PEGADO Parche, pegote, emplasto.
PEGAJOSO Glutinoso, biscoso, untuoso. → *Liso.* || Contagioso, pegadizo. || Suave, meloso, blando. → *Repelente.*

PEGAR Encolar, engomar, adherir, fijar, ligar, sujetar, soldar, unir, juntar. → *Despegar, separar.* || Castigar, maltratar, aporrear, deslomar, reñir, luchar. → *Acariciar.* || Contagiar, transmitir, infectar.

PEGOTE Apósito, emplasto, pegado. || Bodrio, basofia, guisote. || Halagador.

PEINAR Atusar, alisar, desenredar, cardar, acicalar. → *Despeinar.*

PELADO Calvo, mondo, lirondo, liso, pelón, lampiño. → *Peludo.* || Árido, desértico, desnudo, yermo, descubierto. → *Frondoso.*

PELAGATOS Pobretón.

PELAJE Pelo, jaez, ralea, índole.

PELAMBRERA Calvicie, alopecia. || Vello, pelusa.

PELAR Rapar, cortar, afeitar, trasquilar, tonsurar, arrancar. || Mondar, descascarar, descortezar, desplumar, despojar, robar.

PELEA Lucha, combate, contienda, disputa, batalla, pugna, rivalidad, enfrentamiento, guerra. → *Paz, concordia.* || Desavenencia, indisposición, disgusto, enemistad, enfado. → *Amistad.*

PELEAR Batallar, combatir, luchar. || Dominar, oponerse. || Trabajar, esforzarse, afanarse.

PELEARSE Disputar, enemistarse, regañar.

PELELE Monigote, espantajo, muñeco. || Bobalicón, simple, inútil.

PELIAGUDO Dificultoso, difícil, arduo. → *Fácil.* || Hábil, diestro, mañoso.

PELÍCULA Filme, cinta. || Túnica, cutícula, telilla. || Hollejo.

PELIGRO Riesgo, amenaza, aventura, alarma, compromiso, sacrificio, contingencia. → *Seguridad.*

PELIGROSO Aventurado, comprometido, arriesgado. → *Seguro.* || Levantisco, indeseable, turbulento.

PELMAZO Cargante, fastidioso, molesto. → *Simpático.* || Tardo, torpe, calmoso. → *Diligente.*

PELO Cabello, vello, bozo, peluca, crin, hebra, cerda, melena, pelambrera, mechón, pelaje. → *Calva.*

PELOTA Bola, esfera, balón, ovillo, esférico. → *Cubo.* || Adulador, pelotillero, cobista. → *Íntegro, sincero.*

PELOTILLA Coba, adulación, lisonja, alabanza, jabón, camelo. → *Sinceridad.*

PELOTÓN Patrulla, destacamento.

PELUCA Bisoñé, peluquín, postizo, añadido.

PELUDO Belludo, lanudo, leñoso, piloso, hirsuto, espeso, enmarañado. → *Calvo, lampiño.*

PELUSA Vello, bozo, pelillo, hebra, pelo. || Celos, envidia, dentera.

PELLEJO Piel, vellón, cuero. || Corambre, odre. || Cáscara, hollejo.

PELLIZCAR Pizcar. || Coger, asir, apresar.

PELLIZCO Repisco, pizco, pecilgo.

PENA Tristeza, aflicción, nostalgia, dolor, congoja, pesadumbre, sufrimiento, angustia. → *Alegría.* || Condena, sanción, castigo, correctivo, inhabilitación. → *Indulto.* || Agobio, trajín, tarea, fatiga. → *Alivio.*

PENACHO Cimera, capote, airón, plumero, pompón, garzota. || Vanidad, presunción, soberbia. → *Modestia.*

PENADO Recluso, preso, condenado.

PENALIDAD Castigo, pena, penitencia. || Molestia, contrariedad, mortificación.

PENALTY Pena, falta, sanción, castigo (máximo).

PENAR Castigar, escarmentar, infligir. || Padecer, sufrir, tolerar.

PENARSE Afligirse, apenarse.

PENDENCIA Altercado, discusión, disputa, pelea. || Querella.

PENDENCIERO Belicoso, reñidor, batallador. → *Pacífico.*

PENDER Colgar, suspender, bajar, caer, oscilar. → *Subir.* || Depender.

PENDIENTE Arete, colgante, pinjante, arracada, zarcillo, joya. || Diferido, aplazado, prorrogado, suspenso. → *En curso.* || Colgante, inclinado, suspendido. → *Derecho.* || Cuesta, declive, rampa, subida, bajada, desnivel, caída, ladera. → *Llano.* || Irresoluto, suspenso, indeciso. → *Concluso.*

PENDÓN Bandera, estandarte, divisa, insignia.

PÉNDULO Perpendículo, pédmola. || Regulador. || Pendiente.

PENE Miembro, falo, verga, méntula, órgano viril, órgano genital. → *Vulva.*

PENETRABLE Diáfano, permeable, transparente. → *Impenetrable.* || Fácil, claro, comprensible. → *Difícil.*

PENETRACIÓN Comprensión, talento, intuición. || Correría, incursión, invasión.

PENETRANTE Agudo, alto, fuerte, elevado, ensordecedor, hondo, intenso, profundo. → *Débil.*

PENETRAR Entrar, pasar, ingresar, introducirse, insertarse, embutirse, empotrarse, meter. → *Salir, sacar.* || Comprender, entender, interpretar.

PENITENCIA Mortificación, disciplina, expiación, pesar, arrepentimiento, atrición, castigo. → *Alivio.*

PENITENCIARÍA Prisión, cárcel, presidio.

PENITENTE Remiso, arrepentido, disciplinante. → *Impenitente.*

PENOSO Duro, trabajoso, difícil, laborioso, doloroso, lamentable, triste, arduo, dificultoso, enojoso. → *Fácil, alegre.*

PENSADOR Filósofo, sabio.

PENSAMIENTO Raciocinio, inteligencia, reflexión. || Opinión, idea, proyecto. || Proverbio, máxima, frase. || Malicia, recelo, sospecha.

PENSAR reflexionar, razonar, meditar, cavilar, especular, preocuparse, rumiar, imaginar, idear. → *Ofuscarse.* || Creer, sospechar, recelar, maliciar, imaginar, figurarse. → *Confirmar.*

PENSATIVO Absorto, reflexivo, caviloso. → *Distraído.*

PENSIÓN Renta, retiro, subsidio, subvención, compensación, jubilación. || Fonda, hospedaje, alojamiento, albergue.

PENUMBRA Sombra, crepúsculo, media luz.

PENURIA Falta, carencia, ausencia, escasez. → *Abundancia.* || Pobreza, indigencia, estrechez, miseria, desdicha. → *Riqueza.*

PEÑA Roca, piedra, risco, peñasco, escollo. || Tertulia, grupo, casino, círculo, centro.

PEÓN Jornalero, bracero, trabajador, asalariado, menestral, obrero. → *Especialista, intelectual.*

PEONZA Perinola, trompo, peón, juguete.

PEOR Malo, inferior, desdeñable, deficiente, vil, bajo. → *Mejor.*

PEQUEÑEZ Futileza, pamplina, fruslería, nadería. → *Importancia.* || Cortedad, mezquindad, parvidad. → *Grandeza.* || Infancia, parvulez, niñez.

PEQUEÑO Diminuto, minúsculo, menudo, corto, limitado, enano, pigmeo, liliputiense, ruin, escaso, reducido, exiguo, insuficiente. || Infante, chiquillo, niño.

PERCANCE Contratiempo, daño, perjuicio, accidente, avería, incidente, desgracia. → *Solución, alivio.*

PERCATAR Notar, reparar, advertir.

PERCATARSE Enterarse, saber, conocer, percibir. → *Ignorar.*

PERCEPCIÓN Sensación, impresión, aprehensión. || Imagen, idea, representación. || Discernimiento, clarividencia, penetración. || Cobro, recaudación, ingresos. → *Pago.*

PERCEPTIBLE Sensible, inteligente, apreciable. → *Imperceptible.*

PERCIBIR Percatarse, notar, observar, apreciar, ver, divisar. → *Omitir.* || Entender, comprender, penetrar, intuir. → *Ignorar.*

PERCUDIR Empañar, marchitar, ajar.

PERCUSIÓN Golpe, sacudida, choque, porrazo, topetazo, golpeteo.

PERCHA Colgador, perchero, gancho, tendedero, madera, estaca, pértiga.

PERDER Olvidar, dejar, extraviar, abandonar, omitir, descuidar, desperdiciar, fracasar. → *Encontrar, aprovechar, ganar.*

PERDERSE Descarriarse, desviarse, desorientarse, corromperse. → *Enmendarse, encarrilarse.*

PERDICIÓN Ruina, caída, desgracia, descarrío, infortunio, daño, destrucción, desarreglo, desbarate. → *Enmienda.* || Condenación. || Perdimento, pérdida.

PÉRDIDA Carencia, privación, merma. → *Ganancia.* || Perdimento, perdición.

PERDIDO Olvidado, extraviado, despistado, errante. || Descarriado, corrompido, perdulario, vicioso, depravado, tarambana. → *Juicioso.*

PERDÓN Absolución, indulto, amnistía, gracia, clemencia, merced, indulgencia, benignidad, compasión, generosidad, tolerancia, remisión. → *Crueldad, condena.*

PERDONAR Eximir, absolver, indultar. → *Condenar.*

PERDONAVIDAS Matón, valentón, fanfarrón.

PERDULARIO Vicioso, calavera, perdido. || Apático, abandonado, negligente.

PERDURABILIDAD Perpetuidad, eternidad, inmortalidad. → *Caducidad.*

PERDURABLE Eterno, perpetuo, perenne. → *Perecedero.*

PERDURAR Continuar, subsistir, seguir, mantenerse, renovarse, perpetuarse, permanecer. → *Terminar, fenecer.*

PERECEDERO Efímero, breve, corto. → *Perdurable.*

PERECER Morir, fallecer, fenecer, sucumbir, expirar, extinguirse, terminar, desaparecer, acabar. → *Nacer, empezar.*

PEREGRINACIÓN Viaje, excursión, romería, penitencia, éxodo, odisea, trayecto, peregrinaje.

PEREGRINAR Vagabundear, vagar.

PEREGRINO Penitente, romero, viajero, caminante, aventurero, errante.

PERENGANO Mengano, fulano, zutano.

PERENNE Perpetuo, perdurable, persistente, permanente, eterno, continuo. → *Efímero.*

PERENTORIO Terminante, tajante, obligatorio, urgente, ineludible, apremiante, preciso, decisivo. → *Lento, dilatorio, indefinido.*

PEREZA Haraganería, apatía, desidia, indolencia. → *Diligencia.*

PEREZOSO Haragán, holgazán, ocioso, gandul, zángano, indolente, remolón, apático, desidioso, negligente. → *Trabajador, diligente.*

PERFECCIÓN Corrección, progreso, mejora, excelencia. || Hermosura, gracia.

PERFECCIONAR Mejorar, desarrollar, corregir, ampliar, completar, beneficiar, consumar, refinar. → *Estancar.*

PERFECTO Correcto, puro, superior, excelente, sublime, exquisito, insuperable. → *Imperfecto.* || Completo, acabado, único, ideal. → *Defectuoso.*

PERFIDIA Traición, falsedad, alevosía. → *Lealtad.*

PÉRFIDO Alevoso, traidor, infiel, desleal, insidioso, engañoso, astuto, falso, felón. → *Sincero, leal, fiel.*

PERFIL Silueta, figura, contorno, sombra, trazo, rasgo, adorno, raya, límite.

PERFILAR Afinar, rematar, perfeccionar.

PERFILARSE Arreglarse, aderezarse, componerse.

PERFORAR Agujerear, taladrar, penetrar, cavar, horadar, extraer. → *Obturar.*

PERFUMADO Aromático, fragante, oloroso.

PERFUMAR Fumigar, embalsamar, sahumar.

PERFUME Fragancia, bálsamo, aroma, efluvio, esencia, olor, emanación. → *Hedor.*

PERGAMINO Piel, vitela. || Documento, título.

PÉRGOLA Emparrado, glorieta, galería, cenador.

PERICIA Destreza, aptitud, arte, habilidad, maestría, práctica, capacidad. → *Ineptitud.*

PERIFERIA Borde, perímetro, contorno, ámbito, aledaños, afueras, circunferencia. → *Centro.*

PERIFOLLOS Alhajas, adornos, abalorios.

PERÍFRASIS Circunloquio, rodeo, giro, ambigüedad, digresión. → *Exabrupto.*

PERÍMETRO Exterior, contorno, periferia, límite, borde, circunferencia, medida, ámbito. → *Centro.*

PERÍNCLITO Insigne, heroico, ínclito. → *Oscuro.*

PERIÓDICO Gaceta, diario, boletín, noticiero, rotativo, publicación, órgano, revista. || Habitual, regular, asiduo, reiterado, fijo, repetido, alternativo. → *Irregular.*

PERIODISTA Reportero, redactor, gacetillero, corresponsal, cronista, informador.

PERIODO Lapso, ciclo, fase, etapa, plazo, espacio, duración, tiempo, época. || Menstruo, menstruación, regla, mes, menorragia.

PERIPATÉTICO Ridículo, extravagante. || Aristotélico.

PERIPECIA Incidente, caso, ocurrencia, suceso, lance, trance, drama.

PERITO Experto, técnico, práctico, hábil, diestro, competente. → *Incompetente, inexperto.*

PERJUDICAR Dañar, averiar, arruinar, afectar, deteriorar, molestar, impedir, damnificar, lesionar. → *Beneficiar, favorecer.*

PERJUDICIAL Nocivo, dañino, peligroso, nefasto, pernicioso, malo, lesivo. → *Beneficioso, favorecedor.*

PERJUICIO Daño, quebranto, detrimento. → *Favor.*

PERJURAR Prevaricar, jurar.

PERJURIO Perfidia, mentira, falsedad.

PERJURO Desleal, falso, renegado.

PERMANECER Persistir, perseverar, durar, perpetuarse, fijarse, establecerse, afirmarse, resistir, aguantar, conservarse, continuar. → *Desaparecer, marchar.*

PERMANENCIA Duración, continuación, persistencia. → *Paso.*
PERMANENTE Estable, firme, fijo. → *Fugaz.*
PERMEABILIDAD Absorción, filtración, penetración. → *Impermeabilidad.*
PERMISO Aprobación, autorización, concesión, tolerancia, gracia, consentimiento, venia, licencia. → *Prohibición.*
PERMITIDO Consentido, lícito, autorizado. → *Prohibido.*
PERMITIR Consentir, tolerar, facultar. → *Prohibir.*
PERMUTA Cambio, trueque, permutación, canje.
PERMUTAR Cambiar, canjear, intercambiar, trocar, negociar. → *Conservar.* || Alternar.
PERNICIOSO Perjudicial, nocivo, lesivo, dañino. → *Beneficioso.*
PERNOCTAR Hospedarse, alojarse, parar, detenerse, dormir, posar. → *Viajar.*
PERO No obstante, sino, aunque, a pesar, sin embargo, empero. || Defecto, dificultad, obstáculo.
PERORACIÓN Discurso, oración, conferencia. || Conclusión, epílogo.
PERORAR Hablar, declamar, charlar.
PERORATA Alegato, discurso, alocución.
PERPENDICULAR Normal, vertical, derecho, recto, en ángulo recto. → *Oblicuo.*
PERPETRAR Cometer, consumar.
PERPETUAR Glorificar, exaltar, eternizar.
PERPETUIDAD Eternidad, perdurabilidad, inmortalidad.
PERPETUA Imperecedero, perenne, eterno, perdurable. → *Perecedero.*
PERPLEJIDAD Duda, confusión, titubeo. → *Seguridad.*
PERPLEJO Desorientado, vacilante, dudoso, desconcertado, extrañado, indeciso, asombrado. → *Resuelto, seguro.*
PERQUISICIÓN Investigación, indagación, averiguación.
PERRO Can, chucho, gozque, cachorro, dogo, sabueso.
PERSECUCIÓN Caza, seguimiento, alcance.
PERSEGUIR Acosar, acechar, rastrear, seguir, hostigar, alcanzar, buscar, molestar, atosigar, importunar. → *Abandonar.*
PERSEVERANCIA Tenacidad, constancia, firmeza.
PERSEVERANTE Tenaz, asiduo, constante, firme, insistente, empeñoso, tesonero, porfiado. → *Veleidoso, inconstante.*
PERSEVERAR Insistir, continuar, proseguir, seguir, reanudar, prolongar, persistir, mantener, perpetuar. → *Abandonar.*
PERSIGNARSE Santiguarse.
PERSISTENCIA Constancia, insistencia, permanencia. → *Inconstancia.*
PERSISTENTE Tenaz, porfiado, continuo. → *Inconstante.*

PERSISTIR Perdurar, durar, subsistir. || Porfiar, obstinarse, perseverar. → *Renunciar.*

PERSONA Ser, individuo, hombre, mujer, prójimo, sujeto, tipo, personaje. → *Animal.*

PERSONAJE Personalidad, notabilidad, figura, lumbrera, eminencia, dignatario. → *Infeliz.* || Actor, protagonista, estrella, galán, intérprete, figura, papel.

PERSONAL Propio, característico, peculiar, individual, íntimo, privado. → *General, público, colectivo.*

PERSONALIDAD Carácter, temperamento, temple, índole, sello, energía, distintitvo, particularidad. → *Apocamiento.* || Personaje.

PERSONIFICACIÓN Encarnación. || Prosopopeya.

PERSONIFICAR Encarnar, representar.

PERSPECTIVA Aspecto, apariencia, fase, matiz, traza, circunstancia, faceta. || Contingencia, probabilidad, posibilidad. || Lejanía, alejamiento.

PERSPICACIA Agudeza, penetración, sagacidad. → *Torpeza.*

PERSPICAZ Sutil, agudo, penetrante, lúcido, sagaz, inteligente. → *Torpe, necio, obtuso.*

PERSUADIR Convencer, sugerir, seducir, inspirar, sugestionar, atraer, obligar, incitar, impresionar, mover, decidir. → *Disuadir, fracasar.*

PERSUASIVO Sugestivo, seductor, convincente. → *Dudoso.*

PERTENECER Atañer, corresponder, concernir, afectar, competer, incumbir, referirse. → *Desligarse.* || Ser de, depender, supeditarse. → *Librarse.*

PERTENECIENTE Referente, relativo, concerniente. → *Ajeno.*

PERTENENCIA Propiedad, dominio. || Arrugia, concesión. || Accesorio, dependencia.

PÉRTIGA Palo, caño, vara, bastón.

PERTINAZ Tozudo, tenaz, insistente, terco, contumaz, obstinado, testarudo. → *Voluble.* || Duradero, persistente. → *Efímero.*

PERTINENTE Oportuno, adecuado, propio, apto, conforme, debido, inoportuno. || Relativo, referente, perteneciente. → *Extraño.*

PERTRECHAR Proveer, avituallar, abastecer, suministrar, aprovisionar, proporcionar. → *Desatender.*

PERTURBACIÓN Alteración, turbación, anarquía. → *Tranquilidad.*

PERTURBADO Inquieto, conmovido, solivantado. → *Sereno.*

PERTURBADOR Inquietante, alarmante, amenazador, angustioso, impresionante, revolucionario, destructor, amotinador. → *Tranquilizador.*

PERTURBAR Alarmar, inquietar, agitar, alborotar, trastornar, desorganizar. → *Ordenar, tranquilizar.*

PERVERSIDAD Maldad, perfidia, depravación. → *Virtuosidad.*

PERVERSIÓN Depravación, vicio, corrupción, desenfreno, degeneración, maldad. → *Virtud.*

PERVERSO Depravado, degenerado, protervo, maligno. → *Virtuoso.*

PERVERTIDO Corrompido, abellacado.

PERVERTIR Trastornar, perturbar. || Alterar, corromper, viciar. → *Regenerar.*

PERVERTIRSE Enviciarse, encenegarse.

PESADEZ Gordura, obesidad. → *Delgadez.* || Gravedad, pesantez. → *Ligereza.* || Molestia, terquedad, impertinencia.

PESADILLA Ensueño, delirio, alucinación, desvarío, visión, espejismo, angustia, congoja, opresión, preocupación.

PESADO Macizo, cargado, bruto, gravoso, plúmbeo, grave. → *Liviano.* || Cargante, fastidioso, latoso, insoportable. → *Ameno.* || Tardo, calmoso, cachazudo, lento, lerdo. → *Ligero.* || Gordo, obeso. → *Flaco.*

PESADUMBRE Pesar, disgusto. → *Satisfacción.* || Injuria, agravio.

PÉSAME Condolencia, sentimiento, duelo, compasión, simpatía, adhesión. → *Felicitación.*

PESAR Aflicción, dolor, pesadumbre, pena, remordimiento, arrepentimiento. → *Alegría.* || Afligir, doler, remorder. → *Alegrar.* || Comprobar, determinar, precisar, establecer, averiguar (el peso). || Cargar, gravitar, lastrar, sobrecargar. || Influir, ejercer, intervenir, actuar, obrar.

PESCAR Capturar, sacar, extraer, atrapar, apresar, coger, arponear, lograr.

PESCUEZO Cogote, cuello, garganta, cerviz.

PESIMISMO Melancolía, abatimiento, desesperanza, consternación, desilusión, desánimo. → *Optimismo.*

PESIMISTA Triste, atrabiliario, hipocondriaco. → *Optimista.*

PESO Gravedad, gravitación, pesadez, carga, tara, lastre, masa, contrapeso, sobrecarga. → *Ligereza.* || Influencia, trascendencia, fuerza. → *Intrascendencia.*

PESQUISA Investigación, indagación, búsqueda, examen, rastreo, exploración. → *Abandono.*

PESTE Plaga, azote, flagelo, epidemia, morbo, calamidad, contagio. → *Salubridad.* || Pestilencia, hedor, fetidez.

PESTILENCIA Fetidez, peste, hedor, tufo, cochambre, vaho, emanación. → *Aroma.*

PESTILENTE Fétido, hediondo, maloliente, pestífero, nauseabundo, apestoso. → *Aromático.*

PESTILLO Cerrojo, pasador, barra, fiador, falleba, picaporte, pieza, tranca.

PETACA Cigarrera, pitillera, estuche.

PETARDO Cohete, volador, buscapiés, triquitraque, morterete, traca. || Engaño, estafa, timo.

PETICIÓN Pedido, ruego, solicitud.

PÉTREO Granítico, duro, roqueño, diamantino, inquebrantable, recio, pedregoso, rocoso, peñascoso. → *Blando.*

PETRIFICAR Endurecer, fosilizar, solidificar.

PETRÓLEO Lucilina, carburante, gasolina.

PETULANCIA Presunción, vanidad, fatuidad.

PETULANTE Pedante, fatuo, vano, presumido. → *Modesto.*

PIADOSO Misericordioso, caritativo, compasivo, bondadoso, benigno, humano. → *Cruel.* || Religioso, devoto, ferviente, fiel, beato. → *Impío, descreído.*

PIANISTA Concertista, solista, ejecutante, intérprete, artista, músico.

PIAR Cantar, llamar, trinar, emitir, cacarear.

PICADURA Picada, mordedura, puntura. || Pinchazo. || Caries.

PICANTE Ácido cáustico, acre, agrio, avinagrado, intenso, excitante, penetrante, fuerte. → *Suave, dulce.* || Condimento, sazonado, fuerte. → *Soso, insípido.* || Picaresco, satírico, verde, obsceno. → *Recatado.*

PICAPLEITOS Abogado, rábula, leguleyo.

PICAPORTE Aldaba, llamador.

PICAR Pinchar, clavar, punzar, herir. || Desmenuzar, machacar, dividir, cortar, partir. → *Unir.* || Incitar, espolear, estimular, aguijonear. → *Disuadir.*

PICARDÍA Travesura, burla, astucia. || Maldad, ruindad, vileza.

PÍCARO Travieso, pillo, tunante, bribón, granuja, canalla, ruin, bellaco. → *Caballero.*

PICARSE Ofenderse, mosquearse, enfadarse, resentirse, molestarse. || Agriarse, apuntarse, avinagrarse. || Apolillarse, carcomerse. || Jactarse, alabarse, vanagloriarse.

PICAZÓN Prurito, comezón, urticaria. || Resentimiento, enojo, molestia.

PICO Picacho, cumbre, cresta, cima, remate, cúspide, monte. → *Falda, ladera.* || Boca, punta, extremidad. || Piqueta, piocha, zapapico, herramienta.

PICOR Comezón, prurito, picazón, escozor, molestia, desazón, urticaria, hormigueo. → *Alivio.*

PICOTEAR Picar. || Cabecear.

PICUDO Hocicudo. || Charlatán, hablador.

PICHÓN Cría, pollo, palomo, palomino.

PIE Extremidad, extremo, mano, pata, casco, pezuña. || Base, fundamento, motivo, peana, ocasión, razón.

PIEDAD Misericordia, compasión, lástima, humanidad, clemencia, religiosidad, virtud, devoción. → *Crueldad, irreligiosidad.*

PIEDRA Roca, peña, peñasco, risco, sillar, pedrusco, china, canto, guijarro, lápida. || Mineral, granito, pedernal, roca, sílice.

PIEL Epidermis, dermis, pellejo, tegumento, cutis, cutícula, cuero, badana, pelaje.

PIÉLAGO Ponto, mar, océano.

PIENSO Forraje, pación, heno, paja, pasto, verde, herbaje, grano.

PIERNA Extremidad, pata, remo, zanca, muslo, pernil, anca, jamón.

PIEZA Pedazo, parte, trozo, fragmento. || Habitación, cuarto, aposento, estancia, sala, alcoba, dormitorio, recinto. || Moneda, disco, ficha, chapa. || Repuesto, recambio.

PIFIA Plancha, chasco, error, fallo, equivocación, desatino, fiasco, acierto.

PIGMENTADO Coloreado, teñido.

PIGMEO Enano, diminuto, pequeño. → *Gigante.*

PILA Fuente, pilón, lavabo, artesa, lavadero, bebedero. || Montón, cúmulo, acumulación, acopio, caterva. || Acumulador, generador, batería.

PILAR Columna, pilastra, sostén, poste, refuerzo, contrafuerte, base, cimiento.

PÍLDORA Pastilla, comprimido, gragea, oblea. || Pesadumbre, aflicción. || Patraña, embuste, embolisma.

PILOTAR Conducir, mandar, guiar, dirigir, gobernar, navegar, timonear, tripular.

PILOTO Conductor, chofer, guía, director. || Marino, oficial, navegante, timonel, tripulante, aviador.

PILTRAFA Pellejo, residuo, despojo.

PILLAJE Saqueo, rapiña, desvalijamiento, robo, despojo, presa, captura.

PILLAR Saquear, robar, hurtar, desvalijar. || Apresar, agarrar, sorprender, coger, capturar, atrapar. → *Soltar.*

PILLO Pícaro, ladino, listo, astuto. → *Bobo.*

PIMPOLLO Vástago, retoño, brote. || Pollo, mozo, mocetón.

PINACOTECA Exposición, galería, sala.

PINÁCULO Ápice, apogeo, término, colmo, objetivo, máximo. → *Mínimo.* || Cumbre, altura, cima.

PINCELADA Trazo, rasgo, carácter. || Explicación, descripción, expresión.

PINCHADO Agujereado, picado, pespunteado.

PINCHAR Picar, punzar, aguijonear, acribillar, ensartar, clavar, atravesar. || Hostigar, molestar, incitar, atosigar. → *Agradar.*

PINCHAZO Punzadura, picada, remoquete. || Reventón.

PINCHE Aprendiz, galopín, mozo. || Marmitón.

PINCHO Punta, pico, aguja, púa, aguijón, punzón, clavo, espina.

PINGAJO Harapo, andrajo, piltrafa, roto, pingo, guiñapo, colgajo, descosido.

PINGAR Saltar, brincar. || Gotear. || Inclinar.

PINGÜE Copioso, fértil, abundante, provechoso, ventajoso. → *Inconveniente.*

PINTA Mota, peca, mancha, tacha, señal, mácula. || Catadura, aspecto, apariencia, facha, faz.

PINTADO Barnizado, esmaltado, matizado, coloreado.

PINTAR Dibujar, trazar, representar, colorear, teñir, decorar. → *Borrar.* || Describir, narrar, explicar.

PINTOR Artista, retratista, paisajista, maestro, decorador, creador.

PINTORESCO Expresivo, vivo, animado, atractivo, típico, característico. → *Aburrido.*

PINTURA Cuadro, lienzo, lámina, tela, fresco, paisaje, representación, boceto. || Color, tinte, tono, matiz. || Retrato, descripción, explicación.

PÍO Piadoso, devoto, religioso. → *Impío.*

PIOJOSO Tacaño, mezquino, avariento.

PIONERO Precursor, colonizador, adelantado, explorador, fundador, colono.

PIRA Fogata, hoguera, falla.

PIRAGUA Lancha, canoa, bote, esquife, chalupa, chinchorro, batel, cayak.

PIRAMIDAL Descomunal, colosal, fenomenal.

PIRATA Filibustero, corsario, bucanero, corso, aventurero, contrabandista, forajido.

PIROPO Requiebro, adulación, alabanza, flor, lisonja, terneza, galantería. → *Insulto.*

PIROTÉCNICO Polvorista, cohetero, artificiero.

PIRRARSE Anhelar, perecerse, desear.

PIRUETA Cabriola, voltereta, salto, brinco, bote, rebote, gambeta, vuelta, giro.

PIRUJA Vivaracha, pizpireta, desenvuelta.

PISADA Huella, señal, paso, marcha, rastro, vestigio, pista, patada, taconazo, holladura.

PISAR Hollar, andar, pasar, pisotear, calcar, taconear, marcar, aplastar, apisonar, estrujar, apretar. || Infringir, conculcar, quebrantar. || Maltratar, humillar, abatir.

PISCINA Estanque, pecina, baño.

PISCOLABIS Refrigerio, tentempié, colación, bocadillo, aperitivo. → *Banquete.*

PISO Pavimento, suelo, firme, asfalto, tierra, adoquinado. || Habitación, cuarto, domicilio, departamento, apartamento, vivienda.

PISOTEAR Pisar, hollar, apisonar, taconear, aplastar. || Humillar, atropellar, mancillar, agraviar, ofender, escarnecer, despreciar. → *Enaltecer, encumbrar.*

PISTA Huella, señal, rastro, indicio, signo, traza, marca, pisada. || Circuito, campo, carretera.

PISTOLERO Atracador, bandido, asaltante, malhechor, forajido. → *Policía.*

PITA Rechifla, silba, abucheo, protesta, alboroto, pitada. → *Ovación, aplauso.*

PITILLERA Petaca, cigarrera, tabaquera.

PITO Silbato, sirena, silbo. || Taba.

PITONISA Adivinadora, sacerdotisa, hechicera.

PITORREO Guasa, chunga, chacota, burla, befa, chanza, chasco, cuchufleta, rechifla, mofa.

PIZCA Pellizco, migaja, mínimo, partícula.

PIZPIRETA Vivaracha, aguda, desenvuelta. → *Boba.*

PLACA Plancha, lámina, película, chapa, hoja, disco, insignia, distintivo.

PLÁCEME Enhorabuena, felicitación, congratulación.

PLACENTERO Grato, agradable, ameno. → *Enojoso.*

PLACER Satisfacción, agrado, atractivo, delicia, deleite, voluptuosidad, sensualismo, concupiscencia. → *Desagrado, continencia.* || Agradar, gustar, satisfacer.

PLACIDEZ Tranquilidad, quietud, calma. → *Desasosiego.*

PLÁCIDO Sosegado, tranquilo, sereno, quieto, calmado, pacífico, apasible. → *Agitado, inquieto.*

PLÁCITO Juicio, dictamen, parecer.

PLAGA Peste, epidemia, flagelo. || Abundancia, copia, cantidad. → *Escasez.*

PLAGAR Llenar, cubrir, pulular.

PLAGIAR Imitar, remedar, copiar.

PLAGIO Imitación, copia, remedo, calco, hurto, robo, reproducción. → *Original.*

PLAN Idea, proyecto, objetivo, programa, esquema, esbozo, conjura, maquinación, designio, intento, diseño, bosquejo. → *Realización.*

PLANA Página, carilla, cara. || Llana. || Planicie.

PLANCHA Lámina, chapa, placa, recubrimiento, tablilla, hoja. || Chasco, hierro, pifia, error, desacierto, coladura, equivocación. → *Acierto.*

PLANCHAR Alisar, allanar, estirar, aplastar, prensar, acicalar. → *Arrugar.*

PLANEAR Idear, trazar, planificar, proyectar.

PLANETA Astro, mundo, satélite, cuerpo celeste.

PLANICIE Llano, llanura, estepa, sabana, meseta, explanada, páramo, descampado. → *Serranía.*

PLANO Liso, llano, parejo, uniforme, igual, raso. → *Abrupto, desigual.* || Cara, superficie, lado, extensión, área. || Mapa, carta, dibujo, croquis, boceto.

PLANTA Vegetal, mata, arbusto, árbol, hortaliza, verdura, legumbre.

PLANTACIÓN Plantío.

PLANTAR Cultivar, sembrar, poblar, cavar, trabajar. → *Arrancar, recolectar.* || Hincar, introducir, meter, encajar, fijar, enterrar. → *Extraer, sacar.* || Desairar, abandonar, postergar, chasquear, burlar. → *Acompañar, acudir.*

PLANTARSE Encararse, detenerse, pararse, rebelarse. → *Soportar.*

PLANTEAR Exponer, sugerir, demostrar, proponer. → *Reservarse.* || Planear, planificar.

PLANTILLA Suela, soleta. || Petulancia, jactancia, arrogancia. → *Modestia.* || Modelo, patrón, regla.

PLANTÍO Vergel, plantación, sembradío.

PLAÑIDERO Lacrimoso, quejumbroso, lloroso. → *Alegre.*

PLAÑIDO Queja, lamento, lloro, sollozo, súplica, gemido, grito, lamentación, llanto. → *Risa.*

PLAÑIR Gimotear, gemir, clamar. → *Reír.*

PLAÑIRSE Lamentarse, quejarse, dolerse. → *Alegrarse.*

PLASMAR Crear, fomentar, forjar, formar, modelar, concretar. → *Destruir.*

PLASTA Masa, pasta. || Buñuelo, plepa, chapuz.

PLÁSTICA Dibujo, disposición, estructura. || Relieve, escultura. || Alfarería, cerámica.

PLÁSTICO Blando, dúctil, flexible. → *Recio.* || Formativo, formante, figurativo. || Polímero, sintético. || Conciso, expresivo, exacto. → *Confuso.*

PLATA Moneda, dinero, riqueza.

PLATAFORMA Estrado, tablado, tarima, peana, pedestal, entarimado, grada. || Tema, motivo, pretexto.

PLATEADO Argentino, reluciente, brillante, bruñido, blanco. → *Opaco, dorado.*

PLATERÍA Orfebrería, argentería, joyería.

PLÁTICA Charla, coloquio, conversación. || Sermón, prédica, homilía.

PLATICAR Conversar, charlar, departir. || Sermonear, predicar, evangelizar.

PLATO Escudilla, cuenco, fuente, bandeja. || Comida, manjar, alimento, vianda.

PLATÓNICO Sentimental, romántico, ideal. → *Interesado.*

PLAUSIBLE Aceptable, admisible, recomendable. → *Inadmisible.* || Meritorio, loable, digno.

PLAYA Arenal, costa, ribera, dunas, litoral, orilla, borde, riba. → *Interior, rompiente.*

PLAZA Glorieta, plazoleta, explanada, ágora, extensión. || Mercado, feria, zoco, lonja, emporio. || Población, ciudad, lugar, sitio. || Asiento, puesto, lugar.

PLAZO Periodo, término, tiempo, intervalo, lapso, tregua. || Cuota, vencimiento, pago, mensualidad, parte, cantidad. → *Contado.*

PLEBEYO Villano, siervo, vasallo, advenedizo. → *Noble.* || Vulgar, grosero, innoble, humilde, soez. → *Aristocrático.*

PLEBISCITO Elección, sufragio, votación.

PLECTRO Estilo, musa, inspiración.

PLEGABLE Flexible, maleable, dúctil. → *Rígido.*

PLEGAR Doblar, desmontar, desarmar, cerrar, envolver, fruncir, arrugar. → *Desplegar.*

PLEGARSE Doblarse, amoldarse, someterse. || Avenirse, acostumbrarse.

PLEGARIA Rezo, súplica, oración, invocación, preces, voto, rogativa, ruego, adoración. → *Imprecación.*

PLEITEAR Querellar, litigar, contender.

PLEITESÍA Pacto, concierto, acuerdo. || Reverencia.

PLEITO Litigio, juicio, demanda, proceso, causa, debate, pendencia, querella. → *Avenencia.*

PLENARIO Cabal, entero, pleno. → *Incompleto.*

PLENIPOTENCIARIO Embajador, diplomático, ministro.

PLENITUD Integridad, saciedad, plétora. → *Defecto.*

PLENO Lleno, completo, colmado, atestado, total, íntegro. → *Escaso.* || Reunión, junta, comité.

PLEONASMO Repetición, redundancia.

PLEPA Birria, engarnio, chapuz.

PLÉTORA Plenitud, abundancia, exceso. → *Escasez.*

PLIEGO Cuadernillo, hoja, cartapacio. || Oficio, documento, carta.

PLIEGUE Doblez, alforza, dobladillo, frunce, arruga.

PLOMIZO Plomoso, plúmbeo, gris, aplomado, pesado.

PLUMAJE Penacho, pluma, copete.

PLURALIDAD Multiplicidad, diversidad, variedad.

PLUS Propina, gratificación, viático.

PLUSVALÍA Utilidad, excedente.

PLUVIOSO Húmedo, lluvioso.

POBLACIÓN Ciudad, metrópoli, urbe, capital, villa, localidad, municipio, aldea, pueblo. → *Campo.* || Habitantes, residentes, ciudadanos, vecinos, censo, registro, demografía.

POBLADO Pueblo, población, aldea.

POBLADOR Habitante, morador, ciudadano, vecino.

POBLAR Habitar, morar, colonizar, establecerse, asentarse, urbanizar, crecer, ocupar. → *Despoblar.*

POBLARSE Incrementarse, aumentarse.

POBRE Menesteroso, indigente, pordiosero, mendigo, desvalido, paria. → *Adinerado.* || Escaso, carente, bajo, mísero, necesitado, infortunado, árido. → *Abundante.*

POBREZA Menester, indigencia, estrechez, miseria, hambre, penuria, carestía, necesidad, falta, carencia, escasez. → *Riqueza, abundancia.*

POCILGA Cuadra, establo, corral.

PÓCIMA Potingue, poción, apócema.

POCO Escaso, corto, exiguo, falto, irrisorio, limitado, raro, reducido, insuficiente. → *Mucho.* || Casi, apenas, medianamente.

PODA Corta, monda, escamonada.

PODAR Cortar, talar, limpiar, cercenar, desmochar, recortar.

PODER Mando, poderío, autoridad, dominio, supremacía, riquezas, potestad, jurisdicción. → *Obediencia, subordinación.* || Fuerza, vigor, potencia, energía. → *Debilidad.* || Documento, autorización, licencia, pase, certificado, privilegio. → *Prohibición.* || Lograr, conseguir, obtener, disfrutar, acertar, atinar, adivinar. → *Fallar.*

PODERÍO Dominio, poder, mando. || Fuerza, vigor.

PODEROSO Vigoroso, enérgico, pujante, potente, recio, eficaz, valiente, intenso. → *Débil.* || Rico, opulento, adinerado, potentado, importante, excelente, pudiente. → *Humilde.*

PODRE Materia, pus, virus.

PODREDUMBRE Podredura, pudrición, putrefacción, infección, corrupción. → *Pureza.*

PODRIDO Corrompido, alterado, putrefacto, descompuesto, fétido, infectado, averiado. → *Fresco, incorrupto.*

POEMA Balada, poesía, elegía.

POESÍA Balada, poema, verso, oda, trova, copla, estrofa, composición poética. → *Prosa.*

POETA Bardo, vate, rapsoda, juglar, trovador, lírico.

POLEA Carrucha, garrucha, carrillo.

POLÉMICA Controversia, debate, porfía, argumento, disputa, litigio, discusión. → *Acuerdo.*

POLEMIZAR Disputar, controvertir, discutir.

POLICÍA Autoridad, orden, vigilancia, fuerza pública, seguridad, organismo. → *Caos.* || Agente, guardia, vigilante, investigador, autoridad, número. → *Delincuente.*

POLÍCROMO Multicolor.

POLICHINELA Muñeco, fantoche, títere.

POLÍTICA Gobierno, dirección, mandato, representación, guía. || Astucia, habilidad, diplomacia, traza, arte. → *Rudeza*.

POLÍTICO Atento, diplomático, cortés.

POLO Extremo, borne, terminal.

POLO NEGATIVO Cátodo.

POLO POSITIVO Ánodo.

POLTRÓN Perezoso, gandul, holgazán, haragán, molondro. → *Activo, diligente*.

POLUTO Maculado, contaminado, sucio, manchado. → *Limpio*.

POLVAREDA Tolvanera.

POLVO Polvareda, pulgarada, ceniza, polvos, narigada.

PÓLVORA Geniazo, pulguillas, cascarrabias. || Centella, rayos. || Viveza, actividad, vehemencia.

POLVORIENTO Pulverulento, polvoroso, pulvífero, cenizoso.

POLLA Gallina. || Fúlica. || Moza, mocita, muchacha.

POLLO Pollito, mozo, mocito, joven, adolescente, pimpollo. || Pollancón, pollastre, pollastro. || Taimado, sagaz, astuto.

POMA Manzana. || Pomo, perfumador, bujeta.

POMADA Ungüento, cosmético, cerato, vaselina, glicerina, crema, colcrén, mixtura, fijapelo.

POMO Frasco, bujeta, bote, perfumador, poma.

POMPA Pomposidad, suntuosidad, magnificencia, lujo, ostentación, fausto, gala, esplendor, aparato, solemnidad, boato, tramontana, grandeza, rumbo, atuendo, pavonada. → *Sencillez*. || Burbuja, ampolla, ahuecamiento. || Bomba, elevador. || Górgoro.

POMPOSO Pompático, rumboso, suntuoso, magnífico, lujoso, aparatoso. → *Sencillo*. || Vano, hueco, presuntuoso. → *Modesto*.

PÓMULO Malar.

PONDERACIÓN Sensatez, cordura, mesura, equilibrio. → *Desenfreno*. || Elogio, halago, loa, encomio, alabanza, enaltecimiento. → *Crítica*.

PONDERADO Sensato, elogiado, ordenado, sobrio. → *Desmesurado*.

PONDEROSO Grave, pesado. → *Ligero*. || Cuidadoso, atento, circunspecto. → *Desatento*.

PONENCIA Informe, dictamen, resumen.

PONENTE Informador, relator.

PONER Colocar, situar, ubicar, acomodar, depositar, dejar, meter, plantar, instalar, arreglar, disponer, prevenir. → *Quitar*.

PONERSE Ataviarse, vestirse, colocarse, vestir, enfundarse. → *Quitarse*.

PONIENTE Ocaso, occidente, oeste. → *Levante*. || Céfiro.

PONTÍFICE Papa, obispo, prelado.

PONTIFICADO Papado.

PONTO Mar, piélago.

PONZOÑA Veneno, tósigo, tóxico. → *Antídoto.*

PONZOÑOSO Dañino, venenoso, nocivo. → *Beneficioso.*

POPULACHO Turba, plebe, vulgo.

POPULAR Público, general, difundido, divulgado, habitual, extendido, vulgar. → *Individual, selecto.* || Admirado, querido, respetado, famoso, renombrado, acreditado. → *Odiado, desconocido.*

POPULARIDAD Estima, fama, respeto, admiración, renombre, boga. → *Impopularidad, oscuridad.*

POPULOSO Bullicioso, numeroso, frecuentado. → *Abandonado.*

POQUEDAD Escasez, miseria, cortedad. → *Abundancia.* || Apocamiento.

PORCIÓN Trozo, pedazo, parte. → *Total.* || Cuota, cantidad, ración.

PORCHE Soportal, atrio, entrada, columnata, zaguán, vestíbulo, pórtico, portal.

PORDIOSERO Pobre, mendicante, mendigo, pedigüeño.

PORFÍA Disputa, discusión, contienda. || Obstinación, terquedad, contumacia. || Competencia, emulación.

PORFIADO Tenaz, obstinado, obcecado, empecinado, ofuscado, importuno, terco, testarudo, pesado, emperrado, tozudo. → *Razonable.*

PORFIAR Disputar, discutir, contender. || Insistir, perseverar, obstinarse.

PORMENOR Detalle, relación, particularidad, reseña, enumeración, nimiedad.

PORNOGRAFÍA Obscenidad.

PORNOGRÁFICO Sicalíptico, obsceno, desvergonzado, escabroso, verde, inmoral, licencioso. → *Casto, decente.*

PORO Orificio, intersticio, agujero.

POROSO Permeable, esponjoso, absorbente, perforado, ligero, agujereado. → *Impermeable, denso.*

PORQUÉ Razón, fundamento, motivo, causa, origen. → *Absurdo.*

PORQUERÍA Suciedad, mugre, inmundicia, roña, cochambre, desperdicios, desechos, excrementos, basura. || Trastada, faena, perrería, bribonada, judiada. → *Favor, atención.*

PORRA Clava, maza, cachiporra, garrote, estaca, tranca, cayado, mazo, bastón.

PORRAZO Golpe, trastazo, topetazo, costalada, caída, batacazo, culada.

PORREAR Porfiar, insistir, machacar.

PORTADA Frontispicio, fachada, exterior, frente, cara, primera plana.

PORTAL Pórtico, zaguán, vestíbulo.

PORTAMONEDAS Cartera, bolso, monedero.

PORTAR Transportar, llevar.

PORTARSE Actuar, obrar, proceder, comportarse, gobernarse, conducirse.

PORTÁTIL Móvil, manejable, transportable, ligero, desarmable, cómodo, movible. → *Estable, fijo.*

PORTAVIANDAS Fiambrera.

PORTAVOZ Delegado, representante, vocero, agente, emisario, cabecilla, caudillo, director.

PORTE Aspecto, presencia, apariencia, exterior, modales, modo, actitud. || Transporte, acarreo, traslado, pago, suma. || Prestancia, calidad, lustre.

PORTENTO Prodigio, maravilla, asombro, milagro, fenómeno, pasmo, esplendor. → *Insignificancia.*

PORTENTOSO Pasmoso, grandioso, admirable. → *Insignificante.*

PORTERO Conserje, cuidador, bedel, guardián, ujier, ordenanza. || Guardameta, cancerbero, defensor.

PÓRTICO Estrado, soportal, atrio, acceso, vestíbulo, columnata, claustro, peristilo, portal, porche.

PORTILLO Ladronera, postigo, puerta. || Camino, paso. || Abertura, vacío, agujero.

PORVENIR Futuro, destino, mañana, suerte, hado, azar, fortuna, venidero. → *Pasado, presente.*

POSADA Parador, mesón, figón, hostal, hospedería, pensión, albergue, hotel.

POSADERAS Asentaderas, culo, nalgas, trasero, nalgatorio, posterior, ancas, posas.

POSAR Depositar, dejar, soltar, colocar. → *Levantar.*

POSARSE Descansar, detenerse, apoyarse, reposar, descender. → *Remontarse.*

POSE Posición, postura, actitud, apariencia, afectación, fingimiento, empaque, prosopopeya. → *Naturalidad.*

POSEEDOR Propietario, dueño, amo, titular, beneficiario, comprador. → *Necesitado, desprovisto.*

POSEER Tener, disfrutar, gozar, obtener, detentar, usufructuar. → *Necesitar, carecer.*

POSEÍDO Poseso, endemoniado, embrujado, hechizado, satánico, maligno, enfurecido, furioso, rabioso.

POSESIÓN Disfrute, tenencia, goce, usufructo, poder. → *Carencia.*

POSESIONES Hacienda, bienes, heredad, tierras, propiedades. || Colonias, territorios, dominios.

POSESIONAR Instalar, investir.

POSESO Endemoniado, poseído, epiléptico.

POSIBILIDAD Hacienda, medios, caudal.

POSIBLE Verosímil, probable, practicable, admisible, factible, eventual, realizable, concebible, visible, viable. → *Imposible, inadmisible.*

POSICIÓN Postura, situación, colocación, disposición, actitud, sitio, punto, lugar. || Categoría, nivel, clase, casta, esfera.

POSITIVISTA Utilitario, pancista, utilitarista. → *Idealista.*

POSITIVO Cierto, efectivo, verdadero, real, concreto, objetivo, firme. → *Negativo, falso.*

PÓSITO Almacén, depósito, cooperativa.

POSPONER Aplazar, preterir, diferir, postergar.

POSTA Tajada, cacho, bocado. || Apuesta, envite. || Correo.

POSTE Palo, madero, columna, mástil, estaca, tronco, pilar, asta, señal, aviso.

POSTEMA Absceso, apostema. || Pesado, posma.

POSTERGADO Pospuesto, preterido.

POSTERGAR Aplazar, prorrogar, suspender, retardar, demorar. → *Adelantar.* || Arrinconar, olvidar, desdeñar, despreciar. → *Considerar, apreciar.*

POSTERIDAD Progenie, prole, familia, futuro.

POSTERIOR Trasero, último, zaguero, extremo, postrero, dorsal, siguiente, sucesivo, ulterior, consecutivo. → *Anterior.*

POSTIGO Contraventana, contrapuerta, portezuela, portillo, cuarterón, trampilla, puertecilla.

POSTÍN Lujo, boato, ostentación, pisto, farol, alarde, jactancia, afectación. → *Sencillez, modestia.*

POSTIZO Falso, imitado, fingido, añadido, engañoso, artificial. → *Real, verdadero.* || Peluca.

POSTRACIÓN Extenuación, abatimiento, desaliento. → *Ánimo.*

POSTRAR Derribar, abatir, humillar.

POSTRARSE Arrodillarse, hincarse, venerar, humillarse. → *Erguirse.* || Debilitarse, abatirse, desfallecer, languidecer. → *Vigorizarse.*

POSTRERO Posterior, ulterior, consecutivo. → *Anterior.*

POSTULACIÓN Petición, solicitud, póstula. → Recaudación.

POSTULADO Supuesto, principio.

POSTULANTE Solicitante, demandante, pretendiente, suplicante, candidato, aspirante.

POSTULAR Solicitar, pretender, demandar.

POSTURA Actitud, posición, estado. || Trato, convenio, pacto. || Apuesta.

POTABLE Saludable, bebible, bebedero.

POTAJE Guiso, guisado, olla, plato, mezcolanza, revoltijo, sopa, caldo, brebaje.

POTE Tarro, bote, lata, vasija, recipente, envase, frasco, tiesto, maceta, horma. || Puchero.

POTENCIA Vigor, fuerza, fortaleza, poder. || Probabilidad, posibilidad. || Nación, estado.

POTENCIAL Posibilidad, capacidad, aptitud. || Posible, probable, eventual.

POTENTADO Monarca, príncipe, soberano. || Acaudalado, poderoso, opulento. → Pobre.

POTENTE Vigoroso, robusto, fuerte, enérgico, recio, brioso, pujante, poderoso. → Débil, endeble. || Desmesurado, grande, abultado. →Pequeño.

POTESTAD Poder, dominio, autoridad.

POTINGUE Pócima, brebaje, bebida, poción, mejunje, mezcolanza, revoltijo, bebedizo. → Manjar.

POTRO Potrillo, jaco, jaca, corcel, montura, caballo, jumento. || Tormento.

POZA Alberca, charca, pozuela.

POZO Hoyo, excavación, depresión, hueco, sima, bache, agujero, foso, sumidero. || Manantial.

PRÁCTICA Costumbre, rutina, experiencia, uso, ejercicio, hábito, habilidad, pericia, destreza, facilidad. → Ineptitud, inexperiencia. || Práxis, empirismo, método.

PRACTICABLE Transitable. || Factible, hacedero, realizable. → Impracticable.

PRACTICANTE Ministrante, enfermero.

PRACTICAR Ejercitar, ejercer, usar.

PRACTICARSE Adiestrarse, hacerse, avezarse.

PRÁCTICO Útil, cómodo, funcional, provechoso, beneficioso, positivo. → Inútil. || Experimentado, diestro, avezado, versado, experto, ducho. → Inexperto.

PRADERA Campo, prado, pastizal, campiña, terreno, pasto, latifundio. → Erial.

PRADO Pradera, pastos, pradal.

PREÁMBULO Prefacio, preludio, prólogo, introito, introducción, entrada, comienzo, exordio, preparación, proemio. → Epílogo.

PREBENDA Canonjía, sinecura, beneficio. || Empleo, destino, cargo. || Ventaja, oportunidad, provecho.

PRECARIO Inseguro, inestable, deficiente, efímero, incierto, frágil, perecedero. → Firme, estable, duradero.

PRECAUCIÓN Cautela, prevención, atención, desconfianza, reserva, prudencia, moderación, cordura, sensatez, tacto. → Imprudencia, imprevisión.

PRECAVER Prevenir, prever, cautelar. || Ahorrar, preservar, obviar.

PRECAVIDO Sagaz, prudente, cauto, cauteloso. → Confiado.

PRECEDENCIA Prelación, prioridad, antelación. → Posterioridad. || Primacía, predominio, delantera.

PRECEDENTE Precursor, antecedente, primero. → *Consecuente.*
|| Antedicho, susodicho, precitado.

PRECEDER Anteceder, anticipar, adelantar, anteponer, encabezar, presidir, prefijar, aventajar, superar. → *Seguir.*

PRECEPTO Norma, reglamento, regla, orden, sistema, obligación, mandato, ley, canon. → *Irregularidad.*

PRECEPTOR Profesor, maestro, mentor.

PRECEPTUAR Prescribir, disponer, ordenar.

PRECES Ruegos, súplicas, instancias. || Plegaria, oración.

PRECIADO Querido, estimado, estimable, valioso, predilecto, preferido. → *Desdeñado, aborrecido.*

PRECIAR Estimar, considerar, valorar.

PRECIARSE Presumir, alabarse, jactarse.

PRECINTO Cierre, sello, lacre, fleje, marchamo, marbete.

PRECIO Valor, tasación, valía, evaluación, estimación, coste, importe, suma, monto, total.

PRECIOSIDAD Belleza, primor, beldad. → *Fealdad.*

PRECIOSO Hermoso, primoroso, bello, lindo, maravilloso, perfecto, rico, raro, exquisito, valioso, importante, excelente, magnífico. → *Repugnante.*

PRECIPICIO Despeñadero, talud, barranco, abismo, sima, fosa, altura, acantilado.

PRECIPITACIÓN Rapidez, prisa, apresuramiento, premura, celeridad, prontitud, atolondramiento, arrebato, brusquedad. → *Serenidad, calma.*

PRECIPITADO Alocado, arrebatado, atolondrado. → *Atinado.*

PRECIPITAR Arrojar, lanzar, empujar, tirar, desdeñar, derribar, derrumbar, atropellar, acelerar, apresurar. → *Sujetar, retener.*

PRECIPITARSE Apresurarse, atolondrarse, aturdirse, adelantarse, correr, abalanzarse, arrojarse. → *Calmarse, contenerse.*

PRECISAR Necesitar, faltar, carecer, requerir, demandar, exigir. → *Sobrar.* || Determinar, establecer, estipular, fijar, concretar, detallar. → *Indeterminar.*

PRECISIÓN Exactitud, distinción, delimitación. → *Confusión.* || Regularidad, puntualidad, fidelidad. → *Incertidumbre.* || Falta, menester, necesidad. → *Futilidad.*

PRECISO Exacto, puntual, justo, riguroso, acertado, fiel, regular. → *Impreciso.* || Indispensable, necesario, conveniente, obligatorio. →*Innecesario.*

PRECLARO Afamado, célebre, insigne. → *Anónimo.*

PRECONCEBIDO Reflexionado, meditado, madurado. → *Irreflexivo.*

PRECOZ Temprano, prematuro, verde, tierno, inexperto, prometedor, adelantado, prodigio. → *Retrasado.*

PRECURSOR Predecesor, ascendiente, progenitor. || Pionero.

PREDECESOR Antepasado, ascendiente, precursor, antecesor, mayor, progenitor. → *Descendiente.*

PREDECIR Adivinar, profetizar, anunciar, pronosticar, vaticinar, presagiar, revelar, adelantarse, augurar, conjeturar, intuir, prever. → *Equivocar.*

PREDESTINACIÓN Hado, destino, sino.

PREDESTINADO Elegido, destinado, nacido, señalado, consagrado, escogido.

PREDESTINAR Anunciar, proponer, señalar.

PRÉDICA Sermón, plática, homilía.

PREDICADOR Sermoneador, predicante, evangelista.

PREDICAMENTO Opinión, estima, consideración.

PREDICAR Evangelizar, instruir, catequizar, adiestrar, disertar, perorar. → *Descarriar.* || Reprender, amonestar, sermonear, exhortar. → *Alabar.*

PREDICCIÓN Pronóstico, augurio, presagio.

PREDILECCIÓN Preferencia, inclinación, cariño, protección, predisposición, favoritismo, propensión. → *Aversión, repulsión.*

PREDILECTO Elegido, preferido, escogido, favorito, protegido, privilegiado, mimado. → *Relegado, execrado.*

PREDIO Posesión, dominio, heredad.

PREDISPONER Inclinar, disponer, preparar.

PREDISPOSICIÓN Inclinación, predilección, favoritismo, cariño, interés, tendencia, propensión, disposición. → *Indisposición, aversión.*

PREDOMINAR Preponderar, prevalecer, dominar, superar, influir, sobresalir, aventajar, resaltar, exceder, surgir. → *Depender.*

PREDOMINIO Poder, imperio, potestad. → *Independencia.*

PREEMINENCIA Ventaja, superioridad, supremacía. → *Inferioridad.*

PREEXISTENCIA Anterioridad.

PREFACIO Preámbulo, prólogo. → *Epílogo.*

PREFERENCIA Ventaja, superioridad, preeminencia, supremacía, preponderancia, precedencia. → *Inferioridad.* || Inclinación, propensión, predilección, privilegio. → *Imparcialidad.* || Butacas, platea, patio.

PREFERIBLE Mejor, superior, primero. → *Desechable.*

PREFERIDO Protegido, favorito, distinguido, mimado, predilecto, querido, escogido. → *Abandonado, relegado, odiado.*

PREFERIR Distinguir, preponer, aventajar, proteger. → *Menospreciar.*

PREFIJAR Precisar, determinar, anteponer.

PREGONAR Anunciar, proclamar, avisar, notificar, publicar, vocear, propagar, cotillear. → *Callar.*

PREGUNTA Interrogación, demanda, consulta. → *Respuesta.*

PREGUNTAR Interrogar, demandar, interpelar, averiguar, inquirir, solicitar, consultar, examinar, interesarse. → *Responder.*

PREJUICIO Aprensión, error, manía, obcecación, prevención, recelo. → *Imparcialidad.*

PREJUZGAR Imbuirse, preconcebir.

PRELIMINAR Inicial, preparatorio, anterior, antecedente. → *Final, conclusivo.*

PRELIMINARES Introducción, preámbulo, proemio, comienzos, inicios, principios. → *Fin, epílogo.*

PRELUDIO Principio, introducción, inicio, prólogo, preámbulo, comienzo. → *Final.*

PREMATURO Precoz, temprano, anticipado. → *Maduro.*

PREMEDITADO Planeado, deliberado, pensado, preparado, madurado, urdido. → *Improvisado.*

PREMIAR Gratificar, galardonar, laurear, recompensar. → *Castigar.*

PREMIO Galardón, recompensa, gratificación, concesión, retribución, pago, distinción, estímulo. → *Pena, castigo.*

PREMIOSO Lento, tardo, moroso, parsimonioso, molesto, aburrido, pausado, dificultoso. → *Rápido, ligero.* || Molesto, gravoso. || Perentorio, apremiante. → *Indeciso.*

PREMURA Prisa, apuro, urgencia. → *Calma.*

PRENDA Garantía, fianza, caución. || Ropa, jaez, pieza. || Cualidad, virtud, perfección, facultad, capacidad, dote. → *Defecto.*

PRENDARSE Enamorarse, aficionarse, pirrarse, chiflarse, chalarse, encariñarse. → *Aborrecer, detestar.*

PRENDER Sujetar, agarrar, coger, apresar, detener, encarcelar. → *Soltar.* || Fijar, clavar, adherir, pegar. → *Separar, arrancar.* || Encender, incendiar, inflamar, quemar, arder. → *Apagar.* || Arraigar, agarrar, prosperar, echar raíces. → *Decaer.*

PRENSA Compresora, estampadora, apisonadora, troquel, máquina, impresora, imprenta. || Periódicos, publicaciones, órganos, diarios.

PRENSAR Comprimir, estampar, estrujar, aplastar, apelmazar, concentrar, imprimir, apretar. → *Esponjar, expandir, aflojar.*

PREÑADA Encinta, fecundada, grávida, embarazada, gestante, gruesa. → *Infecunda.*

PREÑEZ Embarazo, gravidez, gestación.

PREOCUPACIÓN Cuidado, inquietud, ansiedad. → *Despreocupación.* || Prevención, previsión, anticipación. → *Tranquilidad.*

PREOCUPAR Intranquilizar, desvelar, inquietar, desasosegar, turbar, excitar, obsesionar, mortificar, afligir, angustiar. → *Despreocupar, tranquilizar.*

PREOCUPARSE Desvelarse, impacientarse. → *Serenarse.*

PREPARACIÓN Organización, avío, preparamiento.

PREPARAR Disponer, aprestar, prevenir, organizar, intentar, ensayar, comenzar, ordenar, elaborar, hacer, combinar, urdir. → *Omitir, improvisar.*

PREPARATIVOS Preliminares, medidas, proyectos, ensayos, comienzos, trámites, disposiciones. → *Improvisaciones.*

PREPONDERANCIA Supremacía, superioridad, preeminencia. → *Dependencia.*

PREPONDERANTE Influyente, predominante, prevaleciente. → *Inferior.*

PREPONDERAR Dominar, sobresalir, predominar. ‖ Decidir, influir, determinar.

PRERROGATIVA Dispensa, exención, privilegio. → *Desventaja.*

PRESA Botín, captura, trofeo, despojo, caza, pillaje, rapiña. ‖ Dique, represa, acequia.

PRESAGIAR Profetizar, predecir, vaticinar.

PRESAGIO Presentimiento, augurio, agüero, predicción, profecía, conjetura, adivinación, pronóstico. → *Equivocación.*

PRESCINDIR Excluir, dejar, desechar, repudiar, relegar, ignorar, descartar, omitir, abstenerse, privarse, evitar. → *Considerar, incluir.*

PRESCRIBIR Mandar, ordenar, dictar. → *Obedecer.* ‖ Formular, recetar. → *Tomar.* ‖ Concluir, caducar, expirar. → *Prorrogarse.*

PRESCRIPCIÓN Orden, disposición, mandato. ‖ Fórmula, receta.

PRESENCIA Asistencia, aparición, presentación, contemplación. → *Ausencia.* ‖ Aspecto, aire, figura, talante, traza, apariencia.

PRESENCIAR Mirar, contemplar, observar. → *Ignorar.* ‖ Asistir. → *Ausentarse.*

PRESENTABLE Correcto, digno, limpio. → *Desaseado.*

PRESENTACIÓN Ostentación, exhibición, demostración. → *Ocultación.* ‖ Proemio, introducción.

PRESENTAR Exhibir, ostentar, mostrar, exponer, enseñar, lucir. → *Ocultar, esconder.* ‖ Introducir, relacionar, saludar, vincular, reunir.

PRESENTARSE Comparecer, asistir, aparecer, acudir, exhibirse, salir, llegar. → *Marcharse.* ‖ Saludar, conocer, introducirse, vincularse. → *Desvincularse.*

PRESENTE Regalo, obsequio, ofrenda, donativo, dádiva, cumplido. → *Exacción.* ‖ Contemporáneo, actual, moderno, reciente, vigente. → *Antiguo, pasado.* ‖ Actualidad, vigencia, hoy, ahora. → *Pasado.*

PRESENTES Asistentes, espectadores, circunstantes, testigos, público, auditorio. → *Ausentes.*

PRESENTIMIENTO Presagio, sospecha, anuncio, conjetura.

PRESENTIR Presagiar, conjeturar, preconocer, pronosticar.

PRESERVAR Conservar. Mantener, defender, amparar, resguardar, cuidar. → *Abandonar, arriesgar.*

PRESIDENCIA Jefatura, directiva. || Mesa. || Primacía, superioridad, privilegio. → *Inferioridad.*

PRESIDENTE Gobernador, jefe, guía, directivo, gobernante, decano, superior, rector, cabeza, principal, administrador. → *Subordinado, gobernado.*

PRESIDIARIO Preso, condenado, forzado, penado.

PRESIDIO Prisión, penitenciaría, cárcel. || Fortaleza, fortificación, alcázar. || Guardia, guarnición, retén.

PRESIDIR Gobernar, dirigir, encabezar, regir, mandar, guiar, orientar. → *Obedecer.*

PRESIÓN Apretura, tensión, peso. → *Relajación.* || Apremio, influencia, insistencia. → *Renuncia.*

PRESIONAR Comprimir, apretar, estrujar, empujar, estrechar, forzar, aplastar, apelmazar. → *Soltar, relajar.* || Forzar, imponer. → *Sugerir.*

PRESO Prisionero, cautivo, detenido. → *Libre.*

PRESTACIÓN Tasa, canon, tributo. || Azofra, servicio, deber. || Impuesto, tributo, renta. || Préstamo.

PRESTAMISTA Usurero, prestador, agenciero, prendero.

PRÉSTAMO Empréstito, anticipo, adelanto, ayuda, prestación, garantía, pignoración. → *Deuda.*

PRESTANCIA Elegancia, porte, distinción, gusto, garbo, atractivo. → *Facha.*

PRESTAR Facilitar, fiar, ayudar, anticipar, favorecer, ofrecer, entregar. → *Negar, adeudar.*

PRESTARSE Ofrecerse, avenirse, allanarse. || Aprovechar.

PRESTEZA Rapidez, velocidad, ligereza. → *Lentitud.*

PRESTIDIGITADOR Ilusionista, escamoteador.

PRESTIGIO Reputación, fama, ascendiente, crédito, renombre, popularidad, respeto, influencia. → *Desprestigio, descrédito.*

PRESTO Diligente, presuroso, veloz, pronto. → *Lento.* || Listo, dispuesto, preparado.

PRESUMIDO Vanidoso, engreído, jactancioso, presuntuoso. → *Humilde.*

PRESUMIR Engreírse, jactarse, ufanarse, envanecerse, fanfarronear, vanagloriarse, alardear. → *Humillarse.*

PRESUNCIÓN Fatuidad, engreimiento, boato. → *Modestia.*

PRESUNTO Probable, supuesto, conjetural.

PRESUNTUOSO Presumido, jactancioso, vanidoso. → *Modesto.*

PRESUPONER Aceptar, admitir.

PRESUPUESTO Cálculo, cómputo, importe. || Motivo, pretexto, causa.

PRESURA Congoja, opresión, ansia. || Presteza. || Tenacidad, empeño, ahínco. → *Desidia.*

PRESUROSO Apresurado, rápido, raudo, febril, activo, vertiginoso, ocupado. → *Lento, calmoso.*

PRETENCIOSO Presuntuoso, presumido. → *Sencillo, modesto.*

PRETENDER Ambicionar, anhelar, querer, desear, ansiar, procurar, solicitar, reclamar, intentar. → *Desentenderse, abandonar.*

PRETENDIENTE Galán, galanteador, comprometido, enamorado, festejante, novio, cortejador. || Candidato, interesado, aspirante, postulante, solicitante. → *Titular.*

PRETENSIÓN Aspiración, ambición, solicitación, intención. → *Modestia.*

PRETENSIONES Anhelos, deseos, ambiciones.

PRETÉRITO Lejano, pasado, sucedido. → *Futuro.* || Ayer.

PRETEXTO Disculpa, excusa, argumento, alegato, coartada, motivo, razón, evasiva. → *Realidad.*

PRETIL Antepecho, murete, vallado.

PREVALECER Predominar, prevaler, preponderar. → *Perder.*

PREVARICAR Delinquir, faltar, infringir. → *Obedecer.* || Desvariar, delirar, desbarrar.

PREVENCIÓN Preparación, disposición, providencia. → *Improvisación.* || Desconfianza, previsión, precaución. → *Imprevisión.* || Suministro, abastecimiento, provisión. || Sospecha, recelo, suspicacia. → *Confianza.*

PREVENIDO Lleno, abundante, provisto. → *Carente.* || Cuidadoso, avisado. → *Desapercibido.*

PREVENIR Avisar, apercibir, advertir, informar, alertar, notificar. → *Callar.* || Aprestar, preparar, disponer, anticipar, prever, predecir. → *Ignorar.* || Evitar, impedir, eludir. → *Favorecer.*

PREVENIRSE Armarse, apararse, precaucionarse. → *Descuidarse.*

PREVER Anticipar, predecir, adivinar, presagiar, profetizar, pronosticar, vaticinar. → *Errar.*

PREVIO Anticipado, anterior, adelantado, preliminar. → *Consecuente.*

PREVISIÓN Prudencia, cautela, cuidado, prevención, reserva, atención, precaución, preparación. → *Imprevisión.*

PREVISOR Cauto, sagaz, prudente. → *Imprevisor.*

PREVISTO Sabido, conocido, supuesto, anticipado. → *Imprevisto.*

PREZ Estima, honor, fama.

PRIMA Premio, recompensa, sobreprecio.

PRIMACÍA Predominio, superioridad, preponderancia, supremacía, ventaja, excelencia. → *Desventaja, inferioridad.*

PRIMARIO Principal, primitivo, elemental, primero. → *Subordinado.*

PRIMAVERAL Fresco, florecido, flamante, juvenil, lozano, renacido, nuevo, alegre, joven. → *Otoñal, viejo.*

PRIMERO Inicial, inaugural, precedente, anterior, previo, primario. || Primitivo, antiguo, anticuado, viejo, tosco, primario. → *Moderno.* || Antes, al principio, al comienzo, previamente, antiguamente. → *Después.*

PRIMICIA Privilegio, ventaja, favor, dispensa, gracia, concesión. → *Prohibición.*

PRIMITIVO Primordial, originario, primigenio. → *Maduro.* || Sencillo, simple. → *Evolucionado.* || Viejo, antiguo, prehistórico. → *Actual.* || Tosco, rudo. → *Perfeccionado.*

PRIMOGÉNITO Heredero, mayorazgo, sucesor, beneficiario, hijo mayor.

PRIMOR Finura, perfección, belleza, exquisitez, gracia, pulcritud, esmero, cuidado, habilidad. → *Imperfección.*

PRIMORDIAL Fundamental, inicial, primitivo, principal, primero. → *Secundario.*

PRIMOROSO Delicado, perfecto, lindo, fino. → *Imperfecto.* || Diestro, habilidoso, hábil. → *Inhábil.*

PRINCIPAL Fundamental, vital, cardinal, trascendental, esencial, preferente, sustancial, capital, importante, primero. → *Secundario, accesorio.* || Noble, ilustre, distinguido, esclarecido, aristocrático. → *Plebeyo.*

PRÍNCIPE Alteza, infante. || Soberano.

PRINCIPIANTE Novato, neófito, novicio, inexperto, aprendiz, bisoño. → *Ducho, experto.*

PRINCIPIO Comienzo, inicio, inauguración, estreno, introducción, origen, partida, preámbulo, base, génesis, tesis. → *Final.*

PRINGAR Untar, ensuciar, tiznar, engrasar, manchar, denigrar, vilipendiar, infamar. → *Limpiar, alabar.*

PRINGOSO Untuoso, grasiento, sucio. → *Limpio.*

PRIOR Superior, prelado, abad.

PRIORIDAD Preferencia, precedencia, anterioridad. → *Posterioridad.*

PRISA Urgencia, rapidez, celeridad, prontitud, velocidad, premura, apremio, presteza. → *Calma.*

PRISIÓN Cárcel, reformatorio, calabozo, correccional, presidio, penal, encierro, celda. → *Libertad.* || Pena, cautiverio, condena, arresto, detención, cautividad. → *Liberación.*

PRISIONERO Cautivo, detenido, preso, arrestado, encarcelado, recluido, penado, presidiario, recluso, rehén, galeote, detenido. → *Libre.*

PRISMÁTICOS Binoculares, gemelos, anteojos, largavistas.

PRIVACIÓN Falta, carencia, penuria, necesidad, ausencia, escasez. → *Abundancia.* || Despojo, usurpación, desposeimiento, prohibición. → *Devolución, permiso.*

PRIVADO Personal, particular, familiar. → *Público*. || Preferido, predilecto, favorito. → *Detestado*.

PRIVAR Despojar, quitar, desposeer, usurpar, confiscar, impedir, prohibir, expoliar. → *Devolver, permitir*. || Destituir, suspender.

PRIVATIVO Propio, personal, particular. → *General*.

PRIVILEGIADO Favorecido, predilecto, escogido, excepcional, afortunado, único. → *Desdichado, desgraciado*.

PRIVILEGIO Ventaja, favor, prerrogativa, derecho, dispensa, gracia, concesión, exclusiva. → *Prohibición, desventaja*.

PRO Favor, provecho, utilidad.

PROBABILIDAD Eventualidad, contingencia, posibilidad. → *Imposible*.

PROBABLE Posible, verosímil, factible, viable, contingente, hipotético, plausible, potencial. →*Infalible*.

PROBADO Realizado, ensayado, demostrado. || Avezado, sufrido, acostumbrado. → *Novicio*.

PROBAR Ensayar, comprobar, experimentar, intentar, tantear. → *Abstenerse*. || Demostrar, evidenciar, justificar, convencer. → *Fallar*. || Catar, gustar, saborear, paladear, libar, gozar.

PROBIDAD Rectitud, integridad, honradez. → *Fraudulencia*.

PROBLEMA Dilema, dificultad, conflicto, contrariedad, alternativa, enigma, inconveniente, rompecabezas, duda, asunto, cuestión. → *Facilidad, solución*.

PROBLEMÁTICO Discutible, cuestionable, dudoso. → *Seguro*.

PROBO Íntegro, honrado, virtuoso. → *Venal*.

PROCACIDAD Insolencia, atrevimiento, desfachatez. → *Pudor*.

PROCAZ Atrevido, cínico, insolente. → *Modesto*.

PROCEDENCIA Fuente, origen, fundamento, principio, cuna, genésis, naturaleza, ascendencia. → *Destino, fin*. || Conformidad, oportunidad, pertinencia. → *Inoportunidad*.

PROCEDENTE Dimanante, originario, oriundo. || Pertinente, oportuno. → *Improcedente*.

PROCEDER Derivar, originarse, dimanar, provenir, salir, arrancar. → *Destinarse*. || Actuación, conducta, hábito, comportamiento. → *Abstención*. || Comportarse, actuar, conducirse, realizar. → *Abstenerse*.

PROCEDIMIENTO Método, sistema, forma, manera, fórmula, práctica, actuación, marcha, curso, conducta. → *Abstención, suspensión*.

PRÓCER Prohombre, noble, eminente. → *Inferior*.

PROCESADO Reo, inculpado, acusado. → *Absuelto*.

PROCESAR Acusar, inculpar, encausar, enjuiciar, condenar, incriminar, empapelar. → *Indultar*.

PROCESIÓN Comitiva, desfile, séquito, acompañamiento, fila, columna.

PROCESO Juicio, pleito, causa, vista, sumario, procedimiento. → *Avenencia.* || Desarrollo, paso, sucesión, evolución, marcha, transcurso. → *Estancamiento.*

PROCLAMA Pregón, publicación, divulgación, aviso, arenga, bando, anuncio, pregón, alocución. → *Silencio.* || Amonestación.

PROCLAMACIÓN Nombramiento, aclamación, publicación.

PROCLAMAR Pregonar, publicar, divulgar, avisar. || Nombrar, elegir, aclamar, coronar, destacar. → *Rechazar.*

PROCLIVE Inclinado, propenso, atraído. → *Ajeno.*

PROCREAR Engendrar, fecundar, propagar, producir, criar, multiplicar, generar. → *Esterilizar, limitar.*

PROCURAR Intentar, tantear, ensayar, afanarse, pretender, probar, tratar. → *Abstenerse.* || Gestionar, diligenciar, negociar, tramitar, representar. → *Obstaculizar.*

PRODIGALIDAD Generosidad, derroche, despilfarro. → *Ahorro.* || Profusión, abundancia, exuberancia. → *Escasez.*

PRODIGAR Distribuir, colmar, dilapidar, derrochar. → *Ahorrar.*

PRODIGIO Portento, milagro, maravilla, asombro, fenómeno, pasmo, excelencia. → *Banalidad, vulgaridad.*

PRODIGIOSO Asombroso, extraordinario, fenomenal. → *Ordinario.* || Primoroso, excelente, exquisito. → *Mediocre.*

PRÓDIGO Derrochador, despilfarrador, disipador, dadivoso, generoso. → *Avaro.* || Abundante, copioso, profuso, rico. → *Escaso.*

PRODUCCIÓN Elaboración, fabricación, creación. || Producto.

PRODUCIR Elaborar, fabricar, manufacturar, hacer, multiplicar, crear, originar, causar, rendir, engendrar, procrear, gestar, ocasionar. → *Evitar.*

PRODUCIRSE Presentarse, manifestarse, comportarse.

PRODUCTIVIDAD Fertilidad, producción, rendimiento. → *Carestía.*

PRODUCTIVO Provechoso, beneficioso, fecundo, fértil, fructífero, feraz, lucrativo. → *Infecundo, estéril, improductivo.*

PRODUCTO Rendimiento, beneficio, resultado, utilidad, lucro. → *Pérdida.* || Artículo, género, fruto, obra, elaboración.

PRODUCTOR Fabricante, industrial, elaborador. → *Consumidor.*

PROEMIO Prefacio, prólogo, exordio. → *Epílogo.*

PROEZA Heroicidad, hazaña, gesta, valentía, osadía, empresa, hombrada. → *Cobardía.*

PROFANACIÓN Violación, deshonra, degradación, sacrilegio, envilecimiento, irreverencia, blasfemia, perjurio. → *Veneración.*

PROFANAR Violar, quebrantar, funestar. → *Respetar.*

PROFANO Sacrílego, irreverente, deshonesto, libertino. → *Respetuoso, religioso.* || Mundano, temporal, terrenal, seglar, laico, lego. → *Clerical.* || Inexperto, incompetente, indocto, lego. → *Entendido, competente.*

PROFECÍA Predicción, presagio, augurio, presentimiento, vaticinio, adivinación, pronóstico. → *Error.*

PROFERIR Pronunciar, decir, articular, prorrumpir, exclamar, gritar, declarar. → *Callar.*

PROFESAR Practicar, desempeñar, ejercer, cultivar, ocuparse, actuar. → *Abstenerse.* || Confesar, seguir, creer, reconocer. → *Renegar.*

PROFESIÓN Carrera, ocupación, oficio, cargo, actividad, trabajo, quehacer, puesto, ejercicio, función, labor, cometido, empleo. → *Desocupación.* || Fe, confesión, religión, idea, inclinación, creencia, pensamiento. → *Abstención.*

PROFESO Iniciado, neófito. → *Novicio.*

PROFESOR Maestro, educador, preceptor, instructor, catedrático, pedagogo. → *Discípulo.*

PROFETA Enviado, inspirado, vaticinador, adivino, elegido, agorero, augur.

PROFÉTICO Délfico, adivinatorio, augural.

PROFETIZAR Predecir, presagiar, vaticinar.

PRÓFUGO Fugitivo, desertor, evadido, escapado, huido, fugado. → *Perseguidor.*

PROFUNDIDAD Abismo, sima, hondura, depresión, principio, barranco, pozo. → *Prominencia.* || Intimidad, inmensidad. → *Superficialidad.*

PROFUNDIZAR Penetrar, sondear, calar. → *Emerger.* || Discurrir, analizar, examinar.

PROFUNDO Insondeable, hondo, inmenso, abismal, bajo. → *Superficial.* || Intenso, fuerte, penetrante, acentuado, vivo. → *Débil.* || Inteligente.

PROFUSIÓN Abundancia, exceso, riqueza, exuberancia, colmo, plétora, raudal. → *Escasez.*

PROFUSO Abundante, cuantioso, copioso. → *Escaso.*

PROGENIE Casta, generación, linaje. → *Herederos.*

PROGENITOR Ascendiente, antepasado, padre. → *Descendiente.*

PROGRAMA Bando, edicto, aviso. || Sistema, plan, proyecto.

PROGRESAR Mejorar, aventajar, adelantar, prosperar. → *Empeorar.*

PROGRESIVO Creciente, gradual, evolucionado. → *Súbito.* || Floreciente, próspero. || Progresista.

PROGRESO Mejora, adelanto, prosperidad, evolución, perfección, avance, desarrollo, florecimiento, auge, incremento, cultura, civilización, perfeccionamiento. → *Retroceso.*

PROHIBIDO Interdicho, vedado, denegado. → *Permitido.*

PROHIBIR Negar, impedir, denegar, privar, quitar, limitar, evitar, vedar. → *Consentir, autorizar.*

PRÓJIMO Semejante, hermano, pariente, vecino, persona, individuo.

PROLE Descendencia, familia, cría, progenie, retoños, linaje. → *Ascendencia.*

PROLETARIADO Pueblo, plebe. → *Burguesía.*

PROLETARIO Trabajador, obrero, plebeyo. → *Capitalista.*

PROLIFERAR Abundar, difundirse, pulular, extenderse. → *Escasear.*

PROLÍFICO Fértil, prolífero, fecundo. → *Estéril.*

PROLIJO Minucioso, escrupuloso, esmerado, cuidadoso, premioso. → *Descuidado.* || Latoso, farragoso, cargante, detallado, difuso, redundante. → *Somero, conciso.*

PRÓLOGO Preámbulo, prefacio, introducción. → *Epílogo.*

PROLONGACIÓN Continuación, prolongamiento, extensión. → *Acortamiento.* || Cola, apéndice. || Aplazamiento, retardamiento, prórroga. → *Abreviación.*

PROLONGAR Extender, alargar, estirar, desarrollar, ampliar, ensanchar, expandir. → *Detener, estrechar.* || Aplazar, retrasar, diferir, postergar, demorar. → *Continuar.*

PROMEDIAR Seccionar, igualar, repartir. || Terciar, intermediar, interceder. || Equivaler, nivelar.

PROMESA Ofrecimiento, promisión, oferta. || Señal, indicio, augurio. || Voto, ofrenda, manda.

PROMETER Ofrecer, proponer, obligarse, comprometerse, pactar, convenir, jurar. → *Eludir.*

PROMETIDO Novio, desposado, pretendiente.

PROMINENCIA Saliente, eminencia, relieve. → *Cavidad.*

PROMINENTE Saliente, protuberante, abombado, jorobado, convexo, saltón, abultado. → *Liso, cóncavo.*

PROMISCUIDAD Mezcolanza, heterogeneidad, confusión. → *Selección.*

PROMOCIÓN Curso, hornada, pléyade. || Empuje, impulso, desarrollo.

PROMOTOR Iniciador, organizador, promovedor. → *Abolidor.*

PROMOVER Impulsar, fomentar, desarrollar, proteger, suscitar, iniciar, originar, elevar, ascender, levantar. → *Detener, estancar.*

PROMULGAR Proclamar, divulgar, publicar, difundir.

PRONÓSTICO Vaticinio, predicción, prenuncio. || Calendario.

PRONOSTICAR Predecir, vaticinar, anunciar, augurar.

PRONTITUD Celeridad, rapidez, velocidad, urgencia, presteza, diligencia, prisa. → *Lentitud.*

PRONTO Rápido, veloz, acelerado, listo, ágil, presto. → *Lento, tardo.* || Dispuesto, preparado, alerta, vigilante. → *Desprevenido.* || Rápidamente, velozmente, en seguida. → *Tarde.*

PRONTUARIO Compendio, resumen, epítome.

PRONUNCIAMIENTO Sublevación, alzamiento, insurrección, revolución.

PRONUNCIAR Modular, articular, enunciar, deletrear, decir, proferir, declarar. → *Callar.*

PRONUNCIARSE Sublevarse, alzarse, amotinarse.

PROPAGANDA Divulgación, publicidad, difusión.

PROPAGANDISTA Propagador, divulgador, activista.

PROPAGAR Anunciar, divulgar, difundir, publicar, avisar, generalizar, extender, irradiar. → *Frenar, ocultar.*

PROPAGARSE Ramificarse, circular, cundir.

PROPASAR Adelantar, avanzar, rebasar.

PROPASARSE Excederse, abusar, extralimitarse, insolentarse. → *Contenerse, moderarse.*

PROPENSIÓN Inclinación, afición, atracción, apego, proclividad, tendencia, vocación. → *Repulsión, aversión.*

PROPENSO Aficionado, proclive, afecto. → *Contrario.*

PROPICIAR Aplacar, ablandar, calmar. → *Encorajinar.*

PROPICIO Conforme, dispuesto, inclinado, favorable, adecuado, útil, oportuno, benigno, próvido. → *Inadecuado.*

PROPIEDAD Posesión, pertenencia, dominio, usufructo, goce, bienes. → *Carencia.* || Hacienda, tierra, finca, predio, campo, edificio, inmueble. || Cualidad, característica, atributo, rasgo, esencia. || Exactitud, rigor, aptitud, oportunidad, conveniencia. → *Impropiedad.*

PROPIETARIO Dueño, amo, hacendado, titular, poseedor, terrateniente, casero, latifundista, empresario, posesor. → *Inquilino.*

PROPINA Gratificación, recompensa, óbolo, compensación, premio.

PROPIO Conveniente, adecuado, oportuno, apto, justo. → *Inadecuado.* || Característico, peculiar, personal, exclusivo, especial. → *General, ajeno.* || Legítimo, natural, real. → *Impropio.*

PROPONER Sugerir, exponer, plantear, insinuar, expresar, opinar. → *Callar, disuadir.*

PROPONERSE Intentar, ensayar, aspirar, procurar. → *Abandonar.*

PROPORCIÓN Armonía, equilibrio, simetría, relación, conformidad. → *Desproporción, desequilibrio.* || Medida, tamaño, dimensión. || Ocasión, coyuntura, oportunidad. → *Inoportunidad.*

PROPORCIONADO Armonioso, equilibrado, simétrico. → *Desproporcionado.*

PROPORCIONAR Entregar, suministrar, dar, facilitar, proveer. → *Quitar, negar.* || Equilibrar, compasar, adecuar. → *Desproporcionar.*

PROPOSICIÓN Oferta, propuesta, ofrecimiento, invitación, palabra, insinuación. → *Negativa.* || Frase, oración.

PROPÓSITO Idea, intención, proyecto, voluntad, resolución, mira, fin, aspiración. → *Pasividad.*

PROPUESTA Ofrecimiento, proposición, promesa. → *Réplica.*

PROPUGNAR Defender, proteger, amparar. → *Atacar.*

PROPULSOR Tractor. || Turbina, hélice.

PRÓRROGA Consecución, prorrogación, continuación. → *Abreviación.* || Moratoria, aplazamiento, dilación. → *Expiración.*

PRORROGAR Aplazar, retrasar, demorar, prolongar, retardar, dilatar, continuar, proseguir, suspender. → *Abreviar, adelantar.*

PROSAICO Vulgar, común, pedestre. → *Poético.*

PROSAPIA Abolengo, linaje, alcurnia, estirpe, casta, ascendencia, progenie.

PROSCRITO Expulsado, desterrado, condenado, expatriado, delincuente. → *Honrado.*

PROSECUCIÓN Persecución, seguimiento, acoso. || Prolongación, insistencia, continuación. → *Interrupción.*

PROSEGUIR Continuar, seguir, insistir, prolongar, perpetuar, persistir, reanudar, durar. → *Interrumpir.*

PROSÉLITO Partidario, secuaz, afiliado. → *Enemigo.*

PROSPERAR Progresar, mejorar, adelantar. → *Empeorar.*

PROSPERIDAD Progreso, adelanto, ventura. → *Penuria.*

PRÓSPERO Adelantado, desarrollado, incrementado, floreciente, rico, venturoso, propicio. → *Infausto.*

PROSTÍBULO Burdel, lupanar, mancebía, casa pública.

PROSTITUCIÓN Degradación, corrupción, envilecimiento. → *Incorruptibilidad.*

PROSTITUIR Envilecer, corromper, pervertir. → *Ennoblecer.* || Rebajar, mancillar, degradar. → *Rehabilitar.*

PROSTITUTA Ramera, cortesana, puta, zorra, fulana, meretriz, hetera, buscona. → *Casta, honesta.*

PROTAGONISTA Personaje, intérprete, actor, estrella, figura principal, galán, héroe. → *Comparsa, figurante.*

PROTECCIÓN Amparo, auxilio, ayuda. → *Desvalimiento.*

PROTECTOR Defensor, amparador, bienhechor. → *Perseguidor.*

PROTEGER Amparar, defender, auxiliar, abrigar, sostener, cuidar, favorecer, apoyar, atender, asilar, socorrer, acoger. → *Perseguir.*

PROTEGERSE Parapetarse, atrincherarse, espaldonarse. → *Exponerse.*

PROTEGIDO Ahijado, favorito, recomendado. → *Víctima.* || Defendido, resguardado. → *Expuesto.*

PROTESTA Reparo, reproche, reprobación. → *Conformidad.* || Silba, pita, abucheo. → *Aplauso.*

PROTESTAR Quejarse, reclamar, censurar, acusar, suplicar, reprochar, criticar, rebelarse, declarar. → *Aguantar, aceptar.*

PROTOCOLO Ceremonia, formalidad, etiqueta, aparato, pompa, rito, formulismo. → *Sencillez.*
PROTOTIPO Modelo, dechado, ejemplo, muestra, tipo, espejo, ideal, patrón, molde, ejemplar. → *Copia.*
PROTUBERANCIA Bulto, saliente, prominencia. → *Depresión.*
PROVECHO Beneficio, utilidad, ventaja, fruto, ganancia, conveniencia, lucro, renta. → *Pérdida, perjuicio.*
PROVECHOSO Lucrativo, remunerativo, beneficioso. → *Improductivo.*
PROVEEDOR Abastecedor, aprovisionador. → *Comprador.*
PROVEER Abastecer, suministrar, aprovisionar, dotar, habituallar, facilitar, surtir, disponer, diligenciar, resolver. → *Negar, quitar.*
PROVENIR Derivar, descender, proceder, emanar, surgir, resultar, originarse. → *Llegar.*
PROVERBIAL Tradicional, habitual, conocido. → *Ignorado.* || Axiomático, sentencioso, aforístico.
PROVERBIO Adagio, sentencia, máxima, refrán, dicho, moraleja, aforismo, pensamiento.
PROVIDENCIA Hado, destino, sino, suerte, azar, fatalidad, ventura, albur, necesidad. || Prevención, disposición, ordenanza, mandamiento, provisión. → *Cumplimiento.*
PROVIDENCIAL Predestinado, fatal, elegido. || Feliz, oportuno, propicio. → *Inoportuno.*
PROVINCIA Demarcación, departamento, término, comarca, localidad, distrito.
PROVISIÓN Abastecimiento, depósito, almacenamiento. → *Escasez.* || Remedio, providencia.
PROVISIONAL Interino, accidental, provisorio, pasajero, transitorio, efímero. → *Definitivo, eterno.*
PROVOCACIÓN Reto, desafío, incitación.
PROVOCADOR Fanfarrón, flamenco, chulo, agresivo, matón, bravucón, pendenciero. → *Sensato.*
PROVOCAR Retar, desafiar, enfrentarse, hostigar, excitar, molestar. → *Calmar.* || Originar, causar, suscitar, crear, ocasionar. → *Impedir.*
PROVOCATIVO Excitador, estimulante, provocador. → *Tranquilizador.*
PROXIMIDAD Inmediación, vecindad, cercanía. → *Lejanía.*
PROXIMIDADES Contornos, cercanías, alrededores.
PRÓXIMO Cercano, vecino, inmediato, contiguo, lindante, fronterizo. → *Lejano.*
PROYECTAR Idear, planear, esbozar, bosquejar, maquinar, inventar. → *Impedir.* || Arrojar, lanzar, despedir, tirar, dirigir. → *Atraer, retener.*

PROYECTIL Bala, munición, perdigón, tiro, metralla, granada, cohete, dardo, venablo, saeta.

PROYECTO Idea, bosquejo, esbozo, esquema. → *Producto.* || Designio, propósito, proposición. → *Realización.*

PRUDENCIA Moderación, cordura, sensatez, discreción, madurez. → *Necedad.*

PRUDENTE Sensato, moderado, juicioso, cuerdo, mesurado, equilibrado, formal. → *Imprudente, insensato.*

PRUEBA Experimento, ensayo, investigación, comprobación, tanteo, examen, sondeo. || Testimonio, argumento, evidencia, indicio, muestra, confirmación. → *Duda.*

PRURITO Picazón, comezón, picor. || Deseo, manía.

PSÍQUICO Inmaterial, anímico, espiritual. → *Corporal.*

PÚA Pincho, espina, pico, aguijón, punta, aguja, puya, uña, diente.

PÚBER Viril, pubescente. → *Impúber.*

PUBLICACIÓN Obra, edición.

PUBLICAR Difundir, divulgar, propagar, transmitir, rebelar, proclamar, pregonar. → *Ocultar.* || Editar, imprimir, lanzar, distribuir, estampar.

PUBLICIDAD Propaganda, lanzamiento, difusión, divulgación, aviso, anuncio, cartel, pregón. → *Silencio, secreto.*

PÚBLICO Difundido, conocido, famoso, popular, divulgado, sonado, sabido. → *Ignorado, secreto.* || Estatal, oficial, administrativo, nacional, gubernativo. → *Privado.* || Espectadores, asistentes, presentes, concurrentes, auditorio, asistencia, multitud. → *Ausencia.*

PUCHERO Marmita, olla, cacerola, cazuela, pote, cazo, vasija, tartera, perol.

PÚDICO Modesto, recatado, pudoroso. → *Indecoroso.*

PUDIENTE Opulento, acomodado, rico, próspero, acaudalado, poderoso. → *Desvalido, necesitado.*

PUDOR Recato, honestidad, modestia, decencia, castidad, mojigatería, ñoñería. → *Descoco, indecencia.*

PUDOROSO Casto, púdico, recatado. → *Indecente.*

PUDRICIÓN Descomposición, pudrimiento, podredumbre, putrefacción.

PUDRIRSE Corromperse, alterarse, descomponerse, estropearse, picarse. → *Conservarse.*

PUEBLERINO Aldeano, provinciano, rústico, tosco, paleto, ordinario. → *Refinado.*

PUEBLO Poblado, villorrio, villa, aldea, lugar, caserío. → *Ciudad, urbe.* || País, nación, estado, patria, reino. || Raza, tribu, clan, casta, familia, linaje, ascendencia.

PUENTE Pasarela, planchada, paso, pontón, viaducto, acueducto, plataforma.

PUERCO Cerdo, cochino, tocino, lechón, cebón, guarro, marrano, mugriento, asqueroso, desaseado, desaliñado. → *Limpio, pulcro.*
PUERIL Aniñado, infantil. → *Madurado.* || Cándido, inocente, ingenuo. → *Perverso.* || Trivial, fútil, vano. → *Importante.*
PUERTA Portillo, acceso, pórtico. || Introducción, medio, camino.
PUERTO Desembarcadero, fondeadero, dársena, bahía, refugio, amparo. || Desfiladero, paso, garganta, quebrada, angostura.
PUESTO Sitio, lugar, punto, situación, paraje, terreno, posición, parte. || Tenderete, quiosco, barraca. || Cargo, función, empleo, destino, plaza, colocación, profesión, posición. → *Desocupación.*
PÚGIL Boxeador, rival, adversario, atleta, profesional, luchador.
PUGNA Porfía, desafío, competencia, oposición, rivalidad, lucha, enfrentamiento, contienda, pelea, esfuerzo. → *Acuerdo, concordia.*
PUGNAR Luchar, pelear, contender. → *Renunciar.*
PUJA Aumento, mejora, licitación. || Impulso, esfuerzo.
PUJANTE Potente, vigoroso, poderoso. → *Débil.*
PUJAR Aumentar, mejorar, subir. → *Bajar.* || Arrimar, empujar.
PULCRITUD Aseo, cuidado, esmero. → *Desaseo.*
PULCRO Esmerado, cuidadoso, escrupuloso, prolijo, aseado, limpio, atildado. → *Desastrado, sucio.*
PULIDO Bruñido, alisado, liso, terso, lustroso, fino, parejo, suave. → *Áspero.* || Educado, cortés, amable, atento, fino. → *Descortés.*
PULIR Pulimentar, alisar, bruñir, lustrar, suavizar, limar, abrillantar, componer, adornar, perfeccionar, refinar, terminar. → *Estriar, empañar.* || Pulimentar, educar, instruir.
PULPA Médula, carne, tuétano, masa, pasta, papilla, mazacote, molla.
PULSACIÓN Latido, pulsada, palpitación.
PULSAR Tañer, golpear, tocar. || Sondear, tantear, examinar. || Latir.
PULSERA Brazalete, argolla, ajorca, aro, manilla.
PULSO Palpitación, latido, pulsación, movimiento.
PULULAR Multiplicarse, proliferar, abundar, hormiguear, bullir. → *Escasear.*
PULVERIZAR Rociar, desmenuzar, desintegrar, fraccionar, esparcir, triturar, atomizar, moler. → *Concentrar.*
PULLA Befa, mofa, chunga, chanza, guasa, escarnio, afrenta, burla, broma. → *Respeto.*
PUNDONOR Decoro, dignidad, vergüenza, orgullo, conciencia, honor, delicadeza, susceptibilidad. → *Desvergüenza.*
PUNGIR Pinchar, punzar, herir.
PUNIBLE Condenable, reprobable, censurable, vituperable, criticable, indigno. → *Elogiable.*

PUNTA Extremidad, extremo, vértice, remate, pico, púa, pincho, aguijón, espolón, clavo, diente, uña, espina. || Cabo, promontorio, cima, cumbre. → *Falda, ladera.*

PUNTAL Madero, tornapunta, hinco. || Soporte, apoyo, fundamento. || Prominencia.

PUNTAPIÉ Patada, coz, porrazo, pataleo, golpe.

PUNTERÍA Tino, destreza, vista, pulso, acierto, habilidad, ojo, mano, suerte. → *Torpeza.*

PUNTIAGUDO Afilado, aguzado, agudo, fino, delgado, punzante, penetrante, picudo. → *Romo, liso.*

PUNTO Señal, marca, trazo. || Lugar, puesto, sitio, paraje, localidad, zona, territorio. || Asunto, cuestión, materia, tema, argumento.

PUNTUAL Preciso, matemático, exacto, regular, formal, asiduo, estricto, metódico, diligente, seguro, cierto. → *Impreciso, informal.*

PUNTUALIDAD Rigurosidad, precisión, exactitud. → *Imprecisión.* || Conformidad, certidumbre, seguridad. → *Inseguridad.*

PUNTUALIZAR Detallar, resumir, recalcar. || Perfeccionar, acabar.

PUNZADA Pinchadura, puntura. || Agujeta, dolor, ramalazo.

PUNZANTE Doloroso, lacerante, agudo, hondo, intenso, fuerte, picante, mordaz. → *Grato.*

PUNZAR Picar, pinchar, pungir. || Roer, lancinar.

PUNZÓN Buril, estilo, pincho, clavo, punta, aguja, herramienta, instrumento.

PUÑADO Porción, conjunto, cantidad, abundancia.

PUÑAL Daga, estilete, navaja, cuchillo, machete, faca, arma blanca.

PUÑALADA Navajada, cuchillada, navajazo. || Pesadumbre.

PUÑETAZO Golpe, guantada, mamporro, bofetón, torta, trompada. → *Caricia.*

PUÑO Empuñadura, mango, asidero, manubrio, pomo, guarnición, cacha.

PUPILAJE Pensión, hospedaje, hospedamiento.

PUPILO Interno, alumno, residente, pensionista, huésped. → *Externo.*

PURÉ Papilla, plasta, gacha, pasta, crema.

PUREZA Limpidez, perfección, puridad. → *Corrupción.* || Candor, candidez, inocencia, castidad. → *Perversión.*

PURGA Depurativo, laxante, medicamento, catártico.

PURGAR Administrar, laxar, medicinar, purificar, depurar. || Expiar, pagar, satisfacer, padecer. → *Gozar.* || Eliminar, destituir, exonerar. → *Nombrar.*

PURIFICAR Refinar, filtrar, limpiar, purgar, clarificar, perfeccionar, acendrar, acrisolar, rehabilitar. → *Ensuciar, mezclar.*

PURITANO Austero, severo, ascético, penitente, mojigato, ñoño, rígido, recto, inflexible. → *Depravado, tolerante.*

PURO Casto, virgen, virtuoso, decoroso, pudoroso, abstinente. →
Depravado. || Limpio, perfecto, sano, correcto, natural, simple,
sencillo. → *Impuro.* || Habano, cigarro, veguero, tagarnina.

PÚRPURA Escarlata, granate, grana, rojo, rubí, carmesí, colorado,
tinte, color, colorante.

PURPÚREO Rojo, encarnado, cárdeno.

PURULENTO Maligno, ponzoñoso, virulento.

PUS Supuración, purulencia, podre, virus, humor.

PUSILÁNIME Apocado, encogido, corto, tímido, corito, timorato,
medroso, cobarde. → *Enérgico, valiente.*

PÚSTULA Costra, postilla.

PUTA Ramera, cortesana, zorra, prostituta, buscona. → *Casta,
pura.*

PUTREFACCIÓN Podredumbre, corrupción, descomposición, alteración, fermentación, carroña, inmundicia. → *Lozanía.*

PUTREFACTO Podrido, corrompido, alterado, descompuesto, hediondo, rancio, mohoso, purulento, fermentado, inmundo, séptico,
pútrido. → *Sano, lozano, fresco.*

PUYA Picapúa, punta, pértiga, garrocha, vara, lanza, asta, rejón.

PUYAZO Rehilete, puntada, zaherimiento.

QUEBRADA Desfiladero, paso, puerto, garganta, angostura, cañón, cañada, barranco, despeñadero. → *Llano.*

QUEBRADIZO Frágil, endeble, débil, caduco, delicado. → *Resistente.*

QUEBRADO Escabroso, montañoso, abrupto, áspero, escarpado, fragoso. → *Llano.* || Roto, debilitado, quebrantado. || Fraccionario. → *Entero.*

QUEBRANTAR Infringir, vulnerar, transgredir, violar, contravenir. → *Cumplir.* || Quebrar, romper, dividir. → *Unir.*

QUEBRANTO Perjuicio, deterioro, daño. → *Beneficio.* || Lacitud, debilidad, desaliento. → *Vigor.*

QUEBRAR Romper, fragmentar, tronchar, cortar, rajar, cascar, hender, dividir, destruir. → *Componer, unir.* || Arruinarse, hundirse, fracasar. → *Prosperar.*

QUEDA Paz, calma, sosiego.

QUEDAR Acordar, convenir, pactar, decidir, citarse. → *Discrepar.*

QUEDARSE Permanecer, mantenerse, persistir, resistir, aguantar, continuar. → *Irse.* || Residir, instalarse, establecerse, arraigar. → *Mudarse.* || Abandonar, cesar, retrasarse. → *Adelantar.*

QUEHACER Ocupación, faena, trabajo.

QUEJA Lamento, gemido, plañido, gimoteo, llanto, sollozo. → *Risa.* || Protesta, demanda, reclamación, reproche, censura, descontento. → *Elogio.*

QUEJARSE Dolerse, gemir, lamentarse.

QUEMA Fuego, incendio, combustión.

QUEMADO Abrasado, incinerado, achicharrado. → *Incólume.*

QUEMADURA Ampolla, llaga, cremación.

QUEMAR Incendiar, inflamar, arder, llamear, chamuscar, abrasar, carbonizar, incinerar, achicharrar, consumir, encender. → *Apagar.*

QUEMARSE Apasionarse, alterarse. || Alheñarse, anublarse.

QUEMAZÓN Irritación, comezón, prurito. || Indirecta, pulla. || Rencilla, queja, resentimiento.

QUERELLA Pleito, litigio, denuncia, demanda, juicio, recurso, procedimiento, actuación. → *Avenencia.* || Riña, pelea, disputa, reyerta, altercado. → *Reconciliación.*

QUERENCIA Afecto, inclinación, tendencia.

QUERER Anhelar, desear, ansiar, apetecer, ambicionar, esperar, pretender. → *Abandonar, rechazar.* || Acceder, consentir, dignarse, aceptar. → *Negar.* || Amar, idolatrar, venerar, adorar, enamorarse, reverenciar, respetar, estimar. → *Odiar.* || Amor, idolatría, veneración, respeto, adoración. → *Odio.*

QUERIDA Amante, manceba, concubina, barragana, coima, amiga, mantenida. → *Esposa.*

QUERIDO Amante, amigo. || Estimado, caro, amado. → *Odiado.*

QUERUBÍN Serafín, ángel.

QUID Razón, motivo, causa.

QUÍDAM Ente, sujeto, alguien. || Cualquiera, quienquiera.

QUIEBRA Bancarrota, ruina, hundimiento, fracaso, desastre, pérdida, suspensión de pagos. → *Prosperidad.* || Rotura, grieta, fractura, tajo. → *Arreglo, compostura.*

QUIETO Inmóvil, detenido, inerte, parado, paralizado, estático, inactivo, inanimado, firme, fijo, tieso, muerto. → *Móvil, movedizo.* → Sosegado, apacible, tranquilo, silencioso. → *Bullicioso.*

QUIETUD Sosiego, tranquilidad, silencio, paz, placidez, descanso, sopor. → *Actividad, bullicio.*

QUIJADA Quijar, mandíbula, carrillera, barbada.

QUIMERA Fantasía, delirio, ilusión, fábula, ficción, mito, leyenda. → *Realidad.*

QUIMONO Bata, túnica.

QUINTA Torre, villa, hotel. || Reclutamiento, leva, reemplazo.

QUIOSCO Tenderete, puesto, barraca, tiendecilla, templete, cenador, pabellón.

QUIROMANCIA Adivinación, superstición.

QUISQUILLOSO Chinche, susceptible, puntilloso, meticuloso, cascarrabias, detallista. → *Descuidado.*

QUISTE Bulto, tumor, protuberancia, grano, hinchazón, dureza, nódulo.

QUITAR Despojar, privar, arrebatar, robar, usurpar. → *Devolver, entregar.* || Retirar, extraer, separar, extirpar, anular, suprimir, sacar, apartar, alzar, eliminar. → *Poner.* || Derrocar, destituir, eliminar. → *Entronizar.*

QUITARSE Apartarse, dejar, renunciar. || Alejarse, irse.

QUITASOL Sombrilla, parasol, paraguas.

QUITE Lance, parada, regate.

QUIZÁ Tal vez, acaso, a lo mejor, quién sabe. → *Ciertamente, indudablemente.*

RABADILLA   Apéndice, cauda, cola, rabo.

RABIA   Cólera, corajina, enfado, enojo, furia, furor, ira. → *Sereni-dad.*

RÁBIDA   Abadía, cartuja, cenobio, claustro, convento, monasterio.

RABIETA   Pataleta.

RABIOSO   Arrebatado, cólerico, encorajinado, enojado, fiero, frené-tico, furioso, indignado. → *Apacible, calmado, sereno, tranquilo.*

RABO   Apéndice, cauda, cola, extremidad, miembro, rabadilla.

RACIMO   Manojo, ramillete, ristra, grupo, conjunto.

RACIOCINIO   Argumentación, discernimiento, juicio, razón, razona-miento, deducción lógica. → *Absurdo.*

RACIÓN   Porción, parte, lote, escote, cuota, medida, cupo, raciona-miento. → *Totalidad.*

RACIONAL   Lógico, coherente, sensato, correcto. → *Ilógico* || Hu-mano, inteligente, superior. → *Irracional.*

RACIONAR   Tasar, medir, limitar, repartir, distribuir, proveer.

RACHA   Etapa, época, lapso, periodo, momento. || Ráfaga, viento.

RADA   Bahía, ensenada, golfo, fondeadero, puerto, cala, abra, ca-leta.

RADIADOR   Brasero, calentador, chimenea, estufa, fogón, hogar, salamandra.

RADIANTE   Dichoso, alegre, feliz, gozoso, jubiloso. → *Triste.* || Luminoso, claro, brillante, resplandeciente, rutilante, fulgurante. → *Oscuro, encapotado.*

RADIAR   Emitir, transmitir, informar, difundir, divulgar, comunicar. → *Callar, omitir.*

RADICAL   Drástico, violento, tajante, absoluto, excesivo, enérgico, rápido. → *Suave.*

RADICAR   Afincar, arraigar, enraizar, establecer, fijar. → *Desarrai-gar.*

RADIOGRAMA Cable, cablegrama, despacho, telegrama.

RÁFAGA Vendaval, racha, torbellino, soplo, ventolera, ramalazo. → *Céfiro*.

RAID Incursión, ataque, irrupción, expedición, batida, vuelo. → *Retirada*.

RAÍDO Gastado, ajado, rozado, usado, viejo, deslucido, marchito, deteriorado. → *Flamante*.

RAIGAMBRE Arraigo, base, consistencia, raíz, solera, prosapia, estabilidad. → *Desarraigo*.

RAÍZ Cepa, radícula, raigón, rizoma, tubérculo. → *Tallo*. || Base, fundamento, principio, origen, motivo, causa. → *Consecuencia*.

RAJA Grieta, hendedura, abertura, resquebrajadura, resquicio. → *Unión, soldadura*.

RAJADO Abierto, agrietado, cuarteado, hendido, resquebrajado, roto. → *Entero, terso*.

RAJAR Abrir, agrietar, cuartear, hender, hendir, quebrantar.

RALEA Estofa, laya, pelaje, calaña, casta, clase, nivel, condición.

RALEAR Clarear, translucir, transparentar.

RALO Gastado, espaciado, tenue, raído, sobado, deteriorado. → *Tupido*.

RALLAR Frotar, restregar, lijar, desmenuzar, triturar, pulverizar, rascar.

RAMA Vara, vástago, ramo, sarmiento, tallo, gajo. → *Tronco*. || Ramal, desviación, bifurcación.

RAMAJE Enramada, fronda, follaje, espesura, frondosidad, foscaje, broza, hojarasca. → *Erial*.

RAMBLA Calle, paseo.

RAMERA Prostituta, buscona, cortesana, golfa, hetaira, meretriz, pelandusca, puta, zorra, mujer galante o de la vida fácil.

RAMIFICARSE Bifurcarse, dividirse, diverger, alejarse, separarse, retoñar. → *Reunirse*.

RAMO Ramillete, brazada, manojo, brazada, atado. || Departamento, sección, actividad.

RAMPA Cuesta, pendiente, desnivel, repecho, ladera, talud, escarpa. → *Llano*.

RAMPLÓN Vulgar, rudo, ordinario, tosco, zafio, chabacano, grosero. → *Fino, distinguido*.

RANCIO Antiguo, vetusto, añejo, arcaico, tradicional. → *Nuevo*. || Pasado, podrido. → *Fresco*.

RANCHO Hacienda, granja, propiedad, ganadería, terreno, plantación.

RANGO Nivel, categoría, importancia, clase, condición, situación, jerarquía.

RANURA Estría, surco, muesca, hendedura, canal, raja, grieta, fisura. → *Juntura, unión*.

RAPACIDAD Codicia, ansia, ambición, usura, saqueo, violencia. → *Generosidad.*

RAPAR Rasurar, afeitar.

RAPAZ Adolescente, crío, chaval, chico, chiquillo, mocoso, muchacho. || Codicioso, ansioso, ambicioso, usurero, violento, saqueador. → *Generoso.*

RAPIDEZ Velocidad, actividad, ligereza, premura, urgencia, diligencia, dinamismo, apresuramiento, celeridad. → *Lentitud.*

RÁPIDO Acelerado, activo, afanoso, ágil, apresurado, ardoroso, diligente, presto, veloz. → *Flojo, lento, negligente, perezoso.*

RAPIÑA Despojo, robo, expoliación, pillaje, usurpación, saqueo, latrocinio, botín.

RAPTAR Secuestrar, forzar, retener, recluir, violentar, engañar. → *Devolver, liberar.*

RAQUÍTICO Canijo, enclenque, enteco, débil, anémico, escaso, mezquino, mísero. → *Vigoroso, abundante.*

RAREZA Capricho, curiosidad, chaladura, excentricidad, extravagancia, fantasía, originalidad, particularidad, peculiaridad, singularidad.

RARO Extravagante, incongruente, infrecuente, original, singular, extraño, caprichoso, curioso. → *Corriente.*

RASAR Igualar.

RASCAR Frotar, arañar, fregar, restregar, raer, rozar, lijar, escarbar.

RASGAR Desgarrar, despedazar, destrozar, abrir, hender, deteriorar. → *Unir, pegar.*

RASGO Trazo, línea, raya, marca. || Cualidad, carácter, atributo, distintivo, propiedad.

RASGOS Facciones, semblante, fisonomía.

RASGUÑO Arañazo, zarpazo, roce, marca, señal, herida, erosión.

RASO Liso, plano, desnudo, despejado, claro. → *Accidentado, cubierto.*

RASPAR Frotar, raer, limar, rallar, restregar, rozar, arañar, desprender.

RASTRA Rastrillo.

RASTREAR Batir, reconocer, explorar, averiguar, preguntar, escudriñar. → *Extraviar.*

RASTREO Acometimiento, acorralamiento, acoso, batida, búsqueda, cacería, caza, cerco, descubierta, hostigamiento, montería, ojeo, persecución, reconocimiento, seguimiento.

RASTRERO Indigno, servil, abyecto, bajo, vil, mezquino, zalamero. → *Digno.*

RASTRILLO Cerradura, horquilla, rastra.

RASTRO Señal, vestigio, marcha, traza, indicio, signo, pista, huella, pisada.

RASURAR Afeitar, rapar, cortar, arreglar, acicalar.

RATERÍA Robo, hurto.

RATERO Caco, descuidero, carterista, ladrón, ganzúa, delincuente. → *Policía.*

RATIFICACIÓN Confirmación, corroboración, revalidación.

RATIFICAR Conformar, sancionar, corroborar, certificar, convalidar, reafirmar, apoyar. → *Rechazar.*

RATO Momento, tiempo, periodo, etapa, lapso, pausa, racha, instante.

RAUDAL Abundancia, cantidad, diluvio, enormidad, exceso, exuberancia, infinidad, inundación, opulencia, profusión, sinfín, sinnúmero, superabundancia. → *Escasez, pequeñez, pobreza.*

RAUDO Rápido, veloz, presto, acelerado, afanoso, ágil, apresurado, diligente. → *Lento, flojo, negligente.*

RAYA Trazo, línea, rasgo, lista, surco, estría, tilde, marca, guión. || Límite, linde, extremo, fin, frontera, demarcación.

RAYADO Acanalado, estriado, ondulado.

RAYAR Trazar, marcar, señalar, tachar, surcar, delinear, subrayar.

RAYO Centella, exhalación, meteoro, chispa, fulgor, destello, relámpago. || Radio, línea, varilla, barra. || Veloz, raudo. → *Lento.*

RAZA Linaje, casta, abolengo, alcurnia, clase, género, especie, ralea, progenie.

RAZÓN Raciocinio, discernimiento, inteligencia, juicio, entendimiento. → *Torpeza.* || Motivo, móvil, fundamento, impulso. || Argumento, prueba, demostración, explicación. || Acierto, cordura, prudencia, tacto, tiento, rectitud. → *Desacierto.*

RAZONABLE Justo, equitativo, legal, lógico, sensato. → *Injusto.* || Comprensivo, benévolo, amistoso, tolerante. → *Severo, rígido.*

RAZONAMIENTO Raciocinio, inteligencia, demostración, argumento, alegato.

RAZONAR Argumentar, reflexionar, pensar, analizar, discurrir, enjuiciar, sugerir, comprender, admitir. → *Empecinarse.*

RAZZIA Correría.

REACCIÓN Resistencia, oposición, rechazo, rebeldía, intransigencia. → *Sometimiento.* || Transformación, cambio, modificación, evolución. → *Inmovilidad.*

REACIO Remiso, opuesto, contrario, adverso, terco, rebelde. → *Obediente, dócil.*

REAFIRMAR Afirmar, asegurar, confirmar, consolidar, corroborar, probar, ratificar.

REAL Regio, imperial, principesco, majestuoso, palaciego, noble, dinástico. → *Plebeyo.* || Verdadero, auténtico, positivo, cierto, innegable. → *Irreal.*

REALCE Engrandecimiento, encubrimiento, glorificación, alabanza, elogio. → *Degradación, denigración.*

REALEZA Majestad, nobleza, majestuosidad, dinastía, monarquía. → *Plebeyez.*

REALIDAD Verdad, efectividad, certidumbre, certeza, confirmación, autenticidad. → *Fantasía.*

REALIZADO Ejecutado, elaborado, fabricado, formado, hecho, producido.

REALIZAR Ejecutar, celebrar, proceder, elaborar, formar, construir, crear. → *Destruir.*

REALZAR Engrandecer, encumbrar, glorificar, acentuar, alabar, elogiar. → *Degradar, denigrar.*

REANIMAR Alentar, reconfortar, tonificar, vigorizar, estimular, animar. → *Desanimar.*

REANUDAR Continuar, seguir, proseguir, repetir, mantener, renovar, reaparecer, volver. → *Interrumpir.*

REANUDAR Continuar, proseguir.

REAPARECER Regresar, volver, retornar, renacer, reanudar. → *Desaparecer.*

REAVIVAR Resucitar, avivar, reanimar, vivificar.

REBAJADO Achaparrado. || Abaratado.

REBAJAR Aminorar, disminuir, reducir, bajar, descender, restar. → *Incrementar.* || Abaratar, saldar, descontar, liquidar, desvalorizar. → *Encarecer.* || Humillar, degradar, ultrajar, escarnecer. → *Enaltecer.*

REBAJARSE Abellacarse, abribonarse, agranujarse, apicararse, degradarse, denigrarse, encanallarse, envilecerse. → *Elevarse, engrandecerse, revalorarse, superarse.*

REBANADA Tajada, corte, lonja, loncha, rodaja, parte, porción, trozo, rueda.

REBAÑO Tropel, hato, tropilla, manada, piara, bandada, conjunto, jauría.

REBASAR Sobrepasar, superar, desbordar, exceder, aventajar, ganar. → *Retrasarse.*

REBATIR Impugnar, refutar, argüir, argumentar, vencer, oponerse. → *Admitir.*

REBATO Alarma, combate, zafarrancho.

REBELARSE Sublevarse, amotinarse, insurreccionarse, perturbar, incitar, conspirar. → *Acatar.*

REBELDE Sublevado, amotinado, perturbado, incitado, conspirado, insurreccionado. || Indómito, desobediente, terco, tozudo, reacio. → *Dócil.*

REBELDÍA Rebelión, indisciplina, indocilidad, inobediencia, insubordinación, insurrección, protervia. → *Obediencia, sumisión.*

REBELIÓN Sublevación, revolución, subversión, conjura, conspiración, motín, levantamiento. → *Paz.*

REBLANDECER Ablandar, suavizar, macerar, ahuecar, debilitar, afeminar. → *Endurecer.*

REBOSANTE Abundante, repleto, rico, sobrado, excesivo. → *Falto, carente.*

REBOSAR Rebasar, exceder, derramarse, verterse, caer, vomitar. → *Contenerse, faltar.*

REBOTAR Saltar, rechazar, devolver, retroceder, repercutir, brincar.

REBUSCADO Amanerado, artificial, afectado, ficticio, artificioso, simulado. → *Sencillo, directo.*

REBUSCAMIENTO Afectación, amaneramiento, remilgo.

REBUSCAR Escudriñar, investigar, inquirir, examinar, sondear, fisgonear, husmear. → *Encontrar.*

RECADERO Mandadero, botones, ordenanza, mozo, enviado, transportista, mensajero.

RECADO Mensaje, encargo, aviso, comisión, anuncio, misiva, misión, cometido.

RECAER Agravarse, empeorar, desmejorar. → *Mejorar.* || Reincidir, repetir, insistir. → *Corregirse.* || Incidir, caer en, resultar.

RECALCAR Abultar, acentuar, agrandar, destacar, marcar, señalar, subrayar. → *Minimizar, reducir.*

RECALCITRANTE Terco, tozudo, tenaz, testarudo, porfiado, cabezudo, contumaz. → *Razonable.*

RECÁMARA Alcoba.

RECAMBIO Repuesto, suplemento, pieza, accesorio.

RECAPACITAR Recapitular, pensar, sosegarse, dominarse, arrepentirse. → *Reincidir.*

RECAPITULAR Revisar, resumir, recordar, rememorar, repasar, sintetizar.

RECARGADO Sobrecargado, abigarrado, profuso, excesivo, exagerado, vulgar. → *Sencillo, sobrio.*

RECARGAR Aumentar, encarecer, subir, elevar, sobrecargar, llenar. → *Rebajar.*

RECATADO Honesto, moderado, púdico, casto, decoroso, humilde. → *Impúdico.*

RECATO Decencia, decoro, dignidad, honestidad, honor, honra, honradez, integridad, modestia, pudor, vergüenza, virtud. → *Desvergüenza, impudor, indecencia, inmodestia.*

RECAUDACIÓN Cobranza, cobro, colecta, recolección.

RECAUDAR Cobrar, percibir, recolectar, recibir, ingresar, reunir. → *Pagar.*

RECELAR Conjeturar, dudar, desconfiar, presumir, sospechar.

RECELO Desconfianza, sospecha, duda, temor, barrunto, conjetura, suposición. → *Confianza.*

RECEPCIÓN Bienvenida, recibimiento, acogida. → *Despedida.* || Admisión, aceptación, ingreso, entrada. → *Expulsión.* || Reunión, fiesta, celebración, festejo, convite, velada, gala, homenaje.

RECETAR Prescribir, ordenar, formular, aconsejar.

RECIBIDOR Antesala, recibimiento, antecámara, vestíbulo, estancia.

RECIBIMIENTO Recibidor. || Acogida, recogimiento.

RECIBIR Admitir, acoger, aceptar, percibir, recoger, adoptar, tolerar, aprobar, embolsar. → *Ofrecer, dar.* || Dar audiencia.

RECIBO Resguardo, acuse, vale, documento, garantía, justificante, comprobante. → *Factura.*

RECIEDUMBRE Vigor, fuerza, poder, energía, corpulencia. → *Debilidad.*

RECIENTE Actual, nuevo, flamante, estrenado, fresco, inédito, naciente, moderno, acabado de hacer, recién hecho. → *Viejo, pasado.*

RECINTO Aposento, estancia, cuarto, habitación, ambiente, ámbito, espacio.

RECIO Vigoroso, fuerte, poderoso, animoso, enérgico, vital, firme, corpulento, robusto, fortachón, grueso, abultado, duro, áspero, grave. → *Débil, delgado, blando.*

RECIPIENTE Receptáculo, vasija, vaso, cacharro, pote, olla, bote.

RECÍPROCO Correspondiente, relacionado, dependiente, mutuo, bilateral, equitativo, correlativo, intercambiable.

RECITAR Declamar, cantar, entonar, narrar, pronunciar, enumerar. → *Callar.*

RECLAMACIÓN Exigencia, protesta, petición. → *Aprobación, agradecimiento.*

RECLAMAR Demandar, solicitar, pedir, reivindicar, exigir, protestar, quejarse, suplicar, reprochar. → *Conceder.*

RECLINARSE Apoyarse, recostarse, inclinarse, sostenerse, ladearse, descansar. → *Erguirse.*

RECLINATORIO Apoyo, sostén, puntal.

RECLUIR Aislar, encerrar, enclaustrar, internar, encarcelar, aprisionar. → *Soltar.*

RECLUSIÓN Aislamiento, encierro, claustro, internado, cárcel.

RECLUSO Prisionero, presidario, preso, forzado, penado, cautivo, culpable, reo. → *Libre.*

RECLUTA Soldado, quinto, mílite, conscripto, enganchado, militar.

RECLUTAR Alistar, levar, enganchar, incorporar, inscribir. → *Licenciar.*

RECOBRAR Rescatar, recuperar, reparar. → *Perder, abandonar.*

RECOBRARSE Reponerse, restablecerse, restaurarse, aliviarse. || Volver en sí, recuperarse.

RECODO Revuelta, esquina, ángulo, rincón, recoveco, curva, vuelta. → Recta.

RECOGER Reunir, levantar, alzar, coger, tomar, encontrar. → Tirar. ‖ Agrupar, guardar, encerrar, asilar, albergar. → Echar. ‖ Amontonar, cosechar, aglomerar, acumular. → Dispersar.

RECOGERSE Encerrarse, apartarse, recluirse. → Salir.

RECOGIDO Aislado, apartado, recluido, retraído, alejado, retirado. → Comunicado.

RECOLECCIÓN Cosecha. ‖ Recaudación, cobranza.

RECOLECTAR Cosechar, reunir, acumular, aglomerar, almacenar. → Dispersar.

RECOLECTOR Recaudador, cobrador.

RECOMENDABLE Respetable, estimable, confiado. → Irrecomendable, inaconsejable.

RECOMENDACIÓN Advertencia, aviso, petición, invitación. ‖ Favoritismo, protección.

RECOMENDAR Advertir, exhortar, aconsejar, avisar, rogar, sugerir, invitar, pedir. ‖ Favorecer, proteger, ayudar, elogiar. → Obstaculizar.

RECOMPENSA Recompensación, premio, condecoración. → Castigo.

RECOMPENSAR Premiar, gratificar, galardonar, homenajear, retribuir. → Denigrar.

RECOMPONER Reparar, remendar, apañar, arreglar. → Desarreglar.

RECONCILIAR Interceder, mediar, apaciguar, reunir. → Enzarzar.

RECONCILIARSE Amigarse, olvidar, hacer las paces, aliarse, restablecer. → Enemistarse.

RECÓNDITO Profundo, hondo, escondido, encubierto, furtivo, disimulado. → Superficial.

RECONOCER Observar, escrutar, investigar, examinar, estudiar. → Omitir. ‖ Admitir, confesar, conceder, aceptar. → Negar. ‖ Recordar, distinguir, acordarse, evocar, identificar. → Olvidar.

RECONOCIDO Obligado, agradecido, deudor. → Desagradecido.

RECONOCIMIENTO Examen, registro, inspección. ‖ Admisión, confesión. → Negación. ‖ Gratitud, agradecimiento. → Desagradecimiento.

RECONQUISTAR Recuperar, recobrar, rescatar, liberar, libertar, redimir. → Perder.

RECONSTITUIR Restablecer, reorganizar, rehacer. → Deshacer. ‖ Fortalecer, curar. → Debilitar.

RECONSTITUYENTE Analéptico, confortante.

RECONSTRUIR Reedificar, reanudar, restaurar, reparar, arreglar, restablecer, repetir. → Derribar.

RECOPILACIÓN Resumen, suma, compendio.

RECOPILAR Seleccionar, resumir, compendiar, extractar, coleccionar, compilar. → *Dispersar.*

RÉCORD Marca, resultado, hazaña, triunfo.

RECORDAR Rememorar, evocar, acordarse, reconstruir, resucitar, revivir. → *Olvidar.*

RECORDATORIO Advertencia, aviso, recomendación.

RECORRER Pasar, transitar, andar, deambular, venir, ir, caminar, atravesar. → *Detenerse.*

RECORRIDO Itinerario, ruta, camino, marcha, trayecto, jornada, tránsito. → *Permanencia.*

RECORTAR Podar, cercenar, truncar, segar, cortar, partir, limitar, ajustar.

RECORTE Recortadura, retal, retazo.

RECOSTAR Inclinar, reclinar, adosar, alzar.

RECOVECO Rodeo, revuelta, recodo. || Artilugio, artificio, evasiva.

RECREAR Alegrar, divertir, distraer. → *Aburrir.*

RECREATIVO Divertido, distraído, entretenido. → *Aburrido.*

RECREO Distracción, diversión, entretenimiento, regodeo, juego, esparcimiento. → *Aburrimiento.*

RECRIMINACIÓN Regaño, reprimenda, reproche. → *Elogio.*

RECRIMINAR Reprobar, censurar, reprender, reprochar, regañar, reñir, culpar. → *Aprobar.*

RECRUDESCENCIA Empeoramiento, encono, recrudecimiento. → *Mejoría.*

RECTIFICACIÓN Corrección, modificación. → *Ratificación.*

RECTIFICAR Corregir, modificar, enmendar, revisar, reformar, enderezar. → *Estropear.*

RECTITUD Enderezamiento, derechura. → *Curva.* || Integridad, justicia, equidad. → *Parcialidad.*

RECTO Íntegro, justo, justiciero, severo, neutral, ecuánime. → *Injusto.* || Derecho, rectilíneo, tieso, liso, directo, seguido. → *Sinuoso, curvo.*

RECTOR Párroco, cura. || Presidente, superior, director.

RECUADRO Marco, mazonera.

RECUBRIR Forrar, revestir, tapizar, bañar, abrigar, resguardar. → *Descubrir.*

RECUENTO Arqueo, inventario, repaso.

RECUERDO Reminiscencia, memoria, evocación, repaso, retentiva. → *Olvido.*

RECUERDOS Expresiones, memorias, saludos.

RECUESTA Intimación, exhorto, amonestación. → *Renuncia.*

RECULADA Regresión, retroceso, retrogradación. → *Avance.*

RECULAR Retroceder, ceder, retirarse. →*Avanzar.*

RECUPERAR Rescatar, recobrar, redimir, restaurar, reconquistar. → *Perder.*

RECUPERARSE Mejorar, reponerse, aliviarse, sanarse. → *Agravarse.*

RECURRIR Apelar, pretender, reclamar, suplicar, litigar, pleitear. → *Abandonar.*

RECURSO Medio, procedimiento, modo, manera, táctica.

RECURSOS Bienes, fondos, caudales, medios, fortuna, capital. → *Indigencia.*

RECHAZAR Negar, desechar, despreciar, desairar, rehusar, oponerse, resistir. → *Aprobar.*

RECHIFLA Mofa, burla. || Silba, abucheo. → *Aplauso.*

RECHINAR Chirriar, crujir, chillar, crepitar, resonar, rozar, gemir.

RECHONCHO Regordete, rollizo, achaparrado, gordinflón, orondo, grueso, obeso, tripón. → *Delgado.*

RED Malla, retículo, redecilla, trama, urdimbre, tejido, punto. || Trampa, lazo, ardid, celada. || Organización, distribución, servicio.

REDACTAR Idear, componer, escribir, concebir, representar, reflejar.

REDENCIÓN Salvación, liberación, emancipación, independencia, libertad, manumisión. → *Esclavitud.*

REDENTOR Salvador, emancipador, libertador, protector. → *Esclavizador.* || Jesucristo, Dios, Mesías.

REDICIÓN Reiteración, repetición. → *Prosecución.*

REDICHO Pomposo, enfático, pedante. → *Sencillo.*

REDIL Aprisco, majada, cortil.

REDIMIR Salvar, libertar, rescatar, eximir. → *Oprimir.*

RÉDITO Ganancia, renta, beneficio. → *Capital.*

REDITUAR Rendir, producir, rentar.

REDITUABLE Fructífero, rentable, beneficioso. → *Improductivo.*

REDOBLAR Doblar, aumentar, duplicar. → *Disminuir.* || Repetir, reiterar, insistir. → *Renunciar.*

REDONDO Circular, esférico, anular, abombado, curvo, combado, cilíndrico, elíptico, discoidal, globular. → *Cuadrado, recto.*

REDUCCIÓN Restricción, rebaja, merma. → *Aumento.*

REDUCIDO Escaso, limitado, pequeño. → *Grande.*

REDUCIR Aminorar, disminuir, menguar, bajar, marmar, limitar, circunscribir, abreviar. → *Aumentar.*

REDUCTO Casamata, fortificación, defensa.

REDUNDANCIA Abundancia, sobra, exceso. → *Falta.* || Reiteración, repetición. → *Parquedad.*

REDUNDANTE Reiterado, repetido, monótono. → *Parco.* || Hinchado, ampuloso. → *Sencillo.*

REDUPLICAR Doblar, aumentar, redoblar. → *Disminuir.*

REEDIFICAR Restablecer, reconstruir, rehacer. → *Derribar.*

REEMBOLSAR Reintegrar, devolver, compensar, indemnizar, restituir. → *Retener.*

REEMPLAZANTE Sustituto, interino, suplente.

REEMPLAZAR Sustituir, suplir, relevar, representar, suceder, auxiliar. → *Mantenerse.*

REFACCIÓN Colación, refección, refrigerio. → *Ayuno.* || Gaje, propina, gratificación.

REFERENCIA Alusión, nota, cita, observación, advertencia, comentario.

REFERENCIAS Informes, recomendación, certificado, datos.

REFERIR Narrar, relatar, contar, explicar, detallar, exponer. → *Omitir.* || Vincular, relacionar, conectar, enlazar. → *Desvincular.*

REFERIRSE Sugerir, aludir, insinuar. || Remitirse.

REFINADO Delicado, primoroso, distinguido, fino, elegante, sensual, culto. → *Tosco.*

REFINAMIENTO Esmero, primor, elegancia. → *Vulgaridad.*

REFINAR Depurar, limpiar, filtrar, tamizar, purificar, lavar, mejorar. → *Manchar.*

REFIRMAR Confirmar, ratificar, afirmar, corroborar, sancionar. → *Negar.*

REFLECTOR Espejo, reverbero. || Faro, proyector.

REFLEJAR Reverberar, reflectar, repercutir. → *Absorber.* || Reflexionar.

REFLEJO Reverbero, destello, irradiación, brillo, fulgor, viso, vislumbre. || Reacción, respuesta, movimiento. || Automático, involuntario, maquinal. → *Deliberado.*

REFLEXIÓN Meditación, cálculo, especulación. → *Despreocupación.* || Juicio, consejo, cordura. → *Imprudencia.*

REFLEXIONAR Meditar, considerar, pensar, atender, cavilar, idear, especular, recapacitar, repasar, rumiar, discurrir. → *Precipitarse.*

REFLEXIVO Reflectante, reflejante, iridiscente. → *Absorbente.* || Pronominal, reflejo, recíproco. || Considerado, pensativo, meditabundo. → *Atolondrado.*

REFORMA Restauración, mejora, renovación. → *Conservación.* || Protestantismo, luteranismo.

REFORMAR Renovar, modificar, cambiar, alterar, transformar, rectificar, variar. → *Mantener.*

REFORMARSE Moralizarse, moderarse, corregirse. → *Desenfrenarse.*

REFORMATORIO Disciplinario, correccional.

REFORZAR Fortalecer, robustecer, fortificar, consolidar, vigorizar. → *Debilitar.*

REFRÁN Dicho, adagio, proverbio, aforismo, sentencia, máxima, moraleja.

REFRENAR Contener, moderar, detener, sujetar, corregir, reducir. → *Incitar.*

REFRENDAR Revisar, legalizar, autorizar. → *Negar.*

REFRENDO Firma, autorización, acreditación.

REFRESCAR Moderar, mitigar, calmar, enfriar, atemperar, congelar. → *Calentar.*

REFRESCO Bebida, naranjada, limonada, sorbete, gaseosa.

REFRIEGA Escaramuza, riña, encuentro, lucha, choque, reyerta, pendencia. → *Armonía, paz.*

REFRIGERACIÓN Enfriamiento, refrigerio, congelación. → *Calefacción.*

REFRIGERAR Resfriar, refrescar, helar. → *Calentar.*

REFRIGERIO Tentempié, piscolabis, colación, aperitivo, bocadillo.

REFUERZO Socorro, ayuda, auxilio, asistencia, colaboración. → *Rémora.* || Puntal, sostén, viga, apoyo, soporte, traba.

REFUGIAR Cobijar, amparar, acoger. → *Desamparar.*

REFUGIARSE Cobijarse, resguardarse, abrigarse, defenderse, arrimarse, esconderse, ocultarse, albergarse, acogerse. → *Exponerse.*

REFUGIO Cobijo, asilo, albergue, alojamiento, orfanato, hospicio, inclusa.

REFULGENTE Resplandeciente, brillante, radiante. → *Apagado.*

REFULGIR Brillar, lucir, fulgurar.

REFUNDIR Reformar, rehacer, compilar. → *Excluir.* || Redundar, resultar.

REFUNFUÑAR Rezongar, protestar, gruñir, murmurar, mascullar, reprochar. → *Alabar.*

REFUTACIÓN Rebatimiento, objeción, repulsa. → *Aprobación.*

REFUTAR Rebatir, impugnar, objetar. → *Aprobar.*

REGALAR Obsequiar, donar, dar, ofrecer, entregar, dispensar, gratificar. → *Recibir, pedir, vender.*

REGALÍA Preeminencia, prerrogativa, privilegio. || Gratificación.

REGALO Obsequio, donativo, ofrenda, óbolo, gratificación, propina. → *Venta, préstamo.*

REGAÑAR Amonestar, reconvenir, increpar, sermonear, reñir, criticar, reprender. → *Elogiar.* || Disputar, pelear, enfadarse, enemistarse, enojarse, romper, separarse.

REGAÑO Represión, admonición, reprimenda. → *Elogio.*

REGAR Mojar, irrigar, rociar, empapar, bañar, humedecer, salpicar, impregnar. → *Secar.*

REGATEAR Debatir, discutir, mercadear. || Escasear, rehusar.

REGAZO Falda, enfaldo, halda. || Cobijo, amparo, refugio.

REGENERACIÓN Restablecimiento, renovación, reconstitución.
→ *Degeneración.*

REGENERAR Rehabilitar, reeducar, restablecer, recuperar, reivindicar, enmendar. → *Descarriar.*

REGENTAR Gobernar, regir, administrar. || Imponer, dominar. || Ejercer, desempeñar, llevar.

RÉGIMEN Sistema, método, plan, política, modo, procedimiento. || Dieta, tratamiento, medicación, cura, abstención. → *Glotonería.*

REGIO Suntuoso, majestuoso, espléndido, grandioso, soberbio, fastuoso. → *Humilde.* || Real, imperial, palaciego, principesco. → *Plebeyo.*

REGIÓN Comarca, territorio, zona, demarcación, tierra, país, término. → *Nación.*

REGIONAL Particular, local, comarcal.

REGIR Regentar, administrar, dirigir, mandar, gobernar, guiar. → *Obedecer.*

REGISTRAR Rebuscar, examinar, cachear, reconocer, investigar, revolver. || Inscribir, matricular, empadronar, anotar, asentar. → *Anular.*

REGISTRO Repertorio, índice, encabezamiento. || Protocolo, archivo. || Matrícula, padrón, cédula.

REGLA Mandato, precepto, orden, guía, pausa, fórmula, método, reglamento, ley, estatuto.

REGLAMENTARIO Legal, lícito, normalizado, admitido, regular. → *Irregular.*

REGLAMENTO Ordenanza, estatuto, código, ley, norma, precepto, mandato, regla. → *Anarquía, desorden.*

REGOCIJO Alborozo, entusiasmo, contento, gozo, alegría, animación, jovialidad, júbilo. → *Tristeza.*

REGORDETE Grueso, gordo, barrigudo, rechoncho. → *Delgado.*

REGRESAR Retornar, volver, tornar, llegar, reanudar, retroceder. → *Alejarse.*

REGULAR Reglamentar, preceptuar, ordenar, estatuir, sistematizar. → *Desordenar.* || Mediano, mediocre, moderado, intermedio, razonable. → *Malo, bueno.* || Estable, normal, usual, corriente. → *Desusado.*

REHABILITAR Restituir, reivindicar, indemnizar, redimir, salvar, rescatar, rehacer. → *Descarriar, denigrar.*

REHACER Restaurar, reedificar, establecer, rehabilitar, reparar, reformar. → *Conservar.*

REHÉN Prenda, fianza, garantía, prisionero, secuestrado, retenido, canjeado. → *Secuestrador.*

REHUIR Evitar, soslayar, eludir, esquivar, sortear, aislarse, rehusar. → *Encararse.*

REHUSAR Rechazar, negar, repudiar, desdeñar, objetar, rehuir. → *Aceptar.*

REIMPRIMIR Reproducir, reeditar, reinsertar.

REINAR Dominar, mandar, regentar, gobernar, dirigir, imperar, heredar. → *Abdicar.*

REINCIDENTE Contumaz, relapso, rebelde, obstinado, indisciplinado. → *Escarmentado.*

REINCIDIR Recaer, repetir, incurrir, insistir, obstinarse, reanudar. → *Desistir.*

REINO Dominio, imperio, país, soberanía, mando, dinastía, territorio.

REINTEGRAR Devolver, reponer, reingresar, establecer, regresar, volver. → *Conservar.*

REÍR Carcajear, desternillarse, celebrar, gozar, reventar, estallar, burlarse. → *Llorar.*

REITERAR Repetir, reclamar, iterar, insistir. → *Interrumpir.*

REIVINDICAR Reclamar, demandar, recuperar. → *Renunciar.* || Exigir, pedir.

REJA Cancela, verja, enrejado, barrotes.

REJUVENECER Remozar, renovar, vivificar, vigorizar, tonificar, revivir, reanimar. → *Envejecer.*

RELACIÓN Concordancia, conexión, correspondencia, analogía, vínculo, laso, dependencia. → *Independencia.* || Roce, trato, amistad, intimidad, familiaridad. → *Desvinculación, enemistad.*

RELACIONAR Vincular, concordar, conectar, enlazar, conexionar. → *Independizar.* || Referir, relatar, narrar. || Visitarse, tratarse, alternar. → *Enemistarse.*

RELAJAR Distender, aflojar, debilitar, tranquilizar, calmar, aliviar, corromper. → *Agarrotar.*

RELÁMPAGO Centella, resplandor, chispazo, fulgor, brillo, descarga, rayo. → *Oscuridad.*

RELATAR Narrar, referir, contar, describir, reseñar, explicar, detallar, escribir, expresar. → *Callar.*

RELATIVO Limitado, condicional, incidental, indefinido, comparativo, indeterminado. → *Absoluto.*

RELATO Narración, descripción, pormenor, reseña, escrito, cuento, informe, fábula.

RELEGAR Rechazar, postergar, desplazar, arrinconar, repudiar. → *Ensalzar.*

RELEVAR Eximir, perdonar, exonerar. → *Reprochar.* || Remediar, auxiliar, socorrer. → *Abandonar.* || Mudar, reemplazar, sustituir. → *Conservar.*

RELIEVE Resalte, saliente, prominencia, abultamiento, bulto. → *Concavidad, hendidura.* || Importancia, magnitud, grandeza, esplendor. → *Insignificancia.*

RELIGIÓN Creencia, doctrina, credo, fe, dogma, convicción, piedad, devoción. → *Irreligiosidad.*

RELIGIOSO Creyente, devoto, piadoso, fiel, fervoroso, seguidor, adorador. → *Impío.*

RELIQUIA Vestigio, traza, resto, fragmento, antigualla, anacronismo. → *Novedad.*

RELUCIR Brillar, fulgurar, resplandecer, relumbrar, centellear. → *Oscurecerse.*

RELLENAR Atestar, atiborrar, henchir, saturar, allanar, abarrotar. → *Vaciar.*

REMANENTE Sobrante, residuo, exceso, desecho, rastrojoso, sobras, escoria. → *Carencia.*

REMANSO Recodo, meandro, recoveco, revuelta, vado, paso, hoya. → *Rápido, corriente.*

REMAR Bogar, ciar, impulsar, avanzar.

REMATAR Eliminar, matar, suprimir, aniquilar, finiquitar. → *Perdonar.* || Concluir, completar, terminar, consumar. → *Empezar.* || Subastar, pujar, licitar, vender, adjudicar, liquidar. → *Comprar.*

REMATE Término, fin, conclusión. → *Principio.* || Penacho, cornisa, airón.

REMEDAR Imitar, emular, parodiar, fingir, copiar, burlarse.

REMEDIAR Corregir, enmendar, reparar, mejorar, subsanar, evitar, impedir, socorrer, aliviar, solucionar. → *Empeorar, agravar.*

REMEDIO Medicamento, cura, medicina. → *Tóxico.* || Enmienda, corrección, reparación. → *Error.* || Recurso, auxilio, refugio. → *Abandono.*

REMEDO Copia, parodia, imitación. → *Original.*

REMEMBRANZA Recuerdo, memoria, evocación. → *Olvidar.*

REMEMORAR Recordar, evocar, remembrar. → *Olvidar.*

REMENDAR Zurcir, recoser, arreglar, reparar, apañar, restaurar, corregir. → *Estropear.*

REMESA Envío, expedición, paquete, bulto, transporte, encargo.

REMIENDO Parche, pieza, zurcido, compostura, rodillera, codera, arreglo, añadido. → *Andrajo.*

REMILGADO Melindroso, mojigato, ñoño, cursi, rebuscado, amanerado. → *Despreocupado.*

REMINISCENCIA Recuerdo, memoria. → *Olvido.*

REMISIÓN Descuido, omisión. → *Recuerdo.* || Envío, remesa, expedición. → *Recepción.* || Indulto, perdón. → *Pena.*

REMITENTE Enviador, librador. || Intermediario, comisionista.

REMITIR Enviar, mandar, expedir, despachar, dirigir, cursar, facturar. → *Recibir.*

REMOJAR Humectar, regar, empapar, humedecer. → *Secar.*

REMOJÓN Empapamiento, mojadura.

REMOLCAR Arrastrar, tirar de, empuñar, impeler, atraer, acarrear, transportar.

REMOLINO Vorágine, vórtice, torbellino, rápido, manga, ciclón, tifón, tornado. → *Calma.*

REMOLÓN Cachazudo, perezoso, renuente, premioso, remiso, refractario. → *Activo, dinámico.*

REMONTAR Subir, ascender, progresar, superar, compensar. → *Bajar.*

RÉMORA Dificultad, obstáculo, inconveniente, impedimento, engorro, freno, traba. → *Facilidad.*

REMORDIMIENTO Pesadumbre, pesar, arrepentimiento, sentimiento, dolor, pena. → *Despreocupación.*

REMOTO Lejano, apartado, distante, ignoto, alejado, arcaico, antiguo, improbable, incierto. → *Cercano, actual, probable.*

REMOVER Menear, agitar, revolver, sacudir, hurgar, cambiar, trasladar. → *Inmovilizar.*

REMOZAR Rejuvenecer, reponer, rehabilitar, reparar, restaurar, acicalar. → *Envejecer.*

REMUNERACIÓN Retribución, gratificación, compensación, pago, prima, sueldo, recompensa. → *Exacción.*

RENACER Retoñar, resucitar, avivar, revivir. → *Matar.*

RENACIMIENTO Resurrección, reanimación, renovación, reanudación, florecimiento. → *Decadencia.* || Palingenesia.

RENCILLA Conflicto, pelea, altercado, querella, discordia, agarrada, encono. → *Amistad.*

RENCOR Resentimiento, saña, malevolencia, encono, perversidad, tirria. → *Afecto.*

RENCOROSO Resentido, sañudo, cojijoso, vengativo, rencilloso. → *Indulgente.*

RENDICIÓN Rendimiento, capitulación, entrega. → *Resistencia.*

RENDIJA Raja, grieta, resquicio, ranura, abertura, intersticio, juntura.

RENDIR Producir, beneficiar, aprovechar, compensar, fructificar, lucrar. → *Perjudicar.*

RENDIRSE Capitular, entregarse, someterse, acatar, pactar, abandonar. → *Luchar, enfrentarse.* || Fatigarse, agotarse, cansarse, desfallecer. → *Descansar.*

RENEGAR Traicionar, desertar, apostatar, abandonar, blasfemar, maldecir. → *Ayudar, alabar.*

RENOMBRE Fama, celebridad, popularidad, gloria, notoriedad, prestigio, aureola. → *Anonimato.*

RENOVAR Reformar, reemplazar, modificar, innovar, restaurar, rejuvenecer. → *Conservar.*

RENTA Rendimiento, beneficio, utilidad, fruto, ganancia, provecho, lucro. → *Pérdida.*

RENUNCIAR Abandonar, cesar, dejar, desistir, desertar, dimitir, abdicar, retirarse. → *Persistir, mantenerse.*

REÑIDO Encarnizado, duro, enconado, rabioso, feroz, disputado. → *Apacible.*

REÑIR Luchar, altercar, pelear. || Amonestar, reprender. → *Elogiar.* || Querellarse, enfadarse, indisponerse.

REO Culpable, inculpado, condenado, convicto, delincuente, acusado. → *Inocente.*

REORGANIZAR Mejorar, reparar, organizar, renovar. → *Desorganizar.*

REPARAR Arreglar, reformar, componer, remendar, restaurar, renovar. → *Estropear.* || Indemnizar, satisfacer, desagraviar, compensar, resarcir. → *Agraviar.* || Advertir, mirar, ver, observar, notar, percatarse. → *Omitir.*

REPARO Objeción, tacha, defecto, censura, desacuerdo, dificultad. → *Facilidad.*

REPARTIR Distribuir, partir, promediar. → *Unificar.*

REPARTO Distribución, división, adjudicación, entrega, proporción, ración, clasificación. → *Agrupación.*

REPASAR Revisar, corregir, retocar, enmendar. → *Olvidar.* || Estudiar.

REPASO Revisión, examen.

REPELENTE Repugnante, desagradable, molesto, aborrecible, odioso, fastidioso. → *Agradable.*

REPENTE (DE) De improviso, de pronto, de sopetón, súbitamente, inesperadamente. → *Lentamente.*

REPENTINO Imprevisto, súbito, insospechado, inopinado, inesperado, brusco. → *Lento.*

REPERCUSIÓN Efecto, consecuencia, influencia, secuela, alcance, resultado. → *Causa.*

REPERCUTIR Influir, afectar, concernir, incumbir, atañer, obrar. → *Eludir.*

REPETIR Reiterar, insistir, reanudar, reproducir, renovar, acostumbrar, porfiar, duplicar, volver, imitar, reincidir.

REPISA Estante, anaquel, ménsula, tabla, alacena, soporte, rinconera, estantería.

REPLEGARSE Retirarse, retroceder, argumentar, alegar, objetar, protestar. → *Aguantar.*

REPLETO Atestado, atiborrado, colmado, pletórico, relleno. → *Vacío.*

REPICAR Contestar, responder, argumentar, alegar, objetar, protestar. → *Aguantar.*

REPOBLAR Colonizar, fomentar, desarrollar, sembrar, cultivar. → *Despoblar.*

REPONER Reparar, sustituir, restablecer. → *Deponer.*

REPORTACIÓN Calma, sosiego, tranquilidad. → *Insensatez.*

REPORTAJE Crónica, información, escrito, relato, noticia, artículo, reseña.

REPORTAR Calmar, contener, reprimir. → *Excitar.* || Conseguir, lograr, agenciar. → *Perder.*

REPORTE Reportaje. || Novedad, noticia. || Chisme, cuento, historia.

REPORTERO Periodista, gacetillero.

REPOSADO Tranquilo, apacible, plácido, sosegado, manso, calmoso, pacífico, moderado. → *Intranquilo.*

REPOSAR Descansar, dormir, echarse, yacer, tumbarse, acostarse, sestear. → *Actuar, moverse.*

REPOSO Descanso, sueño, siesta, ocio, letargo, inmovilidad, calma, sosiego. → *Actividad.*

REPRENDER Censurar, amonestar, criticar, regañar. → *Encomiar.*

REPRESALIA Desquite, venganza, reparación, castigo, resarcimiento, revancha. → *Indulto, perdón.*

REPRESENTACIÓN Imagen, figura, idea, símbolo, alegoría, atributo. || Delegación, embajada, enviados. || Función, cesión, gala, velada, espectáculo.

REPRESENTAR Reemplazar, suplir, suplantar, sustituir, suceder, relevar. || Encarnar, simbolizar, figurar, personificar. || Interpretar, actuar, declamar, figurar, recitar, fingir.

REPRIMENDA Amonestación, recriminación, rapapolvo, filípica, sermón, riña, censura. → *Alabanza.*

REPRIMIR Contener, dominar, apaciguar, moderar, aplacar, refrenar, reprobar, reducir. → *Estimular.*

REPROBAR Censurar, tachar, afear, desaprobar, vituperar, reprimir. → *Admitir.* || Revolcar, catear, suspender.

REPROCHAR Recriminar, regañar, reprobar, reñir. → *Aprobar.*

REPROCHE Crítica, recriminación, censura, desaprobación, vituperio, regañina. → *Elogio.*

REPRODUCIR Imitar, copiar, duplicar, calcar, repetir. → *Crear.*

REPRODUCIRSE Multiplicarse, proliferar, engendrar, pulular. → *Extinguirse.*

REPUDIAR Rechazar, negar, rehusar, despreciar, aborrecer, abominar. → *Aceptar.*

REPUESTO Recambio, suplemento, pieza, accesorio. || Restablecido, recuperado, mejorado, aliviado, convaleciente. → *Recaído, grave.*

REPUGNANTE Repulsivo, asqueroso, inmundo, nauseabundo, cochambroso. → *Agradable.*

REPULSIÓN Repudio, repulsa. → *Aceptación.* || Disgusto, aversión, odio. → *Simpatía.*

REPULSIVO Asqueroso, repelente, desagradable, repugnante. → *Agradable.*

REPUTACIÓN Prestigio, notoriedad, fama, crédito, nombradía, celebridad. → *Descrédito.*

REQUEMAR Socarrar, tostar, soflamar.

REQUERIMIENTO Aviso, amonestación, intimación.

REQUERIR Avisar, notificar, mandar, solicitar, reclamar, exhortar.

REQUIEBRO Galantería, piropo, lisonja. → *Insulto.*

REQUISA Revista, inspección, requisición.

REQUISAR Confiscar, embargar, decomisar, incautar, apropiarse. → *Devolver.*

REQUISICIÓN Comiso, requisa, embargo.

REQUISITO Condición, formalidad, cortapisa, trámite, cláusula, limitación, traba. → *Facilidad.*

RES Rumiante, cuadrúpedo, ganado, cabeza, bestia, vacuno, bovino.

RESABIO Perversión, vicio, achaque. → *Cualidad.* || Disgusto, rastro, desabrimiento.

RESALTAR Destacar, sobresalir, predominar, aventajar, diferenciarse. → *Confundirse.*

RESARCIMIENTO Restitución, compensación, devolución. → *Daño.*

RESARCIR Compensar, indemnizar, subsanar, restituir, reparar, desquitarse, recuperar. → *Quitar.*

RESBALADIZO Escurridizo, resbaloso, lúbrico. → *Pegadizo.* || Lascivo, libidinoso, licencioso. → *Casto.*

RESBALAR Escurrirse, deslizarse, patinar, rodar. || Equivocarse, errar, fallar. → *Acertar.*

RESCATAR Recuperar, restituir, reconquistar, liberar, salvar. → *Perder.*

RESCATE Recobro, redención, liberación, recuperación. → *Pérdida.* || Razón, desempeño.

RESCINDIR Anular, invalidar, abrogar. → *Promulgar.*

RESENTIMIENTO Disgusto, mortificación, aflicción, rencor, animosidad, enfado. → *Alegría.*

RESEÑA Revista, inspección, resumen. || Detalle, descripción, narración. || Crítica, nota, juicio.

RESEÑAR Resumir, describir, detallar, narrar, aclarar, explicar. → *Ignorar, abstenerse.*

RESERVA Previsión, depósito, guarda. → *Imprevisión.* || Discreción, cautela, prudencia. → *Impudor.*

RESERVADO Discreto, cauteloso, circunspecto, prudente, moderado, receloso, cauto. → *Parlanchín.*

RESERVAR Guardar, retirar, separar, ocultar, almacenar, mantener, prolongar. → *Usar.*

RESFRIADO Resfrío, constipado, catarro, coriza, enfriamiento, gripe.
RESFRIARSE Arromadizarse, acatarrarse, constiparse.
RESGUARDAR Amparar, proteger, preservar, abrigar. → *Exponer.*
RESGUARDO Amparo, protección, abrigo, auxilio, seguridad. → *Riesgo.* || Recibo, documento, comprobante, justificante, talón.
RESIDENCIA Casa, morada, hogar, domicilio, albergue, refugio, pensión.
RESIDIR Morar, habitar, arrendar, ocupar, afincarse, asentarse, arraigar. → *Trasladarse.*
RESIDUO Porción, vestigio, sedimento, sobras, remanente, resto. → *Conjunto.*
RESIGNACIÓN Conformidad, paciencia, estoicismo, aguante, mansedumbre, sumisión, docilidad. → *Rebeldía.*
RESIGNADO Dócil, sumiso, paciente. → *Renuente.*
RESIGNARSE Aguantar, conformarse, doblegarse, someterse, acatar. → *Rebelarse.*
RESISTENCIA Energía, vigor, fuerza. → *Debilidad.* || Oposición, defensa, afrontamiento. → *Aceptación.*
RESISTENTE Fuerte, tenaz, duro, vigoroso, animoso, firme, robusto, brioso. → *Endeble.*
RESISTIR Aguantar, soportar, tolerar, sufrir, transigir. → *Rebelarse.* || Enfrentarse, oponerse, afrontar, reaccionar, rechazar. → *Desistir.*
RESOLUCIÓN Osadía, audacia, brío, valor, intrepidez. → *Cobardía, indecisión.* || Conclusión, fallo, dictamen, decreto.
RESOLUTO Decidido, resuelto. → *Irresoluto.* || Abreviado, sintetizado, compendiado. → *Dilatado.*
RESOLVER Solucionar, allanar, remediar, despachar, solventar, decretar. → *Complicar.*
RESOLLAR Respirar, jadear, bufar.
RESONANCIA Repercusión, eco, rimbombo. || Publicación, divulgación, publicidad. → *Silencio.*
RESONAR Retumbar, ensordecer, atronar, rugir, bramar, repercutir.
RESOPLAR Jadear, bufar, resollar, soplar.
RESORTE Muelle, ballesta, fleje, espiral, suspensión, alambre.
RESPALDO Revés, reverso, dorso. → *Anverso.* || Espaldar, espaldera, respaldar.
RESPALDAR Apoyar, sostener, soportar, auxiliar, patrocinar, favorecer. → *Abandonar.*
RESPECTIVO Análogo, recíproco, atingente.
RESPECTO Proporción, razón, relación. → *Inconexión.*
RESPETABLE Serio, digno, decente, grave, honrado, íntegro, noble, solemne. → *Indecente, desdeñable.*

RESPETAR Admirar, venerar, obedecer, honrar, reverenciar, amar, enaltecer. → *Deshonrar.*

RESPETO Admiración, consideración, veneración, acatamiento. → *Desacato.*

RESPETUOSO Cortés, educado, atento, admirado, cumplido, complaciente. → *Descortés.*

RESPINGAR Cocear, resistir, protestar. → *Acatar.* || Rezongar, replicar, repugnar. → *Callar.*

RESPINGO Despego, enfado, repugnancia.

RESPIRACIÓN Inhalación, respiro, inspiración. → *Asfixia.* || Aliento, soplo, resuello.

RESPIRADERO Tronera, abertura, tragaluz. || Atabe, ventosa.

RESPIRAR Inspirar, aspirar, exhalar, expulsar, jadear, alentar, resollar, resoplar. → *Asfixiarse.*

RESPIRO Reposo, calma, sosiego. → *Ajetreo.*

RESPLANDECER Relucir, refulgir, brillar, fulgurar, alumbrar, centellear, relampaguear, chispear, deslumbrar. → *Oscurecerse.*

RESPLANDECIENTE Reluciente, brillante, rutilante, fulgurante. → *Opaco.*

RESPLANDOR Fulgor, luz, brillo, luminosidad, centelleo, destello, claridad. → *Oscuridad.*

RESPONDER Pagar, reconocer, agradecer. || Contestar, replicar, objetar. → *Afirmar.* || Asegurar, garantizar, avalar. → *Desentenderse.* || Proporcionar, equilibrar.

RESPONSABILIDAD Deber, compromiso, obligación, cometido, juicio, sensatez, madurez. → *Irresponsabilidad.*

RESPONSABLE Cabal, consciente, sensato, maduro, juicioso. → *Irresponsable.* || Causante, culpable, autor, reo. → *Inocente.*

RESPUESTA Contestación, réplica, manifestación, afirmación, negativa, revelación. → *Silencio, omisión.*

RESQUEBRAJADURA Grieta, hendidura, fractura. → *Lisura.*

RESQUEBRAJARSE Agrietarse, rajarse, henderse, fragmentarse, cascarse. → *Unirse.*

RESQUICIO Intersticio, hendedura, hueco, espacio, ranura, rendija. → *Juntura, soldadura.*

RESTA Diferencia, sustracción. → *Suma.* || Resto, residuo.

RESTABLECER Reponer, restituir, reintegrar, renovar, reparar, reanudar. → *Destituir, quitar.*

RESTABLECERSE Recuperarse, curarse, convalecer, mejorar, aliviarse. → *Empeorar.*

RESTABLECIMIENTO Reposición. → *Recuperación, cura, curación, recobramiento.* → *Empeoramiento.*

RESTALLAR Chasquear, crepitar, estallar, crujir, repercutir, resonar.

RESTANTE Sobrante, residuo, sobra.

RESTAÑO Estancamiento, detención, atajamiento. || Remanso, rebalse, represa.

RESTAR Sustraer, disminuir, deducir, descontar, rebajar, excluir, quitar. → *Añadir, sumar.*

RESTAURACIÓN Reparación, establecimiento, reposición. → *Revocación.*

RESTAURANTE Comedor, restorán. || Reparador, fortificante, reconfortante.

RESTAURAR Renovar, rehabilitar, restablecer, reconstruir, reponer, reparar. → *Estropear, deponer.*

RESTITUCIÓN Devolución, reversión, reposición. → *Apropiación.*

RESTITUIR Devolver, reponer, reintegrar, retornar, reembolsar. → *Quitar.*

RESTITUIRSE Regresar, tornar, volver. → *Marchar.*

RESTO Residuo, fracción, remanente, vestigio, pedazo. → *Total.*

RESTOS Sobras, despojos, detritos. || Cuerpo, cadáver, despojos, muerto.

RESTREGAMIENTO Ludimiento, rascadura, frotamiento.

RESTREGAR Frotar, rozar, rascar, raspar, limar, raer, lijar, manosear. → *Acariciar.*

RESTREGÓN Fregadura, rascadura, erosión.

RESTRICCIÓN Impedimento, obstáculo, limitación. → *Licencia.*

RESTRICTIVO Limitativo, represivo, taxativo. → *Ilimitado.*

RESTRICTO Restringido, preciso, limitado, definido. → *Indefinido.*

RESTRINGIR Limitar, impedir, obstaculizar, prohibir, ceñir, circunscribir. → *Liberar, permitir.*

RESTRIÑIMIENTO Contracción, espasmo, convulsión.

RESTRIÑIR Estipticar, astringir, constreñir. || Compeler, obligar, coartar. → *Abrir.*

RESUCITAR Revivir, renacer, resurgir, reanimarse, restaurar, restablecer. → *Morir.*

RESUELTO Audaz, osado, intrépido, denodado, decidido, arriesgado. → *Indeciso, cobarde.*

RESULTADO Efecto, consecuencia, producto, derivación, desenlace, fruto, provecho, utilidad. → *Causa.*

RESULTAR Trascender, derivar, repercutir, reflejar, implicar, deducirse. → *Originar.*

RESUMEN Recapitulación, extracto, compendio, sumario, abreviación, simplificación, recopilación, condensación. → *Ampliación.*

RESUMIDO Conciso, breve, lacónico. → *Extenso.*

RESUMIR Recapitular, concretar, extractar, abreviar. → *Dilatar.*

RESURGIMIENTO Reaparición, renacimiento, regeneración. → *Decadencia.*

RESURGIR Resucitar, reaparecer, renacer. → *Morir.*

RETACO Regordete, gordo, rechoncho. → *Delgado.*

RETAGUARDIA Extremidad, cola, destacamento, grupo, posterior, trasero. → *Vanguardia.*

RETAR Provocar, desafiar, encararse, pelear, fanfarronear, luchar. → *Apaciguar.*

RETARDAR Retrasar, atrasar, aplazar. → *Avivar.*

RETARDO Demora, retraso, lentitud. → *Adelanto.*

RETÉN Repuesto, provisión, acopio. → *Escasez.* || Guardia, refuerzo, presidio.

RETENCIÓN Detención, custodia, reserva.

RETENER Detener, conservar, suspender, inmovilizar, estancar, paralizar, aferrar. → *Soltar.*

RETENTIVA Recuerdo, memoria. → *Amnesia.*

RETICENCIA Precesión, restricción, omisión. || Indirecta, tapujo, rehilete. → *Descaro.*

RETINTÍN Énfasis, son, sonsonete.

RETIRADA Repliegue, retroceso, huida, desbandada, estampida, escapada. → *Avance, resistencia.*

RETIRADO Separado, lejano, alejado. → *Próximo.*

RETIRAR Apartar, alejar, quitar, despojar, desviar, separar, incomunicar, encerrar, aislar. → *Acercar.*

RETIRARSE Jubilarse, licenciarse, abandonar. → *Ejercer.* || Retroceder, huir, replegarse, escapar. → *Avanzar.*

RETIRO Pensión, jubilación, licencia, excedencia, alejamiento. → *Actividad.* || Aislamiento, clausura, encierro, recogimiento, refugio, cobijo. → *Comunicación.*

RETO Desafío, provocación, lance, bravata, fanfarronada, amenaza, pelea. → *Avenencia.*

RETOCAR Arreglar, mejorar, componer, modificar, corregir, perfeccionar. → *Dejar, abandonar.*

RETOÑO Brote, renuevo, vástago, pimpollo, tallo, botón, cogollo. || Hijo, vástago.

RETOQUE Arreglo, corrección, modificación. || Amenaza, amago.

RETORCER Enroscar, arquear, encorvar, flexionar, pandear, curvar, rizar, arrugar. → *Alisar, extender.*

RETORNAR Regresar, volver. → *Marchar.* || Devolver, restituir, tornar. → *Apropiarse.*

RETORNO Regreso, venida, vuelta, reintegro, reanudación, reembolso, entrega, devolución. → *Ida.*

RETOZAR Juguetear, corretear, brincar, saltar, travesear.

RETRACTARSE Desdecirse, rectificar, enmendar, arrepentirse, negar, anular. → *Confirmar.*

RETRAÍDO Hosco, huidizo, reservado, tímido, huraño, esquivo, misántropo, insociable. → *Sociable.*

RETRASO Demora, prórroga, postergación, dilatación, retardo, aplazamiento, suspensión. → *Adelanto.* || Ignorancia, atraso, incultura, miseria. → *Progreso, adelanto.*

RETRATO Fotografía, reproducción, copia, impresión, representación, imagen, clisé, dibujo, pintura, cuadro.

RETRETE Excusado, lavabo, servicio, letrina, evacuatorio, baño, urinario.

RETRIBUIR Gratificar, remunerar, pagar, compensar, asignar, indemnizar, subvencionar, corresponder, devolver. → *Deber, negar.*

RETROCEDER Retirarse, retrogradar, cejar, recular. → *Avanzar.*

RETROCESO Marcha, atrás, vuelta, reculada, retorno, regreso, cambio, contramarcha, huida. → *Avance.*

RETRÓGRADO Atrasado, inculto, salvaje. → *Adelantado.* || Conservador, reaccionario, rancio. → *Progresista.*

RETUMBANTE Rimbombante, resonante, ruidoso. → *Silencioso.* || Pomposo, ostentoso, enflautado. → *Modesto.*

RETUMBAR Tronar, resonar, estallar.

RETUMBO Estallido, ruido, resonancia.

REUNIÓN Unión, fusión, junta, aglomeración, agrupación, amontonamiento, acumulación. → *Separación.* || Tertulia, fiesta, sarao, velada, recepción, celebración, festejo, junta, camarilla, comité.

REUNIR Congregar, juntar, agrupar. → *Separar.*

REVALIDAR Confirmar, ratificar, convalidar. → *Rectificar.*

REVANCHA Desquite, venganza, represalia, resarcimiento, desagravio.

REVELACIÓN Manifestación, descubrimiento, declaración. → *Ocultación.*

REVELAR Declarar, manifestar, publicar, confesar, difundir, explicar, mostrar, exhibir. → *Callar, ocultar.*

REVENTAR Estallar, explotar, volar, detonar, descargar, saltar, desintegrarse.

REVENTARSE Agotarse, extenuarse, debilitarse, agobiarse. → *Descansar.*

REVERENCIA Inclinación, saludo, venia, cortesía, homenaje, cumplido, sumisión, acatamiento. → *Insulto.*

REVÉS Reverso, dorso, cruz, espalda, zaga, trasera. → *Cara, anverso.* || Fracaso, desgracia, desastre, contratiempo. → *Éxito.* || Bofetón, sopapo, guantazo, golpe, soplamocos. → *Caricia.*

REVESTIR Recubrir, forrar, tapar, cubrir, bañar, tapizar, guarnecer, acolchar, envolver. → *Descubrir.*

REVISTA Semanario, publicación, boletín, periódico, hebdomadario. || Inspección, verificación, investigación, examen, desfile, parada.

REVIVIR   Resucitar, renacer, reanimar, vivificar, rejuvenecer, reencarnar, resurgir. → *Morir, acabar.* || Recordar, rememorar, recapitular. → *Olvidar.*

REVOCAR   Anular, cancelar, rescindir, abolir, derogar, invalidar. → *Aprobar.*

REVOLCARSE   Restregarse, tirarse, echarse, tumbarse, retorcerse. → *Levantarse.*

REVOLTIJO   Confusión, enredo, fárrago, lío, embrollo, amasijo, ensalada. → *Orden.*

REVOLTOSO   Inquieto, travieso, vivaz, vivaracho, juguetón, alegre. → *Sosegado.* || Revolucionario, insurrecto, alborotador, sedicioso.

REVOLUCIÓN   Sublevación, sedición, insurrección, revuelta, subversión, motín. → *Paz, orden.*

REVOLUCIONARIO   Sedicioso, amotinado, rebelde. → *Reaccionario.* || Innovador.

REVOLVER   Menear, mover, agitar, remover, hurgar, desordenar, trastornar, enredar. → *Ordenar.*

REVUELO   Agitación, alboroto, inquietud, conmoción, perturbación, convulsión. → *Calma.*

REVUELTA   Insurrección, revolución, motín. || Riña, disensión, pendencia. || Mudanza, vuelta, cambio.

REVUELTO   Enredador, inquieto, travieso. → *Sosegado.* || Revesado, difícil, abstruso. → *Sencillo.* || Agitado.

REY   Monarca, soberano, emperador, príncipe, señor, majestad. → *Vasallo.*

REYERTA   Contienda, riña, pendencia. → *Paz.*

REZAGADO   Lento, tardo, atrasado. → *Adelantado.*

REZAGARSE   Retrasarse, entretenerse, demorarse, remolonear, tardar. → *Adelantarse.*

REZAR   Orar, invocar, suplicar, adorar, implorar, pedir, agradecer. → *Blasfemar.*

REZO   Oración, plegaria, ruego.

REZONGAR   Murmurar, refunfuñar, gruñir, protestar, mascullar, regañar. → *Bromear, alegrarse.*

REZUMAR   Filtrarse, escurrirse, gotear, calar, perder, sudar. → *Estancarse.*

RÍA   Estuario, desembocadura, estrada.

RIACHUELO   Río, laguna, pantano.

RIADA   Crecida, corriente, inundación, torrente, desbordamiento, aluvión, avenida. → *Sequía.*

RIBERA   Costa, margen, borde, orilla, litoral, playa, riba, ribazo, rompiente.

RIBETE   Cinta, orla, borde, festón, filete, franja, fleco, remate. → *Centro.*

RICO Acaudalado, pudiente, opulento, adinerado, potentado, millonario, creso, magnate. → *Pobre*. || Fértil, exuberante, próspero, lujurioso, feraz, floreciente. → *Desértico*. || Sabroso, suculento, apetitoso, exquisito, delicioso. → *Insípido, repugnante*.

RIDÍCULO Extravagante, incongruente, raro, singular, extraño, curioso, peculiar, mamarracho, irrisorio, caricaturesco. → *Serio, grave*.

RIEGO Irrigación, regadío, remojo, mojadura, humedecimiento, impregnación. → *Secado*.

RIEL Carril, raíl, vía, viga, barra.

RIENDA Brida, correa, cincha, freno, ronzal, cabestro, sujeción.

RIESGO Azar, peligro, albur, trance, apuro, posibilidad, suerte, ventura. → *Seguridad*.

RIFA Sorteo, lotería, tómbola, azar, juego.

RIFLE Carabina, fusil, máuser, escopeta, mosquete, arcabuz, trabuco.

RÍGIDO Tirante, duro, erecto, consistente, firme, tieso, tenso. → *Flexible*.

RIGOR Austeridad, severidad, dureza, aspereza, disciplina, rigidez. → *Benevolencia*. || Inclemencia, intensidad, crudeza, fuerza. → *Bonanza*.

RIGUROSO Rígido, severo, cruel. → *Suave*. || Exacto, preciso, estricto. → *Negligente*. || Extremado, inclemente, tórrido. → *Templado*.

RIMA Verso, versificación, poesía, trova, estrofa, canto, balada, copla. → *Prosa*.

RIMBOMBANTE Pomposo, ostentoso, retumbante, estrepitoso, atronador, resonante, estruendoso. → *Sencillo, silencioso*.

RINCÓN Esquina, ángulo, canto, recodo, recoveco, vuelta, sinuosidad, escondrijo, guarida.

RIÑA Pelea, disputa, contienda, escaramuza, lucha, pugna, batalla, liza, hostilidad, conflicto, disgusto, discusión. → *Paz, concordia*.

RÍO Corriente, torrente, riacho, arroyo, regato, brazo, afluente.

RIQUEZA Opulencia, bienestar, hacienda, fortuna, capital, caudal, patrimonio. → *Pobreza*. || Abundancia, exuberancia, fecundidad. → *Escasez*.

RISA Carcajada, risotada, jolgorio, alegría, sonrisa. → *Llanto*.

RISCO Roca, peña, peñasco, piedra, talud, escarpa, acantilado, despeñadero, peñón, mogote.

RISTRA Hilera, ringlera, fila, sarta, rosario, cadena, línea, serie. → *Unidad*.

RISUEÑO Festivo, jocoso, hilarante, divertido, alegre, contento, placentero. → *Triste*.

RITMO Cadencia, regularidad, compás, medida, movimiento, paso, orden, equilibrio. → *Irregularidad*.

RITO Culto, ceremonia, ritual, liturgia, costumbre, solemnidad, celebración, protocolo.

RIVAL Competidor, contendiente, antagonista, enemigo, adversario, oponente, émulo. → *Aliado.*

RIZADO Ensortijado, crespo, rizoso, rufo, retorcido, ondulado, ondeado. → *Liso, lacio.*

RIZO Bucle, sortija, onda, tirabuzón, mechón.

ROBAR Hurtar, sustraer, quitar, apandar, escamotear, timar, despojar, saquear, desvalijar, estafar, usurpar, expolear. → *Devolver.*

ROBO Despojo, hurto, estafa. → *Donación.*

ROBUSTECER Vigorizar, endurecer, fortalecer, tonificar, reforzar, fortificar. → *Debilitar.*

ROBUSTEZ Fuerza, fortaleza, resistencia, vigor. → *Debilidad.*

ROBUSTO Corpulento, musculoso, vigoroso, fuerte, fornido, pujante, sólido, hercúleo. → *Débil.*

ROCA Peña, peñasco, risco, piedra, escollo, arrecife, pico, granito, mineral.

ROCE Frote, frotamiento, fricción, restregón, desgaste, sobo.

ROCES Desavenencias, disgustos, violencias. → *Avenencias.*

ROCIAR Salpicar, mojar, duchar, bañar, regar. → *Secar.* || Difundir, extender, soltar, dispersar. → *Reunir.*

ROCÍN Jamelgo, rocino, caballejo. || Ignorante, rústico, rudo. → *Culto.*

ROCÍO Sereno, escarcha, relente. || Rociada.

ROCOSO Pedregoso, abrupto, escarpado, árido, desigual, desértico, áspero. → *Llano, liso.*

RODAJA Rebanada, tajada, rueda, loncha. || Roldana.

RODAR Voltear, girar, correr, resbalar, virar, circular, deslizarse, desplazarse. → *Detenerse.*

RODEAR Circunvalar, desviarse, eludir, ladear, rebullirse, orillar, torcer. → *Atravesar.* || Cercar, sitiar, asediar, aislar, encerrar. → *Liberar.*

RODEO Circunvalación, vuelta, desvío, separación. → *Través.* || Evasiva, vaguedad, perífrasis, giro, ambages, ambigüedad. → *Exabrupto.*

ROER Mordisquear, corroer, carcomer, dentellar, gastar, comer. || Atormentar, angustiar. → *Tranquilizar.*

ROGAR Suplicar, implorar, invocar, pedir, solicitar, orar, rezar. → *Exigir, ofrecer.*

ROGATIVA Súplica, plegaria, oración.

ROÍDO Arratonado. || Despreciable, mezquino, exiguo.

ROJO Encarnado, carmesí, colorado, escarlata, púrpura, grana, rubí.

ROL Nómina, lista, catálogo.

ROLLIZO Gordo, grueso, obeso, corpulento, gordinflón, regordete, robusto. → *Flaco.*

ROLLO Rodillo, cilindro, eje, pilar. || Ovillo, madeja, lío, carrete. || Tabarra, lata, pesadez, aburrimiento. → *Diversión.*

ROMANCE Amorío, idilio, noviazgo, galanteo, cortejo, festejo.

ROMÁNTICO Sentimental, delicado, sensiblero, tierno, apasionado, idealista. → *Materialista.*

ROMERÍA Peregrinación, romeraje, peregrinaje. || Muchedumbre, multitud, tropel.

ROMPECABEZAS Problema, acertijo, pasatiempo.

ROMPEOLAS Espigón, malecón, escollera, dique, muelle, desembarcadero.

ROMPER Destrozar, destruir, quebrar, partir, despedazar, desbaratar, descacharrar, quebrantar, fracturar, rajar, hender, estropear. → *Arreglar.*

ROMPIENTE Arrecife, escollera, banco, bajío, barra, peñasco, oleaje.

ROMPIMIENTO Quebrantamiento, rotura, fractura. || Cuestión, riña, desavenencia. → *Amistad.*

RONCAR Gamitar, bramar, aullar, gruñir.

RONCO Bronco, rauco, afónico, enronquecido, rudo, áspero, profundo, bajo. → *Agudo.*

RONCHA Equimosis, cardenal. || Estafa, timo, hurto. || Tajada, lonja, rebanada.

RONDA Guardia, vigilancia, patrulla, escoltar, pelotón, destacamento, piquete. || Tanda, turno, vuelta, vez, serie.

RONDAR Merodear, deambular, pasear, vigilar, patrullar, escoltar. → *Alejarse.*

RONQUERA Afonía, carraspera, enronquecimiento.

RONQUIDO Resuello, jadeo, estertor, respiración, mugido, gruñido.

RONRONEO Murmullo, cuchicheo, rumor.

ROÑA Mugre, inmundicia, porquería, cochambre, asquerosidad. → *Pulcritud.*

ROÑOSO Mugriento, puerco, sucio, sórdido. → *Aseado.* || Avaro, tacaño, miserable, mezquino, ruin. → *Generoso.*

ROPA Ropaje, vestidos, indumentaria, atuendo, atavío, prenda, trajes.

ROPERO Armario, guadarropa, aparador, cómoda, estantería, anaquel.

ROPÓN Capa, gabán, capote.

RORRO Criatura, niño, bebé.

ROSARIO Contal, sartal, cuenta, ristra. || Espinazo.

ROSARSE Sonrosarse, sonrojarse, enrojecerse. → *Palidecer.*

ROSCA Rodaja. || Tortel, bollo. || Pelea, pendencia, riña.

ROSTRO Semblante, fisonomía, faz, cara, efigie, visaje, facciones, rasgos.

ROTACIÓN Giro, revolución, circunvolución.

ROTATORIO Circulatorio, giratorio, circunvalatorio.

ROTO Partido, rajado, quebrado, destrozado, descacharrado, averiado, harapiento. → *Flamante, entero.*

RÓTULO Inscripción, título, anuncio, cartel, encabezamiento, marca, etiqueta.

ROTUNDO Terminante, preciso, claro, regular, concluyente, firme. → *Impreciso.*

ROTURA Fractura, quiebra, ruptura, quebranto, destrozo, estrago. → *Compostura.*

ROZADURA Frotadura, rozamiento, fricción. || Escoriación, arañazo, sahorno.

ROZAGANTE Lozano, orondo, vistoso, saludable, fresco, flamante. → *Enfermizo.*

ROZAMIENTO Rozadura. || Discordia, rompimiento, disgusto. → *Amistad.*

ROZAR Frotar, restregar, estregar, friccionar, fregar, manosear, sobar, raer, desgastar.

ROZARSE Relacionarse, tratarse. || Trabarse, tartajear. || Asemejarse, parecerse.

RUBOR Sonrojo, sofoco, bochorno, encendimiento, colores, vergüenza. → *Descaro.*

RUBORIZADO Atolondrado, confuso, embarazado. → *Desenvuelto.*

RUBORIZARSE Sonrojarse, avergonzarse, abochornarse.

RÚBRICA Rasgo, marca, registro. || Título, rótulo, epígrafe. || Bermellón.

RUBRICAR Suscribir, firmar, visar.

RUDEZA Brusquedad, torpeza, aspereza. → *Cortesía.*

RUDIMENTARIO Primitivo, tosco, primario, elemental, anticuado, perfeccionado.

RUDIMENTO Embrión, principio, germen.

RUDO Brusco, tosco, grosero, descortés, bronco, violento, duro, ignorante. → *Fino, culto.*

RUEDA Círculo, disco, circunferencia, corona, llanta, neumático, aro, volante. || Corrillo, corro, grupo, turno, tanda.

RUEDO Circunferencia, círculo. || Contorno. || Término, límite.

RUEGO Súplica, instancia, solicitud, petición, imploración, queja, pedido. → *Exigencia.* || Oración, rezo, plegaria, preces, adoración. → *Blasfemia.*

RUFIÁN Canalla, miserable, bribón, infame, ruin, truhán, chulo, alcahuete.

RUGIDO Bramido. || Trueno, estruendo, retumbo.

RUGIR Bramar, mugir, bufar, gruñir, aullar, ulular, chillar, berrear.

RUGOSIDAD Pliegue, arruga, estría.

RUGOSO Áspero, desigual, arrugado, desnivelado, escabroso, surcado. → *Liso.*

RUIDO Sonido, fragor, rumor, zumbido, eco, estampido, estruendo, alboroto, barahúnda, griterío, bullicio. → *Silencio, calma.*

RUIDOSO Estrepitoso, escandaloso, estruendoso, ensordecedor, estridente.

RUIN Vil, despreciable, bajo, villano, infame. → *Noble.* || Avaro, tacaño, miserable. → *Generoso.*

RUINA Quebranto, bancarrota, pérdida, fracaso, hundimiento, desastre, infortunio. ↪ *Prosperidad.*

RUINAS Restos, vestigios, escombros.

RUINDAD Bajeza, infamia, vileza. → *Bondad.* || Tacañería, avaricia, roñería. → *Generosidad.*

RUINOSO Decadente, cadente. || Pequeño, desmedrado, desmirriado. → *Grande.* || Costoso, caro. → *Barato.* || Perjudicial, desgraciado.

RUMBO Dirección, camino, trayectoria, sentido, derrotero, orientación, marcha. || Pompa, boato, postín, ostentación, generosidad, derroche. → *Humildad.*

RUMIAR Mascar, tascar, mordisquear. || Madurar, reflexionar, urdir.

RUMOR Murmuración, cotilleo, comadreo, información, cuento, chisme. → *Verdad.*

RUMORIARSE Decirse, susurrarse, runrunearse.

RUNFLA Serie, colección, clase.

RUPTURA Desavenencia, disgusto, riña, separación, rompimiento. → *Avenencia.* || Rotura.

RURAL Campesino, aldeano, campestre, rústico, sencillo, pastoral, tosco. → *Urbano.*

RÚSTICO Tosco, primitivo, burdo, rudo, ordinario. → *Refinado.* || Campesino, rural, pastoral, aldeano, campestre. || Paleto, palurdo, lugareño, aldeano. → *Ciudadano.*

RUTA Derrotero, itinerario, camino, viaje, periplo, trayecto, carretera, rumbo.

RUTILANTE Refulgente, resplandeciente, fulgurante, deslumbrante, brillante, esplendoroso, chispeante, centelleante, luminoso. → *Opaco.*

RUTINA Costumbre, frecuencia, repetición, hábito, tradición, modo, maña, apatía, desgana. → *Interés.*

RUTINARIO Frecuente, habitual, acostumbrado. → *Insólito.*

S
s

SABANA   Llanura, planicie, páramo. → *Selva.*

SABANDIJA   Musaraña, bicho, cojijo. || Granuja, golfo, zascandil.

SABEDOR   Entendido, instruido, docto. → *Ignorante.*

SABER   Conocer, entender, penetrar, discernir, dominar, creer, pensar, intuir. → *Desconocer, ignorar.* || Sabiduría, sapiencia, erudición. → *Ignorancia.*

SABIDO   Notorio, público, consabido. → *Ignorado.* || Sabio.

SABIDURÍA   Saber, erudición, ciencia, ilustración, cultura, conocimiento, instrucción, penetración, intuición, dominio, pericia. → *Ignorancia.*

SABIHONDO   Pedante, doctoral, sabelotodo. → *Modesto.*

SABIO   Erudito, ilustrado, científico, investigador, estudioso, culto, lumbrera. → *Ignorante.*

SABLAZO   Estocada. || Préstamo, petición, guante.

SABLE   Espada, charrasca, chafarote.

SABOR   Gusto, regusto, gustillo, sapidez, sensación.

SABOREAR   Catar, gustar, paladear, probar, deleitarse. → *Aborrecer, repugnar.*

SABOTAJE   Daño, avería, destrucción, estrago, terrorismo, violencia, represalia.

SABROSO   Delicioso, rico, exquisito, apetitoso, suculento, sazonado. → *Insípido, repugnante.*

SABUESO   Perro, can, dogo. || Policía, investigador, polizonte, detective. → *Delincuente.*

SACAR   Quitar, extraer, vaciar, abrir, exhumar, despojar, tomar, arrebatar, privar. → *Devolver, poner.* || Mostrar, enseñar, exhibir, revelar, lucir. → *Ocultar.*

SACERDOTE   Cura, clérigo, religioso, padre, párroco, coadjutor, fraile, monje. → *Lego.*

SACIADO   Repleto, lleno, satisfecho. → *Hambriento.*

SACIARSE Llenarse, hartarse, atiborrarse, atracarse, rellenarse, empacharse, empalagarse. → *Apetecer.*

SACIEDAD Hartura, repleción, hartazgo. → *Necesidad.*

SACO Talego, saca, costal, fardo, bolsa, zurrón, bolso, macuto.

SACRAMENTAL Indeleble. || Acostumbrado, ritual, consagrado. → *Extemporáneo.*

SACRIFICAR Lustrar, inmolar, ofrendar. || Matar, degollar. || Exponer, arriesgar, apostar.

SACRIFICARSE Dedicarse, consagrarse, resignarse. → *Regalarse.*

SACRIFICIO Ofrenda, inmolación, martirio, expiación, holocausto, tributo, pago, muerte. || Sufrimiento, padecimiento, abnegación, renuncia. → *Beneficio.*

SACRILEGIO Profanación, violación, vandalismo, irreverencia, escarnio, abominación, blasfemia, perjurio, impiedad. → *Adoración, arrepentimiento.*

SACRÍLEGO Profano, impío, blasfemo. → *Devoto.*

SACUDIDA Agitación, sacudimiento, revolución.

SACUDIR Estremecer, conmocionar, convulsionar, agitar, temblar, chocar, percutir, golpear.

SAETA Dardo, flecha, venablo, sagita, astil. || Manecilla, aguja, minutero, segundero.

SAGACIDAD Sutileza, perspicacia, astucia. → *Ingenuidad.*

SAGAZ Perspicaz, agudo, penetrante, clarividente, inteligente, astuto, sutil, lúcido. → *Torpe.*

SAGRADO Divino, consagrado, santo, consagrado, santificado, venerable, bendito. → *Profano.*

SAHORNO Escocedura, escoriación, erosión.

SAINETE Aderezo, salsa. || Atelana, entremés.

SAL Garbo, gracia, donaire. → *Adustez.*

SALA Aposento, salón, recinto, estancia, pieza, cuarto, habitación, local, teatro.

SALAR Curar, sazonar, conservar.

SALARIO Remuneración, paga, estipendio, retribución, gratificación, jornal, honorarios, mensualidad, sueldo, haberes.

SALDAR Pagar, liquidar, abonar.

SALDO Pago, liquidación, abono, venta, resto, remanente, retazo.

SALEROSO Gracioso, ocurrente, garboso. → *Desmañado.*

SALIDA Paso, comunicación, puerta, boca, agujero, abertura, desagüe, evacuación, derrame. || Marcha, partida, alejamiento, huida. → *Llegada.*

SALIENTE Reborde, borde, resalte, remate, pestaña, punta, lomo. → *Entrante.*

SALIR Marchar, partir, alejarse, huir, escapar, evadirse. → *Entrar, llegar.*

SALIVA Baba, babaza.

SALIVAZO Escupitajo, salivajo.

SALMO Cántico, alabanza.

SALMODIA Melopea, canturreo, repetición, zumbido, cántico, mosconeo.

SALÓN Sala, tarbea.

SALPICADO Abigarrado, manchado, tigrado.

SALPICAR Mojar, chapotear, rociar, duchar, chorrear, humedecer, irrigar, bañar. → *Secar.*

SALPULLIDO Erupción, sarpullido.

SALSA Caldo, jugo, zumo, adobo, aderezo, condimento, aliño, moje, sopa, sustancia.

SALTAR Brotar, rebotar, brincar, retozar, danzar, juguetear, girar. || Lanzarse, arrojarse, tirarse, arremeter, volar, estallar, explotar, reventar.

SALTARSE Omitir, olvidar, dejar.

SALTEADOR Ladrón, bandolero, bandido.

SALTO Brinco, rebote, cabriola, pirueta, retozo, danza, giro, tranco. || Omisión, olvido, descuido, laguna, falta, error. → *Corrección.*

SALUD Robustez, fortaleza, lozanía, vigor, brío, energía, resistencia. || Gracia.

SALUDABLE Sano, higiénico, salubre. → *Insano.* || Beneficioso, conveniente, provechoso. → *Perjudicial.*

SALUDO Congratulación, ceremonia, cumplido, cortesía, salutación, recepción, entrevista, visita, reverencia, inclinación, ademán, gesto. → *Descortesía.*

SALVADOR Protector, defensor. || Jesucristo, Dios, Mesías.

SALVAGUARDIA Custodia, guarda. || Pasaporte, salvoconducto. || Amparo, garantía, tutela.

SALVAJADA Barbaridad, atrocidad, brutalidad.

SALVAJE Bárbaro, brutal, atroz, bestial, animal, cruel, inicuo, infame. → *Culto, civilizado.* || Caníbal, antropófago, nativo, primitivo, aborigen, indígena. → *Civilizado.* || Arisco, indómito, montaraz, agreste, montés, bravío, cerril, grosero. → *Manso.*

SALVAJISMO Brutalidad, atrocidad, barbaridad. → *Civilidad.*

SALVAR Socorrer, asistir, auxiliar, rescatar, recuperar, liberar, esconder, ocultar, fomentar, redimir, disculpar. → *Entregar, abandonar.* || Atravesar, franquear, saltar, pasar, badear.

SALVEDAD Enmienda, excusa, excepción. → *Inclusión.*

SALVO Incólume, indemne, ileso. → *Herido.* || Exceptuado, excepto, excluso. → *Incluido.*

SALVOCONDUCTO Pasaporte, licencia, conducto, permiso.

SANAR Restablecerse, reponerse, curar, mejorar, convalecer, recobrarse, aliviarse. → *Agravarse, empeorar.*

SANATORIO Hospital, clínica, nosocomio, policlínico, dispensario, lazareto.

SANCIÓN Castigo, pena, condena, prohibición, expulsión. → *Premio.* || Autorización, confirmación, aprobación, permiso, decreto. → *Prohibición.*

SANDALIA Chancleta, alpargata, zapatilla, babucha, chanclo, pantufla, chinela.

SANDEZ Desatino, necedad, majadería, disparate, dislate, despropósito, simpleza, tontería, memez. → *Sensatez.*

SANDWICH Bocadillo, emparedado, canapé, panecillo, tentempié, piscolabis.

SANEAMIENTO Higiene, limpieza. → *Insanidad.*

SANEAR Limpiar, depurar, higienizar, purificar, desarrollar, arreglar, corregir. → *Ensuciar.*

SANGRE Humor, flujo, linfa, plasma, líquido, orgánico. || Linaje.

SANGRÍA Jasadura, sangradura, flebotomía. || Corte, incisión, brecha. || Extracción, hurto, robo. || Vinolimón, refresco.

SANGRIENTO Cruel, brutal, bárbaro, salvaje, feroz, inhumano, sanguinario, bestial. → *Bondadoso, piadoso.*

SANGUINARIO feroz, vengativo, iracundo, sangriento. → *Pacífico.*

SANIDAD Higiene, salubridad, salud. → *Insanidad.*

SANO Lozano, saludable, fuerte, vigoroso, robusto, fresco, resistente. → *Enfermo.* || Higiénico, benéfico, saludable, cabal, íntegro.

SANTIAMÉN Instante, momento, tris.

SANTIDAD Virtud, perfección, gracia, misticismo, caridad, sublimidad. → *Condenación.*

SANTIFICAR Loar, consagrar, canonizar, bendecir. → *Condenar.* || Justificar, disculpar, excusar.

SANTIGUARSE Persignarse. → *Jurar.*

SANTO Divino, sagrado, místico, perfecto, virtuoso, sublime, puro, augusto, inviolable, bienaventurado. → *Profano, endemoniado.* || Beato, patrono, mediador, abogado, apóstol, mártir. → *Renegado.* || Onomástica, festividad, celebración, aniversario, fiesta.

SANTUARIO Oratorio, monasterio, templo, capilla, abadía, convento, iglesia.

SANTURRÓN Mojigato, gazmoño, hipócrita, beato, puritano, fariseo. → *Sincero, abierto.*

SAÑA Fobia, rabia, rencor, inquina, ira, ojeriza, hincha, antipatía. → *Afecto.*

SAPIENCIA Conocimiento, saber, conocer, ignorancia.

SAQUEAR Desvalijar, pillar, rapiñar, despojar, capturar, asaltar, merodear. → *Perdonar, devolver.*

SARCASMO Ironía, mordacidad, causticidad. → *Adulación.*

SARCÁSTICO Irónico, satírico, burlón, mordaz, cáustico, cínico, agresivo. → *Sincero.*

SARCÓFAGO Féretro, ataúd, caja, cajón, catafalco, sepulcro, sepultura, tumba.

SARNA Roña, acariasis.

SARNOSO Escabioso, roñoso.

SARRACENO Mahometano, moro, musulmán, agareno, árabe, muslime, beréber, berberisco. → *Cristiano.*

SARTA Ristra, recua, retahíla, serie, rosario, cadena, ringlera, conjunto. → *Unidad.*

SATANÁS Lucifer, Belcebú, Mefistófeles, Luzbel, demonio, diablo. → *Dios.*

SATÁNICO Demoniaco, diabólico, perverso. → *Angelical.*

SATINADO Lustroso, terso, pulido. → *Áspero.*

SÁTIRA Ironía, sarcasmo, mordacidad, causticidad, chanza, acrimonia, cinismo, indirecta. → *Alabanza.*

SATIRIZAR Burlarse, censurar, ridiculizar. → *Loar.*

SÁTIRO Lúbrico, libidinoso, lascivo. → *Casto.*

SATISFACCIÓN Agrado, contento, alegría, gozo, placer, deleite, alborozo, euforia. → *Disgusto.* || Compensación, reparación, arreglo, resarcimiento, disculpa. → *Agravio.*

SATISFACER Saciar, hartar, contentar. → *Vaciar.* || Evacuar, cumplir, absolver. → *Incumplir.* || Pagar, abonar, solventar. → *Lesionar.*

SATISFACTORIO Agradable, grato, lisonjero. → *Insatisfactorio.* || Solvente, soluble, resoluble.

SATISFECHO Conforme, contento, ufano, complacido, aplacado, calmado. → *Insatisfecho.* || Harto, saciado, lleno, atiborrado. → *Ansioso.*

SATURAR Impregnar, rebosar, hartar, saciar.

SAZÓN Madurez, punto, florecimiento, granazón, desarrollo. → *Inmadurez.* || Ocasión, oportunidad, coyuntura, circunstancia.

SAZONAR Adobar, aderezar, aliñar, condimentar, madurar, fructificar.

SEBO Grasa, unto, tocino, gordo, mantequilla, crasitud, oleína, aceite.

SECAR Escurrir, orear, ventilar, enjugar, deshidratar, evaporar, vaciar, desaguar. → *Humedecer, inundar.*

SECARSE Marchitarse, agostarse, resecarse, amarillarse, amustiarse, ajarse, apergaminarse. → *Reverdecer.*

SECCIÓN División, departamento, sector, parte, grupo, apartado. → *Conjunto.* || Tajo, corte, incisión, división, amputación. → *Unión, costura.*

SECESIÓN Cisma, separación, división, disgregación, desviación. → *Unión.*

SECO Desecado, chupado, exprimido. → *Húmedo.* || Marchito, agostado, sarmentoso. → *Lozano.* || Anhidro. → *Hidratado.* || Delgado, flaco, enjuto. → *Obeso.* || Árido, estéril. → *Feraz.*

SECRETARÍA Dependencia, oficina, despacho, ayudantía, negociado.

SECRETO Oculto, misterioso, incógnito, íntimo, furtivo, clandestino, reservado, disimulado. → *Evidente, divulgado.* || Enigma, misterio, incógnita, interrogante, sigilo, reserva, disimulo. → *Divulgación.*

SECTA Camarilla, grupo, clan, pandilla, liga, doctrina, iglesia, confesión.

SECTOR Parte, división, porción, fragmento, esfera, nivel, lote, fase, tramo. → *Conjunto.*

SECUAZ Esbirro, paniaguado, sicario, gregario, secundón, partidario, seguidor.

SECUELA Resultado, consecuencia, efecto, derivación, alcance, desenlace. → *Causa.*

SECUESTRAR Raptar, retener, detener, forzar, arrebatar, engañar. → *Devolver.* || Embargar, requisar, decomisar, incautarse. → *Permitir.*

SECUESTRO Encierro, embargo, retención. → *Liberación.*

SECULAR Seglar. || Centenario. || Veterano, antiguo, añejo. → *Nuevo.*

SECUNDAR Auxiliar, coadyuvar, favorecer. → *Oponerse.*

SECUNDARIO Complementario, accesorio, circunstancial, insignificante, trivial. → *Principal.*

SED Avidez, ansia, necesidad, deseo, afán, sequedad, deshidratación, desecación.

SEDANTE Calmante, tranquilizante, lenitivo, paliativo, analgésico, narcótico, hipnótico, droga. → *Estimulante.*

SEDE Central, centro, base, cuna, diócesis. → *Sucursal.*

SEDENTARIO Estacionario, inmóvil, quieto, inactivo, estático. → *Nómada.*

SEDICIÓN Insurrección, levantamiento, algarada, motín, pronunciamiento, alboroto, revolución. → *Calma, paz.*

SEDIENTO Ávido, ansioso, deseoso, anhelante, afanoso, apasionado, vehemente.

SEDIMENTO Poso, depósito, residuo, asiento, turbiedad, sarro, lodo, cieno.

SEDUCCIÓN Persuasión, fascinación, atracción. → *Repulsión.*

SEDUCIR Fascinar, atraer, encantar, hechizar, alabar, sugestionar, persuadir, engañar. → *Repeler.*

SEDUCTOR Cautivante, seductivo, cautivador. → *Repelente*. || Tenorio.

SEGAR Cortar, guadañar, seccionar, talar, tronchar, cercenar, decapitar, tumbar.

SEGMENTO Parte, porción, sección, sector, miembro, vestigio. → *Conjunto, totalidad*.

SEGREGAR Excretar, producir, rezumar, evacuar. || Discriminar, separar, diferenciar. → *Igualar*.

SEGUIDO Continuo, consecutivo, incesante, ininterrumpido, repetido. → *Discontinuo*.

SEGUIR Acompañar, escoltar, perseguir, rastrear. → *Abandonar*. || Admirar, simpatizar, apoyar, imitar. → *Contrariar*. || Continuar, proseguir, insistir, reanudar, prorrogar. → *Interrumpir*.

SEGUIRSE Originarse, derivarse, proceder. → *Causar*.

SEGURIDAD Calma, tranquilidad. → *Desorden*. || Certeza, certidumbre, garantía. → *Inseguridad*. || Caución, fianza.

SEGURO Protegido, resguardado, invulnerable, inmune, indemne, defendido, inexpugnable, recio. → *Endeble, peligroso*. || Cierto, evidente, firme, fijo, indudable, positivo, sereno, tranquilo. → *Inseguro*.

SELECCIÓN Elección, preferencia, opción. → *Indistinción*.

SELECCIONAR Elegir, separar, distinguir, extraer, clasificar, preferir. → *Confundir*.

SELECTO Distinguido atractivo, escogido. → *Común*.

SELVA Bosque, fronda, espesura, jungla, manigua, boscaje, arboleda, follaje. → *Desierto*.

SELVÁTICO Nemoroso. || Rudo, tosco, agreste.

SELLADO Cifrado, cerrado, arcano. → *Abierto*.

SELLAR Precintar, lacrar, timbrar, cerrar, estampar, grabar, marcar, obstruir. → *Abrir*.

SELLO Estampilla, timbre, marca. || Sellador.

SEMBLANZA Analogía, parecido, similitud. → *Disparidad*. || Biografía.

SEMBLANTE Rostro, cara, efigie, fisonomía, faz, imagen, facciones, rasgos, aspecto.

SEMBRADÍO Plantío, arijo, labrantío. → *Erial*.

SEMBRADO Huerto, campo, cultivo, plantío, parcela. || Diseminado, cubierto, lleno, plantado.

SEMBRAR Esparcir, diseminar, desparramar, dispersar, lanzar. → *Reunir*. || Granear, sementar, melgar. || Divulgar, propalar, transmitir. → *Callar*.

SEMEJANTE Análogo, afín, parecido, idéntico, igual, similar, calcado, copiado. → *Diferente*.

SEMEJAR Parecerse, recordar a, equivaler, aparentar, heredar. → *Diferenciarse*.

SEMIDIÓS Héroe, superhombre, campeón, ídolo, titán.

SEMILLA Simiente, grano, germen, pepita, pipa. || Origen, causa, fundamento. → *Consecuencia.*

SEMPITERNO Perenne, inmortal, eterno, perdurable. → *Perecedero.*

SENCILLEZ Simplicidad, naturalidad, ingenuidad. → *Presunción.*

SENCILLO Simple, llano, natural, franco, sincero, inocente, ingenuo, limpio, desnudo, evidente, claro, fácil. → *Complicado, complejo.*

SENDA Camino, sendero, vereda.

SENDERO Senda, vereda, camino, ramal, trocha, travesía, huella.

SENECTUD Ancianidad, vejez, senilidad. → *Juventud.*

SENIL Anciano, viejo, longevo, provecto, caduco, decrépito, chocho. → *Joven.*

SENO Hueco, oquedad, concavidad, entrante, cavidad, depresión. → *Saliente.*

SENOS Mamas, pechos, tetas, ubres, busto.

SENSACIÓN Impresión, emoción, excitación, imagen, representación. || Asombro, maravilla, pasmo. → *Indiferencia.*

SENSATEZ Cordura, sesudez, discreción. → *Insensatez.*

SENSATO Prudente, moderado, discreto, cuerdo, circunspecto, cauteloso, juicioso. → *Imprudente.*

SENSIBILIDAD Terneza, ternura, cariño. → *Insensibilidad.*

SENSIBLE Impresionable, sentimental, tierno, emotivo, delicado, suspicaz. → *Insensible.*

SENSUAL Sibarita, refinado, profano, epicúreo. || Voluptuoso, concupiscente, lujurioso, lascivo, lúbrico, libidinoso, erótico. → *Espiritualista, impotente.*

SENTARSE Arrellanarse, repantigarse, descansar, acomodarse, ponerse. → *Levantarse, incorporarse.*

SENTENCIA Veredicto, dictamen, decisión, fallo, resolución, condena. || Máxima, dicho, refrán, aforismo, adagio, moraleja.

SENTENCIAR Condenar, penar, castigar, multar, sancionar, fallar, dictaminar.

SENTENCIOSO Proverbial. || Enfático, grave, solemne. → *Desenvuelto.*

SENTIDO Discernimiento, juicio, comprensión, sagacidad. || Significado, alcance, significación, acepción, valor. || Emotivo, cariñoso, afectivo, tierno, profundo, resentido. → *Indiferente.* || Dirección, orientación, trayectoria, rumbo.

SENTIMENTAL Emocionante, tierno, conmovedor, sensible. → *Insensible.*

SENTIMIENTO Compasión, afecto, piedad, lástima, ternura, dolor, aflicción, tristeza, emoción, evocación, impresión. → *Insensibilidad.*

SENTIR Notar, percibir, advertir, percatarse, experimentar, comprobar. || Lamentar, arrepentirse, deplorar, conmoverse, afectarse. → *Alegrarse.* || Parecer, juicio, opinión, creencia, impresión.

SENTIRSE Reconocerse, considerarse.

SEÑA Gesto, ademán, signo, mímica, actitud, pantomima, expresión. || Anticipo, adelanto, prenda. || Marca, señal.

SEÑAL Marca, huella, muesca, cicatriz, vestigio, indicio, reliquia, resto. || Síntoma, seña, sospecha, indicio. || Gesto, seña.

SEÑALAMIENTO Designación, fijación.

SEÑALAR Mostrar, indicar, apuntar, designar, advertir, mencionar. → *Indeterminar.* || Marcar, imprimir, sellar, manchar, herir.

SEÑALARSE Singularizarse, distinguirse, evidenciarse. → *Esconderse.*

SEÑAS Dirección, domicilio, residencia, destinatario.

SEÑOR Caballero, noble, hidalgo, patricio, aristócrata, cortesano. → *Plebeyo.* || Amo, dueño, patrón, jefe, propietario, superior, titular, cabecilla. → *Vasallo, subordinado.*

SEÑORA Matrona, dama, ama, dueña, madre, cortesana. →*Mujerzuela.* || Esposa, mujer, cónyuge, consorte, pareja, compañera.

SEÑORIAL Aristocrático, elegante, linajudo, distinguido, noble, majestuoso. → *Vulgar.*

SEÑORÍO Dominio, mando, imperio. || Mesura, gravedad, discreción.

SEÑUELO Cebo, carnada, lazo, trampa, engaño, incentivo, atractivo, aliciente.

SEPARACIÓN Análisis, clasificación, desglose. → *Unión.*

SEPARAR Alejar, apartar, desprender, desunir, dividir, aislar, desviar, saltar, sacar, dispersar. → *Unir.* || Expulsar, exonerar, despedir, destituir, rechazar. → *Admitir.*

SEPARARSE Divorciarse, desligarse, romper, enemistarse. → *Unirse.*

SEPELIO Inhumación, entierro, ceremonia, acto.

SEPULCRO Sepultura, tumba.

SEPULTAR Inhumar, enterrar, ocultar, esconder, sumergir. → *Desenterrar, sacar.*

SEPULTURA Fosa, tumba, panteón, sepulcro, cripta, huesa, mausoleo, sarcófago.

SEQUEDAD Deshidratación, desecación, evaporación, aridez, sequía, sed. → *Humedad.* || Antipatía, aspereza, dureza, descortesía. → *Amabilidad.*

SEQUÍA Estiaje, resecamiento, agostamiento, aridez, sed, calamidad. → *Inundación.*

SÉQUITO Acompañamiento, cortejo, escolta, compañía, comitiva, corte.

SER Criatura, ente, cosa, organismo, individuo, sujeto, naturaleza. || Existir, estar, vivir, quedar, hallarse, permanecer. || Acontecer, ocurrir, acaecer, transcurrir. → *Faltar.*

SERENIDAD Tranquilidad, calma, sosiego. → *Intranquilidad.* || Imperturbabilidad, impavidez, entereza.

SERENO Tranquilo, calmoso, flemático, imperturbable, frío, firme, estoico, sosegado. → *Nervioso.* || Despejado, claro, bonancible, limpio. → *Nublado, borrascoso.*

SERIE Sucesión, orden, progresión, curso, fila, hilera, conjunto, lista, grupo. → *Unidad.*

SERIO Grave. || Formal, digno, sensato, reposado, juicioso, reservado, circunspecto, decoroso, puntual, cumplidor. → *Informal.* || Seco, tieso, adusto, severo, señudo, taciturno. → *Alegre.* || Grave, trascendental, importante, delicado, espinoso. → *Insignificante.*

SERMÓN Prédica, plástica, perorata, alocución, amonestación, arenga, regañina. → *Alabanza.*

SERPIENTE Culebra, víbora, ofidio, sierpe, reptil, crótalo, áspid.

SERVICIAL Solícito, atento, complaciente, cortés, amable, educado, considerado. → *Descortés.*

SERVICIO Asistencia, ayuda, favor, subvención, auxilio. → *Desamparo.* || Servidumbre, personal, séquito, criados. || Retrete, excusados, lavabos, letrina, urinario. || Provecho, utilidad, rendimiento, aprovechamiento. → *Inutilidad.*

SERVIDOR Criado, doméstico, sirviente. → *Amo.* || Cortejador, galanteador, pretendiente.

SERVIDUMBRE Esclavitud, sumisión, sujeción. → *Emancipación.* || Séquito, servicio, dependencia. || Carga, gabela, gravamen.

SERVIL Rastrero, indigno, abyecto, sumiso, adulador, borrego. → *Altanero.*

SERVILISMO Humillación, adulación, bajeza. → *Altanería.*

SERVIR Auxiliar, asistir, dar, ejercer, ejecutar, trabajar, emplearse, valer. → *Desasistir.* || Partir, distribuir, presentar, ofrecer, dosificar.

SERVIRSE Dignarse, acceder, aceptar, permitir. → *Negar.*

SESGO Oblicuo, inclinado, cruzado, atravesado, torcido, desviado. → *Directo.*

SESIÓN Conferencia, asamblea, reunión, junta, consulta, conclave, comité.

SESO Cerebro, juicio, madurez, sensatez. → *Insensatez.*

SESUDO Reflexivo, prudente, moderado, juicioso, cuerdo, empellón, aplicado, profundo. → *Superficial.*

SETA Hongo, champiñón, mízcalo, nízcalo.

SETO Valla, cercado, empalizada, coto, estacada, barrera, mata.

SEUDÓNIMO Mote, apodo, sobrenombre, alias, remoquete, apellido, nombre.

SEVERIDAD Rigor, gravedad, dureza. → *Dulzura.*

SEVERO Austero, riguroso, intolerante, intransigente, estricto, rígido. → *Benévolo, tolerante.*

SEXUAL Genital, genésico, sensual, carnal, erótico, lascivo, instintivo. → *Espiritual.*

SHOCK Choque, conmoción, impresión, sacudida, perjuicio, daño.

SHOW Espectáculo, función, exhibición.

SIBARITA Regalón, refinado, voraz, sensual, comodón, regalado, conocedor. → *Tacaño, tosco.*

SIDERAL Espacial, cósmico, astral, astronómico, celeste, estelar, universal.

SIEMBRA Sementera, cultivo, labor, labranza.

SIEMPRE Eternamente, perpetuamente, perennemente, sin cesar. || *Nunca.*

SIERVO Servidor, sirviente, esclavo, vasallo, villano, súbdito. → *Amo.*

SIESTA Descanso, reposo, sopor, letargo, pausa, ocio, alto. → *Actividad.*

SIGILO Secreto, disimulo, reserva, cautela, prudencia, hipocresía. → *Ruido, franqueza.*

SIGNIFICADO Simbolizar, representar, encarnar, personificar. || Expresar, exponer, declarar, comunicar, enunciar, estipular. → *Omitir.*

SIGNO Trazo, rasgo, marca, símbolo, letra, abreviatura, cifra. || Señal.

SIGUIENTE Posterior, ulterior, sucesivo, correlativo, continuador, vecino. → *Anterior.*

SILBAR Pitar, chiflar, abuchear, alborotar, protestar. → *Aprobar, aplaudir.*

SILENCIO Reserva, sigilo, secreto, disimulo, discreción, cautela, prudencia. || Mudez, afonía, mutismo, enmudecimiento. || Calma, paz, sosiego, tranquilidad, tregua, reposo, quietud. → *Ruido.*

SILENCIOSO Reservado, taciturno, callado, silente. → *Hablador.*

SILUETA Contorno, perfil, trazo, sombra, bosquejo, línea, brote, cerco, dibujo, forma.

SILVESTRE Agreste, campestre, montaraz, montés, rural, bravío, selvático. → *Domesticado.*

SILLA Asiento, sillón, butaca, banco, escaño, taburete, poltrona.

SILLÓN Butaca, poltrona, mecedora, sitial, tronco, escaño, asiento, silla.

SIMA Fosa, abismo, hondonada, depresión, pozo, oquedad, profundidad.

SIMBÓLICO Metafórico, figurado, alegórico, teórico, representativo, alusivo. → *Real.*

SIMBOLIZAR Significar, representar, figurar.

SÍMBOLO Alegoría, emblema, efigie, representación, signo, atributo, figura, imagen. → *Realidad.* || Encarnación, personificación, compendio. || Letra, inicial, sigla, fórmula.

SIMETRÍA Proporción, armonía, concordancia, ritmo, equilibrio. → *Desproporción.*

SIMÉTRICO Proporcionado, proporcional, igual. → *Asimétrico.*

SIMIENTE Semilla, semen, pepita.

SÍMIL Cotejo, comparación, semejanza. || Similar. → *Diferente.*

SIMILAR Parecido, semejante, relacionado, análogos, próximo, vecino, afín, igual. → *Diferente.*

SIMIO Mono, macaco.

SIMPATÍA Encanto, cordialidad, donaire, atractivo, gracia, hechizo. → *Antipatía.* || Inclinación, cariño, apego, compenetración, afinidad. → *Repulsión.*

SIMPATIZAR Aficionarse, congeniar, avenirse. → *Desavenirse.*

SIMPLE Sencillo, elemental, llano, natural, espontáneo, evidente, fácil. → *Complejo.* || Bobo, necio, estúpido, tonto.

SIMPLEZA Tontería, bobería, mentecatez. → *Listeza.*

SIMPLICIDAD Naturalidad, sencillez, ingenuidad. → *Complejidad.* || Homogeneidad, indivisibilidad, unidad. → *Divisibilidad.*

SIMPLIFICAR Allanar, reducir, abreviar, facilitar, resolver, compendiar, resumir. → *Complicar.*

SIMULACIÓN Fingimiento, falsedad, estratagema. → *Honradez.*

SIMULACRO Ensayo, maniobra, práctica, ejercicio, simulación, engaño.

SIMULAR Fingir, aparentar, imitar, ocultar, desfigurar, engañar, encubrir. → *Revelar.*

SIMULTÁNEO Coetáneo, coincidente, coexistente, presente, sincrónico. → *Anacrónico.*

SINALEFA Enlace, unión, trabazón. → *Hiato.*

SINCERIDAD Realidad, veracidad, candidez. → *Hipocresía.*

SINCERO Franco, noble, cordial, honesto, honrado, veraz, claro, real, leal. → *Hipócrita.*

SÍNCOPE Vahído, ataque, patatús, colapso, vértigo, mareo, desfallecimiento, desmayo. → *Recuperación.*

SINCRÓNICO Simultáneo, coincidente, isócrono. → *Asíncrono.*

SINDICATO Gremio, federación, hermandad, asociación, grupo, liga, junta.

SINFÍN Abundancia, pluralidad, sinnúmero, infinidad, cúmulo, inmensidad, exceso. → *Carencia, escasez.*

SINGULAR Particular, especial, notable, destacado, raro, extraño. → *Común.*

SINGULARIDAD Rareza, particularidad, distinción. → *Normalidad.*

SINIESTRO Tétrico, avieso, lúgubre, espeluznante, patibulario. →
Simpático. || Catástrofe, desastre, accidente, ruina, hecatombe,
calamidad. → *Bonanza, suerte.*

SINNÚMERO Multitud, cúmulo, abundancia. → *Limitación.*

SINO Hado, destino, providencia, fortuna, fatalidad, ventura, estrella.

SINÓNIMO Equivalente, parejo, semejante, consonante, correspondiente, paralelo. → *Antónimo, contrario.*

SINOPSIS Compendio, síntesis, resumen, sinrazón, iniquidad, injusticia, desafuero. → *Justicia.*

SINSABOR Pena, disgusto, angustia, desazón, dolor, amargura. →
Alegría.

SÍNTESIS Compendio, resumen, extracto, abreviación, sinopsis,
recopilación. → *Análisis.*

SINTÉTICO Artificial, químico, elaborado, adulterado. → *Natural.* ||
Resumido.

SÍNTOMA Señal, signo, indicio, manifestación, evidencia, barrunto.

SINUOSO Tortuoso, ondulante, serpenteante, desigual, torcido. →
Recto, parejo.

SINVERGÜENZA Truhán, pícaro, tunante, ladino, pillo, golfo, granuja, canalla. → *Honrado, decente.*

SIRENA Ninfa, ondina, nereida, náyade. || Silbato, pito, alarma.

SIRVIENTE Criado, fámulo, doméstico, camarero, servidor, muchacho, chico, lacayo, mayordomo.

SISAR Hurtar, robar, escamondar.

SISEO Abucheo, desaprobación, protesta. → *Aplauso.*

SISTEMA Método, procedimiento, proceso, modo, práctica, estilo,
usanza, técnica.

SISTEMÁTICO Invariable, perenne, constante, regular, persistente. → *Irregular.*

SITIAR Rodear, cercar, encerrar, asediar, bloquear, arrinconar,
aislar. → *Liberar.*

SITIO Lugar, puesto, punto, parte, rincón, comarca, paraje,
zona, término. || Asedio, cerco, bloqueo, acorralamiento. → *Libe-
ración.*

SITUACIÓN Disposición, sitio, colocación. || Empleo, cargo, fun-
ción. || Aspecto, constitución, condición.

SITUAR Colocar, disponer, orientar, poner, dirigir, acomodar. →
Desplazar.

SNOB Afectado, cursi, presumido, pedante, petimetre. → *Sobrio,
sensato.*

SOBACO Islilla, axila. || Enjuta.

SOBAR Manosear, palpar, tentar, manipular, tocar, restregar, acariciar, ajar, desgastar.

SOBERANÍA Independencia, autonomía, libertad. → *Dependencia.*

SOBERANO Monarca, rey, príncipe, emperador, señor, majestad, gobernante. → *Vasallo.* || Independiente, autónomo, libre, emancipado. → *Dependiente.* || Magnífico, superior, excelente, espléndido. → *Pésimo.*

SOBERBIO Arrogante, orgulloso, altanero, altivo, vanidoso, engreído, impertinente. → *Modesto.* || Magnífico, espléndido, maravilloso, estupendo, grandioso, sublime, admirable. → *Pésimo, humilde.*

SOBORNAR Corromper, untar, pagar, atraer, seducir, engatusar.

SOBORNO Cohecho, corrupción, compra. → *Integridad.*

SOBRA Exceso, demasía, abundancia, plétora, olmo, exageración, profusión. → *Falta, carencia.*

SOBRAR Abundar, quedar, exceder, rebasar, desbordar, rebosar. → *Faltar.*

SOBRAS Despojos, desperdicios, residuos, restos.

SOBRECARGAR Recargar, incrementar, aumentar, gravar, abrumar, molestar. → *Aliviar.*

SOBRECOGEDOR Conmovedor, estremecedor, espantoso, impresionante, pasmoso. → *Indiferente.*

SOBREEXCITACIÓN Inquietud, agitación, conmoción, nerviosidad, angustia. → *Calma.*

SOBREHUMANO Ímprobo, agotador, agobiante. → *Fácil.* || Sobrenatural.

SOBRELLEVAR Tolerar, aguantar, sufrir, soportar, resistir, resignarse. → *Lamentarse.*

SOBRENATURAL Celestial, divino, heroico, sobrehumano, ultraterreno, mágico. → *Natural.*

SOBRENOMBRE Mote, apodo, alias, seudónimo, nombre, remoquete, calificativo, apelativo.

SOBREPASAR Superar, exceder, aventajar, rebasar, vencer. → *Retrasarse.*

SOBREPONERSE Dominarse, contenerse, refrenarse, superar, reprimirse. → *Abandonarse.*

SOBRESALIENTE Superior, aventajado, principal, excelente, descollante, magnífico. → *Vulgar, malo.*

SOBRESALIR Descollar, superar, exceder, destacar, aventajar, elevarse. → *Retrasarse.*

SOBRESALTARSE Intranquilizarse, atemorizarse, alterarse, inquietarse, angustiarse. → *Tranquilizarse.*

SOBRETODO Gabán, abrigo, capote, zamarra, pelliza, trinchera, gabardina.

SOBREVIVIR Perdurar, subsistir, mantenerse, continuar, perpetuarse. → *Morir.*

SOBRIO Templado, mesurado, moderado, frugal, ponderado, discreto, virtuoso. → *Exagerado, inmoderado.*

SOCARRÓN Astuto, marrullero, sarcástico, irónico, cínico. → *Serio.*

SOCAVÓN Bache, hoyo, agujero, hundimiento, hueco, zanja, oquedad, mina.

SOCIABLE Expansivo, comunicativo, abierto, tratable, accesible, efusivo. → *Insociable, huraño.*

SOCIABILIDAD Cortesía, civilidad, trato. → *Descortesía.*

SOCIEDAD Colectividad, comunidad, grupo, clase, familia, semejante. || Compañía, empresa, firma, casa, consorcio, corporación. || Club, círculo, centro, asociación, ateneo. || Nobleza, aristocracia, casta, gran mundo. → *Hez, gentuza.*

SOCIO Asociado, participante, empresario, consocio, beneficiado, afiliado.

SOCORRER Ayudar, auxiliar, amparar, asistir, remediar, aliviar, proteger, sufragar. → *Abandonar.*

SOCORRO Ayuda, defensa, protección, auxilio. → *Desamparo.*

SOEZ Grosero, bajo, vil, ordinario, rudo, zafio, villano, insultante. → *Cortés.*

SOFÁ Diván, canapé, sillón, asiento.

SOFOCANTE Bochornoso, caluroso, caliginoso, enrarecido, ardiente, asfixiante. → *Fresco, ventilado.*

SOFOCAR Extinguir, apagar, dominar, contener. → *Avivar.*

SOFOCARSE Ahogarse, asfixiarse, jadear, avergonzarse, turbarse, abochornarse.

SOFRENAR Dominar, contener, atajar, detener, moderar, sujetar. → *Soltar.*

SOGA Maroma, cuerda, cabo, calabrote, cable, amarra.

SOJUZGAR Dominar, subyugar, someter, avasallar, oprimir, esclavizar. → *Liberar.*

SOLAPADO Taimado, artero, traidor, disimulado, astuto, pérfido, pillo, ingenuo, sincero.

SOLAR Parcela, terreno, tierra, propiedad, espacio, campo. || Linaje, casta, casa, descendencia, familia, cuna.

SOLAZ Esparcimiento, diversión, distracción, pasatiempo, entretenimiento, recreo. → *Aburrimiento.*

SOLDADO Militar, oficial, jefe, adalid, caudillo, capitán, estratega, recluta, quinto. → *Civil.*

SOLDAR Unir, pegar, amalgamar, ligar, adherir, acoplar, engarzar. → *Separar.*

SOLEDAD Aislamiento, alejamiento, separación, desamparo, retiro, orfandad. → *Compañía.* || Tristeza, pena, congoja, melancolía, nostalgia. → *Alegría.*

SOLEMNE Majestuoso, mayestático, imponente, impresionante. || Protocolario, serio, grave, formal, ceremonioso, severo. → *Sencillo.*

SOLEMNIDAD Ceremonia, acto, fiesta, función, celebración, gala, rito, fasto.

SOLERA Antigüedad, abolengo, prosapia.

SOLICITANTE Pretendiente, solicitador, aspirante.

SOLICITAR Pedir, demandar, pretender, aspirar, suplicar, buscar, exigir. → *Entregar, ofrecer.*

SOLÍCITO Cuidadoso, diligente, afanoso, amable, atento, considerado. → *Descuidado, desatento.*

SOLICITUD Petición, instancia, demanda. → *Rechazo.* || Atención, cuidado, afección. → *Desatención.*

SOLIDARIO Unido, junto, asociado. → *Aislado.*

SOLIDARIDAD Fidelidad, devoción, adhesión, concordia, apoyo, ayuda, fraternidad.

SOLIDEZ Cohesión, consistencia, firmeza. → *Debilidad.* || Volumen.

SÓLIDO Duro, robusto, fuerte, macizo, denso, compacto, apretado, entero. → *Endeble.*

SOLITARIO Deshabitado, desierto, abandonado, aislado, despoblado, vacío, desolado. → *Concurrido, poblado.* || Huraño, retraído, tímido, insociable, huidizo, esquivo, misántropo. → *Sociable.* || Asceta, penitente, monje, ermitaño.

SOLIVIANTAR Enardecer, excitar, incitar, inquietar, sublevar, alborotar. → *Calmar.*

SOLO Único, exclusivo, impar, singular, dispar, sin par. || Solitario.

SOLTAR Liberar, libertar, librar, manumitir, indultar, dispensar. → *Encarcelar.* || Desatar, dejar, alejar, separar, desprender, quitar, arrancar. → *Juntar.*

SOLTERO Célibe, solitario, casadero. → *Casado.*

SOLTURA Agilidad, prontitud, presteza, desenvoltura, experiencia, maña. → *Torpeza.*

SOLUCIÓN Remedio, arreglo, resolución, remate, medio, procedimiento, subterfugio. → *Problema.*

SOLUCIONAR Resolver, remediar, arreglar, proceder.

SOLVENCIA Garantía, responsabilidad, crédito. → *Insolvencia.*

SOLVENTAR Resolver, solucionar, arreglar. → *Dificultar.*

SOLLOZAR Llorar, gimotear, gemiquear. → *Reír.*

SOLLOZO Lloro, lloriqueo, gemido, lamento, gimoteo, suspiro, queja. → *Risa.*

SOMBRA Penumbra, oscuridad, negrura, tinieblas, lobreguez. → *Claridad.* || Figura, imagen, contorno, perfil, silueta, proyección. || Ingenio, chispa, gracia, salero, humor, garbo. → *Pesadez.*

SOMBRERO Gorro, bonete, chambergo, pamela, boina, birrete, capelo, galera, chistera, bombín, hongo, tiara, mitra, caperuza.

SOMBRÍO Oscuro, umbrío, lóbrego, tétrico, nebuloso, opaco, cerrado, encapotado. → *Claro.* || Mustio, melancólico, triste. → *Alegre.*

SOMETER Sojuzgar, dominar, subyugar, vencer, ganar, esclavizar, supeditar. → *Liberar.*

SOMETERSE Rendirse, claudicar, humillarse, entregarse. → *Luchar.*

SOMETIMIENTO Acatamiento, sumisión, vasallaje. → *Rebeldía.*

SOMNÍFERO Soporífero, dormidero, letárgico. → *Excitante.*

SOMNOLENCIA Sopor, pesadez, apatía. → *Vivacidad.*

SONAR Resonar, retumbar, atronar, gemir, chirriar, restallar, chasquear, crujir.

SONDEAR Averiguar, tantear, escrutar, indagar, preguntar. → *Rastrear.*

SONIDO Ruido, sonoridad, estruendo, bullicio, resonancia, son, retumbo, eco, crujido, cacofonía. → *Silencio.*

SONORO Ruidoso, retumbante, resonante, estruendoso, profundo, grave, armonioso. → *Silencioso.*

SONRISA Risita, gesto, expresión, mueca, mímica, mohín, visaje. → *Llanto.*

SONROJARSE Avergonzarse, ruborizarse, enrojecer, turbarse, sofocarse, azorarse. → *Insolentarse.*

SONROSADO Colorado, encendido, saludable, fresco, sano. → *Pálido, mortecino.*

SONSACAR Averiguar, inquirir, sondear, tantear, indagar, engatusar. → *Revelar.*

SOÑAR Imaginar, fantasear, idear, vislumbrar, divagar, discurrir, revivir.

SOÑOLIENTO Aletargado, entumecido, amodorrado, pesado, torpe, apático, perezoso. → *Despierto.*

SOPA Caldo, consomé, puré, papilla, gachas, pasta, sopicaldo, bodrio.

SOPAPO Tortazo, bofetada, cachetada, golpe.

SOPLAR Exhalar, espirar, bufar, aventar, inflar, hinchar, echar, expulsar. → *Inspirar.*

SOPLÓN Delator, confidente, acusón, correveidile, chivato, denunciante.

SOPONCIO Patatús, síncope, vahído, desfallecimiento, desmayo, coma. → *Actividad.*

SOPORÍFERO Somnífero, narcótico, hipnótico, estupefaciente. → *Estimulante.* || Aburrido, tedioso, pesado, cargante, molesto. → *Entretenido.*

SOPORTAR Sostener, llevar, sustentar, resistir, aguantar. → *Soltar*. || Tolerar, llevar, transigir. → *Rebelarse*.

SOPORTE Base, sostén, apoyo, cimiento, sustento, trípode, puntal, viga, pilar, pata, poste. || Auxilio, ayuda, sustento, amparo, protección. → *Desamparo*.

SORBER Chupar, absorber, aspirar, mamar, libar, tragar, beber. → *Escupir, echar*.

SÓRDIDO Ruin, indecente, sucio, vil. → *Noble*. || Tacaño, avaro, mísero, mezquino. → *Generoso*.

SORDO Privado, disminuido, imposibilitado, defectuoso, duro de oído. || Indiferente, insensible, cruel. → *Piadoso*. || Retumbante, lejano, grave, ahogado. → *Claro*.

SORPRENDENTE Asombroso, extraordinario, raro, prodigioso, pasmoso, extraño. → *Corriente*.

SORPRENDER Descubrir, atrapar, pillar, cazar. → *Perder*.

SORPRENDERSE Maravillarse, asombrarse, admirarse, impresionarse, extrañarse.

SORPRENDIDO Estupefacto, confuso, petrificado. → *Indiferente*.

SORPRESA Pasmo, maravilla, asombro, admiración. → *Indiferencia*. || Susto, sobresalto, alarma, desconcierto. → *Calma*.

SORTEO Rifa, juego, tómbola, lotería, azar.

SORTIJA Anillo, aro, alianza, argolla, sello, cintillo, trecillo.

SORTILEGIO Encantamiento, brujería, hechizo, magia, nigromancia, agüero. → *Exorcismo*.

SOSEGADO Pacífico, tranquilo, reposado, calmoso, sereno, juicioso, serio. → *Inquieto*.

SOSEGAR Moderar, templar, aplacar. → *Inquietar*. || Descansar, reposar, dormir.

SOSERÍA Insipidez, insulsez, pesadez. → *Interés*.

SOSIEGO Reposo, quietud, placidez, silencio, tranquilidad, calma, descanso, ocio. → *Agitación, ruido*.

SOSO Insulso, insípido, insustancial, simple, necio, inexpresivo, apático. → *Gracioso*.

SOSPECHA Recelo, desconfianza, suspicacia, prejuicio, malicia, aprensión, celos. → *Confianza*.

SOSPECHOSO Raro, anormal, misterioso, oculto, oscuro, secreto, dudoso. → *Normal*. || Furtivo, merodeador, vagabundo, maleante, acusado, encartado. → *Inocente*.

SOSTÉN Soporte, sustento, apoyo, fundamento, cimiento, pilar. || Auxilio, apoyo, protección, ayuda, manutención, amparo. → *Desamparo*. || Ajustador, ceñidor, corpiño, prenda interior.

SOSTENER Soportar, aguantar, sustentar. || Apoyar, proteger, amparar. → *Desamparar*. || Afirmar, defender, ratificar. || Renunciar. || Tolerar, sufrir. || Alimentar.

SÓTANO Cueva, bodega, cripta, silo, bóveda, subterráneo, túnel. → *Bohardilla.*

STANDARD Estándar, uniforme, homogéneo, en serie, normal. → *Diferente, irregular.* || Norma, pauta, patrón, tipo.

STOCK Reservas, existencia, surtido, depósito.

SUAVE Terso, sedoso, fino, delicado, liso, parejo, leve, tenue. → *Recio.* || Apasible, dócil, manso, sumiso, humilde. → *Arisco, áspero.*

SUAVIDAD Blandura, lisura, lenidad. → *Asperidad.*

SUBALTERNO Subordinado, dependiente, inferior. → *Superior.*

SUBASTA Almoneda, puja, licitación, remate, compraventa, ocasión.

SUBCONSCIENTE Instintivo, automático, mecánico, inconsciente, involuntario, maquinal. → *Consciente.*

SUBDESARROLLADO Atrasado, rezagado, inculto, pobre, primitivo. → *Rico, progresista.*

SÚBDITO Ciudadano, natural, habitante, vecino, poblador, residente. → *Extranjero.*

SUBIDA Cuesta, pendiente, repecho, rampa, desnivel, declive, talud. → *Bajada.* || Ascenso, aumento, alza.

SUBIR Ascender, remontar, auparse, encaramarse, gatear, izar, montar, alzarse, elevarse, trepar, escalar, erguirse. → *Bajar.* || Progresar, mejorar, promover, adelantar, crecer, desarrollar, intensificar. → *Empeorar.* || Encarecer, incrementar, especular, abusar. → *Abaratar.*

SÚBITO Inesperado, repentino, imprevisto, brusco, insospechado, veloz, impetuoso. → *Lento.*

SUBLEVACIÓN Insurrección, alzamiento, rebelión, revolución, motín, conspiración, enfrentamiento, independencia. → *Sumisión.*

SUBLEVAR Amotinar, soliviantar, subvertir. || Encolerizar, irritar, indignar. → *Apaciguar.*

SUBLEVARSE Alzarse, rebelarse, alzar.

SUBLIME Eminente, excelso, insuperable, grandioso, divino, celestial, glorioso. → *Vulgar.*

SUBORDINADO Subalterno, auxiliar, inferior, dependiente, ayudante, empleado, criado. → *Superior.* || Sometido.

SUBORDINAR Someter, supeditar, sujetar, esclavizar, relegar, postergar, humillar. → *Ascender, liberar.*

SUBRAYAR Acentuar, recalcar, resaltar, señalar, hacer hincapié. → *Ignorar.* || Tachar, marcar, rayar, trazar, señalar.

SUBSANAR Corregir, remediar, arreglar, enmendar, compensar, mejorar, solucionar. → *Empeorar.*

SUBSIDIO Ayuda, subvención, auxilio. → *Desamparo.* || Contribución, impuesto, carga.

SUBSISTIR Perdurar, conservarse, mantenerse, preservarse, resistir, aguantar. → *Perecer.*

SUBTERFUGIO Argucia, evasiva, asidero, pretexto, simulación, excusa, disculpa. → *Verdad, realidad.*

SUBTERRÁNEO Hondo, profundo, oculto, furtivo, ilegal. → *Superficial, claro, legal.* || Subsuelo, sótano, cueva, caverna, pasadizo, tunel, mina. → *Superficie, exterior.*

SUBURBIO Arrabal, barrio, afueras, extrarradio, barriada, contornos, alrededores. → *Centro.*

SUBVENCIÓN Asistencia, ayuda, auxilio, apoyo, contribución, subsidio, donativo. → *Recaudación.*

SUBVERSIÓN Sedición, insurrección, revolución, tumulto, conspiración, rebelión, alzamiento. → *Paz.*

SUBYUGAR Fascinar, atraer, dominar, cautivar, seducir, embelesar. → *Repeler.*

SUCEDER Ocurrir, acontecer, pasar, acaecer, sobrevenir, producirse. || Reemplazar, sustituir.

SUCESIÓN Serie, orden, curso, proceso, línea, lista, cadena. → *Interrupción, final.*

SUCESIVO Continuo, gradual, paulatino, alterno, progresivo, periódico. → *Interrumpido.*

SUCESO Hecho, acaecimiento, acontecimiento, incidente, episodio, lance, incidencia, peripecia.

SUCESOR Descendiente, heredero. → *Antecesor.*

SUCIEDAD Basura, porquería, miseria. || Ascosidad, impureza, desaseo. → *Aseo.*

SUCINTO Resumido, lacónico, breve, conciso, condensado, compendiado. → *Extenso.*

SUCIO Manchado, inmundo, tiznado, cochino, grasiento, mugriento, asqueroso. → *Limpio.*

SUCULENTO Nutritivo, sustancioso, exquisito. → *Insípido.*

SUCUMBIR Rendirse, caer, someterse. → *Rebelarse.* || Fenecer, expirar, perecer. → *Vivir.*

SUCURSAL Filial, agencia, anexo, delegación, dependencia, rama, representación. → *Central.*

SUDOROSO Mojado, empapado, congestionado, jadeante, agotado, fatigado. → *Fresco, descansado.*

SUELDO Paga, salario, remuneración, jornal, honorarios, estipendio.

SUELO Terreno, superficie, tierra, piso, pavimento. || Territorio, país, patria, solar.

SUELTO Separado, disgregado, aislado, disperso, solo. → *Junto.* || Calderilla, cambio, monedas. → *Billete.*

SUEÑO Letargo, modorra, somnolencia, sopor, descanso, siesta.

→ *Vigilia.* || Ensueño, fantasía, aparición, ficción, pesadilla, alucinación. → *Realidad.*

SUERTE Hado, sino, ventura, azar, destino, providencia, fatalidad, casualidad. → *Previsión.* || Ventura, chamba, chiripa, fortuna, estrella, éxito. → *Desgracia.* || Forma, manera, estilo.

SUFICIENTE Bastante, sobrado, harto, preciso, justo, adecuado. → *Insuficiente.* || Apto, capaz, idóneo, hábil, experimentado. → *Inepto.*

SUFRAGAR Costear, satisfacer, pagar, abonar, contribuir, desembolsar. → *Escatimar.*

SUFRAGIO Voto, votación, elecciones, comicios, plebiscito, referéndum.

SUFRIMIENTO Padecimiento, dolor, pena, angustia, daño, tormento, aflicción, martirio. → *Alegría.*

SUFRIR Padecer, soportar, aguantar, tolerar, transigir, atormentarse. → *Rebelarse.*

SUGERIR Proponer, insinuar, indicar, explicar, aconsejar, aludir. → *Ordenar.*

SUGESTIONAR Fascinar, hipnotizar, dominar, hechizar.

SUGESTIONARSE Obcecarse, obstinarse, ofuscarse, cegarse, alucinarse. → *Razonar.*

SUGESTIVO Atractivo, seductor, fascinante, cautivante, encantador, maravilloso. → *Repulsivo.*

SUICIDARSE Eliminarse, inmolarse, matarse, sacrificarse, quitarse la vida.

SUJETAR Retener, contener, agarrar, aferrar, asir, enganchar, clavar, pegar. → *Soltar.*

SUJETO Retenido, subyugado, sumiso, dependiente. → *Independiente.* || Individuo, fulano, tipo, prójimo, persona, personaje. || Tema, asunto, materia, motivo, argumento. || Propenso, expuesto.

SUMA Adición, total, aumento, resultado, incremento, añadido, cuenta, operación. → *Resta.* || Colección, conjunto, totalidad, todo. → *Unidad.*

SUMAR Allegar, adicionar, añadir. → *Deducir.* || Concretar, recopilar, resumir. → *Ampliar.* || Elevarse, ascender, valer.

SUMARIO Índice, compendio, resumen, extracto, epítome, sinopsis. → *Texto.* || Expediente, antecedentes, datos. || Conciso, breve, lacónico, abreviado, resumido. → *Extenso.*

SUMERGIR Hundir, sumir, bajar, descender, abismar, empapar, bañar, naufragar, zozobrar. → *Emerger.*

SUMINISTRAR Proveer, entregar, aprovisionar, racionar, abastecer, repartir. → *Negar.*

SUMISO Dócil, humilde, resignado, manso, obediente, fiel, manejable. → *Rebelde.*

SUNTUOSO   Lujoso, ostentoso, fastuoso, opulento, magnífico, rico. → *Mezquino, pobre.*

SUPEDITAR   Subordinar, sujetar, depender, someter, postegar, relegar. → *Anteponer.*

SUPERAR   Rebasar, exceder, dominar, aventajar, prevalecer, adelantar, mejorar. → *Retrasarse.*

SUPERÁVIT   Residuo, exceso, sobra. → *Déficit.*

SUPERCHERÍA   Engaño, fraude, timo, impostura, falsedad, enredo, estafa. → *Realidad, honradez.*

SUPERFICIAL   Insustancial, frívolo, trivial, voluble, débil, pueril. → *Fundamental.* || Exterior, externo, frontal, visible, saliente. → *Interior.*

SUPERFICIE   Extensión, área, espacio, perímetro, término, medida, contorno, parcela.

SUPERFLUO   Innecesario, inútil, excesivo, recargado, sobrante, nimio, redundante, superficial. → *Necesario.*

SUPERIOR   Sobresaliente, excelente, preeminente, bueno, aventajado, descollante, supremo, magnífico. → *Inferior.* || Jefe, director, dirigente, amo, patrono. → *Subordinado.*

SUPERSTICIÓN   Fanatismo, credulidad, idolatría, paganismo, fetichismo, magia. → *Ortodoxia.*

SUPERVISAR   Controlar, inspeccionar, verificar, observar, fiscalizar. → *Abandonar, descuidar.*

SUPERVIVENCIA   Longevidad, duración, persistencia, aguante, vitalidad. → *Muerte, fin.*

SUPLANTAR   Sustituir, simular, reemplazar, engañar, falsear, estafar.

SUPLEMENTARIO   Accesorio, complementario, adicional, subsidiario, adjunto. → *Fundamental.*

SUPLEMENTO   Complemento, aditamento, accesorio, anejo, apéndice. → *Totalidad.*

SUPLENTE   Reemplazante, auxiliar, sustituto, relevo, delegado. → *Titular.*

SUPLICAR   Rogar, implorar, solicitar, impetrar, exhortar, pedir. → *Exigir.*

SUPLICIO   Tormento, tortura, martirio, sufrimiento, padecimiento, persecución, dolor, angustia, daño, pena, fatiga.

SUPLIR   Reemplazar, sustituir, completar, auxiliar. || Suministrar.

SUPONER   Creer, presumir, sospechar, imaginar, conjeturar, calcular, intuir.

SUPOSICIÓN   Supuesto, sospecha, hipótesis. || Mentira, falsedad, engaño. || Creencia.

SUPREMACÍA   Predominio, hegemonía, preponderancia, superioridad, dominio, poder. → *Inferioridad.*

SUPRIMIR Eliminar, anular, destruir, liquidar, abolir, matar, callar, resumir. → *Añadir.*

SUPUESTO Suposición, hipótesis, presunción, creencia. → *Seguridad.* || Figurado, imaginario, admisible, aparente, problemático, gratuito. → *Real.*

SUR Sud, mediodía, antártico, meridional. → *Norte.*

SURCAR Hender, cortar, enfilar, navegar. || Labrar, roturar, arar, ahondar.

SURCO Ranura, corte, muesca, estría, canal, rebajo. || Zanja, cauce, conducto, excavación, huella, carril, senda, sendero. → *Llano.*

SURGIR Brotar, manar, salir, aparecer, nacer, asomar, alumbrar, manifestarse. → *Desaparecer.*

SURTIDO Variado, mezclado, completo, diverso, múltiple, vario, dispar. → *Uniforme, igual.* || Colección, conjunto, muestrario, repertorio, juego.

SURTIDOR Fuente, chorro, manantial, ducha.

SUSCEPTIBLE Suspicaz, delicado, malicioso, escamado, mosqueado, desconfiado. → *Despreocupado.*

SUSCITAR Originar, creer, producir, promover, ocasionar, motivar, influir, infundir. → *Evitar.*

SUSODICHO Aludido, antedicho, mencionado, referido, nombrado, indicado.

SUSPENDER Interrumpir, detener, cancelar, contener, limitar, entorpecer, frenar, obstaculizar. → *Reanudar.* || Castigar, privar, penar, disciplinar, sancionar, separar, apartar. → *Perdonar.* Reprobar, catear, desaprobar, eliminar, dar calabazas. → *Aprobar.* || Colgar, enganchar, mantener, pender. → *Descolgar.*

SUSPICAZ Escaldado, malicioso, desconfiado. → *Confiado.*

SUSPIRAR Espirar, exhalar, respirar, soplar. → *Aspirar.* || Anhelar, ansiar, desear, apetecer, querer, ambicionar, codiciar, lamentar, evocar. → *Olvidar.*

SUSTANCIA Ingrediente, materia, componente, elemento, principio, factor, compuesto. || Caldo, zumo, jugo, extracto, concentrado. || Ser, esencia, principio, naturaleza, espíritu, carácter.

SUSTANCIAL Importante, esencial, trascendente, valioso, básico. → *Insignificante.* || Inherente, propio, intrínseco, innato, congénito. → *Adquirido.*

SUSTANCIOSO Suculento, nutritivo, alimenticio, exquisito, jugoso, caldoso. → *Seco, insípido.* || Importante, valioso, interesante. → *Insignificante.*

SUSTENTAR Sostener, contener, soportar, apoyar, sujetar, reforzar, apuntalar, aguantar. → *Ceder.* || Defender, amparar, justificar. → *Abandonar.*

SUSTENTO Alimento, manutención, sostén, comida, pitanza, yantar, comestibles.

SUSTITUIR Reemplazar, suplir, relevar, suceder, auxiliar, apoderar, representar. → *Encabezar.*

SUSTITUTO Reemplazante, suplente, auxiliar.

SUSTO Sobrecogimiento, sobresalto, alarma, emoción, estremecimiento, temor, miedo, pavura, angustia, cobardía. → *Valor, serenidad.*

SUSTRACCIÓN Resta, disminución, diferencia, cálculo, resultado, operación, descuento. → *Suma.* || Robo, hurto, despojo, timo, escamoteo, sisa. → *Devolución.*

SUSTRAER Deducir, restar, disminuir. → *Sumar.* || Separar, apartar, extraer. → *Añadir.* || Detraer, hurtar, robar. → *Devolver.*

SUSURRAR Cuchichear, murmurar, balbucear, musitar, rumorear, mascullar, farfullar.

SUTIL Perspicaz, agudo, ingenioso, sagaz, astuto. → *Torpe.* || Fino, suave, delicado, menudo. → *Tosco.* || Detallado, nimio, cuidadoso, complicado, difícil. → *Evidente, fácil.*

SUTILEZA Ironía, ingeniosidad, agudeza, ocurrencia, salida, humorada. → *Exabrupto.*

SUTILIZAR Bromear, ironizar, profundizar, detallar, escudriñar, analizar.

SUTURA Costura, cosido, puntada, unión, costurón, cicatriz.

T t

TÁBANO Moscardón, moscón, rezno, insecto, díptero.

TABARRA Lata, matraca, pesadez, molestia, fastidio, monserga, rollo.

TABERNA Bodegón, bodega, tasca, cantina, tugurio, figón, bar, fonda.

TABIQUE Pared, muro, medianera, mampara, tapia, división, parapeto, lienzo.

TABLA Tablón, chapa, madera, lámina, larguero, plancha, traviesa, puntal, leño, viga.

TABLADO Estrado, entarimado, peana, escenario, plataforma, grada, tribuna.

TABLAS Empate. || Teatro, escenario.

TABLETA Tabloncillo, tablilla. → Comprimido, pastilla.

TABURETE Escabel, banquillo, banqueta, escaño, asiento, silla.

TACAÑERÍA Mezquindad, cicatería, roñería. → *Esplendidez.*

TACAÑO Avaro, mezquino, miserable, sórdido, roñoso, cicatero, ruin. → *Generoso.*

TÁCITO Implícito, supuesto, sobrentendido, expreso, manifiesto, omiso.

TACITURNO Huraño, silencioso, reservado, retraído, callado, melancólico, hosco. → *Comunicativo.*

TACO Cuña, tarugo, tapón, madero, bloque. || Embrollo, lío, enredo, obstáculo. → *Solución.* || Reniego, maldición, juramento, blasfemia, palabrota. → *Elogio.*

TÁCTICA Método, procedimiento, estrategia, sistema, fin, propósito, práctica, plan.

TACTO Sensación, sentido, percepción, impresión. || Mesura, diplomacia, discreción, tino. → *Rudeza.*

TACHA Falta, defecto, lacra, falla, vicio, sombra, inconveniencia, lunar. → *Perfección.*

TACHAR Rayar, trazar, anular, corregir, suprimir, tildar. → *Añadir, subrayar.* || Censurar, criticar, recriminar, reprochar.
TACHÓN Borrón, raya. || Tachuela, clavo.
TAHÚR Jugador, tablajero, fullero.
TAIMADO Ladino, disimulado, marrullero, zorro, perillán, hipócrita, tuno, pillo. → *Ingenuo.*
TAJADA Rebanada, loncha, corte, rueda, pedazo, trozo, porción, raja, parte.
TAJANTE Autoritario, seco, enérgico, firme, incisivo, cortante, rudo. → *Amable.*
TAJAR Cortar, dividir, seccionar, segar, rebanar, rajar, abrir, partir. → *Unir, cerrar.*
TAJO Corte, sección, incisión, herida, cuchillada, sablazo, navajazo.
TAL Semejante, igual. || Así.
TALA Billarda, estornija, toña.
TALADRAR Horadar, perforar, agujerear, barrenar, calar, punzar, trepanar. → *Obturar.*
TALADRO Barrena, perforador, escariador, punzón, broca, fresa, trépano.
TÁLAMO Cama, lecho. || Receptáculo.
TALANTE Humor, ánimo, disposición, índole, modo, cariz, aspecto, estilo, voluntad.
TALAR Podar, cortar, seccionar, segar, tajar, cercenar.
TALEGA Talego, morral, bolsa, zurrón, macuto, mochila, saco, alforja, costal. || Peculio, dinero.
TALENTO Inteligencia, cacumen, entendimiento, agudeza, perspicacia, penetración, lucidez, clarividencia, mente, genio. → *Torpeza, imbecilidad.*
TALISMÁN Amuleto, fetiche, ídolo, reliquia, imagen, figura, superstición.
TALÓN Calcañar. || Pulpejo. || Libranza, resguardo, recibo. || Cheque.
TALUD Rampa, repecho, declive, cuesta, desnivel, caída, subida, bajada, vertiente. → *Llano*
TALLA Escultura, estatua, figura, bajorrelieve, efigie. || Estatura, altura, medida, alzada, dimensión, corpulencia, alto.
TALLAR Esculpir, cincelar, labrar, trabajar, grabar, repujar, cortar, modelar.
TALLE Cintura, cinto. || Proporción, disposición, traza, apariencia, hechura, aspecto.
TALLER Estudio, obrador, local, dependencia, manufactura, fábrica, nave, factoría.
TALLO Tronco, troncho, retoño, vástago.

TAMAÑO Dimensión, medida, volumen, extensión, proporción, magnitud, altura, largo, ancho.

TAMBALEARSE Vacilar, oscilar, bambolearse, fluctuar, inclinarse. → *Sostenerse.*

TAMBIÉN Asimismo, igualmente, además, incluso, todavía, del mismo modo. → *Tampoco.*

TAMBOR Timbal, atabal, caja, parche, bombo, pandero, tamboril.

TAMIZ Criba, cernedor, zaranda, cedazo, garbillo, harnero, colador, cándara.

TANDA Turno, vuelta, vez, alternativa, periodo, ciclo, rueda, sucesión. || Grupo, partida, caterva, corrillo, conjunto, cantidad.

TANGENTE Adyacente, tocante, contiguo, lindante, rayano, confinante. → *Separado.*

TANGIBLE Palpable, real, concreto, material, perceptible, manifiesto, evidente, notorio. → *Inconcreto.*

TANQUE Depósito, cuba, receptáculo, recipente, aljibe. || Carro de combate, carro de asalto.

TANTEAR Probar, sondear, examinar, explorar, calcular, ensayar, intentar, reconocer. || Palpar, tocar, tentar, sobar, rozar.

TANTO Mucho, exceso, bastante, demasiado. → *Poco.* || Punto, puntuación, gol.

TAÑER Pulsar, tocar, rasguear, puntear. || Doblar, repicar, voltear, sonar.

TAPA Cubierta, tapadera, cobertera, tapón, cápsula, obturador, cierre, funda.

TAPABOCA Bufanda. || Réplica, contestación, impugnación. → *Ratificación.*

TAPADERA Pantalla, encubridor, alcahuete. → *Acusón.*

TAPAR Cubrir, cerrar, obturar, obstruir, taponar, envolver, abrigar, forrar. → *Destapar.* || Ocultar, esconder, disimular, disfrazar, encubrir, silenciar, callar. → *Denunciar, revelar.*

TAPARRABO Bañador, pampanilla.

TAPETE Mantelillo, sobremesa.

TAPIA Muro, pared, paredón, tabique, medianera, muralla, parapeto.

TAPICERÍA Colgadura, cortinaje, empalizada. || Tapizado.

TAPIZ Colgadura, repostero, alfombra, cortina, paño, toldo, palio, tapicería.

TAPIZAR Recubrir, forrar, cubrir, revestir, acolchar, enfundar, guarnecer, proteger. → *Descubrir.*

TAPÓN Corcho, espiche, tarugo, cierre, tapa.

TAPONAR Obstruir, atascar, cerrar, ocluir, interrumpir, cegar, sellar, tupir. →*Destacar.*

TAPUJO Embozo, disfraz. || Reserva, disimulo, engaño.

TAQUILLA Despacho, casilla, garita, quiosco, cabina, ventanilla, puesto.

TARA Estigma, defecto, lacra, degeneración, falla, vicio, mácula. → *Cualidad.*

TARABILLA Cítola. || Listón, zoquete, junquillo. || Parlanchín, charlatán, hablador. → *Callado.*

TARAMBANA Aturdido, imprudente, ligero, zascandil, trasto, distraído, alocado. →*Sensato.*

TARAREAR Canturrear, entonar, masconear, salmodiar.

TARDANZA Demora, dilación, retraso. → *Diligencia.*

TARDAR Demorar, retrasarse, dilatar, alargar, prorrogar, detener, esperar, diferir. → *Adelantar.*

TARDE Víspera, siesta, crepúsculo, atardecer. || Retrasado, demorado, detenido, diferido. → *Temprano.*

TARDÍO Lento, moroso, cachazudo, perezoso. → *Activo.* || Retrasado, demorado, inoportuno. → *Tempranero.*

TAREA Labor, trabajo, quehacer, faena, ocupación, cuidado, misión, obra, trajín. →*Inactividad.*

TARIFA Lista, tabla, arancel, índice, relación, derechos, honorarios, precio.

TARIMA Entablado, estrado, tillado.

TARJETA Ficha, cédula, cartulina, papeleta, rótulo, etiqueta, membrete.

TARRO Bote, lata, pote, envase, recipiente, frasco, vaso, receptáculo.

TARTA Pastel, torta, budín, bizcocho, golosina.

TARTAMUDEAR Farfullar, tartajear, balbucear, barbotar, mascullar, chapurrar, azararse. → *Articular.*

TARTAMUDO Tartajoso, gangoso, entrecortado, balbuciente, azarado.

TARTERA Cacerola, fiambre, portaviandas, recipiente.

TARUGO Coda, cuña, clavija. || Adoquín, baldosa.

TASA Tarifa, canon, arancel, impuesto, derecho, valoración, precio, costo, honorarios.

TASAR Valorar, evaluar, apreciar, estimar, tantear, determinar. Distribuir, repartir, reducir, economizar, ahorrar, regatear.

TASCA Taberna, figón, bodegón, cantina, fonda, tugurio, vinatería.

TAU Divisa, emblema, distintivo.

TAUMATÚRGICO Sobrenatural, milagroso, prodigioso. → *Natural.*

TAXATIVO Limitativo, determinativo, categórico. → *Tácito.*

TAZA Pocillo, tazón, jícara, vaso, jarra, recipiente.

TEA Antorcha, hacha, cirio, candela.

TEATRAL Dramático, tragicómico, melodramático, simulado, afectado, fingido. → *Real, verdadero.*

TEATRO Coliseo, salón, sala, escena, tablas.

TECLA Palanca, pulsador.

TECLEAR Tantear, tocar, intentar.

TÉCNICA Método, procedimiento, sistema, práctica, tecnología, destreza.

TÉCNICO Perito, experto, especialista, profesional, entendido, científico. → *Inexperto.*

TECHO Tejado, techumbre, cobertizo, cubierta, bóveda, revestimiento, azotea. → *Cimientos.*

TEDIO Aburrimiento, fastidio, molestia, cansacio, monotonía, rutina, hastío. → *Distracción.*

TEDIOSO Cargante, aburrido, fastidioso. → *Divertido.*

TEGUMENTO Tejido, tela, membrana.

TEJADO Techumbre, techo, cubierta.

TEJER Trenzar, urdir, entrelazar, cruzar, hilar, tramar, elaborar, fabricar.

TEJIDO Tela, lienzo, paño, género, trapo, casimir, estambre, trama. || Carne, tegumento, capa.

TELA Lienzo, tejido, género. || Tegumento, telilla. || Telaraña. || Farsa, embuste, enredo.

TELARAÑA Tela. || Fruslería, futilidad, insignificancia. → *Importancia.*

TELEFONEAR Comunicar, hablar.

TELEGRÁFICO Resumido, breve, sucinto, urgente, rápido, veloz. → *Extenso, detallado, lento.*

TELEGRAMA Despacho, mensaje, cable, comunicado, parte, circular, misiva.

TELÓN Cortina, lienzo, bastidor, decorado.

TEMA Asunto, materia, motivo, argumento, razón, sujeto, negocio.

TEMBLAR Estremecerse, trepidar, vibrar, tiritar, menearse, agitarse, sacudirse. || Temer, atemorizarse, asustarse, espantarse. → *Enfrentarse, serenarse.*

TEMBLOR Trémor, tembleque, trepidación. || Sacudida, sacudimiento, terremoto.

TEMBLOROSO Trémulo, estremecedor, temblante. || Miedoso, tembloroso.

TEMER Asustarse, atemorizarse, aterrarse, sobrecogerse, espantarse, recelar, dudar, sospechar. → *Envalentonarse, confiar, calmarse.*

TEMERARIO Arrojado, audaz, osado, atrevido, imprudente, precipitado, alocado. → *Sensato, cauto.*

TEMEROSO Asustadizo, miedoso, espantadizo, tímido, cobarde, pusilánime. → *Osado, temerario.*

TEMIBLE Espantable, terrible, espantoso, horrendo, horrible, horripilante, peligroso. → *Inofensivo.*

TEMOR Miedo, aprensión, pavor, espanto, horror, pánico, alarma, recelo, desconfianza, timidez, vergüenza, fobia. || *Valentía, serenidad.*

TEMPERAMENTO Carácter, temple, humor, naturaleza, conducta, manera, índole, genio.

TEMPERAR Atemperar. || Templar, calmar, sosegar. → *Soliviantar.*

TEMPERATURA Calor, sofoco, bochorno, nivel, grado, marca. → *Frío.* || Fiebre, calentura, décimas.

TEMPESTAD Tormenta, temporal, torbellino. → *Calma.* || Desorden, disturbio, protesta. || Copia, caudal, cantidad. → *Carencia.*

TEMPESTUOSO Tormentoso, borrascoso, agitado. → *Tranquilo.*

TEMPLADO Cálido, tibio, suave, moderado, benigno, tenue, agradable. → *Riguroso, extremado.*

TEMPLANZA Sobriedad, moderación, frugalidad, mesura, prudencia. → *Incontinencia, exageración.*

TEMPLAR Calentar, caldear. → *Enfriar.* || Suavizar, moderar, atenuar, sosegar. → *Extremar.*

TEMPLE Serenidad, fortaleza, ánimo, osadía, impavidez, genio, carácter, humor. → *Timidez, desánimo.*

TEMPLO Iglesia, santuario, parroquia, oratorio, ermita, capilla, convento, monasterio, catedral, basílica.

TEMPORADA Periodo, lapso, tiempo, época, espacio, era, fase, ciclo, duración.

TEMPORAL Tormenta, tempestad. || Provisional, circunstancial, transitorio, efímero, fugaz, pasajero. → *Eterno, perenne.*

TEMPRANO Precoz, prematuro, anticipado, adelantado, avanzado, verde. → *Retrasado.* || Pronto, precozmente. || Por anticipado. → *Tarde.*

TENACIDAD Constancia, obstinación, tesón. → *Inconstancia.*

TENAZ Constante, tesonero, perseverante, firme, asiduo, leal, pertinaz, tozudo, terco. → *Voluble, inconstante.*

TENAZA Alicates, tenacillas. || Pinzas.

TENDENCIA Propensión, inclinación, índole, disposición, simpatía, cariño, afecto, dirección.

TENDENCIOSO Aficionado, propenso, partidario. → *Adverso.*

TENDER Propender, inclinarse, simpatizar. || Extender, desplegar, estirar, desenvolver. → *Doblar, recoger.*

TENDERSE Echarse, tumbarse, yacer, descansar, dormirse. → *Levantarse.*

TENDERO Comerciante, marchante, negociante, vendedor. → *Comprador.*

TENDIDO Raudo, veloz. || Horizontal, acostado, echado. → *Erguido.*

TENEBROSO Lóbrego, oscuro, tétrico, lúgubre, sombrío. → *Alegre.*

TENER Haber, poseer, gozar, beneficiarse, disfrutar, contener. → *Carecer.* || Sujetar, aferrar, sostener, asir. → *Soltar.*

TENORIO Conquistador, donjuán, mujeriego, galán, galanteador, castigador. → *Misógino.*

TENSIÓN Tirantez, tracción, fuerza, resistencia, rigidez, tiesura. → *Flojedad.* || Expectativa, incertidumbre, espera, violencia, nerviosidad. → *Serenidad.*

TENTACIÓN Fascinación, estímulo, atracción, incentivo, sugestión, seducción. → *Voluntad, fortaleza.*

TENTADOR Cautivador, seductor, atrayente. → *Repugnante.*

TENTAR Palpar, tocar, reconocer. || Probar, ensayar, examinar. || Procurar, intentar, emprender. || Provocar, excitar, promover. → *Repugnar.*

TENTATIVA Intento, prueba, ensayo, proyecto, intentona, propósito, designio. → *Fracaso.*

TENTEMPIÉ Piscolabis, aperitivo, refrigerio, merienda, aperitivo, bocadillo. → *Banquete.*

TENUE Leve, sutil, fino, suave, etéreo, vaporoso, menudo, ligero, grácil, débil. → *Recio.*

TEÑIR Pintar, colorear, pigmentar, pintar, oscurecer, manchar. → *Blanquear.*

TEOLÓGICO Divino, teologal, religioso.

TEORÍA Hipótesis, creencia, suposición, conjetura, fantasía. → *Realidad.*

TEÓRICO Racional, hipotético, sistemático. → *Práctico.* || Teorista, teorizante.

TERAPÉUTICA Tratamiento, curación, medicina, medicación, cura.

TERCO Tozudo, tenaz, testarudo, porfiado, cabezudo, contumaz, caprichoso, obstinado. → *Razonable.*

TERGIVERSAR Confundir, embrollar, enredar, falsear. → *Rectificar.*

TERMINANTE Concluyente decisivo, indiscutible. → *Dudoso.*

TERMINAR Concluir, acabar, finalizar, consumar, cerrar, liquidar, cesar, agotar, rematar. → *Empezar.*

TÉRMINO Final, terminación, conclusión, desenlace, fin. → *Comienzo.* || Territorio, jurisdicción, comarca, parido, zona. || Plazo, periodo, lapso, intervalo, vencimiento. || Vocablo, palabra, expresión, voz, giro, locución.

TERNERO Becerro, resental, choto, jato, vaquilla.

TERNURA Amor, cariño, afecto, apego, estima, simpatía, predilección. → *Odio.*

TERQUEDAD Pertinacia, terqueza, terquería. → *Corrección.*

TERRAZA Azotea, terrado, solana, mirador, galería, tejado.

TERREMOTO Temblor, sismo, seísmo, sacudida, cataclismo, catástrofe, desastre.

TERRENO Campo, tierra, superficie, solar, espacio, piso, capa, tierras.

TERRIBLE Espantoso, horrible, horroroso, pavoroso, apocalíptico, espantable. → *Grato, magnífico.*

TERRITORIO Circunscripción, término, distrito, jurisdicción, partido, comarca, zona.

TERROR Espanto, horror, pavor, miedo, susto, estremecimiento, pánico. → *Serenidad, valor.*

TERSO Pulido, liso, bruñido, suave, parejo, raso, uniforme, lustroso. → *Áspero, desigual.*

TERTULIA Reunión, grupo, peña, corro, casino, velada, conversación, charla.

TESIS Argumento, principio, conclusión, razonamiento, proposición, opinión.

TESÓN Constancia, firmeza, tenacidad, empeño, asiduidad, terquedad. → *Inconstancia.*

TESORO Caudal, valores, dineral, oro, riquezas, fisco, erario, hacienda.

TEST Prueba, examen, reconocimiento, ejercicio, selección, sondeo.

TESTAMENTO Declaración, última voluntad, documento, memoria, sucesión, herencia, legado.

TESTARUDO Terco, pertinaz, obcecado.

TESTIFICAR Declarar, manifestar, exponer, alegar, demostrar, atestiguar. → *Callar, abstenerse.*

TESTIGO Declarante, presente, circunstante. → *Ausente.*

TESTIMONIO Demostración, manifestación, prueba, evidencia, declaración, alegato. → *Abstención.*

TETA Mama, seno, pecho, busto, ubre, glándula.

TÉTRICO Lúgubre, fúnebre, tenebroso, sombrío, lóbrego, macabro, triste. → *Alegre.*

TEXTO Manual, compendio, obra, tratado, volumen. || Pasaje, escrito, contenido, relación, memoria.

TEXTUAL Fiel, literal, exacto, idéntico, calcado, al pie de la letra. → *Diferente, corregido.*

TEZ Cutis, piel, pellejo, dermis, epidermis, aspecto, color, semblante.

TIBIO Cálido, caliente, suave, agradable, grato. → *Helado, ardiente.*

TIC Crispación, contracción, gesto, espasmo, convulsión, temblor.

TIEMPO Periodo, lapso, plazo, ciclo, fase, etapa, duración, intervalo, época, era, fecha. || Estado atmosférico, ambiente, elementos, temperatura.

TIENDA Establecimiento, comercio, negocio, bazar, local, puesto, casa, sociedad.

TIERNO Blando, suave, fofo, flojo, delicado, flexible, pastoso. →
Duro. || Nuevo, verde, joven, fresco. → *Maduro, pasado.* || Cariñoso,
afectuoso, sensible, emotivo, afectivo. → *Duro, cruel.*

TIERRA Planeta, globo, mundo, orbe, astro, universo. || Suelo,
terreno, piso, pavimento, firme. || Greda, arena, polvo, grava, arcilla.
|| Patria, país, nación, pueblo.

TIESO Rígido, duro, tirante, tenso, erecto, estirado, firme, enhiesto.
→ *Flojo, lacio.*

TILDAR Tachar, censurar, denigrar, desaprobar, criticar, motejar,
apodar. → *Alabar.*

TILDE Marca, señal, acento, trazo, rasgo, vírgula, apóstrofo, virgu-
lilla.

TIMAR Embaucar, enfadar, engañar, chantajear, defraudar, despojar,
sisar, robar. → *Devolver, reintegrar.*

TÍMIDO Vergonzoso, apocado, corto, pusilánime, irresoluto, encogido, indeciso, cobarde, ñoño, timorato. → *Decidido, audaz.*

TIMO Embaucamiento, fraude, estafa, mohatra.

TIMÓN Gobernalle, caña, dirección, mando, gobierno, guía, autoridad. → *Desgobierno.*

TINA Cuba, barreño, tinaja, vasija, cubeta, caldero, artesa, recipiente.

TINGLADO Cobertizo, techado, barracón, almacén. || Embrollo, lío,
jaleo. → *Orden.*

TINIEBLAS Oscuridad, sombras, lobreguez, noche, negrura, cerrazón. → *Claridad, luz.*

TINO Puntería, acierto, pulso, seguridad. || Cordura, sensatez, tien-
to, mesura. → *Desequilibrio.*

TINTE Colorante, color, tintura, anilina, tonalidad, matiz, tono, gama.

TÍPICO Folclórico, popular, pintoresco, tradicional, característico,
peculiar, representativo. → *General.*

TIPO Prototipo, ejemplo, modelo, original. → *Individuo, fulano, sujeto, persona.*

TIRA Faja, lista, cinta, banda, ribete, franja, cordón, ceñidor.

TIRANÍA Despotismo, dictadura, opresión, yugo, absolutismo, esclavitud. → *Libertad, democracia.*

TIRANO Déspota, autócrata, dictador, dominador, imperioso. →
Libertador, democrático.

TIRANTE Rígido, tenso, duro, estirado. → *Flojo.*

TIRANTEZ Violencia, tensión, disgusto, rigidez. → *Entendimiento.*

TIRAR Lanzar, arrojar, despedir, echar, proyectar, impulsar, verter,
soltar. → *Recoger.* || Derribar, derruir, abatir, desmoronar, tumbar.
→ *Erigir.* || Derrochar, despilfarrar, malgastar, desperdiciar. →
Economizar.

TIRARSE Tumbarse, echarse, extenderse, acostarse, yacer, caer. → *Levantarse.*

TIRITAR Temblar, castañetear, estremecerse.

TIRO Detonación, disparo, descarga, balazo, salva, andanada, explosión.

TIRÓN Empujón, sacudida, despojo, zarandeo.

TIROTEO Refriega, encuentro, choque, enfrentamiento, descarga, disparos, tiros. → *Tregua, paz.*

TITÁN Gigante, hércules, cíclope, goliat, coloso, sansón, superhombre, héroe. → *Canijo, enclenque.*

TÍTERE Fantoche, muñeco, polichinela, marioneta, pelele, monigote, infeliz.

TITUBEAR Vacilar, fluctuar, dudar, confundirse, cambiar, turbarse, preocuparse. → *Decidirse.*

TÍTULO Diploma, licencia, autorización, reconocimiento, credencial, certificado. || Encabezamiento, rótulo, letrero, inscripción, cartel. || Dignidad, jerarquía, linaje, abolengo, prosapia.

TIZNAR Ensuciar, manchar, pringar, ennegrecer. → *Limpiar.*

TOCADISCOS Fonógrafo, gramófono, gramola, aparato.

TOCAR Palpar, tentar, manipular, acariciar, sobar, manosear, rozar, hurgar. || Pulsar, tañer, rasguear, rozar, interpretar, ejecutar. || Repicar, sonar, doblar, voltear. || Concernir, atañer, referirse.

TODO Completo, total, íntegro, absoluto, entero. → *Nada.* || Completamente, íntegramente.

TODOPODEROSO Omnipotente, supremo, absoluto, sumo, altísimo, Dios. → *Inerme, impotente.*

TOILETTE Tocado, adorno, atavío. || Tocador, cómoda, mueble.

TOLDO Palio, dosel, baldaquino, entoldado, lona, tienda, pabellón.

TOLERANTE Indulgente, condescendiente, comprensivo, complaciente, benévolo, indulgente. → *Intransigente.*

TOLERAR Admitir, consentir, aceptar, disimular, soportar, aguantar, comprender. → *Prohibir, rechazar.*

TOMA Ocupación, conquista, incautación, apropiación, asalto, ataque, invasión. → *Pérdida.*

TOMAR Ocupar, asaltar, conquistar. → *Rendirse.* || Asir, coger, agarrar, aferrar, apresar, pillar, despojar, arrebatar. → *Soltar.* || Beber, libar, probar, ingerir, tragar, consumir. → *Arrojar.*

TOMO Volumen, ejemplar, libro, obra, cuerpo, parte.

TONADA Aire, canción, cantar, cántico, tonadilla, aria, melodía, copla.

TONEL Barril, barrica, cuba, pipa, casco, tina, vasija, recipiente.

TÓNICO Reconstituyente, remedio, medicina, medicamento, estimulante. → *Sedante.*

TONIFICAR Vigorizar, fortalecer, reconfortar, estimular, robustecer, animar. → *Debilitar.*

TONTERÍA Bobada, simpleza, necedad. → *Agudeza.*

TONTO Bobo, simpe, torpe, necio, idiota, imbécil, mentecato, estúpido, ingenuo, majadero, infeliz, inepto. → *Listo.*

TOPAR Chocar, tropezar, percutir, dar, pegar, encontrarse, golpear. → *Eludir.*

TÓPICO Vulgaridad, trivialidad, chabacanería. → *Ingeniosidad.* || Vulgar, trivial. → *Ingenioso.*

TOQUE Roce, contacto, fricción, unión, arrimo. || Llamada, señal, aviso, clarinazo.

TÓRAX Pecho, busto, tronco, torso.

TORBELLINO Vorágine, remolino, ciclón, rápido, actividad, agitación, revolución. → *Calma.*

TORCER Enroscar, retorcer, rizar, ondular, encrespar, doblar, arquear, pandear, combar, curvar, flexionar. || Desviarse, separarse, girar, volver, cambiar, virar. → *Continuar.*

TORCERSE Descarriarse, desviarse, corromperse, enviciarse, empecinarse. → *Enmendarse.*

TOREO Lidia, faena, corrida, encierro, novillada, becerrada, fiesta, festejo.

TORERO Diestro, matador, lidiador, espada, maestro.

TORMENTA Temporal, galerna, tempestad, turbión, tromba, borrasca, ciclón, huracán. → *Bonanza, calma.*

TORMENTO Suplicio, martirio, tortura, padecimiento, sacrificio, sufrimiento. → *Placer.*

TORMENTOSO Borrascoso, tempestuoso, cerrado, cubierto, inclemente. → *Sereno, bonancible.*

TORNAR Retornar, volver, regresar. → *Marcharse.* || Restituir, devolver. → *Tomar.*

TORNEO Combate, justa, liza, desafío, lucha, pelea, competencia, pugna.

TORO Astado, cornúpeta, bovino, vacuno, morlaco.

TORPE Desmañado, tosco, rudo, inepto, inhábil, incompetente, inútil, nulo. → *Hábil.*

TORRE Atalaya, torreón, campanario, baluarte, fortín, ciudadela.

TORRENTE Corriente, rápidos, catarata, cascada, barranco, arroyo.

TÓRRIDO Cálido, ardiente, caluroso, caliente, sofocante, abrasador. → *Gélido.*

TORSO Busto, tórax, tronco.

TORTA Pastel, tarta, masa, pasta, bollo, rosco, bizcocho. || Tortazo, bofetada, bofetón, guantazo, moquete, sopapo. → *Caricia.*

TORTUOSO Sinuoso, ondulante, serpenteante, torcido, curvo. → *Recto.* || Solapado, taimado, disimulado, maquiavélico, zorro. → *Abierto, franco.*

TORTURA Martirio, tormento, suplicio. || Sufrimiento, dolor, angustia. → *Gozo.*

TORTURAR Martirizar, atormentar, supliciar. → *Letificar.*

TOSCO Ordinario, rudo, vulgar, grosero, palurdo, chabacano. → *Refinado.* || Áspero, rugoso, basto, burdo, desigual, rudimentario, terso, fino, liso.

TOSTADO Bronceado, atezado, moreno, curtido, quemado. → *Blanco.* || Asado.

TOSTAR Asar, dorar, cocinar, quemar, soflamar, chamuscar, cocer. || Broncear, surtir, asolear, atezar.

TOTAL Suma, monta, adición, resultado, cuenta, resumen, conjunto, totalidad. → *Parte.* || General, universal, absoluto, íntegro, completo, entero. → *Parcial.*

TOTALIDAD Todo, total. || Universalidad, unanimidad.

TÓXICO Veneno, ponzoña, tósigo, toxina, droga, pócima. → *Antitóxico.* || Venenoso, ponzoñoso, nocivo, dañino, perjudicial. → *Desintoxicante.*

TOZUDO Tenaz, porfiado, contumaz. → *Dócil.*

TRABA Impedimento, obstáculo, estorbo, dificultad, freno, barrera, inconveniente. → *Facilidad.*

TRABADO Robusto, fornido, nervudo. → *Débil.*

TRABAJADO Molido, cansado, aplanado. → *Ágil.*

TRABAJADOR Diligente, asiduo, laborioso, solícito, afanoso. → *Holgazán.* || Obrero, productor, asalariado, artesano, operario, peón.

TRABAJAR Laborar, fabricar, producir, hacer, afanarse, matarse, esforzarse, perseverar. → *Holgazanear.*

TRABAJO Labor, tarea, faena, actividad, función, profesión, puesto, obra. || Esfuerzo, molestia, sudor, padecimiento, brega, lucha. → *Inactividad.*

TRABAJOSO Penoso, laborioso, doloroso, molesto, agotador, difícil. → *Sencillo, descansado.*

TRABAR Inmovilizar, obstaculizar, sujetar, impedir. → *Facilitar.*

TRADICIÓN Costumbre, carácter, folclor, usanza, leyenda, mito, gesta.

TRADICIONAL Legendario, ancestral, proverbial, folclórico, enraizado, usual. → *Desarraigado.*

TRADUCCIÓN Verso, transposición, traslación.

TRADUCIR Verter, transcribir, descifrar, trasladar, interpretar, aclarar.

TRADUCTOR Trujamán, intérprete.

TRAER Acertar, atraer, trasladar, conducir, transferir, aproximar. → *Llevar.*

TRAFAGÓN Hacendoso, buscavidas, afanoso. → *Gandul.*

TRAFICANTE Tratante, trafagador, comerciante.

TRAFICAR Comerciar, negociar, tratar, vender, especular, comprar.

TRÁFICO Comercio, negocio, trato, venta, especulación, compra. || Tránsito, circulación, movimiento, transporte.

TRAGADERO Boca, tragaderas, estómago. || Faringe.

TRAGALUZ Ventanal, claraboya, lumbrera, ventanuco, cristalera, hueco.

TRAGANTONA Francachela, comilona, festín.

TRAGAR Engullir, devorar, comer, pasar, ingerir, deglutir, embuchar, manducar, zampar. → *Devolver.*

TRAGEDIA Infortunio, desdicha, desgracia, catástrofe, calamidad, desastre. → *Fortuna.*

TRÁGICO Infortunado, funesto, desgraciado, infausto. → *Favorable.* || Teatral, dramático.

TRAGO Bocanada, sorbo, deglución. || Bebida. || Tragedia.

TRAGÓN Comilón, glotón, hambrón, voraz, insaciable, ávido. → *Inapetente, sobrio.*

TRAICIÓN Infidelidad, felonía, alevosía. → *Lealtad.*

TRAICIONAR Engañar, entregar, delatar, denunciar, conspirar, maquinar, desertar. → *Proteger.*

TRAÍDO Usado, ajado, llevado.

TRAIDOR Infiel, desleal, felón, perjuro, alevoso, falso, intrigante, infame, conspirador, delator. → *Fiel, leal.*

TRAJE Terno, prenda, indumento, atavío, atuendo, vestimenta, ropaje, galas.

TRAJÍN Ajetreo, brega, ocupación, fajina, afán, esfuerzo, trabajo. → *Ocio, descanso.*

TRAJINAR Trasladar, acarrear, transportar. || Vagar, pasear, errar.

TRAMA Urdimbre, red, malla. || Argumento, tema, materia, intriga, plan.

TRAMAR Planear, maquinar, conspirar, maniobrar, fraguar, idear, conjurarse.

TRAMITAR Despachar, diligenciar, expedir. → *Demorar.*

TRÁMITE Gestión, comisión, diligencia, despacho, procedimiento, expediente, negocio, asunto.

TRAMO Parte, trecho, trozo, ramal, tiro, distancia, recorrido, trayecto.

TRAMONTANA Norte. || Altanería, vanidad, soberbia. → *Humildad.*

TRAMOYA Enredo, ficción, farsa. || Ingenio, artilugio, maquinaria.

TRAMPA Celada, ardid, estratagema, asechanza, insidia, engaño, confabulación, embuste, zancadilla. → *Ayuda.* || Cepo, lazo, red, garlito.

TRAMPAL Lodazal, tremendal, cenegal.

TRAMPOSO Estafador, timador, engañoso, embustero, embaucador, bribón, farsante. → *Honrado.*

TRANCA Palo, garrote, estaca, cayado, porra.

TRANCAZO Porrada, bastonazo, leñazo.

TRANCE Apuro, brete, aprieto, dificultad, problema, dilema, peligro. → *Facilidad.*

TRANQUILIDAD Serenidad, sosiego, reposo, paz, quietud, placidez, calma, silencio. → *Agitación.* || Pachorra, cachaza, flema. → *Dinamismo.*

TRANQUILIZAR Calmar, aplacar, apaciguar, aquietar, serenar. *Agitar.*

TRANQUILO Sereno, calmado, calmoso, plácido.

TRANSACCIÓN Negocio, convenio, intercambio, asunto, compromiso, acuerdo. → *Desacuerdo.*

TRANSATLÁNTICO Ultramarino, transoceánico. || Buque, paquebote, vapor, navío, motonave, barco.

TRANSBORDAR Transferir, transportar, pasar.

TRANSCRIBIR Reproducir, copiar, duplicar, resumir, imitar, pasar, trasladar.

TRANSCRIPCIÓN Traducción, copia, versión,reproducción.

TRANSCURRIR Pasar, suceder, cumplirse, verificarse, producirse, acontecer. → *Detenerse.*

TRANSCURSO Sucesión, paso, curso, duración, lapso, intervalo, plazo, marcha. → *Detención.*

TRANSEÚNTE Peatón, viandante, caminante, paseante, andarín, andariego, peón.

TRANSFERENCIA Traspaso, cesión, transmisión.

TRANSFERIR Traspasar, trasladar, ceder, transmitir, abandonar, entregar, pagar. → *Retener.*

TRANSFIGURACIÓN Cambio, mutación, metamorfosis.

TRANSFIGURAR Mudar, transformar, transmutar.

TRANSFORMACIÓN Mudanza, variación, cambio. → *Inalterabilidad.*

TRANSFORMAR Cambiar, variar, mudar, metamorfosear, alterar, transfigurar, convertir, rectificar, reformar, corregir, innovar. → *Conservar.*

TRANSGREDIR Infringir, quebrantar, vulnerar. → *Cumplir.*

TRANSGRESIÓN Infracción, violación, vulneración, falta, delito, atropello, contravención. → *Rectificación.*

TRANSICIÓN Cambio, mudanza, transformación, metamorfosis, mutación.

TRANSIGIR Consentir, condescender, tolerar, contemporizar, otorgar, ceder. → *Negar, exigir.*

TRANSITAR Pasar, recorrer, circular, viajar, vadear, deambular, atravesar, caminar. → *Detenerse.*

TRÁNSITO Circulación, tráfico, movimiento. || Paso, comunicación, cruce, trayecto, recorrido.

TRANSITORIO Provisional, fugaz, temporal, momentáneo, pasajero, corto, breve, efímero, precario. → *Perenne, permanente.*

TRASLÚCIDO Claro, transparente, borroso, opalino, diáfano.

TRANSMISIÓN Traspaso, transferencia, comunicación. || Legado, herencia.

TRANSMITIR Traspasar, trasladar, transferir, ceder, enviar, entregar, pagar. → *Retener.* || Emitir, radiar, difundir, perifonear, propalar. || Contagiar, contaminar, pegar, infectar, inocular.

TRANSMUTACIÓN Evolución, cambio, metamorfosis. → *Inalterabilidad.*

TRANSPARENCIA Diafanidad, claridad, limpieza. → *Opacidad.*

TRANSPARENTARSE Clarearse, verse, traslucirse.

TRANSPARENTE Claro, diáfano, nítido, limpio, traslúcido, luminoso, terso, cristalino. → *Opaco.*

TRANSPIRAR Sudar, eliminar, segregar, empaparse, humedecerse, rezumar.

TRANSPORTAR Acarrear, cargar, trasladar, conducir, enviar, llevar, transferir, arrastrar.

TRANSPORTARSE Retraerse, enajenarse, alejarse. → *Sobreponerse.*

TRANSPORTE Transportación, acarreo, conducción, traslado. || Transportación, arrobamiento, exaltación, éxtasis. → *Indiferencia.*

TRANSPOSICIÓN Traducción, versión. || Hipérbaton. || Metátesis. || Traspuesta.

TRANSVERSAL Perpendicular, sesgado, atravesado, cruzado, desviado, torcido.

TRANZAR Cortar, tronzar, tronchar. || Trenzar.

TRAPERO Ropavejero, quincallero, chamarilero, botellero, basurero.

TRAPICHEAR Regatear, cambalachear, tratar, discutir. → *Acordar.*

TRAPISONDA Embrollo, enredo, maraña, lío, trampa, engaño, estafa, fraude. → *Verdad.*

TRAPO Paño, tela, género, tejido, fieltro, lienzo, casimir, retal, recorte, andrajo, pingo, guiñapo, harapo, jirón, desgarrón.

TRAQUETEAR Resonar, retumbar, percutir. || Mover, sacudir.

TRAQUETEO Movimiento, agitación, meneo, estremecimiento, sacudida, ajetreo.

TRASCENDENTAL Importante, interesante, influyente, valioso, notable, determinante, vital. → *Insignificante.*

TRASCENDER Propagarse, extenderse, filtrarse, manifestarse, difundirse, divulgarse. → *Ignorarse.*

TRASERO Posaderas, nalgas, asentaderas, culo, pompis. || Posterior, final, zaguero, último, caudal, postrero. → *Delantero.*

TRASGO Duende, fantasma, genio, espíritu, espectro, visión, aparición.

TRASHUMANTE Errante, ambulante, nómada, vagabundo, errático, viajero. → *Estable.*

TRASIEGO Cambio, trasvase, traslado, mudanza.

TRASLACIÓN Locomoción, transporte. || Metáfora. || Enálage.

TRASLADAR Transportar, llevar, trasmudar. || Verter, copiar, traducir.

TRASLADARSE Cambiarse, mudarse.

TRASLADO Cambio, muda, transporte. || Trasunto, copia, versión.

TRASLUCIRSE Verse, transparentarse, divisarse.

TRASLUZ Sombra, silueta, contorno, figura.

TRASNOCHADO Gastado, manido, sobado, ajado, pasado, vulgar, manoseado, rancio, anticuado. → *Nuevo, original.*

TRASNOCHAR Pernoctar.

TRASNOCHADOR Noctámbulo, nocturno, noctívago, parrandero, calavera. → *Formal, serio, dormilón.*

TRASPAPELAR Confundir, extraviar, mezclar, perder, embarullar, embrollar. → *Encontrar.*

TRASPASAR Trasferir, ceder, transmitir. || Cruzar, salvar, atravesar, franquear, trasponer, salvar. → *Detenerse.* || Violar, infringir, vulnerar, quebrantar. → *Cumplir.*

TRASPASO Paso, trasposición, cruzamiento. || Cesión, transferencia, abandono. || Ardid, astucia.

TRASPIÉ Tropezón, resbalón, error, equivocación, misión, desliz. → *Acierto.*

TRASPLANTAR Replantar, mudar, transportar, remover, implantar, colocar, sustituir.

TRASQUILAR Esquilar. || Descabalar, menoscabar, disminuir.

TRASPONER Salvar, atravesar, cruzar, traspasar.

TRASTADA Jugarreta, faena, canallada, picardía, villanía, truhanería. → *Ayuda.*

TRASTAZO Porrazo, trancazo, costalada, golpazo, batacazo, caída.

TRASTEAR Menear, revolver, desordenar.

TRASTIENDA Rebotica, dependencia, aposento, anejo.

TRASTO Armatoste, cachivache, artefacto, cacharro, bártulo, chisme, trebejo, chirimbolo. || Tarambana, zascandil, alocado. → *Serio, formal.*

TRASTOCAR Revolver, trastornar, desordenar. → *Ordenar.*

TRASTORNADO Perturbado, confuso. → *Ordenado.* || Dolido, apenado, apesadumbrado. → *Alegre.* || Ido, chiflado, tocado. → *Cuerdo.*

TRASTORNAR Revolver, embarullar, remover, perturbar, alterar, desordenar, embrollar, desarreglar. → *Ordenar.* || Inquietar, angustiar, apenar, afligir. → *Calmar.*

TRASTORNARSE Enloquecer, chiflarse, perturbarse, chalarse, desvariar. → *Razonar.*

TRASTORNO Desorden, barullo, perturbación, molestia, dificultad, fastidio. → *Orden.* || Locura, perturbación, excentricidad, demencia, chaladura. → *Cordura.* || Enfermedad.

TRASTABILLADO Turbio, trastocado, confuso. → *Ordenado.*

TRASTOCAR Trocar, invertir, girar, trastornar.

TRASUNTO Remedo, copia, símil, imitación, calco. → *Original.* || Compendio, resumen.

TRATA Tráfico, comercio, trajín, prostitución, alcahuetería, manejo.

TRATABLE Cortés, amable, correcto, educado, atento, considerado, afectuoso. → *Intratable.*

TRATADO Obra, texto, libro, manual, escrito, discurso, ensayo. → *Folleto.* || Pacto, convenio, trato, compromiso, alianza. → *Desacuerdo.*

TRATAMIENTO Régimen, medicación, cura, administración. || Título, dignidad, trato.

TRATAR Alternar, relacionarse, intimar, conocerse, comunicarse. → *Aislarse.* || Negociar, pactar, convenir, acordar, ajustar, aliarse. → *Romper.* || Debatir, discutir, estudiar, resolver. → *Ignorar.*

TRATO Tratado. || Frecuentación, relación, intimidad.

TRAUMATISMO Lesión, contusión, golpe, equimosis, magulladura, herida.

TRAVESAÑO Viga, listón, madero, tabla, tablón, larguero, refuerzo, traviesa.

TRAVESÍA Calleja, pasaje, pasadizo, camino. || Viaje, trayecto, itinerario, jornada.

TRAVESURA Picardía, pillería, diablura, trastada, chiquillada. → *Formalidad.*

TRAVIESA Travesaño, cencha.

TRAVIESO Pícaro, pillo, tunante, revoltoso, inquieto, enredador, diablillo. → *Formal.*

TRAYECTO Recorrido, espacio, viaje, trecho, itinerario, distancia, carrera, marcha.

TRAZA Apariencia, aspecto, cariz, aire, pinta, viso, porte.

TRAZADO Traza. || Dirección, recorrido, camino.

TRAZAR Diseñar, dibujar, delinear, perfilar, bosquejar, esbozar, marcar. || Proyectar, planear, dirigir, imaginar. → *Desechar.*

TRAZAS Vestigios, residuos. → *Conjunto, totalidad.*
TRAZO Raya, línea, rasgo, señal, plumazo, tachadura, marca.
TRAZOS Rasgos, facciones, fisonomía.
TREBEJO Juguete, trasto.
TREBEJOS Útiles, enseres, bártulos.
TRECHO Tramo, recorrido, trayecto, espacio, intervalo, distancia, parte.
TREGUA Armisticio, conciliación, acuerdo, pausa, espera, suspensión, cese. → *Reanudación, acción.*
TREMEBUNDO Terrible, tremendo, terrífico. → *Atrayente.* || Trémulo. → *Atrevido.*
TREMENDO Tremebundo, temible, espantoso, enorme, gigantesco, formidable, pasmoso. →*Normal, minúsculo.*
TREMOLAR Ondear, flamear, flotar, mecer, agitar, columpiar, enarbolar. → *Inmovilizarse.*
TREMOLINA Alboroto, escándalo, algarabía, tiberio, tumulto, riña, pelea. → *Calma, paz.*
TRÉMULO Tembloroso, trepidante, convulso, estremecido, asustado, temeroso. → *Sereno.*
TREN Ferrocarril, convoy, línea, vagones, coches. || Rumbo, fasto, boato. → *Sencillez.*
TRENZA Coleta, guedeja, mechón, rodete, moño, melena.
TRENZAR Entretejer, entrelazar, urdir, tramar, cruzar, tejer, peinar. → *Deshacer.*
TREPA Voltereta, pirueta. || Artificio, artimaña, engaño. || Tollina, zurra.
TREPAR Escalar, ascender, gatear, subir, reptar, serpentear, avanzar, encumbrarse. → *Descender.*
TREPARSE Arrellanarse, acomodarse, echarse.
TREPIDACIÓN Estremecimiento, temblor, vibración.
TREPIDAR Temblar, vibrar, palpitar.
TRETA Truco, engaño, estafa, estratagema, artimaña, ardid, celada, trampa, chasco. → *Honradez.*
TRÍA Detracción, selección, elección.
TRIBU Clan, pueblo, familia, grupo, casta, linaje, horda, caterva, cabila. → *Sociedad.*
TRIBULACIÓN Congoja, pena, angustia, tristeza, sufrimiento, dolor. → *Alegría, dicha.*
TRIBUNA Plataforma, estrado, tarima, grada, graderío, galería, podio.
TRIBUNAL Juzgado, audiencia, corte, palacio de Justicia, sala, jueces, magistrados.
TRIBUTARIO Sumiso, dependiente, vasallo. → *Independiente.* || Afluente.

TRIBUTO Pago, contribución, impuesto, subsidio, cuota, tasa, derecho, obligación.

TRIDENTE Fisga, arpón.

TRIFULCA Pendencia, gresca, alboroto, pelea, escaramuza, tremolina. → *Calma, paz.*

TRIGUEÑO Moreno, mulato.

TRILLAR Palear, abalear, traspapelar. || Frecuentar, hollar, acostumbrar. → *Huir.*

TRINAR Cantar, gorjear, piar, llamar, silbar. → *Callar.*

TRINCAR Trinchar. || Ligar, atar, trabar. → *Desligar.* || Apurar, beber, libar.

TRINCHAR Cortar, trincar, dividir. || Resolver, disponer, decidir.

TRINCHERA Parapeto, defensa, resguardo, terraplén, muralla, foso. || Impermeable, gabardina, capote, chubasquero, gabán.

TRINO Gorjeo, canto, gorgorito, llamada, canturreo, reclamo, silbo.

TRIPA Barriga, vientre, abdomen, panza, estómago, grasa. → *Esbeltez.*

TRIPAS Intestinos, entrañas, bandullos. || Intimidad.

TRÍPODE Soporte, sostén, pedestal, base.

TRIPUDIO Danza, baile, coreografía.

TRIPULACIÓN Dotación, marinería, equipo, tripulantes, marineros.

TRIQUIÑUELA Evasiva, treta, eufemismo, ardid.

TRISCAR Juguetear, jugar, travesear. || Enredar, mezclar, confundir. → *Ordenar.* || Patalear, patear.

TRISTE Melancólico, afligido, abatido. → *Alegre.* || Doloroso, funesto, aciago. → *Feliz.*

TRISTEZA Aflicción, angustia, desconsuelo, pena, amargura, abatimiento, congoja, dolor, desdicha, nostalgia, sinsabor. → *Alegría, gozo.*

TRITURAR Moler, machacar, majar, pulverizar, comprimir, aplastar, desintegrar, desmenuzar. → *Rehacer.*

TRIUNFADOR Victorioso, triunfante, triunfal. → *Victo.*

TRIUNFAR Ganar, vencer, arrollar, dominar, conquistar, aniquilar, derrotar. → *Perder.*

TRIUNFO Victoria, éxito, conquista, aniquilación, gloria, fama, dominio, ganancia. →*Derrota.*

TRIVIAL Nimio, pueril, insignificante, baladí, fútil, anodino, insustancial, común, vulgar, sabido. → *Fundamental, raro, importante.*

TRIVIALIDAD Ordinariez, vulgaridad. || Minucia, fruslería, nonada. →*Importancia.*

TRIZA Partícula, ápice, trozo.

TROCAR Alternar, permutar, cambiar. || Vomitar, arrojar.

TROFEO Premio, triunfo, galardón, laurel, recompensa, copa, medalla, corona.

TROGLODITA Cavernícola.

TROLA Bola, embuste, patraña, mentira. → *Verdad.*

TROMBA Torbellino, vorágine, ciclón, huracán, tormenta, tempestad. → *Bonanza.*

TROMPADA Puñetazo, torta, mojicón, sopapo, bofetón, bofetada, moquete. → *Caricia.*

TROMPAZO Batacazo, golpe, porrazo, caída, costalada, topetazo, trompada.

TROMPETA Corneta, clarín, cuerno, cornetín.

TROMPO Peón, perinola, peonza, zaranda.

TRONADA Tormenta, borrascada, tempestad.

TRONADO Ajado, arruinado, raído. → *Elegante.*

TRONAR Retumbar, resonar, atronar, estallar. || Encolerizarse, irritarse, rugir. → *Calmarse.*

TRONCO Tallo, leño, madero, troncho. → *Copa, ramas.* || Tórax, torso, busto, pecho, cuerpo. → *Miembros.*

TRONCHAR Doblar, partir, truncar, quebrar, torcer, quebrantar, segar. → *Enderezar.*

TRONERA Tragaluz, abertura, respiradero. || Cañonera, portañola, ballestera. || Calavera, perdido, vicioso.

TRONO Sillón, sitial, solio, escaño, poltrona, butaca, asiento, sede. → *Taburete.*

TROPA Hueste, milicia, falange, mesnada, partida, grupo, destacamento, piquete, vanguardia, ejército. || Tropel, banda, hatajo, pandilla, cuadrilla, caterva, camarilla, turba, chusma.

TROPEL Movimiento, agitación, remolino. || Precipitación, prisa, atropellamiento. → *Calma.* || Desorden, confusión.

TROPELÍA Desmán, atropello, injusticia, desafuero, arbitrariedad, abuso. → *Justicia.*

TROPEZAR Trastabillar, vacilar, tambalearse, trompicar. || Retrasarse, demorarse, errar. → *Adelantar.*

TROPEZÓN Traspié, trompicón, choque, golpe, encontronazo, caída.

TROPICAL Cálido, ardiente, tórrido, bochornoso, caluroso. → *Polar, helado.*

TROPIEZO Tropezón. || Resbalón, desliz, culpa. || Dificultad.

TROQUEL Molde, cuño.

TROTAMUNDOS Viajero, turista, excursionista, caminante, peregrino, vagabundo.

TROTAR Correr, galopar, andar, avanzar, pasar.

TROTE Faena, trabajo, ajobo.

TROVA Trovo, verso, poesía.

TROVADOR Juglar, bardo, poeta, rapsoda, vate.

TROZO Fragmento, porción, pedazo, sección, parte, partícula, resto, residuo, pizca, añico, rodaja, rebanada, loncha. → *Totalidad, conjunto.*

TRUCO Estratagema, ardid, treta, engaño, trampa. → *Honradez.* ||
Prestidigitación, suerte, juego, maniobra, mangoneo.

TRUCULENTO Tremebundo, espantoso, atroz, siniestro, patibulario, macabro. → *Alegre.*

TRUENO Fragor, retumbo, estruendo, estampido, detonación, repercusión. → *Silencio.*

TRUEQUE Cambio, cambalache, canje, trapicheo, modificación,
alteración. → *Devolución.*

TRUFA Patraña, mentira, embuste.

TRUHÁN Granuja, bribón, pícaro, pillo, estafador, perillán, bellaco,
tramposo. → *Honrado.*

TRUNCADO Tronchado, cercenado, mutilado. → *Completo.*

TRUNCAR Cortar, mutilar, cercenar, amputar, tronchar, segar, podar, interrumpir. → *Completar.*

TRUST Monopolio, consorcio, agrupación, especuladores, acapa-
radores.

TUBERCULOSO Tuberoso, tísico.

TUBO Caño, conducto, cánula, sifón, conducción, cañería, tubería,
cilindro.

TUERTO Torcido, gacho. || Perjuicio, daño, mal. || Agravio, ofensa,
escarnio.

TUESTE Tostación, tostadura, torrefacción.

TUÉTANO Médula, meollo, caña.

TUFO Vaho, emanación, exhalación, efluvio, hedor, fetidez. →
Aroma.

TUGURIO Cuchitril, cuartucho, desván, tabuco, antro, covacha,
guarida.

TULLIDO Baldado, lisiado, mutilado, inválido, paralítico, contrahecho, inútil. → *Capaz, apto, útil.*

TULLIR Baldar, lisiar, estropear.

TUMBA Sepultura, sepulcro, mausoleo, panteón, cripta, fosa, sarcófago, nicho.

TUMBAR Derribar, abatir, tirar, volcar, voltear. → *Levantar.*

TUMBARSE Echarse, acostarse, descansar, tenderse. → *Levantarse.*

TUMBO Salto, bandazo, vaivén. || Ondulación, onda, sinuosidad. ||
Tronido, trueno, estruendo.

TUMEFACTO Hinchado, edematoso, turgente. → *Desinchado.*

TUMOR Quiste, bulto, dureza, carnosidad, excrecencia, hinchazón.

TUMULTO Confusión, desorden, alboroto, estrépito, escándalo,
riña, pelea, trifulca. → *Orden, paz.*

TUNANTE Pícaro, tuno, pillo, truhán.

TUNDA Zurra, somanta, felpa, paliza, soba, vapuleo, castigo, meneo. → *Caricias.*

TÚNEL Galería, paso, conducto, corredor, pasaje, pasillo, subterráneo, mina.

TÚNICA Manto, toga, manteo, hábito, sotana, clámide, veste. || Telilla, película, capa, piel, pellejo, cascarilla, escama.

TUNO Pícaro, truhán, pillo.

TUNTÚN (AL BUEN) Desordenadamente, confusamente, sin ton ni son.

TUPÉ Flequillo, copete, mechón, pelo, guedeja, rizo, bucle. || Descaro, atrevimiento. → *Respeto*.

TUPIDO Denso, compacto, espeso, cerrado, apretado, impenetrable. → *Ralo, suelto*.

TUPIR Atestar, apretar, compactar. → *Aclarar*. || Ocluir, atorar, taponar. → *Destapar*.

TUPIRSE Atiborrarse, hartarse, embeberse.

TURBA Tropel, cáfila, horda, caterva, banda, chusma, gentuza, pandilla.

TURBACIÓN Confusión, aturdimiento, desorientación, vergüenza, desconcierto, duda. → *Seguridad, calma*.

TURBADO Contrito, aturdido, atribulado. → *Atento*.

TURBAR Desconcertar, sorprender, azorar, aturdir, desorientar, preocupar, consternar, enternecer, emocionar, entristecer. → *Calmar, tranquilizar*.

TURBIO Sombrío, opaco, velado, oscuro, sucio, borroso. → *Claro, transparente*. || Sospechoso, confuso, vago, embrollado, turbulento, enredado, incomprensible. → *Honrado, claro*.

TURBULENCIA Turbiedad. || Alboroto, confusión, marasmo. → *Orden*.

TURBULENTO Escandaloso, tumultuoso, ruidoso, rebelde. → *Dócil*. || Turbio. || Desordenado.

TURGENTE Hinchado, abultado, redondo, abombado, carnoso, tumefacto, opulento. → *Liso*.

TURISMO Excursión, paseo, viaje, gira, periplo, itinerario, recorrido.

TURISTA Excursionista, visitante, viajero, trotamundos, paseante, peregrino.

TURNARSE Alternar, cambiar, permutar, renovar, relevar, mudar, sustituir. → *Permanecer*.

TURNO Tanda, rueda, ciclo, alternativa, periodo, canje, vuelta, suplencia.

TURULATO Atónito, estupefacto, pasmado. → *Atento*.

TUTELA Defensa, protección, amparo, beneficencia, auxilio, guía, orientación. → *Desamparo*.

TUTELAR Protector, amparador, defensor.

TUTOR Defensor, protector, guía, supervisor, consejero, maestro, cuidador.

TUTORÍA Tutela.

U u

UBÉRRIMO   Fecundo, fértil, exuberante, prolífico, rico, abundante, productivo. → *Pobre, estéril.*

UBICAR   Colocar, poner, situar, disponer, hallarse, estar, encontrarse. → *Quitar.*

UBRE   Teta, mama, pecho, seno, busto.

UFANARSE   Jactarse, gloriarse, engreírse.

UFANO   Gozoso, alegre, eufórico, satisfecho, contento, optimista, jactancioso, vano, presumido. → *Triste, sencillo.*

ÚLCERA   Llaga, lesión, pústula, supuración, matadura, herida.

ULCERADO   Desgarrado, herido, llagado.

ULTERIOR   Subsiguiente, posterior, siguiente, consecutivo, accesorio, último. → *Anterior.*

ULTIMAR   Concluir, finalizar, terminar. → *Comenzar.*

ULTIMÁTUM   Intimación, exigencia, || Resolución.

ÚLTIMO   Postrero, final, zaguero, posterior, lejano, actual, escondido, remoto. → *Primero, próximo.*

ULTRAJAR   Vejar, mancillar, insultar, agraviar, ofender, injuriar, humillar. → *Enaltecer.*

ULTRAJE   Vejación, afrenta, insulto, injuria. → *Adulación.*

ULULAR   Aullar, gritar, clamar.

UMBRAL   Paso, acceso, escalón. → *Dintel.* || Principio, comienzo, origen. → *Término.*

UMBRÍA   Follaje, sombra, sombría. → *Solana.*

UNÁNIME   Conforme, acorde, coincidente, espontáneo, general, voluntario. → *Restringido.*

UNANIMIDAD   Concordia, conformidad, fraternidad. → *Discordia.*

UNCIÓN   Fervor, veneración, piedad, devoción, recogimiento. → *Irreligiosidad.*

UNCIR   Atar, sujetar, amarrar, unir, juntar, aparear, acoplar. → *Separar.*

UNGIR Embadurnar, untar. || Sacramentar, dignificar. || Proclamar, investir, conferir.

UNGÜENTO Unto, untura, pomada, bálsamo, crema, potingue, medicamento.

ÚNICO Solo, singular, exclusivo, uno, puro, peculiar, característico, escaso. → *Corriente.* || Extraordinario, magnífico, inmejorable. → *Vulgar, malo.*

UNIDAD Unión, concordancia, conformidad. → *Desavenencia.* || Número, cifra, cantidad, uno, comparación. || Entidad, esencia, ser, sujeto.

UNIFICAR Agrupar, aunar, adunar. → *Desunir.* || Generalizar, centralizar, uniformar. → *Diversificar.*

UNIFORMAR Aparear, igualar, identificar. → *Diversificar.*

UNIFORMIDAD Isocronismo, semejanza, igualdad. → *Diversidad.*

UNIFORME Parejo, regular, equilibrado, similar, análogo. → *Disparejo.* || Liso, llano, regular, fino, monótono. → *Irregular.* || Guerrera, casaca, sahariana, capote, atuendo, atavío militar.

UNIÓN Concordia, unidad, acuerdo, inteligencia, identidad, coincidencia, armonía. → *Discordia.* || Mezcla, fusión, cohesión, reunión, acercamiento, amalgama, combinación, mixtura. → *Separación.* || Matrimonio, casamiento. → *Divorcio.*

UNIR Mezclar, fusionar, reunir, acercar, juntar, agrupar, ligar, vincular, soldar, atar, ensamblar. → *Separar.*

UNIRSE Asociarse, aliarse, sindicarse, pactar, federarse. → *Desligarse.* || Casarse, desposarse, contraer matrimonio. → *Divorciarse.* || Ayuntarse, copular, fornicar, aparearse.

UNÍSONO Unánime, acorde.

UNITARIO Indiviso, uno. → *Separable.*

UNIVERSAL Mundial, general, internacional, planetario, total, absoluto, completo. → *Nacional, particular, local.*

UNIVERSO Cosmos, infinito, firmamento, caos, vacío, creación. || Orbe, tierra, planeta, globo, astro.

UNO Simple, unitario, indiviso. → *Plural.* || Idéntico. || Solo, único, aislado. → *Acompañado.* || Unidad.

UNTADURA Ungüento, untura.

UNTAR Ungir, engrasar, pringar, cubrir, bañar, aceitar, extender. || Sobornar, comprar, corromper.

UNTO Gordura, grasa, grosura. || Propina, dinero, gratificación. || Betún, ungüento.

UNTUOSO Aceitoso, craso, oleoso. → *Seco.* || Insinuante, afectado, escurridizo. → *Franco.*

UÑA Garra, zarpa, pezuña, casco, punta, espina, pincho, pico.

URBANIDAD Cortesía, educación, cultura, corrección, modales, delicadeza. → *Grosería, incorrección.* || Afabilidad, amabilidad, sociabilidad. → *Desatención.*

URBANO Ciudadano, metropolitano, edilicio, urbanístico, munici-pal. → *Rústico, campestre.* || Educado, cortés, fino, amable, atento. → *Grosero.*

URBE Ciudad, metrópoli, capital, población, centro, cabeza, empo-rio. → *Aldea.*

URDIR Tramar, intrigar, enredar, confabularse, fraguar, conchabar-se, conjurarse, conspirar. → *Descubrir.*

URGENCIA Premura, prisa, apremio. → *Demora.*

URGENTE Apremiante, necesario, obligatorio, precipitado, rápido, apresurado. → *Postergable, lento.*

URGIR Instar, apremiar, precisar.

URNA Arca, caja, arqueta, receptáculo, vasija, vaso, joyero, estu-che.

USADO Gastado, usitado, viejo. → *Nuevo.* || Ejercitado, manido, baqueteado. → *Inexperto.*

USAR Utilizar, gastar, aprovechar, servirse, disfrutar, dedicar. || Desgastar, raer, sobar.

USO Empleo, utilización, aplicación, provecho, menester. → *Desu-so.* || Desgaste, roce, consunción, deterioro, daño, deslucimiento. → *Conservación.* || Hábito, costumbre, práctica.

USTIÓN Ignición, quema, combustión.

USUAL Corriente, común, normal, habitual, ordinario, frecuente, familiar, tradicional. → *Desusado.*

USUFRUCTO Utilidad, provecho, fruto. || Disfrute, uso, consumo.

USURA Ventaja, interés, logro.

USURERO Prestamista, prendero, avaro, explotador, sanguijuela. → *Filántropo.*

USURPACIÓN Apropiación, incautación, apoderamiento. || Asun-ción, detentación, arrogamiento.

USURPAR Incautarse, apropiarse, arrogarse. → *Restituir.*

UTENSILIO Herramienta, instrumento, artefacto, aparato, útil, tre-bejo, trasto.

ÚTERO Claustro, matriz.

ÚTIL Ventajoso, provechoso, lucrativo, fructuoso, beneficioso, ren-table, valioso, favorable.

ÚTILES Herramientas, utensilio, instrumento.

UTILITARIO Egoísta, interesado, positivista. → *Altruista.* || Útil, funcional.

UTILIZABLE Conveniente, práctico, aprovechable. → *Inútil.*

UTILIZAR Emplear, usar, aprovechar, gastar, disfrutar, explotar, consumir, manipular, manejar. → *Arrinconar, abandonar.*

UTOPÍA Quimera, mito, fantasía, ilusión, fábula, capricho, desvarío, ideal. → *Realidad.*

UTÓPICO Quimérico, fantástico, ficticio. → *Real.*

VACA Res, vacuno, bovino, ternera, vaquilla, becerra, rumiante, ganado. → *Toro.*

VACACIÓN Descanso, asueto, fiesta, festividad, recreo, reposo, ocio, cierre, holganza. → *Trabajo.*

VACANTE Desocupado, libre, expedito, disponible, vacío, abierto, abandonado, ausente. → *Ocupado.*

VACIADO Rehundido. || Excavación. || Adorno, moldura.

VACIAR Desocupar, agotar, verter, desagotar, descargar, desembarazar, desembocar, afluir, sacar, arrojar. → *Llenar.*

VACIEDAD Sandez, vacuidad, necedad. → *Enjundia.*

VACILACIÓN Titubeo, perplejidad, duda. → *Decisión.* || Balanceo, vaivén, bamboleo. → *Firmeza.*

VACILANTE Indeciso, irresoluto, perplejo, inseguro, dudoso, confuso. → *Decidido.*

VACILAR Titubear, dudar, desconfiar, preocuparse. → *Decidir.* || Oscilar, mecerse, tambalearse. → *Inmovilizarse.*

VACÍO Desocupado, libre, descargado, despejado, limpio, evacuado, desagotado, solitario. → *Lleno.* || Ausencia, carencia, falta, enrarecimiento. → *Densidad.* || Presuntuoso, vano, presumido. → *Modesto.*

VACUIDAD Vacío, vaciedad, oquedad.

VACUNA Vacunación, inoculación, inyección, preservación, profilaxis, inmunización, prevención. → *Contagio.*

VACUNAR Defender, inmunizar. → *Contagiar.*

VACUNO Bovino, vaca, toro, buey, bóvido, rumiante, res, ganado, cabeza de ganado.

VACUO Trivial, vacío.

VADEAR Cruzar, pasar, salvar, franquear, traspasar, rebasar, transitar, enguazar.

VADEMÉCUM Prontuario, memorándum, agenda. || Cartapacio, vade, cartera.

VAGABUNDO Trotamundos, errabundo, errante, nómada, callejero, andarín, ambulante. → *Estable.* || Merodeador, sospechoso, mendigo, holgazán, indeseable, pícaro. → *Decente.*

VAGANCIA Holgazanería, ociosidad, vagabundeo. → *Ocupación.*

VAGAR Errar, caminar, andar, deambular, merodear, vagabundear, rondar, holgazanear. → *Detenerse, ocuparse.*

VAGO Holgazán, gandul, perezoso, apático, ocioso, insolente. → *Trabajador.* || Truhán, indeseable, vagabundo, remiso. || Impreciso, confuso, incierto, indeterminado, ambiguo, indefinido. → *Determinado, preciso.*

VAGÓN Carruaje, coche, furgón, vehículo, vagoneta, compartimiento, unidad.

VAGUADA Cauce, cañada, arroyada.

VAGUEDAD Ligereza, indecisión, confusión. → *Precisión.*

VAHÍDO Vértigo, colapso, mareo, desmayo, desvanecimiento, descompostura, ataque, síncope. → *Recuperación.*

VAHO Vapor, hálito, exhalación, neblina, niebla, efluvio, emanación.

VAINA Envoltura, funda, estuche. || Rufián, canalla.

VAIVÉN Balanceo, mecimiento, oscilación, tumbo, bamboleo. → *Inmovilidad.* || Fluctuación, mudanza, variación, inestabilidad, altibajo. → *Estabilidad.*

VAJILLA Loza, ollería, porcelana.

VALE Bono, talón, recibo, nota, resguardo, papeleta.

VALEDOR Tutor, defensor, protector.

VALENTÍA Coraje, intrepidez, valor, temple, hombría, heroísmo, audacia, bravura, osadía, hecho, gesto, hazaña, virtud, vigor. → *Cobardía.*

VALENTÓN Fanfarrón, bravucón, camorrista, jactancioso, matasiete, perdonavidas. → *Prudente, cabal.*

VALER Costar, importar, totalizar, ascender, montar, desembolsar, subir, sumar. || Servir, aprovechar, satisfacer, ayudar, convenir, interesar, producir. → *Desaprovechar.*

VALEROSO Poderoso, eficaz, operoso. → *Ineficaz.* || Valioso. || Valiente.

VALÍA Valor, valer, valúa. || Privanza, valimiento, protección. || Desvalimiento. || Facción, parcialidad, bando.

VALIDACIÓN Aprobación, admisión, confirmación. || Garantía, firmeza, seguridad. → *Inseguridad.*

VALIDEZ Vigencia, valor, valía. → *Revocación.*

VÁLIDO Legal, legítimo, justo, vigente, efectivo, permitido. → *Ilegal.*

VALIENTE Valeroso, audaz, intrépido, osado, temerario, corajudo, decidido, animoso. → *Cobarde.*

VALIJA Maleta, baúl, maletín, equipaje, bulto.

VALIOSO Inestimable, precioso, meritorio, apreciado, único, insustituible. → *Insignificante, inútil.*

VALOR Coraje, valentía, osadía, atrevimiento, desfachatez. → *Cortesía.* || Precio, estimación, coste, costo, importe total, cuantía, monto, gasto. || Mérito, atractivo, beneficio, provecho, utilidad, importancia, trascendencia. → *Inutilidad.*

VALORACIÓN Evaluación, valuación, avalúo.

VALORAR Apreciar, tasar, valuar, valorear, aquilatar.

VALORES Acciones, títulos, bonos.

VALORIZAR Incrementar, aumentar, acrecentar. → *Desvalorizar.* || Valorar.

VÁLVULA Obturador, grifo, ventalla.

VALLA Cercado, barrera, cerco, tapia, vallado, verja, empalizada, estacada. || Dificultad, obstáculo, barrera. → *Facilidad.*

VALLE Baguada, cuenca, cañada, hondonada, desfiladero, garganta, quebrada, paso, cañón. → *Llano.*

VANAGLORIARSE Jactarse, envanecerse, alardear, fanfarronear, presumir. → *Disculparse, humillarse.*

VANDALISMO Barbarie, crueldad, saña, violencia, atrocidad, impiedad, ferocidad, devastación, asolación. → *Civilización, cultura.*

VÁNDALO Demoledor, destructor. || Bárbaro, cruel, feroz. → *Benévolo.*

VANIDAD Orgullo, altivez, engreimiento, altanería, impertinencia, soberbia, jactancia. → *Humildad.*

VANIDOSO Huero, vanaglorioso, engreído. → *Modesto.*

VANO Insustancial, irreal, inexistente. → *Real.* || Vacío, hueco, vacuo. → *Denso.* || Infructuoso, inútil, ineficaz. → *Eficaz.*

VAPOR Fluido, vaho, gas, aliento, hálito. || Vértigo, síncope, desmayo. || Barco, buque, nave.

VAPORIZAR Evaporizar, evaporar, difundir.

VAPOROSO Tenue, sutil, ligero, etéreo, impalpable, flotante, volátil, grácil. → *Pesado.*

VARA Palo, pértiga, percha, fusta, bastón, varilla, cayado, garrote, asta, báculo.

VARAR Abordar, encallar, embarrancar. → *Botar.*

VARIABILIDAD Variedad, variación, alterabilidad. → *Constancia.*

VARIABLE Inestable, inconstante, inseguro, mudable, versátil, irregular, caprichoso, cambiable. → *Fijo, constante.*

VARIACIÓN Variabilidad. || Mutación, modificación, cambio. → *Permanencia.* || Variedad.

VARIADO Abundante, diverso, distinto, vario, ameno, diferente, entretenido, heterogéneo. → *Monótono.*

VARIANTE Diferencia, variedad, discrepancia. → *Coincidencia.*

VARIAR Modificar, cambiar, mudar, alterar, reformar, innovar, revolucionar, corregir. → *Mantener, conservar.*

VARIEDAD Diversidad, variación, diferencia. → *Sencillez.* || Variabilidad. → *Constancia.*

VARIO Diverso, variado, distinto. → *Parejo.* || Impreciso, indiferente, indeciso. → *Fijo.* || Variable.

VARÓN Hombre, macho, individuo, caballero, señor, persona, sujeto, masculino. → *Hembra.*

VARONIL Masculino, viril, enérgico, hombruno, firme, macho, poderoso. → *Femenino.*

VASALLAJE Esclavitud, sujeción, dependencia. → *Liberación.*

VASALLO Siervo, servidor, esclavo, villano, plebeyo, tributario, feudatario. → *Amo.*

VASIJA Jarra, jarro, recipiente, jarrón, cacharro, cántaro, cuenco, búcaro, vaso.

VASO Copa, caliz, jarro, copón, vasija. || Orinal, bacín. || Canal, tubo, vena. || Tráquea.

VÁSTAGO Hijo, descendiente, heredero, retoño, sucesor, familiar. → *Ascendiente.* || Cogollo, brote, renuevo, capullo, retoño, tallo. → *Planta, tronco.*

VASTO Inmenso, infinito, extenso, dilatado, amplio, enorme, ancho, grande. → *Reducido.*

VATE Vaticinador, adivino. || Bardo, poeta, rapsoda.

VATICINAR Presagiar, augurar, adivinar, prever, pronosticar, profetizar. → *Confirmar.*

VATICINIO Previsión, conjetura, profecía.

VECINDAD Proximidad, cercanía, contigüidad. → *Alejamiento.* || Vecindario. || Contornos, alrededores, inmediaciones.

VECINDARIO Municipio, vecindad, comunidad.

VECINO Próximo, cercano, contiguo, inmediato, adyacente, lindante. → *Lejano.* || Conciudadano, compañero, domiciliado, habitante, residente, poblador. → *Forastero.*

VEDAR Prohibir, privar, limitar, vetar, impedir, ordenar, acotar. → *Autorizar, liberar.*

VEDETTE Estrella, astro, primera figura, luminaria, celebridad, personaje, artista de fama. → *Comparsa.*

VEGETAL Planta, hortaliza, verdura, legumbre, verde, mata, arbusto. → *Mineral.*

VEGETAR Germinar, crecer. || Vivir, vitorear, pasarla.

VEHEMENCIA Ímpetu, ardor, impetuosidad. → *Indiferencia.*

VEHEMENTE Fogoso, ardoroso, impetuoso, apasionado, efusivo, entusiasta, furioso. → *Apático.*

VEHÍCULO Carruaje, carricoche, carromato, artefacto, coche, auto, camión.

VEJACIÓN Agravio, ofensa, injuria, humillación ultraje, insulto. → *Alabanza.*

VEJAR Injuriar, agraviar, afrentar, mortificar, molestar, oprimir.

VEJESTORIO Carcamal, veterano, vejete, maduro, setentón, decrépito, senil. → *Mozalbete.*

VEJEZ Ancianidad, senectud, madurez, longevidad, decrepitud, ocaso, veteranía. → *Juventud.*

VEJIGA Ampolla, bolsa. || Viruela.

VELA Cirio, candela, bujía, blandón, hachón. || Trapo, paño, lona, velamen.

VELACIÓN Velorio. || Velada, vela, vigilia.

VELADO Turbio, opaco, oscuro, nebuloso, gris, vago, nublado, sucio, confuso, misterioso. → *Claro.*

VELADOR Guardián, vigilante, celador. || Candelero, palmatoria. || Trípode, mesita.

VELAR Trasnochar, vigilar, acompañar, asistir, proteger, despabilarse. → *Dormir.* || Encubrir, disimular, ocultar, enturbiar. → *Aclarar, mostrar.*

VELATORIO Vela, velorio.

VELEIDAD Volubilidad, versatilidad, ligereza. → *Constancia.* || Antojo, capricho.

VELEIDOSO Frívolo, voluble, caprichoso, cambiante, inconstante. → *Constante.*

VELERO Buque, bajel, embarcación.

VELO Mantilla, rebozo, gasa, tul, manto, pañuelo, toca, mantón. || Nube, cortina, oscuridad. → *Claridad.*

VELOCIDAD Prontitud, rapidez, ligereza, presteza. → *Calma.*

VELOZ Rápido, ligero, pronto, vivaz, apresurado, ágil, urgente, activo, raudo. → *Lento.*

VELLO Bozo, pelusa, pelo, vellosidad, cerda, pelillo.

VELLOSO Velludo, peludo, hirsuto, tupido, erizado. → *Lampiño.*

VENA Vaso. || Filón, veta.

VENABLO Lanza, dardo, flecha, jabalina.

VENADO Corzo, ciervo, gamo, rebeco, antílope, gacela, mamífero.

VENAL Vendible, venable. || Sobornable. → *Íntegro.* || Flebítico.

VENCEDOR Victorioso, conquistador, triunfador. → *Vencido.*

VENCER Triunfar, ganar, dominar, conquistar, arrollar, derrotar, aplastar, batir. → *Perder.*

VENCIDO Dominado, subyugado, domado. → *Manumiso.* || Batido, derrotado, aniquilado. → *Vencedor.* || Convencido, persuadido, conquistado. → *Obtuso.*

VENCIMIENTO Plazo, término.

VENDA Tira, faja, gasa, banda, apósito, compresa.

VENDAR Cubrir, ligar, sujetar, inmovilizar, fajar, curar, cuidar. → *Descubrir.*

VENDAVAL Galerna, ventarrón, tromba, viento.

VENDEDOR Comerciante, tendero, mercader, traficante, negociante, tratante, minorista, mayorista. → *Comprador.*

VENDER Ceder, traspasar, adjudicar, enajenar, saldar, comerciar, traficar, especular. → *Comprar.*

VENENO Tóxico, ponzoña, toxina, tósigo, bebedizo, pócima, filtro. → *Antitoxina.*

VENENOSO Tóxico, ponzoñoso, deletéreo. → *Inocuo.*

VENERABLE Respetable, solemne, majestuoso, noble, virtuoso, patriarcal, reverendo. → *Despreciable.*

VENERACIÓN Reverencia, respeto, adoración, consideración. → *Desprecio.*

VENERAR Considerar, respetar, reverenciar, admirar, celebrar, honrar, idolatrar. → *Desdeñar.*

VENGANZA Castigo, resarcimiento, satisfacción, reparación, escarmiento, represalia, desquite, pena, revancha, ajuste. → *Perdón, reconciliación.*

VENGAR Reparar, desquitarse, reprimir. → *Perdonar.*

VENGATIVO Rencoroso, sañudo, malévolo, irreconciliable, solapado. → *Noble, magnánimo.*

VENIA Autorización, permiso, consentimiento, licencia, conformidad. → *Prohibición.* || Reverencia, saludo, inclinación, homenaje, cortesía. → *Descortesía.*

VENIAL Leve, ligero, intrascendente, despreciable, minúsculo. → *Mortal, capital.*

VENIDA Retorno, vuelta, regreso. → *Ida.* || Prontitud, ímpetu, impulso. || Creciente, avenida.

VENIR Regresar, llegar, volver, retornar, arribar, reintegrarse, presentarse. → *Ir, marchar.*

VENTA Transacción, cesión, negocio, acuerdo, traspaso, trato, suministro, despacho, oferta, comercio, liquidación. → *Compra.* || Mesón, figón, fonda, albergue, parador, hostería.

VENTAJA Cualidad, virtud, valor, beneficio, utilidad, atributo, superioridad, preeminencia, provecho, ganga. → *Desventaja, inconveniente.*

VENTAJOSO Útil, provechoso, favorable, beneficioso, lucrativo, productivo, rendidor. → *Perjudicial.*

VENTANA Abertura, hueco, ventanal, ventanuco, tragaluz, claraboya, cristalera, mirador.

VENTEAR Ventar, airear. || Olfatear, husmear, indagar.

VENTEARSE Rajarse, enderse.

VENTILACIÓN Viento, aire. || Ventana, abertura. || Aireación.

VENTILAR Airear, purificar, refrescar, orear, abrir, renovar, secar. → *Enrarecer.*

VENTISCA Borrasca, viento, nebisca, cellisca.

VENTOSO Aireado, venteado. || Mugiente, tempestuoso, desencadenado. → *Calmado.* || Presumido, vano, altanero. → *Modesto.*

VENTRUDO Barrigudo, panzudo, obeso. → *Delgado.*

VENTURA Felicidad, dicha, suerte. → *Desgracia.* || Casualidad, acaso, azar. || Riesgo, peligro, amenaza.

VENTUROSO Feliz, afortunado, dichoso, próspero, plácido, contento, placentero. → *Desdichado.*

VER Mirar, observar, apreciar, divisar, percibir, reparar, distinguir. → *Cegarse.* || Estudiar, considerar, examinar, comprender. → *Ignorar.*

VERSE Columbrarse, distinguirse.

VERA Costado, orilla, lado.

VERACIDAD Sinceridad, verdad, franqueza. → *Engaño.*

VERANEO Vacaciones, asueto, descanso, recreo, ocio, reposo, holganza. → *Trabajo.*

VERANIEGO Estival, estivo. → *Hibernal.* || Liviano, ligero, insignificante. → *Importante.*

VERAZ Sincero, franco, honrado, fiel, leal, verdadero, claro, real, serio. → *Mentiroso.*

VERBENA Fiesta, festejo, feria, festividad.

VERBIGRACIA Ejemplo.

VERBO Palabra, frase, lenguaje, vocablo, lengua. || Juramento, voto.

VERBOSIDAD Locuacidad, facundia, labia. → *Mutismo.*

VERBOSO Locuaz, charlatán, facundo, gárrulo, palabrero, desenvuelto, redundante, hablante. → *Parco, conciso.*

VERDAD Prueba, evidencia, certidumbre, certeza, exactitud, dogma, axioma, autenticidad, declaración. → *Mentira.*

VERDADERO Real, cierto, auténtico, exacto, positivo, indiscutible. → *Inexacto, falso.*

VERDE Lozano, fresco, jugoso, sano, frondoso. → *Seco.* || Precoz, tierno. || Indecente, obsceno, procaz. → *Honesto.*

VERDOR Follaje, verde, verdura. || Juventud, lozanía, mocedad.

VERDUGO Mochín, ajusticiador, sayón. || Criminal, cruel, sanguinario.

VERDUGÓN Equimosis, verdugo, hematoma.

VERDURA Legumbre, hortaliza, vegetal, planta, verde, hoja, fronda, espesura, ramaje.

VERECUNDIA Vergüenza.

VEREDA Senda, camino, sendero, trocha, travesía.

VEREDICTO Sentencia, dictamen, fallo, resolución, juicio, decisión, condena.

VERGEL Jardín, pensil, huerta.

VERGONZOSO Tímido, apocado, turbado. → *Osado.* || Afrentoso, despreciable, ignominioso. → *Honroso.* || Indecente, inmoral. → *Honesto.*

VERGÜENZA Timidez, indecisión, modestia, retraimiento, rubor, embarazo, escrúpulo. → *Desvergüenza.* || Deshonor, ignominia, degradación, escándalo, indecencia. → *Honra.*

VERÍDICO Sincero, verdadero, cierto, veraz. → *Falso, falaz.*

VERIFICACIÓN Comprobación, examen, prueba. || Ejecución, realización, hecho.

VERIFICAR Examinar, comprobar, cotejar, revisar, controlar, repasar, demostrar. → *Omitir.*

VERJA Reja, enrejado, alambrado, barrera, cerca, barandilla, valla.

VERMUT Aperitivo, bebida, tónico, estimulante, licor.

VERNÁCULO Local, doméstico, nativo, familiar, regional, propio, peculiar, comarcal.

VEROSÍMIL Admisible, posible, aceptable, probable, verdadero, creíble. → *Increíble, inverosímil.*

VEROSIMILITUD Credibilidad, probabilidad, certidumbre. → *Imposibilidad.*

VERSADO Enterado, instruido, conocedor. → *Inexperto.*

VERSARSE Practicarse, instruirse, avezarse.

VERSÁTIL Variable, voluble, vacilante, veleidoso. → *Constante.*

VERSATILIDAD Vacilación, variabilidad, capricho. → *Constancia.*

VERSIFICAR Metrificar, versear, componer.

VERSIÓN Interpretación, relato, explicación, aclaración, traducción, transposición.

VERSO Estrofa, parte, poema, balada, poesía, oda, copla, cantar. → *Prosa.*

VERTEDERO Escombrera, derramadero. || Albañal.

VERTER Vaciar, echar, derramar, volcar, evacuar. → *Llenar.* || Traducir, interpretar.

VERTICAL Perpendicular, normal, recto, derecho, erecto, erguido, escarpado, empinado. → *Horizontal.*

VÉRTICE Punto, ápice, punta, remate, ángulo, extremo, cúspide, cumbre, cima, culminación. → *Base.*

VERTIENTE Ladero, declive, perpendicular, falda, talud, desnivel. → *Llano.*

VERTIGINOSO Raudo, rápido, veloz, ligero, activo, alado, acelerado, dinámico. → *Lento.*

VÉRTIGO Vahído, mareo, aturdimiento, desfallecimiento, desmayo. → *Recuperación.*

VESTÍBULO Recibidor, recibimiento, portal, zaguán, porche, entrada, atrio, sala.

VESTIDO Prenda, traje, atavío, ropaje, ropa, indumento, ajuar, guardarropa, vestuario. → *Desnudez.*

VESTIGIO Rastro, traza, indicio, residuo, reliquia, remanente, trozo, partícula. → *Totalidad.*

VESTIMENTA Vestiduras, ornamentos, paramentos, vestido.

VESTIR Cubrir, ataviar, acicalar, adornar, llevar, ponerse, usar, lucir. → *Desvestirse.*

VETA Faja, lista, banda, estría, ribete, filón, vena, masa, yacimiento.

VETAR Vedar.

VETEADO Rayado, vetado, listado. → *Liso.*

VETERANO Antiguo, experimentado, ducho, diestro, competente, preparado, fogueado, avezado. → *Novato, joven.*

VETO Censura, oposición, negativa, impedimento, obstáculo. → *Aprobación, anuencia.*

VETUSTO Decrépito, achacoso, añoso, viejo, caduco, decadente. → *Flamante, nuevo.*

VEZ Turno, mano, ciclo, tanda, rueda. || Tiempo, ocasión, momento, oportunidad, circunstancia.

VÍA Riel, carril, raíl, hierro. || Camino, ruta, vereda, senda, calle, carretera, arteria.

VIABLE Sano, vivaz. || Factible, hacedero, realizable. → *Irrealizable.*

VIAJAR Recorrer, andar, desplazarse, peregrinar, ausentarse, deambular, errar. → *Permanecer.*

VIAJE Periplo, camino, jornada, recorrido, tránsito, marcha, desplazamiento. → *Permanencia.*

VIAJERO Excursionista, pasajero, caminante, turista, transeúnte, peregrino, trotamundos. → *Sedentario.*

VIANDA Alimento, comida, sustento, manduca, manjar.

VÍBORA Culebra, serpiente, ofidio, reptil, cascabel.

VIBRACIÓN Temblor, agitación, cimbreo.

VIBRANTE Sonoro, resonante, retumbante. || Tembloroso, oscilante, cimbreante.

VIBRAR Trepidar, temblar, agitarse, menearse, oscilar, convulsionarse, tremolar.

VICEVERSA A la inversa, al revés, al contrario.

VICIAR Corromper, dañar, perder, falsear, adulterar, mistificar, tergiversar, torcer, desenfrenar, extraviar.

VICIO Corrupción, descarrío, extravío, perjuicio, perversión, daño, depravación. → *Virtud.*

VICIOSO Depravado, corrompido, pervertido. → *Virtuoso.*

VÍCTIMA Herido, perjudicado, lesionado, mártir, sacrificado, torturado. → *Sacrificador.*

VICTORIA Triunfo, éxito, trofeo, conquista, premio, dominio, honor, aureola. → *Derrota.*

VICTORIOSO Vencedor, triunfal, ganador, invicto, conquistador, campeón, heroico. → *Derrotado.*

VIDA Existencia, subsistencia, paso, tránsito, supervivencia, vigor, energía. → *Muerte.* || Biografía, historia, relación, crónica, hazañas.

VIDENTE Adivino, profeta, mago, augur, nigromante, hechicero, médium.

VIDRIERA Cristalera, ventanal, escaparate, vitral.

VIDRIO Cristal, vidriado, espejo.

VIEJO Anviano, provecto, senil, decrépito, maduro, veterano, achacoso, longevo. → *Joven.* || Antiguo, arcaico, primitivo, lejano, vetusto, rancio. → *Flamante.*

VIENTO Brisa, aire, ráfaga, airecillo, céfiro, aura, corriente, racha, vendaval, ventarrón, huracán, ciclón. → *Calma.*

VIENTRE Barriga, panza, abdomen, tripa, mondongo, estómago, intestinos, grasas, gordura. → *Delgadez.*

VIGA Madero, traviesa, leño, puntal, poste, tirante, durmiente, listón.

VIGENCIA Actualidad. → *Caducidad.*

VIGENTE Actual. → *Caducar.*

VIGÍA Centinela, guardián, cuidador, sereno, vigilante.

VIGILANCIA Custodia, guardia, defensa, protección, desvelo, inspección, examen, vigilia. → *Descuido.*

VIGILANTE Atento, cuidadoso, precavido, alerta. → *Descuidado.* || Guardia, policía, agente, guarda, cuidador. → *Delincuente.*

VIGILAR Atender, velar, custodiar. → *Descuidar.*

VIGILIA Desvelo, vela, insomnio, trasnochada. → *Sueño.* || Ayuno, abstinencia, dieta. → *Comida.*

VIGOR Fuerza, poder, corpulencia, pujanza, potencia, energía, reciedumbre. → *Debilidad.*

VIGOROSO Robusto, fuerte, eficaz. → *Débil.*

VIL Indigno, ruin, abyecto, servil, vergonzoso, bochornoso, ignominioso. → *Noble.*

VILEZA Alevosía, villanía, ruindad. → *Dignidad.*

VILIPENDIAR Rebajar, despreciar, detractar. → *Elogiar.*

VILIPENDIO Escarnio, desprecio, calumnia, infamia. → *Elogio.*

VILORDO Tardo, perezoso, calmoso. → *Diligente.*

VILLA || Chalet, casa, hotel. || Urbe, ciudad, población.

VILLANÍA Vileza, plebeyez, bajeza. → *Nobleza.* || Alevosía, ruindad, indignidad, bondad.

VILLANO Ruin, vil, indigno. → *Digno.* || Indecente, deshonesto, indecoroso. → *Honesto.* || Plebeyo, siervo, vasallo, rústico, tosco, pueblerino. → *Distinguido.*

VINCULAR Atar, sujetar, supeditar. → *Desvincular.*
VÍNCULO Unión, enlace, ligadura, ligazón, lazo, fusión, parentesco, familiaridad. → *Separación.*
VIOLACIÓN Atentado, conculcación, infracción. → *Acatamiento.* || Violencia, estupro. || Profanación.
VIOLAR Quebrantar, transgredir, vulnerar, infringir, contravenir, desobedecer, abusar. → *Obedecer.* || Desflorar, profanar, desvirgar, forzar, deshonrar.
VIOLENTAR Vulnerar, atropellar, forzar. → *Suplicar.*
VIOLENTO Intenso, vehemente, fogoso, rudo, furioso, agresivo, cruel, brusco, fanático, salvaje. → *Sereno, suave.*
VIOLETA Morado, violáceo, cárdeno, amoratado.
VIRAJE Tumbo, curva, giro.
VIRAR Girar, torcer, volver. → *Seguir.*
VIRGEN Doncella, adolescente, impúber, moza, señorita. → *Casada, desflorada.* || Puro, virginal, casto, inmaculado, limpio, inocente, virtuoso. → *Mancillado.* || Inexplorado, remoto, aislado, impenetrable. → *Explorado.*
VIRGINIDAD Pureza, castidad, inocencia, candidez, virtud, doncellez. → *Mancilla.*
VÍRGULA Coma, rayita, trazo.
VIRIL Masculino, varonil, hombre, potente, fértil, poderoso, resuelto, macho. → *Afeminado.*
VIRTUAL Implícito, tácito, sobreentendido. → *Expreso.* || Aparente.
VIRTUD Castidad, virginidad. || Honradez, honestidad, moralidad, caridad, modestia, probidad, integridad. → *Deshonestidad.* || Cualidad, ventaja, facultad, aptitud, beneficio, particularidad. → *Defecto.*
VIRTUOSO Honrado, honesto, probo, casto. → *Vicioso.*
VIRUELA Ampolla, vejiga, pústula.
VIRULENCIA Saña, encono, mordacidad. → *Benevolencia.*
VIRULENTO Maligno, purulento, ponzoñoso. → *Benigno.* || Sañudo, mordaz, ardiente. → *Benevolente.*
VIRUS Ponzoña, pus, infección.
VISAJE Mueca, expresión, gesto, guiño, mímica, aspaviento, mohín, seña, ademán.
VISCOSIDAD Glutinocidad, enviscamiento, pegajosidad.
VISCOSO Pegajoso, espeso, adherente, pringoso, adhesivo, puntuoso, grasiento. → *Seco.*
VISIBILIDAD Ostensibilidad, evidencia, transparencia. → *Invisibilidad.*
VISIBLE Claro, diáfano, transparente, luminoso, puro, límpido, perceptible, evidente, manifiesto, palpable, sobresaliente. → *Invisible, oscuro, dudoso.*
VISIÓN Vista, visualidad, ojo, vistazo. || Alucinación, sueño, ensueño, quimera, fantasía. → *Realidad.* || Trasgo, duende, fantasma,

aparición. || Perspicacia, agudeza, intuición, previsión. → *Torpeza.* || Percepción, imagen.

VISITA Visitante, invitado, convidado, agasajado, relación, amistad. → *Desconocido.* || Entrevista, saludo, convite, agasajo, encuentro, audiencia. → *Ausencia.*

VISITAR Invitar, entrevistar, inspeccionar, revistar, examinar, ver, saludar, cumplimentar.

VISLUMBRAR Divisar, entrever, atisbar, columbrar, distinguir, percibir, sospechar. → *Omitir.*

VÍSPERA Vigilia. || Inmediación, proximidad.

VISTA Visión, visualidad. → *Ceguera.* || Panorama, paisaje, perspectiva, espectáculo, panorámica. || Perspicacia, agudeza, intuición, previsión. → *Torpeza.*

VISTAZO Ojeada, mirada, atisbo, visual.

VISTOSO Atractivo, sugestivo, seductor, bonito, encantador, fascinador, llamativo, espectacular. → *Deslucido.*

VITAL Trascendental, grave, importante, indispensable, valioso. → *Insignificante.* || Vivaz, estimulante, activo, vigoroso. → *Decaído.*

VITALIDAD Dinamismo, energía, vivacidad, exuberancia, vigor, pujanza. → *Decaimiento.*

VITOREAR Aclamar, ovacionar, aplaudir, loar, homenajear, exaltar. → *Abuchear.*

VITRINA Armario, estantería, aparador, escaparate, vasar, mueble, rinconera.

VITUPERABLE Reprochable, censurable, reprochable. → *Encomiable.*

VITUPERAR Censurar, calumniar, recriminar, difamar, denigrar, afear. → *Alabar.*

VITUPERIO Baldón, censura, insulto. → *Elogio.*

VIVACIDAD Eficacia, energía, viveza. → *Indolencia.*

VIVARACHO Alegre, travieso, bullicioso, vivaz, enérgico, activo, dinámico, listo, agudo. → *Tardo, cachazudo.*

VIVAZ Longevo, vividor. || Enérgico, fuerte, vigoroso. → *Mortecino.* || Sagaz, agudo, ingenioso. → *Estólido.*

VÍVERES Comestibles, vituallas, provisiones, alimentos, abastecimientos, suministros, abasto.

VIVEZA Vivacidad. || Presteza, rapidez, prontitud. → *Calma.* Perspicacia, sagacidad, penetración. → *Torpeza.* || Brillantez, brillo, esplendor. → *Opacidad.*

VIVIENDA Morada, casa, residencia, domicilio, hogar, habitación, finca, techo.

VIVIFICANTE Estimulante, reconfortante, tonificante, excitante, saludable. → *Deprimente.*

VIVIR Existir, ser, subsistir, coexistir, prevalecer, vegetar, respirar, alentar. → *Morir.*

VIVO Viviente, existente, prevaleciente, vitalicio, superviviente. → *Muerto.* || Vivaracho, ágil, rápido, activo. → *Cachazudo.*

VOCABLO Palabra, término, dicho, expresión, locución, verbo.

VOCABULARIO Léxico, terminología, repertorio, glosario, lista, diccionario, vocablo.

VOCACIÓN Inclinación, propensión, afición, don, aptitud, preferencia, facilidad, disposición. → *Repulsión.*

VOCALISTA Cantante, animador, cantador.

VOCATIVO Imprecativo, llamativo.

VOCEAR Chillar, gritar, vociferar, aullar, bramar, desgañitarse, rugir. → *Callar.* || Aclamar, aplaudir. → *Silbar.*

VOCERÍO Griterío, alboroto, clamor, escándalo, algarabía, bullicio, bulla, batahola, confusión. → *Silencio.*

VOCIFERAR Vocear.

VOLANTE Impreso, hoja, aviso, apunte, octavilla, papel, panfleto, cuartilla. || Volador, volátil. → *Terrestre.* || Rueda, aro, anillo, redondel, corona.

VOLAR Planear, remontarse, elevarse, surcar, revolotear, deslizarse, descender. → *Aterrizar.* || Correr, trotar, apresurarse, acelerar. → *Retrasarse.* || Estallar, reventar, explotar, saltar, desintegrarse.

VOLÁTIL Vaporoso, etéreo, espiritoso. → *Sólido.* || Mudable, inconstante, tornadizo. → *Constante.* || Volante, volador.

VOLCÁNICO Fogoso, ardiente, impetuoso, violento, arrebatado, frenético. → *Sereno, apacible.*

VOLCAR Tumbar, caer, abatir, derrumbar, tirar, torcer, invertir, desnivelar. → *Enderezar.*

VOLTEAR Rodar, girar, virar, moverse, menearse, oscilar. → *Inmovilizarse.*

VOLTERETA Pirueta, tumbo, volteta.

VOLUBILIDAD Variabilidad, versatilidad, mudanza. → *Constancia.*

VOLUBLE Frívolo, versátil, caprichoso, inconstante, ligero, casquivano, veleidoso, cambiante. → *Cabal, constante.*

VOLUMEN Masa, espacio, dimensión, bulto, magnitud, mole. || Capacidad, cabida, tonelaje. || Libro, tomo, ejemplar, cuerpo, parte.

VOLUMINOSO Corpulento, abultado, amplio, grande, considerable, vasto, ingente. → *Pequeño.*

VOLUNTAD Deseo, gana, antojo, ansia, anhelo, empeño, pasión. → *Apatía.* || Tenacidad, energía, firmeza, tesón, constancia. → *Debilidad.* || Mandato, orden, disposición, encargo, decisión. || Enmienda, revocación.

VOLUNTARIO Libre, espontáneo, facultativo, intencionado, discrecional. → *Involuntario.*

VOLUNTARIOSO Caprichoso, obstinado, terco, tozudo. → *Razonable.* || Servicial, solícito, tenaz, tesonero. → *Desconsiderado, apático.*

VOLUPTUOSO Sensual, erótico, apasionado, sibarita, epicúreo, delicado, lascivo. → *Casto.* || Delicioso, placentero, mórbido, exquisito. → *Desagradable.*

VOLVER Regresar, retornar, venir, llegar, repatriarse, retroceder, recular. → *Ir, marchar.*

VOMITAR Devolver, regurgitar, lanzar, arrojar, expulsar, echar, marearse.

VÓMITO Náusea, arcada, asco, basca, ansia, angustia, espasmo, desazón.

VORACIDAD Glotonería, avidez, adefagia. → *Desgana.*

VORÁGINE Torbellino, remolino, tromba, voraz, glotón, tragón, hambrón, insaciable, intemperante, comilón. → *Inapetente.*

VOTACIÓN Sufragio, plebiscito, elección, comicios, voto, referéndum, nombramiento, propuesta. → *Abstención.*

VOTAR Elegir, emitir, nombrar, designar, proponer, presentar. → *Abstenerse.*

VOTO Papeleta, sufragio, boleta, talón. || Promesa, ofrecimiento, ruego, juramento, ofrenda. → *Abstención.* || Blasfemia, reniego, imprecación, palabrota. → *Alabanza.* || Decisión, dictamen, juicio, sentencia.

VOZ Sonido, fonación, emisión, lenguaje, dicción, fonética. || Grito, alarido, chillido, exclamación, aullido, queja. → *Silencio.* || Palabra, vocablo, término.

VUELCO Volteo, tumbo, giro, caída. → *Enderezamiento.* || Cambio, transformación, alteración. → *Persistencia.*

VUELO Planeo, evolución, revoloteo, ascenso, descenso, subida, bajada, acrobacia. → *Aterrizaje.*

VUELTA Giro, rotación, volteo, rodeo, viraje, círculo, traslación, curva. || Recodo, ángulo, esquina, curva. || Regreso, retorno, venida, llegada, retroceso, repetición. → *Ida.*

VULGAR Ordinario, chabacano, plebeyo, rústico, ramplón, basto, tosco, prosaico, bajo. → *Extraordinario.*

VULGARIDAD Banalidad, trivialidad, insignificancia. → *Genialidad.*

VULGARIZAR Divulgar, difundir, familiarizar, generalizar, pluralizar, popularizar. → *Preservar, ocultar.*

VULGO Plebe, gentuza, masa, turba, morralla, hez, horda, patulea. → *Aristocracia.*

VULNERABLE Frágil, indefenso, flojo, inseguro, inerme, indeciso, dañable, sensible. → *Invulnerable, fuerte, enérgico.*

VULNERAR Dañar, perjudicar, herir, quebrantar, infringir, violar, transgredir. → *Obedecer, favorecer.*

WÁTER Excusado, lavabo, servicios, letrina, evacuatorio, baño, retrete, inodoro.

WEEK-END Fin de semana, descanso, asueto. → *Trabajo.*

WESTERN Película del oeste, filme, cinta.

WHISKY Güisqui, licor.

XENOFILIA Extranjerismo.
XENOFOBIA Odio, rencor, hostilidad hacia los extranjeros, patriote-
ría, fanatismo, intransigencia. → *Hospitalidad, cortesía.*
XIFOIDES Paletilla, mucronata.
XILOGRAFÍA Grabado en madera.

YACENTE Horizontal, tendido, plano. → *Enhiesto.*

YACER Tenderse, echarse, acostarse, tumbarse, extenderse, reposar. → *Incorporarse.*

YACIJA Lecho, cama. || Fosa, sepulcro, huesa, tumba.

YACIMIENTO Filón, mina, explotación, cantera, placer, depósito, reserva.

YANQUI Norteamericano, estadounidense, americano, gringo.

YATE Velero, goleta, balandro, barca, nave, embarcación de vela.

YEGUA Potranca, potra, jaca, hembra del caballo.

YELMO Morrión, casco, almete, celada, capacete.

YEMA Renuevo, botón, gema. || Nata, flor. || Centro, mitad, corazón, núcleo.

YERMO Baldío, estéril, infecundo, infructuoso, árido, estepario, desértico. → *Fértil.*

YERRO Error, equivocación, incorrección, descuido, omisión, inadvertencia. → *Acierto.*

YERTO Tieso, rígido, agarrotado, helado, exánime, inmóvil, quieto. → *Animado, cálido.*

YESO Cal, tiza, escayola, estuco, pasta.

YUGO Opresión, esclavitud, servidumbre, sumisión, tiranía, despotismo. → *Libertad.*

YUGULAR Decapitar, degollar.

YUNQUE Bigornia, tas. || Sufridor, paciente, víctima.

YUNTA Pareja, par, yugada.

YUXTAPONER Juntar, adosar, arrimar, enfrentar, acercar. → *Separar, alejar.*

YUXTAPOSICIÓN Aposición. → *Intususcepción.*

Z z

ZABORRA   Desecho, residuo.

ZAFARSE   Soltarse, libertarse, desembarazarse, escabullirse, huir. → *Permanecer.*

ZAFARRANCHO   Refriega, riña, trifulca, marimorena, alboroto. → *Paz, tranquilidad.*

ZAFIO   Cerril, grosero, vulgar, ordinario, tosco, rudo, patán, cafre, rústico. → *Refinado.*

ZAFO   Libre, suelto, despejado. → *Embarazado.* || Incólume, horro, indemne. → *Dañado.*

ZAFRA   Basura, ripio, escombro.

ZAGA   Retaguardia, cola, extremidad, extremo, punta, final. → *Delantera.*

ZAGUÁN   Vestíbulo, portal, soportal, porche, recibidor, entrada.

ZAHERIR   Vejar, molestar, escarnecer. → *Complacer.*

ZAHORÍ   Adivino, agorero, arúspice, augur, oráculo, profeta, vate, vaticinador.

ZALAMERÍA   Adulación, coba, elogio, incienso, lisonja.

ZALAMERO   Adulador, adulón, lisonjero, pelotillero, cobista, lavacaras. → *Sincero, sobrio.*

ZAMARREAR   Menear, sacudir, estremecer, agitar, zarandear, maltratar. → *Respetar, sujetar.*

ZAMBO   Patizambo, torcido, deforme. → *Normal.*

ZAMBULLIRSE   Sumergirse, chapuzarse, saltar, bucear. → *Emerger, salir.*

ZAMPAR   Tragar, devorar, atiborrarse, embaular, embuchar, comer, engullir. → *Devolver.*

ZANCA   Pata, muslo, pierna, miembro, remo.

ZANCADA   Paso, tranco, marcha.

ZANCADILLA   Traspié, estorbo, tropiezo, traba, obstáculo, engaño, treta, celada. → *Facilidad.*

ZÁNGANO Holgazán, gandul, perezoso, haragán, ocioso, desidioso, indolente. → *Activo, trabajador.*

ZANJA Surco, cuneta, arroyada, conducto, aradura, cauce, trinchera.

ZANJAR Solucionar, allanar, vencer, dirimir, liquidar, resolver. → *Complicar.*

ZAPATILLA Chancleta, pantufla, alpargata, chancla, chinela, sandalia, babucha, chapín.

ZAPATO Calzado, bota, botín, escarpín, mocasín.

ZAPARRASTROSO Andrajoso, harapiento, desastrado. → *Pulcro.*

ZARANDEADO Acostumbrado, aguerrido, avezado, curtido, ducho, ejercitado, entrenado, experimentado, experto, fogueado, habituado. → *Bisoño, desacostumbrado, inexperto.*

ZARANDEAR Menear, agitar, sacudir, estremecer, maltratar. → *Respetar.*

ZARCILLO Pendiente, aro, arete, pinjante, colgante, arracada, joya, alhaja.

ZARPA Garra, mano, garfa, uñas.

ZARPAZO Arañazo, rasguño, uñada, desgarrón, herida.

ZARZA Maleza, espesura, maraña, fronda, breñal, matorral, soto.

ZASCANDIL Mequetrefe, tarambana, chiquilicuatro, informal, enredador. → *Formal, serio.*

ZIGZAG Serpenteo, culebreo, ondulación.

ZÍPER Cierre, cremallera.

ZIPIZAPE Disputa.

ZÓCALO Pedestal, base, peana, podio, basamento, rodapié, recubrimiento.

ZOCO Mercado, feria, lonja, baratillo.

ZONA Franja, lista, faja, círculo, límite, banda, parte, sector, región, país, área, distrito.

ZOPENCO Bruto, tosco, rudo, tonto, zoquete. → *Listo.*

ZOQUETE Atolondrado, atontado, badulaque, bobo, estúpido, insípido, insulso, majadero, necio, pasmado, simple, soso, tarugo, tonto.

ZORRO Astuto, pícaro, disimulado, marrullero, ladino, sagaz, hipócrita. → *Sincero.*

ZOZOBRA Desasosiego, inquietud, angustia, ansiedad, incertidumbre. → *Tranquilidad.*

ZOZOBRAR Naufragar, volcar, encallar, irse a pique. → *Salir a flote.*

ZUMBAR Silbar, susurrar, sonar, pitar, resonar, ulular, masconear. || Golpear.

ZUMO Caldo, jugo, extracto, esencia, agua, néctar, sustancia, líquido.

ZURCIDO Cosido, costura, labor, remiendo.

ZURCIR Coser, remendar, reforzar, hilvanar, arreglar, componer, unir. → *Descoser.*

ZURRA Tunda, azotaina, vapuleo, somanta, meneo, paliza, leña. → *Caricias.*

ZURRAR Vapulear, pegar, azotar, apalear, aporrear, castigar. → *Acariciar.*

ZURRIAGO Látigo, correa, azote, fusta, vergajo, tralla, rebenque, flagelo, cinto.

ZURRÓN Mochila, talego, bolsa, saco, morral, escarcela, macuto.

ZUTANO Fulano, mengano, robiñano, perengano, citano, uno, cualquiera.

Sección de ortografía

Refranes

A buen entendedor, pocas palabras bastan; sentido obvio.

A Dios rogando y con el mazo dando; no es bueno confiar en milagros, sino en el propio esfuerzo.

A la ocasión la pintan calva; hay que aprovechar las oportunidades claras.

A la vejez, viruelas; con la edad vienen los males.

A lo hecho, pecho; invita a asumir las consecuencias de los errores.

A mal tiempo, buena cara; exaltación del optimismo en los momentos difíciles.

A palabras necias, oídos sordos; hace referencia a la capacidad de no hacer caso a los insultos.

A quien madruga, Dios le ayuda; o, como de iniciar pronto el trabajo, se obtiene mayor provecho.

A río revuelto, ganancia de pescadores; ganancia de los que saben aprovechar la confusión.

Agua que no has de beber, déjala correr; quiere decir que no hay que retener lo que no se usa.

Al pan, pan, y al vino, vino; hay que llamar a las cosas por su nombre en pro de la claridad.

Algo tendrá el agua cuando la bendicen; suspicacia contra los halagos inmerecidos.

Ande yo caliente y ríase la gente; es más importante el provecho que el honor o la dignidad.

Aramos, dijo la mosca al buey; contra los que presumen sin dar ni golpe.

Aunque la mona se vista de seda, mona se queda; quien no sirve, ha de tratárselo así.

Cada oveja con su pareja; cada uno debe relacionarse con quien le corresponde.

Cría buena fama y échate a dormir; la fama suple las cualidades y el trabajo.

Cría cuervos y te sacarán los ojos; contra la ingratitud.

Cuando el río suena, agua lleva; los rumores no son nunca infundados.

De tal palo, tal astilla; sobre la herencia de los defectos y cualidades.

Del árbol caído todos hacen leña; todos se aprovechan de los desgraciados.

Donde fueres, haz como vieres; acomódate a las costumbres de los que te rodean.

Donde menos se piensa, salta la liebre; advierte sobre la frecuencia de hechos inesperados.

El hábito no hace al monje; la vestimenta no basta para ser alguien.

El que roba a un ladrón, tiene cien años de perdón; disculpa el mal proceder con los que actúan incorrectamente.

En casa del herrero, cuchillo de palo; contra los que no aprovechan sus cualidades o conocimientos.

Haz bien y no mires a quien; sobre el reparto desinteresado de favores.

La letra con sangre entra; a favor del poco recomendado método de enseñar a base de palos.

Más sabe el diablo por viejo que por diablo; acerca de las virtudes de la experiencia.

Más vale malo conocido que bueno por conocer; vale más conservar lo que se tiene que proponerse aventuras.

Mas vale pájaro en mano que ciento volando; más vale lo que se tiene que las grandes promesas y proyectos.

Muerto el perro, se acabó la rabia; eliminada la causa, se acabaron los efectos.

No es oro todo lo que reluce; contra las apariencias.

No hay mal que por bien no venga; cuando de un suceso infeliz se deduce otro mejor.

No hay peor sordo que el que no quiere oír; sentido obvio.

No por mucho madrugar amanece más temprano; previene contra la impaciencia.

Obras son amores, que no buenas razones; las palabras deben ser corroboradas por los hechos.

Ojos que no ven, corazón que no siente; la ignorancia o la distancia suavizan las penas.

Quien a hierro mata, a hierro muere; cualquier daño se paga con la misma moneda.

Quien calla, otorga; un silencio equivale a una afirmación.

Quien mal anda, mal acaba; todo error tiene su castigo.

Un clavo saca otro clavo; una preocupación hace olvidar otra anterior.

Una golondrina no hace verano; un ejemplo no confirma la regla.

Zapatero a tus zapatos; contra los entrometidos.

Locuciones latinas

Ab illo tempore ('de aquel tiempo'). De tiempo muy antiguo, no determinado.

Ab initio ('desde el principio'). Sentido obvio.

Ab ovo ('desde el huevo'). Expresión tomada de Horacio (*Arte Poética* 147), quien alaba a Homero por haber narrado la guerra de Troya centrándola en la cólera de Aquiles, sin remontarse hasta el «huevo de Leda» del que había salido Helena.

Ab urbe condita ('desde la fundación de la ciudad'). Así se titula la historia de Roma de Tito Livio. Los romanos numeraban los años a partir de la fundación de Roma, 753 a.C. A veces se escribe simplemente U.C.

Addenda ('cosas que hay que añadir'). Suele ponerse al final de los libros.

Ad hominem (argumentum) ('al hombre'). Argumento por el cual se confunde a un adversario oponiéndole sus propias palabras o actos.

Ad libitum ('a placer'). A capricho, a voluntad, libremente.

Ad litteram ('a la letra'). Literalmente, textualmente. Por ejemplo una traducción, una cita, etcétera.

Ad perpetuam memoriam ('para eterna memoria'). Suele encontrarse en medallas y monumentos.

A fortiori ('con mayor razón'). Sentido obvio.

A latere ('del lado', 'de cerca'). Se aplica a una persona que no se aparta nunca de otra. También a los cardenales elegidos por el Papa y que permanecen junto a él para desempeñar misiones diplomáticas.

Alea iacta est ('la suerte está echada'). Se cita cuando se toma una decisión arriesgada o importante, después de haber dudado largo tiempo.

Alter ego ('otro yo'). Persona de confianza, amigo íntimo.

A posteriori ('con posterioridad'). Designa lo ocurrido después de una circunstancia determinada. En filosofía se dice del racionamiento inductivo.

A priori ('con anterioridad'). Designa lo ocurrido antes de la circunstancia determinada.

Ave, Caesar (o Imperator), morituri te salutant ('los que van a morir te saludan'). Salutación de los gladiadores antes de comenzar la lucha en el circo.

Carpe diem ('aprovecha el día hoy'). Goza del presente.

Casus belli ('motivo de guerra'). Indica un hecho que podría dar lugar a una guerra.

Cogito ergo sum ('pienso, luego existo'). Axioma sobre el que Descartes *(Discurso del Método)* construye su sistema filosófico.

Cum laude ('con alabanza'). Se dice del resultado de un examen.

De facto ('de hecho'). Opuesto a *de iure,* 'de derecho', en lenguaje jurídico.

Deux ex machina ('un dios [bajado] por medio de un artilugio'). En el teatro antiguo, un dios al que se hacía descender a escena por medio de un mecanismo, intervenía en los momentos críticos para resolver la situación. Se emplea irónicamente indicando a una persona que juega un papel esencial en algún asunto. También se dice de los desenlaces felices pero poco verosímiles.

Divide et impera ('divide y gobierna'). Máxima política enunciada por Maquiavelo. Se dice también *divide ut regnes,* 'divide para reinar', y *divide ut imperes,* 'divide para gobernar'.

Dura lex, sed lex ('la ley es dura, pero es la ley'). Sentido obvio.

Errare humanum est ('equivocarse es humano'). Sentido obvio.

Ex libris ('de entre los libros'). Con esta expresión se indica todas las enseñanzas, escudos, emblemas, alegorías, monogramas, etc., impresos o aplicados sobre un libro para que conste a quién o a qué biblioteca pertenece.

Fac simile ('hazlo semejante'). De aquí el sustantivo *facsímil* o *facsímile,* copia o reproducción exacta de un escrito, un dibujo, etcétera.

Facta, non verba ('hechos no palabras'). Sentido obvio.

In articulo mortis ('en el trance de la muerte'). Se dice de una bendición, de un testamento, etcétera.

In saecula saeculorum ('por los siglos de los siglos'). Se emplea en sentido figurado para indicar que algo dura mucho tiempo, que no termina nunca.

In situ ('en el lugar mismo'). También significa 'quieto'.

Intra muros ('dentro de las murallas'). Dentro de la ciudad.

Ipso facto ('en el hecho mismo'). En el acto, inmediatamente.

Lapsus linguae ('error de palabra'). Sentido obvio.

Magister dixit ('lo ha dicho el maestro'). En la edad media, el máximo maestro era Aristóteles, cuyas opiniones se consideraban irrefutables y servían para poner punto final a cualquier controversia. Actualmente estas palabras se aplican a todo jefe de una escuela, doctrina, partido, etcétera.

Modus vivendi ('modo de vivir'). Arreglo provisional entre dos partes contendientes. Indica también la manera de ganarse la vida.

Motu proprio ('por propia voluntad'). Espontáneamente, por propia iniciativa.

Mutatis mutandis ('cambiando lo que es preciso cambiar'). Con los cambios necesarios.

Nihil (o nil) obstat ('nada se opone'). Fórmula empleada por la censura éclesiástica para autorizar la impresión de una obra a la que no puede hacerse ninguna objeción doctrinal.

Non plus ultra ('no más allá'). Se emplea para indicar que algo ha alcanzado la máxima perfección y es, por tanto, insuperable.

Opere citato ('en la obra citada'). Abreviado *op. cit.*

O tempora! O mores! ('¡oh tiempos! ¡oh costumbres!'). Famosa exclamación usada por Cicerón y Séneca ante la corrupción de la época.

Post meridiem ('después del mediodía'). Abreviado p. m.

Quo vadis? ('¿dónde vas?'). Cuando San Pedro huía de Roma se le apareció Cristo llevando la cruz. Pedro le preguntó a dónde iba, y Cristo respondió: «a Roma, a ser crucificado de nuevo». *Quo vadis?* es el título de la célebre novela de Sienkiewicz.

Requiescat in pace ('descanse en paz'). Las iniciales de esta frase del oficio de difuntos suelen grabarse sobre las tumbas: R.I.P.

Sic transit gloria mundi ('así pasa la gloria del mundo'). Esta frase, derivada probablemente de la que aparece en la *Imitación de Cristo* (1,3,6): *O quam cito transit gloria mundi!* '¡ay, cuán rápido pasa la gloria del mundo!' es la que se repite tres veces al nuevo pontífice en el momento de su elevación al Papado. Se adapta a cualquier situación en la que se quiere expresar lo efímero de la vanagloria mundana.

Sui generis ('de su género'). Se emplea como expresión calificativa con el significado de 'especial' o 'peculiar'.

Vade mecum ('ve conmigo'). Se emplea para designar guías, manuales o libros breves donde se encuentran los datos básicos sobre cierta materia.

Vanitas vanitatum et omnia vanitas ('vanidad de vanidades y todo vanidad'). Con estas palabras Salomón deplora la vaciedad y superficialidad de las cosas de este mundo (*Eclesiastés*, 1,2).

Veni, vidi, vici ('llegué, vi y vencí'). Célebres palabras con las que César anunció al Senado su fulminante victoria sobre Farnaces, rey del Ponto.

Verbi gratia ('por ejemplo'). Sentido obvio.

Vox populi ('voz del pueblo'). Rumor popular.

Paronimia

Se denomina palabras parónimas o vocablos homónimos a aquellas cuya pronunciación suena igual, pero tienen diferente escritura y distinto significado.

Acechanza Espionaje u observación cautelosa. *La* acechanza *de los enemigos es constante.*

Asechanza Engaño o artificio para causar perjuicio. *La* asechanza *del ladrón es común.*

Acervo Conjunto de cosas. *El maestro cuenta con un* acervo *de conocimientos.*

Acerbo Áspero, tosco, cruel. *El rufián tiene un mirar* acerbo.

Abrasar Quemar o reducir a las brasas. *El sol calentó hasta* abrasar *los campos.*

Abrazar Ceñir con los brazos. *Tengo inmensos deseos de* abrazar *a mi madre.*

Asar Cocer al fuego alimentos. *Debemos* asar *bien los pescados.*

Azar Casualidad o asunto fortuito. *Debemos estudiar y no depender del* azar.

Arroyo Pequeña corriente de agua. *Nos sentamos a comer a la orilla del* arroyo.

Arrollo Forma conjugada de *arrollar. Por poco y* arrollo *a un ciclista.*

Asta Palo en que se coloca la bandera. *La bandera a media* asta *es señal de duelo.*

Asta Cuerno. *Las* astas *de los toros son muy agudas.*

Hasta Preposición que indica término o fin. *Se fue hasta la cocina.*

Basta Forma conjugada de bastar. *¡Ya* basta *de reclamos improcedentes!*

Vasta Extensa, dilatada, amplia. *La* vasta *planicie sembrada de trigo.*

Barón Título nobiliario. *El* barón *tiene un hermoso castillo.*

Varón Del sexo masculino. *Tenía tres hijas y me nació un* varón.

Baya	Fruto carnoso. *El tomate es una* baya *muy apreciada en el mundo.*
Vaya	Forma conjugada de *ir. Cuando* vaya *a la escuela paso a verte.*
Valla	Cerca, barrera. *Hicimos una* valla *para proteger el jardín.*
Bello	Bonito, hermoso. *Leonardo pintó un cuadro muy* bello.
Vello	pelo corto y suave. *Tenía las piernas cubiertas de* vello.
Bienes	Propiedades, posesiones. *Tenemos que hacer un avalúo de sus* bienes.
Vienes	Forma conjugada de *venir. Sólo* vienes *los domingos.*
Botar	Arrojar, golpear contra el suelo. *No cesaba de* botar *la pelota.*
Votar	Ejercer el voto, elegir. *Hay que* votar *por el mejor candidato.*
Casar	Contraer matrimonio. *Hay que* casar *a nuestra hija con el mejor partido.*
Cazar	Atrapar aves o animales. *Salimos a* cazar *y obtuvimos una presa.*
Cebo	Carnada. *Las moscas sirven como* cebo *para pescar.*
Sebo	Grasa. *Al freír la carne de res se desprende el* sebo.
Cesión	Acción de ceder. *Al vender una casa se firma una* cesión *de derechos.*
Sesión	Reunión o junta. *En la* sesión *de ayer se tomaron importantes acuerdos.*
Ciervo	Venado. *Los zorros disfrutan de la carne de* ciervo.
Siervo	Sirviente o esclavo. *El* siervo *le debe respeto y obediencia al amo.*
Cocer	Preparar alimentos. *La carne se debe* cocer *bien para que no esté dura.*
Coser	Unir dos pedazos de tela con hilo. *Ahora se puede* coser *con máquina.*

Echo	Forma conjugada de *echar*. *Echo mis cosas en la mochila antes de partir*.
Hecho	Participio de *hacer*. *Lo* hecho *con amor está perfecto*.
Encausar	Someter a juicio. *Hay que* encausar *al ladrón*.
Encauzar	Conducir. *Hay que* encauzar *al joven, no reprimirlo*.
Honda	Profunda. *La cañada está muy* honda.
Honda	Arma, utensilio. *David venció a Goliath con una* honda.
Onda	Ondulación. *Si arrojas una piedra al agua se generan* ondas.
Losa	Piedra. *Cargaron una* losa *muy pesada para tapar la fosa*.
Loza	Vasija, vajilla. *La* loza *china es muy fina*.
Masa	Mezcla de harinas. *La* masa *de maíz es un producto común en América*.
Maza	Arma contundente. *La* maza *se utilizaba en las guerras antiguas*.
Rebelar	Desobedecer. *El siervo no se debe* rebelar *contra su amo*.
Revelar	Descubrir algo. *Es delito* revelar *un secreto profesional*.
Sabia	Docta, preparada. *La doctora Curie era una mujer* sabia.
Savia	Jugo vital de las plantas. *Algunos insectos se alimentan de* savia.
Tasa	Precio, importe, medida. *La* tasa *de inflación tuvo un alarmante aumento*.
Taza	Recipiente. *Una* taza *de leche por la mañana ayuda a enfrentar el día*.
Tubo	Pieza hueca y alargada. *El* tubo *sirve para conducir líquidos*.
Tuvo	Forma verbal de *tener*. *No* tuvo *respuesta a mis preguntas*.
Ves	Forma conjugada de *ver*. *Estas ruinas que* ves, *no siempre lo fueron*.
Vez	Ocasión, tiempo. *La próxima* vez *aprovecharé el tiempo*.

As El 1 en la baraja. *Se sacó un as de la manga.*

As El campeón. *Él es todo un as.*

Has Forma conjugada de *haber*. Has *hecho bien la tarea y puedes salir a jugar.*

Haz Forma conjugada de *hacer*. Haz *el bien y no mires a quién.*

Haz Grupo, agrupación, corriente. *El haz de luz nos abarcó a todos.*

Aya Nodriza, nana. *El aya cuida al niño recién nacido.*

Haya Forma conjugada de *haber*. *Es preciso que* haya *orden.*

Halla Forma conjugada de hallar. *Mi primo no* halla *sus llaves.*

Paronomasia

Se denominan palabras paronomásticas o vocablos paronomásticos a aquellas que se diferencian por una letra o por un acento.

Adoptar   Admitir, tomar. *No se debe* adoptar *una posición intransigente.*

Adaptar   Acomodar, adecuar. *Hay que* adaptar *el mecanismo a las necesidades.*

Abjurar   Desdecirse, renunciar. *Es difícil* abjurar *de la nacionalidad.*

Adjurar   Rogar, invocar. Adjurar *a los dioses en vano es pecado.*

Adición   Suma. *En* adición *a lo antes expuesto...*

Adicción   Hábito enfermizo. *Es conocida su* adicción *al alcohol.*

Actitud   Disposición. *Siempre me ha gustado tu* actitud *abierta.*

Aptitud   Capacidad. *Creo que tiene gran* aptitud *para aprender computación.*

Arrear   Conducir al ganado. *Hay que* arriar *a las vacas hacia el establo.*

Arriar   Bajar velas o banderas. *Al* arriar *la bandera se le hacen honores.*

Asar   Cocinar. *En el campamento pusimos a* asar *las salchichas.*

Azar   Suerte, acaso, coincidencia. *Jugar a la lotería es depender del* azar.

Diferente   Distinto. *Todos tenemos* diferente *modo de ver la vida.*

Deferente   Atento, respetuoso. *Las personas mayores merecen un trato* deferente.

Emigrar   Salir del país. *Los* emigrantes *defienden su cultura al llegar a otro país.*

Inmigrar   Entrar a un país. *Los* inmigrantes *ilegales son perseguidos en los países.*

Alocución   Discurso, arenga. *La alocución del candidato fue muy encendida.*

Elocución   Expresión, estilo. *La elocución es el uso adecuado de las palabras.*

Lasitud   Cansancio, desfallecimiento. *El sobreentrenamiento provoca lasitud.*

Laxitud   Flojera, falta de ánimo. *El calor excesivo hace que se presente la laxitud.*

Prever   Anticiparse. *Sólo con el ahorro se puede prever la escasez.*

Proveer   Proporcionar, dotar. *Es necesario proveer la despensa pues está vacía.*

Venal   Vendido, corrupto. *Un juez venal es el peor enemigo de la justicia.*

Venial   Hecho pecaminoso o ilegal. *Un pecado venial es una falta leve.*

Homófonos, homógrafos y homónimos

¡Cuidado! Algunas palabras se parecen a algunas parónimas y suelen confundirse con éstas y son las siguientes:

HOMÓFONOS

Son los vocablos o palabras que tienen distinto significado, pero igual escritura o sonido:

Bienes   Propiedades, posesiones. *Tengo que hacer una declaración de* bienes.

Vienes   Forma conjugada de *venir*. *Cada vez que* vienes *no me encuentras.*

Aré   Forma conjugada de *arar*. Aré *una hectárea de campo ayer.*

Haré   Forma conjugada de *hacer*. Haré *mi examen la semana entrante.*

Ampón   Abultado, ahuecado. *Mercedes traía un vestido muy* ampón.

Hampón   Delincuente, malviviente. *A sus veinte años era un consumado* hampón.

HOMÓGRAFOS

Son los vocablos o palabras que se escriben de la misma forma pero tienen significados completamente diferentes:

Haya   Árbol fagáceo. *Los frutos de la* haya *se llaman hayucos.*

Haya   Forma conjugada de *haber*. *Me avisa cuando* haya *terminado el examen.*

Calle   Avenida. *Mi* calle *todavía no ha sido pavimentada.*

Calle   Forma conjugada de *callar*. *No es plausible que* calle *las injusticias.*

Rayado   Lleno de líneas. *Me compraron ayer un cuaderno* rayado.

Rayado   Hecho tiras. *Me gusta comer tostadas cubiertas de queso* rallado.

HOMÓNIMOS

Son los vocablos o palabras que se escriben y pronuncian del mismo modo, pero tienen un significado muy diferente. También se incluyen

Hábito	Vestimenta religiosa. *El* hábito *no hace al monje.*
Habito	Forma conjugada de *habitar.* Yo habito *una casa muy pequeña.*
Mi	Pronombre posesivo. *El perro es* mi *mascota preferida.*
Mí	Pronombre personal. *¡Y me lo preguntas a* mí*!*
Gato	Felino doméstico. *Mi* gato *se llama Micifuz y juega con el estambre.*
Gato	Herramienta para alzar objetos pesados. *Mi papá levanta el auto con un* gato.
Gato	Juego que con dos líneas paralelas en cruz. *Jugué* gato *con María y le gané.*
Te	Pronombre personal. Te *mandaron un regalo.*
Té	Infusión de hierbas. *Los ingleses acostumbran tomar* té *a las cinco.*
Se	Pronombre personal. Se *lo dijo, pero no lo entendió.*
Sé	Forma conjugada de saber. Sé *que ya vienen las vacaciones.*
Si	Conjunción. Si *quieres, me voy.*
Sí	Adverbio. Sí *sabía lo que hacía.*

Símiles

El símil se fundamenta en la comparación, que se establece mediante la conjunción como, y sus elementos son las personas o cosas que tienen parecido o semejanza. El resultado de la comparación debe sorprender y cautivar:

Abalanzado como campeón olímpico.
Abarrotado como cine en domingo.
Acelerado como tren en bajada.
Arrugado como ciruela pasa.
Baladí como discusión bizantina.
Bueno como dinero bien ganado.
Caluroso como mes de estío.
Callado como una sombra.
Chistoso como payaso.
Cierto como la verdad.
Corriente como agua de río.
Débil como recién nacido.
Despiadado como verdugo.
Extraordinario como la honradez.
Exuberante como selva tropical.
Fastuoso como palacio de millonario.
Feliz como candidato electo.
Feroz como oso hambriento.
Hueco como chimenea.
Incontenible como un estornudo.
Jubiloso como niño con zapatos nuevos.
Lento como la tortuga.
Negra como la tinta china.
Nervioso como ladrón descubierto.
Obstinada como mujer celosa.
Perverso como pandillero.
Sagaz como detective experto.
Sigiloso como ladrón nocturno.
Tensa como cuerda de violín.
Terrible como sismo de 7.5 grados.
Unidos como uña y carne.
Vacío como cerebro de bruto.
Vanidoso como hijo de millonario.
Viejo como el mundo.
Violento como un huracán.

Diccionario de Sinónimos y Antónimos
se terminó de imprimir en Mayo de 2005
en los talleres de Programas Educativos, S. A. de C. V.
Calz. Chabacano No. 65, local A, Col. Asturias
C.P. 06850, México, D. F.

Empresa Certificada por el Instituto Mexicano de Normalización y
Certificación A. C. bajo las Normas ISO-9002: 1994 NMX-CC-004:1995
IMNC con el Núm. de Registro RSC-048 e ISO-14001:1996
NMX-SAA-001:1998 IMNC con el Núm. de Registro RSAA-003.